和田博文
真銅正宏　西村将洋
宮内淳子　和田桂子

言語都市 ロンドン

1861-1945

藤原書店

日本人のロンドンの水彩画 I ——牧野義雄

牧野義雄の水彩画「Night: Lights in Piccadilly Circus」（本文 253 頁参照）は，霧に包まれたロンドンの心地ピカディリー・サーカスの夜景を描いている。この絵は，W. J. Loftie, *The Colour of London*, Chatto Windus, 1907 の口絵として使われた。牧野は「私が愛した霧のロンドン」（牧野義雄著，恒松郁生訳『のロンドン』サイマル出版会，1991 年）で，「霧の色と，それがもたらす効果は実にすばらしい。（略はじめてロンドンを訪れたとき，建物や人影，そのほか遠くにあるすべての物が実際より大きく見えような気がした。日本では空気が澄んでいるので，遠くの物も細かいところまでよく見えるが，ここは，遠くの物が霧に包まれ，突然ぼんやりして見えるからだ。私にはそれがたまらなく魅力的に思えると述べている。

ると，黒字で書かれた日本人関係スポットが，①ハイド・パークの東，②地下鉄トッテナム・コート・ード駅の南東，③シティに集中していることが分かる。

ロンドンのデンマーク・ストリート22番地には日本人経営旅館の「ときわ」があったが，豊喜和ハウを経て，1930年代半ばから大和ホテルとなった。この地図（部分）は，大和ホテルから出た全14頁パンフレット『LONDON』（刊行年不記載，本文25頁と31頁を参照）に収録されている。この地図

日本人のロンドンの水彩画Ⅱ——丸山晩霞

丸山晩霞の水彩画「ロンドン塔と萩」（和田博文所蔵、本文五七頁参照）。「水彩画と其描法」（『みづゑ』一九一三年五月）に丸山は、「水彩画を日本の室に飾つたのを見ると、多くは在来の額を掛ける如く鴨居の上などであるが、これでは不調和である、床の間か壁につり下げたい、床の間と言へば、昔から軸ものに定まつてゐるから、額等は調和せぬやうに思ふが、つまり見慣れないためである、瀟洒な縁を付して、二面又は三面、程配合よく飾ると調和が保てる」と記している。「ロンドン塔と萩」は掛け軸である。

言語都市・ロンドン——目次

Ⅱ　日本人のロンドン体験

III　ロンドン事典

大英博物館からトラファルガー・スクエアまで 532

オックスフォード・サーカスからヴィクトリア駅へ 560

言語都市・ロンドン

1861-1945

プロローグ　ロンドンの日本人

一　ロンドン――日本人のヨーロッパ体験の中心地

一九世紀後半〜二〇世紀前半にロンドンを訪れた日本人は、そこが「霧の都」であることを実感した。画家の高村真夫は第一次世界大戦中のロンドンに滞在していたが、一度だけ遭遇した「黒霧」が「恐しく且つ不快極まる物」だったと『欧州美術巡礼記』（博文館、一九一七年）に記している。ある朝、セント・ジョンズ・ウッドの店に入ったときは普通の霧に見えた。ところが一〜二分後に急に暗くなり店内の電灯がつく。外は「夜に近い赤黒い黄昏」に変わり、「むせかへる様な煤煙の臭ひ」が充満していた。「一二間」（＝約三・六〜五・五メートル）先はまったく見えない。乗合自動車もタクシーも動けず、地上の交通機関はすべてストップした。この霧は「倫敦七百万の煙突から立騰る石炭の煤煙が、一旦空中に昇り気流の関係上再び地上に蔽ひ被さつて来たもの」だから、健康にいいはずはない。車内にいても人々は、咽喉の刺激や息苦しさを感じた。

しかし霧は同時に、大英帝国の象徴にも見えただろう。イギリスが薪炭から石炭にエネルギー変換して、第一次産業革命を果すのは一六世紀後半〜一七世紀前半。一七八一年になるとジェイムズ・ワットが複動式蒸気機関を発明して動力の変容をもたらし、機械制工場生産を可能にした。一八一四年にはジョージ・スティーヴンソンが蒸気機関車を発明して、交通にも大きな変容をもたらす。産業革命はイギリスに、石炭の煙にまみれた不衛生な近代工業都市を誕生させた。他方で、産業革命は植民地に、原料供給国と製品市場という役割を与える。一九世紀に工業化はイギリスから、フランスやドイツなどへ拡がっていった。そして工業化を果した列強による、まだ植民地化されていないエリアの分割が続き、一九世紀末までに世界分割はほぼ完了するのである。

一八七二（明治五）年にイギリスを訪れた岩倉使節団が、条約改正交渉に携わるだけではなく、工場を含む近代文明施設を精力的に見学して回ったのは必然だった。イギリスにならって工業化しなければ、世界の帝国の仲間入りは不可能だったからである。一八九三年三月にロンドンで創刊された『日英実業新誌』第一巻第一号に、「ロンドン日英実業雑誌記者」（望月小太郎）は「本誌発行ノ主意」を書き次のように主張している。

日本ハ能ク其航海上ノ船舶ヲ自由自在ニ造築シ得ルヤ否日本ハ其紡織上能ク新奇活動ノ汽織ヲ自製シ且之ヲ通用シ居ルヤ否、天ガ与ヘシ日本満地ノ鉱山炭坑事業ハ既ニ遺憾ナク六十余州ノ首尾恰モペンヲ以テ掃除シタル如クナルヤ否、噫、時勢ノ進歩、日本ガ其物質上ノ発達ニ対スルノ寒心注意ハ読者実ニ能ク之ヲ識ルト共ニ記者ノ微哀、否、本紙ノ使命実ニ自カラ之ガ止ムヘカラサルモノアルコトヲ知ラン。況ンヤ本紙ノ誕生地タル英国ハ亦実ニ読者ノ忘ル能ハサル蒸気機関ノ発明者ワトツ、運転機ノステヘンソン、汽織発明ノアークライト諸氏ガ誕生地ナルコトヲ知ラハ記者ガ此英国ヨリシテ本紙ヲ以テ機械学上ノ指針トシテ製造業上ノ媒介トシテ日本ノ読者ニ時運ノ活動ヲ報スル所以ノ敢テ不遜ナラサルヲ了スルニ足ルニ於テヲヤ。

日本近代のヨーロッパ体験は、イギリスが最も繁栄したヴィクトリア女王の治世下（一八三七年〜一九〇一年）に始まる。一八五一年にロンドンで開かれた世界最初の万国博覧会は、イギリスが工業力を世界に見せつけるイベントでもあった。おのずから一九世紀後半〜二〇世紀前半の渡欧者の多くは、「英国の領土には日の没する時なし」と言われるほど巨大な帝国となったイギリスの、首都ロンドンを訪れることになる。外交史料館が所蔵する外務省通商局編「海外各地在留本邦人職業別表」などのデータを基に、「ロンドン・パリ・ベルリン在留日本人数（一九〇七〜一九四〇年）」の表（一三頁参照）を作成したので確認しておこう。ヨーロッパの三都のなかでもロンドン在留日本人数は、一九二〇年代後半を

ロンドン・パリ・ベルリン在留日本人数（1907～1940年）

〈凡例〉

①外務省通商局編「海外各地在留本邦人職業別表」「海外各地在留本邦人職業別人口表」「在外本邦人国勢調査職業別人口表」「在外本邦人国勢調査報告」「海外各地在留本邦人人口表」などを基礎資料として、本データを作成している。

②基礎資料の調査月にはばらつきがある。

③（　）に英・仏・独と記載してある場合は、その国の在留日本人数を記載している。

④ 1931・1939・1940 年のロンドン在留者の数字は、在ロンドン総領事館管内（ロンドン、カージフ、ミツドロスボロ、グラスゴー）の総数である。

⑤ 1911 年と 1912 年は「海外各地在留本邦人職業別表」が存在するかどうかは不明である。

	ロンドン在留者	パリ在留者	ベルリン在留者
1907（明治 40）	353 名	84 名	55 名
1908（明治 41）	440 名	78 名	314 名
1909（明治 42）	495 名	94 名	297 名
1910（明治 43）	540 名	97 名	172 名
1913（大正 2 ）	502 名	66 名	235 名
1914（大正 3 ）	478 名	87 名	206 名
1915（大正 4 ）	679 名	110 名	——
1916（大正 5 ）	329 名	77 名	——
1917（大正 6 ）	519 名	124 名	——
1918（大正 7 ）	520 名	156 名	——
1919（大正 8 ）	812 名	158 名	——
1920（大正 9 ）	702 名	128 名	92 名（独）
1921（大正 10）	1163 名	128 名	268 名（独）
1922（大正 11）	998 名	472 名	410 名
1923（大正 12）	1215 名	435 名	740 名
1924（大正 13）	1106 名	719 名	988 名
1925（大正 14）	434 名（英）	836 名	837 名（独）
1926（大正 15）	970 名（英）	920 名（仏）	976 名（独）
1927（昭和 2 ）	945 名（英）	845 名	811 名（独）
1928（昭和 3 ）	720 名（英）	852 名	796 名（独）
1929（昭和 4 ）	1164 名（英）	755 名	796 名（独）
1930（昭和 5 ）	1479 名（英）	631 名	576 名（独）
1931（昭和 6 ）	1486 名	873 名	421 名
1932（昭和 7 ）	1155 名	743 名	698 名
1933（昭和 8 ）	1195 名	596 名	1111 名（独）
1934（昭和 9 ）	1016 名	449 名	539 名（独）
1935（昭和 10）	1010 名	416 名	514 名（独）
1936（昭和 11）	973 名	342 名	475 名（独）
1937（昭和 12）	980 名	438 名	471 名（独）
1938（昭和 13）	879 名	429 名	470 名（独）
1939（昭和 14）	1239 名	247 名	291 名（独）
1940（昭和 15）	1239 名	160 名	267 名（独）

ロンドンのガイドブック・日本人名録・日本語雑誌

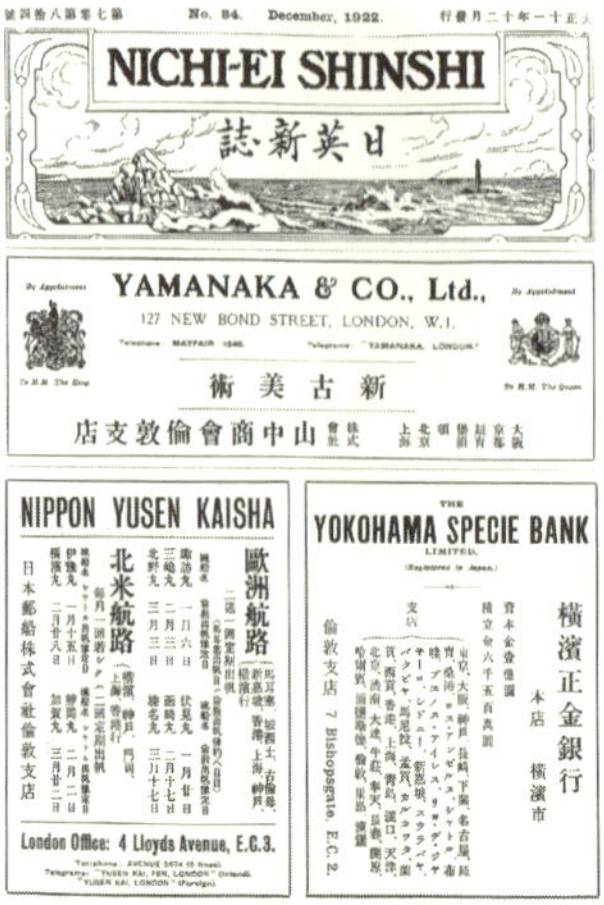

（右上）1923 年に刊行された Baedeker's *London and Its Environs*（Karl Baedeker Publisher）の表紙。
（右下）1919 年刊行と推定される『日本人名録　大正八―九年』（The Eastern Press、刊行年不記載）の表紙。
（左上）ロンドンで最も長く出た月刊雑誌『日英新誌』の第 84 号（1922 年 12 月）表紙。
（左下）山本憲一・瀧澤七郎『倫敦』（明文堂、1925 年）の箱。

除けば、パリやベルリンの在留日本人数を圧倒している。一九二一年に初めて一〇〇〇人の大台を突破し、それ以降も一九三一年の一四八六名をトップに、大台を何回も記録しているのである。

ヨーロッパの中心地であるだけにロンドンでは、イギリスをはじめヨーロッパ主要国をカバーする『日本人名録』（The Eastern Press）が刊行された。図版（一四頁参照）は一九一九年出版と推定される同書の第四版。目次を開くと、「英吉利」は「諸官衙」「倶楽部及協会」「銀行会社商店等」「料理店旅館」「在英人名録」に分けられて五八頁、「倫敦小案内」は一九頁、合計すると七七頁となり、全一三九頁の半分以上を占めている。それに対して「仏蘭西」は「諸官衙」「銀行会社商店等」「在仏人名録」に分けられてはいるがわずか一〇頁にすぎない。「瑞典、和蘭、伊太利、瑞西、西班牙」は全部で六頁、「北米及南米諸国」は四頁で、残りは「緒言」と地図や広告だった。

在留日本人数が多ければ日本語雑誌（図版一四頁参照）の刊行も可能になる。望月小太郎は「緊急予告」（『日英実業新誌』第三巻第九号、一八九五年三月）に、「大日本ガ其外ニ対スル国民的拡張力ノ大秘訣ハ必ズ先ヅ其物質的進歩タル製造工業貿易ノ発達ヨリシテ欧米列国ガ日本ニ関スル利害ヲ密接ナラシムルニアリトハ小生ガ多年一日モ忘レ難キ宿論ニ有之此宿論ヨリシテ大胆ニモ欧州文明国ニアリテ日本語ヲ以テ出板セルモノハ実ニ本誌ヲ以テ之ガ嚆矢ト御見認メ相受ラレ候」と記した。同誌創刊は二年前の三月だから、玉井喜作がベルリンでドイツ語雑誌『東亜』を創刊した一八九八年四月と比べても、五年一ヵ月も早い。ロンドンの日本語雑誌の概略は、和田桂子「日本人雑誌編集者の見たロンドン」（六一五頁）に譲り、日本人のロンドン体験に話を戻そう。

外務省通商局が把握した在留日本人数は、領事館に在留届を提出した人の数だから、実際の在留日本人数よりも少ない。またロンドンが単なる旅行先や経由地であるツーリストも、この数に含まれていなかった。欧州航路で日本からヨーロッパに向かうと、約五〇日間が必要である。だから他の都市が主たる滞在地であっても、洋行の機会を利用してロンドンに立ち寄る方が一般的だっただろう。ちなみに日本郵船がツーリスト用に作成した『欧州大陸旅行日程』（一九二八年）を開くと、パリ〜ロンドン間の移動ルートは三つ示され、それぞれの見所が解説されている。また「倫敦より欧州主要地に至る汽車賃」の一覧表には、ロンドンからパリ・ブダペスト・ベルリン・マドリッド・ローマなど二〇都市への汽車賃が記載されている。日本人ツーリストはこれらの資料を参考にしながら、都市から都市へ移動していたのである。

日本人ツーリストの移動の実態を、『日英新誌』第一二九号（一九二六年一〇月）に掲載された「最近東洋館に宿泊の邦人旅客」「最近ときわ宿泊邦人旅客」のデータをもとに探ってみよう。前者二三人と後者一七人の、合計四〇人の出発地と目的地を集計すると以下のようになる。まずロンドンに来る前の出発地（国）が判明している三一人は、①パリ一四人、②ニューヨーク七人、②ベルリン七人、④スイス一人、④ブリュッセル一人、④リヴァプール一人。次にロンドンから向かう目的地が判明している二一人は、①パリ一三人、②ベルリン四人、③アメリカ二人、④ニューヨーク二人。大西洋航路で行き来するアメリカも一定数いるが、ヨーロッパ内ではパリとベルリンが圧倒的に多い。

ロンドン〜パリ間を多くの日本人が往来したことは、『日英新誌』にパリ情報が提供されていることからも分かる。第五六号（一九二〇年八月）に掲載されたパリの伴野商店の広告（一七頁参照）を見てみよう。「上記巴里中心地帯営業所に移転仕候間向後共一層の御引立を蒙り度先は右新設営業所の御披露まで」という挨拶が載っている。ロンドン在住者がパリを再訪したときに、移転先までたどり着けるよう配慮した広告である。フランス人女性が第七三号（一九二二年一月）に出した日本人寄宿者を求める広告（一七頁参照）もある。「語学に堪能なる上流巴里婦人教授の家庭」は、近くパリに移るつもりでいた日本人の目に、うってつけの寄宿先と映ったかもしれない。第九二号（一九二三年八月）にはパリの諏訪旅館の広告（一七頁参照）が出ている。「本館は倫敦より来着の Gare du Nord 並に Gare St. Lazare 両停車場に近く」と、ロンドンからのツーリストを念頭においたコピーになっている。

ロンドンの日本料理店もパリに支店を出して、ロンドンの顧客を引き付けようとしていた。『日英新誌』第八九号（一九二三年五月）は、四月一〇日からパリの 9 Rue Chalgrin に「ときわ」のパリ支店が開店したことを伝えている。また第一〇七号（一九二四年一一月）には同月七日に開業した湖月のパリ支店が、人気を博しているという記事が掲載された。パリの日本人会の動向も紹介されている。第一一四号（一九二五年六月）の「巴里日本人会彙報」によれば、五月三〇日に一回目となる「集談会」が開催され、講演後には晩餐親睦会が催されたという。巴里日本人会では料理部主任の営業カード（一七頁参照）も作っていた。縦一一・七センチ、横八・八センチの厚紙に印刷されたカードで、年月の記載はないが、所在地が記されている。場所を忘れたときや、タクシーに提示するときに、便利だったかもしれない。

ベルリン情報も『日英新誌』にはよく出てくる。第八四号（一九二二年一二月）の「伯林に末広亭開業」によると、元ロ

『日英新誌』のパリ情報と、巴里日本人会営業カード

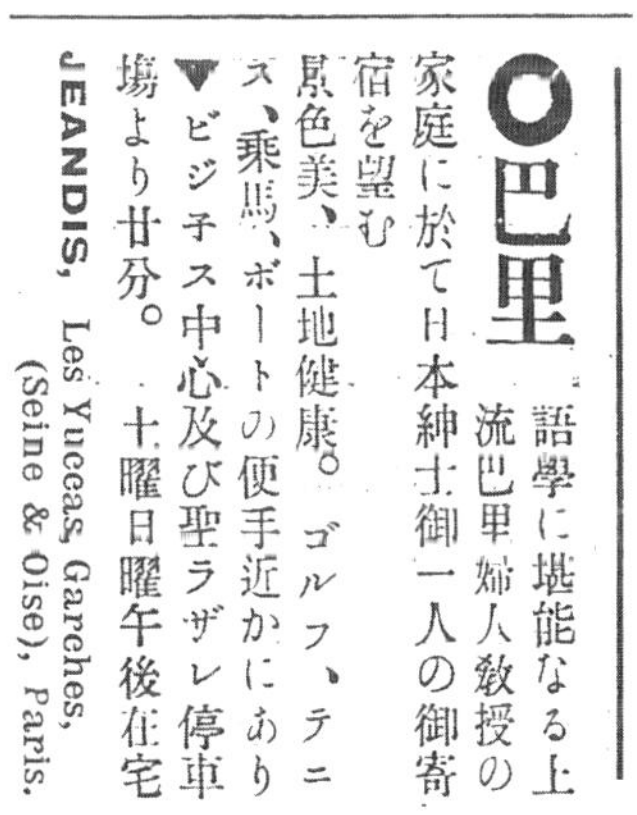

（右上）伴野商店の広告（『日英新誌』第 56 号、1920 年 8 月）。
（右下）日本人寄宿舎募集広告（『日英新誌』第 73 号、1922 年 1 月）。
（左上）諏訪旅館の広告（『日英新誌』第 92 号、1923 年 8 月）。
（左下）巴里日本人会料理部主任・二階堂寿雄の営業カード。

ンドン「いたや」の料理店主がこの店を開いている。第九〇号（一九二三年六月）の「伯林東洋館開業」は五月一〇日開店のニュースで、第一二四号（一九二五年四月）の「伯林東洋館主逝去」は板屋庄太郎が四月五日に亡くなりロンドン東洋館主の佐武為吉が駆けつけたというニュース。また第一四二号（一九二七年一月）の「伯林花月」は、ロンドンの東洋館がベルリンに料理店を開いたことを伝えている。ヨーロッパの三都といえば、岡本一平とかの子は一九三〇年一一月三〇日にロンドンからパリに移動し、翌年七月二七日にパリからベルリンに移った。独逸日本人会の今井行雄宛葉書（一九頁参照）には二人の足跡が残されている。葉書通りなら、一二月一五日に岡本一平の講演会が独逸日本人会で開かれた。二人がベルリンを離れるのは、翌一九三二年の一月一一日のことである。

ロンドンとパリとベルリン――ヨーロッパの三都間で日本人の往来は頻繁に行われたが、注目すべきことは、ロンドンの日本料理店がパリやベルリンに支店を出したので、その逆ではないことである。外務省外交史料館に「昭和十一年十二月末現在　在外本邦実業者調（上巻）」という公文書が保管されている。各在外公館が調査した、年間の取引・売買・製造・漁獲・所得高が一万円を越える日本人経営会社・銀行・商店のリストである。ロンドンでは、資本金一億円以上の日本郵船・三井銀行・三井物産・三菱銀行・横浜正金銀行のロンドン支店をトップに、三二社がリストアップされた。それに対してパリは七社、ベルリンは五社にすぎない。三都における日本人の、経済活動の規模の差は歴然としていたのである。

二　日本人社会の表玄関――日本大使館／総領事館／日本人会

ロンドンを訪れた日本人の多くは知己がいなくても、ベデカーさえ所持していれば目的地にたどりつけただろう。大橋乙羽は『欧米小観』（博文館、一九〇一年）で、「欧米を通行すると、案内記(ベデカ)が何程(いくら)もあつて、それを一冊さへポツケツトに入れて置けば、盲目でも洋行が出来得る丈けに鄭寧親切である」と述べている。産業革命に伴う汽船・汽車などの交通機関の発達は、一九世紀にツーリズムの成長を促した。トマス・クックの旅行斡旋業が成立し、カール・ベデカーやジョン・マレーのガイドブックが刊行されるようになったのである。たとえば一九二三年に出版されたBaedeker's

倫敦日本人会と独逸日本人会

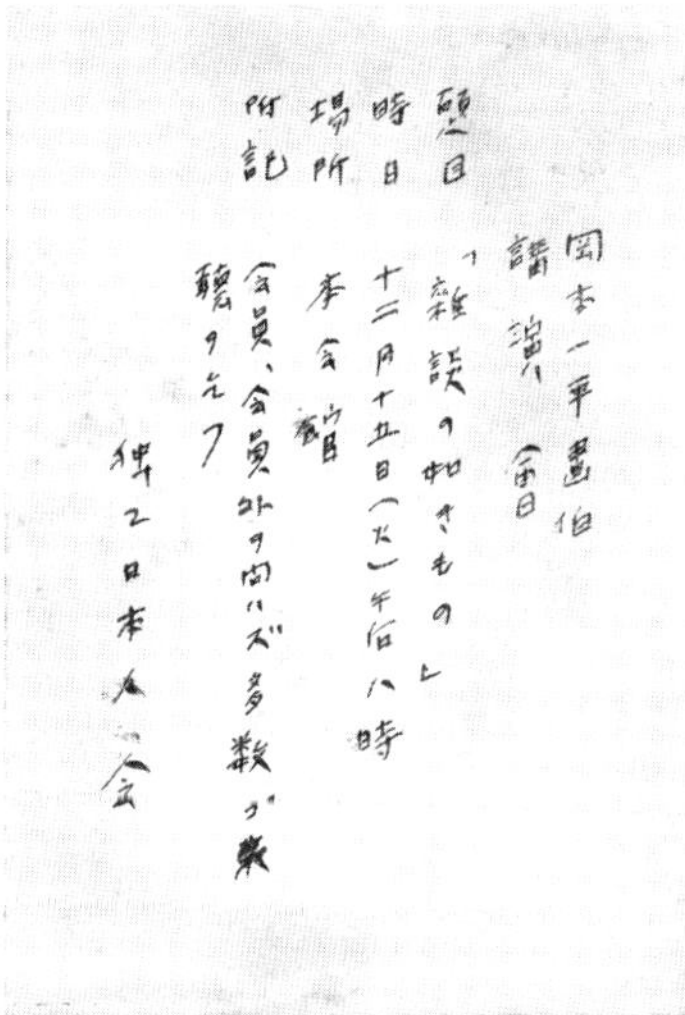

題目　岡本一平畫伯　講演（一日）
「雜談の如きもの」
時日　十二月十五日（火）午后八時
場所　本会館
附記　会員、会員外ヲ問ハズ多数ガ來聽ヲ乞フ
獨乙日本人会

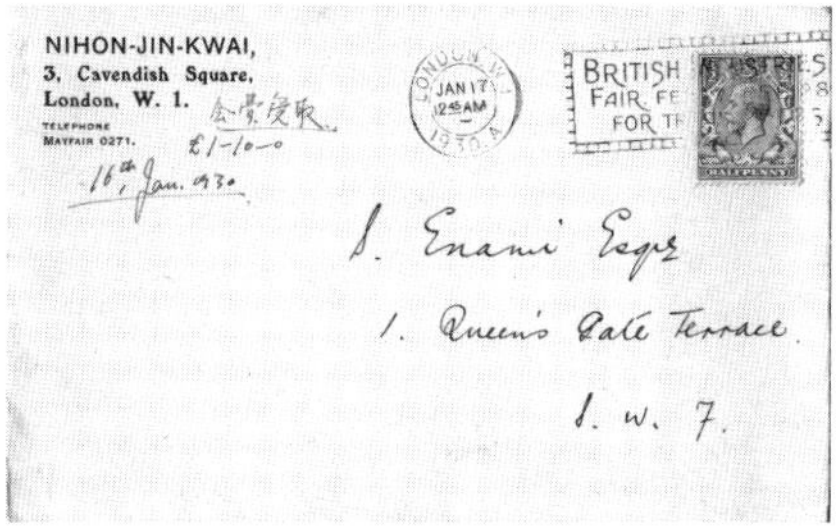

NIHON-JIN-KWAI,
3, Cavendish Square,
London, W. 1.
TELEPHONE
MAYFAIR 0271.
会費受取
£1-10-0
16th Jan. 1930

S. Enami Esqr
1. Queen's Gate Terrace
S. W. 7.

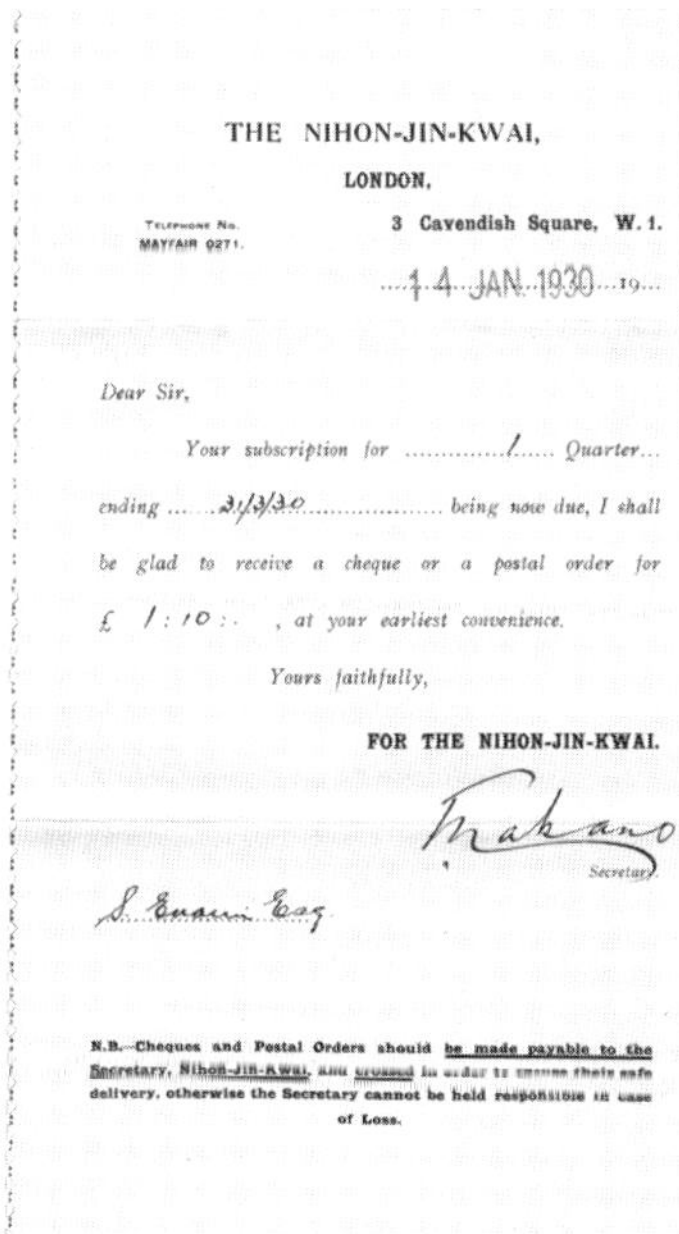

THE NIHON-JIN-KWAI,
LONDON,

TELEPHONE No.
MAYFAIR 0271.

3 Cavendish Square, W. 1.

14 JAN 1930 19

Dear Sir,

Your subscription for 1 *Quarter ending* 31/3/30 *being now due, I shall be glad to receive a cheque or a postal order for £* 1 : 10 : – *, at your earliest convenience.*

Yours faithfully,

FOR THE NIHON-JIN-KWAI.

Nakano
Secretary.

S. Enami Esq

N.B.—Cheques and Postal Orders should be made payable to the Secretary, Nihon-Jin-Kwai, and crossed in order to ensure their safe delivery, otherwise the Secretary cannot be held responsible in case of Loss.

Postkarte
Drucksache
Herrn
Yukio Imai,
Berlin-Schöneberg

（右上）倫敦日本人会が出した榎並真造宛書簡の封筒（1930年1月17日消印）。榎並は日本硝子に勤務していた。

（右下）封筒に入っていた日本人会会費の領収書。会費は1930年3月31日までの1クォーター、すなわち3ヵ月で1ポンド10シリングとなっている。

（左下）独逸日本人会が出した今井行雄宛葉書（消印日付不明、1931年12月推定）。

（左上）同葉書には、12月15日に岡本一平の講演会が日本人会会館で行われると記されている。

London and Its Environs（Karl Baedeker Publisher, 一四頁参照）を開くと、交通機関・ホテル・レストラン・劇場・ショッピング事情や、ロンドン観光のポイントが、五〇〇頁以上にわたり解説されている。エリアごとの地図を活用すれば、都市空間の探索は難しいことではなかった。

ロンドン在留日本人数が増加する第一次世界大戦後になると、日本語のガイドブックも多く刊行されるようになる。伊地知純正『倫敦名所図会』（研究社、一九一八年）は八四のロンドン名所を写真入りで説明している。読者はまずこの本で著名なスポットの知識を得てから、現地で追体験することができた。山本憲一・瀧澤七郎『倫敦』（明文堂、一九二五年、一四頁参照）は、「行政上の倫敦」「歴史的見物の倫敦」「郊外の名所」「娯楽場」「運動競技」「雑纂」「英国秒史」「在倫敦日本人名録」の八章構成になっている。ロンドンの全体像を把握するときに役立つ本だった。一九三〇年代になると、「ベデカ案内書は旅行案内書として世界的に有名でありますが（略）欧州諸国は実に四十冊に分冊され（略）多部冊の携帯は非常に不便」だと主張する、谷川博『欧州見物案内』（欧米旅行案内社、一九三六年）のようなガイドブックも出版されている。

もちろん英語力には個人差があるから、異国の地で呆然と立ち尽くす日本人もいただろう。日本大使館や総領事館はそんな人々の目に、数少ない駆け込み場所と映じた。考古学者の浜田青陵は「英国へ着いた時と英国を立った時」（『新小説』一九二二年四月）に、ヴィクトリア駅に到着したときは「世界の大都会（メトロポリス）にたゞ一人迷子にせられたことを直観」して呆然としたと書いている。出迎えの日本人の姿が見当たらなかったからである。「馬車屋」の言葉も聞き取れず、支払いは「宿屋の男」に任せるしかない。ベデカーを頼りに下宿探しを始めたが、覚束ない言葉で空部屋の有無を尋ねると「**I am sorry**」。下宿探しを続ける「勇気」を失って、雑踏のなかをとぼとぼと歩くうちに、地図に大使館所在地が記載されているのを偶然見つけた。まだ交通機関の利用の仕方は分からない。それで「冷たい汗を額に流し」て歩き続け、ようやくたどり着いた大使館で下宿を紹介してもらうことができたのである。

ロンドンに到着した日本人は、七日以内に総領事館に届け出なければならない。『日英新誌』第九三号（一九二三年九月）に掲載された総領事館の「告示」によると、届け出事項は以下の通りだった。①氏名・生年月日、②本籍・族称（華族か士族か平民か）・職業、③住所・郵便宛先、④到着日・滞在期間。住所が変わったり、他の国に移るか、帰国をする場合は、改めて届け出なければならない。「届出ヲ怠リタル者ニ対シテハ外国在留帝国登録規則ニヨリ在留証明其他一切ノ証明ヲ拒否スル事アルベシ」という文面は、逆に届け出ない者が一定数いたことを示している。総領事館は外務省令の伝達も行っていた。『日英新誌』第五五号（一九二〇年七月）には、「対独平和条約第二二一条ニ依リ独逸国ヨリ返還ヲ受クベキ俘虜及抑留帝国臣民ノ被押収現金物件等」があれば申告するようにという「掲示」が掲載されている。

ロンドン在留日本人の上層社会の人々にとっては、大使館は貴重な社交の場として機能した。天長節拝賀式や晩餐会や茶話会が、折に触れて開かれたからである。釈宗演は『欧米雲水記』（金港堂書籍、一九〇七年）に、大使館晩餐会に出席したときのことを記録している。主催者は陸奥伯代理大使で、総領事や大佐、横浜正金銀行や日本郵船の関係者が一五人ほど集まり、日本食と日本酒を楽しんだという。大使館はロンドンの公的機関を視察する際の便宜も図ってくれた。『彩筆を揮て欧亜を縦横に』（文化書房、一九三〇年）で八木熊次郎は、大使館で学校参観の申込みをしたと述べている。大使館→市役所→学校と申込みは回されて、許可が下りるまで一〜二週間ほどかかったという。

日本から遠く離れた異国の地で、日本人会も相互の絆を確認して強めるスポットとして機能した。一九三九年六月一日付、内山清在倫敦総領事の有田八郎外務大臣宛公文書「日本人会並邦人実業団体調査方ノ件」によると、日本人会の創立は一八九二（明治二五）年で、一九三八年の会員数は一八七名である。会頭は重光葵在英大使が、委員長は加納久朗子爵が務めていた。事業概況には、「普通ノ日本人倶楽部ニシテ食堂遊戯場ヲ設ケテ会員ノ娯楽及親睦ヲ計ルト同時ニ絶ヘス名士ヲ招待シテ講演会ヲ催ス」と記されている。ただし創立年は資料によって幅がある。『日英時報』第一巻第一号（一九二〇年一月）に掲載された一会員「倫敦『日本人会』便り」は、会の沿革を次のように説明している。日本人会は一九〇四年一月に日本郵船会社員の吉居豊治が創立したが、一九〇八年頃に「使用人間に不都合」が生じて存廃の危機に直面した。そのとき当時の副会長の坂田総領事が、日本郵船の春田助太郎・中村税や、横浜正金銀行の村上徳之助と力を合わせて改革に取り組み、再建に成功したと。会員には、①名誉会員、②正会員、③地方会員の他に、④一時会員（三ヵ月以内の滞在者）の四種類があった。

日本人会の創立年の記載に幅があるのは、正確な記録が残っていないためである。日本人会書記長の葛谷荒太郎は「倫敦日本人会及び其設備」（『日英新誌』第一二三号、一九一六年三月）で、創立は一八八〇年代初頭ではないかという説を出している。

本会創立当時の歴史に就ては記録に徴すべきものなく従て其正鵠を期し難きを遺憾とするも嘗て本会々頭たりし荒川巳次氏其他二三長老の談話を綜合せるものに依れば其創立は我国の外国貿易未だ賑はざりし明治十四五年の頃にして今を距る凡そ四十五年前のことである。（略）茲に重なる銀行会社の出資等に依り種々の設備を施し来りし所欧州大戦後我国貿易は急激なる進歩発展を遂げ在留邦人の数俄かに激増を見るの盛況を呈し従て本会々員数も増加せる為め大正八年更に銀行商社の出資を促し現在の本会館の建物を撰定し九百九十九年の「リーズ」を買入れ巨額の資金を投じて諸設備を完成したのである。

完成した「諸設備」とは、以下のようなものだった。①社交室（来客との応接用）、②読書室（日英の新聞・雑誌・書籍を架蔵）、③玉突室（数台のビリヤード台と卓球台設置）、④ゴルフ練習室（プロ教師による週三回のレッスン可）、⑤カード室（囲碁・将棋・麻雀・カードなどを常備）、⑥食堂（定食と特別料理提供）、⑦特別宴会室（一〇人以上・五人以上の二個室で会席料理を提供）、⑧酒場（和洋酒と茶菓子を提供）、⑨浴室（随時入浴可）、⑩私書函（会員宛書簡を保管）。一九二〇年代半ばにこのような豪華な設備が実現していたのは、「銀行商社の出資」が何度も行われてきたからである。それは他方で、日本人会利用者を特定の層に偏らせることにつながった。「統計に依れば目下当地に滞在する日本人は約八百人を数ふるにも拘はらず、本会の主旨に賛同し会員として尽力せらるゝ人は比較的少数」という葛谷の言葉は、その反映である。

第一次世界大戦後の日本人会の会員数が、『日英新誌』の「日本人会彙報」に出てくるので、「ロンドン・パリ・ベルリン在留日本人数（一九〇七～一九四〇年）」のデータと比較してみよう。一九一八年の在留日本人数は五二〇名で同年一一月の会員数は二七八名（約五三％）。一九一九年の在留日本人数は八一二名で同年五月の会員数は三三二名（約四一％）。

一九二〇年の在留日本人数は七〇二名で同年四月の会員数は三八七名（約五五％）、一一月の会員数は三三七名（約四八％）。

一九二一年の在留日本人数は一一六三名で同年四月の会員数は三三三名（約二九％）、九月の会員数は三七三名（約三二％）。

一九二二年の在留日本人数は九九八名で同年三月の会員数は三一四名（約三一％）、一一月の会員数は二八一名（約二八％）。

一九二三年の在留日本人数は一二一五名で同年五月の会員数は二五八名（約二一％）、九月の会員数は三〇七名（約二五％）。

在留日本人数が三桁のときは組織率が四〇〜五〇％台を推移していたが、四桁に増えると三〇％前後から二〇％台に落ち込んでいることが分かる。

ちなみに『日英新誌』一九一九年一月号の「日本人会彙報」によると、新たに入った市内会員は一〇人で地方会員は三人。前者の内訳は、三菱合資会社員六名、堀越商会員・丸石商会員・三井物産会社員各一名、大使館員一名で、後者の内訳は海軍武官二名、陸軍武官一名である。翌二月号の「日本人会彙報」では新入の市内会員は八名で地方会員は一名。前者の内訳は、日本銀行員・三菱合資会社員・長瀬商店員・湯浅商会員・明治貿易会社員各一名、財務官事務所雇一名、新聞記者一名、海軍武官一名で、後者は学生一名となっている。日本人会は明らかに、出資している銀行・商社関係者と、大使館・陸海軍など公的機関関係者を中心とする、交流の場所になっていたのである。

日本人会は『日英新誌』第一〇七号（一九二四年一一月）の広告に「在英同胞諸君の御来館を歓迎す」という一行を入れた。同号の「倫敦日本人会の民衆化」という記事はそれを受けて、「日本人会が会員にあらざる一般在英同胞の為めにその会館を開放して出入を自由にしたのは新らしいやうではないが、それを公然（第一頁広告参考）表したのは確かに民衆化である。（略）元来純粋なる倶楽部とすれば会員側より或は財政上より考ふるも一般開放はクラブの重大問題であるけれども、日本人会創立以来の歴史と現状及び四囲の事情に照らせば何もそんなに窮屈な立場を主張しないで、寧ろ在英同胞の為めに最高なる社交機関たらんことを期するのが最善策と信ずる」と主張している。もっとも『日英新誌』第一五二号（一九二八年九月）の「日本人会彙報」の「会則変更」を見ると、会員の友人が利用する場合は、必ず同伴して、友人が「Visitor's Book」に氏名・住所を自署することになったと書かれている。非会員の立場に立てば会の敷居は高かった。

会員にとってそこは、情報交換が可能な居心地のいい場所である。三宅克己は『世界めぐり』（誠文堂、一九二八年）に、ロンドンへ着いたら大使館や総領事館ではなく、まず日本人会に駆けつけるように、友人から勧められたと書いている。会の入口にはモーニングを着込んだ「立派な紳士」がいて誘導してくれた。二階の休憩室は、日本でも「よつぽど贅沢な貴族のドロウイング・ルームズでなくては見ることのできない立派」な内装になっている。そこにモーニングを着た別の「若い西洋人」がやってきて、「入浴ですか、お食事ですか」と尋ねた。食堂では「礼装をした給仕」＝「高等官級の紳士」が黒塗りの膳を運んでくる。鯛の刺身・鰻の蒲焼・鱧の碗・筍の木の芽あえに、正宗（日本酒）、さらにふかしたての饅頭と番茶を、三宅は味わった。

第一次世界大戦後のロンドンでは、在留日本人数の増加に伴い、日本人関係の団体も増えていく。一九三三年五月二五日付、松山晋二郎在倫敦総領事の内田康哉外務大臣宛公文書「在外本邦人諸団体調査報告ノ件」は、一〇団体の概略を記している。一九世紀中に活動を開始していた団体も少なくない。日本協会は一八九一年、日本人会は一八九二年、日本海員倶楽部は一八九八年と、創立年が記載されている。それらに加えて一九一八年に武道会、一九一九年に同胞共済会、一九二〇年に日本人基督教協会、一九二五年に日本人学生会、一九二六年に倫敦商業懇話会、一九二八年に国際商業会議所日本国内委員会倫敦支部、一九三二年に在英文研会が、新たに創立されたのである。

公文書によれば、武道会は「柔剣道研究ト宣伝ヲ目的トスル倶楽部」で、一九三二年末の会員数は七〇名だった。この会では柔道や剣道の稽古を日常的に行い、武道大会も催している。『日英新誌』で関係記事を追いかけていくと、実際の活動の幅はもう少し広かったようだ。武道会では講演会をしばしば催した。数例をあげると、一九二二年三月二五日は岩井尊人が「歌の精神及趣味」、四月一日はBaresfordが「一美術家の日本に於ける観察」、四月八日はサウス・ケンジントン博物館木工部主任が「日本の八景木版画に就て」という講演を、武道会会場で行っている。柔剣道を中心に据えながら、日本文化全般を視野に入れて、日本人とイギリス人の交流をはかっていたのだろう。

一九三三年の公文書に出てくる日本人学生会は、翌年の八月一〇日付、松山晋二郎在倫敦総領事の広田弘毅外務大臣宛公文書「在外本邦人諸団体調査報告ノ件」では、倫敦大学日本人学生会と名称を変えている。創立は一九二六年二月と一年ずれているが、同一の組織かもしれない。「日本学生会例会」（『日英新誌』第一三二号、一九二七年一月）という記事の見出しのように、「倫敦大学」という名前を省くケースも見られるからである。会員数は一九名で、「毎月一回例会ヲ開キテ会員相互ノ親睦ヲ計ルト共ニ時ニ会員有志ノ研究発表会ヲ開ク」と公文書の事業概況には記されている。同記事の場合は、前年一二月八日に中国飯店で例会を開き、ファイナー・ロンドン大学教授の講話があり、約四〇名が参加している。これ以外にも、公文書には出てこないが、一高会・同志社同窓会・三田会など出身者の会を初めとして、さまざまなグループがあり、しばしば懇親会を催していた。

三　ハムステッド——日本人の居住エリア

ロンドンは世界でも有数の国際都市である。大英帝国（イギリス、自治領とインド、直轄植民地と保護国、委任統治領）の人々だけでなく、アメリカ・フランスなど外国籍の人々も居住し、また商用や観光で訪れた。イギルヴイエ・エディンバラ大学教授の『ツーリスト移動論』の翻訳が、一九三四年に国際観光局から出ている。この冊子に収録された「英本国への外国旅客の国籍（通過移民を除く）1921-1931」（二六頁参照）という表を確認しておこう。日本人のデータも含まれる一九二五年～一九二九年の五年間の、外国人旅客数は約三一万人～四一万人。日本人は二一〇〇人台～二七〇〇人台で推移し、全体の〇・七～〇・八％を占めている。「ロンドン・パリ・ベルリン在留日本人数（1907～1940）年」（二三頁参照）のイギリス在留日本人数と比べれば、総領事館に届け出ていない滞在者や旅行者が数多くいたことが分かる。

ロンドンを訪れた日本人は、サヴォイやセシルのような名門ホテルに宿泊することもあれば、日本人経営旅館に泊まることもあった。口絵二～三頁の地図は、大和ホテルが出した『LONDON』（刊行年不記載、三一頁参照）という全一四頁のパンフレットに収録されたもので、日本人関係スポットが記載されている。この地図を見ると、ウェストミンスター寺院の西の海軍事務所と陸軍事務所を除けば、日本人関係スポットは以下の三つのエリアに集中していた。①ハイド・パークの東側で、オックスフォード・ストリートを南北にはさむエリア。この付近には大使館事務所や日本人会が点在している。②地下鉄のトッテナム・コート・ロード駅南東のデンマーク・ストリート。この通りには日本人商店や料理店が集中し、大和ホテルも二二番地にあった。③ロンドンの経済活動の中心地シティ。この近辺には領事館事務所・銀行・商社・汽船会社などがオフィスを構えている。

パンフレットによれば、大和ホテルは宿泊や食事の他に、出迎え・手荷物運搬・自動車名所案内・ガイド・通訳・切符無料手配などを行っていた。ホテルの部屋（三一頁参照）には、電話や温冷水、セントラル・ヒーティングの設備が備わっている。入浴は随意。二度目のロンドン滞在の折に大和ホテルを利用した谷川清一は、「日本人ホテルの方が親切で居心地がよい」と『雲の峰』（谷川清一、一九三七年）に記している。「倫敦は暮るゝにまだし冷奴」とは、夕食で「旅情を慰め」

英本国への外国旅客の国籍（通過移民を除く）1921-1931

	1921	1922	1923	1924	1925	1926	1927	1928	1929	1930	1931
オーストリヤ人	713	1103	2055	3221	3380	3121	3686	4482	4992	5561	5365
ベルギー人	20644	18381	15598	17078	16735	15126	18179	19815	20626	19532	18099
ブルガリヤ人	75	74	120	134	196	180	181	188	238	210	169
中華民國人	1144	896	1095	1251	940	1094	1578	1389	1625	1401	1522
チエツコスロヴアキヤ人	1232	1605	2323	4788	3559	2841	3189	3639	3712	4240	4417
和蘭人	25582	23313	28246	33748	30527	28066	30011	31759	33568	32739	28712
フイン人	947	658	1049	1617	1314	1139	1540	1372	1350	1377	982
フランス人	41173	42866	38077	39513	39677	34299	43867	51440	55727	56641	50183
ドイツ人	2776	8791	14444	29690	29807	30113	36485	43661	49445	48779	41508
キリシヤ人	2171	2029	1992	3040	2294	2233	2990	3200	3541	2741	2625
ハンガリヤ人	378	596	994	1802	2156	1952	2361	2904	2752	3022	2554
イタリー人	7517	7524	7865	9999	9255	9611	9414	10594	11895	11968	10427
日本人	—	—	—	—	2312	2492	2444	2779	2700	2392	1787
ユーゴースラヴイア人	272	273	347	848	737	933	976	1018	1134	1252	1202
ポーランド人	3043	2745	2835	4849	3835	3661	3819	4111	4626	4862	5216
ルーマニヤ人	—	—	—	—	1278	1092	1325	1651	1527	1513	1263
ロシア人	3239	2977	3460	5126	4655	3962	3044	3124	3259	4155	3924
スカンチナヴイヤ人（丁抹人ヲ含ム）	21172	19113	21003	26567	20825	19590	21401	23091	26374	27030	23543
スペーン人ポルトガル人	6121	5964	5805	7294	6833	6347	6772	7223	7121	6158	5123
スイス人	7811	8538	9829	13824	11460	11649	12746	14393	15315	15890	14357
トルコ人	695	332	408	621	584	672	601	634	581	510	525
米國人	69895	94747	91202	112021	121490	118576	139493	137335	137650	138319	98135
其ノ他	12717	12517	13505	17694	14582	15074	15579	18131	18955	16834	12127
	234317	255042	262252	334725	328431	313823	361681	387933	408713	407126	333765

られたときの一句。出発の日は赤飯を注文したが、鯛のお頭付きになますが出てきたという。

日本人ツーリストがよく利用した日本人経営旅館は、東洋館と「ときわ」である。『日英新誌』第一〇〇号（一九二四年四月）に掲載された東洋館・「ときわ」・湖月・日の出屋の広告（二八頁参照）を見ておこう。東洋館は「会席仕出し」「旅館」「日本食料品直輸入販売」の三つをセールス・ポイントにしている。小野賢一郎『世界のぞ記』（有精堂、一九一九年）には「生稲（いくいね）の主人の細君（金髪の女）が経営してゐる東洋館」という記述がある。また『日英新誌』第五五号（一九二〇年七月）には、佐武為吉が「いく稲」料理店をやめて八月五日から東洋館を始めるという挨拶と、板谷庄太郎が「いく稲」を一人でやっていくという挨拶が掲載された。東洋館の繁盛振りは、八木熊次郎の『彩筆を揮て欧亜を縦横に』（文化書房、一九三〇年）などに描かれている。八木の回想によれば、「日本人の経営してゐるホテルとしては一番よいホテル」だと聞いて東洋館に行ったが、「殆ど満員で一番上等の室がたゞ一つ明いてゐる」だけだったという。

岩崎盛太郎が「ときわ」を始めたのは一九一七年五月一五日である。『日英新誌』第一三七号（一九二七年六月）の「ときわ十年紀念祝賀」によれば、広告上段のマネット・ストリートの店が最初だった。広告中段の「CITY TOKIWA」の開業披露が、『日英新誌』第七六号（一九二二年四月）に出ている。それによれば日本食堂を譲り受けて屋号を変えた店である。その後も「ときわ」は繁盛して拡張し、一九二四年一二月にデンマーク・ストリート八番地に移転してからは、料理店と旅館を兼ねるようになった。『日英新誌』第一三一号（一九二六年一二月）の「ときわ新旅館」によれば、その後さらに旅館が手狭になりデンマーク・ストリート二二番地に専業旅館を増設している。『欧州旅行記』（千城堂、一九三五年）に宝蔵寺久雄は「日本人旅館常盤へ宿泊する。常盤の前のレストラントキワにて中西少佐と会食」と記しているが、前者が二二番地で、後者が八番地である。宝蔵寺が宿泊して間もなく、二二番地の旅館は大和ホテルと改称した。同ホテルのパンフレットの地図でも、大和ホテルと「ときわ」料理店は斜めに向き合っている。

ヨーロッパ在住日本人の間で有名なドラマをバックに持つのは、一九一九年にドーセット・スクエアに開業した旅館兼料理店の湖月である。『日英新誌』第四二号（一九一九年六月）に「開業御披露」の広告が出ている。旅館部は一足早く開業し、料理部も日本からの料理品・食器類が到着してから開業した。注目すべきは屋号の後に記された経営者名の「太田花子」。一九世紀末の日本の芸者花子は、一九〇一年に渡欧し、ロンドンのサヴォイ座などに出演する女優となる。

日本人経営旅館と日本料理店

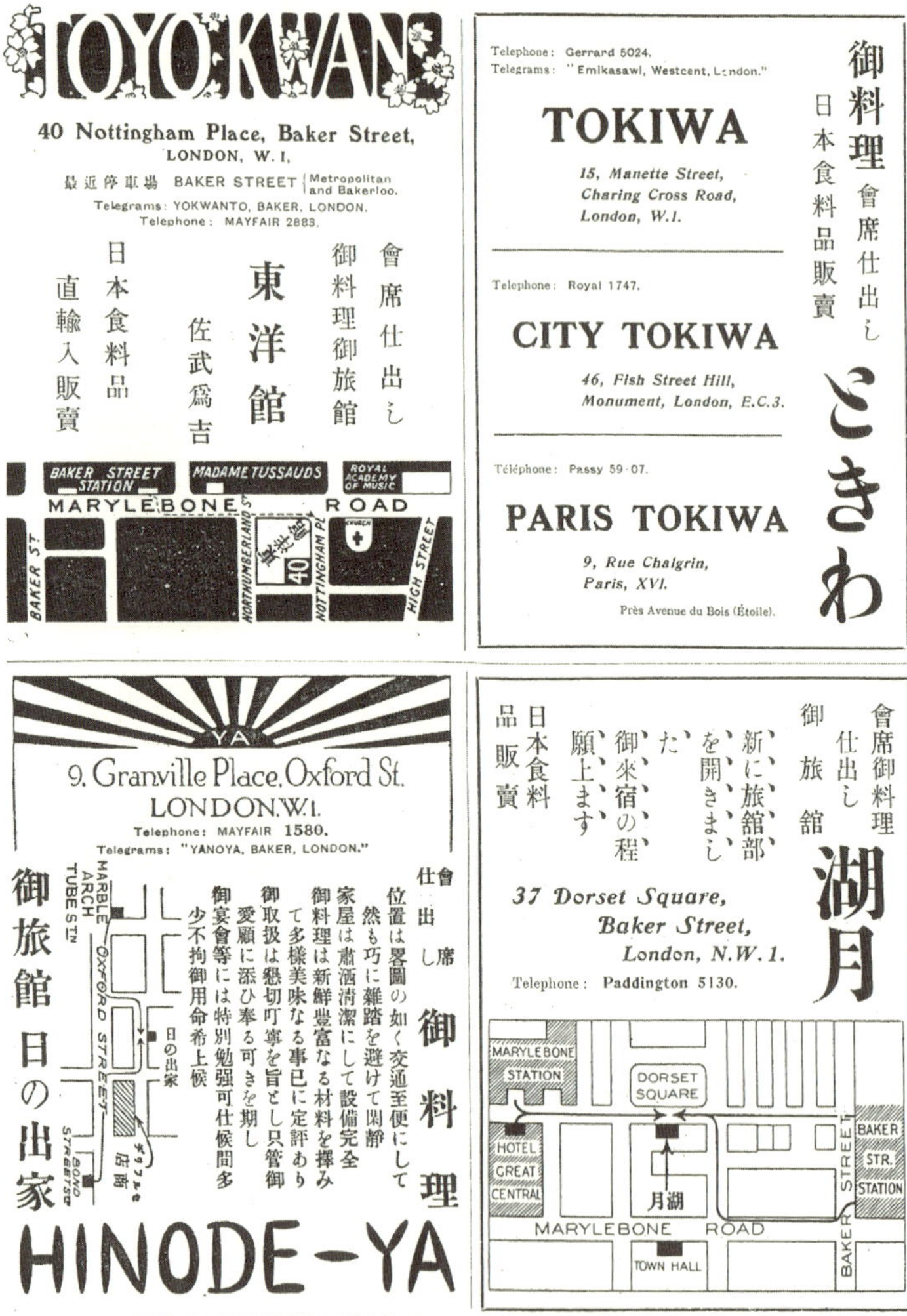

『日英新誌』第100号（1924年4月）に掲載された広告。右上の「ときわ」は日本料理店で、旅館を兼ねるようになるのは広告の8ヵ月後にデンマーク・ストリート8番地に移転してからである。残りの3軒は旅館と料理店を兼ねていた。右下が湖月、左上が東洋館、左下が日の出屋。

ときわ食料品部

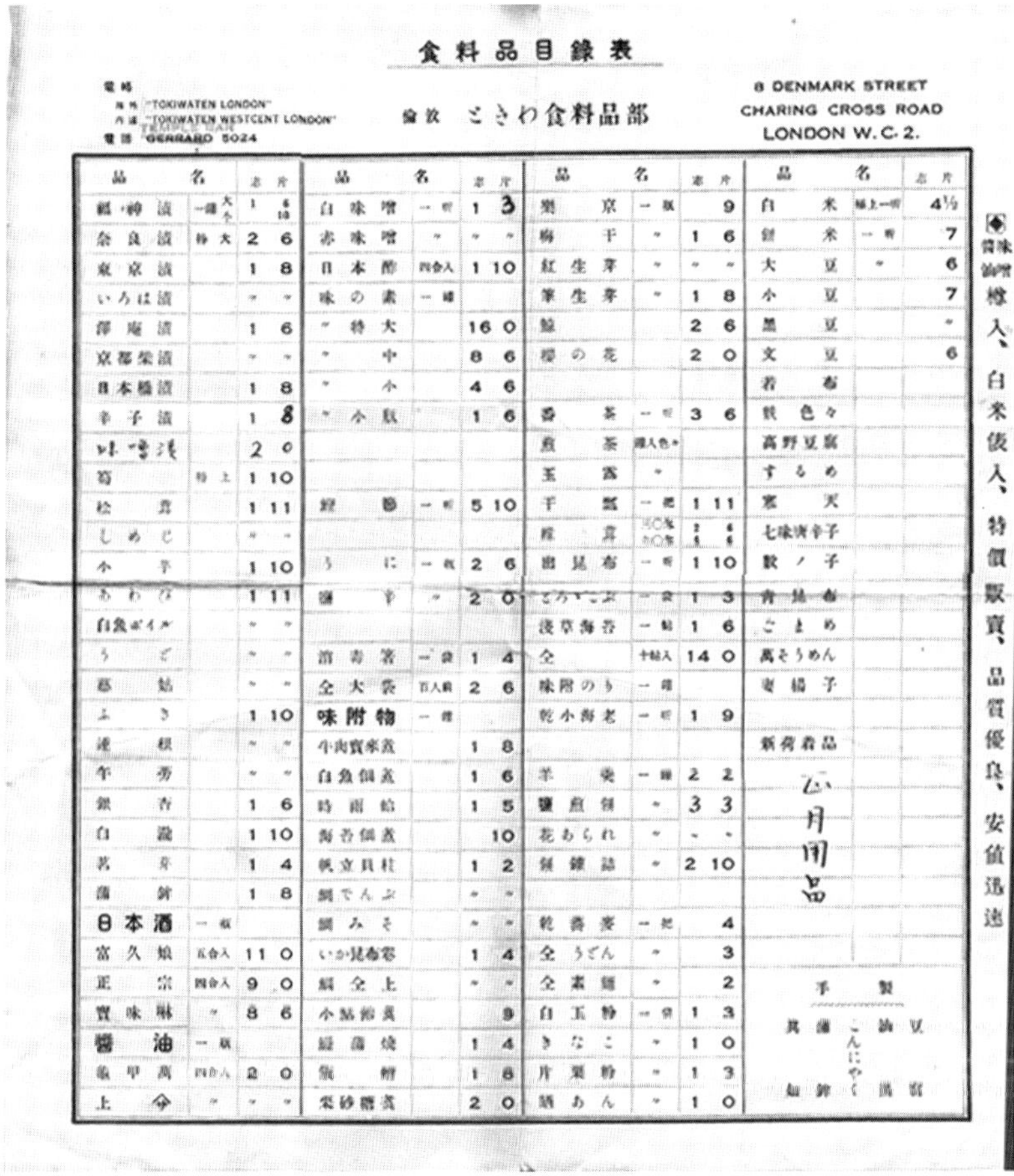

食料品目録表

電略 海外 "TOKIWATEN LONDON"
内地 "TOKIWATEN WESTCENT LONDON"
電話 "GERRARD 5024"

倫敦 ときわ食料品部

8 DENMARK STREET
CHARING CROSS ROAD
LONDON W.C.2.

品名		志 片	品名		志 片	品名		志 片	品名		志 片
福神漬	一罐 大 小	1 6 10	白味噌	一斤	1 3	[illegible]京	一瓶	9	白米	極上一斤	4½
奈良漬	特大	2 6	赤味噌	〃	〃 〃	梅干	〃	1 6	餅米	一斤	7
東京漬		1 8	日本酢	四合入	1 10	紅生姜	〃	〃 〃	大豆	〃	6
いろは漬		〃 〃	味の素	一罐		筆生姜	〃	1 8	小豆		7
澤庵漬		1 6	〃 特大		16 0	[illegible]		2 6	黒豆		〃
京都柴漬		〃 〃	〃 中		8 6	櫻の花		2 0	文豆		6
日本橋漬		1 8	〃 小		4 6				若布		
辛子漬		1 8	〃 小瓶		1 6	番茶	一斤	3 6	[illegible]色々		
味噌漬		2 0				煎茶	罐入色々		高野豆腐		
筍	特上	1 10				玉露	〃		するめ		
松茸		1 11	鰹節	一斤	5 10	干瓢	一把	1 11	寒天		
しめじ		〃 〃				椎茸	[illegible]	[illegible]	七味唐辛子		
小芋		1 10	うに	一瓶	2 6	出昆布	一斤	1 10	数ノ子		
あわび		1 11	鹽辛	〃	2 0	とろゝこぶ	一袋	1 3	青昆布		
白魚ボイル		〃 〃				淺草海苔	一帖	1 6	ごまめ		
うど		〃 〃	消毒箸	一袋	1 4	仝	十帖入	14 0	萬そうめん		
慈姑		〃 〃	仝大袋	百人前	2 6	味附のり	一罐		[illegible]		
ふき		1 10	味附物	一罐		乾小海老	一斤	1 9			
蓮根		〃 〃	牛肉寶來煮		1 8				新荷着品		
牛蒡		〃 〃	白魚佃煮		1 6	羊羹	一棹	2 2	正月用品		
銀杏		1 6	時雨蛤		1 5	鹽煎餅	〃	3 3			
白瀧		1 10	海苔佃煮		10	花あられ	〃	〃 〃			
若芽		1 4	帆立貝柱		1 2	餅罐詰	〃	2 10			
蒲鉾		1 8	鯛でんぶ		〃 〃						
日本酒	一瓶		鯛みそ		〃 〃	乾蕎麦	一把	4			
富久娘	五合入	11 0	いか昆布巻		1 4	仝うどん	〃	3			
正宗	四合入	9 0	[illegible]仝上		〃 〃	仝素麺	〃	2	手製		
寶味醂	〃	8 6	小鮎飴煮		9	白玉粉	一袋	1 3	[illegible] こんにゃく [illegible]		
醤油	一瓶		鰻蒲焼		1 4	きなこ	〃	1 0			
龜甲萬	四合入	2 0	[illegible]鮒		1 8	片栗粉	〃	1 3			
上[illegible]	〃	〃 〃	栗砂糖煮		2 0	漉あん	〃	1 0			

◆醤油味噌樽入、白米俵入、特價販賣、品質優良、安値迅速

「ときわ」は日本食料品の販売も行っていた。図版の「食料品目録表」は1枚の刷り物。榎並真造名領収書資料1束のなかに入っていたもので、1930年頃のものと推定される。食料品は調味料・缶詰・瓶詰・乾物が中心だった。

花子が今日でも知られているのは、一九〇八年に彫刻家のオーギュスト・ロダンが、彼女をモデルに「死の首」を完成させたからだろう。『日英新誌』第六四号（一九二一年四月）に掲載された広告（三一頁参照）は、新たに作った日本間が五月一日から使用できるとアピールしている。井上貫一が『欧米学校印象記』（同文館、一九二三年）に「女将が巨匠ロダンの作品数点をもつてゐると言ふので有名な湖月に文部省督学官ツエンテイマン氏を招じて談る。この家の唯一の日本座敷に氏が靴のまゝで上がつたにはいさゝか狼狽する」と書いているのは、この日本間である。

湖月ではその後、もう一つのドラマが起きた。『日英新誌』第七〇号（一九二一年一〇月）には太田花子の挨拶文（三一頁参照）が掲載されている。仕入れと老母の見舞いを兼ねて帰国するという挨拶である。後を託されたのが河村泉だった。五年後の『日英新誌』第一二七号（一九二六年八月）にはこんな記事が出ている。「モンテカーロで武林文子夫人をピストル発射で傷け、傷害罪の廉で入獄した元倫敦湖月主人河村泉氏は六ケ月の服役を了はりて去る六月廿四日に出獄した」と。武林無想庵の妻の文子は、一九二四年一一月に河村と湖月のパリ支店を開店した。だが経営は順調にいかず、すぐ不渡手形を出してしまう。不倫の果てにピストル発射事件が起きたのは一九二六年一月二日のことである。

日の出屋は料理店としてスタートしたが、その後、旅館も兼ねるようになった。『日英新誌』第四九号（一九二〇年一月）の「日の出屋料理店移転」の記事には、一一月七日の移転後は「宏壮清潔の客室に於て料理の精撰、取扱の懇切を主とし旅館をも兼営すべし」と書かれている。ウォータールー駅まで出迎えてもらって、日の出家の四階に宿泊したのは千葉命吉である。『一哲学者の世界遊記』（平凡社、一九二七年）のなかで千葉は、「日本から花を取り寄せて之を売るのが本職で、旅館はそのひまにやるのださうです」と、日の出屋の主人を紹介している。料理店からスタートしただけあって、日本料理なら何でもできたが、特に蕎麦が美味しかったという。

旅行者や短期滞在者はホテルに宿泊したが、ロンドン在留日本人は割安な下宿・フラット・住宅を探すことになる。大使館員・銀行員・商社マンに依頼して見つけてもらうこともあった。新聞広告を出す方法もある。守屋栄夫は『欧米の旅より』（蘆田書店、一九二五年）に、「Japanese gentleman wishes to be received as paying guest in refined English home」という広告を出したところ、三日間で一〇〇通以上の申込みが舞い込んだと記している。『日英新誌』にも貸間・貸フラット・貸住宅の広告が掲載されることがあった。日本人の借家人は支払いがスムーズだったのか、日本人の契約が切れた後に、

大和ホテルと湖月

拜啓秋冷の候と相成申候處皆様益々御清榮奉賀候
降て妾方時節柄にも不拘今日安泰に營業罷在候は
偏に皆様の御贔負の賜物と感銘致居候就ては妾儀
豫ての御愛顧に報ゆる爲め珍らしき食料品其他仕
入旁々老母の病氣見舞を兼ね本月十八日出帆のク
ライスト號にて一時歸朝仕候間何卒留守中も不相
變御用命仰付賜り度伏して奉願上候　敬具

大正十年十月

御料亭湖月
太田花子

御客様各位

（右上）大和ホテルが出したパンフレット『LONDON』の表紙。1930 年代半ばの刊行と推定される。

（右中）パンフレットに掲載された部屋の写真。

（右下）パンフレットに掲載された食堂の写真。

（左上）日本間ができた湖月の広告（『日英新誌』第 64 号、1921 年 4 月）。

（左下）湖月の主人・太田花子の帰国挨拶（『日英新誌』第 70 号、1921 年 10 月）。

オーナーが再び日本人の借家人を探すというケースも見られる。同誌第一〇二号（一九二四年六月）に掲載された広告（三三頁参照）はそんな一例である。現在住んでいる日本人がオーナーに頼まれて、日本文の広告を作成したのかもしれない。

　ロンドンで日本人は何処に住む傾向があったのだろうか。大和ホテルのパンフレットでは地図の範囲外になるが、実は日本人関係の四つめのエリアがある。リージェント・パークの西を北上するメトロポリタン・ライン（現ジュビリー・ライン）と、同パークの東を北上するモーデン・エッジウェア・ライン（現ノーザン・ライン）の二線が利用できる、高級住宅街のハムステッド周辺である。『日英新誌』第五八号（一九二〇年一〇月）に掲載された絹東生「倫敦に於ける日本人の居留地」は、次のように述べている。

　特に日本人の気に入りたる地方はハンプステツドである。其証拠には二百五十五人中ハンプステツドとフインチレー近辺に住む者が百十六人ある。是れは市中と鉄道の便がよくて割合に近く而かも比較的閑静な心地よき住地なるが為めならん。多くは市中の銀行会社等の事務員にして陸海軍人留学生視察員も少しは居る。次は三十八人を有するケンシントン一帯の地方なるが此処は大使館員及領事館員陸軍海武官の居留地の様である。其次は三十二人を有するレーゼント・パークと聖ジヨンス・ウッド地方なるが会社員其多数を占むる様だ。（略）此辺〔ハムステッド――引用者注〕は日本郵船三井の大将株を始め其他歴々家の邸宅地故自然日本人が住むのかも知れぬ。

　ハムステッド周辺の居住者が二五五人中一一六人ということは、日本人の約四五・五%がここに住んでいることになる。またリージェント・パークのすぐ北に位置するセント・ジョンズ・ウッドは同じメトロポリタン・ライン（現ジュビリー・ライン）の駅なので、ロンドンの中心部から見れば北の住宅地に一四八人、日本人の約六五・八%が集中していることになる。パリの日本人の多くが高級住宅地のパッシー地区に住んだのとまったく同じ傾向が、ロンドンでも見られるのである。馬郡健次郎もハムステッドに住んだ一人だった。『ジヤヅの欧羅巴』（万里閣書房、一九三〇年）に彼は、日本人から住所を聞かれて「ハムステツド」と答えると、「あゝ日本人村ですか」と頷かれると記している。ウェスト・ハムステッド駅より一つ南になるフィンチリー・ロード駅近くのレストランで、馬郡は「日本の紳士淑女」とよく出会っ

ロンドン日本人社会のインフラⅠ——『日英新誌』の広告から

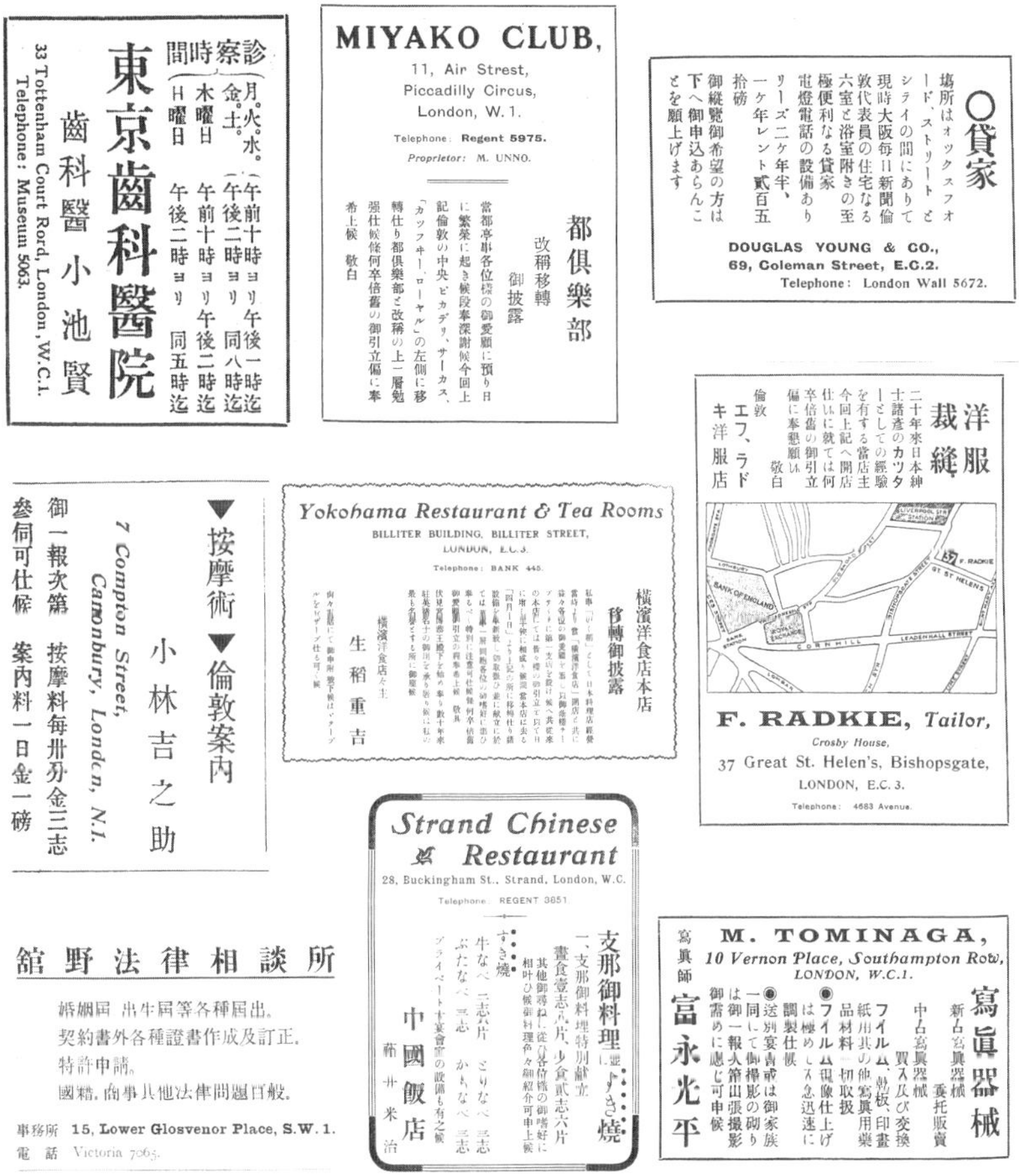

第一次世界大戦後のロンドン日本人社会のインフラ整備は、『日英新誌』の広告を通してうかがうことができる。（右上）貸家（第102号、1924年6月）、（右中）ラドキ洋服店（第49号、1920年1月）、（右下）写真師・富永光平（第49号、1920年1月）、（中上）都倶楽部（第75号、1922年3月）、（中中）横浜洋食店（第76号、1922年4月）、（中下）中国飯店（第134号、1927年3月）、（左上）東京歯科医院（第47号、1919年11月）、（左中）按摩（第88号、1923年4月）、（左下）舘野法律相談所（第141号、1927年10月）。

た。「此の付近には日本人が沢山居ますね！」というのが、彼らの挨拶だったという。

四　「黄金の二〇年代」とインフラ整備

第一次世界大戦後にロンドン在留日本人数が増加すると、ロンドンの日本人社会のインフラも整備されていく。その象徴的な場所が、大英博物館から南西に歩いて五分ほどのデンマーク・ストリートだった。大和ホテルのパンフレットの地図に記されたように、短い通りに阿座上商会・酒井商会・ときわ料理店・大島理髪店・大和ホテル（旧ときわ旅館）などが集中していたからである。この通りの六番地に位置する阿座上商会は『倫敦市街略図』（刊行年不記載、三五頁参照）を出している。作成に際して使用した元の地図は、大和ホテルがパンフレット作成の際に使った元の地図と同一である。ただ地図に書き込む日本人関係スポット（公的機関・銀行・商社・商店など）がそれぞれ微妙に違っている。『倫敦市街略図』の下段にはスポットの住所と最寄の駅名が記載された。ロンドンの都市空間を歩き回る日本人には便利だっただろう。

阿座上商会はロンドン土産を市価の一割〜二割五分引きで扱うことをセールス・ポイントとしていた。『倫敦市街略図』の下段には取扱い品も記されている。ピアノ・蓄音機・ラジオ・写真機・ゴルフ道具のようなかさばるものから、衣類・ハンドバッグ・洋食器・ライター・書籍まで、大小取り揃えていた。自動車市中名所案内も引き受けるし、フィルムの現像も行う。尾崎行雄は『外遊断想』（中央公論社、一九三四年）で、「トキワの近所にアザカミ（阿座上）と云ふ日本人の雑貨店があるが実に便利で、買物を頼むと何でも買つて呉れる。そして値段は其の物を売つて居る店での値段の一割引である。私は日本へ帰つてからも、本や新聞などを此の雑貨店へ頼んで買つて居るが値段は矢張り一割引である」と賞讃した。阿座上商会は『倫敦地下鉄道地図』（三五頁参照）も作成したが、日本人関係スポットの住所と最寄の駅名はこちらにも記してある。

日本人旅行者や顧客の便宜と宣伝を兼ねて、印刷物を作ったのは大和ホテルと阿座上商会だけではない。デンマーク・ストリート八番地の「ときわ」は『倫敦乃栞』（刊行年不記載、三五頁参照）を作成した。これは全三七頁のパンフレットで、「倫敦名所案内」と「欧米旅行者へ注意」を載せている。これを発行した頃は、まだ八番地で料理店と旅館を兼ねていた。

日本人商店・旅館の印刷物

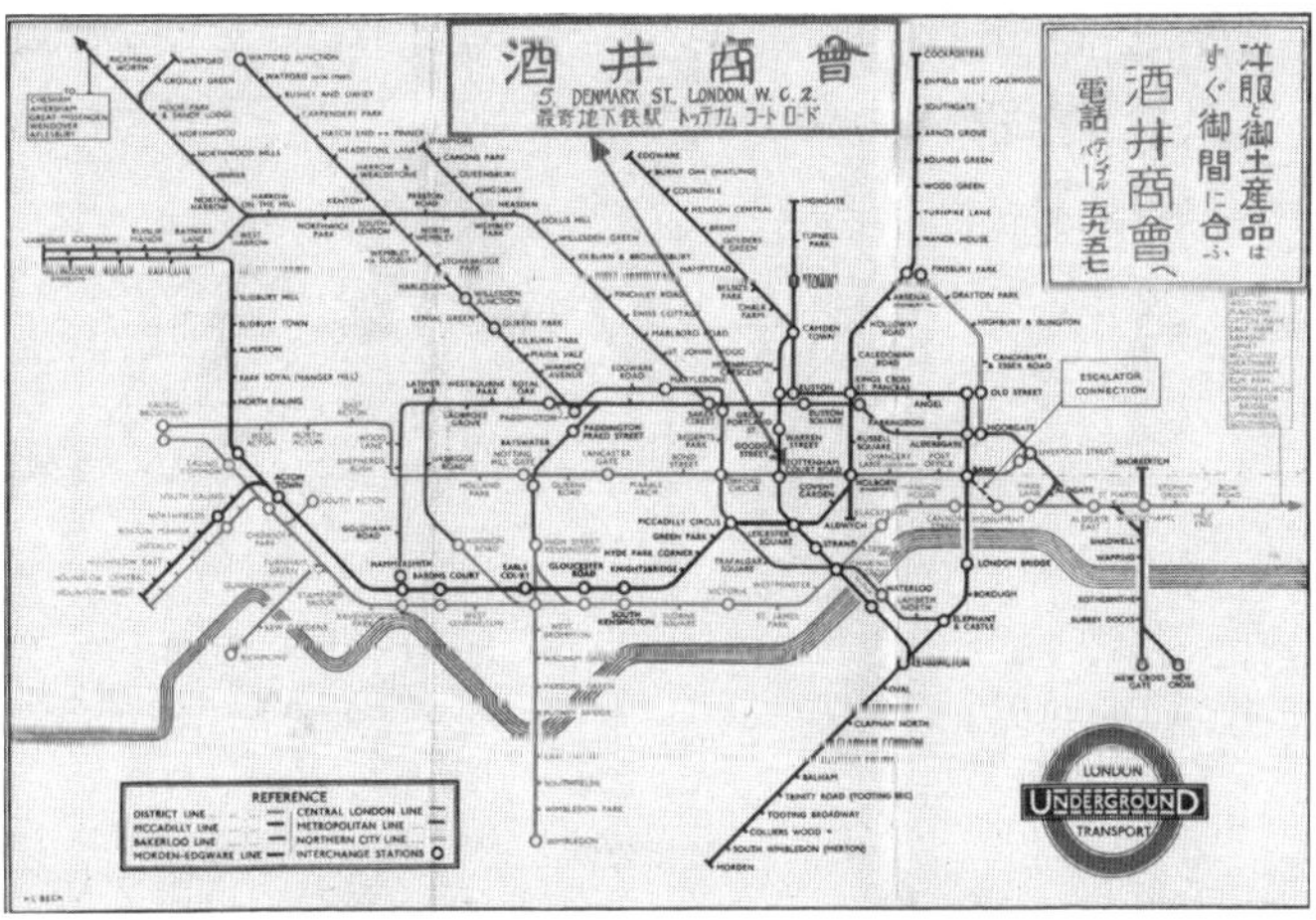

(右上) 阿座上商会の『倫敦市街略図』。デンマーク・ストリート22番地が大和ホテルではなく登喜和ハウス(旅館)と表記されているので、1933年か34年の印刷である。
(中上) 阿座上商会の『倫敦地下鉄道地図』。同番地が「ときわ旅館」と表記されているので、同年代の印刷物である。
(左上)「ときわ」の『倫敦乃栞』。住所がデンマーク・ストリート八番地なので、1924年〜1926年に刊行されたパンフレットである。
(下) 酒井商会の『RAILWAY MAP』。表紙に「1937」と記載されている。

近藤浩一路は『異国膝栗毛』(現代ユウモア全集刊行会、一九二八年)で、「妙な行燈風のものをぶら下げて、日本を表徴してゐた。こゝもゐた、刺身、木の葉丼、うなぎ等、日本のものなら何でも御座れといつた具合であつた。英国人の若い女を使つて、それで女中頭は日本の女、これが洋装して時時出て来ては采配をとつてゐた。どうも不思議なことに、日本料理といふと支那料理と違つて、西洋人の客は全く影も見られない」と、「ときわ」店内の様子を描いている。「西洋人の客」は「全く」ではないが、中国料理店と比べると明らかに少なかった。

デンマーク・ストリート五番地の酒井商会も、配布物(三五頁参照)を作成している。ただし作成といっても、地下鉄の駅に無料でおかれる「RAILWAY MAP」の路線図に、酒井商会の宣伝を二ヵ所、赤い罫線で囲っただけの簡便なものだった。酒井商会は洋服地や毛織物類を扱っている。野村覚一は阿座上商会で土産物を見てから、「酒井洋服店」に立ち寄った。『欧米蝸牛行』(野村覚一、一九三六年)には、「訪問服として黒上衣縞ズボン黒チヨツキ一揃を百円にて注文す、地が三五円、仕立が六五円である。仕立賃の高価なるに驚く、最も仮縫ひをせず紙製で仕立て之を着せて格好を見るので正確である。又家族の洋服としてアフターヌンの紙型三種と、最近の婦人服仕立方一冊を求め又春秋用純毛スポーツ型機械編上下婦人用二十八円にて注文した。倫敦人の服は襟が広く、其為め胸が能く整ふ、日本の新型と云ふのは当地の二三十年前の型であると云ふ。婦人の毛糸服などは日本で着用してゐる人は未だ甚だ小数である」と記されている。

大島理髪店はデンマーク・ストリート六番地にあった。吉田辰秋はここで整髪してもらった一人である。『外遊漫筆』(明治図書、一九三九年)によれば、「ときわ」で日本食のランチを堪能した吉田が、店外に出て周囲を見回すと、日本人理髪店の看板が目に入る。主人は日本人で、イギリス人の理髪師を雇っていた。「二階の狭い室に別に婦人調髪室」もあり設備は整っている。旅行者の吉田は「主人から倫敦雑感を一席聴取」しながら、カットしてもらった。その後はデンマーク・ストリートのお決まりのコース。酒井商会に立ち寄って吉田は、「自身用の服地と外套地を大奮発し、ついで土産用の服地ショール類其他をしこたま奮発」している。

大和ホテルのパンフレットの地図では、山中商会もデンマーク・ストリート二〇番地に店を構えている。この頃はピカディリー一六六番地の店舗で美術を扱い、こちらの店では宝石を扱っていた。吉田辰秋はさきほどの酒井商会での買物後に、向いの山中商会も覗いている。ダイヤモンドには手を出さなかったが、店員に勧められてピクニック・ケースを購入した。山中商会は大阪の骨董商で、一九世紀末にロンドン支店を構えている。他にもニューヨーク・シカゴ・北京などに支店を開いた。日英博覧会が開かれた一九一〇年に朝日新聞社は第二回世界一周会を主催するが、山中商会はこのときに日英博協会関係者と世界一周会一行をテムズ河の舟遊びに招待している。このときの様子は、西村時彦『欧米遊覧記』（朝日新聞合資会社、一九一〇年）に出てくる。

デンマーク・ストリートを離れてロンドンの日本料理店を概観してみよう。東洋館・常盤・湖月・都倶楽部・日の出家の五軒は合同で、『日英新誌』第一〇八号（一九二四年一二月）に謹賀新年の広告を出した。新年の挨拶にはこう記されている。「尚今回日本料理店営業組合を組織いたし値段の共通を計り今後一層誠実に勉強仕る」と。同誌掲載記事の「倫敦日本料理店組合成立」で補うなら、「営業時間の一定、料理、宴会、仕出し、弁当等値段の共通、使用人の待遇改善、組合員間に不慮の災害起りたる場合の互援方法等」の規約を定めたのである。

五軒のうちまだ触れていない都倶楽部（三三頁参照）は、最初はダーブレイ・ストリート三番地に都亭という名前で店を構えていた。一九二三年三月にエア・ストリート一番地に移転して都倶楽部と改称する。有名なカフェ・ロワイヤルの左側である。『日英新誌』第一〇九号（一九二五年一月）の「日本料理店五軒」では、「都倶楽部は宇野万吉氏の経営する所で、氏は何処の産だか知らないが、うなぎどんぶりの名人として知られてゐる。（略）今回ピカ付近再築のため適当の営業場が見当らないので、スウヰス・コツテージの自宅で臨時営業することになつた」と紹介されている。その後、日本人会に近いプリンセス・ストリート一五番地に移転したという情報が、『日英新誌』第一一六号（一九二五年八月）に出てくる。「日本にても一寸見当らない程上手な純日本料理」（青木庄蔵『世界をめぐりて』青木庄蔵、一九二五年）とか、「鰻は和蘭海岸から来るそうで、可成り食べられるものであつた」（倉田亀之助『欧米行脚』倉田亀之助、一九三四年）とか、日本人の間でこの店の評判は高かった。

ロンドンで日本人が経営していた料理店は、日本料理店だけではない。『日英新誌』第七六号（一九二二年四月）には横浜洋食店の広告（三三頁参照）が掲載されている。店主は生稲重吉。前月に出た同誌第七五号の「横浜洋食店本店移転」の記事によれば、もともと日本料理店「いく稲」を経営していた生稲は、「同胞間の競争を潔しとせず倫敦の商業中心地に於て『横浜洋食店』を開きし」が、好評を博して一九一九年七月には支店を設けるほどだった。しかし本店が手狭になったため、ビリター・ストリートに移転したのである。同誌第一四〇号（一九二七年九月）にはさらに、「日本及支那料理」の「いく稲」をコーンウォール・ロード一二一番地に開店するという記事も出ている。

中国料理といえば、藤井米治がバッキンガム・ストリート一八番地で経営する中国飯店は日本人がよく利用した。『日英新誌』第一三四号（一九二七年三月）に出た広告（三三頁参照）が、中国料理だけでなくすき焼きも提供すると謳っているのは、顧客のニーズの反映である。同誌第一五三号（一九二八年一〇月）の「支那料理の仕出し」によれば、仕出しの要望も多く、広東式テーブル料理の仕出しができるように、設備やスタッフを揃えるという。野上弥生子が『欧米の旅』下（岩波書店、一九四三年）に「日本人のだしてゐる支那料理屋によつて食事をする。日本人の店で、西洋人の金をとつて儲けてゐるのはここだけで、一日に三百人からの客があり」と記したのは、中国飯店のことだろう。

第一次世界大戦後に整備されていったロンドンの日本人社会のインフラは、商店や料理店だけではない。『日本人名録　昭和五年度用』（The Eastern Press, 刊行年不記載）の名簿の「会社商店等」から、個人規模の事業で、生活に直結するものを抜き出しておこう。まず病気関係。医者に病状を説明し、治療の説明を受けるときに、普段使わない英語の専門語が混じってくると、コミュニケーションは取りにくい。幸いなことに日本人が多く住むハムステッドには、内科医の加藤伝三郎（三九頁参照）が住んでいた。小池賢が営む東京歯科医院は、『日英新誌』第四七号（一九一九年一一月）に広告（三三頁参照）を出している。診察は毎日だったので、歯痛を感じたらすぐに診てもらえただろう。小林吉之助は按摩術の広告（三三頁参照）を、同誌第八八号（一九二三年四月）に出している。年配の日本人は重宝したに違いない。

引越しや大きい物を運ぶときには運送店が便利である。『日本人名録　昭和五年度用』の名簿には三原運送店や村上運送店（三九頁参照）の名前が出てくる。『日英新誌』第一四八号（一九二八年五月）には「海陸運送会社」という記事が掲載された。汽車汽船切符の手配はもとより、荷物の配送、自動車・機械の運送まで引き受けるというから、帰国するときに一切合財を依頼することも可能だった。名簿には「写真師」として今井金衛や大北英雄の名前が出てくる。『日英新誌』第四九号（一九二〇年一月）には「写真師」富永光平の広告（三三頁参照）が掲載されている。記念日の出張撮影は、団体・個人両方のニーズがあっただろう。その他、日本語の書籍・雑誌・新聞の取次販売や、洋服・婦人服・着物の販売、年賀状の印刷など、ロンドンの日本人社会ではさまざまな職業が成立している。そのなかには『日英新誌』第一四

ロンドン日本人社会のインフラII——加藤内科医と村上運送店

（上）内科医加藤伝三郎の榎並真造宛書簡。封筒には1929年12月27日の郵便局のスタンプが押してある。上部に23日と手書きしているのは「加藤医師支払」とあるので、その日に小切手を送ったのだろう。便箋の右上には加藤のハムステッドの住所が記されている。
（下）村上運送店が榎並真造に送った書類。封筒の消印は1929年4月23日で、22日に「支払」と手書きしている。榎並はゴルフ道具などを箱根丸で日本に送ったのだろう。

一号（一九二七年一〇月）に掲載された広告（三三頁参照）のような、法律相談所まで含まれていた。

五　シティ——銀行・商社・汽船会社と日本協会

大和ホテルのパンフレットの地図（口絵二〜三頁参照）をもう一度見てみよう。日本人関係スポットの三番目のエリアがシティ。正確にいうとThe City of Londonは、世界の金融市場を左右するビジネス・センターである。地図のBank駅の近くには、建物の絵があって、「英ラン銀行」（イングランド銀行）、「Mansion Ho」（マンション・ハウス＝ロンドン市長公邸）、「Royal Exchange」（王立証券取引所）と記されている。ここがシティの中心部ということになる。ここから北はリヴァプール駅、東は地下鉄のオールド・ゲート駅までの範囲に、日本の銀行・商社・汽船会社は集中していた。地図に記載されている社名を拾うと、浅野物産、安宅商会、飯田商会、岩井商会、大倉組、川崎汽船、正金銀行、住友銀行、台湾銀行、朝鮮銀行、長瀬商会、日本銀行、日本郵船、野沢組、堀越商会、三井銀行、三井物産、三菱銀行、三菱商事、山下汽船の二〇社になる。それ以外に、「シチーときわ」、豊年ホテル、領事館事務所の所在地も記されている。

日本の銀行・商社・汽船会社はいつ頃からロンドンに支店を開くようになったのだろうか。『日英新誌』第六九号（一九二一年九月）に「在倫敦日本商社の発展」という記事が掲載されている。それによれば第一次世界大戦開始以前にロンドンで、代理店ではなく支店を開いていたのは一七社である。開設年度順に、一八七三年に大倉組、七八年に三井物産、一八八四年に横浜正金銀行、八八年に高田商会、一八九六年に日本郵船、九八年に加藤章造商店、九九年に野沢組、一九〇〇年に山中商会と日本商工、〇七年に飯田商会、〇八年に堀越商会、一九一一年に鈴木商店、一三年に長瀬商会と宮川商会と山下汽船。また小寺洋行と御木本真珠店も支店を開設したが、正確な年度は不明だという。

第一次世界大戦は、戦場にならなかった日本に経済発展のチャンスを与えた。海外貿易の伸びに伴って、一九二〇年までにロンドンに支店を設置したのは二一社に上る。一九一四年に芝川商会、一五年に台湾銀行、一六年に三菱商事、一七年に大阪商船、一八年に住友銀行と、毎年のように支店が開かれた。支店開設ラッシュとなるのは第一次世界大戦終了後で、一九一九年には太洋海運・中澤商事・共三組・大同貿易・川原商店・内田商事の六社が、一九二〇年には久原商事・古河商事・日本レース・岩井商店・湯浅貿易・三菱銀行の六社がロンドンに進出している。これ以外に開設年度は不明だが、金子商会・垣内商店・丸石商会・東洋商事も支店を出している。

外務省通商局『昭和十一年十二月末現在　在外本邦実業者調（上巻）』（外務省通商局）で、ロンドンの日本人経営三二社の使用人員規模を確認しておこう。使用人員五〇人以上の会社は、以下の通りである。①横浜正金銀行一四五人（日本人二〇人、外国人一二五人）、②三井物産一〇一人（日本人二八人、外国人七三人）、③日本郵船九八人（日本人一〇人、外国人八八人）、④三菱商事六二人（日本人九人、外国人五三人）、⑤モトス製品会社五五人（日本人〇人、外国人五五人）。ちなみに第四章の『黄金の二〇年代』とインフラ整備」で取り上げた商店や料理店などでリストアップされているのは、常盤（ときわ）が旅館・料理店・旅行案内・雑貨などを併せて二二人（日本人一八人、外国人四人）、中国飯店が一四人（日本人一人、外国人一三人）、山中商会が美術と宝石を併せて八人（日本人五人、外国人二人）、阿座上商会が七人（日本人二人、外国人五人）、日の出家が料理・庭園・植木を併せて七人（日本人六人、外国人一人）、大和ホテルが六人（日本人四人、外国人二人）、酒井商会が五人（日本人二人、外国人三人）だった。

横浜正金銀行は貿易金融の発展のため、一八八〇年に開業した外国為替銀行である。おのずからロンドンの日本人はよくここに立ち寄った。一八八九年にアメリカのフィラデルフィアで開かれた万国商業大会に、横浜と東京の商業会議所代表として出席した大谷嘉兵衛は、一一月二三日にロンドン入りする。『欧米漫遊日誌』（大谷嘉兵衛、一九〇〇年）によれば、ユーストン駅で出迎えたのは横浜正金銀行員だった。翌日に日本公使館と領事館を訪問した大谷は、すぐに横浜正金銀行の中井芳楠支店長を訪ねる。中井のアドバイスで大谷は、ヨーロッパ巡回のスケジュールを立てた。翌年一月四日には同銀行員の案内で、イングランド銀行の見学もしている。大谷のような経済界とのつながりがなくても、日本人はよく横浜正金銀行を訪れた。日本からの送金をポンドで受け取る必要があったからである。小野賢一郎は『世界のぞ記』（有精堂、一九一九年）で、「正金の窓口へいったら何時でも誰か日本人のゐない事はない」と述べている。

三井物産は支店開設年度が大倉組の次に古い。一九世紀末の三井物産について、水田栄雄は『大英国漫遊実記』（博文館、一九〇〇年）の「龍動の三井支店」という章で、一七頁にわたって詳述している。水田がライム・ストリート三四番地のオフィスを訪ねると、十数名の日本人社員が石炭部・器械部・輸出米部・鉄道部・雑貨部・会計部に分かれて仕事をしていた。たとえば石炭部は三池炭坑の石炭の売り出しに努め、「日清沿海に渡航する倫敦会社の大部と結んで、彼等の船舶が東洋航路に消費す可き石炭の価格を予定し、是を東洋諸港に授受せしむるもの、毎歳平均十五万頓」に上るという。「余輩倫敦に遊んで、是が繁栄は全く商業繁栄の基礎の上に建てられたるを感じ、（略）日本の商権拡張に勤めて、世界の商戦場に極上無制限の大信用を博する会社商店の続々湧起し来らん事を望むや切なり」と水田は結んだ。

一九三〇年代半ばのロンドンの日本人経営会社のなかで、三井物産の日本人の使用人員は最も多い。おのずからここで便宜をはかってもらう旅行者も少なくなかった。一九二三年一〇月一一日にロンドンに到着した佐竹義文は、ヴィクトリア駅で三井物産社員の出迎えを受けている。『欧米を縦横に』（宝文館、一九二五年）によると、翌日は外国人社員が迎えに来て支店に案内され、瀬古支店長に面会した。雑貨店で日用品を買い入れるときも社員が面倒をみている。浅井治平も三井物産の世話になった一人である。ロンドンに着いて間もない頃に水谷庶務課長と会うと、水谷は大の旅行好きだった。スコットランドを見てからドイツ～北欧～アルプスを回るプランを練り、切符の手配までしてくれたと、『新しき欧米』（古今書院、一九四一年）には記されている。

シティは世界の金融・経済の中心地だから、日本でもよく知られていた。「シテーと云へば、日本人の誰もが、渡英前に写真でよく心得てゐるほど、ロンドンの名所となつてゐる。否、ロンドンに来た日本人は、大使館事務所に顔を出したり、正金銀行支店に旅費を受取りにきたり、日本郵船会社に切符を求めにくるたびに、どうしても踏みこまずにすまされぬ一区画」と、斎藤清衛は『東洋人の旅』（春陽堂書店、一九三七年）に書いている。シティに勤める日本人は所属会社ごとに孤立していたのではない。彼らは横のつながりを持っていた（四三頁参照）。またシティを訪れる日本人も、複数の会社を回って用事を済ませることがあった。松波仁一郎は『目あきの垣覗き』（大日本雄弁会講談社、一九三六年）で次のように述べている。

三菱銀行ロンドン支店亦此広場から数歩の要所に在りて、支店長の今野君が頑張つて居る。三井物産や日本郵船の支店も此近くに在つて、何れも十分程の所だ。従つて日本人に頗る便利で滞在中大なる便宜を得た。三菱銀行で金を取り、其金で三井物産で物を買ひ、其買つた物を日本郵船へ持つていつて運送して貰ふのだ。万事がうまく行

シティの銀行・商社・汽船会社

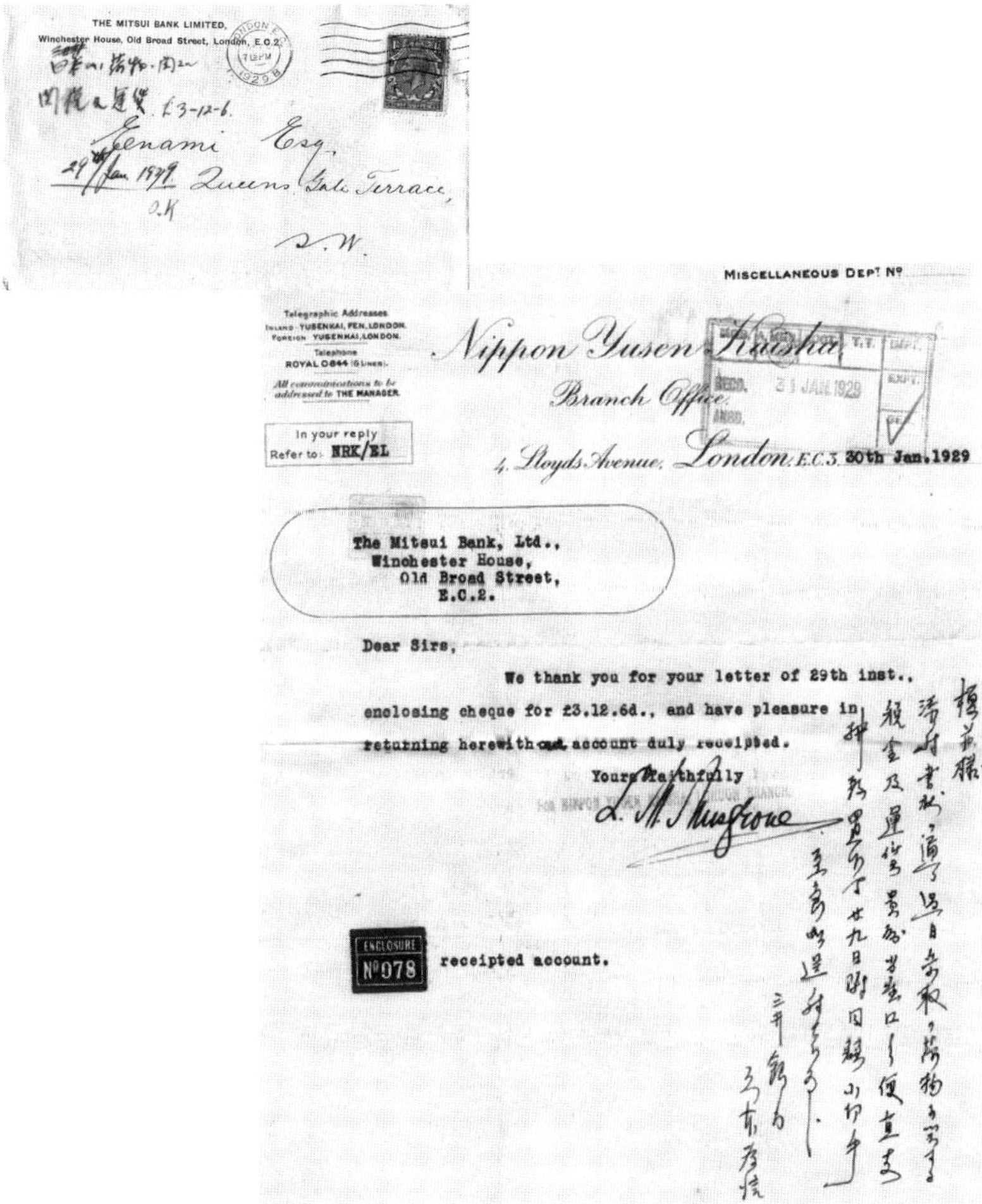
THE MITSUI BANK LIMITED,
Winchester House, Old Broad Street, London, E.C.2.

MISCELLANEOUS DEPT Nº

Telegraphic Addresses
INLAND - YUSENKAI, FEN, LONDON.
FOREIGN - YUSENKAI, LONDON.
Telephone
ROYAL 0844 (5 LINES).
All communications to be addressed to THE MANAGER.

Nippon Yusen Kaisha,
Branch Office,
4, Lloyds Avenue, London, E.C.3. 30th Jan.1929

RECD. 31 JAN 1929

In your reply
Refer to: NRK/EL

The Mitsui Bank, Ltd.,
Winchester House,
Old Broad Street,
E.C.2.

Dear Sirs,

We thank you for your letter of 29th inst., enclosing cheque for £3.12.6d., and have pleasure in returning herewith our account duly receipted.

Yours faithfully

ENCLOSURE Nº078 receipted account.

二井銀行が榎並真造宛に送った書類。便箋は日本郵船ロンドン支店のもので、1929年1月30日付で日本郵船が三井銀行に小切手を受け取ったことを知らせた。その書類に三井銀行社員の久本為信が手書きで用件を書き、榎並に送ったのである。日本郵船の三井銀行宛のもう1枚の同封書類によれば、「荷物」とはシルクの着物とシルクの人形で、「Kamo Maru」で運ばれてきて、運賃と関税が発生している。

くから、二時間位で用済になる。至便と云ふべし矣。

シティの日本人経営会社社員の横のつながりは、たとえばテニスを通してうかがうことができる。『日英新誌』第六八号（一九二一年八月）の「三菱、郵船両社庭球競技」という記事は、七月一六日にハムステッドの郵船テニスコートで行われた試合の結果である。両社の枠を越えて催されたのが、同誌第八一号（一九二二年九月）に出てくる、八月二七日に横浜正金銀行運動場で行われた在倫邦人庭球大会で、すでに第三回を数えている。参加者の所属を見ると、鈴木商店、住友銀行、台湾銀行、高田商会、日本郵船、野沢組、久原商事、堀越商会、丸石商会、三井物産、三菱銀行、山根商会、横浜正金銀行と並び、シティの日本人社会の縮図のように見える。大会にはさらに大使館・総領事館関係者や、海軍・陸軍関係者らが加わっていた。

テニスを通じて培った親交は、その延長線上に倫敦日本人庭球協会を設立させる。『日英新誌』第八九号（一九二三年五月）によると、「在英同胞の親睦と実力の充実を計ると共に盛んに外人団体と試合を行ふべく」、三月一五日に創立総会が日本人会で催された。会頭には大使が、副会頭には日本郵船支店長が就任している。キャプテンと名誉幹事の所属は鈴木商店、委員の所属は軍人・商務官以外は、住友銀行、高田商会、日本郵船、三井物産、三菱銀行だった。

倫敦商業懇話会や国際商業会議所日本国内委員会倫敦支部は、シティの日本人社会と深く関わっている。一九三四年八月一〇日付、松山晋二郎在倫敦総領事の広田弘毅外務大臣宛公文書「在外本邦人諸団体調査報告ノ件」は、前年末の一〇団体の概略を報告した。それによれば倫敦商業懇話会の創立は一九二六年一〇月、事業概況は「会員間ノ懇親ヲ図ルト共ニ日英通商並ニ一般貿易ノ改善促進方策其他諸般ノ経済事項ヲ講究シ必要ニ応シ当局ニ意見ヲ具申」することである。会員数は三〇名と記載されている。国際商業会議所日本国内委員会倫敦支部の創立は一九二八年五月、「巴里本部ト日本国内委員会トノ間ニ於ケル連絡機関」で、会員数は一〇名である。いずれも商務参事官としての松山晋二郎が、常任理事や委員長を務めている。

ロンドンの日本人上層社会は、シティの日本人経済界と、大使館・総領事館と、海軍・陸軍関係者によって構成されている。『日英新誌』第六一号（一九二一年一月）は矢田総領事がサンフランシスコに栄転するため、「在英同胞七十余名」

を一月六日にコンノートルームに招待して留別会を催したと報じた。出席者の名前は所属と共に記載されている。所属は、大使館・領事館・陸軍・財務官・混合裁判所・日銀以外は、記載順に、正金・郵船・三井・三菱・台湾・住友・高田・大阪商船・鈴木・朝銀・神戸海上・東京海上・野沢・長瀬・大倉・芝川・御木本・松昌・大洋海運・帝国海上・日本火災・大阪海上・日本海上・古河・堀越・岩井・飯田・久原・山下・湯浅・内田・東洋・朝日。まさにロンドンの日本人上層社会の縮図である。招待する側と、される側は、機に応じて入れ替わる。同誌第四九号（一九二〇年一月）は、高田商会ロンドン支店長が後任の紹介を兼ねて、「在英知名の実業家官吏等約六十名」をホテルに招待したと伝えた。同誌第五四号（一九二〇年六月）は、海軍紀念日に飯田海軍少将が「在英実業家、陸海軍武官、大使館員、領事館員等八十余名」を日本人会に招待して盛宴を催したと報じている。

そんなロンドンの日本人上層社会とイギリス人との交流団体が日本協会である。一九二四年八月一〇日付、松山晋二郎在倫敦総領事の広田弘毅外務大臣宛公文書「在外本邦人諸団体調査報告ノ件」の「日本協会」の事業概況には、「日英両国親善ノ為メ設ケラレタル機関ニシテ主トシテ両国名士ノ招宴並講演会等ヲ催シ」と記されている。創立は一八九一年で、前年末の会員数は六一二名だった。釈宗演は『欧米雲水記』（金港堂書籍、一九〇七年）で、日本協会の一五周年記念晩餐会に出席したことを回想している。陸奥伯爵邸に赴いた釈は、馬車に同乗してメトロポール・ホワイトルームに着いた。出席者は、清国皇族や清国公使、荒川総領事や栃内大佐、イギリス海軍大将やリヴァプール名誉領事などで二七〇人。テーブルでは「山海の珍味林をなし、葡萄、サンパン泉をなし」て、「誰か龍動の貧民幾十万今まさに飢餓に泣くを思ふものぞ」という盛況だった。

日本協会を創立した中心人物はアーサー・ディオジー。『日英新誌』第五二号（一九二〇年四月）の「日本協会」という記事によれば、第一次世界大戦以前は会員が八〇〇〜九〇〇名くらいいたが、戦後に減少したという。ディオジーには *The New Far East* という著書があり六年間で八版を重ねた。日本に関する講演活動も多く行ったらしい。彼が死去したとき、同誌第八五号（一九二三年一月）は「英国人間に日本に関する智識の普及日英両国間の親善を計り最も早く両国同盟を唱へたる人として我国民の友として忘る可らざる人なり」と、彼の死を惜しんでいる。

六　倫敦同胞共済会と貧困・病気・死

ロンドン日本人社会の光の部分が上層社会に見られるとすれば、影の部分は下層社会に見られる。一九三〇年一〇月三〇日付で、朝日五十四在倫敦日本総領事館副領事が幣原喜重郎外務大臣に提出した「管内視察報告書」が、外務省外交史料館に所蔵されている。これは八月に二週間、朝日がエディンバラ・グラスゴー・バーミンガムなどを巡遊してまとめた公文書である。報告書中の「在留本邦人人数ノコト」によれば、同年一〇月にイギリス内務省から得た日本人数は、「ロンドン及付近」が一二〇七人、「スコットランド」が二一人、「其他イングランド及ウエールス」が三九三人、「北アイルランド」が二人、合計一六二三人で、前年一〇月にロンドンとリヴァプールの総領事館が調査した合計一一五九人と比べて約五〇〇人も多い。これは一年間に増加したのではなく、警察に登録（内務省の数字）しても、総領事館には登録しないためだと、朝日は述べている。

報告書中の「在倫敦総領事館管内在留本邦人船員生活状況」は、具体的な視察結果である。一九三〇年のミドルズバラの在留日本人数は一七〇人で、カーディフは七五人。彼らの大部分は、第一次世界大戦中に渡英した船員で、そのまま帰国せず、沿岸貿易船や近海貨物船、南米航路や東洋航路の汽船に雇われていた。既婚者は定住所ができるが、未婚者約二〇〇人の大部分は求人がある土地に移動して、船員宿を転々とする。貯蓄をする者は少なく「酒、色、博奕」に使ってしまう。船員相手の日本人経営下宿は、かつてロンドンに一～二軒あった。現在はミドルズバラで鈴木幸三郎が経営する一軒しかない。一室に三人以上が泊まる相部屋だが、失業して下宿代が払えなくてもすぐに追い出されることはない。そのことが失業に伴う生活の困難を緩和していた。

日本人船員は「社交的又ハ共済的組合又ハクラブノ如キモノ」と無縁だが、大部分はイギリスの労働組合に加入している。視察時の失業船員数は、ミドルズバラが一四人、ノースシールズが一二人、カーディフが七人。ノースシールズでイギリス人の妻と二人の子供がいる失業中の船員宅を、朝日は訪れている。「英国ニモ斯カル所アリヤト思ハルル程ノ薄汚キ街路」を横に入ると住居があった。電気はなく、三階の暗い二室は昼間でもガス燈をともしている。それでも

倫敦同胞共済会会員総会報告（1922 ～ 1926 年）

	会員数	職業紹介	疾病者・困窮者救済	受診者	入院者	死亡者	葬儀遺骨送還
1922 年	236	31	13	43	4	1	1
1923 年	222	45	15	67	5	2	1
1924 年	204	13	12	—	—	—	—
1925 年	206	35	10	7	2	1	—
1926 年	175	17	15	4	5	2	—

失業保険に入ってさえいれば何とか食べていくことはできた。しかし保険加入者を雇わない船主もいて、やむなく未加入の船員になる者も少なくない。彼らは失業すると途方に暮れてしまう。また総領事館の記録では、一九二九年一月以降の船員死亡者は七人いた。死因は肺結核が五人、刺殺が一人、脳出血が一人。ミドルズバラ市有共同墓地に埋葬された日本人船員の最古の墓標には、一九一五年死去と記載されていたという。

船員も含めたロンドンなどの日本人下層社会に対応したのは同胞共済会である。『日英新誌』第四二号（一九一九年六月）の「共済会記事」によると、五月二五日の発会式後に入会者はすでに四〇名に達していた。第四三号（同年七月）の「共済会記事」には、「本会事業の一たる『衛生』は毎日曜午後三時より小田部ドクター会場に出張懇切来会者の診察、手当の注告に応じつゝあり」「会員にして労働しつゝ帰朝を希望する者は主任まで申出ずれば便宜を取計ひ得べし」と記されている。さらに第四六号（同年一〇月）の「共済会記事」によれば、九月には日曜受診者のうち重症者四名を、ケンジントン病院などに紹介して入院させ、病院には寄付金を送った。また北ロシアから引き揚げてきたという朝鮮人四〇名余りを、共済会会場内に数週間収容している。

第一次世界大戦後のイギリスは国際的な競争力が低下して、一九二〇年の夏頃から失業者数が増大する。また賃金切り下げに反対して炭坑夫たちが、翌年の三月三一日～七月一日にストライキを打った。日本人船員にも大きな影響が出てくる。『日英新誌』第六九号（一九二一年九月）の「同胞共済会事記（ママ）」のなかに、「失職海員救済」という見出しの文章が含まれている。

> 世界的海運業の不況に加へて四月以来三ヶ月に亘れる英国石炭坑夫同盟罷業は斯業に甚大なる影響を来し、就中ミドロスボロ、カーデフ、倫敦等に散在する同胞失

職海員の数実に二百数十名に上り窮乏日を追うて加はれる為め、総代を以て当局に陳情し或は有志の間に奔走する所ありしが、遂に同胞共済会の盡力にて同胞の篤志に訴へ失職海員救済金壱百壱磅拾三志五片を募集して各地に分配せり。其後小泉幹事の調査に依れば同盟罷業閉息と共に船舶の出入遂日増加を来せるを以て此処一両月間支ふるを得ば前途就職の見込立てりと云ふ。

不況やストライキに起因する一時的な困難を乗り越えても、日本人下層社会は貧困・病気・死といつも隣り合わせだった。一九二二年以降は『日英新誌』に掲載される「同胞共済会会員総会報告」に具体的な数値が出てくるので、以後五年間の表（四七頁参照）を作成してみた。この表を見ながら、補足説明をしておこう。同誌第八一号（一九二二年九月）掲載の報告では、表以外に小児殺害弁護（坂部トキ）一件と転地療養者一名が出ている。前者については、同誌第七九号（一九二二年七月）に「同胞在獄者慰問」という記事が掲載された。それによれば、「精神異状の殺児犯にて目下ダートムーア監獄病院に在る阪部トキ慰問」の目的で、日本基督教協会の女性が菓子を持って訪れたが、面会が許可されるほどには回復していなかったという。

表に一九二三年と記しているのは、『日英新誌』第九三号（同年九月）に掲載された報告で、正確には前年八月一九日～本年八月二四日の約一年間のデータである。葬儀遺骨送還は死去した大野筆太郎のケースで、倫敦同胞共済会はその他に、病気で窮乏状態となった中村亀吉郎を日本に送り返している。一九二四年のデータは、同誌第一〇五号（同年九月）に掲載された。受診者数の記載はないが、「入院手続、病難見舞、慰問品贈与等十件」と書かれている。この年には「二ヶ年余精神病院ニ入院シテ治療回復セル倉谷民也及怪我負傷シテ回復就職ノ申込ミ立タヌ若松録次郎ヲ補助シテ帰国」させた。

一九二五年のデータは『日英新誌』第一一八号（一九二五年一〇月）に掲載されている。この年も帰国のための費用負担が行われた。「庄司要病ノ為メ就職不可能」な状態で、医師の勧めもあって帰国させたのである。海員からの訴えにも対応している。「徳永政次郎海員トシテ従業中負傷シ就職困難トナレル件ニ就キ本人ノ依頼ニ応ジ船主其他ニ交渉盡力ス」。他に詳細は不明だが、「宿泊紹介其他五件」という記述もある。一九二六年のデータは同誌第一二九号（同年一〇月）

に掲載された。表の項目以外に、「宿泊紹介其他」が二件と、「病人慰問」が一一件ある。

日本を出たまま消息不明になる人々は一定数いて、家族や知人が総領事館に問い合わせることもあった。『日英新誌』第四一号（一九一九年四月）には、「左記ノ者ノ消息ニ付原籍地ヨリソレ〲照会アリタルニ付キ心付キノ人ハ当館マデ通報願度候」という在倫敦総領事館の「告示」が出ている。第一次世界大戦が終了してまだ五ヵ月しか経っていないからだろうか、記載氏名は一六人に上っていた。『日英新誌』編輯部に、直接問い合わせが来ることもある。同誌第一一四号（一九二五年六月）には、消息を編輯部に連絡してほしいという「尋ね人」の記事が出ている。氏名は安藤ナカ。一〇代後半だった二二～二三年前に、横浜から「倫敦の財産家の夫人」と共に渡英し、第一次世界大戦時に「瑞典とかに難を避けた」まま消息が途絶えてしまったという。

日本の公的機関や会社の後ろ盾がなく、異国で自分の力だけで生きていくのは並大抵のことではなかった。『日英新誌』にはときおり求職広告が出ている。第六三号（一九二一年三月）の「日本人青年夕間勉学の余暇ある所に雇はれたし」は、苦学生の広告だろう。返事の宛先が The Eastern Press になっているので、『日本人名録』の版元ならコネがあると思って相談したのかもしれない。第一三四号（一九二七年三月）には「本年三十才の日本婦人看護婦として日本における経験あり日本人家庭に雇はれたし委細は東洋館へ御聞合せ下さい」という広告が掲載された。東洋館に宿泊中ということなら、確かなあてもないままロンドンに来てしまったのかもしれない。

ロンドン在留日本人数が一定数いれば、客死する日本人も出てくる。『日英新誌』第五三号（一九二〇年五月）には川原商店倫敦出張所主任・津田平一死去のニュースが掲載された。津田は肺結核を患い「ヘ、ステング、ナーシングホーム」で療養していたが、五月一四日に息を引き取り、一八日にゴールダーズ・グリーン葬儀場で葬儀が行われるという。その三ヵ月後の三日には住友銀行の武智満茂が、療養中の「ハムステード・ナーシングホーム」で亡くなった。同誌第五六号（一九二〇年八月）は、「七日午後三時半住友銀行主催の下に日本人会に於て学友知人相集まりて追悼会を営まる因に同氏は大正四年卒業東京高商出身の俊才なり」と伝えている。津田や武智の場合は、勤務先や出身校の関係で、死後の面倒を見る者がいた。最後を看取る者さえなく亡くなった日本人の遺骨は、倫敦同胞共済会が費用を工面して日本に送還したのである。

ロンドン在留日本人職業別人口リスト（1907～1940年）

〈凡例〉
①外務省通商局編「海外各地在留本邦人職業別表」「海外各地在留本邦人職業別人口表」「在外本邦人国勢調査職業別人口表」「在外本邦人国勢調査報告」「海外各地在留本邦人人口表」「在留本邦人職業別人口表」などを基礎資料として、本、データを作成している。
②基礎資料の調査月にはばらつきがある。
③（ ）に「英」と記載してある場合はイギリスの、「管」と記載してある場合は在倫敦総領事管内の数字を記載している。
④職業別分類項目は、年度によって異なっている。
⑤「雑業」「本業者ノ家族」「無職業又ハ職業ノ申告ナキ者」などは数字が上位4職に入る場合でも取り上げていない。職業別に本業者と家族が記載されている場合には、本業者の数のみを記載した。

	ロンドン在留者	職業別上位4職
1907(明治40)	353名	官公吏94名　学生74名　貿易商49名　銀行員25名
1908(明治41)	440名	官公吏89名　学生81名　会社員79名　銀行員30名
1909(明治42)	495名	官公吏100名　学生93名　銀行員73名　会社員40名
1910(明治43)	540名	官公吏98名　会社員89名　学生80名　商業48名
1913(大正2)	502名	官公吏99名　学生71名　会社員事務所員48名　店員46名
1914(大正3)	478名	官公吏80名　学生71名　店員64名　会社員事務所員47名
1915(大正4)	679名	官公吏（武官共）216名　店員会社員事務所員137名　学生及練習生89名　技芸及娯楽ニ関スル業39名
1916(大正5)	329名	会社員・店員・其他事務員168名　官吏71名　料理店及飲食店21名　技芸娯楽ニ関スル業20名
1917(大正6)	519名	会社員・銀行員143名　官公吏78名　技芸娯楽ニ関スル業30名　学生及練習生27名
1918(大正7)	520名	会社員・銀行員146名　官公吏81名　商店員其他ノ事務員21名　技芸娯楽ニ関スル業21名　学生及練習生21名
1919(大正8)	812名	会社員・銀行員211名　視察遊歴者103名　官公吏92名　船舶従業者80名
1920(大正9)	702名	会社員・銀行員280名　視察遊歴者102名　学生及練習生47名　官公吏31名
1921(大正10)	1163名	会社員・銀行員・商店員・事務員366名　視察遊歴者121名　教育関係者95名　船舶従業者77名
1922(大正11)	998名	会社員・銀行員・商店員・事務員285名　官公吏・雇員83名　教育関係者69名　視察遊歴者61名　学生・練習生61名
1923(大正12)	1215名	会社員・銀行員・商店員・事務員276名　教育関係者137名　視察遊歴者127名　学生・練習生74名
1924(大正13)	1106名	会社員・銀行員・商店員・事務員262名　教育関係者137名　視察遊歴者125名　学生・練習生80名
1925(大正14)	434名(英)	会社員・銀行員・商店員・事務員185名　視察遊歴者94名　学生・練習生75名　家事被傭人・料理人46名
1926(大正15)	970名(英)	学生・練習生186名　会社員・銀行員・商店員・事務員185名　家事被傭人47名　官公吏・雇傭35名
1927(昭和2)	945名(英)	学生・練習生264名　会社員・銀行員・商店員・事務員155名　家事被傭人79名　官公吏・雇傭71名
1928(昭和3)	720名(英)	会社員・銀行員・商店員・事務員148名　学生・練習生85名　家事被傭人70名　官公吏・雇傭46名
1929(昭和4)	1164名(英)	船舶従業者250名　会社員・銀行員・商店員・事務員170名　学生・練習生148名　陸海軍人59名
1930(昭和5)	1470名(英)	舵夫・水夫177名　其ノ他ノ書記的職業103名　官吏59名　学生・生徒55名
1931(昭和6)	1486名(管)	(職業別不明)

1932（昭和7）	1155名	（職業別不明）
1933（昭和8）	1195名	（職業別不明）
1934（昭和9）	1016名	（職業別不明）
1935（昭和10）	1010名	会社員・銀行員・商店員・事務員 164 名　官公吏・雇傭 56 名　船舶従業者 33 名　陸海軍人 27 名
1936（昭和11）	973名	会社員・銀行員・商店員・事務員 168 名　官公吏・雇傭 51 名　家事被傭人 33 名　学芸・娯楽・装飾品製造 29 名
1937（昭和12）	980名	会社員・銀行員・商店員・事務員 175 名　官公吏・雇傭 55 名　家事被傭人 26 名　陸海軍人 23 名
1938（昭和13）	879名	会社員・銀行員・商店員・事務員 106 名　官公吏・雇傭 35 名　学芸・娯楽・装飾品製造 35 名　家事被傭人 25 名
1939（昭和14）	1239名（管）	会社員・銀行員・商店員・事務員 177 名　船舶従業者 111 名　家事被傭人 60 名　学芸・娯楽・装飾品製造 47 名
1940（昭和15）	1239名（管）	会社員・銀行員・商店員・事務員 177 名　船舶従業者 111 名　家事被傭人 60 名　学芸・娯楽・装飾品製造 47 名

日本人数が多くなれば、日本国内と同じような問題も起きてくる。「在英日本人の増加と犯罪者」（『日英新誌』第七一号、一九一二年一一月）には「在英邦人の増加は一面に於て悦ばしい現象であるが、その一方には我々日本人の面汚しをする破廉恥漢や罪人の増加するのには実に困つたものである。現に殺人罪を以て終身懲役の者二三人ある。其他刃傷とか密輸入とかの犯罪者は近頃毎月平均一人位は捕へらるゝ様だ」と記されている。もちろん「殺人」の背後にも、「刃傷」の背後にも、さまざまな物語が横たわっていただろう。物語には、エトランジェ故の困難もリンクしていたはずである。それらの物語は掘り起こされることなく、歴史の彼方に静かに眠っている。

七　「実業の都」での「自己」と「他者」

一九世紀後半～二〇世紀前半にロンドンを訪れた日本人の眼に、ロンドンの都市空間はどのように映ったのだろうか。近代文明の落差に圧倒された時期が過ぎると、意識は文化の差異に向けられるようになる。極東の地にいるときには「西洋」「欧州」と一言で片付けていたが、実際に来てみると、ロンドンはパリともベルリンとも異なっていた。「ロンドン在留日本人職業別人口リスト（一九〇七～一九四〇年）」（五〇頁参照）に各年の職業別上位四種をまとめておいたので、ロンドンの日本人の職業・所属の特徴を確認しておこう。年度によって括り方や呼称に幅があるが、最初に目に付くのは、「会社員・銀行員・商店員・事務員」が多いことである。次に「官公吏・雇傭」の多さも目立つ。ここに陸海軍人を加えれば、ロンドンの日本人上層社会が視野に収まることになる。

リストで気になるのは「船舶従業者」の数が、年度によって大きく違うことだろう。その一因はデータの対象が、ロンドンと「在倫敦総領事館管内」とイギリスに分かれていることにある。一九三五年を例にとろう。ロンドン在留者は一〇一〇名だが、対象範囲を「在倫敦総領事館管内」に広げると一三六二名となり三五二名増加する。「管内」には、ロンドン以外に、ミドルズバラ、カーディフ、ノースシールズ、その他が含まれている。「管内」に広げた場合に、職業別人口で大きく変わってくるのが「船舶従業者」である。ミドルズバラの日本人一四〇名のうち「船舶従業者」は七八名（家族を入れると一一九名）、カーディフの日本人六九名のうち「船舶従業者」は四〇名（家族を入れると六三名）、ノースシールズの日本人七三名のうち「船舶従業者」は五二名（家族を入れると六二名）、その他の日本人七〇名のうち「船舶従業者」は一八名（家族を入れると二六名）。合計すると三五二名のうち、「船舶従業者」は一八八名で約五三％を占めている。彼らの家族も含めれば二七〇名、約七七％の高率となる。「管内」でデータを取る場合は、日本人下層社会はここに集中して現れてくることになる。

ただ上層／下層の違いはあるが、「会社員・銀行員・商店員・事務員」にせよ、「船舶従業者」にせよ、彼らは共通して「実業」に携わっていた。これはロンドンの、パリやベルリンとの大きな傾向の違いである。『言語都市・パリ 1862-1945』（藤原書店、二〇〇二年）や『パリ・日本人の心象地図 1867-1945』（藤原書店、二〇〇四年）で言及したように、日本人はパリを「芸術の都」として憧憬してきた。実際にパリに赴いた美術家も少なくない。一九一〇年代、一九二〇年代、一九三〇年代の、データを比較できる年をサンプルとして抽出してみよう。まず一九一四年。パリの日本人数八七名のうち画工は一四名・写真業は〇名で、比率は約一六％。ロンドンの日本人数四七八名のうち画工は九名・写真業は一名で、比率は約二％にすぎない。次に一九二四年。パリの日本人数七一九人のうち写真師・画家は九〇名で音楽家は五名、合計九五名で比率は約一三％。ロンドンの日本人数一一〇六名のうち写真師・画家は一一名で音楽家は二名、合計一三名で比率はわずかに一％である。最後に一九三五年。パリの日本人数五〇七名のうち画家・彫刻家・音楽家・写真師は六一名で、比率は約一二％。ロンドンの日本人数一〇一〇名のうち画家・彫刻家・音楽家・写真師は一六名で、比率は約二％しかない。どの年をとってみても芸術家はパリの方が圧倒的に多い。

ベルリンの場合はどうだろうか。『言語都市・ベルリン 1861-1945』（藤原書店、二〇〇六年）で明らかにしたように、日本人にとってベルリンは「学問の都」だった。まず一九一四年。ベルリンの日本人一〇六名のうち学生は一八五名で、比率は約九〇％に達している。ロンドンの日本人四七八名のうち学生は七一名で、比率は約一五％にすぎない。次に一九二四年。ベルリンの日本人数九八八名のうち学生・練習生は一一八名で、比率は約一二％に下がる。だがロンドンでは日本人数一一〇六名のうち学生・練習生は八〇名で、比率は約七％しかない。最後は一九三五年。この年のデータはベルリンではなくドイツになるが、ドイツの日本人数五一四名のうち学生・練習生は九二名で、比率は約一八％。それに対してロンドンの日本人数一〇一〇名のうち学生・練習生は二五名で、約二％を数えるのみである。学生はどの年でもベルリンの方がかなり多い。

日本人のパリ・イメージが「芸術の都」であり、ベルリン・イメージが「学問の都」であったのに対して、ロンドン・イメージは「実業の都」だった。おのずから日本人のロンドン体験記にも、芸術家や文学者だけでなく、政治家・経営者・技術者・会社員らが書いた本が多く入ってくる。

政治家の鶴見祐輔に『三都物語』（丁未出版社、一九二三年）という本がある。三都とはロンドン・パリ・ニューヨーク。現代は「大西洋を中心とする文化の時代」であるという観点から、鶴見は一〇年ほど三都の研究をしてきたという。都市間の移動は、三都の違いを彼に実感させた。「倫敦の生活には田園生活が残留してゐる。巴里は都である。紐育は更に一層都会である」と鶴見は指摘する。パリからロンドンに来ると、男性のファッションは「立派」なのに、女性のファッションは「不器用」に見える。パリは軽いのに、ロンドンは重く感じられる。パリが「極彩色」だとすると、ロンドンは「墨絵」のように思える。ただ一ヵ月や二ヵ月暮らすだけでは分からないこともあった。ロンドンでは時間をかけて「見つめて居るうちに灰色の家々の間に雅趣が現はれて」きたのである。

同様の見方は、もとジャーナリストだった北沢秀一の『近代女性の表現』（改造社、一九二三年）にも出てくる。パリから戻ると、ロンドンは「薄暗」くて「野暮」な感じがした。女性のファッションはまるで「田舎の人」のように思える。しかし同時に彼は、ロンドンの住みやすさも実感した。「ロンドンには旅行者が遊ぶ設備が出来てゐないので、二週間や三週間の滞在では、遊んでも見物しても面白くない。ロンドンの味は住んで見なければ分らない」と北沢は記している。鉄道省に勤務する菱谷惣太郎も、ロンドンの住みやすさを体験した一人である。パリでもベルリンでも下宿は街中にあり、特にパリでは夜中の自動車音に安眠を妨害された。文化の違いは巡査の姿にも現れている。パリの巡査は「絵のやうに優美」で、ベルリンの巡査は「怖い」感じを抱かせるが、ロンドンの巡査は「鈍重な親切さうな」感じを与えるというのが、『欧米鉄道行脚』（春秋社、一九三六年）での菱谷の感想である。

文化の差異の意識が、ロンドン・パリ・ベルリン間にではなく、ロンドンと東京（を含めた日本の都市）の間に向けられるとき、「自己」と「他者」への問いが現れてくることになる。鶴見祐輔も『三都物語』の最後で東京を振り返り、「霊の自由なる発達の曙はまだ来てゐない。まだ江戸の連続である。封建制度の伝統のうちに、漂流してゐるのだ。あの三都とくらべて、独自一己の存在を誇るの日は、いつ来るであらうか。（略）東京よ、巴里にも、倫敦にも、紐育にも、恥ぢないやうな偉大なものになれ」と結んでいた。

元香川県知事の佐竹義文は『欧米を縦横に』（宝文館、一九二五年）でイギリスの特徴を次のように列挙している。

道路の美しいこと、自動車運転手の巧いこと、英人の親切で礼儀正しいこと、誰でも声低く物語ること、寒中貴婦人や小児が薄着してゐても風引かぬこと、貧民と乞食が割りに多くても、カルチユアーがあつて金は決して受けぬこと、霧の深いこと、煤煙のためカラーを一日に一二度は取りかへなければならぬこと、冬の日の極めて短いこと、自動車の切符を街上にすて散らすのは英国人に似合はぬこと、婦人に腋臭が多いこと、動物を愛護すること、倫敦児が料理の自慢をすること、番地の整然たること、一寸のアクセントで言葉が通ぜぬこと、泥酔者のないこと、倫敦児が一般に酒に強いこと。

もともとは貴族の下の階級を意味する「Gentleman」は、日本では教養・気品・礼儀正しさを備える「紳士」と理解された。「なる程ゼントルマンの町だ。男は黒の山高が最多数を占めてゐる。シルクハツトの人も見かける」と竹内勝太郎が『西欧芸術風物記』（芸艸堂、一九三五年）に記したように、礼装用の帽子はその表徴である。佐竹が「親切」や「礼儀正し」さを印象深く記憶しているのは、グラスゴー〜エディンバラ間の汽車のなかで、寒さを感じた同行の一人が外套を着ようとしたところ、「隣の英国紳士が後から慇懃に着せてくれた」からである。「黄色人種の日本人に対してすら、此の礼儀を有するイングリシユ・ゼントルマンの人格は、敬慕して余りある」と佐竹は感心している。「泥酔者のないこと」も紳士と無関係ではない。八木熊次郎は『彩筆を揮て欧亜を縦横に』（文化書房、一九三〇年）で、「日本人のやうに大声で悪声を放つたり道ばたへ折詰を持つたまゝへたばつて反吐をはいてゐるやうな無様な者は見た事がない」と述べている。もちろん泥酔者が紳士として扱われることはなかった。

せっかくジェントルマンの国に来たのだから、ショッピングもまず紳士用品からということになる。佐竹義文はロンドン到着の翌々日に「ロツケー洋服店」に出掛けた。『欧米を縦横に』によれば佐竹は、外套の修理を頼み、燕尾服とモーニングを注文して、「速成英国紳士」になろうとしている。『日英新誌』第四九号（一九一〇年一月）に掲載されたラドキ洋服店の広告（三三頁参照）を見ておこう。この店で洋服をあつらえた日本人は多い。薬剤師の石津作次郎も「倫敦の生粋の流行の服」を作ろうと、日本人の医者たちとこの店に行ったと『欧羅巴の旅』（内外出版、一九二五年）に書いている。石津は紳士用品好きだったようで、「ロンドン生粋の靴」をはじめとして、背広・シャツ・手提げなどをあちこちで購入した。

ロンドンを訪れた日本人は紳士用品は気軽に手に入れたが、ジェントルマンの女性への接し方になると、抵抗を感じる者が少なくなかった。ジャーナリストの稲原勝治は『闇黒の倫敦より』（外交時報出版部、一九一九年）で、「紳士道は要するに女に対する礼儀作法である」と述べている。「お茶の席その他の集まりに女が這入つて来ると、野郎連中は必らず親雀を迎へた子雀のやうに、一斉に起立して敬意を表せなければならぬ。女の座るまでは子雀連が突つ立つて居るべきこと云はずもがな。私は皆の者が起ち上るから、ツイ釣り込まれて起ち上るには上るが、少々馬鹿気て居るから、早速もとの椅子にドッかと腰を下して終ふ」という一節からは、稲原の生理的反発が読み取れる。もちろんこれは「紳士道」に反した行為だから、稲原がイギリス人女性から説教されたのは言うまでもない。

日本人の多くは、ロンドンで見かける男女関係にも慣れることができなかった。北沢秀一『近代女性の表現』の、「私はロンドンへ来て、男と手を組み、男と足を揃へて町をあるいてゐる娘や、思ふ侭に笑つたり喋舌つたり、（略）溌剌として生活を享楽してゐる、生き生きした娘達を見た時、日本の娘もかうならなければならぬと思つた」という考え方は少数派である。街中での男女の身体的な接触は、日本の都市風景からはまだ遠い。ハイド・パークの新緑の芝生で寝そべる何百組かの男女を見て、「日本がいかに欧風化しても、この点だけは絶対に輸入してはいけないと思ふ、日本の国情ではこの公園風景こそは、絶対に風紀問題である」と『外遊漫筆』（明治図書、一九三九年）に記した経営者の吉田辰秋の方が、一般的な反応を示していると言えるだろう。

異文化の只中で「他者」と向き合うとき、誰もが「自己」とは何者なのかと考え始めざるをえない。無意識のうちに自然であるかのように思い込んできた内なる文化が、自然ではなく後天的に形成されたもので、相対的なものにすぎないことを悟らざるをえない。「自己」という物語が大きく揺らぐのはそのときである。「他者」を規範として「自己」を組み換えることも、「自己」を基準として「他者」に反発することも、共に「自己」という物語の揺らぎを示している。もちろん「他者」と「自己」は単に異なるだけではない。「他者」は「自己」に対して無知でありうるし、攻撃的でもありうる。それは「他者」と「自己」のポジションを入れ換えても同じことだろう。

ジャポニスムはロンドンを含めたヨーロッパの日本理解をよく示している。「都会の人間でも半数以上は日本国には人力車があり芸者がゾロ〳〵して居、富士山が見え鳥居や朱塗の橋があり提燈がぶら下つて居る。而して吉原がある。（略）マダム、バタフライやミカドを通じて日本を髣髴して居る程度である」と、石川光春は『欧米曼荼羅雑記へゝのもへじ』（至玄社、一九二八年）に記した。日本に電話はあるのか、自動車はあるのかと質問されて、怒ってみても仕方がない。中国と日本の区別すら付かない人が多かった。ジャポニスムはまだ憧憬の形式だが、より厳しいロンドンの日本イメージに、日本人はときおり直面することになる。ロンドンに来て一二年になる海老沢という活動写真の俳優と、小野賢一郎は知り合った。『世界のぞ記』（有精堂、一九一九年）によれば、活動写真では「黒ン坊と日本人」が「悪者」の役だと小野は聞かされる。また海老沢の妻は、三〇年ほど前にロンドンに来た庭師の伊藤音次郎と、イギリス人女性の間に生れていた。日系二世ということになるが、「日本は小さな国、文明国ではない」という程度の日本イメージしか持っていないという。

ロンドン塔を訪れたときは多くの日本人が、一九〇〇年にロンドンに留学した夏目漱石を思い出した。吉屋信子は『異国点景』（民友社、一九三〇年）に「漱石の倫敦塔に描かれし神秘の何処にも覘き得られぬ事、むしろ語気を強むれば『幻滅』とも申す可きか」と記している。また市河三喜・晴子『欧米の隅々』（研究社、一九三三年）には「夏目さんの文章で許りロンドン塔と御なじみだった私には、本物のロンドン塔に入った時、あの滋味に富んだ文章のソップの尨大なソップ骸を見る心地がした。（略）期待はづれを感じる」と書かれている。小説家や英文学者だけではない。日本で漱石の「倫敦塔」を読んでロンドン塔のイメージを形成し、その後で実際の塔を追体験するというパターンが一般化していたのである。吉屋や市河が落胆したのは当然だった。幻想と現実の境界が朦朧としている漱石の「倫敦塔」に比べれば、ロンドン塔ははるかに散文的な場所だったからである。

ただ日本人のロンドン体験という文脈で捉えるとき、夏目漱石の体験はあまり豊かな印象を与えない。下宿籠城主義という戦略は、日本ですでに形成された「自己」の物語を保守させたように見える。同じ一九〇〇年に南方熊楠はロンドンから帰国の途につくが、熊楠の方がはるかに異文化（「他者」）の只中で「自己」の物語を壊され、組み換える作業を続けていた。熊楠は大英博物館で仕事をしながら、科学雑誌 *Nature* にたびたび論文を発表している。一八九二年〜一九〇〇年の「ロンドン日記」（『南方熊楠全集』別巻2、平凡社、一九七五年）には、飲酒や喧嘩の記録が過剰なまでに溢れている。それは単なる性行の問題ではなく、熊楠なりの「自己」と「他者」をめぐる闘争の反映だった。熊楠の語学力は図抜けていたが、体験の豊かさは語学力によってのみ決定するのではない。語学力なら漱石より劣っていただろう新聞記者の田中龍眉は、都市空間で身体を積極的に移動させることによって、『最新倫敦繁昌記』（渡辺尚編、博文館、一九一〇年）という興味深い本を書いている。日本人のロンドン体験というと漱石ばかりがクローズアップされてきたが、より広いパースペクティブのなかで相対化する視線が必要だろう。

異文化の只中での「自己」とは何者なのかという思考は、言語表現にだけ現れてくるのではない。口絵四頁の図版は、「ロンドン塔と萩」というタイトルの丸山晩霞の水彩画。油絵だけに着目すれば、「芸術の都」はパリに見えるが、水彩画が表現ジャンルとして成立したのは一九世紀初頭のイギリスに於いてである。水彩画は一九世紀後半に日本にも伝わり、浅井忠・三宅克己・大下藤次郎・丸山晩霞らの作品を生み出した。ロンドンでも牧野義雄や松山忠三が水彩画家として活躍している。丸山が初めて欧米に滞在したのは一九〇〇年から翌年にかけてで、二度目は一九一一年〜一九一二年である。「渡欧紀行（下）」（『みづゑ』一九一一年九月）で丸山は、「倫敦に着いたら直に瑞西に行き独逸のミユヘンで研究する最初の考ひ（ママ）であつたが、水彩画はロンドン以外は殆んどゼロである殊に多少言語の解さるゝのは凡てに便利であるから明年の春までこゝに逗留して研究する事に決した」と述べている。

丸山晩霞の「ロンドン塔と萩」は紙本紙装、縦は一二五・五センチ、横は三四・五センチで、掛け軸になっている。テムズ河を挟んで遠景にロンドン塔を描き、手前には萩をあしらった。注目すべきは萩で、マメ科ハギ属の落葉低木だが、英語名が「a Japanese bush clover」というように日本原産である。『万葉集』や『源氏物語』には「はぎ遊び」「はぎの宴」という表現が出てくるし、現在でも花札の図柄などで親しまれている。「水彩画と其描法」（『みづゑ』一九一三年五月）で丸山は、「水彩画といふと一切西洋式で、顔料筆紙その他舶来品を使用し、自然や人工物を写生して、多くはそれを額面として飾るゝ、飾るといふのは装飾であるから、日本室の調和不調和といふ事を先づ第一に考へねばならぬ、吾等はこの点より、油絵よりは水彩を選んだのである。併し水彩の額が果して調和するであらふか、（略）西洋的模倣を離れ、全然純日本的水彩画を描く事を研究しなくてはならぬ」と述べた。水彩の技法により、石で構築する西洋的建造物は輪郭を曖昧にされている。また萩を大きくあしらうことで、日本人に親和的な空気が漂っている。テムズ河の小舟もまるで日本の川に棹さしているように見えないだろうか。掛け軸という形式も、丸山の「自己」と「他者」をめぐる問いの所産だったのである。

（和田博文）

I 大英帝国と近代日本

1　博物学と冒険

大英博物館に象徴されるもの

イギリスは、正式な国家名称を「グレートブリテンおよび北アイルランド連合王国」（The United Kingdom of Great Britain and Northern Ireland）というが、日本では、非独立国名の一つである「イングランド」という名前に由来する「イギリス」という名で呼ばれている。これは、考えてみれば不思議なことである。

単に「UK」、すなわち連合王国（United Kingdom）とも呼ばれるが、正式名称が冠している「グレート」という言葉が代表する強大なイメージだけは、日本にも伝わっている。この国を代表する博物館 British Museum を「大英博物館」と翻訳することなどがそれを象徴的に示している。さらに、大英博物館の収蔵物の多くは、大英帝国がその国力をもって世界中から収奪してきた宝物のことだとも誤解されてきたが、実際には、そのほとんどが、個人や財団などからの寄贈によるものや、国家予算により加えられたものである。大英博物館は、ハンス・スローン卿のコレクションを基礎に、一七五三年に大英博物館法が成立した後、翌一七五四年に、現在地にモンタギュー公の邸を購入し、整備が進められ、一七五九年に正式に開館した。その後も大規模なコレクションの収蔵が続き、ウィリアム・ハミルトンからのギリシャ・ローマ古美術のコレクション、クック船長から寄贈された太平洋地域の民族資料、ウェッジウッドから寄贈されたジャスパー焼の陶器、さらに、ロゼッタ・ストーンや、チャールズ・タウンリーのコレクション、ジョージ四世からのキングス・ライブラリーなど、次第に、そして急激に成長していった。

興味深いのは、このような成立と成長の過程にも拘わらず、なぜその収蔵物が、収奪品のイメージを持つのか、という点である。おそらくそこには、大英帝国の広大な旧植民地のイメージが連想されやすいからであるとの事情が考えられる。

もう一つは、この博物館の展示が実に啓蒙主義的であり、それが、世界の文化政策をリードする大英帝国のイメージと合致したということが考えられる。近代化とは、日本がそうであったように、多くの場合は西洋化と同義であり、その西洋を代表していたのが大英帝国だったのである。一九世紀後半の時期には、一八五一年に助手に採用されたオーガスタス・フランクスが、博物館の展示と収集の方向性をリードしたが、例えば彼が大英博物館のコレクションを部門に分けることが、やや大袈裟に言えば、世界の文化遺物のマップを作成することにもなったのである。ちなみに大英博物館は、一九四一年にドイツ軍による空爆で大打撃を受けたが、終戦後に復興し、現在に至っている。やや皮肉な見方をすれば、これもまた大英帝国の博物学の歴史をなぞっているともいえよう。

大英博物館を訪れた観光客には、例えば古代エジプトのミイラの収集および古代メソポタミア文明のコレクションは、実に鮮烈な印象を残すであろう。岡本鶴松は、『異国の華を尋ねて』(福永書店、一九二六年)に、「英国博物館で一番目に着くものはヱヂプトの木乃伊である。ヱヂプト皇族の木乃伊が硝子張の箱の中に陳列されてある。如何に学術の為とはいへヱヂプト古代の王朝の墳墓を発かれ王侯の木乃伊を公衆の前へ曝らされたらヱヂプト人は余り好い気持はしない事であらう」と書いている。至極もっともの感想である。しかし、この大英博物館のコレクションに見る「学術の為」の展示こそが、世界のイメージを固着化させているものと思われる。いわば大英博物館は、世界史の見取り図あるいはモデルを提供している。なぜなら歴史記述には、それを俯瞰する視点が必要だからである。歴史記述にとっての必要条件とは、歴史観の存在であり、それが生れるためには、良くも悪くも、世界を一つの対象として、いわば博物学的に把捉する視線が必要であった。

例えば日本において博物館法が定められるのは第二次世界大戦後の一九五一年のことであり、明治期には博物館学について体系的な知識はどこにも整備されていなかったといっても過言ではない。つまり、近代日本が西洋に学ばねばならなかったのは、博物学とともに、博物館学そのものでもあった。もっとも博物学自体は、名称はともかく、江戸時代には既に本草学として進展を見せていた。また西洋からも、これに関わるさまざまな書物が伝えられていた。西洋及び日本以外の国々の風物を、新しい知識として体系的に学ぶためには、博物学として移入されることが便利であるのは当然のことである。日本はこれら新しい知識について、まず言葉から翻訳した。その概念理解は困難を極めたであろう。この揺籃期を経て、やがて日本における独自の博物学が芽生える。殊に江戸期の西洋博物学の移入は、鎖国という国策のためオランダ経由に限られていたため、部分的であった。開国後、この制約が外れたために、本草学に代わるより幅広い博物学が移入されることとなる。

井上円了の『欧米各国政教日記』上篇（哲学書院、一八八九年）には、「政教子一日龍動ナル博物館ニ遊ヒ其館内ニ陳列セル古今万国ノ諸品諸物ヲ見テ曰ク是レ英国人民ノ学校ナリ人民此館ヲ一見スルトキハ其見聞ヲ博クシ其知識ヲ進ムルコト殆ント計ル可カラザルナリ今日英国人民ノ教育ノ進メルハ決シテ学校ノ教育ニ限ルニアラズ此ノ如キ陳列場ニ入リテ受クル所ノ教育ノ力最モ多キニオル」と書かれている。いみじくも井上が見て取ったとおり、これが博物館の役割なのである。

博物館の街ロンドン

ロンドンには大英博物館以外にもいろいろな博物館がある。桜井鷗村『欧洲見物』（丁未出版社、一九〇九年）には、「倫敦の一角サウス、ケンシントンまた『博物館の地』たる呼称がある。（略）或は博物学陳列館あり、倫敦大学あり、帝国学会あり、又たヴイクトリア女皇及び皇婿アルバート親王紀念の大博物館あり、此等を一々見物して廻ると、何だか智識が益して来るやうだ」と書かれている。三宅克己の『世界めぐり』（誠文堂、一九二八年）にも、やや詳しくこの附近のことが書かれている。インペリアル・インスティチュート・ロードについて、「この道路を歩きながら、左に高くそびえた、実に美しい、堂々とした建物をみあげる。これはインピーリアル、インスティチユートとよばれるもので、その前面がロンドン大学本部となり、両脇から入つて奥に通ずると、そこが非常に広い、長い、たくさんの廊下になつて植民地博物館の形式をなしてゐる。たとへば、インド、オーストラリア、カナダ、ニユージーランド、西アフリカ、スダン、英領マレー半島、香港といつたぐあいに、イギリスの領域に関する、あらゆる産業的関係のものが陳列して、いかにイギリスが植民地を経営してゐるかを、あり〳〵と示してゐるのである」と紹介されている。また、この区域内にあったインド博物館、さらには道を隔てた、「科学

★ロンドン塔もまた博物館の一つである。ロンドン塔ホワイト・タワーの武具・武器陳列（内藤民治『世界実観』第３巻、日本風俗図会刊行会、1915年）。

カレージユ」「科学図書館」「科学博物館」についても紹介されている。さらにエキシビション・ロードに突き当たってこの道を南下すると、西に自然史博物館、東にヴィクトリア・アンド・アルバート美術館がそびえている。

自然史博物館は、鷗村が『欧洲見物』に「博物学陳列館」と紹介したもので、「このミユーゼアムは大英博物館の一部として、博物学上に於ては、世界無比の蒐集整頓をなせるものである」と書いている。三宅は「ナチユラル・ヒストリー・ミユジアム、つまり博物学博物館として世界第一の名のあるものである。（略）我輩はまづ、その正面の階段から昇る。——中央にイギリス博物学の元祖といつていゝハツクスレーの大理石像が目につく」と書いている。すなわちここは、博物館の博物館ともいえる場所なのである。

ヴィクトリア・アンド・アルバート美術館は、現在、V&Aの愛称で呼ばれているが、かつてサウス・ケンジントン博物館の名でも知られた博物館である。久米邦武編『米欧回覧実記』（博聞社、一八七八年）にも、一行が一八七二年七月一六日にここを訪れたことが記されている。また、「此博覧館ハ、一千八百五十六年ヨリ剏立セル、常博覧会ナリ」とあるとおり、博物館と博覧会の近い関係が見て取れる。谷川博『欧洲見物案内』（欧米旅行案内社、一九三六年）には「各時代の各民族が用ひし家具、木工細具、陶磁器、織物、敷物、編物、刺繍、金銀細具等が整然科学的に陳列されて有る」と紹介されている。

この『欧洲見物案内』には、他にも、「London Museum 倫敦考古博物館」や「Geological Museum」、「Soane Museum」などが紹介されている。要するにロンドンは、絵画の美術館を除いても博物館の街であり、博物学の宝庫なのである。

明治初期の「龍動」の意味

博物館のみならず、明治のロンドンは、その街全体が、参観参照の地として日本に紹介されたようである。例えば二葉亭四迷の『浮雲』（第一篇、金港堂、一八八七年。第二篇、金港堂、一八八八年。第三篇、『都の花』一八八九年七～八月）に、文三が再就職の相談をする石田某という「某学校の英語の教師」が登場する。彼には英国留学の経験がある。「兎も角も流石ハ留学したゞけ有りて英国の事情即ち上下議院の宏壮、龍動府市街の繁昌、車馬の華美、料理の献立、衣服杖履日用諸雑品の名称等凡て閭巷猥瑣の事には能く通暁してゐて、骨牌を弄ぶ事も出来、紅茶の好悪を飲別ける事も出来指頭で紙巻烟草を製する事も出来片手で鼻汁を拭く事も出来るが其代り日本の事情は皆無解らない」。ここでもロンドンは、世界の最先端都市として捉えられている。

ちなみにロンドンの漢字表記は、後には「倫敦」に統一されていくが、当初、多くは『浮雲』同様、「龍動」とあてられていた。この漢字のニュアンスにも、あるイメージを見て取ることができる。それは、大英帝国の首都としての、世界の中心としての意味合いである。

仮名垣魯文・総生寛『万国航海西洋道中膝栗毛』（万笈閣、一八七〇年～一八七六年）は、ロンドンを訪れることを最終目的とするかのように、ここで終わっている。「龍動」は、博物のあふれる都市として捉えられる。まず「英国の博物館」については、「世界の万有を貯蓄して、欧州第一の富をなせり。蔵書三十六万余、其他、堂宇の古器物、彫像、礦物、動物、植物等、各所に別ち、億万の物品を網羅す。就中希世の珍宝を集めたるは古物の部にして、世界の人造物をあつめ、器械学、製造学に関する物品、陶器、鉄器等、莫太の奇観にして、これを概覧せんとするときは、朝より暮に至るといへども尚その半ばも見得ること能はず。是は英吉利一国のものなり。況や、万国の珍を集めたる事なるゆゑ、其大略を覧るといへども、五日一日にして尽く及ぶべからず」と、やや大袈裟ながら書かれている。また、水晶宮についても、「此中に、宇内の万物を蓄ひたり。有名なる石像彫刻のごときは、都（すべ）て模様にして、各国著名の寺観、宮殿、楼閣等のごときを周覧するときは、真に世界万国を行き廻るに異ならず」と書かれ、博物館や博覧会をめぐることが、手軽な世界一周観覧の方法であることが指摘されている。作中、通次郎と喜多八は、「それだから、博覧会だ。世界にあるものが、爰に無いといふことは、ありやアしねへ」こ

★『万国航海西洋道中膝栗毛』（万笈閣、1870年～1876年）に挿入された博覧会の図。

の先へ行きやア、夫婦喧嘩でも、馬鹿ばやしでも、角力甚句でも、何でもあるぜ」という会話を交わしている。

ロード・リットンの『欧洲奇事花柳春話』（丹羽純一郎訳、坂上半七、一八七八年～一八七九年）も、ロンドンをその舞台の一つとしている。そこには「龍動中建築ノ結構、宮室ノ美麗、之ヲ他邦ニ比スレバ観ルニ足モノナシト雖ドモ抑〻市民ノ活気人戸ノ裕富及ビ市街ノ清潔府庁ノ制規世界万国ノ得テ及ブ所ニ非ザルナリ。千衢車馬簇ツテ怒雷ノ如ク万点夜燈明ニシテ白昼ノ如シ。富客ハ車ヲ馳セ商夫ハ歩ヲ迅メ書生ハ書ヲ懐ニシ工夫ハ器ヲ擔ヒ而シテ婦女ハ家ヲ護リ制度全ク備リ法令能ク行レ政府未ダ曽テ人民ヲ束縛セズ。宜ナル哉国人ノ龍動ヲ呼ンデ自主自由ノ楽都トナスヤ」と書かれている。

英国人ブラック口演、福島昇六速記の『英国龍動劇場土産』（銀花堂、一八九一年）は、快楽亭ブラックという異色の落語家の口演筆記であるが、ここにも「龍動」が紹介されている。ロンドンは西洋を代表する都市として、当時の翻訳小説などに数多く登場し、いわばお馴染みの都市であり、そこに語られる繁栄ぶりは、正しく「龍が動く」如くであった。

植民地と冒険心

博物学を支える興味の視線の背後には、世界の体系化と、それに付随する未知なるものへの人々の欲望が見える。大航海時代を経て、世界はその距離を縮めた。帝国主義と植民地の成立は、この体系化の欲望を具体化させる要因として働いた。

徳富蘇峰監修、伊達源一郎編の『現代欧洲』（民友社、一九一四年）には、英国の植民地について、「現時植民を論ずるもの必ず先づ英国を云ふ。英国は実に近世に於ける植民事業の最大成功者なり。厳密に云へばアングロ・サクソン民族以外、未だ真の意味に於て植民に成功せるものなしと云ふも敢て妨げず。他国の植民は到底失敗に非ずんば未成なり。（略）英国の植民に対し他国が容易に企及し得ざるものは、其の自治植民地の発達なり。（略）自治植民地とは本国を離れて独立の司法立法行政を有し、完全なる責任政治を行ひ、其地の政治に属する範囲の事項に関しては、本国は之に関与せざるを憲法上の原則と為すものを謂ふ。而して之に属するものを左の五邦とす。／一、加奈陀聯邦／二、濠洲聯邦／三、南阿非利加聯邦／四、新西蘭／五、ニユーファウンドランド」と書かれている。

そして、これらの植民地の所有を可能にしたものとして、「海軍力が列強に冠絶して世界の海洋を支配し、所謂世界政策の独占者たりし」ことを挙げている。この指摘は重要である。これらはヨーロッパとは大洋を隔てた国々であり、そこにたどり着くには、当然ながら、海洋の移動という困難を克服する必要があった。しかも、たどり着いた先には、原住民とその未知の文化がある。多

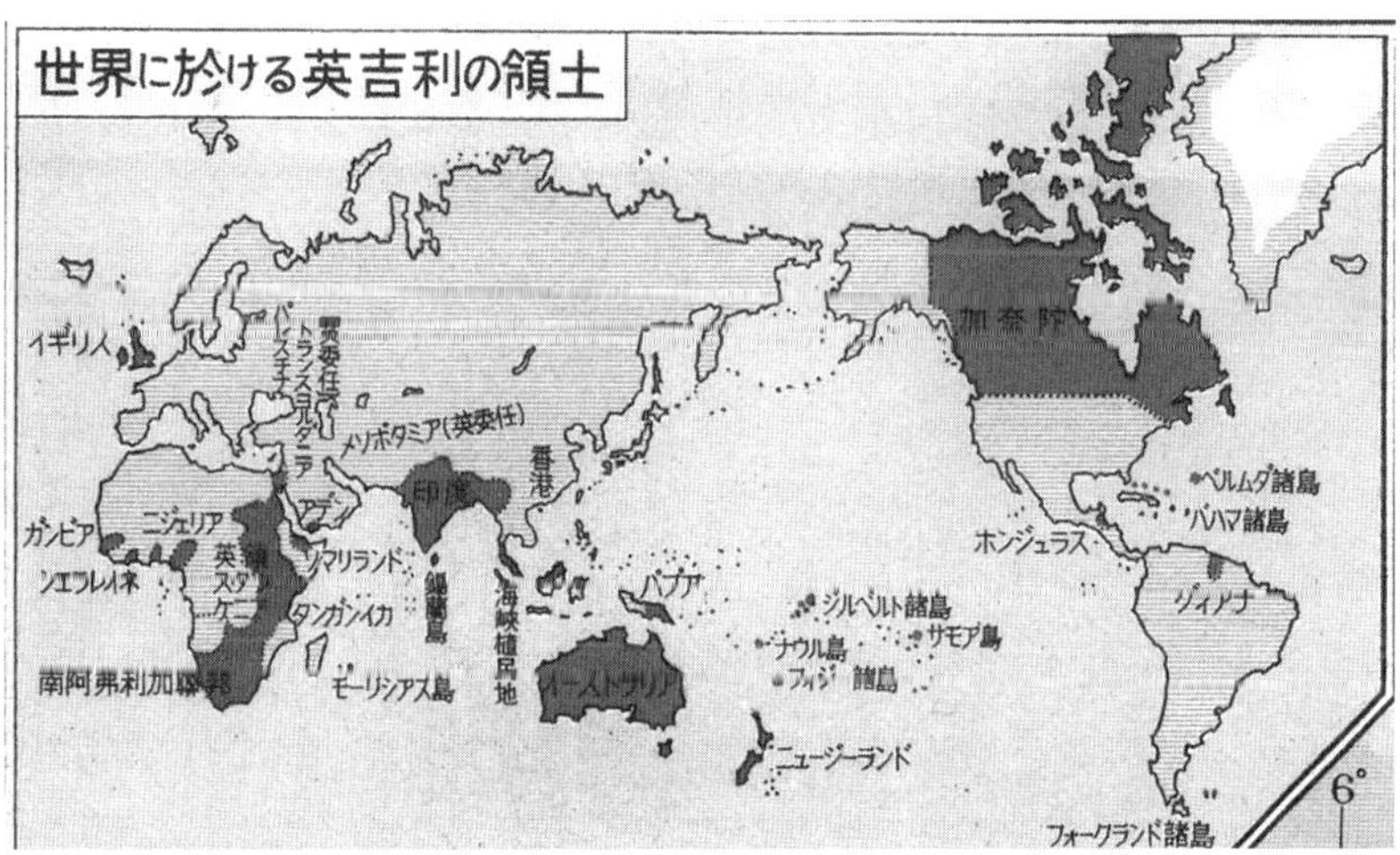

★『世界現状大観Ⅰ英吉利篇』（新潮社、1931 年）の口絵の「英吉利全図」に付された「世界に於ける英吉利の領土」の図。

分に冒険心を必要としたことはいうまでもない。

ただし植民地に関わる問題は複雑である。そこには必然的に文化の衝突が起こるからである。稲原勝治は『闇黒の倫敦より』（外文時報社出版部、一九一九年）に早くも、「英国と植民地との従来の散漫なる関係は、転じて骨肉のそれとならねばならぬ。これを押しつめて行けば、結局は大英聯邦の建設といふに落ちて来る」と書いていた。文明協会編『イギリス魂』（文明協会、一九二七年、編輯代表者市島謙吉）には、一九二五年八月一四日の日付で、現代社会の一面として植民地問題を取り上げ、「昨年から開いてゐるウェンブリーに於ける大英帝国博覧会は主として植民地の人心緩和策のために催されたものといふだけあつて全部が植民地館で埋まつてゐる。だが、それも要するに子供だましである」と書かれている。植民地問題の影の部分を、博覧会で隠蔽する時代は終わったのである。

もともと万国博覧会は、その国力を背景に、ロンドンで多く催された。いわゆる万博としては、一八五一年、つまりヴィクトリア女王の時代にロンドンで行われた、ロンドン大博覧会を事実上の第一回と数える。この時に作られたのが水晶宮である。一八六二年にロンドンで行われた万博は、竹内下野守を正使とする、いわゆる竹内遣欧使節団が見学したことでも知られている。この使節団には、桜痴こと福地源一郎や福沢諭吉、松木弘安（寺島宗則）、箕作秋坪なども含まれていた。また、矢野龍渓の「龍動通信」の第一一回（九月二三日発、『郵便報知新聞』一八八四年一〇月二七日〜二八日）には、一八八四年に行われた万国衛生博覧会に日本料理屋が出店されたことが報告されている。ちなみにこの万国衛生博覧会には、日本から永井久一郎（荷風の父）が農商務省御用掛および農商務省博覧会事務取扱を命じられて派遣され、七月一〇日にロンドンに着いた。

リチャード・D・オールティックの大著『ロンドンの見世物』I〜III（小池滋監訳、浜名恵美・高山宏・森利夫・村田靖子・井出弘之訳、国書刊行会、一九八九年〜一九九〇年）のエピグラフには、「ある国民の公開展示物を見れば、その国民性について他国民のすべてが合意できるある特徴が大体において認識できるものだ——わが類稀なる国に住む諸君よ、周囲を見廻して、国民の娯楽や見世物に注目するがよい。そうすればわが国の歴史の諸時代におけるわが国民の気質や精神が、そこから推測できるとわかるだろう」という言葉が採用されている。これは、「大英図書館スクラップ・ブック『機械その他巧妙精緻なる製作物展示目録』の序文」であるとのことである。博物館や博覧会は、正しく、イギリスの縮図であり、かつイギリスの世界観の縮図でもあると考えられるのである。

冒険小説とロンドン

世界各国の風物を集める博覧会と裏腹の関係にあるのが、これを催す先進国からの植民地を含めた世界各国への興味である。そこには必然的に、文化の二項対立が生じる。これが、ロンドンとさまざまな植民地、さらには西洋と東洋といった対比にも重なる。ロンドンや先進国の側から見て、これら興味の対象たる国々は、いわば冒険の対象でもあった。また逆にいえば、これらの国々からロンドンや先進国は、その進展のモデルであった。そしてそれらは、空想を是とする小説というジャンルにおいて、多く扱われることとなる。

横田順彌は『明治「空想小説」コレクション』（PHP研究所、一九九五年）の中で、まず、日本のSF史上最初の月世界旅行作品が、ジュール・ヴェルヌの影響を受けた、北海散史（井口元一郎）の『夢幻現象政海之破裂』（一八八八年）であると紹介した上で、「だが、ひょっとすると、その最初の月世界旅行小説＝北海散史説を覆すことになるかもしれないのが、『政海之破裂』の前年の明治二十年十一月、すなわち『政海之破裂』より約一年早く、静岡県士族・硯岳樵夫（勝岡信三郎）によって翻訳された、『文明世界　宇宙之舵蔓』だ。これは舞台がイギリスで、少年時代に山の中で父親に英才教育を受けた主人公のチャールズという青年が、ロンドンに出てきて名声を得、世の中の乱れを嘆いていると、文明の進歩した月世界にくれば、いろいろな知識を伝授しようと、月世界人からテレパシーが届く」と書いている。この小説には、ロンドンである必然性はさほど見られないが、冒険の出発点としてロンドンが選ばれている。前掲の『欧洲奇事花柳春話』においても、主人公の「マルツラバース」は、ロンドンを基点に、他の土地へ行っては帰ることを繰り返す。

末広鉄腸に『南洋の大波瀾』（春陽堂、一八九一年）という小説がある。フィリピンの独立を描く政治小説であるが、ここにもロンドンは登場する。フィリピン人である青年が、「龍動の西北に当り、議事丘と呼ぶ一つの公園」から、ロンドン全市を一望しながら、心の中で、「兼てより龍動は世界第一の都府と聞いて居たが、是れ程に繁盛であらうとは夢にも思はなんだ。我国を出てから港々に寄て見れば、此国の軍艦商船の居らぬ場処は無い。どうも羨ましいことである」と思う。この小説に登場する日本人である多加山もまた、同じような感慨を持つ。「汽船は印度洋より紅海に入り、『スイス』の掘割りを過ぎて地中海を航行し、『ジブラルタル』の瀬戸を出で、『テームス』河を溯ぼつて龍動『ドツク』に着し、新嘉堡を発せしより海上に一ケ月の上を費やしたり。其間に所々の港に上陸し、英国人が到る処に航海の勢力を専らにし、又は印度人阿羅比亞人が独立を失ふて外国人の支配を受け、埃及の政治を誤つて悲惨の有様に沈淪するを目撃し、心経の鋭敏なる多加山は幾度となく非常の感触を引起せしならん」と書かれているが、考えてみればこの航海のルートは、大英帝国海軍の勝利の跡を追うような道筋である。ヨーロッパを船で訪れる東洋の人々は、多かれ少なかれ、この英国の実力を見せつけられることとなる。到着するのが、ロンドンのドックとなれば、それは正しく、東洋の後れてきた国々が、到達すべきモデルとして、いわば完成型として象徴的にモデル化されているといえるのである。

時代はやや下るが、杉本巴水の『海上の奇傑』（福岡書店、一九〇八年）という冒険小説にもロンドンは登場する。主人公は初めてロンドンの繁華の様子を見た際、「一として其眼を驚かさぬもの無きに呆れて、其度毎に故国の幼稚を思ひ浮べ、因循姑息の国風を浩嘆したのみならず、倫敦海運業の隆盛なる状態と、無数なる帆檣林立の船舶とを認めてから、愈々彼は故国の盛衰が正に海業の発達いかんに因て、進歩退嬴の大原因たる事を悟った」と書かれている。杉本は「『海軍』記者」という肩書を持つが、ここにも、イギリスと海と冒険との三者の深い関係が見て取れる。

この三者関係を象徴するのが、ロンドンからテムズ河を下ったところに位置するグリニッジである。ここには旧王立天文台があり、クイーンズ・ハウスと海事博物館、および海軍兵学校の壮大な建物があり、広大な公園が広がっている。天文台と経度の基点は、イギリスを世界の中心とする世界観を背景としている。またエリザベス一世の宮殿であったこのグリニッジ宮殿は、ヴィクトリア女王の生れたウィンザー城と並び、女王の国イギリスを象徴する。さらに海事博物館と海軍兵学校の存在はかつて世界の海を制したイギリス海軍の栄光の記憶を思い起こさせる。何よりここは、海からのロンドンの玄関口であった。

明治初期には既に、ロンドン見聞記が出されていた。例えば丹羽純一郎訳、服部誠一校閲『龍動新繁昌記』（高橋源吾郎、一八七八年）や、横瀬文彦口訳、末広重恭筆記『英京倫敦新誌』（奎章閣、一八八〇年）などがその代表である。『マイクロフィルム版国立国会図書館所蔵明治期翻訳文学書全集目録Ⅱ』（ナダ書房、一九八八年）の「アメリカ文学編解題」で、福田陸太郎は、「明治初期、西洋に対する好奇心の強かった時代を反映して、異国の風物や物語を知りたいという要望があったらしい。『西洋穴探』（第一巻キルワン著、第二・三巻マックケープ著、加藤政之助訳、明治一二―一三年）は、ロンドン及びニューヨークの見聞記で、外国の大都会の風物を物珍しく描いている」と書いている。

ロード・リットンの『開巻驚奇龍動鬼談』（井上勤訳、世渡谷文吉、一八八〇年）は、題名からも分かるとおり、ロンドンは「『ヲクスホルド』ト云ヘル街ノ北側」のとある化物屋敷を舞台にした怪奇小説である。このとおり、ロンドンは、日本において西洋を描く小説の名詞として、実際以上の役割を果していたものと考えられる。ロンドン・イメージは日本人の想像の中で、過剰なほどにも醸成されていったのである。

（真銅正宏）

2 産業革命と交通

遺欧使節の一行が産業革命の成果に目を見張る

複数の遺欧使節がロンドンを訪れた一八六〇～七〇年代初頭は、世界で最も早く農業国から工業国へと転換したイギリスが、世界経済に君臨している時代だった。イギリスでは一六世紀半ばから石炭が利用されるようになるが、本格的な産業革命が開始されるのは一八世紀後半である。産業革命はまず綿工業から始まった。一七六九年のサー・リチャード・アークライトの水力紡績機や、一七八五～八七年のエドモンド・カートライトによる力織機の発明は、機械制工場生産を可能にする。また一七八一年にジェイムズ・ワットが発明した複動式蒸気機関は、動力革命をもたらした。一八一四年になるとジョージ・スティーヴンソンが蒸気機関車の試運転を行い、鉄道時代の幕開けが告げられる。一八三〇年にはマンチェスター――リヴァプール鉄道が開通し、鉄道網は全土に張り巡らされていった。同時に人口が都市に集中するようになり、近代的な工業都市が成立したのである。

日本ではまだ幕末の一八六二（文久二）年四月二日、竹内下野守保徳を正使とする第一回遣欧使節がロンドンに到着した。一行の中には副使・松平石見守（外国奉行兼神奈川奉行）の従者として、野沢郁太と市川渡が加わっている。同月一四日に見学したグリニッジの工場で、二人は蒸気機械の力に目を見張った。「遣欧使節航海日録」（『遺外使節日記纂輯』第二、日本史籍協会、一九二九年）で野沢は、「鉄板に鋲穴を明る事大根に穴を明るより心安く又けつる事かんなにて木をけつる如く」「人力不費して妙なり」と感嘆している。市川も同じ日の体験を「尾蠅欧行漫録」（同）に、「無数ノ鉄造物ヲ盡ク蒸気ノ機関ヲ用ヒ人力ヲ費サスシテ精巧ニシテ且其製成モ速カナル実ニ奇巧妙絶思議スヘカラサルニ至為ニ駭嘆ニ堪ヘス」と記した。

イギリスと日本の文明化度の差は歴然としている。明治時代の岩倉使節団は一八七二年七月一四日にロンドンに到着し、グラスゴー、ニューカッスル、バーミンガム、マンチェスター、リヴァプールなども視察して、約四ヵ月後にイギリスを離れた。久米邦武編『米欧回覧実記』第二編（博聞社、一八七八年）は両国の共通点と差異をこう指摘している。「其形勢、位置、広狭、及ヒ人口ハ、殆ト我邦ト相比較ス、故ニ此国ノ人ハ、毎ニ日本ヲ東洋ノ英国ト謂フ、然トモ営業力ヲ以テ論スレハ、其懸殊モ亦甚シ」と。「営業力」の差とは何をさすのか。イギリスの「労力ヲ用フル数」は八九一万九〇〇〇人にすぎないが、「動物舟車ノ力」は四四〇〇万人に匹敵する。「蒸気器械ノ馬力」は人口一一人につき一馬力で、「仏国ノ大ナル、営業力ノ盛ナルモ、器械力ヲ併セテ比較スレハ、大ニ劣ル」ほどだった。

蒸気機械の力はどのように生れるのか。「国中ニ鉄ト石炭ト産出高ノ莫大ナルコト、世界第一ナリ、国民此両利ニヨリ、汽器、汽船、鉄道ヲ発明シ、火熱ニヨリ蒸気ヲ駆リ、以テ営業力ヲ倍蓰シ、紡織ト航海トノ利権ヲ専有シテ、世界ニ雄視横行スル国トハナリタリ、故ニ全国内ニ鍛冶ノ業ノ盛ナルコト、我一行ノ目ヲ驚カセシ所タリ」。イギリスをはじめとするヨーロッパの文明に、使節団の一行は驚愕したが、それを日本との固有の違いとは考えなかった。「欧州商利ヲ重ンスル風俗ノ、此ヲ漸致セル所ニテ、原来此州ノ固有ノ如クニ思ハルレトモ、其実ハ然ラス、欧州今日ノ富庶ヲミルハ、一千八百年以後ノコトニテ、著シク此景象ヲ生セシハ、僅ニ四十年ニスキサルナリ」という文章からは、イギリスの後を追いかけようという意志が感じられる。

文明化度の差が、イギリス（ヨーロッパ）と日本の固有の違いではなく、四〇年という時間差にすぎないなら、懸隔がどれほど大きく見えても、いずれそれを埋めることは可能だろう。だから岩倉使節団は各地で、精力的に産業革命の成果を視察し、それを吸収しようとしている。たとえばイギリス第三の都市マンチェスターに行くと、市内は「石炭ノ烟、天ヲ掩ヒテ空気為メニ昏黒ナリ」という活況を呈していた。一行はここで、板ガラス製造場や、「其盛ナルコト、欧州ニ於テ別ニ比肩スル所ナシ、蒸気ノ力ヲ借テ機ヲ運ス」紡織工場や、「鋼アリ、鉄アリ、大砲、砲弾、砲車、輪台ノ大ヨリ、百種鉄ノ器械ヲ製スル」製鉄所を次々と回り、その見聞を細かく記録している。

　工業化と都市化に鉄材は欠かすことができない。岩倉使節団の訪問以前にイギリスで四年間を過ごした村田文夫は、日英の設備や品物の決定的な違いを、『西洋聞見録』（井筒屋勝次郎、一八六九年）で「本邦ニテ木片或ハ竹片ヲ以テ造ル所ノ諸器多ハ鉄造トス」と説明している。イギリスには各地に製鉄所があるが、村田が「尤モ宏壮ナル鉄工場」で「欧羅巴州ノ雑貨場」と呼んだのはバーミンガムだった。炭田と鉄鉱産地に近いバーミンガムでは、「鉄舩、鉄車、鉄橋、火輪鉄路、地中鉄筒」など近代交通を成立させる大掛かりな建造物も製造されている。木や竹の製品に慣れた日本人が鉄製品を見て驚くのは当然だろう。一八八四年にロンドンを訪れた矢野龍渓は『周遊雑記』（報知社、一八八六年）に、「東洋ヨリ西洋（就中英国）ニ来リテ見レハ商売ノ盛ナル製造ノ大ナルニハ目ヲ驚カスヿナリ鉄『ガラス』『ゴム』杯ノ用ヒノ広クシテ一寸セシ物ニモ是ヲ用ヒ」と記している。

　ドイツのクルップ社と並んで近代兵器製造で知られるアームストロング社は、ニューカッスルに工場がある。製鋼所・製砲所・製丸所などに分かれる工場には、多くの日本人が視察に訪れた。この工場がいかに大規模だったかは、鎌田栄吉『欧米漫遊雑記』（博文館、一八九九年）を読めば明らかである。製砲部の職工は一万五〇〇〇人、造船部の職工は四〇〇〇人を数え、昼夜交代の時間になると、工場周辺の道路は弁当を手にした職工で埋め尽くされたという。この会社の製品では、一八五四年に発明され発射速度・射程・精度に優れたアームストロング砲が有名である。ただし兵器製造所は見学者に不気味なイメージも与えた。溶鉱炉で「鉄材を溶解する等其凄ましき有様は宛がら閻魔の庁に在るかと疑はれて唯恐ろしき心地す」と鎌田は記している。

植民地貿易とロンドン港のドック

　一八七二（明治五）年に岩倉使節団がロンドンで直面したイギリスと日本の差は、文明化度だけではなかった。久米邦武編『米欧回覧実記』第二編は、「此国附属ノ地ハ、五大州ニ普ク」あると指摘している。「凡ノ環海要衝ノ地ハ、多ク其所轄トナシ、今世界ノ航路、殆トミナ自国ノ支配下ニ帰シ、海路ニ郵駅ヲ置タリ、其総地ヲ計算スレハ、八百七十二万七千六百五十一方英里、露西亜領ノ広キモ、猶四十万余方英里ノ地積ヲ譲リ、我邦ニ比スレハ七十五六倍ス」と。一八世紀後半のイギリスで産業革命が成立する一因は、原料供給地で輸出市場でもある植民地との貿易で覇権を握ったことにある。特に七年戦争（一七五六年～六三年）後は制海権を手中に収めて、世界帝国として君臨することになった。一八五一年の第一回ロンドン万国博覧会は、帝国の繁栄を象徴する行事である。岩倉使節団が目にしたのもまさに繁栄の渦中にあるロンドンだった。

七つの海を支配したイギリスの表玄関はロンドン港である。海に面していないロンドンでは、港はテムズ河沿いに広がっている。一九世紀後半にロンドンを訪れた日本人は、イギリスの国力を河の賑わいからも実感した。たとえば第一回遣欧使節に加わっていた御勘定格調役兼の淵辺徳蔵は、「此河ニ輻輳する外国船夥多ニは驚きぬ」と「欧行日記」（『遣外使節日記纂輯第三』日本史籍協会、一九三〇年）で吐露している。同じ遣欧使節の一員だった進物取次上番格御普請役の益頭駿次郎も、「テームス河は龍頓橋と唱ひ候処迄大舟乗込に相成常に各国の軍艦並商艦とも数百艘輻輳し国々旗章飄々然として普く颺風に翻り」と、「欧行記」（同）に記載した。

イギリスの後を追いかけるという志向は、産業革命の成果を吸収することにとどまらない。岩倉使節団がイギリスを訪れた一八七〇年代は、資本主義が発達したヨーロッパの列強がイギリスと肩を並べて、アフリカやアジアで世界分割を進める、帝国主義の幕開けの時代でもあった。植民地化を免れた日本も、自らが帝国になる道を歩み始める。矢野龍渓は『周遊雑記』（報知社、一八八六年）で「西洋文明ノ東洋ニ優レル所ハ戦争ニアレ商業ニアレ工業ニアレ皆ナ是レ器械道具ノ世界ヨリ生シタル者ナリ」と主張した。帝国にとって世界分割に欠かせない「器械道具」の一つが船舶である。矢野は「今日本ノヿニ付人民ノ競争ヲ助クル第一ノ法ハ四方ニ日本郵船ノ交通ヲ開クニ在リ」とも述べているが、航路の開拓と近代的海運業の育成は、「戦争」「商業」「工業」のいずれにとっても必要条件だった。

日本郵船の欧州航路船に乗組んでいた高山謹一は、一九〇八年頃から航路案内書を書き始める。一九一〇年代前半にロンドンで勤務するかたわら、資料を集めて執筆したのが『西航雑記』（博文館、一九二二年）である。同書の「倫敦諸船渠概観」の図（七五頁参照）を見ながら、ロンドン港の全体像を確認しておこう。まずロンドン港のエリアは、「上流テディントン閘（ロック）より河口ノア灯台船（ライトシップ）に至る七十哩」（＝約一一三キロ）と幅広い。船舶繋留場は延べ一五マイル（＝約二四キロ）に及ぶ河岸が三二〇あり、岸壁・埠頭・ドックを備えている。久米邦武編『米欧回覧実記』第二編には、「最下流ニ架シ渡セル橋ヲ倫敦橋ト云、諸商船ノ上リ来ルハ、此ニ至テ止ル（略）此ヨリ上流ニハ、唯小船ヲ往来スルノミ」と記されていた。「倫敦諸船渠概観」の主要図をさらに西（上流）に遡ると、左上図の「タワー橋」に出る。その一つ西にあるのが「倫敦橋」である。タワー・ブリッジの竣工は一八九四年なので、岩倉使節団の頃はまだ存在していない。ロンドン・ブリッジがロンドンの中心部での「最下流」の橋だったのである。

高山は『西航雑記』に九つのドックの開渠年を記載している。ロンドン市街に近い左上図には、①セント・カソリン・ドック（一八二八年）と、②ロンドン・ドック（一八〇五年）がある。主要図に記載されたのは西から、③サレー・コマーシアル・ドック（一八〇七年・一九〇四年）、④西印度ドック（一八〇二年）、⑤ミルウオール・

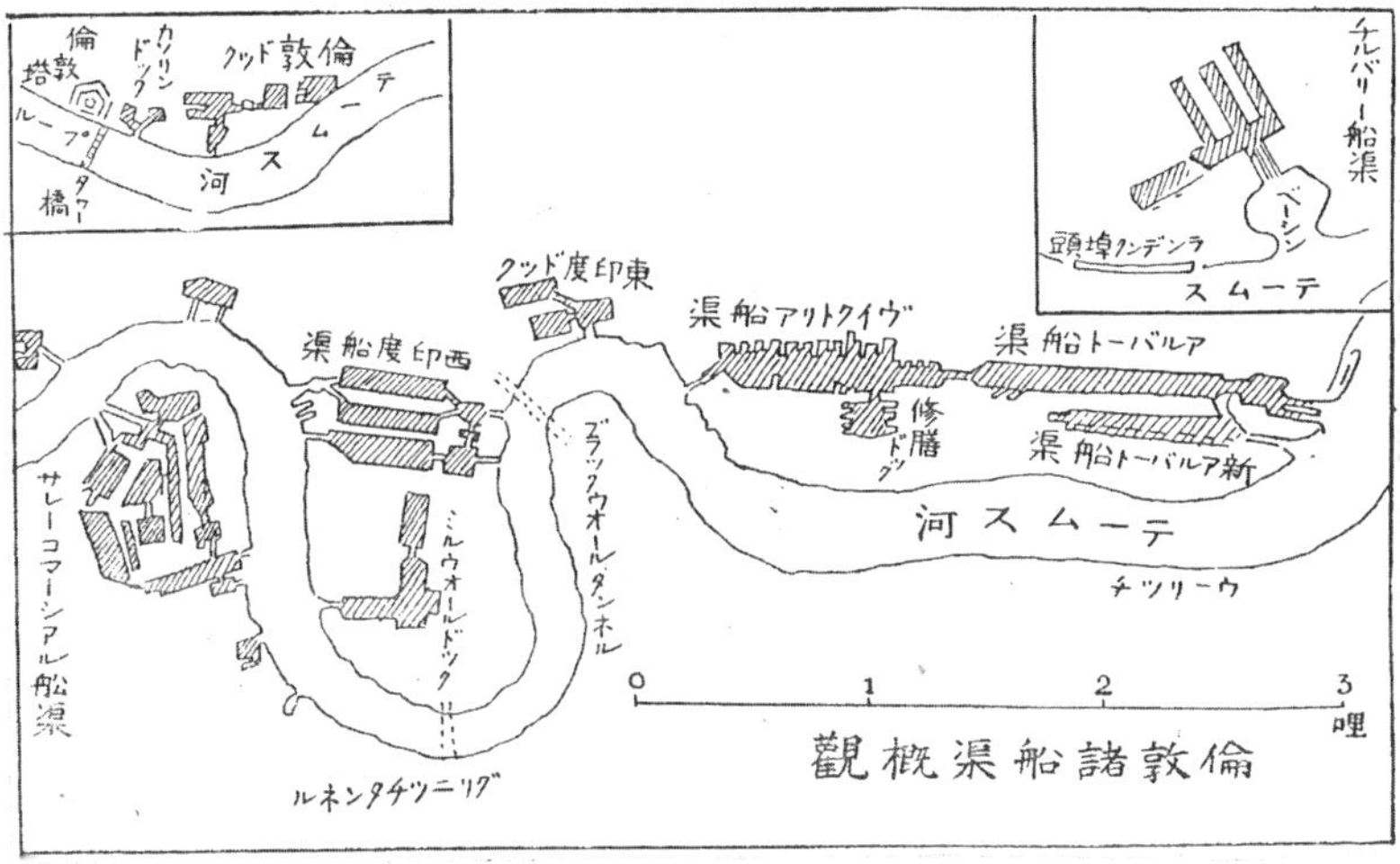

★「倫敦諸船渠概観」（高山謹一『西航雑記』博文館、1921年）。

ドック（一八六四年）、⑥東印度ドック（一八〇七年）、⑦ヴィクトリア・ドック（一八二五年）、⑧アルバート・ドック（一八七五年）。ヴィクトリア・ドックはロンドン・ブリッジから六マイル半（=約一〇キロ）下流にある。一八八六年になるとロンドン・ブリッジから二一マイル（=約三四キロ）下流に、右上図の⑨チルバリー・ドックが建設された。日本郵船の定期船はアルバート・ドックの入口から入り、西に進んでヴィクトリア・ドックの埠頭に繋留されている。

二〇世紀に入ってもロンドン港が、イギリス最大の、そしてヨーロッパ最大の港であることに変わりはない。『西航雑記』には一九二二年の「欧州五大港入港船噸数比較」表が掲載されている。噸数の多い順に、①ロンドン港約一六五六万トン、②ハーグ港（オランダ）約一三八〇万トン、③ロッテルダム港（オランダ）約一二〇九万トン、④アントワープ港（ベルギー）約一一七〇万トン、⑤マルセイユ港（フランス）約九六八万トン。ロンドン港では日本人視察者の姿が絶えることはなかった。

商事会社社員の渡辺四郎は、欧米に行くたびに各国の港湾事情を調査し、資料を収集してきた。その成果は『欧米の港と腰弁の視た国々』（渡辺四郎、一九二八年）にまとめられている。第一次世界大戦（一九一四～一八年）後に、世界の海運業におけるイギリスの地位は相対的に低下してくる。それでも一九二〇年代に入ってからも、ロンドン港とニューヨーク港が両横綱であることに変わりはなかった。同書には「英国の重要港と出入船舶噸数と貿易金額」の表が収録されている。外国貿易船舶噸数の上位五港は、①ロンドン港約一七二九万トン、②リヴァプール港約一一一九万トン、③ニューカッスル港約七二三万トン、④カーディフ港約六八九万トン、⑤サザンプトン港約六六九万トンで、ロンドン港が他港を圧倒している。

貿易金額の上位五港は、①ロンドン港約六億七七三四万ポンド、②リヴァプール港約五億八二四六万ポンド、③ハル港約一億二一一九万ポンド、④マンチェスター港約一億一四五六万ポンド、⑤グラスゴー港約八四三二万ポンドで、ロンドン港の優位は揺らいでいない。ちなみに同年の日本で最も高い数値を記録したのは神戸港で、外国貿易船舶噸数は約五三四万トン、貿易金額は約一億〇〇六七万ポンド。前者はロンドン港の約三一%で、後者は約一五%にすぎない。ただしロンドン港全体が活況を呈していたわけではない。船舶が大型化してくると古いドックは対応できない。市街に近いドックは拡張の余地がなく、鉄道の引込線も作れない。十分な機能を有するのは、ヴィクトリア・ドック、アルバート・ドック、チルバリー・ドックと、新設のキング・ジョージ五世ドックくらいだと、渡辺は指摘している。

ロンドン港務局で調査を終えた後で、渡辺四郎は係員からこんな愚痴を聞かされた。日本からは「無暗に沢山の人々」が視察に訪れて、「愚にも付かぬ質問」をされるので閉口していると。ロンドン港がそれだけ重要な港だったとも言えるし、日本人旅行者が視察の対象に選びやすかったとも言える。谷井類助もそんな一人だった。『欧州見物所どころ』（大同書院、一九三三年）によれば、彼は「M博士に随伴して」港内を巡覧している。「M博士」とは、海事法学者の松波仁一郎のことだろう。洋行したのは二人とも一九三一年で、谷井の視察の記述が、松波の『目あきの垣覗き』（大日本雄弁会講談社、一九三六年）の記述と重なっているからである。松波の記述に従えば、英国港湾協会執行長リッチー卿の厚意で、一行は三時間半ほど視察を行った。港務局のランチがウェストミンスター・ブリッジまで迎えにきて、そこから最下流のチルバリー・ドックへ向かったのである。

近代的海運業の幕開けとイギリス建造船舶

江戸幕府は幕末に遣欧使節を五回派遣した。使節の一行はまず横浜で、ヨーロッパの船舶にじかに触れることになる。岩松太郎は一八六三（文久三）年の第二回遣欧使節に、副使河津伊豆守祐邦の従者として加わった。「航海日記」（『遣外使節日記纂輯』第三）に岩松はフランスの「飛脚船」（「ヒタスツプ号」）について、「長五拾八間なり船中大砲二挺士官部所其外至て壮麗なり」と記している。幕府がアメリカ・イギリス・オランダ・フランス・ロシアの五ヵ国に、自由貿易を許可したのは一八五九年である。一八六〇年代前半の横浜には、外国船が姿を見せるようになっていた。一八六五（慶応元）年の第三回遣欧使節に外国奉行柴田日向守剛中の従者として加わった岡田摂蔵は、横浜から出港する「飛脚船」が月に三船あり、二船はイギリス船で一船はフランス船だと、「航西小記」（『遣外使節日記纂輯』第三）で述べている。

渡英した日本人はイギリスと日本との差が、海運業と造船業の両方にまたがっていることを思い知らされた。久米邦武編『米欧回覧実記』第二編によれば、一八七二年にイギリス第二の都市リヴァプールには、「キュナールト」「インメン」「ホワイトスタール」「ネショナルフイン」などの蒸気船会社があり、毎日ニューヨークへ三四便、ボストンへ八便、その他のアメリカやカナダの都市に一一便が出ていたという。横浜港とは比べようもない賑わいだった。また同地の造船所に見学に行くと、鉄製の蒸気郵船を建造している。すでに欧米では一九世紀の初めに推進力が帆から蒸気に移り、一九世紀前半には船体が木製から鉄製に移行していた。同地で建造中の一隻は、蒸気力をフル回転させれば、従来の中国〜イギリス間四五日間を三〇日間に縮めることも可能だという。

日本で近代的海運業の一端を担う定期船会社が設立されるのは、それから一〇数年後のことになる。一八八四年には大阪商船会社が、その翌年には日本郵船会社が産声をあげた。後者を例に取ると、一八八六年に横浜・上海線、長崎・ウラジオストック線、長崎・仁川線が旧三菱会社の助成航路を継承して開設され、新たに長崎・天津線も開設される。一八九〇年には神戸・マニラ線が臨時配船されて、翌年から定期配船に変わった。欧州航路が開設されるのは、日清戦争が終結した翌年の一八九六年のことで、同年にはシアトル航路も開設されている。日本で民間造船所の基礎が作られたのも同じ頃である。一八七六年には石川島造船所が、八四年には長崎造船所が、八六年には兵庫造船所が、政府から民間に貸し下げられている。

とはいえ日本郵船の船がすぐに国内で建造されたわけではない。『七つの海で一世紀』（日本郵船、一九八五年）の「取得船リスト」で、創業時の三菱会社・共同運輸会社からの継承船と、創業後の取得船で一九〇〇年までの建造船の建造地を調べると、次のようなデータになる。一二八隻中、イギリスは約七九・七%の一〇二隻（グラスゴー四〇、サンダーランド一七、ニューカッスル一六、レンフリュー七、ミッドルスブロー五、ベースリー四、ベルファスト四、ロンドン二、アバー・ディーン二、ウェスト・ハートルプール一、グリーノック一、コーク一、ストックトン一、バーケンヘッド一、ハートルプール一）と圧倒的に多い。以下、日本は約一一・七%の一五隻（長崎六、東京三、神戸二、横浜二、横須賀一）、アメリカは約四・七%の六隻（ニューヨーク六）、ドイツは約二・三%の三隻（キール一、ハンブルク一、ロストック一）、オランダ（ロッテルダム二）と香港は約〇・八%の一隻ずつ。一九世紀末の日本郵船の船は、ほとんどイギリスで建造されていたのである。

世紀末のグラスゴーを訪れた鎌田栄吉は『欧米漫遊雑記』で、

イギリスの汽船の三分の二はここで建造されると述べている。一八九五年にグラスゴーで造られた鋼鉄戦艦は三五〇隻で噸数は四三万五二〇〇トン。同地のハンデルソン造船所を訪れると、ちょうど日本郵船の注文船四隻が建造中だった。鉄骨に鉄板を打ち付ける作業をしていたが、釘の打ち方にも英仏独それぞれの流儀があり、イギリスは職工の熟練を信頼していたという。同じ頃、水田南陽はロンドンの造船所を見学している。『大英国漫遊実記』(博文館、一九〇〇年)によるとテムズ造船所では、日本の富士と敷島の建造が進んでいた。ヤロー造船所でも日本政府が注文した、水雷艇破壊艦六隻のうちの一隻が完成に向かっていた。

天地を走る「火輪車」、街路を埋める自動車

一八六九年に出版された村田文夫『西洋聞見録』に、「火輪車」(=汽車)という項目がある。「火輪車ノ盛ナルヿ英国ヲ以テ諸州ニ冠タリトス」と始まる説明には、一八五六年の次のようなデータが引用されている。「敦倫橋(ママ)駅ト云ヘル火輪車駅ヲ火輪車ノ過ルモノ朝六字ヨリ夜十二字迠八百五十車ニシテ乗客二千五百万人ニ及ブト云フ是レ惟倫敦ノ一火輪車駅ニシテ然リ爾余倫敦中火輪車駅多ケレバ火輪車ノ盛ナルヿヲ想思スベシ」と。産業革命を発展させるためには、建設時に大量の鉄材と労働力を必要とし、建設後は大量輸送機関となる鉄道が必要だった。村田が「英国ヲ以テ諸州ニ冠タリ」と述べたように、蒸気機関車の実用化に成功したのはイギリスのジョージ・スティーヴンソンである。都市と都市を結ぶ最初の本格的な鉄道はマンチェスター—リヴァプール鉄道で、一八三〇年に開通している。

イギリスでは一八四〇年代に鉄道狂時代が訪れて、全土に主要路線を建設していった。また海外にも鉄道を輸出するようになる。村田の見聞はそれから四半世紀後のことだから、ロンドンで鉄道はすでに日常風景と化していた。しかし日本にはまだ鉄道がないので、日本人は目を見張っている。岩倉使節団が訪れた一八七二年にテムズ河には一三の橋が架かり、そのうちの四橋を鉄道が通っていた。地上の目線では、鉄道が空中にあるように見える。久米邦武編『米欧回覧実記』第二編も、「車輪ハ雷ノ如ク驟轟(しゅうごう)シテ、人ノ頭上ヲ奔走シ、駅ヲ出テ駅ニ入ル、車ニ搭スル客ハ、蜂ノ如ク屯シ、車ヲ下ル客ハ蟻ノ如ク散ス」光景を見て、「天ヲ走ル車」を「製作ノ奇工ヲ極メタリ」と絶賛している。

日本で最初の鉄道が新橋~横浜間で開業するのは、岩倉使節団がロンドンからエディンバラに移動した直後の一八七二年一〇月一四日(旧暦九月一二日)である。駐日イギリス公使ハリー・スミス・パークスのすすめで、イギリスから資材を購入し、イギリスの鉄道技術が導入された。初代建築師長もイギリス人エドモンド・モレルが、お雇外国人として務めている。日本では一八八九年に東京~京都間が全通し、一九〇六年には鉄道国有法も公布されるこ

★ *London Fine Art Views*（Rock Bros Ltd., 刊行年不記載）に収録された、チャリング・クロス鉄道橋からの光景。テムズ河沿いの道路から、鉄道が高く見えることが分かる。

とになる。それでも鉄道の発達には大きな差があった。一九一一年に刊行した『倫敦』（政教社）に長谷川如是閑は、「絶えず数箇の列車が同一方面に向つて走り、又摺れ違ふ列車も之に入り乱れて走つてゐる光景は東京や大阪の往来に人力車が走つてゐるよりも目まぐるしい」という感想を記している。長谷川によれば日本の鉄道は、スピードが遅く、停車時間が長く、事故も多かった。

　都市の街路の光景も日本人を驚かせている。まず道路。一八九九年の『欧米漫遊雑記』に鎌田栄吉は、「文明国の道路の立派に築き上げられたるを見れは、其の金力と人工とを費すの巨多なるに、驚かざるを得ず」と書いた。地下を漆喰で固め、その上に木片を縦に並べ、コールタールを合わせ目に詰めるので、車に乗っても車輪の激動や音が気にならない。「快転奔馳（ほんち）恰も空中を駈るが如く至極愉快なり」と鎌田は感想を述べた。次に自動車。長谷川如是閑は『倫敦』で都市景観の変容を、交通という観点からこうレポートしている。一九〇四年のロンドンでは「ハンソム」（二輪）や「ホーホイラ」（四輪）という馬車が一万一四〇〇輌でタクシーは　輌だったが、一九一〇年に両者は五〇〇〇輌ずつになった。またオムニバス（乗合馬車）会社は馬を売り払って乗合自動車に代えたので、一九一一年八月からオムニバスは姿を消すことになったと。「特有の倫敦的色彩」が失われていくことを長谷川は惜しんでいる。

　一九二〇年代に入ると自動車と馬車の割合はまったく逆転する。

山本憲一・瀧澤七郎『倫敦』（明文堂、一九二五年）に、一九二三年六月一〇日にハイド・パーク・コーナーとトラファルガー・スクエアとピカディリー・サーカスで行った交通調査の結果が載っている。自動車と馬車を比較すると、自動車の割合はいずれも九割を越える。また一九二三年度に乗合自動車会社が運んだ乗客数は約一〇億三八九四万人に上っていた。同書によれば、乗合自動車の所有台数は四一五〇台で毎日三四五〇台が稼動する。八〇〇〇人の車掌が処理する切符は、毎晩八台の大自動貨車で運搬されたという。

地下鉄・地下道という「大奇術」

世界で最も早く地下鉄が開設されたのはロンドンだった。一八六五年の第三回遣欧使節の一行は地下鉄を体験している。岡田摂蔵「航西小記」によれば、「蒸気車会所に到れは政府より巳に日本使節の為に蒸気車の設あり」と言われて、「地下に降り車を発して府下を一周」したのである。「平地及屋上に鉄路を設け汽車の通路と為れとも人民尚往返の便利欠く処あるか故に両三年前地下を掘鉄路を敷き往返の便利と為す」と岡田が記したように、開設は一八六三年一月である。蒸気機関車がビショップス・ロード～ファーリンドン・ストリート間を牽引していたが、煙についての言及はない。「此の如き洪大の普請世界又有る事無と語る実に人力を以て斯る工を為す鬼神も亦驚くなるへし」という言葉に現れているように、汽車が地下を走るという現実への驚きで一杯だったのだろう。

実はロンドンの地下鉄は二種類ある。伊地知純正『倫敦名所図会』（研究社、一九一八年）の説明に従えば、一つはアンダーグラウンドと呼ばれ、もう一つはチューブと呼ばれた。前者にはメトロポリタンとディストリクトの二線があり、ロンドンの内側を一周している。地表から掘削するために、比較的浅い所を走っている。岡田が体験したのはこの地下鉄である。それに対して一八九〇年になると、テムズ河の南北を結ぶシティ・アンド・サウス・ロンドン鉄道が出現する。図版から分かるように、横から掘り抜いて鉄製のチューブ（筒）を設置していく工法のため、地下鉄自体がチューブと呼ばれた。チューブは深い位置にあり、伊地知は平均六〇尺（＝約一八メートル）と説明している。チューブでは最初から電気列車が使用された。

一九世紀後半のロンドンで日本人を驚かせた地下建造物がもう一つある。それはテムズ河底のテムズ・トンネルである。マーク・イザンバード・ブルネルが担当した世界で最初の水底トンネルは、浸水などで難航し、二〇年近い歳月をかけて一八四三年に完成した。船舶が往来する河底を人が通行する。そんな現実を見て、益頭駿次郎「欧行記」は「無双の功顕にて衆人を驚駭なさしむ」と、久米邦武編『米欧回覧実記』第二編は「倫敦ノ奇中ノ一タリ」と、

★長谷川如是閑『倫敦』（政教社、1912 年）に収載された図版。「倫敦の地下鉄道チューブ工事」とキャプションに記されている。

依光方成『三円五十銭世界周遊実記』（博文館、一八九一年）は「人工の大奇術」と表現した。トンネル内はガス燈で明るくして、五六の商店が土産物などを売っていたという。トンネルは、「近頃鉄道会社ヨリ引受ケテ、府街ヲ回ル地底鉄道ノ線ニ接セントスルト云」と『米欧回覧実記』第二編が述べるように、一八六六年にはイースト・ロンドン鉄道に売却され、七六年から鉄道に使われるようになった。

日本で地下鉄が開通するのは一九二七年で、上野～浅草間が最初である。地下鉄建設に貢献した早川徳次は、鉄道と港湾の関係を調査するため、一九一四年～一六年に欧米に滞在した。早川の『大英国の表裏』（冨山房、一九一六年）にはロンドンの地下鉄の話は出てこないが、『東京地下鉄道史乾』（東京地下鉄道、一九三四年）に次のような当時の経緯が紹介されている。ロンドンでテムズ河底を行き来する地下鉄に「驚異の眼」を瞠った早川は、調査目的を転換してしまう。ロンドンとグラスゴーの地下鉄を手始めに、パリやニューヨークの地下鉄を調査した彼は、帰国後に東京での地下鉄の可能性を模索した。「この早川氏の着想が結局に於て、東洋嚆矢の我が東京地下鉄道の誕生と成育とを見る原動力」になると、同書は述べている。

日本にまだ地下鉄がなかった頃、英語が不自由な日本人は地下鉄利用にも苦労することがあった。福良虎雄は『洋行赤毛布』（日本評論社出版部、一九二一年）に、路線図を確認したうえで外出しても、切符購入時に発音が通じず、エレベーターの選択にまごつき、エスカレーターは足元が定まらず、方向指示は目に入らず、上り下りのプラットホームも間違えると書いている。しかし馬郡沙河子『欧羅巴女一人旅』（朝日書房、一九三二年）の頃には、「一輌毎に入口がついて椅子の並び方も東京の省線そつくり」「一駅毎に駅の名をしらせるのも東京の省線らしい」と、東京の交通機関とあまり違わないという感覚が生れるようになっていた。この間もロンドン市内の交通機関の利用者は増え続けている。菱谷惣太郎が『欧米鉄道行脚』（春秋社、一九三六年）を書く頃には、年間のバス利用者は二〇億人余、地下鉄利用者は四億四〇〇〇万人余、路面電車利用者は一〇億人余に達していた。

（和田博文）

3 階級闘争社会

貧困と亡命の都市

若き日のフリードリヒ・エンゲルスは一八四二年に英国を訪れ、次のような言葉を残した。イギリスの労働者は「粗悪でぼろぼろの」衣服に身を包み、「粗末で混ぜものが多く消化の悪い食料」を口にし、「彼らは野獣のように駆りたてられ、休息も、安らかな人生の享楽もゆるされない。彼らは性的享楽と飲酒以外のすべての享楽を奪われ、その代わりに、あらゆる精神力と体力をつかいはたすまで、毎日働かされる」「彼らは恐慌の犠牲となって失業し、それまでまだゆるされていたわずかなものさえ、奪われるのである」（『イギリスにおける労働者階級の状態（上）』浜林正夫訳、新日本出版社、二〇〇〇年、原著一八四五年）。これが当時のイギリスの現実であった。

一八世紀に世界初の産業革命に成功したイギリスでは、一八〇二年に工場労働者の保護を目的とした世界初の工場法が制定されたものの、なおも人々の生活は困窮を極めた。加速する工業化は史上初ともいえる劣悪な労働環境を生み出したのである。その過酷な環境が人々の思想や運動を鍛え上げたのは、ある意味で必然だった。

歴史を回顧するならば、一九世紀初頭、英国の手工業者たちは機械の普及に反発して工場を破壊し、いわゆるラッダイト運動を巻き起こした。同じ頃、ロバート・オーウェンは労働者の環境改善に取り組んで、後の協同組合主義を先導した。また一八二四年の団結禁止法撤廃後は各地でストライキが頻発し、一八三八年にはロンドン労働協会によって、労働者の選挙権や議員の財産資格撤廃などを求める「人権憲章」が公表されている。この綱領が発火点となって、チャーチスト運動が英国全土をのみ込み、労働者の地位や環境改善を目指す、大々的な議会改革運動へと発展したのである。

この動向は国際的潮流ともクロスする。一八四八年にはフランスで二月革命が発生し、議会制度の改善を求める労働者の声が高まった。それがドイツやオーストリアの三月革命へ波及し、はじめて世界史の表舞台に労働者階級が登場するのである。この同時多発的なうねりは、翌年には各国の君主によって鎮圧されたが、各地で敗北した自由主義者や社会主義者が目指した場所、それがイギリスであり、ロンドンだった。例えば、一八四九年にはエンゲルスとカール・マルクスがロンドンに亡命し、一八五三年には文学者・思想家のアレクサンドル・ゲルツェン、その後も一八八六年の無政府主義者ピョートル・クロポトキン、一九〇二年の革命家レオン・トロツキーなど、各国の活動家が次々にロンドンへ集結したのである。

★ロンドンのマーブル・アーチでの「大デモンストレーション」(仲摩照久編『世界地理風俗大系』第10巻、新光社、1929年)。キャプションには「示威と殺戮と皇帝の平和を保つといふ合理的な宣言の旗を押し立てたこれ等の大衆の運動には頗る真面目な或るものがある」と記されている。

一八八八年六月、そのロンドンにたどり着いたのが「憲政の神様」の異名をもつ自由民権運動家の尾崎行雄だった。一八八七（明治二〇）年の保安条例によって、首都東京からの追放処分を受けた尾崎は、ニューヨークを経由してロンドンに到着し、日本政府に追放された自由主義者として人々の注目を集めた。

その尾崎は「欧米の異動」（『朝野新聞』一八八八年九月一六日）で、アメリカとイギリスの違いを「貧民の多少」に見ている。当時のアメリカでは「事業多くして人少なき故」「働きさへすれば下賤なる労役者と雖も」「金を得」ることができた。つまり「襤褸を纏へる貧民を見ること甚だ少なし」という状況だった。それに対して「天下第一の富国たる英国」では、「至る所として幣衣徒跣の貧民を見ざるはなく」「乞食にはあらで独立の生計を営む所の労役者と雖も米国に比すれば極めて粗悪なる衣服を着用し居れり」と、悲惨な現実が存在したのである。また「ドツクの同盟罷工者」（『朝野新聞』一八八九年一〇月二〇日）によれば、尾崎は「十余万名」もの労働者による大ストライキも目撃している。

しかし、尾崎のロンドン滞在記からは労働問題への切迫感があまり感じられない。例えば、労働者を見ても「中々日本の及ぶ所にあらず、下等なる労役者の体裁も日本の方が遥かに小綺麗なり」（「欧米の異動」）と、日本とは無関係な、物珍しい見物の対象とされている。ただし、こうした発言は尾崎の個性のみに還元できる問題ではなかった。前述したようにイギリス労働運動は議会制度の改善に端を発していた。しかし、尾崎がロンドンを訪れた頃の日本では、議会そのものが存在していない。大日本帝国憲法の公布は一八八九年、第一回帝国議会の開会はその翌年であった。こうした日本の現状に応えるべく、『朝野新聞』は尾崎を欧米に送り、「欧米通信掲載の広告」（『朝野新聞』一八八八年二月一八日）で、尾崎によるイギリスの「国会」や「選挙」の報道を目玉に掲げたのである。そして当の尾崎自身も「選挙人の心得」（『朝野新聞』一八八九年四月七日～一二日）などの多数の記事をロンドンから日本へ送り続けた。

『共産党宣言』のタイムラグ

こうしたなかで比較的早い時期に労働問題に注目したのが、社会政策学会の創設者としても知られる法学者の桑田熊蔵である。桑田の『欧洲労働問題の大勢』（有斐閣書房、一八九九年）によれば、「日清ノ戦役以後」つまり一八九五年頃に「労働問題ノ聲ハ俄カニ朝野ノ間ニ起」こった。しかし、日本の現状は「世間未ダ此問題ノ何タルヲ知ラズ」「有識者モ尚ホ五里霧中ニ彷徨セルモノヽ如シ」というものだった。そこで桑田は欧州の労働運動を直接学ぶために、一八九六年から三年間、ドイツ、イギリス、フランスへ赴いたのである。『欧洲労働問題の大勢』の第一篇は、イギリスを「工業製造ノ故国ナリ、労働問題ノ誕生地ナリ」と取り上げ、組合運動について詳述している。

一方、一八九七（明治三〇）年には、アメリカから帰国した高野房太郎が中心となって労働組合期成会が創立され、同年に日本初の労働組合である鉄工組合が誕生する。また、一八九九年には横山源之助『日本之下層社会』が、翌年には農商務省による『職工事情』が刊行され、日本で工場法が生れる素地も整えられた。ただし、労働問題に関する法整備は円滑に進んだわけではない。最低就業年齢、最長労働時間、深夜業の禁止などを定めた日本初の工場法が公布されたのは、約一〇年後の一九一一年であり、施行されたのは一九一六（大正五）年のことだった。しかも、紡績業では女子の深夜営業を認めるなど不徹底な内容に止まった。工業化を推進する政府や資本家と、生活環境の改善を求める労働者の間には、越えがたい利害の対立が厳然と存在したのである。特に日露戦争後の一九〇六年前後には、戦時中の増税や物価沸騰を原因とする労働争議が多発している。

このように遅々として改善されない労働問題への苛立ちから、人々が社会主義に向かったのは当然のことだった。その象徴が、堺利彦と幸徳秋水による『共産党宣言』の翻訳であろう。「吾人は公々然茲に宣言す、曰く吾人の目的は一に現時一切の社会組織を顛覆するに依て之を達するを得べし、権力階級をして共産的革命の前に戦慄せしめよ、労働者の失ふべき所は唯だ鉄鎖のみ、而して其得る所は全世界なり。万国の労働者団結せよ！」（堺利彦・幸徳秋水訳「共産党宣言」、『平民新聞』一九〇四年一一月一三日）。

『共産党宣言』はフランス二月革命と同じ一八四八年にロンドンで刊行された。当時ヨーロッパ各地を転々としていたマルクスとエンゲルスは、ロンドンの秘密結社・共産主義同盟の要請を受け、資本家と労働者の対立構造を明文化し、社会の一切の歴史は階級闘争の歴史である、というテーゼを提起したのである。一方、堺と幸徳が『共産党宣言』を訳出したのは一九〇四年で、約半世紀のタイムラグがある。しかし、憲法や議会制度の確立、日清戦争後の労働問題の深刻化、それに伴う労使間の対立の激化といった歴史的文脈に鑑みれば、『共産党宣言』の日本語訳はまさに適時打だった。

ただし『共産党宣言』を掲載した『平民新聞』は発売禁止処分となり、後に堺利彦が研究の名目で再発表したものの、一九一〇年の大逆事件以後は公的な出版が禁じられ、禁断の書物となる。だが、堺や幸徳の営為は既に国際的なレベルで世界に知れ渡っていた。例えば、一九〇七年にロンドンに渡った有島武郎は、亡命中の無政府主義者クロポトキンを訪問し、「堺、幸徳は何うしてゐるか」と質問されたのだという（「クロポトキンの印象と主義及び思想に就いて」、『読売新聞』一九二〇年一月二五日）。このとき有島はクロポトキンが書いた幸徳秋水宛の書簡も受け取っている。

その幸徳秋水が大逆事件によって検挙されると、イギリスでは反発が強まった。『万朝報』社ロンドン特派員の橋本鬼山は「幸徳事件の反響」（『万朝報』一九一一年一月一九日）で次のように報道している。「幸徳秋水一派の大陰謀事件は今や全欧洲、否な全世界に喧伝せられつゝあり。試みに英国人に向ひて、日露戦争後最も著名なる日本人は誰なりやと問へば、彼等は躊躇なく『そは伊藤公と幸徳なり』と答ふ」。人々は「幸徳等が無垢なる社会主義者なること、幸徳等の検挙及び裁判が極めて陰密且つ峻酷に行はれつゝあること」を非難し、ロンドン日本大使館には数百通の抗議文が送りつけられた。また、かつて来日し、幸徳とも接触していた労働党の元党首ケヤ・ハーディは、一九一〇年一二月一〇日に幸徳らの処刑反対集会を主催した。その日、ロンドンのロイヤル・アルバート・ホールには二万名をこえる人々が集結したのだという。『共産党宣言』の翻訳に見られた半世紀のタイムラグは一気に縮まりつつあった。

「同盟罷業の新年」と小泉信三

そして明治から大正に変わる頃、日本の労働運動は新たな段階へ移行する。その点を示す資料として「同盟罷工の流行」（『東京朝日新聞』一九一二年四月九日～一二日、全一〇回、署名「泗水」）を見ておきたい。この記事は、一九一二年を日本の「同盟罷業の新年」と位置づけている。元日から「東京市電車」のストライキで市電が運行中止となり、二月には首都圏で、三月以降は全国各地で、それまでにない規模と数のストライキが立て続けに発生したのである。

興味深いのは、この記事が日本で頻発する労働運動を国際的な視野で説明している点であろう。特に大きく報じられているのが、一九一二年にイギリスで発生した炭坑夫の大ストライキである。英国のストは「百万」人もの規模に膨張し、「独逸」「仏国」「西班牙」「米国」へと波及して、その世界的波動が日本へ達したというのである。イギリスでは一九〇〇年以降に労働者の実質賃金が下落し、一九一二年には、ストライキによる労働損失日数が第一次世界大戦前の最高を記録していた。そうしたイギリスの同時代状況を、日本のメディアはこぞって報道したのである。

その一九一二年に一人の経済学者がロンドンの地を踏んだ。後の慶応義塾大学塾長、小泉信三である。小泉はロンドンで演劇や美術などに積極的に触れたわけだが、特に彼が関心を注いだのが、イギリス労働運動の高まりであり、当時のイギリスの政治状況だった。以下、渡英中の小泉の日記（秋山加代・小泉タエ編『青年小泉信三の日記』慶應義塾大学出版会、二〇〇一年）から、彼のロンドン体験を見ておきたい。

小泉は、まずロンドン大学に属する名門校LSE（London School of Economics and Political Science）の聴講生となり、労働問題や社会主義に関する講義に熱心に耳を傾けた。この大学は、政治家のシドニー・ウェッブが中心となって設立した労働者のための高等教育

★（右）小泉信三や野坂参三が常連だった爆弾書店「ヘンダーソン」（野坂参三『風雪のあゆみ（二）』新日本出版社、1975年）。写真は戦後のもので、店主も代わり「コレット書店」となっている。（左）野坂が作成したパンフレット（野坂参三『風雪のあゆみ（三）』新日本出版社、1975年）。題字も野坂によるもので、下部には「1926」「産業労働調査所編」とある。

機関で、一九〇〇年にロンドン大学に編入された後は、英国初の社会学部を創設し、多数のノーベル賞受賞者も輩出した。ウェッブはフェビアン協会（一八八四年結成）の有力メンバーでもあった。フェビアン協会は、階級闘争と革命を掲げるマルクス主義や、伝統的な経済の自由放任主義を否定し、国家による経済活動や社会生活への積極的な関与を認め、福祉国家の実現を目指した英国独特の社会主義団体である。ただし、労働者との直接的な接触は希薄で、主に著述家、記者、上級公務員などの知識階級がメンバーを構成した。バーナード・ショーやH・G・ウェルズらの作家が加わったことも有名だろう。

　小泉はフェビアン協会の思想と親和的な主張の持ち主だった。例えば、一九一二年三月一八日付の日記では、ロンドンで初めて読んだオーストラリアの法学者アントン・メンガーの著書に触れながら、次のように述べている。「マルクス、エンゲルスが彼等の目的とする将来の社会の組織を細説せずして、ただ現在及び過去の社会を詳細に研究すれば、その自ら崩壊して社会主義の社会となるべき事明白なりと説いたのは、不十分不完全且つ誤謬である」。小泉によれば、「将来の社会の組織」を説明するには「法律論の領分」が必須となる。だが、それをマルクスやエンゲルスは詳説せずに「怠った」と批判したのである。このほか小泉の日記には、フェビアン協会の会員で、婦人参政権論者の先頭に立ったエメリン・パンカーストらを支持する言葉も頻繁に綴られている。

ただし、小泉は頭ごなしにマルクス主義を拒絶したのではない。彼は日本で発禁となった『共産党宣言』やその他の文献を乱読し、徹底的に研究した。その際に重要な意味を果した場所がある。それが古本屋街チャリング・クロス・ロードの六六番地にあった書店「ヘンダーソン」である。偶然この古本屋に来た小泉は書棚を見て驚愕する。そこには社会主義や無政府主義、女性解放運動などの書物が山のように積まれていたのである。以後、小泉は常連となり、不本意ながら、ここでドイツ人のマルクス主義者とも仲良くなった。そして、この書店で収集した多数の文献を日本に持ち帰ったのである。ちなみに、一九一二年一二月二三日付の日記によれば、この「古本屋のおやじは」大変な変わり者で、しかも「頗るカールマルクスに似ている」人物だったのだという。

野坂参三と「暗黒の金曜日」

それから約七年後の一九一九年、帰国した小泉信三から教えられて、一人の青年が同じ古本屋を訪れた。後に日本共産党の名誉議長となる野坂参三である（一九九二年にソ連のスパイだったことが発覚して党を除名処分）。野坂によれば、その古本屋の看板には「ヘンダーソン」とあるが、店内には太い字体で「Bomb Shop」とあった。爆弾書店、まさに革命的な店名である。その頃、店主は口ひげをはやし、レーニンの愛称で呼ばれていたそうだ（『風雪のあゆみ（一）』新日本出版社、一九七五年）。

野坂は小泉の奨めもあり、早速LSEの聴講生となってシドニー・ウェッブらの講義に出席した。野坂のチューターは後のイギリス首相クレメント・アトリーが担当したようだ。しかし、LSEに対する野坂の評価は小泉信三とは真逆である。野坂は、ウェッブやLSEが資本家階級の利益のみを優遇していると判断し、LSEに退学届を提出する。その後は爆弾書店で情報収集を行って、各地の労働組合を渡り歩く生活が始まるのである。一九二〇年には、イギリス共産党の創立にも立ち会い、入党した。

この野坂と小泉の差異については、個々の資質の違いに加えて、歴史状況も考慮に入れておくべきだろう。一九一二年に慶応大学に入学した野坂は、同年に結成された労働者団体・友愛会（日本労働総同盟の前身）に加入し、小泉がイギリスから密かに持ち帰った『共産党宣言』などの書物も既に耽読していた。さらに決定的なのは、ロシア十月革命の翌年、一九一八年に米騒動が発生したことだった。第一次大戦以後の米価暴騰で鬱積していた人々の不満は爆発し、日本全土を巻き込む大暴動が発生したのである。この大騒乱は、野坂の眼には、抑圧された労働者による社会革命の萌芽として映っていた。このロシア革命とも通じる革命への可能性を胸に秘めて、野坂はイギリスに渡り、友愛会の機関誌『労働』関西労働同盟会の『労働者新聞』、雑誌『改造』に、一九二〇年のメーデーや労働調査所のことなど、多数のロンドン通信を送った。ちなみに、友愛会主催の第一回メーデーが日本で行われたのも一九二〇年のことである。

イギリスでは第一次大戦によって資本家と労働者の垣根が吹き飛び、愛国心と戦争熱が吹き荒れたものの、野坂が渡英した一九一九年頃には、戦後インフレによって物価は高騰し、労使間の対立が再燃していた。当時有力だったのはギルド社会主義である。これは、中世のギルドを模した分権的な労働組合を基礎として、労働者による産業の自主管理を目指した運動で、前述のフェビアン協会が理論的研究に比重を置いたのに反発し、実際的な労働問題の改善に取り組んだ点に特徴があった。一九二〇年代には日本でも脚光を浴び、野坂と同時期に渡英していた室伏高信らが積極的に紹介した。また、ギルド社会主義の論客G・D・H・コールは「英国に於けるギルド運動」を『改造』(一九二二年九月)に特別寄稿している。

ところで、英国では炭坑・鉄道・運輸の労働組合による三重同盟(一九一四年結成)が組織されており、一組合がストライキにはいると、他の二組合も同調してストを行うことが取り決められ、資本家や政府に対する共同戦線が確立されていた。そして、一九二一年三月末に炭坑ストライキが発生し、ついに四月一五日の金曜日から三重同盟の一斉ストライキが決定したのである。政府と労働者の対立は沸点に達したが、当日になって鉄道労組の指導者がストの中止を表明して炭坑夫は孤立し、最終的に敗北した。この日は、第一次大戦直後の労働運動が終結したことから、「暗黒の金曜日」と呼ばれている。

この歴史的瞬間に立ち会った野坂は、「『闇の金曜日』と英国炭坑夫の閉出」(『労働者新聞』一九二一年九月八日〜一〇月一日、全三回、「野坂鐵」の筆名)で、イギリス労働運動の敗北の原因を「舊派(英国式)労働組合主義の失敗」に見ている。「英国労働組合は、デモクラシーの仮面を被つてゐながら実際には、少数労働組合役員の専制政治の下に」あり、鉄道組合員の「九割」がストに賛成したにもかかわらず、結局、労組の指導者は政府と資本家に妥協した、と猛烈に批判したのである。

この野坂の見解は、当時隆盛を極めたギルド社会主義への批判でもあった。渡英前の野坂はギルド社会主義に大きな魅力を感じていた。だが、ロンドン滞在中は批判的な発言が目立つ。哲学者バートランド・ラッセルを「ギルドソシアリズムの追従者」「別に大したものでもない」(「倫敦便り」、『労働者新聞』一九二〇年五月一七日)と酷評しているのは、その一例である。ギルド社会主義は、フランスのサンディカリズムとは異なり、生産者(労働者)の代表であるギルドと、消費者の代表である国家との協調関係を模索する運動でもあった。野坂はこの協調性を批判し、「国家権力の問題や、権力獲得を指導する政党の問題を軽視、または無視、もしくは否定する」(『風雪のあゆみ(二)』)と非難したのである。ロンドン滞在中、野坂はレーニンの思想を吸収し、先鋭的な運動家に変貌したが、

「暗黒の金曜日」の直後に英国政府から国外退去を命じられ、一九二一年五月にフランスへ去ることになる。その間の経緯は『追はるゝまで』（『改造』一九二三年一月、「野坂鐵」の筆名）に詳しい。

日本フェビアン協会とゼネラル・ストライキ

この直後に日本の言論界へ大きな影響を与えたのが、イギリス労働党内閣の誕生である。一九〇〇年、六五の労働組合と社会民主同盟、フェビアン協会、独立労働党の三団体は、労働代表委員会を結成し、一九〇六年に労働党と改称した。労働党の特徴は、共産主義と距離をとり、合法的な議会主義によって漸進的な社会主義の実現を目指した点にある。具体的には、生活保障制度や公共福祉の実現が目標として掲げられた。一九二三年には、失業者救済が争点となった総選挙で大躍進し、翌一九二四年一月、自由党との連立で、イギリス初の労働党内閣が成立したのである。首相にはラムゼイ・マクドナルドが就任した。

この労働党内閣は、日本の知識人に大きな支持をもって迎えられた。その点を確認できるのが、一九二四年四月に創設された日本フェビアン協会である。この団体は、社会主義者の安部磯雄、アナキストの石川三四郎、運動家の山崎今朝弥が中心となり、国内的には一九二三年の関東大震災で壊滅した日本の社会運動の再興を目指し、国外的にはイギリス労働党の台頭を背景としていた。安部磯雄は「日本フエビアン協会の要領」（『我等の態度』日本フェビアン協会、一九二四年）で、イギリス「労働内閣の重なる人々」が「英国フエビアン協会」に属することを紹介し、労働党内閣発足後に「デンマークに於ても、スエーデンに於ても社会党内閣が組織されるようになつた」と述べ、その国際的な系譜に日本フェビアン協会を位置づけている。

とはいえ、日本フェビアン協会は英国フェビアン協会と直接には関係がなく、思想的なエッセンスを継承した団体だった。特に重視されたのは、社会主義イメージの転換である。当時の社会主義は、マルクス主義的な革命のイメージが支配的だったが、日本フェビアン協会は「暴力の革命手段を取ることに反対」し、「調査と運動」「思想に関する寛容」の重要性を説き、さらに選挙や議会による「平和的合法的手段」を通じて「少数者の手から土地と資本を取り戻し、これを多数者の手に返すこと」を主張した（安部磯雄「日本フェビアン協会の要領」）。つまり、寛容で漸進的な社会改良主義のイメージを強調したのである。ただし、英国フェビアン協会と同様に、労働者との接触は希薄だった。

当初のメンバーは、安部らのほかに作家の菊池寛やジャーナリストの木村毅、戦後首相となる片山哲らがおり、講演活動や機関誌『社会主義研究』の発行などを行った。後に、婦人運動家の奥むめお、評論家の大宅壮一、児童文学の小川未明、政治学者の蠟山政道などの多数の知識人も参加した。しかし、この会員の多さが仇となり、思想的不一致で一九二五年一二月に解散してしまう。ただし、協会の会員は、無産政党の成立を目的とした政治研究会と合流し、第二次護憲運動の高まりとともに、社会民主主義の潮流を形成することになる。一九二八年にロンドンにいた木村毅によれば、英国フェビアン協会の夏期学校には、毎年「日本人学生の姿を見ない事はない」（『旅と読書と』双雅房、一九三八年）状況だったそうだ。ここに日本フェビアン協会の影響を見るのは間違いではなかろう。

一方、一九二四年一月に成立した労働党内閣は短命に終わり、同年一一月には保守党が再び内閣の座に就いた。翌年には保守党内閣の蔵相ウィンストン・チャーチルによって金本位制が断行され、石炭業が極度の貿易不振に陥った。このとき炭坑資本家は、労働者の賃金切り下げなどの合理化によって乗り切りをはかり、再び労使間の対立が激化するのである。これが火種となって、一九二六年五月四日から、全国二八〇万人の労働者がゼネラル・ストライキに突入し、英国政府と労働者の闘争は最終局面に達した。

この国家と労働者による未曾有の大激突を、日本の知識人は固唾をのんで見守った。例えば『改造』（一九二六年六月）の特集「英国総罷業と世界労働運動の動向」には、「労資の関ヶ原」（高橋亀吉）、「未だかつて見ることのできなかった階級戦の展開」（山川均）、「一種の社会革命を生ずるに至るやも測り難き」（堀江帰一）といった言葉が飛び交った。イギリス一国の問題ではなく、未来の日本政

★英国フェビアン協会のメンバーだったバーナード・ショーが、一九三三年に来日した時の様子（『改造』一九三三年四月）。握手をしているのは、かつて日本フェビアン協会を創設した安部磯雄（日本労働総同盟本部にて）。

府と労働者階級の対決を占う意味で、イギリスのゼネストに熱い視線が向けられたのである。結局、英国の労働組合会議指導部は、九日間でゼネストを中止し、イギリスの戦闘的な労働運動は事実上の終焉を迎えた。

この後、労働党は一九二九年の総選挙で息を吹き返した。このとき南ウェールズで労働党支持の応援演説を行っていた木村毅は、「反対党の弥次」で英語の発音を笑われ、次のように反論している。「外国人たる僕の英語がおかしいのはあたりまへだ。僕はだから、英語で話してるのじやない。プロレタリヤートの胸から胸へ直接に響く言葉、即ち情熱で話してゐるのだ」(『旅と読書と』)。選挙の結果、はじめて単独の第一党となった労働党は第二次マクドナルド内閣を組織し、躍進するかに見えた。だが、直後の世界恐慌の煽りを受けて分裂し、その後は保守党を中心とする挙国一致政府に圧倒される。

一九二〇年代中盤から、日本の労働運動や社会主義運動では、ソ連やドイツに比べて、英国への言及は極端に減少する。しかし、イギリスの影響が消滅したわけではない。共産主義と一線を画し、政府との協調をはかった英国型の社会主義思想は、その後も大正教養主義や自由主義の知識人の思考を規定し続けた。この英国型政治思想は、後に日本の知識人が政府との対峙を迫られる場面で、つまり一九三〇年代以降の転向問題や国家主義との対峙という文脈において、再び浮上することになるのである。(西村将洋)

4 ユートピア

ウィリアム・モリスと片山潜のロンドン

ギリシャ語の「存在しない場所」を語源とする「ユートピア」は、イギリス・ルネサンス期の思想家トマス・モアが生み出した概念である。理想郷といった訳語が当てられるように、この言葉には甘美なイメージが漂う。しかし、この点には注意が必要だろう。「存在しない場所」としてのユートピアへの想像力は、常に「存在する場所」としての現実を参照し、その現実との関係性において生成するからである。つまり、ユートピア的に理想化された時空間、場所、思想、概念、イメージは、逆説的に現実を映し出す鏡となる。

一九世紀のイギリスを代表するユートピア文学といえば、第一に挙げられるのはウィリアム・モリスの *News from Nowhere*（『ユートピアだより』）だろう。一八九〇年に発表されたこの作品は、一九〇四年に堺利彦の抄訳『理想郷』（平民社）として刊行され、日本におけるユートピア・イメージにも多大な影響を与えた。

このモリスの小説では、一九世紀の工業化や大量消費社会と逆行するように、二一世紀のロンドンが中世の牧歌的な世界として描かれている。未来のロンドンでは「牧場や、色園（はなぞの）の様な田畑」

のなかを大通りが走り、その周囲には意匠に富んだ「赤い煉瓦」や「木造の白壁」の家屋が点在し、「十四世紀の古風な趣き」が漂っていた。また作中の「翁」は「仕事は皆楽しみですよ」「美術工芸の仕事になれば、仕事其物に愉快が籠つて居ますからな」と快活に語る（『理想郷』）。ここに、モリスが理想とした、中世の手仕事における生活と芸術の統一や、アーツ・アンド・クラフツの思想を読み取るのは容易だろう。

ただし、こうした理想的イメージは物語の一面であった。この作品は一九世紀から二一世紀にタイムトリップした社会主義者の視点から語られており、過去と未来を対照することで、一九世紀の社会矛盾を暴露する仕組みになっている。例えば、一九世紀の刑法は「上流社会の恐怖心の発現」として批判され、私有財産制、所有権、貨幣経済とともに、既に未来の社会では消滅していた（『理想郷』）。また、過去から未来への過程は、資本家と労働者の闘争の歴史とされており、二千人もの労働者が虐殺された血みどろの戦い、ゼネスト、内乱、政府や国家の崩壊といった出来事が克明に描かれている。堺利彦は『理想郷』を上梓した年に、「由来一切社会の歴史は、階級闘争の歴史なり」の一文を含む「共産党宣言」（『平民新聞』一九〇四年一一月一三日）を訳出していた。モリスのユートピアは、日本の現実的な労働運動の高まりと確かにリンクしていたのである。

モリスが *News from Nowhere* を発表した四年後にロンドンを訪

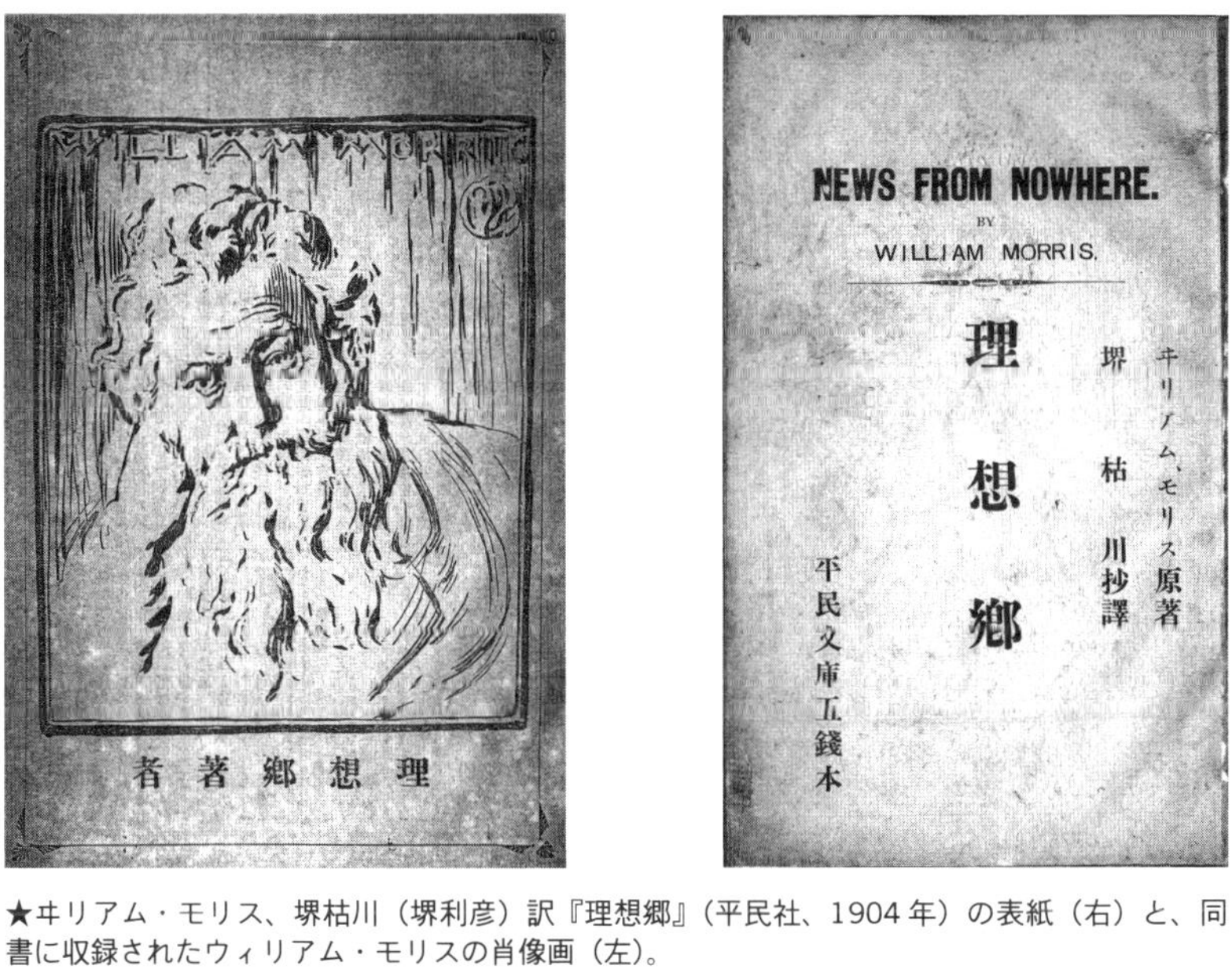

★ヰリアム・モリス、堺枯川（堺利彦）訳『理想郷』（平民社、1904年）の表紙（右）と、同書に収録されたウィリアム・モリスの肖像画（左）。

れたのが片山潜だった。片山は、当時アメリカのグリンネル大学（現、アイオワ大学）大学院で、キリスト教や社会主義、社会問題を研究しており、一八九四年の夏期休暇を利用してロンドンにやって来たのである。このときの滞在記は、片山潜『英国今日之社会』（警醒社書店、一八九七年）にまとめられている。片山が特に注目したのは、ロンドンにおける都市改良の現状だった。例えば、キリスト教系慈善団体の救世軍は、「貧民を救助して安慰の地を得せしむる」ために「移民地（コロニー）」を設け、「木賃宿（ロッチングハウス）」や「睡眠所（セルター）」などの施設を建設しており、「眼中唯博愛の精神と献身的動作の外何物もなきか如し」と感嘆の声を発するほどの活動を展開していた。そのほかにも児童の教育と保護を目的とした「懲治監（Reformatory）」や「感化院（Industrial School）」、労働者のための「貸長屋」など、ロンドンでは注目に値する都市の改良が着実に進められていたのである。

その都市改良のなかでも、セツルメント運動の視察は、片山がロンドンを訪問した主要目的の一つだった。ロンドンに到着した片山は、早速セツルメント運動の発祥地トインビー・ホール（一八八四年設立）を訪れ、付属のベリオル・ホールに滞在した。「セツトルメントは移住の意味にて大学の人士」が「貧民間に住居して之と苦楽を共にし其受けし処の高等教育の趣味を分与し之を味はしむるの意なり」と片山は解説し、このセツルメント運動の先駆的な試みとして、チャールズ・キングスレーが設立した「大学普及校」に触れている。日本初の新体詩集『新体詩抄』初編（丸屋善七、一八八二年）に「チヤールス、キングスレー氏悲歌」が収録されているように、キングスレーは日本でも著名な文学者として知られていた。片山は、そのキングスレーが「貧民問題」に尽力した事実を強調し、大学普及校では歴史、経済、哲学、科学、医学、工学などの幅広い学問を「最も平易に下等社会の人間に向て説明講述」したと紹介している（『英国今日之社会』）。

この後、アメリカに戻った片山は、エール大学神学部に移って都市改良問題についての卒業論文を執筆して、一八九六年に日本へ帰国する。その翌年にキリスト教に基づく社会事業を開始し、東京神田三崎町に日本初のセツルメント「キングスレー館」を設立するのである。それは、イギリスで得た都市改良の理想像を、実践のレベルに変換することを意味していた。ちなみに、ウィリアム・モリスも夜間学校や市民大学で活発に講演活動を行っており、キングスレーのキリスト教社会主義に影響を受けていたと言われている。

好本督と視覚障がい者の理想社会

この直後に、片山潜の活動を追うように、もう一つの英国イメージが日本各地を席巻することになる。視覚障害を持つ牧師の熊谷鉄太郎は、後年の自叙伝『薄明の記憶』（平凡社、一九六〇年）で、一九〇二年を次のように回想した。「日本盲教育界に一大旋風を巻きおこすような大事件が突発しました。オックスフォード大学に留学していた好本督（よしもとただす）という一紳士が、帰朝と同時に『新英国』（ママ）と題する一書を公けにしたのです。そのなかに『英国の盲人』という相当長い一章がありました。そしてこの『英国の盲人』こそ日本盲人界に黎明を告げる鐘の音であったのです」。この好本督の著書『真英国』（言文社、一九〇二年）の巻頭には、内村鑑三「『真英国』に序す」も収められている。そのなかで内村は次のように著者を紹介する。「今や皮相的英国を日本国に紹介する者千百を以て算へらるゝに方りて親友好本督君は博愛的英国を吾人に伝へらる、吾人大に君に謝する所なくして可ならんや」。

好本督は網脈絡膜色素変性という先天性眼疾患による弱視者でもあった。彼は、一九〇〇年に東京高等商学校（現、一橋大学）を卒業してオックスフォード大学に進学し、キリスト教精神に触れるとともに、視覚障がい者の教育や福祉について学んだ。そして帰国後、日本全国の盲学校や関連施設に『真英国』を贈ったのである。日本では一八七八年に京都盲唖院が設立されていたものの、当時は点字の教科書さえなく、視覚障がい者の状況は未だ不十分な段階に止まっていた。盲学校の教師たちは生徒に『真英国』を読み聞かせたのだという（『薄明の記憶』）。

なかでも「英国の盲人」の一章は眩いばかりの世界を生徒たちの脳裏に刻み込んだ。イングランドとウェールズに限っても「盲人学校が二十五」校もあり、視覚障がい者に「年金又は一時の補助金を与ふる慈善組合が三十八」、「内外盲人協会（The British and Foreign Blind Association）」からは「歴史、詩文、科学など内外古今の名者が四千種」も点字出版されていた。のみならず、「高等盲人学校（The Blind College）」では、ラテン語、ギリシャ語、英語、フランス語、数学、歴史、地理、聖書、文学などの高等教育が実践され、視覚障害を持ちながらも「名誉教授」「博士」「英国第一流の弁護士」などの職に就いた人々の来歴が紹介されていたのである。

こうした事例を示した上で、好本は日本の現状を批判している。「盲人を按摩師としての外には能なき者のやうに見做したりする古めかしい間違つた思想を捨てゝ盲人を成るべく普通の人々と同様に取り扱ふは勿論、之れに充分の教育を授けねばならぬ」。一九〇六年に好本は早稲田大学の英語講師となり、日本盲人会を創設した。この頃の逸話が、好本督『十字架を盾として』（日曜世界社、一九三四年）で紹介されている。早稲田で教鞭をとっていた好本は「盲人救済運動」の援助を求め、早稲田総長の大隈重信を介して、各地の政治家や事業家のもとを東奔西走した。「ところが何しその反響の頼りないこと、いつたら、暖簾と腕押しをするやうなものではあつた。或者は敬遠し或者は遁避し、而して或者は乞児を遇するが如くに門前払ひを喰はせた」のである。

その後、早稲田を辞した好本は再度渡英し、日本品を扱う貿易商オックスフォード商会を一九〇八年に設立する。このビジネスで得た私財を視覚障がい者のために投じたのである。大学教員からビジネスマンに転身した好本は、イギリスの日本人社会でも一目置かれる存在となった。矢内原忠雄の一九二一年二月一三日付の日記には、倫敦日本人基督教協会（London Japanese Christian Union）で会った好本の言葉が書き留められている。「祈れよ祈れよ祈れば愛でも信仰でも何でも与へられる」「余には trade と伝導の区別なし。余は余の接する人に福音を語る。先頃の商業の不景気も余にとりては福音を語る好機会を与へられたり、余にとりては business friends は悉く Christian friends となり、又はならんとしつつあり」（『矢内原忠雄全集』第二八巻、岩波書店、一九六五年）。この日記の続きには「余は祈の足らざることを大に恥ぢたり」という矢内原の言葉も記されている。好本は、一九七三年にオックスフォードの自宅で生涯を終えるまで、日本とイギリスを何度も往復する生活を送った。

「田園都市」概念の変奏

ところで、ウィリアム・モリスが前掲 *News from Nowhere* を執筆した際に、直接のきっかけとなった小説があった。一八八八年にアメリカ人作家エドワード・ベラミーが刊行した *Looking Backward*（『顧りみれば』）である。アメリカでベストセラーとなったこの作品は、未来（二〇〇〇年）から過去（一八八七年）を回顧するユートピア小説で、政府によって統制された国家社会主義的な世界をユートピアとして描き出していた。モリスは、ベラミーの未来像や労働を軽視する思想に反発し、自らの理想郷を提示したわけだが、もう一人、ベラミーの世界観に違和感をもった人物がいた。それが、田園都市（Garden City）概念の創出者として知られるエベネザー・ハワードである。

ベラミーの著作が未来から過去を回顧したのに対し、ハワードは現在から未来を展望する著作を、その名も *To-morrow; a Peaceful Path to Real Reform*（『明日——真の改革にいたる平和な道』）として一八九八年に出版した。そのプランを簡単に確認しておこう。田園都市は、円形状の市街地と周囲の広大な農地からなる。市街地の中央には公共施設を有する大公園があり、その周りを水晶宮と呼ばれるガラスのアーケードが取り囲む。アーケード内には商業施設と庭園が併設され、さらにその外側に、同心円状に、公園を兼ね備えた住宅地が配置される。そして、その外側の広大な農地は、グリーンベルトとして永久に保全されるのである。

こうした農村と都市の融合を説くことで、ハワードは煤煙の立ちこめる都市環境の悪化や、都市部の人口集中を一挙に解決しようと試みたわけだが、新聞メディア、フェビアン協会、政治家などからは、架空の夢物語として多くの批判を浴びた。しかし、一九〇三年には第一田園都市株式会社が設立され、その翌年にロンドン郊外のレッチワースで最初の田園都市の建設が始まり、一九二〇年には第二の田園都市ウェルウィンが誕生するなど、ハワードの構想は着実に実を結ぶことになる。ちなみにレッチワースを中世風にデザインした建築家レイモンド・アンウィンは、ウィリアム・モリスの信奉者でもあった。

　この田園都市の試みは、ほぼ同時期に日本で紹介された。特に有名なのは、一九〇七年に刊行された内務省地方局有志編『田園都市』（博文館）だろう。だが、ここには既にハワードのコンセプトとのズレが生じている。ハワードの田園都市には、工場、市場、酪農場、学校、教会などが完備されており、ほかにも食料の自給自足が提唱されるなど、都市の自立的性格が強調されていた。つまり、利潤を追求する資本の力や、国家などの公的機関とも無関係な、民間の非営利的な都市経営が構想され、そうした自立的な田園都市を各地に建設することで、ハワードは社会全体の漸進的な変革を目指したのである。結論をいえば、ハワードの田園都市は、内務省などの政府機関の意向とは相容れない概念だった。

　では、なぜ内務省地方局は『田園都市』刊行に関与したのか。第一の理由は、内務省地方局有志が、ハワードの著作ではなく、主にA・R・セネットの二冊本の大著 *Garden Cities in Theory and Practice*（Bemrose, 1905）を参照していたからである。このセネットの著作では田園都市の実例として、田園地帯に工場を完備し、快適な労働環境を実現した大企業の試み、具体的にはリーバ・ブラザーズ社（現、ユニリーバ）や、英国王室御用達のチョコレート会社キャドバリーなどの都市経営が紹介されていた。内務省の『田園都市』でも、これらの大企業の試みが頻繁に紹介されており、効率的な産業の推進という観点から、ハワードとは異なる田園都市がイメージされたのである。

　第二のポイントは『田園都市』を編纂した社会事業家の思想である。『田園都市』編纂の中心にいたのは、内務省地方局の井上友一や、「社会事業の父」の異名をもつ生江孝之（なまえたかゆき）だったと言われている。この点は、井上の『欧西自治の大観』（報徳会、一九〇六年）に、ハワードやセネットへの言及があり、また生江が一九〇八年に田園都市レッチワースを訪れ、著書『欧米視察　細民と救済』（博文館、一九一二年）にハワードとの会見記を収めていることなどからも推測できる。そして、この二人には共通の思想があった。それが「救貧は末にして防貧は本なり」（『田園都市』）という主張である。ロンドンのイースト・エンドのみならず、当時の日本でもスラム街の形成や犯罪者の増加は深刻な社会問題となっていた。井上や生江は、貧困者の救済（救貧）よりも、貧困を予防（防貧）することが都市問題の根本的解決と考えた。都市の人口を分散させ、都市環境の無害化を目指した田園都市の思想は、この「防貧」政策を実践する理想像として受容されたのである。

　こうした観点から『田園都市』には『国家をして健全なる発達を為さしむる」という理念が提示されることになる。そして後に

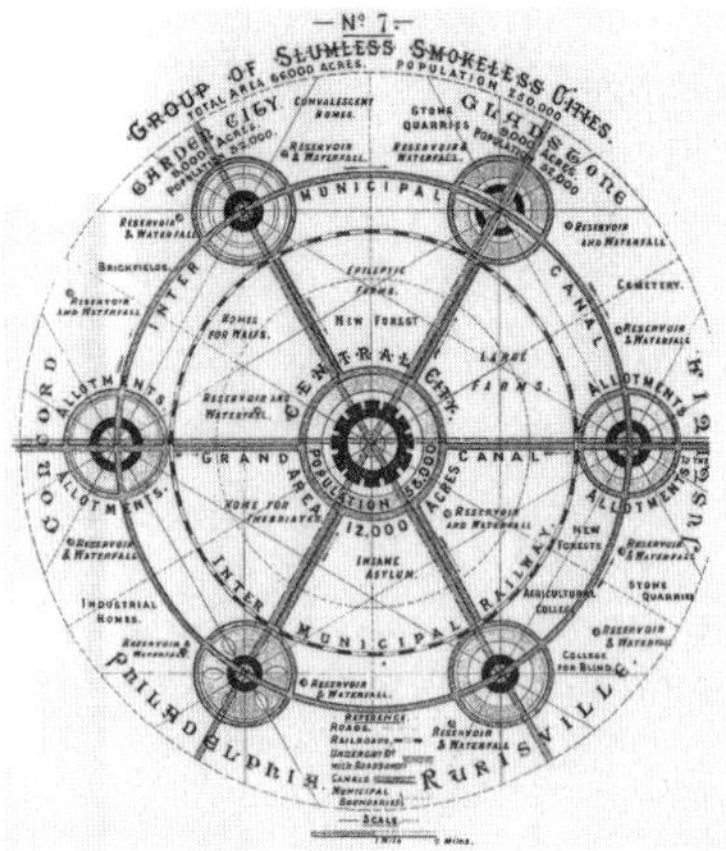

★（右）エベネザー・ハワードが構想した「スラムと大気汚染のない都市群」（*To-morrow; a Peaceful Path to Real Reform*, S. Sonnenschein, 1898）。中央の母都市の周囲に六つの田園都市が配置されている。（左）報徳会の機関誌『斯民』（1908年11月）で紹介された「田園都市レツチウヲース」の「鳥が岡の住宅」。

小林一三や渋沢栄一は、この「国家」を「企業」と置き換えることで、ハワードとは別の日本型田園都市の建設に着手するのである。

多元的国家論の理念と現実

前述したように田園都市の思想が台頭した背景には、スラム街の存在に象徴される格差を改善し、いかに社会全体の公共性を確立するか、という根本的な問題が横たわっていた。この点に意識的だった人物の一人が思想家の河合栄治郎だろう。一九二三年に渡英した河合はバーミンガムにほど近いウッドブルックで寄宿舎生活を送っており、この場所は、前述のチョコレート会社キャドバリーが建設した企業型の田園都市ボーンヴィルと隣接していた。河合はその「田園都市の先駆として有名」な「理想的な住宅」（『在欧通信』改造社、一九二六年）を訪問しただけでなく、論文「英国に於ける住宅政策」（『都市問題』一九二六年七～九月）では、労働者の宅地問題について、英国政府の具体的政策を詳細に検討している。このとき河合の念頭にあったのは、国家、資本家、労働者などの異なるレベルの協調の問題であり、公共性の構築の問題に他ならなかった。

その河合が英国で触れたのが、いわゆる多元的国家論の思想だった。「実際の社会事情は国家の外に、幾多の人の集団を作らしめ、各々我々個人の生活に缺くべからざるの条件となつて居る。外に国際関係あり、内に教会、学校、家庭、組合等、何れも個人の生活に必要なる組織たるに於て国家と異る所がない。国家のみに超個人的人格を認めるの論拠が何所にあるか」（『在欧通信』）。このように多元的国家論は、国家を唯一の絶対者とみなすのではなく、教会、家庭、組合といった複数の社会集団と同じ次元で国家を把握し、国家という存在自体の複数性や多元性を主張したのである。

合法的な社会改良を提唱していた河合は、こうした国家の相対化を「反動思想」（『在欧通信』）と否定的に紹介しているが、多元的国家のコンセプトは、国家を考察する際の有効なヴィジョンとして、日本国内でも急速に浸透していく。その際に注目を集めたのが、ロンドン大学の社会学者レオナルド・ホブハウスが一九一八年に刊行した著書 *The Metaphysical Theory of the State*（『国家の形而上学的理論』）である。政治学者の蠟山政道によれば、同書は明治以来のヘーゲル的な一元的国家観に対して「批判的武器を提供し」、第一次世界大戦後の「日本の読書界」や「政治学界に最も大きな影響をもった」のだという（『日本における近代政治学の発達』ぺりかん社、一九六八年）。

例えば、岩崎卯一『社会学の人と文献』（刀江書院、一九二六年）には、ロンドン滞在中の一九二一年に「英国社会学界の完全な代表者」ホブハウスと会談したときの様子が収められており、そのホブハウスの理論を「最も早く且つ最も正確に紹介した学者」として、長谷川如是閑の名が挙げられている。如是閑は一九一〇年に日英博覧会の特派員として英国へ渡っており、ロンドン郊外の工場では、労資対立のない理想的な公共空間を目撃していた。こうした社会集団の存在に注目していた如是閑は、『現代国家批判』（弘文堂書房、一九二一年）で、「体制の各の組織や習慣は」「個人の社会に対する順応性に伴つて変化して行くもの」であり、「国家の力などは持たない機関によつて行はれてゐる」と、ホブハウスの多元的国家論への共感を表明したのである。このほかに一九二二年に渡英した矢内原忠雄の植民政策学も多元的国家論の一系統とみなすことが可能であろうし、また中島重は、英国の政治学者ハロルド・ラスキの見解を『多元的国家論』（内外出版、一九二二年）にまとめた。多元的国家論は、公共性を考える際の理想的モデルとして日本で受け入れられたのである。

しかし、この新国家論は、一九二六年のゼネラル・ストライキで矛盾を露呈することになる。英国政府の金本位制復帰や、炭坑夫の賃金切り下げに端を発したゼネストは、一八〇万人もの規模に膨れあがり、労働者階級と資本家階級の最終決戦として日本でも大々的に報道された。例えば、ロンドン滞在中の蠟山政道は「総同盟罷業」（『改造』一九二六年八月、一〇月、一九二七年一月）で、労働者が完全敗北するまでの軌跡を詳細に分析している。この蠟山の論文を痛烈に批判したのが、当時ドイツにいたベルリン反帝グループのリーダー国崎定洞だった。国崎は一九二七年七月六日付の小宮義孝宛書簡で、蠟山政道の論旨を次のようにまとめている。すなわち蠟山は、ゼネストの指導部が「ゼネラルストライキを裏切る事によつて、英国労働運動を破滅から救つた」（川上武他編『社会衛生学から革命へ』勁草書房、一九九七年）と考えているのだ、と。

ゼネスト指導部は、ストライキ実行中の炭坑夫を裏切るかたちで政府に妥協し、ストを収束させた。にもかかわらず、多元的国家論者の蠟山は、ゼネスト指導部の「精神的勇気」（「総同盟罷業」）を賞賛していた。確かに、多元的国家論では、国家や政府が、労働組合などの社会集団と同等のレベルに位置づけられ、脱特権化されている。しかし、社会全体の多元的調和が維持されるためには、貧しい労働者の勝利は許されないし、労働者の妥協は必然であると蠟山は暗に主張していたのである。国崎定洞が告発したのはこの点だった。

茂木惣兵衛とSF政治学の夢

ロンドンの日本人社会には、日本国内とは異なる知名度をもつ人物がいる。その一人が茂木惣兵衛だろう。最初に確認しておきたいのは、ロンドン在住の茂木が、日本国内の知識人にも少なからぬ影響力を持っていた点である。例えば、安部磯雄は「茂木惣兵衛氏に就て」（『世界の今明日　月報』一九三三年九月）で、労働問題や社会問題の関係でロンドンを訪れた多数の日本人が茂木の世話になり、安部自身も「茂木氏の動静に関して大なる関心を持つようになつた」と述べている。また、先に紹介した国崎定洞の書簡で「蠟山氏の改造にかいた諸論文の源泉」として挙げられていたのも、実は「茂木総兵エ氏」（ママ）その人であった。このほかに鶴見祐輔をはじめとして、ロンドンを訪れた多くの知識人が茂木と接触し、その感化を受けたのである。

この茂木惣兵衛なる人物は、明治期の横浜商人を代表する生糸業者・茂木惣兵衛の三代目で、父親の急逝により一九歳の若さで茂木銀行頭取と茂木合名会社社長に就任している。その後は第一次大戦の好景気を受け、富岡製糸場を経営する原富太郎とともに帝国蚕糸株式会社を設立し、茂木財閥ともいわれる巨万の富を築き上げた。当時は井上準之助などの政財界の要人とも太いパイプがあったようだ。だが、一九二〇年の糸価暴落で茂木合名会社は倒産し、関連企業も連鎖倒産して破産してしまう。その後、茂木は日本を離れ、アメリカを経由して、一九二三年にイギリスにたどり着くのである。

そして、ロンドンで茂木は気鋭の政治学者に転生する。英国フェビアン協会の重鎮シドニー・ウェッブや労働党の要人と交遊したばかりでなく、ロンドン大学では、前述の英国を代表する政治学者ハロルド・ラスキに師事し、多元的国家論を学んだ。全二巻本の主著 *The Problem of Federalism*（G. Allen & Unwin, 1931）や、*Otto von*

Gierke（P. S. King, 1932）を上梓したほかに、一九二六年には倫敦大学日本人学生会を組織し、国際連盟初の専門機関ＩＬＯ（国際労働機関）の国際会議にも、日本代表の補佐として複数回出席している。

約一〇年のロンドン滞在を経て、茂木が日本の地を踏んだのは一九三三年のことだった。帰国後は蠟山政道らが創設した東京政治経済研究所に所属して『改造』『中央公論』『経済往来』などの一般誌に精力的に寄稿し、『英国政治の動向』（平凡社、一九三三年）や *The Problem of the Far East*（V. Gollancz, 1935）などの著作も立て続けに刊行した。またイギリスの文豪バーナード・ショーが一九三三年に来日した際には通訳を務めた。滞英時の茂木と交際のあったショーは、日本政府が茂木の入国を許可したことについて「君の様な社会主義者を警察がよくも許可したね」（茂木惣兵衛「ショウに再会して」、『改造』一九三三年四月）と語ったのだという。しかし、華々しい活動を開始した矢先の一九三五年、茂木惣兵衛は急死する。ロンドンからは労働党の党首ジョージ・ランズベリーらの弔文が日本に送られた。

その茂木が生前最後に出版した日本語論集が『来るべき世界の姿』（千倉書房、一九三四年）だった。書名にも明らかなように、茂木の念頭にあったのは、イギリスのＳＦ作家Ｈ・Ｇ・ウェルズが一九三三年に上梓した小説 *The Shape of Things to Come* である。このウェルズの作品は、第一次大戦の混迷時代から二一〇六年までを描いた長編ＳＦ歴史小説であるが、並みのユートピア小説ではない。特に小説執筆時にあたる一九三〇年代の世界情勢は、一般読者を置き去りにするほどの衒学的なレベルで記述され、それ以後の世界についても、一九四〇年代の世界大戦、日本への原子爆弾の投下、一九六〇年代の技術者によるテクノロジー革命、その後の世界国家の誕生、と巧緻な筆致で未来が予言されていたのである。

茂木は、このウェルズの小説について「哲学的指導原理」の「不完全」を指摘しつつも、「未来論」の「科学的推論の正確さ」を高く評価している。さらにウェルズを「歴史家、思想家、小説家、評論家、ジヤアナリスト、学者」を兼ね備える「偉人」と呼び、「世界社会主義社会の発展経路」を予見する「現代に於けるマルクス」と位置づけた。ただし、茂木の主眼は小説紹介にはなかった。自らがロンドンで学んだ多元的国家論を援用し、ウェルズが描き出した世界の根本原理を解き明かすことに、最大の力点を置いていたのである。

茂木のテクストは、夥しい伏せ字のため、全体像の把握は困難だが、論文の趣旨は以下のようにまとめることが可能だろう。「新世界国家」が誕生した暁には、所有権が代表するような、個人的な「富」の「現状維持と保全」を優先する静態的な思考は消滅する。新たに生れるのは「ダイナミツク哲学」とでも呼ぶべき新思想である。それは「多元と一元の社会思想の集団主義と個人主義との融和である。機能的連邦思想が新社会の構成動力であり、之

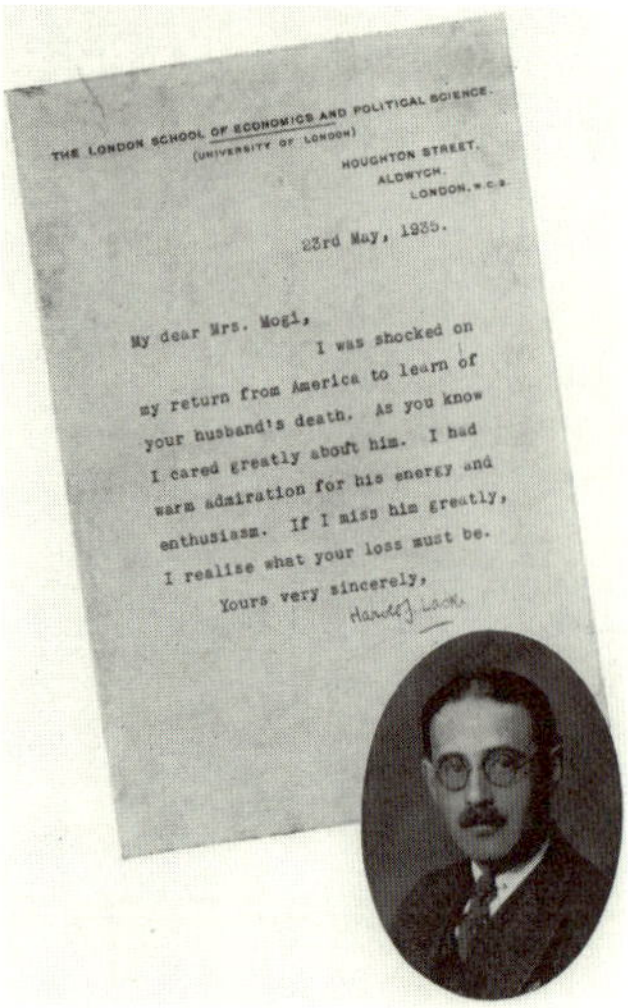

THE LONDON SCHOOL OF ECONOMICS AND POLITICAL SCIENCE.
(UNIVERSITY OF LONDON)
HOUGHTON STREET,
ALDWYCH,
LONDON, W.C.2

23rd May, 1935.

My dear Mrs. Mogi,
I was shocked on my return from America to learn of your husband's death. As you know I cared greatly about him. I had warm admiration for his energy and enthusiasm. If I miss him greatly, I realise what your loss must be.

Yours very sincerely,
Harold J. Laski

★（右）1924年に撮影されたシドニー・ウェッブと茂木惣兵衛の写真（『茂木惣兵衛遺文集』茂木惣兵衛氏遺文編纂委員、1936年）。（左）1935年に政治学者ハロルド・ラスキがロンドンから送った茂木惣兵衛夫人宛の弔文とラスキの肖像写真（『茂木惣兵衛遺文集』）。

が多元の内に一元の観念の思想体系の骨子を通じて組織化、合理化、統制化されるのである」。論文の末尾には「かくして個人主義の純化は世界主義に合致するのである」と書きつけられていた。

このように茂木は「機能的連邦思想が」「多元の内に一元の観念」を通じて「統制化」される二一世紀の「世界主義」を夢見た。そして彼の死後、人々は大東亜共栄圏という新たな多元論と直面することになるだろう。茂木が夢想したユートピアは、皮肉にも大東亜の多元論を逆照射する鏡だったのかもしれない。**（西村将洋）**

5　探偵小説

日本人名のイギリス人

ロンドンと犯罪を結びつける発想には、シャーロック・ホームズの活躍や切り裂きジャックの恐怖といった、イギリス世紀末のイメージが影響しているかもしれない。ロンドン警視庁、通称スコットランド・ヤードの名もよく知られている。

イギリスでは、一八二九年に首都警察法が成立し、ロンドンの治安のために首都警察が置かれた。ロンドンを一七管区に分け、初の国家警察官、二八〇五人を配置したのである。一八七八年、首都警察の中に犯罪捜査科ができる。警察組織が整備されつつあり、科学的捜査方法も模索されていた。

一方、科学的知識は、犯人の側からも殺人に利用できた。また、ロンドンという大都会には、逃走に使われるさまざまな交通手段があり、逃げ込んだら探し出せない入り組んだスラム街があった。そして、さまざまな地域や国から集まった見知らぬ他人が密集して暮らしている。犯罪が起きた場合、犯人の検挙は簡単でない場合が多かった。現代なら、こんな大都会は世界中にある。もちろん日本にも。

しかし、海外の探偵小説が紹介されはじめた頃の明治の日本に、

★イギリスでは劇壇も読書界も探偵物が大流行していると、一九二八年から翌年まで滞英した本間久雄は書いている。図版は本間久雄『滞欧印象記』（東京堂、一九二九年）に入っている探偵劇のポスター各種。

そうした大都会の情報はどれだけ知られていただろう。夏目漱石が文部省留学生として渡英したのは、一九〇〇年である。情報は、そうした一部の知識層にしか共有されていなかった。しかも、紹介が始まった頃の探偵小説は、そのような知識層だけを相手にしたものではなかった。

探偵小説のジャンルは、エドガー・アラン・ポー『モルグ街の殺人事件』（一八四一年）に始まったとされる。このシリーズでは、名探偵デュパンが活躍した。チャールズ・ディケンズの小説の幾つかに探偵小説的な要素があるとされるが、イギリスのミステリーの始まりは、やはり、ウィルキー・コリンズの『白衣の女人』（一八六〇年）や『月長石』（一八六八年）から、という説が強い。それぞれ、日本では原抱一庵（はらほういつあん）により、「白衣婦人」（『都の花』一八九一年四～一〇月）、「月珠」（『郵便報知新聞』一八八九年六～一一月）として翻訳されているが、長い作品なので完訳ではない。

フランスでは、エミール・ガボリヨの『ルルージュ事件』（一八六六年）など、ルコック探偵のシリーズが生れた。ガボリヨは、フランスの探偵小説の祖とされる。英訳のガボリヨは日本でも読まれ、『ルルージュ事件』は黒岩涙香により『人耶鬼耶（ひとかおにか）』（小説館、一八八八年）という題名で『今日新聞』に連載された。この他にも、彼はガボリヨの翻案を数多く手がけた。一八八九（明治二二）年、『都新聞』主筆に招かれ、一八九二年には自ら『万朝報』を興す。ジャーナリストの涙香は、自分が関係する新聞にこれを載せて、売り上げを伸ばした。読者は、スキャンダラスな報道記事への興味と同質の好奇心をもって、探偵小説の続きを読みたがったのである。

このように日本では、欧米の作品の翻訳や翻案から、探偵小説というジャンルが育っていった。だから、そこには舞台としてロンドンもよく現れた。『涙香集』（扶桑堂、一八九〇年）に入った涙香の「婚姻」も、そのひとつである。

ここで、駆け落ちしてロンドンへ逃げた男女の名前は、年川松雄と秋場園子となっている。なぜ日本人名なのか、いったい彼らは何人なのか、と、現代の読者は不可解に思うだろう。しかし、このような例は、当時としては珍しくなかった。先に触れたように、この頃、日本の一般の読者に西洋の都市空間を思い描いて読んでもらうのは難しかった。登場人物の固有名詞を日本人名に変えたのも、外国の文化に慣れていない読者の便宜を計ってのことだった。

さて、「婚姻」で駆け落ちした松雄と園子はどうなったのか？ロンドンまで娘を追ってきた母親が、松雄の職業に不審を抱き、娘を連れて尾行してみると、彼は「倫敦中最も下等と聞えたる或町へと入りたれば園子の怪しみハ一方ならず」、という展開になる。やがて「松雄は立並ぶ穢苦(むさくる)しき家の中にも最も穢苦しき穴とも小屋とも附かぬ如き家に入」り、少したってこの小屋から出てくると、瀟洒な若い紳士だった彼が、似ても似つかぬ姿に変わっていた。彼は人の同情を引くような扮装をして、もの乞いをするのが仕事だったのだ。

これはどこかで読んだことがある、と誰しも思うであろう。そう、シャーロック・ホームズのシリーズにある「唇のねじれた男」によく似ているのだ。ホームズが依頼を受けて捜査に出向いたのは、シティの東の外れ、ロンドン・ブリッジの東のテムズ河北岸にある汚い路地だった。紳士が行くはずのない地域、という点でも共通している。ただし「唇のねじれた男」は一八九一年一二月の *The Strand Magazine* に載ったもので、「婚姻」より発表は後になる。伊藤秀雄の指摘によれば、「婚姻」はウィリアム・サッカレー『馬丁粋語録』（一八三九年）の中の一篇に似ており、あるいはコナン・ドイルもここから案を得たかもしれないという。

シャーロック・ホームズ登場

シャーロック・ホームズは一八八七年の『緋色の研究』で初登場。このシリーズが *The Strand Magazine* に連載されて人気沸騰するのは、一八九一年からのことだった。

安藤貫一「コナン・ドイル先生を訪ふ」（『英語青年』一九一一年四〜五月）は、一九一〇年一月二〇日に安藤が、ロンドンのピカデリー・ホテルにドイルを訪ねたときの模様を四回にわたって連載したものである。安藤は、『吾輩は猫である』を英訳して漱石に褒められたほどの英語力の持ち主だった。そして、早くからドイルを愛読していた。訪問記の中に、「あゝ此人こそ、此紳士こそ、多年夢寝の間にも忘れず、一度は必ずや教を請はん、話をも交さんと、そが作物を坐右より離さゞりしDoyle先生よなと、飛び立つ思は情を激せしめて殆ど眼は昏したりき」と書いている。ドイルは彼に日本の文化について尋ね、安藤はドイルに著述家となった経緯を聞いたり、シャーロック・ホームズ・シリーズにまつわる質問などをした。ドイルは終始、紳士的な応対をしてくれ、安

★『新青年』（一九二二年一月）口絵「ベエカア街」。キャプションには『シヤーロック・ホームズ』が活動写真になつて最近日本へも来た。この写真はクリツクルウードのストール会社撮影場で同写真を撮影しつつあるところ。場面はお馴染みのベエカア街である。ホームズに扮せるはエイル・ノールウツド氏」とある。

藤は喜びでいっぱいになってホテルを後にした。一九二五年、大阪高商教授であった安藤がイギリスのワイト島で客死したとき、『英語青年』では追悼号（一九二五年四月）を出している。

　新聞や雑誌の売り上げを計って探偵小説が載せられた事情は前章で触れたが、そうしたジャーナリズムの動きとは別に、安藤のような英語・英文学者が原文で探偵小説を読んでファンになってゆく、という現象もあった。彼らの多くはイギリスでの留学経験を持ち、実際の場所を知っていたから、紹介にも力が入った。趣味で読むだけでなく、教師として学生の興味を引きつけるに足る教材としてこれを用いる傾向もあった。

　江戸川乱歩『探偵小説四十年』（桃源社、一九六一年）には、馬場孤蝶の講演に刺激され、彼に原稿を送った思い出が書かれている。馬場孤蝶のほか、英語学者の井上十吉も探偵小説に魅せられた学者のひとりで、その『英名家散文注釈』（成美堂書店、一八九八年）には、シャーロック・ホームズのシリーズが的確に紹介されている。フランスの探偵小説も英訳を通して移入される場合が多く、ポーやヴァン・ダインといったアメリカ作家はもちろん、英語ができる者は、探偵小説の名作をいちはやく読むことができた。

　岡本綺堂は学者ではなかったが、父と叔父が英国公使館に勤務していたことから、早くに英語に親しみ、ホームズも原文で読んだ。「『半七捕物帳』の思ひ出」（『文芸倶楽部』一九二七年八月）には、「初めて『半七捕物帳』を書かうと思ひ付いたのは、大正五年の四月頃とおぼえてゐます。そのころ私はコナン・ドイルのシヤアロツク・ホームスを飛び〳〵には読んでゐたが、全部を通読したことが無いので、丸善へ行つた序でに、シヤアロツク・ホームスのアドヴヱンチユアとメモヤーとレターンの三種を買つて来て、一気に引きつゞいて三冊を読み終ると、探偵物語に対する興味が油然と湧き起つて、自分もなにか探偵物語を書いてみようといふ気になつたのです」とある。綺堂が読んだのは『シャーロック・ホームズの冒険』（一八九二年）、『シャーロック・ホームズの思い出』（一八九四年）、『シャーロック・ホームズの帰還』（一九〇五年）であった。

江戸時代を舞台にしては、当然ながら、欧米の探偵小説のように警察組織や法の整備、捜査方法や逮捕に至るまでのルールなどを前提にすることはできない。従って、緻密な捜査がもたらすスリルよりは人情話の要素が強くなるが、結果的にそれが読者の嗜好に合ったのか、『半七捕物帳』は一九一七年から二〇年近く続いた人気シリーズとなった。旧幕臣の家に生れた綺堂にとって、江戸は心の故郷であった。見知らぬ異国を舞台にしては、ここまで書き込むことはできなかっただろう。

では、原文では読めない一般の読者が翻訳でホームズに親しむようなったのは、いつ頃からなのか。現在では誰でも知っているシャーロック・ホームズも、当然ながら最初に紹介されたときは、無名の人である。

原抱一庵が『緋色の研究』を翻案した「倫敦通信　新陰陽博士」（『文芸倶楽部』一九〇〇年九月）の「緒言」は、「倫敦より啓上。世も二十世紀と相成候ては、駭絶奇絶の学者博士の続々輩出して、新世紀の人文を開発することならんが、吾がホルムス博士の如き、其名未だ甚だ世上に喧伝せずと雖も、確かに新世紀の劈頭を飾るに足るの大博士と信じ申候」と始まる、訳者へ宛てたワトソンからの手紙というかたちを取っている。ここだけ見ても、抱一庵による翻案であることがわかる。

水田南陽による「不思議の探偵」（『中央新聞』一八九九年七月一二日〜一一月四日）は『シャーロック・ホームズの冒険』に収められた短篇一二編の全訳で、これにより、それまでフランスものが主流だったのが、イギリス発の探偵小説に注目が集まったとされる。それでも、ホームズはただ「大探偵」、ワトソンは「医学士」と呼ばれているだけで、他の登場人物には例によって日本人の名前がついている。しかも、小説の場所はベルリンだ。まだ一般の読者には、ベルリンもパリもロンドンも、ただ西欧の大都会ということで、違いがわからなかったのであろう。

探偵小説が生れる条件

江戸川乱歩は探偵小説の定義として、「探偵小説とは、主として犯罪に対する難解な秘密が、論理的に、徐々に解かれて行く経路の面白さを主眼とする文学である」（『幻影城』岩谷書店、一九五一年）としている。謎解きが論理的に進まなければ、読者も推理してゆく楽しみがなくなってしまう。

イギリスでは二〇世紀に入って、アーサー・モリスン、リチャード・オースティン・フリーマン、フリーマン・ウィルス・クロフツなど推理小説作家が次々生れ、探偵や刑事や法医学者らが小説の中で活躍した。

医師であったフリーマンはその知識を活かして、一九〇七年の「赤い拇指紋」でソーンダイク博士を登場させた。西欧諸国で犯人の特定に指紋が重要な役割をすると認定されたのは一九世紀末のことで、ちょうどその頃に探偵小説のジャンルが形成されていった。一九〇一年、スコットランド・ヤードが指紋捜査を正式に採用した。ソーンダイク博士はロンドンの聖マーガレット病院付属医学校で学び、法医学教授にして弁護士の資格も持つという人物だ。彼は数々の難事件を、その科学的知識を用いて解決していった。

このシリーズを三津木春影が翻案して一九〇九年から『冒険世界』に連載。それをまとめた『探偵奇譚　呉田博士』の第一編（中興館書店、一九一一年）に押川春浪は「序」を寄せ、これまでの探偵小説は恋愛や情事の絡んだ事件が多くて青少年の読者向きではなかったが、この本は「最も進歩せる医学・物理学・化学等の知識と器械とを応用して、犯罪の根源を摘発するのであるから、新しい学問に養はれた現代の読者を満足させ得る」と評価している。そして、探偵小説はスキャンダラスな犯罪物語として消費される傾向があったが、これからは科学重視の知的な思考を養うジャンルとなるべきだ、と書いていた。

こうして翻訳探偵小説が次々と日本へ入ってくると、日本オリジナルの傑作も期待されるようになった。しかし、近代の欧米に

★『現代大衆文学全集第十五巻　松本泰集』（平凡社、一九二八年）に入っている「呪の家」の村山知義の挿絵。チェルシーにある広壮な邸宅でパーティーが開かれた。アーノルドは一室で「空色繻子の夜会服を着た婦人」が椅子にもたれて苦しんでいるのを見つける。ロンドンを舞台にしたミステリー。

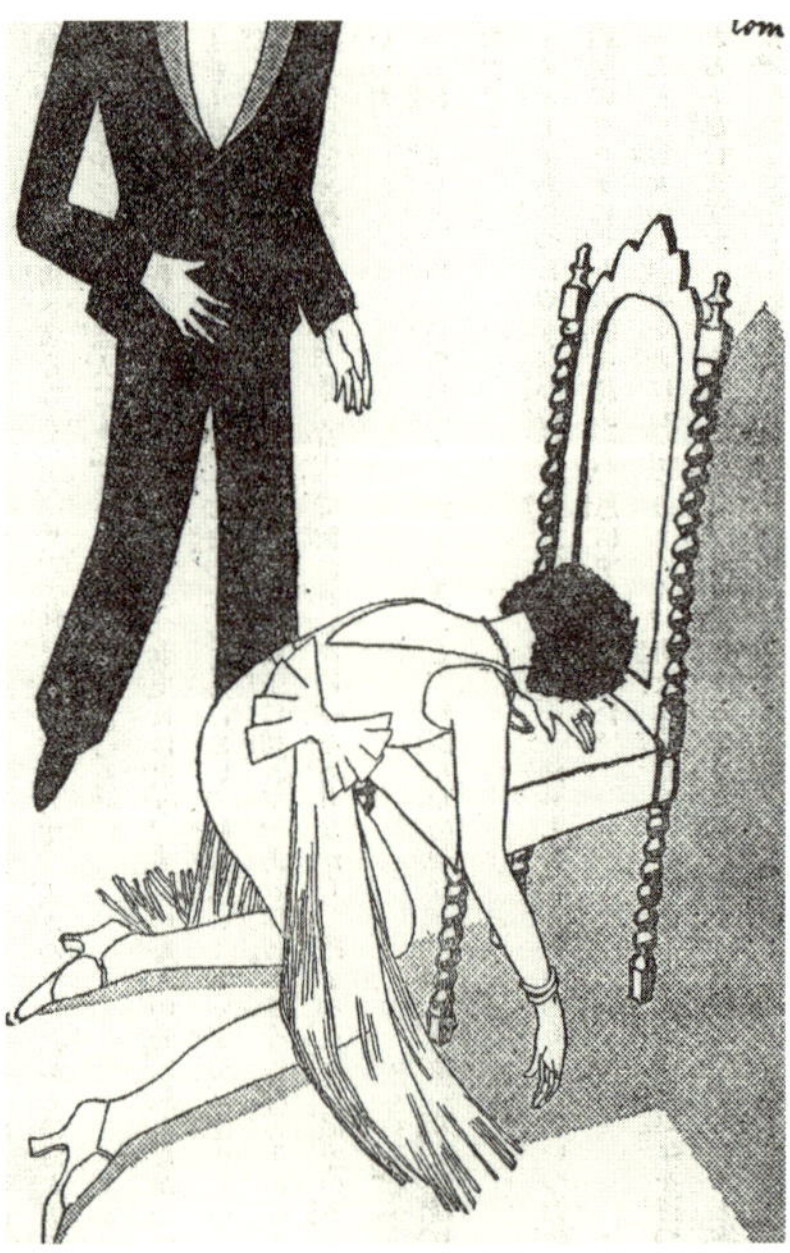

生れ育った探偵小説を日本で生み出すには、まだ社会環境が違い過ぎる、とする見方があった。

松本泰は慶応大学文学部を卒業後、一九一三年から短期の帰国を挟んで一九一八年まで、イギリスに滞在した。在学中は『三田文学』に小説を載せたこともあったが、帰国後、一九二三年五月から『秘密探偵雑誌』（のちに『探偵文芸』）を創刊し、探偵小説の執

筆や翻訳を行った。『現代大衆文学全集』の中にも、『松本泰集』(平凡社、一九二八年)が入っている。

その松本に、「探偵物の創作にナゼ? 傑作が出ないか 欧米と日本と環境の違ひ」(『読売新聞』一九二五年一〇月一七日)というインタビュー記事がある。『新青年』『探偵文芸』『探偵趣味』といった探偵小説の専門誌が出て人気を集めているのに、日本人の作家のものが振るわないのはなぜか、という記者からの質問に対し、松本は、「心理試験」を書いた江戸川乱歩だけは探偵文芸作家の名に値するが、「日本人の書くものはまだく幼稚なものばかり」だと手厳しい。それは、日本の環境も関係しているとして、理由を二つあげている。一つは人権意識の問題で、英米では確証がないうちは検挙できないが、日本ではすぐドイツ式に権力を用いて連行してしまうから、証拠を挙げるための緻密な捜査を描く必然性がなくなってしまうという。二つ目は、「日本人の生活が、機械文明の発達した欧米とは全くちがい障子一重で隣室と接してゐる有様だから、他人の生活内面を知りやすい。然るに西洋では厚い壁でキチンと区画されたアパートメントに、合鍵一つ持つて生活してゐるといふ風で隣室の主人をさへ知らないことがある。従つてその集団生活の中には、何かしら一種のミステリーが醸成され色々な犯罪を複雑に色づけて行く。そこに探偵創作のヒントも拾はれやうと云ふものです」とある。こうした事情から、日本を舞台にした探偵小説はまだ書きにくい、というのである。

ロンドン生活の長かった松本には、ロンドンを舞台にした探偵小説が幾つかある。イギリス人を主人公としたものもあるが、「二つの指紋」(『松本泰探偵小説著作集』金剛社、一九二二年)は、玉乗りや剣舞を見せて暮らす日本人一座の人々が殺人事件に巻き込まれ、犯人に仕立てられそうになった日本人青年が、警視庁の指紋捜査によって無罪とされるまでが描かれる。イギリスを転々としている一座が、現在出演しているミュージック・ホールはアクトンにあり、彼らの宿舎はカムデン・タウンにあった。ロンドンを知るものなら、日本人芸人たちのわびしい暮らしぶりが想像できるだろう。

犯人はどこにいる

では当時、実際にロンドンに滞在した人々の目には、こうした探偵小説の舞台となった大都会は、どう見えていたのだろうか。そこには、ミステリーが生れるための背景が用意されていたはずだ。

長谷川如是閑『倫敦』(政教社、一九一二年)の「鉄道から見た倫敦」の章は、ロンドンの人々は無愛想で知られる、とあり、その理由は、「第一に倫敦のコスモポリタンの人口は、総ての倫敦人を互に外国人にして仕舞つて、倫敦人といふ点から互に相親しむといふが如き狭い郷党心を有つ事が出来なくなる。日本でも村の人は町の人より互に親しみ合ふ、町の人は市の人より互に相親しむ、内容が複雑になればなる程、相互の関係は他人風になるを脱(まぬか)れない。倫敦は其の行き止りなのである。第二に、去らでだに英吉利人は因縁好きで、案外系統や秩序に拘泥(こうでい)する。従つてえたいの知れぬ人間などゝは決して親しまぬ。第三に、外国人に対しては此の傲慢は一層甚だしい、といふのは世界中で、英吉利人殊に倫敦人程優等な人種は決して無いといふ自信がある」ゆえだ、と説明している。もちろん、こうした個人主義のもとで社会生活を円滑に行うためには、公共心を持ち礼儀正しく振る舞う態度が求められ、ロンドンの人々の間では、それが周知徹底されていたことも強調している。

植民地を持つゆえに、多くの人種がロンドンに流れ込んでいた。さらに、大英帝国の繁栄から、貿易や留学のために世界各国から人が集まってきた。文化を異にする見知らぬ他者と接することは、人々にストレスを与える。それは、違う文化や人種に対する警戒心や憎悪を生んだ。こうした現象は、どこにでも見られることだが、世界の中で優位に立っていると自覚していれば、なおさら、異国の人を排他的に扱う傾向は強まるだろう。シャーロック・ホームズのシリーズの中で、犯人や、殺人に使われる凶器や薬がしばしば植民地からやってきたものと設定されていることは、よく知られている。市民たちが、周縁にある未知なるものに向けた否定的イメージが、そこに投影されていた。警戒心は、人種や国籍の異なる者だけに向けられたのではなかった。

急激に進んだ工業化で資本主義が進んだイギリスでは、一九世紀末には失業と貧困が社会問題となっていた。慢性的不況状態は二〇世紀に入っても解決されず、スラム化した地域は、犯罪の温床とされていた。当時オックスフォードで学んでいた社会事業家の好本督(ただす)は、イースト・エンドの貧窮した人々の暮らしを、その著書『真英国』（言文社、一九〇二年）の中で、次のように書いている。

> 貧困の結果、生じ来つた攫徒(すり)や、盗賊や、其の他の悪徒の巣窟が所々方々にあるので、人気も随分よくなければ、従つて血の雨をふらすやうなことも屢々(しばしば)ある。あらゆる人類の堕落と罪悪とがこゝに潜んで居る。其の如何に甚しいかといふことは、一寸例をあげて見ても、日本人の倫敦へ来てこゝを見物する者は、白昼にても皆予じめ時計や財嚢や、すべて目星いものを家に残し、其の上探偵に伴はれて行く程である。かゝる有様ゆゑ、こゝに宗教家、慈善家、其他の有志者があらゆる手段をつくして其改善に努めて居るのである。

そして、その救済機関の幾つかを紹介している。例えば、貧困のために学校へも行けずに仕事に追われる子どもたちを、就業後に集めて、聖書を読んだり、勉強を教えたり、ともにスポーツをしたりする民間施設などがあった。しかし、これら民間の努力にも限界があって、こうした地域が抱える問題は容易に解決されなかったのである。

『新青年』創刊

一九二〇年、森下雨村を編集長として、雑誌『新青年』が博文館から創刊された。始めは誌名の通り、新しい時代を切り開こうとする青年に向けた硬派の総合雑誌だったが、翌年から増刊号に翻訳の探偵小説特集が組まれるようになり、次第に探偵小説雑誌の色合いが濃くなっていった。馬場孤蝶、井上十吉ら、探偵小説に造詣の深い英語・英文学者もよく寄稿した。この頃、欧米のモダニズムの波が押し寄せ、東京や大阪で都市文化が定着しはじめたことも、『新青年』の編集方針に影響を与えていた。やがて、日本人の書き手による創作も載るようになる。

小酒井不木(こざかいふぼく)は、雨村の促しで探偵小説についての随筆、論文を書き、さらには創作も発表するようになった。彼は東京帝国大学医学部を卒業し、一九一七年に研究のため留学。アメリカで一年過ごし、さらにロンドンとパリにも行って、一九二〇年に帰国した。アメリカではデュパンを、ロンドンではホームズを、パリではルコックを偲びながら街歩きをしたという探偵小説ファンであった。留学中に喀血し、帰国後も病気がちだったため、約束されていた東北帝大の職には就かなかった。不木の小説には、よく医学部の教授が登場し、その知識を駆使して検死や現場捜査から犯人を推理しているが、そこには自らの学識が反映していた。科学的な捜査を描き出すためには、作家にもそれ相当の知識が必要であった。日本のSF小説を切り開いたとされる海野十三は、早稲田大学理工科で電気工学を専攻した。甲賀三郎も、東京帝国大学工科大学で応用化学を専攻した化学者で、窒素研究所技師を経て、文筆家となったのである。木々高太郎は慶応大学医学部卒業後、欧米留学を経て、母校の教授となって大脳生理学を研究した。

不木は「科学的研究と探偵小説」(『新青年』一九二二年一月)に、自分がずっと探偵小説を愛読してきたことを語り、「探偵小説は私の外国留学中多大の楽しみを供給してくれたのみでなく、私の専門の科学研究にも多大の力を与へてくれた。科学的研究に最も必要なるは観察力と想像力とである。而して探偵小説は如何に事物を観察し、如何に想像を働かすべきかを教へてくれた」と書いている。そして観察力、想像力の発達した主人公として、フリーマンが描いた法医学者、ソーンダイク博士を例にあげている。不木もまた、欧米の都市生活を経てきただけに、探偵小説を書く舞台として日本は向かない、という不満を漏らしていた。岡本綺堂は江戸を、松本泰はロンドンを舞台に書いたのだが、一九二三年四月の『新青年』に発表された江戸川乱歩「二銭銅貨」は、近代の日本が舞台でも本格的な探偵小説が書ける、と人々に知らしめた。不木は「二銭銅貨」を、外国の名作にも劣らない創作が生まれたと激賞した。

それから一〇年余りを経て、海野十三は「探偵小説管見」（『新青年』一九三四年一〇月）の中で、日本人による探偵小説は、西洋のようにトリックの種あかしだけにこだわらず、種類が豊富だとし、多彩な作風をむしろ歓迎している。科学的知識が西洋ほど普及していないのは事実だとしても、理詰めのものより「探偵趣味的小説」のほうが歓迎される傾向は、別に否定するべきことでもなく、探偵小説にも日本独自の発達があってよい、というのである。

海野の言う通り、日本では、江戸川乱歩を始め、夢野久作、水谷準、小栗虫太郎、久生十蘭、横溝正史といった、神秘、幻想味を含んだミステリー作家が次々と育っていた。

（宮内淳子）

6 ジャポニスム

極東の美術

一八五一年、世界初の万国博覧会がロンドンのハイド・パークで開催された。ガラスの神殿のような会場には、世界各国から一万点を超える展示物が持ち込まれた。しかし日本では嘉永四年のこの年、このような博覧会があることさえほとんど知られていなかった。公式カタログによるとこの年は、中国製品に混じって釉薬、木蝋といった地味な日本製品がわずかに展示されている程度だった。

次の一八六二年ロンドン万国博には、初代駐日イギリス総領事だったラザフォード・オールコックの尽力もあり、六〇〇点を超す日本製品が送られた。竹内保徳ら遣欧使節団の一行が物珍しそうに博覧会を見てまわる様子が、『イラストレーテッド・ロンドン・ニュース』("The Japanese Ambassadors at the International Exhibition," *The Illustrated London News*, May 24, 1862) に載ったりもした。しかしこの時も使節団の随行員の一人淵辺徳蔵は、「本邦にて未たその意を知らされハ産物を他に売弄するを悦はすして如此粗物のみを出せしなり」(『欧行日記』、『遣外使節日記纂輯』第三、日本史籍協会、一九三〇年) と書いており、削りもしない材木や古着やがらくたのような膳、椀、傘などをまとめて送ったりしていたようだ。総生寛が書いた『西洋道中膝栗毛』一五編下（万笈閣、一八七六年）の中で弥次と喜多はロンドン万国博を見てまわり、「ヤアあれを見や物さしや量や桝なんぞがあるぜくだらねい物を出すじやアねいか此先の方へ廻るとすり鉢やすりこ木なんぞをならべてごまかしやアがるぜ」などと軽口をたたいているが、それが当たらずとも遠からず、という状況であった。

　しかし、中にはオールコックの蒐集による宝物のような芸術品も混じっていた。精巧な細工がほどこされた刀の鍔や、美しい陶磁器などである。こうした西洋にない種類の美術品に、ヴィクトリア朝の芸術家たちは思わず惹きつけられるのだった。万国博終了後、日本の出品物は博物館に送られたり、店に買い取られたりした。関係者の間には日本趣味の流行の予感があった。

　パリではすでに、少しずつ日本版画の画帖などが一部の画家たちの手に入っていた。ゴンクール兄弟をはじめとするパリの芸術家たちは、この不思議な絵画に傾倒するようになった。ジェイムズ・マクニール・ホイッスラーは、彼らを通して日本美術との衝撃的な出会いを経験し、ロンドンでウィリアム・ロセッティやダンテ・ゲイブリエル・ロセッティらと親しくするうちに、互いに競うように日本の美術品を蒐集するようになっていった。ホイッスラーが一八六三年から六四年に描いた「陶器の国の姫君」、一八六四年にロイヤル・アカデミーに出品した「紫色とばら色・六つのマークのランへ・レイゼン」には、日本趣味の影響が色濃く表れている。一八七〇年代初頭の「ノクターン」シリーズには、特に歌川広重の影響が指摘された。

　ホイッスラーばかりではない。シメオン・ソロモンは一八六五年に「日本の団扇を手にした中国服の婦人」を描いたし、ロレンス・アルマ＝タデマも一八七一年に「ローラ・テレサ・エップスの肖像」で、浮世絵を見ながら団扇を手にポーズをとる妻を描いた。一八七五年にオープンしたリバティー店は日本をはじめとする東洋の美術品を取り扱い、大盛況となった。

　大英博物館も、日本品の蒐集を熱心に行った。松居竜五・小山騰・牧田健史『達人たちの大英博物館』（講談社、一九九六年）によると、この博物館は一八八一年にはウィリアム・アンダーソンの日本美術品コレクションを三〇〇〇ポンドで購入し、一九〇二年にはアーネスト・ハートの未亡人から二二五枚の浮世絵版画と八冊の画帳を二五〇ポンドで購入した。一九〇六年にはアーサー・モリスンが蒐集した二〇〇〇点近い浮世絵版画を四五〇〇ポンドで買い上げた。一九〇三年にモリスン宅を訪れた平田禿木は、「客間には師宣から歌麿に至る、日本には却て珍らしい浮世画の名画の額を懸け連らね、食堂には例の広重の五十三次が真黒な、質素な額縁にはまつて」（「アーサー・モリスン」、『英語青年』一九一二年一月一五日）いたと書いているから、こうした貴重な版画を大英博物館のために手放したということだろう。

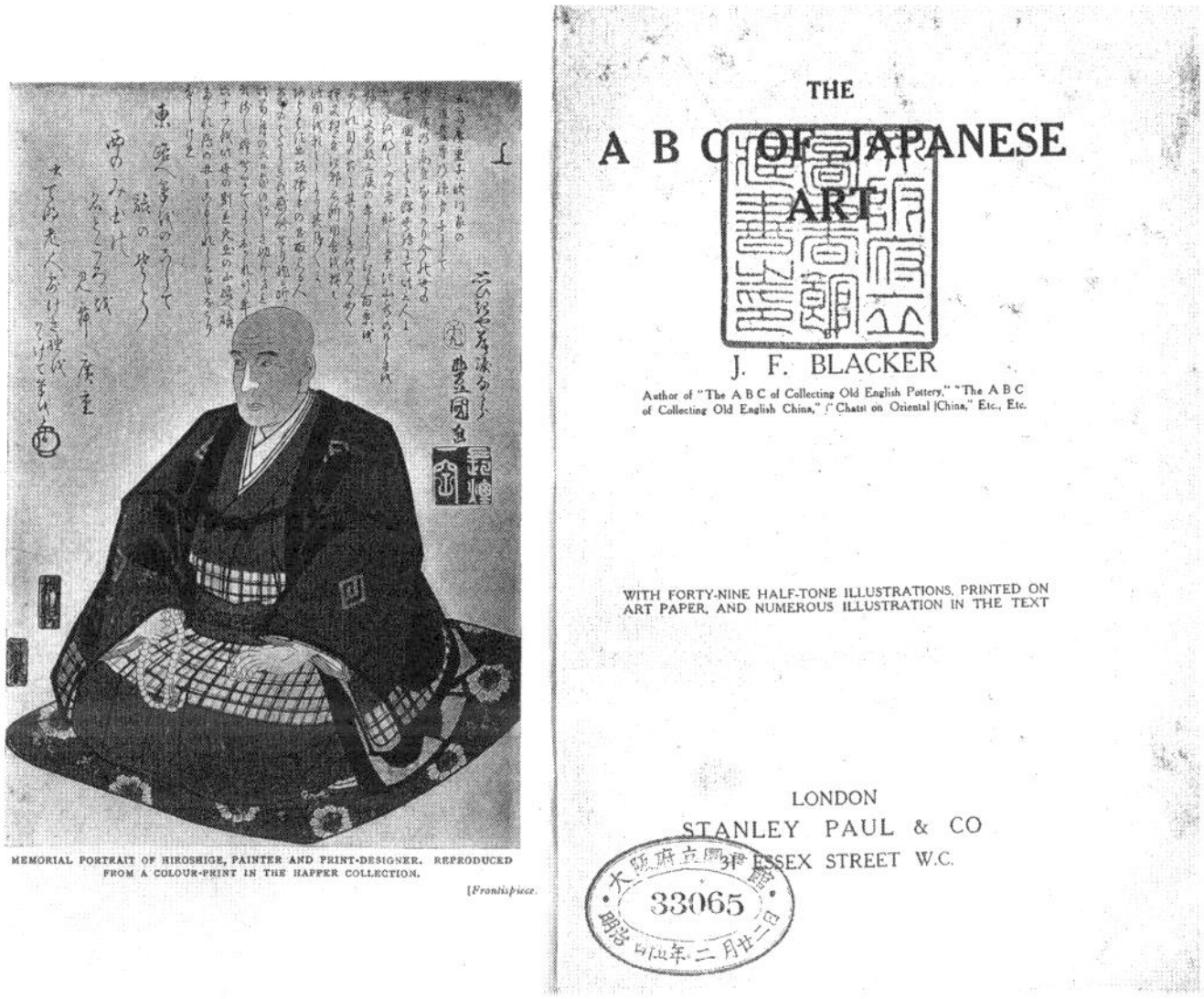

★ J. F. Blacker, *The ABC of Japanese Art*（Stanley Paul & Co., 1911）の内扉。左ページの肖像は二代豊国の描いた歌川広重。

やがて日本の美術品は、イギリスの一般家庭にもいくつか見いだせるほど浸透した。どの家に行っても、たいていヒロシゲかホクサイのひとつやふたつは壁にかかっており、はじめてロンドンを訪れて不安にかられる日本人を勇気づけた。中にはありきたりの版画に飽き足らぬ芸術家たちも出てきた。チャールズ・リケッツとチャールズ・シャノンは、北斎の「水滸伝」の挿絵原画や、「ノーティー・ピクチャーズ（イケナイ絵画）」、すなわち春画も所持していたし、フランク・ブラングィンは、尾形乾山の茶碗や狩野永徳の屏風も持っていた。

パリでは一八八三年に林忠正が美術店を開き、一八八八年にはサミュエル・ビングの豪華な美術雑誌 *Le Japon artistique* が刊行されたが、ロンドンでもマーカス・ヒューイシュの *Japan and its Art* (Fine Art Society) が一八八九年に出版された。この年、加藤章造が美術商としてロンドンにやってきた。山中定次郎の山中商会ロンドン支店も一九〇〇年にオープンする。J・F・ブラッカーは *The ABC of Japanese Art* (Stanley Paul & Co., 1911) の中で、日本美術品のコレクターは、高値になる前にぜひ気に入った商品を買っておくべきだ、と尻をたたいた。ヨーロッパのジャポニスムのうねりはますます大きくなっていった。

ファンタジーの国

日本の美術品の繊細で精巧な細工、日本の絵画の西洋にない構図と色使いは、イギリス人にファンタジーの国を連想させた。この不思議な国についての本も次々と刊行された。一八六三年にはオールコックが『大君の都』(*Capital of the Tycoon*, Longman, Green)を書き、一八九六年にはW・G・アストンが『日本書紀』を英訳した(*Nihongi*, Kegan Paul, Trench, Trübner)。一九〇五年には末松謙澄が『ア・ファンタジー・オブ・ファー・ジャパン』(*A Fantasy of Far Japan*, Constable)を刊行した。この中で末松は、日本がいかに優れた国家であり、日本人がいかに優秀な民族であるかを解説している。表紙に蝶が舞い、タイトルもヨーロッパ向けのこの本は、しかし、イギリス人が見たいと望む「ファンタジー」とは少し異なっていた。

その後もF・v・ディッキンスやベルトラム・ミットフォードによる『忠臣蔵』の英訳本をもとにして、ジョン・メイズフィールドは『忠義』(*The Faithful*, Heinemann, 1915)を書き、W・B・イェイツは能にヒントを得た「鷹の井」("At the Hawk's Well," *The Wild Swans at Coole*, Cuala Press, 1917)を創作した。アーネスト・サトーは『一外交官の見た明治維新』(*A Diplomat in Japan*, Seeley, 1921)を書き、チェンバレンやラフカディオ・ハーンが日本文学を紹介し、アーサー・ウェイリーは『源氏物語』を、宮森麻太郎は俳句や短歌を英訳した。野口米次郎は俳句についての講演もした。しかしこれらは、一部のインテリ層の間で評判になったにすぎない。

水上瀧太郎の実体験をもとにした小説『倫敦の宿』(中央公論社、一九三五年)の中で、同じ宿に泊まったグレイ夫人は、ラフカディオ・ハーンの日本も、ピエール・ロティの日本も知らず、こう言った。「正直にいひますが、私は日本の方とお話したのはこれがはじめてなのです。往来で見かける東洋人の、どれが日本人か、支那人か、私どもには区別がつきません。私の知つて居る日本は、マダム・バタフライとミカドと、一二三の浮世絵だけですもの」。読書好きで知的なグレイ夫人にして、日本の知識といえばこの程度であり、一般的なイギリス人の知識がこれを上回ることはなかっただろう。彼女はまた世界地図を広げ、「おゝ、昨晩はあなた方の御国を探し出す為めに、午前一時半迄かゝりました。支那がこれ程大きい国とも知らなかつたが、日本がこれ程ちひさいとも想像しなかつたのですよ」と率直な感想を打ち明ける。これは日英同盟の二度の更新を経た一九一五年のことであった。

日英同盟の交渉は一九〇一年から始められ、最初の締結は一九〇二年に実現した。その後一九〇五年に更新、一九一一年に再び更新され、一九二三年に失効するまで実に二〇年以上にわたる同盟関係が続いたことになる。第一次同盟が締結された一九〇二年には『日英同盟と世界の輿論』(言文社)が刊行され、その序文に福本日南はこう書いた。「国際の道義に基き、国際の義務を履行する国は、其の欧米たると濠亜たるとは問はず、許すに文明国を以てし、同一の権利を認むるに至れり、而して之を許さしめ之を認めしめたるは、実に我日本よりす」。日本が「文明国」の仲間入りをした証拠として、この同盟は喜ばれたのである。末松謙澄がロンドンで堂々たる日本をアピールした背景にも、こうした事情があったのだ。が、実際のところ、イギリス国民にこのことが広く知られ、歓迎されたというわけではなかったようだ。

早川徳次は、日本が日英同盟を重んじてドイツと開戦した一九一四年に、ヒポドローム座で日本人の軽業を見た。この時彼らは舞台に日英同盟を表す日英の大国旗を交差させたのだったが、早川はこれを違和感をもって見た。なぜなら「英国人中には日英同盟の存在せることを知らざるものあるは勿論日本が日英同盟の誼を重じて独逸と戦を交へたなどゝ云ふ事は夢想だもして居らぬものが沢山ある」（『大英国の表裏』冨山房、一九一六年）からだ。

では一般のイギリス人は、どのような書物から日本イメージを得ていたのだろう。金子健二は『欧米遊記　馬のくしやみ』（積善館、一九二六年）の中でイギリス人の日本理解を、ハーンの描いた錦絵式の日本か、ジョン・パリスの描いた皮相の日本か、どちらかだと書いた。そしてハーンの日本観は「どこまでも雛人形を通しての日本」であり、パリスの日本観は「ごみ棄場を通しての日本」だという。たしかに一八九四年のハーンの著『グリンプシズ・オブ・アンファミリアー・ジャパン』（*Glimpses of Unfamiliar Japan*, Houghton, Mifflin）は紀行随筆集でありながら、おぼろげで幻想的な情緒がただよい、一九〇四年に彼が訳した『怪談』（*Kwaidan*, Kegan Paul, Trench, Trübner）は、異国趣味満載である。しかし、ハーンの著作は日本人に親しまれているほどにはイギリス人に読まれていない。むしろ金子が「ごみ棄場」と表現したパリスの『キモノ』（*Kimono*, W. Collins, 1921）や『サヨナラ』（*Sayonara*, W. Collins, 1924）の方が、人気を博した。ジョン・パリスはペンネームで、本名をフランク・アーサー・アシュトン＝グワトキンという駐日外交官だった。日本女性の置かれている現状を赤裸々に描いた彼の作品は、ファンタジーの国の裏面をのぞく興味をそそるに十分だった。これを訳した若柳長清によれば、「著者は、あまりに露骨赤裸々に日本を諷刺痛罵せるため、国際関係上、免職されたとか、されるとかいふ噂まで立つた」（『KIMONO』京文社、一九二三年）という。

早川徳次は古本屋でアルバート・d・アネサンの『ザ・ツイン・ソウル・オブ・オタケサン』（*The Twin-soul of O'Také san*, Stanley Paul, 1914）を見つける。店主がやってきて、この小説は大好きで三回も読んだ、これを読むと日本婦人は世界一であることがわかる、などと誉めあげるのだった（『大英国の表裏』）。これもまた、イギリス人の見たい日本を描いた作品であった。『キモノ』と『オタケサン』の日本女性像は、ファンタジーの国に流通するコインの裏表だったといっていい。

日本人、この珍妙なる人種

ファンタジーの国は、夢のように美しいばかりではいけない。奇妙な風習や変わった外見、そしてかすかな未開の匂いがなければならない。そしてそれらは、書物よりも直接的に眼に訴えるイベントを通してイギリス人に伝わった。一八六二年の万国博で日本の出品物以上に目をひいたのは、ちょんまげに着物姿の日本人一行であった。『コーンヒル・マガジン』（"From Yeddo to London with the Japanese Ambassadors," *Cornhill Magazine*, May 1863）によると、彼らは衣裳や食料を入れた二百もの「ケース」と一緒に江戸を出発し、そのものものしさで周囲を圧倒させたかと思えば、会場で指揮者というものを見ると、扇子を取り出してこの「棒を持って手や腕を振り回す中央の男」のまねをしてふざけたりもした。外見も振舞いも違うこの異国の人種の中には、サムライもいれば軽業師もいた。

三原文「軽業師の倫敦興行」（『芸能史研究』一九九〇年七月）によれば、徳川幕府による「海外渡航差許布告」、つまり今でいう「旅券」が発行されて一般庶民の渡航が正式に認可された一八六六年、その第一号から第一八号は軽業師たちが手にしたという。リチャード・リズレーという興行師に率いられたリズレー一座は、その年一二月に日本を出発した。彼らの興行は、一八六八年四月にロンドンのロイヤル・ライシアム座で初日を迎えて以来、六月の千秋楽まで大人気で、五月には英国皇太子夫妻も訪れた。彼らに続いて多くの軽業一座が日本を離れ、松井源水一座、鳥潟小三吉一座、鉄割福松一座などがほぼ同時期にヨーロッパを回っていたという。彼らの出し物は独楽まわしであったり足芸であったりしたが、その芸もさることながら、彼ら自身のいでたち、声、しぐさが、ロンドンの観客にとって好奇の的であった。

一八八五年には、ナイツブリッジのハンフリー・ホールに日本人村ができた。倉田喜弘『一八八五年ロンドン日本人村』によれば、この時一〇〇〇平方メートルの敷地に三六棟の日本家屋が建設され、タンナケル・ブヒクロサンというオランダ人に率いられた九四人の日本人が、それぞれの芸を見せた。髪結い、竹細工、菓子作り、刺青入れのほか、男たちの相撲ショーや女たちの手踊りもあった。これは大盛況で、五月一日までの一一二日間で入場者数は二五万にまでふくれあがった。ところが五月二日、火事で村ごと焼失してしまう。これにより興行は打ち切りかといえば、そうではなく、一二月二日に再開する。この時タンナケルの日本人妻おタケはパンフレットを発行し、「名もなき国からめざましい発展をとげた」日本の文化や芸術を紹介するとともに、今度の日本人村が耐火性の建材を使用していることをアピールした（Otakesan Buhicrosan, *Japan, Past and Present*, the Proprietors of the Japanese Native Village, 刊行年不記載）。火事にあってもそっくり作り直して興行を再開するほど、日本人村は人気だったのである。結局閉幕したのは一八八七年六月二〇日になってからであった。

矢野龍渓はこの日本人村について、「踊の一段に於てハ婦人と云ひ、衣裳と云ひ、踊り方と云ひ、踊の種類と云ひ、小生等をして幾と顰蹙せしめたり、小生ハ元来物事にかまわぬ方なれとも、余り気の毒にて穴にでも入りたき心地せり」（「龍動通信」、『郵便報知新聞』一八八五年八月一三日）と書いた。なにしろ美人とは程遠い素人の日本女性が、航海中に覚えたばかりの踊りを披露するのである。手踊りならまだしも、時には花柳界の流行であったチョンキナ踊り、すなわちチョンキナ、チョンキナという掛け声とともに芸妓が一枚ずつ着物を脱いでいくという破廉恥な踊りが披露された。

その日本人村をイギリス人はこぞって誉めるのだ。龍渓はこれも気に入らない。「是等の人々の過半ハ唯御世辞にて其中心を探り見れハ唯奇異の想を為し粗野鄙下の状態を軽賤するに外ならす」（「龍動通信」、『郵便報知新聞』一八八五年八月一六日）と彼は看破した。さらに彼は「是迄日本人をホツテントツとかマダカスガル或ひハ蘇丹（亜非利加の蛮族）と伯仲の間た位ひに思ひ居りし故に今度日本人が衣裳にて兎に角其体を掩ひ居り開化めきし装束を為し居るを感する人物共なり故に此等の者に誉めらるゝハ却て大なる恥辱なり」（「龍動通信」一八八五年八月一六日）とさえ書いた。だが龍渓の赤面をよそに、ロンドンっ子たちは無邪気に餅菓子をほおばりながら、日本人村をめぐった。この頃にはロンドンばかりでなく、ニューヨーク、サンフランシスコ、ボストンをはじめ、オーストラリアやドイツにも日本人村が登場していた。

一九〇七年にはアールズ・コートでバルカン諸国博覧会が催されたが、なんとその一画にも日本村ができた。一八八五年の日本人村ほどの規模ではないが、それでも日本家屋が二、三軒あり、大鳥居をくぐると東照宮らしき社、その後に富士山、という書き割りに、模造の桜や蓮の花が咲き乱れている。バルカン半島と日本にいかなる接点があるか知らぬが、見に行った杉村楚人冠によると「近来、何につけ角につけ、日本の物とさへ言へば、珍重せられる世の中とて、此の日本村が一たび開かるゝや、新聞紙上の評判に促されて、見に行く男女引きも切らぬ」（『大英遊記』有楽社、一九〇八年）という状態だったらしい。

一九一〇年にはシェパーズ・ブッシュのホワイト・シティで日英博覧会が開催された。ここにも「原住民の村」が建てられ、台湾とアイヌの村までが模された。長谷川如是閑は、「多くの西洋人が動物園か何かに行つたやうに小屋を覗いて居る」（「日英博たより（三）」、『東京朝日新聞』一九一〇年七月六日）のを苦々しく思うのだった。

一九二三年にロンドンを訪れた原田譲二は、大英博物館の一室に『モンゴリア人種の代表として、わが代議士菅原伝君の写真がはさまつてゐる」（『欧米新聞遍路』日本評論社、一九二六年）のに驚いた。

★アールズ・コートの日本村（杉村楚人冠『大英遊記』有楽社、一九〇八年）。

「まだ若い時のもので、太いひげをピンと立てた、押し出しの立派な、われ〳〵東洋人の目から見ると、少しもはづかしいものではないのだが、これがエスキモーや南洋土人のお隣りにならんでゐると、変な気持にもなる」と原田は書いている。この頃にはロンドンの往来で日本人を見かけることも少なくなかったが、イギリス人にとってはまだまだ日本人は、標本の陳列に値する珍妙な人種だったのである。

舞台の上のニッポン

日本人村ができた一八八五年、「日本もの」がこれほど受けるのならば、とゲイエティ座では「日本村」と題する舞踊劇を上演し、ツール座では「タイキン」という将軍を扱った芝居を上演した。中でも大人気を博したのはサヴォイ座にかけられた「ミカド」であった。

ウィリアム・ギルバートとアーサー・サリヴァンという人気コンビが放ったコミック・オペラ「ミカド」は、一八八五年三月に初日を迎えた後、六七二回というロングラン記録を樹立した。豪華絢爛、抱腹絶倒のこの歌劇は、イギリス人には大受けだったが、日本人にとっては日本人村同様、実に不快な見世物であった。登場人物の名前からしてナンキ・プーだのヤム・ヤムだのプー・バーだのとふざけているし、第一幕はこんな歌で始まる。「われわれが誰かご存じか、／われらこそ日本の紳士。／たくさんの瓶と水差しに——／たくさんの襖と扇に、／われらは生き生きと描かれている。／われらの仕種は奇妙で古風——／そう思わないなら、そちらがおかしい、ああ！」（ウィリアム・シュウェンク・ギルバート、小谷野敦訳『喜歌劇ミカド——十九世紀英国人がみた日本』中央公論新社、二〇〇二年）。

一九〇七年にこれを見た中村吉蔵は「要するに鵺式の、支離滅

★サヴォイ座で上演された「ミカド」の出演者たち（中村吉蔵『欧米印象記』春秋社書店、1910年）。

裂な、下らぬコミツクオペラである」（『欧米印象記』春秋社書店、一九一〇年）と切り捨て、一九一五年にこれを見た金子健二は、「文学的価値の極めて薄いところの此の作品が、徒らに東洋人に対する欧米人の好奇心にのみ依頼して、其の命脈を支持してをる」と感じ、「こんなくだらぬオペラは永久に葬って貰ひ度いと思つた。皇帝の尊厳と神聖といふことに教育づけられてをるところの私たちには、このオペラは一種の苦痛と恥辱を私たちの自負心に投げかけられるやうな感じがする」（『欧米遊記　馬のくしゃみ』）と憤慨した。実際「ミカド」は一九〇七年、明治天皇が伏見宮貞愛親王をイギリスへ送った時、上演禁止となっている。チェンバレン卿が、日本の皇室を怒らせるのではないかと恐れたためである。この決定は議論を呼び、デンマーク王が来る時には「ハムレット」の上演を禁止するのかとごねる者もいたが、正統派悲劇と日本を小馬鹿にしたようなオペラとではわけが違う。もっとも上演禁止令は六週間後には解除され、ギルバートはその年にナイトの称号を与えられている。

「ミカド」の初演から五年後の一九〇〇年と一九〇一年には、川上音二郎一座がロンドンを訪れ、貞奴の人気が沸騰した。ヤッコ・ドレスやヤッコ香水が売られ、ウィリアム・ニコルソンは貞奴の肖像画を描いた。アーサー・シモンズは貞奴が「芸者と武士」で見せた死のシーンに感動した。頬や目や唇から生気が抜けていく様子はサラ・ベルナールの演技よりも写実的であり、貞奴はまさに「グレート・アーティスト」だとシモンズは書いた（*Plays Acting and Music*, Constable, 1909）。しかしシモンズはそのあとにこう続けた。日本劇は衣裳もセリフも音楽も西洋人の理解を超えており、「西洋の誤解に満ちた不完全な鑑賞眼で鑑賞するほかないのだ」。

貞奴ばかりではない。日本では知られていなかった花子という女優が、当時ヨーロッパで活躍していた。桜井鷗村は「吉川花子と名乗るからには、玉乗の娘上りではあるまいか。また花子とあるからは乞食芸人か？」（『欧州見物』丁未出版社、一九〇九年）などと書いているが、澤田助太郎『プチト・アナコ』（中日出版社、一九八三年）によれば、花子はヨーロッパでは市川団十郎の姪というふれこみで、堂々たる女優活動をしていた。花子は本名を太田ひさといい、芸妓であったが、コペンハーゲンの博覧会に出るために一九〇一年に日本を出た。その後ヨーロッパをまわって、一九〇五年にはサヴォイ座で「ハラキリ」という劇を演じている。一九〇八年七月にはヒポドローム座で「おたけ」を演じ、一九一四年一一月にはアンバサダーズ座で「キムスメ」と「おたけ」を演じた。桜井はヒポドローム座の芝居を見に行くチャンスがあったが、「我等日本人は気が咎めて、恥かしくて見に往かれ無かつた」（『欧州見物』）という。

それでも日本人が日本人を演じるならば、まだ不自然さがなかった。殊に三浦環の「マダム・バタフライ」などはさすがに美しく、誇れるもののひとつであった。穂積重遠が一九一五年三月一七日にシャフツベリー座で見た「マダム・バタフライ」は西洋人が演じており、「途方もない不別品だ。不別品も御顔だけならなほ忍ぶべし、その図体のデコ〳〵さ加減に至つては、とてもたまつたものにあらず」（『独英観劇日記』東宝書店、一九四二年）と書かれた。坪内士行も「西洋人が日本劇を演ずれば、如何に巧者な者でも、必ず着物が左り前であるとか、折々肩をすくめる西洋一流の癖を出すとか、丁髷が小蛇のやうに額の前までブル〳〵震へながら這出して居るとか、扇をやたら無性に使つて見るとか、骨格よりも何よりも、先づ衣装動作がなつて居ない」（『西洋芝居土産』冨山房、一九一六年）と書いている。しかし、そんなことをロンドンっ子が頓着しただろうか。彼らは「見たい日本」を見に来ているだけなのだ。

警句の得意なオスカー・ワイルドは、「嘘の衰退——ひとつの観察」（"The Decay of Lying: An Observation," *The Nineteenth Century*, Jan., 1889）の中で、登場人物にこう言わせている。「芸術に表現されているような、あのような日本人が、存在するなどとほんとうに考えてる？　もし考えてるなら、きみは日本の芸術などこれっぽちもわかっちゃいないんだ。日本人とはある個性的な芸術家の慎重な自意識の産物なのだ。もし北斎とか、北渓とか、日本の大画家の誰かの絵を、現実の日本の紳士淑女のそばに置いてみれば、両者のあいだにいささかの類似もないのがわかるだろう。日本に住んでいる現実の人間は十人並みのイギリス人と似ていなくはない。つまり、極めて凡庸で、奇妙な、あるいは異常なところなど、なにひとつない。実際日本全体がひとつの純粋な発明品なのだ。そんな国はない、そんな国民もいはしない」（西村孝次訳、『オスカー・ワイルド全集』第四巻、青土社、一九八九年）。

日本イメージと日本人のプライド

ロンドンの舞台で演じられる日本人は、ほとんど例外なく日本人の顰蹙を買った。しかし、イギリス人らは事前にロンドン在住の日本人に助言や指導を求めていたのだった。「ミカド」の上演に当たっては、ナイツブリッジの日本村にいた日本人らが呼ばれ、所作や衣裳について細かなアドバイスを求められた。一九〇三年にハーバート・ビアボウム・トリーによって上演されたデイヴィッド・ベラスコ原作の"The Darling of the Gods"（「神々の寵児」）は、牧野義雄が顧問となって指導した。しかし一九一四年の再演を見た坪内士行は、「今日、多少日本も世界に幅を利かせ、殊に英国は同盟国であつて見れば、自然日本を研究した人も多からう」に、「芸者もお姫様もゴチヤ交ぜでお寺の本堂のやうな処で歌つたり。踊つたりする」（『西洋芝居土産』）のにあきれたのだった。

なぜそうなったかは、牧野自身がこう書いていることからわかる。「ベラスコは勿論日本を訪れたこともあり、劇中日本精神を全然現さないとはいへないが、余程毛唐臭いもので、毛唐七分に日本三分くらゐのところだつた。しかしその当時英米の公衆にはこれ位のものでなければ分らなかつた時代だから、私もそのつもりで舞台装置や衣裳、メークアップを工夫した。幸ひツリー君の日本劇は、大当りで、私も大いに面目を施した」（『滞英四十年今昔物語』改造社、一九四〇年）。日本を演出する際には、観客の好みに合わせることも重要だったのだ。

ロンドンっ子が絶賛するものに対して日本人が忸怩たる思いを抱くという構図は、展覧会場でも見られた。一九一〇年の日英博覧会における日本の出品物に関して、『東京朝日新聞』（「日英大博近状」一九一〇年六月二一日）はこのように伝えている。「日本品に対する英人の嗜好は漸次高まりつゝあれば時日の経過に伴ひ出品売約を増加すべし最初より五月三十一日迄十日間に於る売約金額を見るに出品協会の取扱へるもの二千二百九十七磅川島商店（自営出品者）の如きは一日に一人にして二百磅の購買者に接したる有様にして日を経るに随ひ購買者、売約高共に増加の情勢に在り尚出品に関する問合又は新注文に頻々たるに止まらず自ら代理店たらんことを申込み来るものも少からず」。

これに対し長谷川如是閑は、日本を「小さく美しい国と思ふ見解が、愈増長の傾きあるは少々癪に障る次第」で、「一国の将来に関して額を括られる虞ありて迷惑此上なかるべし」、また「堂々たる男子がお前は好男子だよと賞められても、向難有くないやうなものにて日本に対する外人の賞め方も余り難有くは感じ居らざりし」（『日英博たより（二一）』、『東京朝日新聞』一九一〇年七月五日）と書いた。

一九三六年に大英博物館で根つけの展示を見ていた斎藤清衛は、「ゼイ、アール、ウォンダフル！」と話しかけられたが、自分の胸には「その賞美をすなほに受取りえない怪しげな残滓がある」（『東洋人の旅』春陽堂書店、一九三七年）のに気づく。それは「日本に於るマリアナ島とかマーシャル島とかすべて物産陳列会に於て、南洋土人の粗朴味多い手芸品を賞美するに似たある心理が、欧米人の間にも存してゐることを否めないから」だと斎藤は書いた。一八八五年に日本村について矢野龍渓が得た感覚と、それは同種のものであっただろう。この五〇年の間に、日本が「見られているイメージ」と「見られたいイメージ」の差は縮まらなかったということだ。

それどころか時には日本人の方から、作られたイメージに近づいて行きさえしたのである。反古同様に扱っていた浮世絵に高値がつくとわかればそれを集め出し、古い仏像を売り飛ばし、キモノとハラキリが喜ばれるとわかれば、原作を脚色してまでイギリス人の日本イメージに迎合したのは、ほかならぬ日本人である。内田魯庵は、「我々の眼からは十銭か十五銭の価しか無い昔しの錦絵が欧羅巴では何十円乃至何百円で売買されてる。欧羅巴人が讃美する日本人は伊藤公爵でも無い、東郷大将でも無い。夫よりはヨリ以上に歌麿が称美されてる、春信が詠歎されてる、写楽が驚歎されてる。ド級型の戦闘艦何隻を有する海軍国としてよりは錦絵の本家本元としての日本の方が広く知られてをる」、これを「有頂天になつて誇つてをられやう乎」（「錦絵の国としての日本」、『日本及日本人』一九一二年一月一日）と嘆いた。魯庵の慨嘆は、国家イメージのギャップを端的に表している。日清・日露戦争、日英同盟を経てなお、日本はファンタジーの国のイメージを脱することができない。むしろそのイメージに迎合する浅はかな姿勢を見せている。この苛立ちを、幅広い日本人知識層が共有した。日本のプライドの形を、はからずもイギリスのジャポニスムが照らし出したのであった。

（和田桂子）

7　王室文化と英国紳士

王室と教会

現在のエリザベス二世は、「グレートブリテンおよび北アイルランド連合王国」の他に、旧大英帝国を前身とするゆるやかな国家連合体である「イギリス連邦」の元首であり、そのうちオーストラリアやニュージーランド、カナダなど一五ヵ国の国家元首をも兼ねている。またイギリス国教会の長でもある。女王をはじめ王室を語ることは、イギリス自体の歴史を語ることでもある。イギリスの歴史の痕跡の多くはロンドンに集約されている。したがって、王室を語ることは、ロンドンという都市の諸相を語ることにもなる。

例えばウェストミンスター寺院はイギリス国教会の教会である。内部には、歴代の王や女王のみならず、政治家や文学者などが埋葬され、歴代の王の戴冠式が行われたことでも知られる。長谷川如是閑『倫敦』（政教社、一九一二年）には、「最初の戴冠式は恐らくハロルド王だつたといふから、今より九百余年前だ、其の数月後にウヰリアム勝王が戴冠式をやつた。が建物は当時の部分が残つてゐるのは礎位なものであらう。兎に角、夫れから時々外でも行はれたが、先づ先帝エドワード七世陛下まで引続き行はれて、今度ジョージ五世陛下の戴冠式も同じく此処で行はれた。といふのだから、英国に取つては最もめでたい場所である」と書かれている。如是閑はこれに続けて、歴代の王の戴冠式の際の椿事を書き連ねている。そして「で丁度色々と動揺し来つた英国の王室がヴヰクトリア朝に至つて、限りなき隆運に向つたといふ事情が、一々此のウェストミンスターの此の場所で行はれた戴冠式に於て前兆を示してゐるやうにも思はれる」とまとめている。

ここで注意しなければならないのは、教会といっても、カトリックでもプロテスタントでもなく、イギリス国教会のそれであるという点である。より厳密にいうと、連合王国の国教会には、イングランド教会とスコットランド教会の二つが存しているが、国王は必ずイングランド教会に所属し、カンタベリー大司教によって主宰される戴冠式で王位を受けることになっている。しかしながら、カンタベリー大司教と、もう一人の大司教であるヨーク大司教をはじめ、司教を任命するのは、ローマ法王ではなく、イギリス国王なのである。この国家と宗教とが相互依存する微妙な関係が、はからずもイギリスという国を象徴する。

イギリス王室は、古代より連綿と一つの家として続いてきたわけではない。例えば約一〇〇〇年前の一〇六七年にウィリアム一世として王位についた、いわゆるウィリアム征服王（ウィリアム・ザ・コンカラー）は、元はフランスのノルマンディ公爵であった。それまでイギリスを統治していたのは、ウェストミンスター寺院

★ジョージ５世の戴冠式の行列（仲摩照久編『世界地理風俗大系』第10巻、新光社、1929年）。

の創設者としても知られるエドワード懺悔王である。エドワード懺悔王は、アングロ・サクソン王家の血を引き、デンマーク系のデーン王家から妻を得ていたが、この妻の弟ハロルド二世に王位を譲った。このハロルド二世との間の戦争でウィリアムが勝利して、イギリスの王位を継いだのである。ここにフランス系のノルマン王朝が成立する。ウェストミンスター寺院は、実に皮肉な形で、この歴史の転換期に関わっていたことになる。

　ここで着目しておきたいのは、西暦一〇〇〇年前後という時代から、イギリス王室が、かなり多層的な民族の流入と交雑の事実を背景にしてきたという点である。そしてこのイギリス王室を支えるのが、カトリック教会ではなく、イギリス国教会であるという事実は、この国の複雑な民族構成を逆説的な形で象徴するとも考えられる。ウェストミンスター寺院で行われる戴冠式は、王家交代の歴史をその度毎に記憶から呼び起こす作業とも見える。

　なお徳川夢声が、一九三七年五月一二日にウェストミンスター寺院で行われたジョージ六世の戴冠式に向かう行列の模様を「倫敦胃潰瘍後記」（『文芸春秋』一九三七年一一月）に書き留めているが、そこには、いずれも新王の弟である「ケント公とグロスター公が並んで騎馬で行かれる。凄い喚呼と喝采。――これは大したウケ方だ。と、甚だ失礼ながら、感服した。群衆のワキ方がさういふ感じを与へるのである。よく云へば、それだけ親しみをもつてゐるのであらう」と報告している。

立憲君主制というモデル

　イギリスは王室をもちながら一早く立憲君主制という政治形態を確立させた国である。矢野龍渓の『周遊雑記』（報知社、一八八六年）には、女王について、「英ノ今帝ハ優柔ノ女徳ヲ備フルノミナラス誠ニ賢明ナル人ニテ英国人民カ己等ノ総代トシテ選ヒタル議員全数ノ中ニテ多数ヲ占ムル論ヲ察シ之ヲ以テ常ニ施政ノ主義ト為シ右ノ多数ノ論ヲ主張スル党派ノ重立チタル人物ヲ挙テ之ニ内閣ヲ委任シ」と書かれている。このとおり、英国の議会制度を、女王の委任の徳に見て取っている。これは、もちろん当時の時代性を鑑みなければならないが、強ち観察不足ともいえない。別のところでは「チヤーレス一世ゼイムス二世ノ如キ烈シキ圧制ヲ施スノ極ハ革命抔ト云ヘル手暴キ働キヲ為スモ咎メラレヌコトナレド今日ノビクトリア女皇ノ如キ穏当ナル政府ニ向ヒ斯ル挙動ヲナサハ却テ天下後世ニハ咎メフル可シ」とも述べている。矢野は「日本人が最も不注意なる政事上の要訣」（『国民之友』一八八八年一月）という別の文章の中で、立憲制度導入に関して、日本と英国との国風の違いに触れ、この制度を行うには、まずイギリスのような国風が必要であると述べている。さらに、「如何なるか是れ英国の気風なる、曰く慎重なるなり、温厚なる也、守るに堅きなり、大胆なるなり、勇気あるなり、大胆と勇気とを包むに温厚篤実を以てするなり。進むに鋭ならずと雖ども退くこと無きなり。事を為すに鈍なれども其過ち少きなり。寸を進め尺を進めて一時に分外の功を貪らざるなり。（略）政治上に於ては人を犯すの念薄くして己を守るの志し強きは是れ蓋し英人種に特有の性質なるべし」と説き進め、日本は立憲制度を導入するには時期尚早であるとするのである。後には、遠藤吉三郎が『西洋中毒』（二酉社、一九一六年）の中に、「英国は立憲国の模範か」「忠君愛国の念は如何か」などの疑問を書いたこともあったが、矢野はかなり早い段階での忠告者であったといえよう。

矢野は、イギリスをモデルにして日本において立憲国家を成立させるためには、二つの条件が整うことが必要であると想定していたようである。一つは、国民における自律的個人主義の確立、もう一つは、その模範としての王室の確立である。そして両者の関係の潤滑油として機能していたものこそ、英国紳士の理念であったものと考えられるのである。

後に労働党が政権をとった際にも、王室とこの社会主義を信条とする政府の間においても、この精神は保持された。藤波慶太郎『倫敦随筆』（佐々木出版部、一九二六年）に収められた「英国皇室と労働党」という文章には、「政党政派の外に、政争の上に超然とし、政治上の責任を負はない立憲君主の英国皇帝こそ、政党の政権争奪の傀儡に担ぎ上げられる米国の大統領などより却つて、民主政治理想に対する確固たる保障であると信じてゐるのであらう」と書かれ、その共存の実情が報告されている。

女王と王とダンディズム

ロンドンの有名なパブ、Ye Olde Cheshire Cheese の表には、このパブが再建されてから後の、英国歴代の王の治世期間を書いた看板が掛かっている。ジェームズ二世の一六八五年から始まるもので、「George III 1760-1820 ／ George IV 1820-1830 ／ William IV 1830-1837 ／ Victoria 1837-1901 ／ Edward VII 1901-1910 ／ George V 1910-1936 ／ Edward VIII 1936 ／ George VI 1936-1952 ／ Elizabeth II 1952」といった一覧である。

この中でも、一八三七年六月、一八歳で王位についたヴィクトリア女王の在位期間は六三年七ヵ月と極めて長いが、エリザベス二世もまた半世紀を超えた。「ロンドンはひと口でいえば、いまでも女王陛下の町である」（『女王陛下の町　ロンドン』ＰＨＰ研究所、一九九四年）とは、日本を代表するロンドン通出口保夫の言葉である。

これら女王たちの長い在位期間に比して注目されるのは、特にエドワード八世のたった一一ヵ月の在位期間であろう。お洒落で形式張らず、英国民にも人気が高かったエドワード八世が、ウォリス・シンプソン夫人とのいわゆる「王冠を賭けた恋」のために、自ら退位し、弟のジョージ六世に位を譲ったためである。ここには、王位の二面性、すなわち、イギリス国王がイギリス国教会の長であり、離婚などについて宗教上の制限を受ける存在であることと、開かれた王室の象徴であることの、不幸な対立項が関係したのである。

　しかし退位したエドワードの人気はますます高く、その後も悠々自適の生活を送った。その姿には、英国紳士の一つの典型を見て取ることができよう。彼は彼なりのダンディズムを貫き通したのである。

★Ye Olde Cheshire Cheese の歴代の王の在位期間を示す看板。二〇〇七年八月撮影。

　ところで、このダンディズムなるものも、ロンドンと切っても切り離せない歴史を持つ。前川祐一『ダンディズムの世界』（晶文社、一九九〇年）によると、トマス・カーライルの「衣裳哲学」が書き始められた一八三〇年頃は、それまで隆盛を極めたイギリス・ダンディズムが凋落の運命をたどり始めた年であったらしい。その理由を前川は、「久しきにわたってイギリスのダンディズムのスポンサーであったばかりか、御本人もそのダンディを代表するひとりであることを自他ともに許していたジョージ四世が逝去されたのがこの年であれば、一方では、柔弱な当代の風潮に批判的な立場をとる『フレイザーズ・マガジン』が発刊されたのもまたこの年だったからである」と述べている。この『フレイザーズ・マガジン』に発表されたのが、「衣裳哲学」（一八三三年〜一八三四年）であった。

　ジョージ四世が庇護した代表的なダンディ、そしてダンディといえば必ず筆頭に名が挙がるのが、一八世紀末のボー（伊達者）・ジョージ・ブライアン・ブランメルである。生田耕作の『ダンディズム』（奢灞都館、一九七五年）は、このボー・ブランメルを通じて、ダンディズムの精神について考察した書であるが、図らずもまた、ロンドンの案内記にもなっている。同書によれば、ブランメルは貴族ではなかったが、裕福であり、イートン校からオックスフォード大学という、紳士階級の道筋をたどった。生田は「一七九六年から一八一〇年に及ぶ長期間にわたって、イギリスのみならず、ヨーロッパ全体の、〈流行界の王者〉として君臨することに成功した」このブランメルのもてはやされ方について、「ジョージ四世お気に入りの仕立屋メイヤーは、戸口に〈王室御用達〉と記すよりも、〈ブランメル氏御用達〉の看板を掲げたがったと言われている」と述べている。

未だ皇太子であった後のジョージ四世の寵愛を失った後、ブランメルは落魄するが、同時にそれは、ダンディズムの衰退をも意味していた。一八四〇年に彼がひっそりと亡くなった時には、ヴィリアム四世を経て、世はヴィクトリア女王の時代になっていた。一九世紀後半のダンディズムを代表するのが、オスカー・ワイルドである。ワイルドもまた、オックスフォード大学の出身である。山田勝『世紀末とダンディズム』（創元社、一九八一年）は、「オスカー・ワイルド研究」の副題を持つが、ここには、「世紀末という時代、それはすべての人間が権利を持ち、低俗な人間が力を獲得し、愚かな人間もその存在価値と人格を認められるようになった民主主義に向う時代であるが、そういう時代において、ダンディーたちは時代の流れをくいとめるための最後にして最大の努力をし、エネルギーを費した。（略）ワイルドのダンディズムはピエロ的であるとしても、彼の時代がそうさせたのである」と書かれている。この民主主義を支えたのが、ヴィクトリア時代に確立された立憲君主制に基づくものであることは、いうまでもない。

女王と英国紳士

ダンディズムと似て非なるものとして、英国紳士という概念がある。これらは微妙に重なり合いながらも、それぞれ異なる性格を持つ。

英国紳士という言葉には、二つの意味内容が含まれる。一つは階級としての紳士を指す場合であり、もう一つは、精神とその表れや身のこなしの性格を指す場合である。前者については、例えば尾崎行雄述、長井実編纂『欧米の空気』（日支経済通信社出張所、一九二〇年）に、尾崎の談として、「イギリスでは紳士階級と非紳士階級との区別が厳然として居る。丁度日本の封建時代に於ける武士と平民とのやうな区別がある。紳士階級の者と非紳士階級の者とは、職業でも何でも総ての事に区別が付いて居る。平民は武士の真似が出来なかつたやうに、紳士階級の従事する職業には非紳士階級の者は従事することが出来ず、其の他交際でも遊戯でも、非紳士階級の者は紳士階級の者と一緒になることが出来なくなつて居る」と書かれている。ここまでは当たり前であるが、尾崎はこの紳士階級と非紳士階級との区別を皮肉に扱った芝居をロンドンで見ることになる。「テムポラリー・ゼントルマン」という芝居で、この度の戦争で将校が足りなくなったために、通常は将校になれない非紳士階級から特例でなった青年将校の悲喜劇であるとのことである。

もう一つの精神面については、中世以来引き継がれた理念が基本となってはいるが、一九世紀以降については、ややその質を変えたようである。これについてはヴィクトリア女王の影響が大きいとされる。福原麟太郎は『新しい英国』（吾妻書房、一九五四年）に収めた「英国の女王」という文章の中で、ヴィクトリア女王について、「元来家庭的な人であった。英国人が家庭生活を重んじるのも、女王の影響であるといわれる。また道徳的な人であった。英国人が道徳的で、英国紳士という型をつくり出したのも、女王の影響であるといわれている。事実、いままでのいかなる女王とも違い、君主としての自重と愛情とに満ち、叡智に富み、責任を重んじる人であった」と述べている。フィリップ・メイソン『英国の紳士』（金谷展雄訳、晶文社、一九九一年）には、「何世紀にもわたって、たたき上げの紳士が直面しなければならなかった一つの困難は、女性に対する貴族の行動基準が庶民と同じではなかったということにある。ヴィクトリア時代の新参の紳士がときとして正体を表わしたのもこの点だった」「宮廷愛という儀礼の精髄は、帰依者が誓いを立てて身分の高い一人の女性に身を捧げ、礼賛し、崇拝することにあった」と、中世以来の紳士の条件として、女性崇拝が掲げられている。もちろんこのような大時代な騎士道精神を発揮する時代はとうに過ぎている。ヴィクトリア時代には、これらを背景に、紳士の概念が、王室をモデルとして、道徳的で家庭的であることを加味し、近代化されたのである。

ところで、英国の紳士は、基本的にその「育成法」が決まっている。その条件の一つは、イートン校やハロウ校に代表されるパブリック・スクールを卒業した後に、オックスフォード大学かケンブリッジ大学に学ぶことにある。大学では主に紳士としての心得が教授される。例えば伊東敬の『現代英国論』（三笠書房、一九一八年）には、「英吉利の諸大学にはすべて礼式作法の多いと云ふ特長を挙げなければならない。対社会的に非常な規律礼法を有し、一方学内に於いては最大の自由を保持してゐる」「英国三大学中倫敦はそれ程のこともないが、牛津の学内に於ける宗規や規律が非常に多くある事は、吾々日本の大学生活を基準とした者には奇妙すぎる程に感じられるのである。殊にその規律の中でも、正直な若い学生としては凡そ必要もないと思はれる項目さへも決して一二にとゞまらない。けれども在学三年に及び紳士青年の完成を期する英吉利大学教育と云ふものが、決して無価値な幾多の宗規や規律を擁してゐるのではないと云ふ事を誰しも会得するやうになる」と書かれている。要するに、大学が紳士を養成する場なのである。

小泉八雲の「心」（原題 *Kokoro*、ハウトン・ミフリン社、一八九六年。引用は『明治文学全集48小泉八雲集』、平井呈一訳、筑摩書房、一九七〇年、の訳文によった）には、「かれはしかし、自分が遍歴したほかの国の国民よりも、英国人が好きであった。英国紳士の気風のなかには、

★多くの紳士を育てたオックスフォードの街（内藤民治『世界実観』第３巻、日本風俗図会刊行会、1915年）。

どことなく、日本のサムライかたぎに似たものがある。そんな感銘をかれは受けたのである。英国紳士の、あのいやに四角四面の冷やかさのかげには、いつも変らぬ親切——かれは、それを一再ならず経験した——と、友情の大きな力、また、やたらに無駄には人にかけないが、じつに深い情のこもった情誼、それから、世界の半ばを自分のものに領有したあの胆の太さ。——そういうものが隠されていることを、うかがい知ることができたのであった」と書かれている。

これと対照的な態度をとったのが夏目漱石である。『文学論』（大倉書店、一九〇七年）の「序」には、留学当初にケンブリッジを訪れた際のこととして、「英国の紳士は学ばざる可からざる程、結構な性格を具へたる模範人物の集合体なるやも知るべからず。去れど余の如き東洋流に青年の時期を経過せるものが、余よりも年少なる英国紳士に就て其一挙一動を学ぶ事は骨格の出来上りたる大人が急に角兵衛獅子の巧妙なる技術を学ばんとあせるが如く、如何に感服し、如何に崇拝し、如何に欣慕して、三度の食事を二度に減ずるの苦痛を敢てするの覚悟を定むるも遂に不可能の事に属す」と書かれている。最初から諦めているのである。具体的には、「午前に一二時間の講義に出席し、昼食後は戸外の運動に二三時を消し、茶の刻限には相互を訪問し、夕食にはコレヂに行きて大衆と会食すと。余は費用の点に於て、時間の点に於て、又性格の点に於て到底此等紳士の挙動を学ぶ能はざるを知つて彼地に留まるの念を永久に断てり」と説明されている。これを見るに、漱石がイギリスでさほど楽しめなかった最も大きな原因の一つは、英国紳士になることの挫折感からくるのではないかとも思われてくるのである。

佐藤義亮編『世界現状大観Ⅰ英吉利篇』（新潮社、一九三一年）には、「いふところのジェントルマンの由来は古いがその定義は頗る茫漠としてゐる」とされながらも、「強ひて定義づければ、ジェントルマンとは、さまで有名ではなくとも、相当の恒産ある良家の出身でなければならぬ。その上、彼が教育、慣習、社会的地位等によつて洗練された美しき性格の持主であれば申分がない」と書かれている。また「彼等は悠々とケンブリッヂ大学かオックスフォード大学で、一般市民の及び難い教養を積む。直接、英国の文化とは何の関係もないと思はれるやうな古典の研究と修得とは、ジェントルマンたるべき者に課せられた最も重要な課目である」とも書かれている。いわば恒産と教養とが、指導的立場に立つことの条件なのである。そしてこれは、王室の人々さえも例外としないのである。

王室の人気と肖像画および肖像写真

英国王室とイギリス人の性格を象徴的に示す文章がある。岡本綺堂の『十番随筆』（新作社、一九二四年）に収められた「倫敦の一夜」の一節である。一九一九年六月二八日、ヴェルサイユ講和条約調印の日の夜の出来事である。ハイド・パークに居た人々について、「そこらに群がつてゐる人たちは左のみに動かない。媾和条約の調印――それは既定の事実だと云ふやうな顔をしてみんな冷かに沈黙してゐるらしくも見えた。これが代表的英国人といふのかも知れないと私は思つた」が、その一方で、バッキンガム宮殿の前には群衆が集まっている。その様子は、『キング！　キング！』と叫びながら駈けてゆく者がある。我々はそのあとに附いて駈けてゆくと、露台には燈火が燦として輝いて、英国皇帝陛下も皇后陛下もそこに正しく立つてられるのが夜目にも仰がれる。陛下からどう云ふ御会釈のお詞があつたか、遠方からは勿論聴き取れなかつたが、幾万の群衆はどつと声をあげて、帽を振るものもある。ステツキやハンカチーフを振るのもある」。王室を中心に据えてのこの興奮もまた、ロンドンの群衆の性格の一つなのである。

犬塚孝明・石黒敬章『明治の若き群像　森有礼旧蔵アルバム』（平凡社、二〇〇六年）によると、石黒敬章所蔵の森有礼旧蔵のアルバム五冊の中に、ヴィクトリア女王を初めとするイギリス王室の写真がある。森有礼が最初に留学生としてロンドンを訪れた一八六五年頃のイギリスでは、カルトと呼ばれる、肖像写真を手札型にした一枚の小さなカードが流行していた。同書において犬塚孝明は、「『カルト』を英国に持ち込んだのは、アメリカの写真家ジョン・メイアル（John J. E. Mayall）であった。メイアルは、一八六〇年から六二年にかけて英国のロイヤル・ファミリーのアルバムを三集発行し人気を博した。六一年に最愛の夫アルバート公（略）を亡くしたヴィクトリア女王（略）にとって、生前に写したアルバートの写真が唯一の慰めであった。女王はメイアルを宮廷写真師に登用して、手厚い保護を加えた。女王自身が自他ともに許すカルトマニアで、生涯に少なくとも百十冊のアルバムを手元に置いていたという」と述べている。

同書の犬塚によれば、「一八六一年から六七年にかけて、毎年三百万から四百万枚もの『カルト・ド・ヴィジット』が市販された」というから、その流行ぶりは想像できるが、とりわけロイヤル・ファミリーのものは人気が高かったようである。

その背景にも、やはり王室の人気の高さが窺える。先に挙げた藤波慶太郎『倫敦随筆』には、ウェンブレー公園にあるスタジアムで行われたフットボールの試合で、定員の倍に当たる二五万人もの人が集まった大混乱のさなか、ジョージ五世が現れると、「歓声と共にさしも紛然としてゐた場内の群衆は鎮静に帰した」「英国皇帝の民衆に対して有せらるゝ無限に大きい力を、目の辺に実験した自分は深甚の感銘を受けた」との報告がある。渡辺尚編『最新倫敦繁昌記』（博文館、一九一〇年）にも、「世界自由国なる大英国の臣民が、如何に其皇室を尊崇するか諸般の事例に徴して容易に窺ひ得べきものあり。但しキング其物は英人の目には毫も霊妙不可思議なる特種の物体に非ず、又威儀荘厳の塊に非ずして、矢張同じ人間なるも、其歴代幾百年の歴史と、其間に蓄積せし感化力とは、渠等英人をしてキングを最も高遠微妙なる無二の装飾物として、尊重せしめつゝあるなり。敬が四分、愛が六分なり。是亦国体の精華と称すべきものなるべし」と書かれている。「高遠微妙」な位置にありながら、民衆に近くあろうとする王室の二重性が、ここには認められよう。

（真銅正宏）

8 婦人参政権運動

サフラジェットの活動

婦人参政権を求める動きは、イギリスでは一七世紀の市民革命の頃に始まった。一七九二年にはメアリー・ウルストンクラフトが『女性の権利の擁護』を世に問い、一八二五年にはウィリアム・トンプソンが『人類の半数である女性の訴え』を著した。一八三八年からは、チャーチスト運動という労働者階級の政治運動が婦人参政権運動と連動して五〇年代まで続いた。しかし婦人参政権運動が本格化するのは一八六五年以降で、婦人参政権協会がマンチェスター、ロンドンをはじめ各地に設立されるようになってからである。

一八九七年にはM・G・フォーセットが各地に分散していた団体を統合して「婦人参政権協会全国同盟」(NUWSS)を結成する。一九〇三年にはエメリン・パンカーストが「婦人社会政治同盟」(WSPU)を結成した。メンバーにはアニー・ケニー、エミリー・デイヴィソンのほか、エメリンの娘クリスタベルとシルヴィアも含まれた。フォーセットの進めた運動が比較的穏便なものであったのに対し、パンカーストの活動はしばしば過激であった。婦人参政権(サフラジェット)にちなんで、前者はサフラジスト、後者はサフラジェットと呼ばれた。特に破壊活動を続ける戦闘的（ミリタント）サフラジェットの存在は、イギリス国内のみならず日本を含む海外諸国の注目を集めた。

エメリン・パンカーストの自伝『わたしの記録』（平井栄子訳、現代史出版会、一九七五年）によると、一九〇八年六月三〇日、議会前の乱闘で女性たちが逮捕されたが、この時二人の女性がダウニング・ストリートの首相官邸に投石して窓ガラスを割った。たった二ドル四〇セントの小さな被害であったが、これは婦人社会政治同盟の歴史上、最初の破壊事件であり、その後このグループは、より過激な破壊活動に手を染めることになる。一九一三年一月三一日にはゴルフ場で酸による芝生の焼打ち、二月七日と八日には電信電話線の切断、数日後にはキュー・ガーデンの蘭の温室の破壊、ロンドン塔の宝石陳列ケースの破壊、クリスチャン大公の邸宅やカンタベリー大僧正の別邸の襲撃、二月一八日には建築中のロイド＝ジョージの別邸が爆破された。日本にもその過激な活動は、新聞・雑誌を通して伝えられた。

サフラジェット本部発行の一九一三年四月の公報によれば、一九一二年二月から一九一三年二月までの一年間に、サフラジェットたちは二万五〇〇〇回の集会を行い、被拘留者三六七名、被投獄者三一一名を出したが、このうち一三一名が各地の牢獄内でハンガー・ストライキを決行したという。警察側は断食をする者には強制的に食事摂取をさせた。すなわちゴム管を口から食道に通して、無理に牛乳や卵を流し込むのである。その様子はシルヴィア・パンカースト著『サフラジェット』（一九一一年）に描かれ、それが『婦選』（一九三〇年三月）に藤田たき訳で載った。

警察がやむを得ず彼女たちを出獄させると、再び過激な活動が始まる。とうとう一九一三年四月にはキャット・アンド・マウス・アクトという法案が通過した。健康上の理由で刑期を満たさずに出獄したものを再び投獄して、当初定められた刑期を必ず全うさせる保釈法である。猫がねずみを捕えては放し、また捕えるのにたとえた命名であった。しかし実際には一度出獄したサフラジェットは仲間にかくまわれるため、再び捕えるのは困難だったようだ。

こうした運動の成果として、一九一八年には三〇歳以上の女性に選挙権が認められ、翌年アスター子爵夫人らが最初の婦人代議士として下院の議席についた。二一歳以上の男女に選挙権が認められたのは一九二八年になってからである。この年にエメリン・パンカーストはまるで役目を終えたかのように死去する。ニュージーランドで国政選挙における婦人参政権が認められたのが一八九三年であったことを考えれば、イギリスの認可はかなり遅かった。ここに辿り着くまでイギリスの女性たちは、多くの犠牲を払って活動を展開したのであった。

日本人の見た示威運動

ロンドンで実際に彼女らの活動を目のあたりにした日本人は多かった。一九〇八年にロンドンに滞在していた桜井鷗村は、クイーンズ・ホールにおける万国平和協会大会でロイド＝ジョージが演説した際、傍聴席にいた多数の女性が「ヴォーツ・フォー・ウィメン（婦人にも投票権を）！」と大声で連呼して妨害するのを聞いた。この頃のロンドンに流行語というものがあったとすれば、それは「ヴォーツ・フォー・ウィメン」だろう。一九〇七年に上演されたエリザベス・ロビンスの戯曲は「ヴォーツ・フォー・ウィメン」というタイトルであったし、一九〇九年に上演されたバーナード・ショーの戯曲「新聞切抜」は、街頭で聞こえる「ヴォーツ・フォー・ウィメン」の声で幕があく。当時は婦人参政権運動の一端に触れずにロンドン生活を送ることの方が難しかったといえる。

しかし桜井鷗村から見れば、こうした運動は「女性的」で「男に嬌える」性質のものであった。「殊に女の頭の高い英国の男だから、女を宥めすかして押へやうとする。すると女は図に乗ってヒステリー的に駄々を捏る、肝癪を起して荒れるのが、この女権運動だ」（『欧州見物』丁未出版社、一九〇九年）と彼は分析した。

同じ頃に滞英していた中村吉蔵は、彼女らに同情的だった。彼はハイド・パークで演説する女性たちを容赦なく妨害しようとする聴衆を見た。女は男に服従するように造られているのだと怒鳴る者、「独身で暮らすよ」という戯れ歌を歌う者、黒人の人形を杖の上にひっかけて突き出し、笑いをとる者。彼らのせいで婦人たちは何度も演説を中断される。中村は「婦人の熱心と真摯とに同情し、英語演説がやれたらあの壇上に立つて、英国の男子を罵倒してやるにと、無やみに悶える」（『欧米印象記』春秋社書店、一九一〇年）のだった。

田中龍眉も同じ頃ハイド・パークで彼女らの演説を聞いたが、彼の感想は中村とは異なっていた。「長舌を振ひ弁じ終りて後、右の婦人は車上より眼下に群集せる人々を見廻はし、傍若無人、アレでも女かと思はるゝお転婆さ。実に読者諸君に見せたきほどなり」（渡辺尚編『最新倫敦繁昌記』博文館、一九一〇年）と田中は書いた。

彼によると、この年の貴婦人の装飾には、緑と紫が忌み嫌われたという。サフラジェットたちが好んで服装に用いたためであったと彼は書く。正確には、忠義を表す紫、純真を表す白、そして希望を表す緑が、サフラジェットたちのシンボル・カラーだったのだが、彼女たちの過激な運動は、大方の紳士とつつしみ深い淑女に敬遠されたということだ。

一九一〇年六月一八日の大規模な示威運動に立ち合ったのは長谷川如是閑だった。如是閑の『倫敦』（政教社、一九一二年）によると、行列がヴィクトリア・エンバンクメントから出発してケンジントンに向かうというので、ケンジントン側から乗合自動車に乗って見にいこうとしたが、「何れも同様の見物人が多くて、来る車も来る車も悉く満員、漸く少し隙のある奴を捉まへて乗らうとすると、時事の亀井君が矢張行列を見るべくバスの屋根を選んで隙を窺つて居るのに出会した」という。二人でバスの隙間にもぐり込んで見ていると、向こうから一万有余のサフラジェットたちが、グループごとに固まってやって来た。如是閑の隣に座っていた婦人は、あれは監獄に入れられた婦人らで総数六七〇人、などと説明してはハンカチを振る。「何時迄見て居ても行列が果てさうにもない、何しろ楽隊ばかりが四十組もあつて、担いで行く幕章の数は七千本、行列の長さは二哩余に亙るといふのだから夜の九時過にならなければ全部アルバート・ホールに入る事にはならぬ」というわけで、途中であきらめてバスを降り、裏通りのレストランに入ると、「行列に加はつた白装束の女壮士で満員である、何れも麦酒の大杯を手にして且仰ぎ且論じて居る、妙齢の女が細腕では持ち上りさうもない大コップに顔を隠してグーッと一気に飲み乾して居る光景は、一万人の行列よりも凄じいデモンストレーションであつた」と書いている。

小杉未醒は一九一三年、辻に立って機関紙を売っている女性を見た。「鼠色の着物の処々に萌黄羅紗の飾りのある奴、いやな色彩だ、尖つた顔、切れ上つた目、人を人とも思はず、絶えず破壊思想を自ら培ひ、自ら煽つて居るやうな口許、之れは女でも男でもない、一種の変形動物だ」（『画筆の跡』日本美術学院、一九一四年）と小杉は吐き捨てるように言った。その頃ロンドンでは、彼女らの破壊活動のために博物館や礼拝堂などを閉鎖してしまっていたのだ。

稲原勝治は一九一八年六月二九日、戦争事業に従事した女たちによる、ハイド・パークからバッキンガム宮殿に向かう大示威行列を見た。稲原は婦人参政権運動にははっきりと反対の姿勢を取っている。「現在の如き形式に於ける女権運動は、私は全然余計な事であると考へる者である」（『闇黒の倫敦より』外交時報社出版部、一九一九年）と彼は言い、その理由を「男がやつて女がやらぬのは、自然に生れた分業の結果。少し極端な例かも知らぬが、恰かも女が子を産み、男が産み能はざるやうなものである」と書いた。それでもジョージ五世の銀婚式に合わせたこの大規模な示威行進は見物に値する、と彼は出かけて行った。戦争中にさまざまな職業についた女性たちが、そのユニフォームで行進するのである。ところが上着の短いコックの服装は、稲原にとっては滑稽だった。「乳房が前に出つ張つて、尻が後方に引けて居るのだから、側面から拝見すると間の延びたSの字が歩行いて居るやうである。何うも少々曲線美が強烈すぎる。しばらくは失敬だと、込みあげる可笑しさを抑へて居たが、私はとう〳〵堪へ切れなくなつてドツと吹き出して終つた」と彼は書く。稲原は、女性が男性と「『同等もしくはヨリ以上に』を振り廻したいなら、勝手に独り相撲を取つて居るが宜い」と、突き放した目でこうした運動を見ている

★右の写真は長谷川如是閑が写した1910年6月18日の示威行進（『倫敦』政教社、1912年）。左は機関紙を配布するサフラジェットの姿を小杉未醒がスケッチしたもの（『画筆の跡』日本美術学院、1914年）。

のであった。しかし女性の奮闘は政府にも認められ、この年、一〇歳以上と限定つきながら、女性に選挙権が与えられたのである。

パンカースト母娘

大概の日本人が傍観者であったのに対し、牧野義雄は婦人参政権運動に積極的に関わったといえる。『滞英四十年今昔物語』（改造社、一九四〇年）によると、『イングリッシュ・レヴュー』（一九一一年五月）に掲載された牧野の男女同権論に賛同したクリスタベル・パンカーストが、自分たちの運動にぜひ力を貸してほしいと言ってきた。牧野は記事を書くため、サフラジェット事務所を見学に訪れた。運動に直接参加こそしなかったものの、牧野は『イングリッシュ・レヴュー』（一九一一年七月）にサフラジェットの記事を書いてやり、講演で好意的に取り上げ、あるいは示威行進に知り合いの女性を送ったりした。

二人は親しくなり、牧野がクリスタベルのことを「女王エリザベス」と呼べば、クリスタベルは牧野のことを、女王の忠実な僕であったサー・フランシス・ドレイク船長の意で「ドレイク」と呼ぶようになった。その様子を見ていた人の中には、二人が婚約したと誤解する者も現れたほどだった。牧野の協力に感謝して、クリスタベルは自分が投獄された時に着せられていた服を牧野に与えた。牧野は後に、記念のため妻マリー・ピロンにこれを着せ

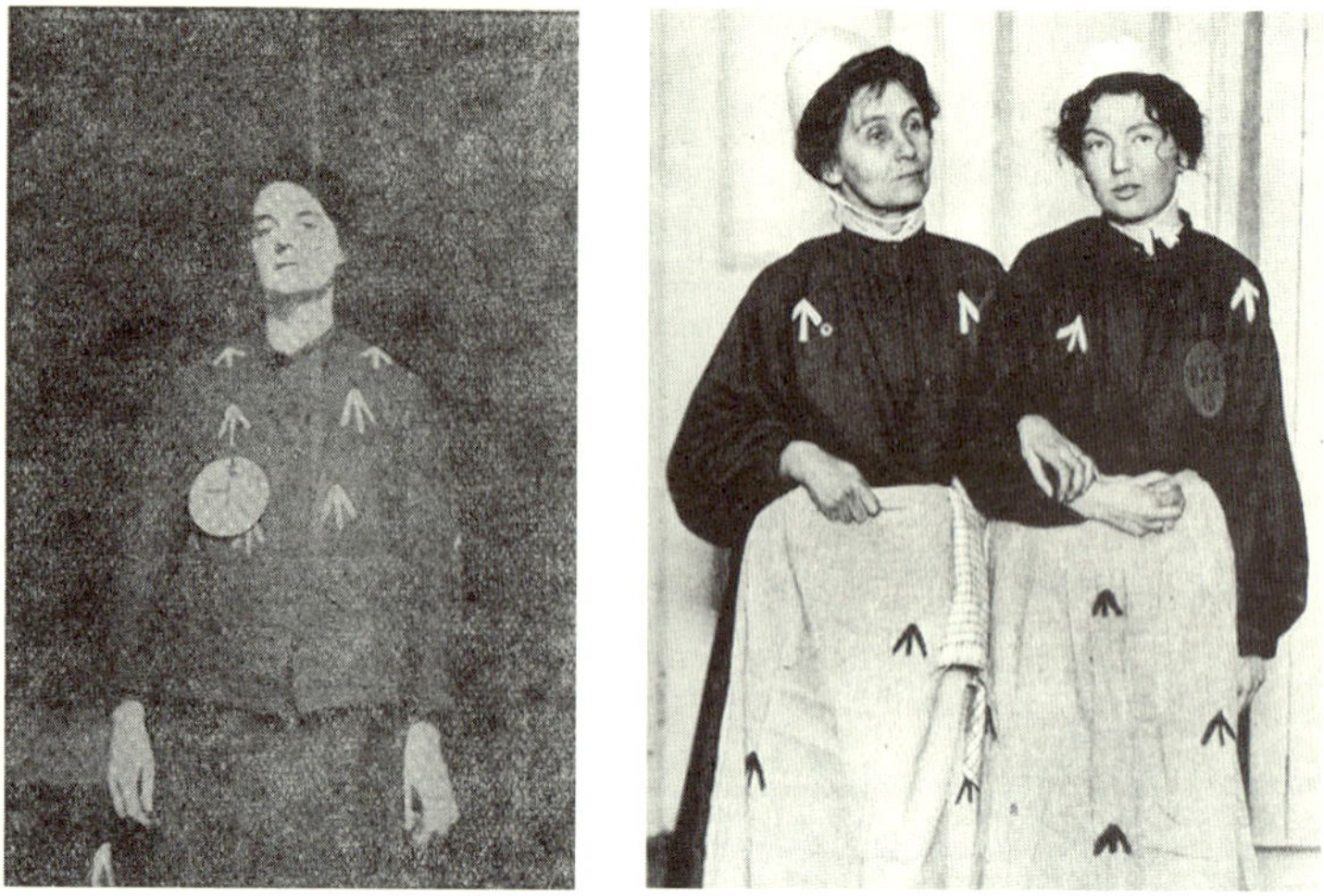

★右の写真はエメリン・パンカースト（左）とその娘クリスタベルが出獄後、囚人服を来て婦人参政権運動の会合に出席した時のもの。『婦人問題』（1919 年 8 月）所収。『タイムズ』（1908 年 12 月 22 日）より転載。左の写真は、クリスタベルから贈られた囚人服を着た牧野義雄の妻マリー・ピロン（牧野義雄『滞英四十年今昔物語』改造社、1940 年）。

て写真に残している。

小泉信三は、一九一三年一月一四日にエメリン・パンカーストの演説を聞いた。この時の彼女について小泉は、「パンクハーストの態度はきわめて落着いた立派なものである。黒い衣物を着て、髪も極く手軽に結んである。椅子から無造作にしかも勢いよく、そり身に立上がった態度はかざり気がなくて非常にいい。声はさびがあってしかもよく通る。その声が知らず知らずの間に高まって来て、しかも普通の演説使のような作為の跡を露わさない」（秋山加代・小泉タエ編『青年小泉信三の日記』慶応義塾大学出版会、二〇〇一年）と誉めた。小泉はこの時パンカースト母娘の写真とパンフレットを買い、署名までもらっている。社会思想に興味を持っていた彼にとって、当時の婦人参政権運動は、まさに生きた教科書であったのだ。

シルヴィアは母エメリン、姉クリスタベルと共に何度も投獄されたが、やがて活動方針の違いから婦人社会政治同盟を脱退する。彼女は婦選運動よりも、イースト・エンドの貧民層をターゲットとした社会運動や労働者運動に方向転換したのだった。一九三〇年には母性保護問題について論じた『母を救へ』を出版する。これは一九三三年、社会事業家牧賢一と磯村英一によって日本語訳された。

一九二八年、エメリン死去のニュースが日本に伝わると、『婦人運動』（一九二八年七月）にはさっそく追悼記事（金子しげり「パンカースト夫人の死を悼む」）が載った。ロンドン滞在中だった本間久雄は、六月一八日の葬儀に出掛けた。本間は「婦人運動者としての大人の主張や態度に必ずしも悉く賛成するものではない。それどころか、その中には賛意を表しがたい要素も多分にある」（『滞欧印象記』東京堂、一九二九年）としながらも、偉大な婦人闘士の霊に敬意を表するために教会に向かった。ウェストミンスター大寺院の傍にある聖ジョンという古い教会で葬儀が営まれ、その後遺体はウェストミンスター墓地に埋葬された。「教会は千五百人を入れ得るといふことだが、そこは、立錐の地もないほど多くの人々で埋められた。堂内に這入りきれない人々は、歩廊や入口のあたりまで溢れ佇んでゐた」という。墓地では多くの婦人達が「改めて列をつくり、各々手に紺と白の筋のある旗（夫人が盟主であつた婦人参政権運動の旗印）を手にして、柩の後に従つて歩」くのを見た。パンカーストの運動の方法には批判もあったが、その献身的な行動によって、たしかに女性たちは勝利を勝ち取ったのだ。まさにこの年、イギリス女性は男性と同じ選挙権を獲得するのである。この頃日本では、婦人参政権運動はまだ長い道程の途中であった。

過激運動への反応

イギリスの過激な婦人運動は、日本では概して嘲笑的に扱われた。諷刺漫画雑誌『東京パック』一九一一年六月一〇日号には「女権号」と副題がついたが、主筆北沢楽天の女権嫌いが前面に出た編集となった。「女権は自ら収穫する女子に与へられる」とし、右図は権利を声高に主張するイギリスのリフラジェットが警官に連行されるところを描き、左図は髪結いの職を得た日本の女が、主張せずとも権利を獲得している様を描いている。

『太陽』一九一三年六月一五日号も「近時之婦人問題」特集を組み、サフラジェット運動を含む婦人参政権問題を論じた。話題は男女両性の優劣問題にまでおよび、福本日南などは「以前英国辺りではフエミニストと云はれるものは迚も二目と見られぬ様な醜婦ばかりであつたものだ。今日だつて美人で金持で智恵があて（ママ）、八方から男に張られる様な女は、多分あんな気違染みた真似をして居る仲間にはあるまいと思ふ」（「女問題八つ当り」）と本音を吐いた。

しかし中には尾崎行雄のように「男子の歴史に行はれた程度に於て、女子の乱暴な運動方法も認めてやらねばならぬと思ふ」（「婦人参政権運動当然論」）と容認の姿勢を取る者や、内田魯庵のように日本の婦人運動の生ぬるさを批判する者もいた。魯庵はこう書いている。

> 今日の英国のサツフレジエトの極端な態度は決して称讃すべきでは無いが、ツマリ婦人の正当な要求に対して永い間笑殺し黙殺して耳を藉さなかつた結果であつて、元来柔婉なる婦人をして此の如き狂暴なる手段を取るに到らしめたのは男

★右は「女権を強請る女」、左は「女権を収穫しつゝある女」（『東京パック』1911年6月10日）。

の罪である。（略）然るに日本の婦人は連年気の抜けた生気の無い請願書を繰返す外には何等の努力も運動もしない。（略）渠等は或は夫れ以上の運動をするのを以て女の美徳を傷つけるものと思ひ、却て同情を喪ふを恐れてゐるのかも知れぬが、本来権利は主張し要求すべきもので、同情に縋つて憐みを乞ふべきものではない。（「『新しい女』の第一努力」）

イギリスの婦人運動が、女性の側の相当な覚悟と犠牲の上に成り立っているということを、現地で実感する者もいた。一九一三年六月四日、サフラジェットの一人エミリー・デイヴィソンがダービーに乱入し、抗議のためジョージ五世の所有馬の前に身を投げ出して死んだ。『太陽』でもこれを取り上げ、今井政吉は「狂気的」（「英米の婦人運動」）と語り、高島米峰は「頗る馬鹿気たことで、斯る行為は彼等の為には何等の効果なく、反つて男子の同情心を失ふに至るものである」（「新しい女の為に」）と書いたが、実際にロンドンでこの事件に遭遇した小山内薫は違った。彼は『中央公論』（一九一五年八月）に「デキスン嬢の死」を寄せ、目の前で馬と騎手が倒れた時の様子をこう描いている。「或人はサフラジストの勇敢を賞しました。或人はサフラジストの狂的行為を嘲けりました。併し、私はどつちの気持にもなれませんでした。私は唯今まで弥次でゐたのが、急に弥次でゐては済まないやうな気がして来ました」。

デイヴィソンの葬式が六月一四日にあるというので、小山内は出国を遅らせ、これを小泉信三と共に見に行っている。葬列は月桂冠を手にした白い着物の娘たち、あやめを手にした黒い服の会員、ぼたんを手にした紫の着物を着た会員、マドンナ百合を手にした白い着物の会員、と続き、「思想は出でぬ、その力はもはや眠る事能はず。勝利、勝利」と英語で書いた旗の下には痩せた顔色の悪いハンガー・ストライカーたちが歩いていく。デイヴィソンの棺はこの葬列に守られてピカディリー・ストリートを通り、キングス・クロス駅から故郷へ送られるのだった。「私はこの美しい葬式を見て、愈々サフラジエツトが好きになりました――私はもう。弥次でなく詩人ロオレンス・ハウスマンのやうに、心身になつてこの運動が助けたくなりました」と小山内は結んでいる。

日本の婦人運動とロンドン

日本にはこのような死を賭した運動はなかったものの、因習を打破するための数々の活動が生れた。一九一一年九月、平塚らいてうは文学誌『青鞜』を創刊する。一八世紀ロンドンのサロンでブルー・ストッキングをはいた婦人が集まって文学や文化を論じたと生田長江が語り、これが誌名の由来となった。一九一六年には婦人問題研究会が発足し、その機関誌『婦人問題』が一九一八年一〇月に創刊された。ここにはフォーセットやパンカーストらの動向が伝えられたほか、会津常治の「戦時に於ける英国婦人の活動」(一九一九年二月)や、古野作造の「英国に於ける婦人参政運動」(一九一九年三月)などの記事が載った。一九一九年には平塚らいてうや市川房枝、奥むめおによる新婦人協会が成った。婦人運動は勢いをつけ、一九二〇年にロンドンで矯風会万国大会が開催されると、日本基督教婦人矯風会のメンバーだったガントレット(旧姓山田)恒子が、矢嶋楫子・渡瀬かめ子と共に日本代表として出席した。世界三十数ヵ国に加えて遠く日本からの出席者を得て、会場となったウェストミンスター・ホールは熱気にあふれた。

ちょうどその年の七月に万国婦人参政権協会の大会がスイスで開催されたため、恒子はロンドンからジュネーヴに足を伸ばす。「婦人参政権運動はパンクハースト夫人によつて戦闘的色彩を持つてゐたので一般人から、特に母のやうな旧思想の人達からは白眼視されてゐた」(『七十七年の想ひ出』植村書店、一九四九年)と恒子は書いているが、義母を説き伏せて大会に出席した。この時、世界の婦人が参政権を持っていたなら第一次世界大戦は防げたのではないか、との意見を聞き、「今までの莫然とした婦人参政権に対する自分の考へ方を恥ぢる気持になつた」と恒子は述懐する。この大会にはヨーロッパを訪れていた河井道子も出席した。一九二一年には日本婦人参政権協会が結成され、二三年には婦人参政同盟、二四年には婦人参政権獲得期成同盟会ができた。

一九二七年一月創刊の『婦選』は婦選獲得同盟の機関誌で、ここにはガントレット恒子の「英国婦人と参政権」（一九二七年一～八月）が七回にわたって連載されたほか、市川房枝の「英国総選挙と婦人」（一九三一年一～二月）が載った。恒子は『婦選』（一九二七年一月）にこう記している。「英国の婦人が今日参政権を持つて活躍して居る有様を見る時、あれは英国であるからだと其れが如何にも当然の事である様に考へられる傾がありますが、振り返つて其歴史を辿つて見れば、実に涙ぐましいほどの努力と苦心の結果で此処に至つたのであります」。日本の婦人たちはこうして英国の婦人たちの努力に敬意を表しつつ、運動を展開していったのである。

一九三〇年になると、ワシントンで開催された戦争原因及防止法研究会に出席した帰途、恒子は林歌子と共に軍縮会議が開かれていたロンドンに向かった。平和希望軍縮請願書を手渡すためである。二人は二つの竹行李につめた七五万人の署名入り請願書を、軍縮会議委員長であるマクドナルド英首相に提出した。マクドナルドは「少し困却の面持で『こんなに重いものをよく日本から携へ来られた』と苦笑して」（『七十七年の想ひ出』）いたという。その後も恒子はロンドン各地で講演をして回った。婦人参政権運動は、恒子をはじめとする婦人運動家にとって、平和運動と軌を一にした運動だったのである。

一九三〇年四月二七日、婦選獲得同盟主催のもとに第一回全日本婦選大会が開催された。この時、与謝野晶子と深尾須磨子によって「婦選の歌」が作られ、ガントレット恒子の弟である山田耕筰が作曲し、荻野綾子が歌った。日本の婦人参政権運動は、ここでひとつの大きなうねりとなる。

イギリスの動向は、日本の婦人運動家たちの注目を集め続けていた。一九三一年一一月に施行されたイギリスの総選挙では、各政党が婦人の支持を得ようと努力した跡が見えたため、婦選獲得同盟は各政党のポスターを蒐集する。翌年一月二二、二三日の両日、神田駿河台のキリスト教女子青年会館で、その展示会が開かれた。『婦選』（一九三二年二月）によれば、「ポスターは、国民政府、保守党、自由党、国民労働党の各党のもの約五十枚、何れも色美しい芸術的なもの」で、「貴衆両院議員の参観も多く、予想以上の成果を収め」たという。

しかし、日本の法の壁はまだ厚かった。条件つきで婦人参政権を認める法案が衆議院を通過しても、貴族院で廃案となる。結局日本における婦人の国政参加は一九四五年にやっと認められ、翌四六年に戦後初の衆議院選挙で、日本初の女性議員三九名が誕生することとなる。イギリスにおける初の婦人代議士誕生から、約三〇年遅れの実現であった。

（和田桂子）

9 ジャーナリズム

一九世紀末に水田南陽がロンドンの新聞社を見学する

一八世紀後半～一九世紀前半の産業革命は資本主義の発達を促すことで、労働者を中心とする大衆を出現させた。ペニー・ペーパー（penny paper）と呼ばれる、大衆を読者層とする廉価新聞の時代も一九世紀前半から始まる。一八三三年にアメリカで創刊された『ニューヨーク・サン』は、一セントという安さと、興味本位の社会記事で、大衆の心をつかんだ。イギリスでも捺印税が廃止された一八五五年に『デイリー・テレグラフ』が発刊され、ペニー・ペーパーの時代が幕を開ける。一九世紀後半のロンドンでは日刊・夕刊のペニー・ペーパーが次々と登場し、一八九六年にはわずか半ペニーの『デイリー・メール』も創刊された。この新聞は、女性読者向けに家庭欄を充実させ、読みやすい文章とゴシップ記事で、創刊時に三九万部の部数を記録したという。

コナン・ドイルの翻訳で知られる小説家の水田南陽が、ロンドンの地を踏んだのはちょうどこの頃だった。水田は『中央新聞』の記者で、水田栄雄という本名で『大英国漫遊実記』（博文館、一九〇〇年）をまとめている。「倫敦朝刊の大新聞は、指をテイムス。デイリー、テレグラフに屈して、以下デイリー、ニユース。スタ

★『世界地理風俗大系別巻　世界都市大観』（新光社、一九三二年）に収録されたフリート・ストリートの写真。「ラッシュアワーでバスは動きもとれない」と説明されている。

ンダアド。モーニング、ポスト。デイリー、クロニクル。デイリー、メール。デイリー、グラフヒツク」などが有名だと、水田はレポートした。このうちの一つ、デイリー・クロニクル社を夜中の一二時に見学に訪れたときには、主任記者たちが仕事を中断して、「極東新聞記者の風采如何に」と彼を取り囲み、いろいろと質問してきたらしい。
編集局・校正局・紙型局・亜鉛版局などを順番に案内してもらった水田南陽が、特に驚いたのは地下室の大輪転機である。一〇頁新聞の場合、印刷・切断・糊付・折畳が一時間に二万部以上可能な大輪転機が、一〇数台も設置されている。大阪朝日新聞社が初めてパリのマリノニ社から輪転機一台を購入したのは、発行部数が五万部を越えた一八九〇年である。マリノニ式輪転機の印刷能力が平版印刷機の二五倍だと聞き、大阪毎日新聞社が一台導入するのは、その四年後のことになる。『ロイド週刊新報』三〇万部と『デイリー・クロニクル』一〇万部を印刷中の機械を見ながら、「日本全国の輪転器械を一所に集めしものよりも多し」と水田は感嘆の声を洩らした。

　ロンドンの朝刊のトップに、『タイムズ』と共にあげた『デイリー・テレグラフ』の社内も、水田南陽は見学している。前者は世界的に有名でも、発行部数は一〇万部に届いていなかった。それに対して後者は四〇万部で、「世界一の普及新聞と号するも、亦一理なきにあらざる可し」という勢いである。同社の図書局に入ると歴史・地理・天文学・文学から易学に至るまで、さまざまなジャンルの書籍が所蔵され、まるで大英図書館の一室にいるような気分になる。編集局の「上流記者」は一人一室を割り当てられ、ホテルと見紛うような食堂から、風呂場・寝室まで備えていた。印刷局では最新最大の輪転機七台が稼動している。社外になるが製紙工場も所有しているという。「日本の新聞決して五万十万に満足する勿れ。及ばん限りの大拡張を為し、進まば進め倒るれば倒れよ」と、ロンドンの新聞社を手本に前進する決意を、水田は新たにした。

日本の大新聞の発行部数がロンドンの新聞に近づくのは、日露戦争（一九〇四年～〇五年）後のことである。日本国内の産業革命と資本主義の発達が、人口の都市集中や、大衆の購買力の増大、広告欄の需要の増加など、新聞社が企業として発展するための基礎条件を作り出した。伊藤正徳『新聞五十年史』（鱒書房、一九四三年）は一九一一年の各紙の推定発行部数を、次のように記載している。『大阪朝日新聞』三五万部、『大阪毎日新聞』三二・三万部、『報知新聞』二〇万部内外、『国民新聞』『やまと新聞』『万朝報』一七万部～一五万部、『東京朝日新聞』八・九万部、『東京日日新聞』『都新聞』『読売新聞』『中央新聞』四・五万部、『時事新報』二・四万部。大阪の二大新聞は三〇万部を突破するレベルまで到達していた。

新聞にはもちろん海外ニュースも必要である。一九世紀末の日本の新聞は、横浜発行の外字紙が特約していたロイター電を、翻訳して掲載していた。一八九七年に『大阪朝日新聞』は大阪でのロイター電の独占権を獲得し、その翌年に『時事新報』と『ジャパン・タイムス』は東京での独占権を手に入れる。他方『大阪毎日新聞』は一九〇〇年にジョゼフ・モリスを、ロンドンの常設通信員に任命した。モリスは日本で最初の海外常設通信員となったのである。また『大阪毎日新聞』は若い記者の留学制度を作り、高石真五郎や河野三通士をイギリスに派遣している。大毎記者として活躍した小野賢一郎の『世界のぞ記』（高谷寛三郎、一九一九年）にも、「大阪毎日の留学生A君と用足しにいったかへり、定刻の午後三時リゼントパークの近くに行くと」と、留学生が顔を覗かせる。水田南陽は新聞記者の草分けの一人だったが、二〇世紀に入ると、ロンドンを訪れる日本の新聞記者は少しずつ増えていくことになる。

朝日新聞社・タイムズ社の特約と杉村楚人冠

一九〇六年に『大阪朝日新聞』の大阪でのロイター電独占権が、『大阪時事新報』に奪われた。この事態を受けて朝日新聞社は、一九〇七年一月にロンドンのタイムズ社と特約関係を結んでいる。一七八八年に創刊された『タイムズ』は、一九世紀を通じて、権力に屈従しない報道の自由を確保し、世論をリードする役割を担うジャーナリズムとして成長してきた。発行部数は多くないが、水田南陽が『タイムズ』を「倫敦朝刊の大新聞」のトップにあげた所以である。社主の村山龍平はもともと、東洋の『タイムズ』を作ることを目標としてきたから、タイムズ社と特約関係を結ぶときには感慨深いものがあっただろう。同年五月の伏見宮殿下のロンドン訪問に合わせて、杉村楚人冠が朝日新聞特派員として渡英した際には、タイムズ社が全面的に協力している。

『大英遊記』（有楽社、一九〇八年）によれば杉村楚人冠は、夜の八時にタイムズ社に出かけ、一二時に退社する生活を送っていた。タイムズ社で杉村を驚かせた部署の一つは索引部である。索引部では *Encyclopedia Britannica* を編集していて、日本でも一九〇二年から広告を出して三五〇〇部を売っていた。倫敦タイムス社東京支社編『倫敦タイムス社寄書』（発行所不記載、一九〇六年）は、ブリタニカ百科事典の講読者の書簡をまとめた本である。索引部ではそのかたわら、『タイムズ』のどの記事がいつ出たかが一目で分かる、アルファベット順索引も作成していた。日刊新聞で索引を発行しているのは世界中で『タイムズ』だけだと、杉村は目を見張ったのである。

タイムズ社の協力は編集局を提供することだけではなかった。杉村楚人冠が取材する際の便宜もはかっている。伏見宮殿下がヴィクトリア駅に到着したときには、ブレイン記者が同行して、首相との握手の場面に立ち会わせた。その直後に心得顔のブレインは手を引いて駅事務室を通り抜け、殿下と皇太子が馬車に乗るスポットまで誘導する。さらにブレインは群衆を押し分けて宿泊所のヨーク・ハウス前に案内し、ここで殿下が到着するまで待機した。ロンドン市長の歓迎式でも、ブレインはギルドホールまで案内してセレモニーの解説をしている。杉村はブレインから前市長を、前市長から現市長を紹介された。『大阪毎日新聞』のジョセフ・モリスに初めて会ったのも、この日である。

杉村楚人冠の手助けをしてくれたのは、『タイムズ』の記者だけではなかった。

> 僕の倫敦に来て以来、未だ曾て一日も、同業の好意を感謝しないことはない。彼得堡（ペテルブルク）では、「大阪毎日」のマッカラ君、巴里では「タイムス」のオーニール君などに一方ならぬ世話になつた。倫敦に入つてからは「タイムス」の事務主任ベル君、主筆バツクル君、副主筆ブラウン君、外報主任スコツト君、外勤主任ブレイン君、軍事主任ジエームス君、財政主任のフーパー君、二版主任のブロードリブ君等、殆んど一社を挙げて僕の為に便宜を計られた。「テレグラフ」のロートン君は東京以来のお馴染。其の兄なる「トリビユーン」のロートン君、「メール」の社主ノースクリツフ男爵、主筆マーロー及従軍記者であつたマツケンジー君、「クロニクル」の元従軍記者リンチ君、「ジヤパン、クロニクル」の主筆ヤング君、「日英新報」のミツチエル君など夫々世話を焼かれて、色々と痛み入る程の歓待を受けた。

日本大使館にオルダーショット観兵式の参列券を要請して相手にされなかったときには、旧知の『デイリー・テレグラフ』のロートン記者が助けてくれた。週刊評論誌『トリビューン』の編集主任を務める兄に話して、陸軍省に掛け合ってもらったのである。

陸軍大臣秘書官は杉村楚人冠のために特別拝覧席を設け、出迎え役の大佐や切符まで手配した。もちろんタイムズ社の方でも、主任のジェームスが杉村を案内する準備を整えている。陸軍大臣秘書官は結局、ジェームスにも同一の待遇を与える決定をしたという。ロートン編集主任と親しくなった杉村は、『トリビューン』の編集局を見学している。午前一時に校正を終えたロートンは、杉村を記者倶楽部に案内して、『デイリー・テレグラフ』『デイリー・メール』の記者たちに紹介し、一緒にウイスキーのグラスを傾けた。杉村は、日本にもこんな記者倶楽部があったらといいのにとうらやましく思っている。

ロンドンでのペニー・ペーパー時代を決定付けて新聞史に名をとどめるノースクリフ卿にも、杉村楚人冠は会うことができた。朝日新聞社の「露都通信員」の紹介で『デイリー・メール』の編集局を訪ねると、マーロー主筆から社長に面会したらどうかと勧められたのである。この頃の『デイリー・メール』はロンドン一の部数を誇っていたが、ノースクリフはそれも含めて、五三の日刊・週刊・月刊の新聞雑誌を経営していた。ノースクリフは長話をした末に、日本人のロンドン観を読んだことがないので、ぜひ書いてほしいと依頼する。ロンドンに来て一〇日の杉村がまだ何も見ていないからと断ると、マッケンジー記者を接待役に付け、希望の場所はどこでも案内するということになった。

マッケンジーから何を見たいか聞かれた杉村楚人冠は、議会、学校、裁判所、教会堂、ロンドン一のホテル、ロンドン一のクラブでの食事、ロンドン一の芝居と寄席、ロンドンで上演禁止になったオペラ「ミカド」と、思いつくままに口にする。するとマッケンジーは笑って承知したと答えた。翌日になるとすでに馬車が用意されていて、裁判所を見学してから、リヴォイ・ホテルで食事をする。それから四時間半汽車に乗ってシェフィールドに行き、ライシアム座のボックス席で「ミカド」の最終公演を観て、ホテルに宿泊する段取りになっていた。その翌朝、ロンドンに戻る汽車の中で、マッケンジーは原稿をここで書いたらどうかと提案する。紙がないと逃げるが準備周到。辞書が必要だと躊躇すると相談に乗ろうと言う。とうとう第一回目の原稿は、到着前にできあがってしまった。

公的な視線vs私的な視線——鳥居素川と田中龍眉

朝日新聞社はその後も、大きなイベントに合わせてロンドンに特派員を送った。一九一〇年の日英博覧会の際は、長谷川如是閑を派遣している。ところがロンドンに着いて一ヵ月しないうちに、国王エドワード七世が亡くなる。長谷川の『倫敦』（政教社、一九一二年）によれば、五月七日の朝に「ミストル長谷川、王様は崩御された」と同宿のスペイン人の少年が教えてくれた。長谷川は急遽、葬儀も併せて報道することになる。図版はこのときの大葬拝観許可証。左上に「PRESS」(報道関係者)と印刷され、自筆で「Osaka Ashahi Shimbun Manjiro Hasegawa」と本名を書き込んでいる。彼はウェストミンスター・ホールで行われた霊柩安置式などを取材し、約四ヵ月滞在して帰国の途についた。

翌年の六月になると国王ジョージ五世の戴冠式が行われる。朝日新聞社は鳥居素川を派遣した。約一ヵ月のロンドン滞在後に鳥居はベルリンに向かい、ローマでイタリア・トルコ間のトリポリ戦争を取材する。さらに東欧やバルカン諸国を回り、アメリカ経由で年明けに帰国した。『頬杖つきて』(政教社、一九一二年)はその間の、紀行文や論評をまとめた本である。戴冠式に臨む鳥居の視線の特徴は、次のような所感に現れている。「悲しみを頒ち、楽しみを倶にするは、同盟国の誼にして、今回の戴冠式に日本が衷心より之を欣び、之を賀し、恰も自国の慶事の如く思ふは、決して偶然にあらず。見よ列国中使臣を発したる者、日本より多きあるか。其の軍艦を派遣したるもの、日本より多きあるか」。日英同盟を両国の関係の機軸として、国家的セレモニーとしての戴冠式をレポートするというのが、鳥居の基本的な姿勢だった。

国家や外交を軸とする鳥居素川の公的な視線に比べれば、一九〇九年にロンドンに赴く神戸又新日報社の新聞記者・田中龍眉の視線ははるかに私的である。タイムズ社と提携した朝日新聞社の記者のように、取材の手配・案内や、関係者の紹介という便宜をはかってもらえるわけではない。オフィスやデスクもない。人口

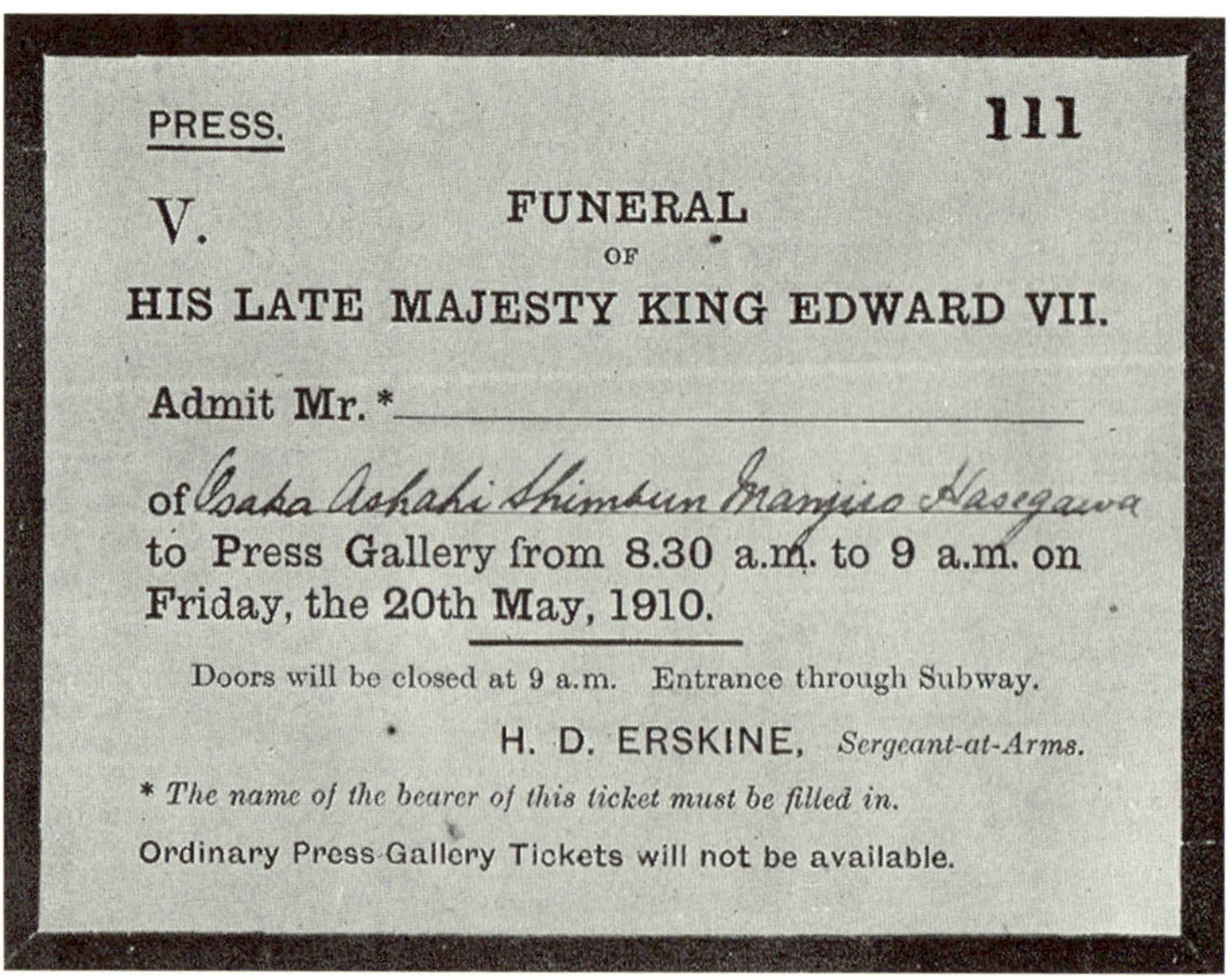
PRESS. 111

V. FUNERAL OF HIS LATE MAJESTY KING EDWARD VII.

Admit Mr. *

of Osaka Ashahi Shimbun Manjiro Hasegawa

to Press Gallery from 8.30 a.m. to 9 a.m. on Friday, the 20th May, 1910.

Doors will be closed at 9 a.m. Entrance through Subway.

H. D. ERSKINE, *Sergeant-at-Arms.*

* *The name of the bearer of this ticket must be filled in.*

Ordinary Press Gallery Tickets will not be available.

★長谷川如是閑『倫敦』(政教社、1912 年)に収載された、エドワード 7 世の大葬拝観許可証。

七〇〇万人の大都会に飛び出して、身体が元手の出たとこ勝負。そんな体験記を集めた一冊が、渡辺尚編『最新倫敦繁昌記』（博文館、一九一〇年）である。「白帝の御大葬」などの記事も含まれてはいるが、視線が私的である分だけ、それは自己（＝自らの文化）に返ってくる。一介のエトランジェが他者（＝異文化）の只中でどんな失敗をして、何を感じ、自己をどのように対象化したのか、新聞読者はわくわくしながら記事を読んだに違いない。

ヨーロッパは一九一四年～一八年に第一次世界大戦の戦場となった。ロンドンには朝日新聞社が米田実と稲原勝治を、毎日新聞社が加藤直士を、時事新報社が板倉卓造と伊藤正徳を特派している。稲原は戦中戦後のヨーロッパの印象を『闇黒の倫敦より』（外交時報社出版部、一九一九年）にまとめた。ただ稲原は自己意識の揺らぎがほとんどないので、この本は異文化体験としてはあまり面白くない。第一次世界大戦は、ジャーナリズムにとって大きな飛躍台となった。伊藤は『新聞五十年史』でこの時代を振り返り、「今日の世界の通信設備の発達は主として、第一次欧州大戦の五年間を通じてその基礎を作り上げた」と回想している。もっとも日本の新聞記者は、敵国ドイツで従軍できなかったこともあり、戦局全般の基本的情報はアメリカで得ていた。

第一次世界大戦が終結する直前の一九一八年八月、米騒動の報道禁止令に端を発して『大阪朝日新聞』の筆禍事件が起きる。二六日夕刊の記事中の「白虹日を貫けり」（＝君主に反乱を起こす予兆）という言葉が検閲に引っかかり、発禁処分を受けて起訴されたのである。社長の村山龍平は一〇月に辞任に追い込まれる。編輯局長・鳥居素川と社会部長・長谷川如是閑は辞職。ロンドンに特派されていた外報部長・稲原勝治も退社した。『闇黒の倫敦より』で稲原の所属が「エー・ビー」「エー・エム」となっているのはそのためである。新聞記者としてロンドンを伝えてきた彼らは、それ以降の日本人のロンドン体験の歴史からは姿を消すことにな

★夕刊の *The Star* を売っているロンドンのニュース・ボーイ（伊地知純正『倫敦名所図会』研究社、一九一八年）。その日の重大事件を印刷したニュースペーパー・プラカードを広げて見せている。

る。
　欧米の後塵を拝してきた日本の新聞記者が、海外で初めてスクープを獲得するのは、一九二一年一一月〜二二年二月のワシントン会議のときだった。会議では、海軍軍縮制限問題と、第一次世界大戦後の極東問題が話し合われている。伊藤正徳『新聞五十年史』によれば、会議を通じて最大のスクープは、『時事新報』の「日英同盟の廃棄と之に代る四ケ国協約成立」という特電だった。この記事が『時事新報』に掲載されると、『タイムズ』の東京特派員はロンドンに急報し、スクープはロンドンからニューヨークへ伝えられる。『時事新報』の新聞記者をしていた伊藤はこの本に、「十二月一日の夕、アメリカの記者十数名は著者の宿舎に来訪、ニュースの出所、取材経緯、正確率等々を交々質疑し二時間近くを費やしたことを想起する」と少し得意げに付け加えている。

岡本一平のパンチ社訪問、人見絹枝の新聞社社員の肩書き

　杉村楚人冠・長谷川如是閑・鳥居素川は確かに特派員として派遣されているが、まだ臨時特派員にすぎなかった。世界の重要ニュースを、常駐の日本人特派員が発信するようになるのはいつ頃からだろうか？　伊藤正徳『新聞五十年史』によれば、「大正十年頃には東京、大阪の一流新聞社は海外特派員を世界各国の重要都市に常置して居り、且つ其数を増加する傾向」にあったという。たとえば毎日新聞社が初めて常駐特派員をおいたのは一九一九年のことで、高田元三郎がニューヨークに派遣されている。海外特派員がいれば、新聞社と関係が深い文化人が訪ねたときには便宜を図れるようになる。『東京朝日新聞』に挿絵を描いていた岡本一平は、そんな恩恵に預かった一人だった。

　一九二二年に外遊して新聞連載した世界一周記事を、岡本は『紙上世界漫画漫遊』（実業之日本社、一九二四年）にまとめている。ロンドンでは、大阪朝日新聞社外報部員で一九一八年に特派員になった嶋谷亮輔が、岡本の取材に協力してくれた。ポンチ絵（＝西洋風の漫画・諷刺画）という言葉の由来である、大衆週刊誌『パンチ』の発行元を訪ねたいと希望すると、主筆と会うアポをとって同行してくれる。『デイリー・メール』でロイド＝ジョージなどの政治家を描き続ける人気漫画家ポーイを訪問したいと頼むと、会見の予約・案内・通訳をしてくれる。裁判所で傍聴したときも、法廷でのやりとりを逐一訳してくれた。その助けを借りた画信が、新聞の読者にロンドンの表情を伝えたのである。

　岡本一平が「ノ卿は漫画に描く政治上の趣意について何か拘束を加へますか」と尋ねると、ポーイは「いゝへ全く自由です」と答えた。ノースクリフ卿にとって大切なのは、漫画という媒体の有効性で、メッセージの政治的立場ではない。馬郡健次郎は『ジヤヅの欧羅巴』（万里閣書房、一九三〇年）で、『デイリー・メール』

はノースクリフがアメリカのジャーナリズムを理想として作った新聞だと指摘している。「新聞は何と云つても、報道が主でなければならぬ。論説は従である。新聞の記事殊に雑報は人間の興味をそゝるものであらねばならぬ。民衆は六ケ敷い議論や乾燥な記事は相手にせない」――このような考え方をベースに一八九六年に創刊された『デイリー・メール』は、「英国新聞界に新紀元」を画すことになる。漫画は、読者の「興味をそゝる」重要なアイテムの一つだった。

ペニー・ペーパーに押されて経営が苦しくなった『タイムズ』の経営権も、ノースクリフは一九〇八年に手中に収めている。『タイムズ』の伝統的精神とノースクリフの考え方は衝突し、経営が安定に向かう一方で紙面は通俗化を余儀なくされた。しかし一九二二年にノースクリフが死去すると、以前の発行者のウォルター家が『タイムズ』を買い戻す。第三者の支配権が及ばないように信託制度が設けられ、『タイムズ』は裁判官などで構成される委員会の承認なしには譲渡できなくなった。ノースクリフと意見が合わず退社したドーソン主筆も、再び『タイムズ』に呼び戻されている。

一九二九年に『大阪毎日新聞』主筆の高石真五郎は、『欧米を見て』（大阪出版社）で次のように述べた。ロンドンで多くの人々が読んでいるのは、『デイリー・メール』『デイリー・エクスプレス』のような「興味主義報道主義の軽い新聞」か、『デイリー・ミラー』『デイリー・スケッチ』のような「写真新聞」である。アメリカ流の興味本位の新聞がはびこるなかで、『タイムズ』だけが「記録主義・網羅主義」の孤塁を守っている。誰もが『タイムズ』に敬意を払って「国宝扱い」にしているが、それ以外には「新聞といふものに対するいはゆる吾等の概念を満足させるもの」は存在しないと。高石の新聞概念に見合うのはただ『タイムズ』一紙だった。しかし伊藤正徳が『新聞五十年史』で指摘するように、機械文明のスピード（高速度輪転機、電送写真機、航空機、無電）を背景としたアメリカニズムは、日本の新聞界も席巻していく。記事の題材や調子は、読者を引きつけるセンセーショナルなものへと変わっていった。

女子陸上競技選手の人見絹枝が一九二六年に大阪毎日新聞社に入社して、社員の肩書きで七種目の世界記録を樹立したことも、その一つの現れだろう。『欧米を見て』によればロンドンを訪れたときに人見は、誰からも注目されていなかった。ところがインター・クラブ競技の幅跳びで世界新をマークし、ナショナル・チャンピオンシップの二二〇ヤードで世界タイを出すと、ロンドンの新聞に取り上げられる。大使館は人見を主賓として何度もお茶の会を開き、イギリス人客を招待した。女子スポーツは一九二〇～三〇年代のトピックの一つである。世界的に活躍する選手を社員とすることで生れる、新聞社の宣伝効果や、紙面作りのメリットは大きかったに違いない。

空襲下のフリート・ストリートで

新聞社にニュースを提供する日本の通信社が、海外の通信社との間で通信平等権を獲得するのは一九二〇〜三〇年代を通じてである。伊藤正徳『新聞五十年史』によれば、一九一四年に外務省の支援下に設立された国際通信社は、「日本唯一の世界通信機関でありながら英国ロイテル社の前には一箇の属領にも等しき存在」だった。まず一九二三年にロイター社が日本のニュース市場から撤退し、日本での自主的頒布権が手に入る。国際通信社は一九二六年に八大紙に呼びかけて日本新聞連合社を結成した。同社は一九三三年にロイター社と対等契約を結び、ロイター社を介在させずに、アメリカ・フランス・ドイツなどの通信社と直接契約できるようになる。大英帝国の領土以外で、自ら取材したニュースを自由に頒布する権利を確立したのである。

同時に一九三〇年代は戦争と統制に向かう時代でもあった。満州事変が勃発した一九三一年に、陸軍省・海軍省・外務省はナショナル・ニュース・エージェンシー設立のための斡旋に乗り出す。世界の世論を日本に有利に導くため、日本新聞連合社と日本電報通信社を越える一大通信社を作ろうと画策したのである。新たに設立された同盟通信社は、一九三六年から業務を開始し、戦争の拡大と共に国策遂行組織としての性格を強めていく。海外向けの放送電報ニュースは、英語やフランス語でも発信された。一九三七年に日中戦争が勃発すると、新聞紙面も大きく変わる。自由主義的な論調は一掃され、国策に全面協力する言説が溢れ返ったのである。

古垣鉄郎は一九三四年四月から三年間、朝日新聞社特派員としてロンドンに滞在している。『ロンドンの憂鬱』(三省堂、一九三九年)で古垣は、夜半のフリート・ストリートの様子を次のように描いた。「デーリー・ヘラルドだ、デーリー・エキスプレスだ、デーリー・メールだ、デーリー・テレグラフだ。赤い自動車、青い自動車、緑色の自動車、おの〳〵の新聞社は専用自動車を独特の色に塗り、出して積み込んだ新聞紙の山の高さを自慢しつゝ流れゆく。市民が眠つてゐる間、フリート・ストリートは全神経を動員して刻々に集り来る内外各方面のニユースの上に緊張する」と。古垣も同時刻のフリート・ストリートで働いていた。日本とロンドンでは九時間の時差がある。日本の夕刊に間に合わせるためには夜半に働き、朝刊用の電報は昼頃に打たなければならなかった。

一見するとフリート・ストリートには何の変化も起きていないように見える。しかし一九三三年七月にはドイツでナチス党の一党独裁が成立していた。三五年一〇月にはイタリアがエチオピアへの侵略を開始し、翌年七月にはスペイン内乱が始まる。ヨーロッパの国際情勢は徐々に緊張が高まってきていた。古垣鉄郎が新聞記者の特権を生かして、テムズ河沿いにあるバーナード・ショーの住所非公開のフラットを約束もなく訪れたのは、ショーがアフリカ視察から帰国した直後である。面会に応じたショーは国際情勢や極東問題について意見を披瀝して、「アフリカにおいては黒色人種の優越を痛感した。アジヤでもアジヤ人が覇者たるべく運命づけられてゐる」と述べたという。

一九四一年一二月に日本はイギリスに宣戦布告して、マレー沖や香港で戦火を交えることになる。ヨーロッパではすでに二年前の九月にドイツ軍がポーランドに侵攻し、第二次世界大戦が始まっていた。四〇年七月にドイツ軍は初めてイギリス本土を爆撃する。新聞街のフリート・ストリートは、空爆目標の一つになった。朝日新聞社の戦時ロンドン特派員をしていた磯部佑一郎は、九月八日に空襲を体験している。『イギリス新聞物語』（ジャパン・タイムズ、一九七四年）によると、大英博物館の近くで空襲警報を聞いた磯部はバスに飛び乗り、タイムズ社内の朝日支局に向かった。しかし支局は立入禁止になっている。そこで同じフリート・ストリートのロイター通信社内朝日臨時支局で一晩中、空襲の様子を見続けた。重量爆弾はすぐ近くでも炸裂し、硝煙の匂いが社内で鼻をついたという。磯部が空爆ニュースのタイプを打ち終わったのは、夜が明けてから一時間後のことだった。

（和田博文）

10 演劇

劇場と観客の変化

ロンドンのウェスト・エンドは、どこを歩いていても劇場にぶつかるエリアだ。

市川又彦「ロンドンの劇場と観客」（『歌舞伎』一九一二年一〇月）には、次のように紹介されている。

ロンドンには寄席が六十幾つ、劇場も矢張り六十くらゐある。そしてそれに雇はれてゐる人の数が二万五千ばかりもある。興業は一週間六度の夜興業と、二回の昼興業とがあつて、非常な金がかゝつてゐる。作者の給料をざつと計算して見ると、近頃ではロバート・マーシアルが、『セコンド、インコマンド』で短時日で三十万円。又ジョージ・シムスは或る劇場から取る金の高が、一年に二十万円もあると云ふ。それから始め小説で売出して、脚本の『ピーター・パン』で当つたバーリーは、自分の作が同時に二つ演ぜられた時——即ち一つはロンドンで、一つはニューヨークで演ぜられた時一週に四千八百円の収入があつたさうだ。俳優の給料は普通一週に千円と云ふ話だが、マネージアを兼ねてゐる者は三千円から五千円と云ふ格である。

英文学者の市川は、一九〇九（明治四二）年から一九一一年にかけてロンドンで学んでいた。市川の紹介した順に説明を付け足してみる。

まず、ここにいう寄席とは、Variety Theatre、つまりミュージック・ホールのこと。歌、アクロバット、手品、寸劇などを見せ、その場で飲み食いができた。ミュージック・ホールと同じ数だけ劇場があるという。ウェスト・エンドには、このうちの半数が集中していた。一九世紀はじめのロンドンに、劇場は一〇くらいしかなかった。イギリスでは一九世紀の間に人口が三倍以上になった上、農村から都市へ人口が流入した。大英帝国の繁栄により、中産階級も経済力をつけ、上流階級の社交場だった劇場に来るようになった。また、イギリスにおける義務教育制度の確立は、一八八〇年である。演劇も一部の階級の独占物ではなくなっていた。そして、交通手段の発達により、国内ばかりでなく、海外からも観光客がロンドンへ押し寄せるようになってくる。これらのことから、一九世紀終わりころから、新しい劇場が次々に建設されたし、それまであった劇場も改築されていった。

ボックスやストールといった指定席では、ドレスや装身具で着飾った女性、それをエスコートするブラック・タイをつけた男性という盛装の人々が見られた。ピットは当日に並んで入る席で、人気のある出し物だと、かなり長い時間並ばなくてはならないが廉価であったし、その日に思い立っても行くことができた。何度も見たい芝居好きにも好都合であった。「昼興業」つまりマチネが許可されたのは、一八七五年の公的娯楽法施行後である。これにより、中産階級の女性層が劇場へ行きやすくなった。ウェスト・エンド周辺の地下鉄の駅は、一八七二年にサークル・ライン、一九〇〇年にセントラル・ライン、一九〇七年にピカディリー・ラインと、次々に開通し、足の便もよくなった。

市川の文章にはまた、「マネージアを兼ねてゐる者」とあるが、これはアクター・マネージャーといって、ヴィクトリア朝演劇を語るときには欠かせない存在である。俳優であり、同時に興業主であり、芸術監督という立場も兼ねた。ヘンリー・アーヴィングはライシアム座、ビアボウム・トリーはヒズ・マジェスティー座を拠点とした。他に、チャールズ・ウィンダムのウィンダム座、ジョージ・アレキサンダーのセント・ジェイムズ座などが有名である。彼らの活躍は社会的に認められ、一八九五年、ヘンリー・アーヴィングに俳優初の爵位が授与された。一九〇七年にはトリーが、そして、他にもアクター・マネージャーたちが続々とサーになっていった。演劇人たちの地位が上がっていったのである。

彼らは劇場所有者と賃貸契約を結び、劇場スタッフも含めてその期間の面倒を見ることとなった。経営面も担当するので、成功すれば巨額の報酬を得たが、失敗すればすべてを失う。芸術面も

★ストランド座の「チャイニーズ・ハネムーン」の一場面（*The Play Pictorial*, No.15 (1903). 早稲田大学坪内博士記念演劇博物館所蔵）。中国へ新婚旅行に来た英人夫妻が次々と滑稽な事件に巻き込まれるミュージカル。当時、オリエンタリズムを反映した舞台に人気が集まった。

さることながら、経営の手腕が問われるひとつの事業であった。市川の文章は儲かった例をあげているが、失敗し、没落してゆくマネージャーもいた。

慰安としての演劇

ロンドンから一八八六（明治一九）年に帰国した末松謙澄は、同年、政府が働きかけて出来た演劇改良会のメンバーとなり、女形やチョボの廃止など、日本における新しい演劇の形態を提唱した。外交上からも西洋並みの演劇にすることが急がれていたが、西洋並みといっても、実情は一概に言えないのであって、観客が何を喜んで支持するかは、ロンドンの劇場においてもさまざまであった。だからこそ、アクター・マネージャーの苦労もあった訳である。

一九一三年のロンドンにいた女優の森律子は、『欧洲小観　わらはの旅』（博文館、一九一三年）の中で、ヘイマーケット座でヘンリック・イプセンの「僣望者」をロレンス・アーヴィング一座が演じたものの、不人気で何万円もの損益を出したと書いている。戯曲も役者も良いし、衣装などに莫大な費用をかけたにもかかわらず、興業として成り立たなかった理由について、「或人は云ふ、世の中の忙はしくなるにつれて人々事業の為に心身を費す事、日を逐うて劇しくなるを常とすれば、夜分食後の慰みには、唯目先に美しく見ゆる劇にして、耳には妙に聞こゆる音楽の入れるものこそ適当なれ。重苦しき劇を見ながら、却て頭を疲らすが如きものは、今日の時勢には適せぬなりと」と記している。

イプセンの戯曲は、エドマンド・ゴスによって英訳され、イギリスに近代劇運動の新風を送り込んだ。しかし、イギリスの国民性には、この深刻な北方の戯曲は重かったようだ。保守的な層が厚く国教会の力が強かった、という側面もある。森律子よりも一〇年前にロンドンにいた島村抱月も、「ピネロ作『二度目のタンカレー夫人』」（『新小説』一九〇六年五月）において、森律子と同じ感想を書いていた。一日の疲れを取りに来る劇場で、頭の疲れる芝居など人々は見たがらないと。「二度目のタンカレー夫人」（一八九三年）はイプセンの影響を受け、社会的関心を呼んだ問題を観客に提示する劇だった。しかし、ピネロの劇にはサスペンスもあって、イプセンよりは娯楽の要素が強くなっている。イギリスでは、風習喜劇と呼ばれる、社会の習俗を風刺的に扱う喜劇が一七世紀以来あって、ピネロはその流れを汲んでいた。風習喜劇は、時代が下ると風刺より感傷や道徳性が加味されてくる傾向があるものの、人間関係のもつれを軸として展開するストーリー、機知に富んだセリフのやりとりなどは共通している。解決のつかない現実問題を突きつけられるより、ひとときの楽しみを得る演劇が好まれていたのだ。

オペレッタと呼ばれる喜歌劇も、そうした観客の要求をよく満たすものであった。脚本ウィリアム・ギルバート、作曲アーサー・サリヴァンによる、「軍艦ピナフォア」（一八七八年）、「ミカド」（一八八五年）、「古城の衛士」（一八八八年）などは、どれも大変人気があった。主にサヴォイ座で上演されたことから、サヴォイ・オペラともいう。サヴォイ座はこのオペレッタの本拠地として、一八八一年に建てられた。全館電気照明がついた最初の劇場である。日本でも、大正半ばから浅草オペラが大流行したことが連想される。イギリスには、すでにあるメロディに新しい歌詞をつけた音楽劇、バラッド・オペラが一八世紀から流行していた。市井の人々を登場人物として風刺を利かせた滑稽な内容で、代表作はジョン・ゲイ「乞食オペラ」（一七二八年）である。サヴォイ・オペラはこの系統を引き、現代のミュージカルにもつながっている。

島村抱月はロンドンで見た芝居について、「アーギング劇『ダンテ』」（『新小説』一九〇三年一一月〜翌年四月）や、「ツリーの『レリレクシオン』」（『新小説』一九〇三年七・八月）などで、大御所と言われる俳優の舞台の詳細な報告をしている。抱月の芸術座で一番よく知られた演目は、「レサレクション」をもとにして作り、松井須磨子が劇中で歌う「カチューシャの歌」（中山晋平作曲）がヒットした「復活」であった。小山内薫は、松井須磨子人気とその歌に頼った演出に対し、新劇の志を忘れて商業主義に走った、と非難したが、抱月がロンドンで見た舞台では、こうした演出が多くの支持を得ていたのである。助成金がない場合、興行的な成功がなければ演劇活動を続けることができない。近代劇運動の主催者たちはいつも、演劇を通じて新しい世界観を提示しようとする自分たちの意図と観客の嗜好との間で、苦闘を続けていたのである。

シェイクスピア上演のいろいろ

平田禿木は「写実の値」（『英文学散策』一九〇七年四月）に、「大切（おほぎり）所作事（しよさごと）のやうなミュウジカル・コメディと、ピネロ、アーサア・ジョオンズの世話物、皮肉なバアナアド・ショオに、詩的戯曲とかいふスティイブン・フィリップスの作物位しか見ることの出来ない今の英の劇界は、とても仏、独のそれに、また北欧のそれに比すべくもないのであるが、ここに一つその特長ともいふべきは、その劇場装置のほとんど完全の域に達してゐることで、背景の美、衣裳道具の意匠（デイザイン）においては、欧州いづれの国の梨園に比するも、優るとも劣ることはない」と書いている。イギリスの演劇で特に今見るべきものは、舞台装置の華麗さだ、としている。禿木の留学は、一九〇三年から一九〇六年の間だった。

フィリップ・ケンブルの時代、彼が演じた「ヘンリー八世」の豪華な舞台が観客を驚かせてから、スペクタクルの時代が始まる。チャールズ・キーンは上演にあたって緻密に再現しようと心を砕き、考古趣味ともいえる写実主義の様式を確立した。舞台上の効果のためには、本来の戯曲の手なおしもいとわなかった。これを継承したアーヴィングは、シェイクスピアや歴史を題材にしたメロドラマを手がけ、莫大な費用をかけて歴史絵巻を展開させた。彼が経営権を持っていたライシアム座は、一八一七年にイギリスではじめてガス照明を使ったところである。一九世紀のイギリスの劇場では、舞台装置にガス灯、ライムライト、電燈など、照明設備に革命的な変化があった。これで広い劇場でも見やすくなり、照明による舞台効果が考案されていったのである。

島村抱月は「英国の劇壇」（『新小説』一九〇三年四月）に、アーヴィングの劇の特質として「ダンテ」の例を示し、「其の、地獄の巻には、忽然墓場の土割れて、中より諸々の史上の人、死骸のまゝに、せり上げ来たり、眼を開いてこゝに因果を説くなどの景もあツて、此の場の道具ばかりにも四万余円を費やし全体にては十万円を超えるとの噂です」と書いている。エレン・テリーは若くして認められ、アーヴィングの相手役をした名女優であるが、その息子であるゴードン・クレイグはこうしたスペクタクルを否定する反写実主義の演劇論を展開した。この理論が、当時のイギリスの舞台環境では新し過ぎて受け入れられなかったのも無理はない。

ハー・マジェスティー座（一九〇〇年よりヒズ・マジェスティー座）のアクター・マネージャーとなったトリーは、一八九八年の「ジュリアス・シーザー」で巨大なスフィンクスを出現させ、一九〇〇年「真夏の夜の夢」では本物の草や木を使った森を舞台に作って、観客を驚かせた。

★シェイクスピア『冬物語』のハーマイオニを演ずる名女優エレン・テリー（*The Play Pictorial*, No.51 (1906). 早稲田大学坪内博士記念演劇博物館所蔵）。

しかしまた、シェイクスピアの時代にはもっと簡素な舞台だったはずだ、ということから、ウィリアム・ポールは一八九四年にエリザベス舞台協会を設立。中庭やホールなどを用いてシェイクスピア劇を上演した。また、演出家のバリー・ジャクソンは、一九二〇年代に現代服のシェイクスピア劇を上演して話題となった。これをキングスウェイ座で見た藤波慶太郎は、「現代服のハムレット劇」（『倫敦随筆』佐々木出版、一九二六年）で、衣服の持つ記号的役割を指摘した上で、「ハムレツトはタキーシードに柔かい絹のワイシヤツを着て」いるし、王は葉巻をくゆらし、ポロニアスは燕尾服を着ており、せりふはエリザベス朝でもしぐさは現代的だった、と報告している。そして、外形的な時代考証をかなぐり捨てて、人物の内面を掘り下げた結果、ハムレットは「現代的鋭敏な神経質な気むずかし屋で然かも残忍的な力も充分に持つて居る」人物となったという。ハムレットは、キース・ジョンストンが演じた。このとき、シェイクスピア劇は歴史の枠を飛び出して現代人と等身大の人間のドラマとして、舞台上に現れたのであった。

小山内薫は、一九一三年にモスクワ芸術座でクレイグ演出の「ハムレット」（初演一九一一年一月）を見て、感銘を受けていた。クレイグが一九〇五年に刊行した、*The Art of the Theatre* の概要を、小山内は「演劇美術問答」（『歌舞伎』一九〇七年八月）にまとめていた。他にも、クレイグに関する小山内の文章は多い。

イギリスの近代劇運動

イギリスの劇作家といえば、まず一六世紀末から一七世紀にかけて活躍したシェイクスピアが偉大な存在としてあるが、そのあと、オスカー・ワイルドやジョージ・バーナード・ショーが出るまで、国外に通用する劇作家は長く登場しなかった。

また、ヨーロッパ大陸で起きていた近代劇運動も、イギリスを大きく巻き込むには時間がかかった。一八八七年、パリにアンドレ・アントワーヌにより自由劇場が、一八八九年、ベルリンにオットー・ブルームにより自由舞台が誕生する。ロンドンでも、一八九一年に『日曜タイムス』の劇評家として有名だったジャック・トマス・グラインが、会員組織で独立劇場（Independent Theatre Club）を作って、イプセンの「幽霊」やショーの最初の戯曲「やもめの家」（一八九二年）などを上演した。しかし、資金不足などから七年で倒れる。その後、一八九九年、ハリー・グランヴィル＝バーカー、ウィリアム・アーチャーらを中心に、舞台協会（Stage Society）が活動を始めた。ここも独立劇場と同じく、会員制度で非商業的に良質の演劇を見せようというもので、ウェスト・エンドで劇場の休演日の夜に公演した。

そして、一九〇四年よりグランヴィル＝バーカーとジョン・ユージン・ヴェドレンヌがマネージャーとなって始まったロイヤル・コート座のシーズンは、会員制ではないかたちでの近代劇上演の試みだった。ロイヤル・コート座は、ウェスト・エンドの繁華な劇場街とは離れたチェルシーの静かな地域、スローン・スクエアにある。まず、ショーの「キャンディダ」（一八九四年）が選ばれた。二人のマネージメントが続いた三年の間に、ショーの新作が一〇作品、七〇一回も上演され、劇作家としてのショーを広く知らしめることとなった。ウェル・メイド・プレイを排撃したショーの戯曲は、従来のメロドラマを好むイギリスの観客からは、皮肉にすぎる、道徳的でない、等々の批判を受けたが、連続上演が可能なだけの観客を動員できたのだ。確実に時代が変化していた。

ロイヤル・コート座では他に、イプセン、メーテルリンク、トルストイ、ハウプトマン、ヴェデキントといった外国の近代劇作家のものや、ギリシヤの古劇を上演した。自国の作家としては、ショーの他にジョン・ゴールズワージーをここから出発させた。

従来のスター・システムでは、俳優個々の芸の工夫による、ハムレットなりシャイロックの評判が、舞台の出来を左右した。サーの称号を得るような著名なアクター・マネージャーたちはその社会的責任を自覚し、自身の芸のみならず劇団のレベルアップを計ったり、演劇界全体を背負っての論戦を行ったり、演劇学校を作ったり、演劇関係者の組合組織への理解を示したりといった貢献をした。しかし、一方で、絶大な権力を握っての専横も避けられなかった。ショーは自分の戯曲が、人気俳優や舞台装置家の都合で変更されるのを許さなかった。これは脚本を重視する現代にあっては当然のことだが、当時としては画期的な姿勢だった。

アクター・マネージャーの支配を脱し、ロングラン・システムではなく、レパートリー・システムを導入することも、近代劇運動のひとつの使命であった。ロングランでは演者が惰性的になりがちだし、新しい作家や新しい俳優が伸び悩むという弊害がある。

この場合、レパートリー・システムとは、一定の数の芝居がいつでも上演できるよう準備されていて、一週間のうちに何度か出しものを入れ替えても上演ができることをいう。自ずから、音楽も舞台装置も簡素になる。

スター・システムを改めなくては近代的な演劇は生れない、とする危機意識は、日本でも言えることだった。歌舞伎を中心とした日本の既成演劇がスター・システムを取っていたし、またそこに商業資本が入り込んでいた。総合芸術としての演劇を唱えたゴードン・クレイグに、小山内薫が大きな感銘を受けたのは、そのような日本の演劇界が背景としてあった。菊池寛はグランヴィル＝バーカーを、「英国の劇壇に於ける小山内薫氏と云つたやうな人」（「英国近代劇瞥見」、『新小説』一九二二年四月）と紹介している。

日本への影響

日本政府は一八八二年に劇場取締規則を設けて、上演台本の検閲や臨検官の配置などの制度を作っていた。西洋化を急ぐ日本において、従来の歌舞伎のような形態では、社会における演劇の地位の向上は計れないと演劇改良会を作る一方、演劇の持つ影響力も規制しようとしたのである。これも、西洋に学んだことであった。

イギリスにおける演劇への管理体制は、ピューリタン革命があった一七世紀に官許（patent）制ができて、一七三七年の劇場法改正でより強まった。歌や踊りが入らない全幕上演を正当演劇（legitimate theatre）と呼び、これを上演できる劇場として、ロンドンにおいては、ドルーリー・レーン座とコヴェント・ガーデン座、そしてこの二つの劇場が休んでいる期間にはヘイマーケット座、という三つの劇場に限った。ただし、一部のみの上演や歌や踊りが入る劇なら他の劇場でもやってよかった。一八四三年の劇場法改正により、ライセンスは三座以外の劇場にも与えられることになったが、より多くの劇場に上演台本の検閲等の規制がかけられることにもなった。ワイルド「サロメ」（一八九一年）、ショー「ウォーレン夫人の職業」（一九〇二年）など、政府により上演禁止とされた名作も多い。日本の新劇運動も、こうした国家による検閲により、どれだけ伸びる芽を摘まれたかわからない。

次に、イギリスの演劇と日本の演劇との関わりについて、幾つか触れておく。

小山内薫は「新劇運動の経路」（『太陽』一九二七年六月）の中で、市川左団次がロンドンで舞台協会を見てきて、「彼は日本にステイジ・ソサイエチを興して、年に一二回、職業としての演劇以外に、自己の道を開拓しようとしたのである」と書いている。それが一九〇九年の自由劇場の創立であった。左団次は演劇事情を見に一九〇六（明治三九）年に渡欧。半年見てまわり、アメリカを経て帰国した。ロンドンには二ヵ月滞在して、ロンドン俳優学校の聴講生となって学んだ。俳優学校とは、一九〇四年にトリーが設立したアカデミー・オブ・ドラマティック・アート（通称ＡＤＡ）のことである。ここは一九二〇年にロイヤルの名が冠されて、ＲＡＤＡとなり、現在に至っている。ここから、イギリスの新劇運動を支える多くの人材が育っていった。

築地小劇場が上演した外国の戯曲は、チェホフやゴーリキーなどロシアのものが一番多く、表現派などドイツのものが二番目で、イギリスは三番目である。当然、これだけを指標にすることはできないが、イギリス演劇の影響力が強かったとは言えないようだ。もちろん、シェイクスピアは別格である。一九二八年七月、帝国劇場にて「坪内逍遙博士沙翁戯曲全訳完成記念」として、「真夏の夜の夢」が劇団あげて上演された。この他、「ジュリアス・シーザー」「ヴェニスの商人」「マクベス」と併せて四本が、この劇団で上演されている。ただし、ショーは、「聖ジョウン」「馬泥棒」「悪魔の弟子」など五本で、数の上から言えば、シェイクスピアを超えている。

戯曲家を別にすると、ゴードン・クレイグの名前は日本の新劇運動の中でしばしば言及されてきた。舞台装置家の伊藤熹朔は、『舞台装置の三十年』（筑摩書房、一九五五年）で、クレイグの業績について、一つは俳優がそこで有機的一成分として動ける舞台空間を作ろうとしたこと、二つに、この空間が「演技を支持し、強調する力学的、韻律的な空間でなければならないという主張」をしたこと、三つめに、「この空間芸術が、演劇という一つの総合芸術に奉仕しなければならぬ」と強調したことだとしている。村田実もクレイグの舞台装置の写真集に魂を奪われて、とりで社を興し、演劇雑誌『とりで』を一九一二年九月に創刊した。ここには、村田の他、岸田辰弥や伊藤道郎がいた。

とりで社はクレイグの演出法に従った上演を試みたが、その練習を伊藤道郎の家でしていた。熹朔は、道郎の弟で、ここから演劇への興味を持ったのである。道郎は間もなくドイツへ留学し、声楽からダンスの道へ進むが、第一次世界大戦に遭遇してロンドンへ逃れた。そして、一九一五年にはコリシアム座で踊ったことが縁で、翌年、ウィリアム・バトラー・イェイツの詩劇「鷹の井」に出演することになる。これは、日本の能に触発されて生れたもので、仮面を用いた舞踊劇として上演された。

イェイツといえばアイルランド文芸復興運動の推進者として、詩や戯曲に力を注いだ文学者として有名だが、ジョン・シングに劇作を勧めたことでも知られる。シングの戯曲は、アイルランドの土地に根差した生活を描きつつ、そのリアリズムの背景に神話伝説が重なって見えるという独自の作風が魅力だ。アイルランド国民劇協会は一九〇四年からダブリンのアベイ座をその本拠地とし、イェイツ、シング、オーガスタ・グレゴリー、ショーン・オケイシーらの作品を次々上演した。

野上弥生子は、シングの代表作「西の人気男」を、ロンドンのマーキュリー座で見た。ここは一九三三年に開かれた一五〇席の劇場で、ダンスと詩劇を中心に上演していた。弥生子は、「劇運動にはこれまで大して関心のなかつた私が、これくらゐな小さい劇場をもつて、こんな興業の仕方で、立派な芝居ばかりやつたらおもしろい仕事になるだらう、と本気に考へたりしたのは、この日の帰りの地下鉄（チューブ）の中であつた」（『欧米の旅　下』岩波書店、一九四二年）と書いている。こうした小さな劇場で、非商業主義の演劇を安いチケット代金で見られる。弥生子は、こんなロンドンの状況を日本へ持ち帰りたいと思ったのである。

（宮内淳子）

★面会の折、ゴードン・クレイグが署名して本間久雄に手渡した写真（本間久雄『滞欧印象記』東京堂、一九三九年）。逍遙、抱月に教えを受けた本間は演劇に関心が深く、クレイグは滞英中に会いたい人物の一人であった。

Ⅱ　日本人のロンドン体験

「ロンドンの日本人・日本人社会」地図
エリア分け

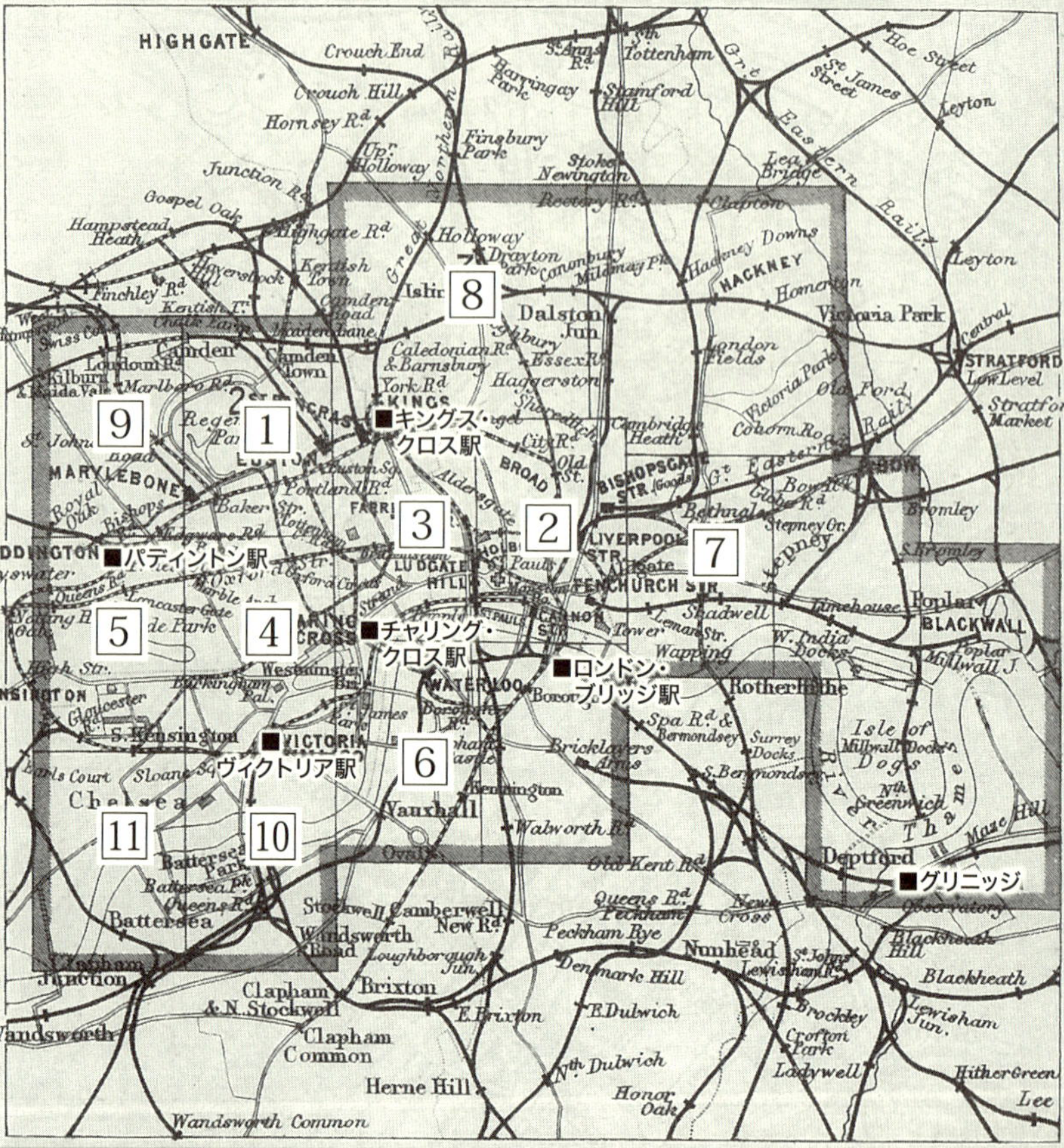

〈主要なエリア〉

1リージェント・パーク
2シティとテムズ河
3大英博物館からトラファルガー・スクエアまで
4オックスフォード・サーカスからヴィクトリア駅へ
5ケンジントン・ガーデン周辺
6ウェストミンスター寺院と議事堂

〈その他のエリア〉

7イースト・エンド
8キングス・クロス駅とイズリントン
9セント・ジョンズ・ウッド
10バタシー・パークとその周辺
11ブロンプトンとチェルシー
12その他，ロンドン郊外地域

（注） 1〜11 *The ABC Guide to London*（1916 Edition. Charles Hooper & Co.）所収の Sectional Maps of London より。これらのエリアの外にあるスポットは、12（*Baedeker's London and Its Environs*, Karl Baedeker Publisher 巻末の折込み地図）に示した。

1リージェント・パーク

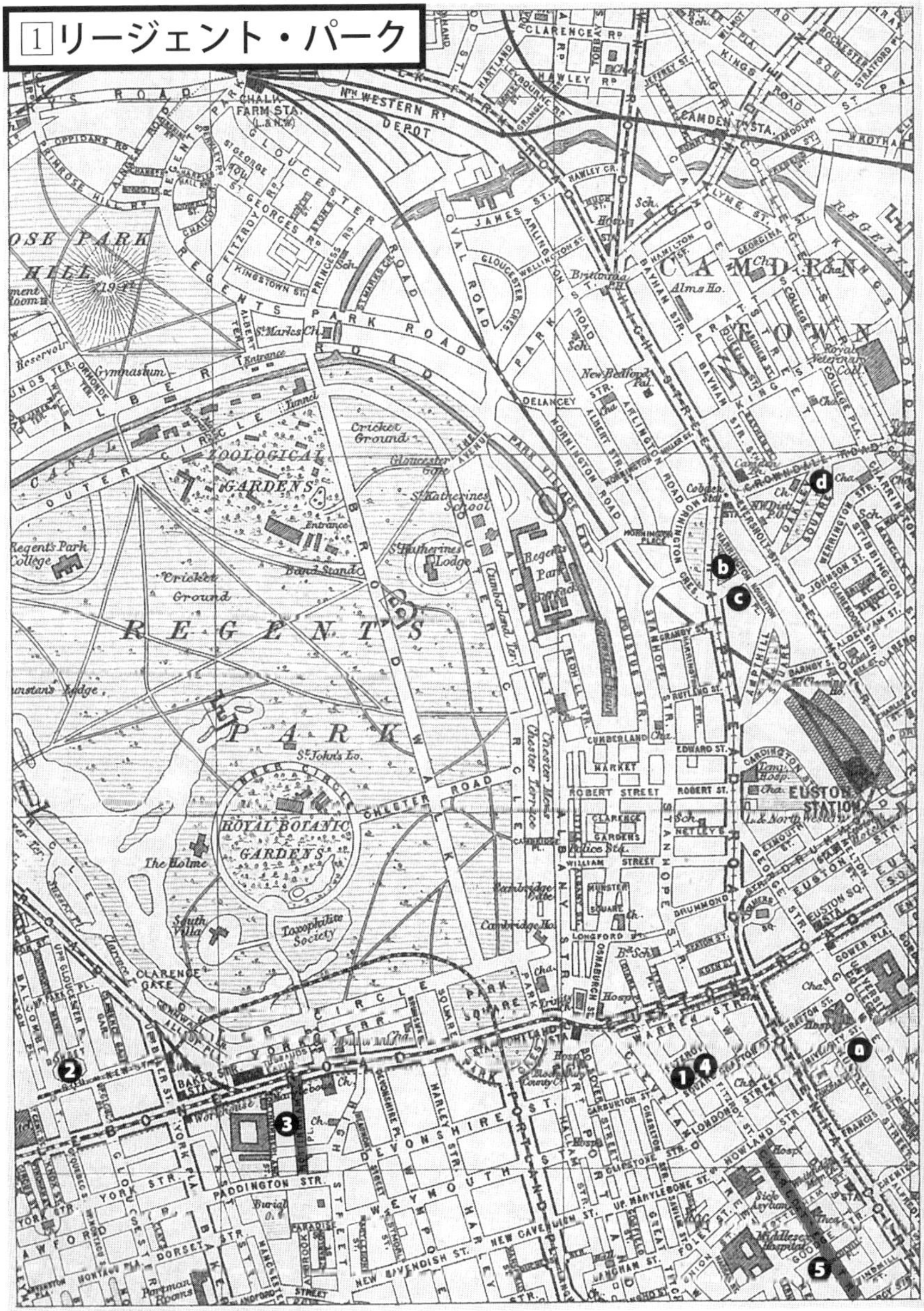

❶ いく稲
❷ 湖月
❸ 東洋館①
❹ 美術工芸所（図案蒔絵及室内装飾）
❺ 村上運送店

ⓐ 馬場辰猪①
ⓑ 馬場辰猪②
ⓒ 馬場辰猪③
ⓓ 本間久雄②

②シティとテムズ河

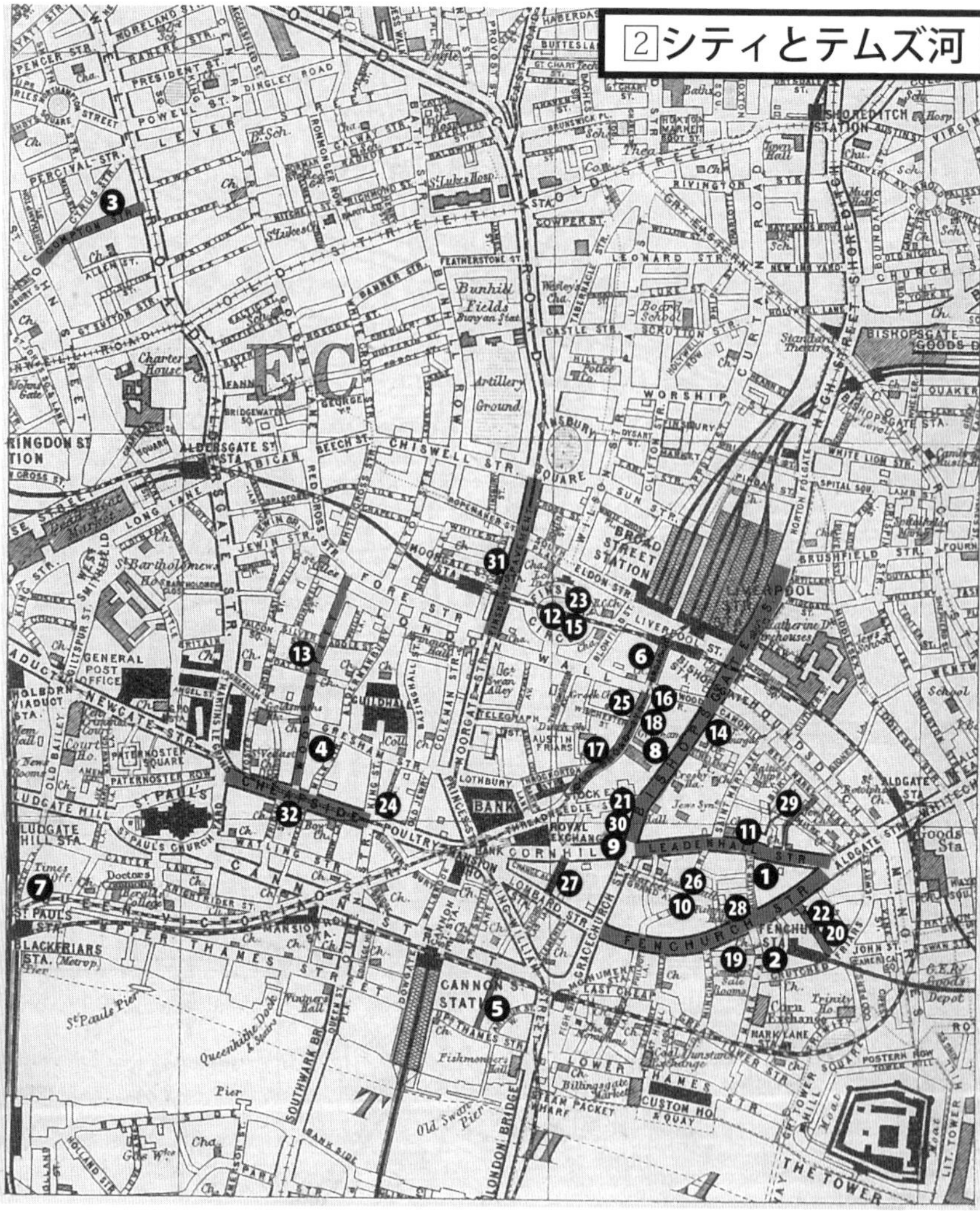

❶ 浅野物産株式会社倫敦支店
❷ 安宅商会倫敦支店
❸ 按摩業（小林吉之助）
❹ 飯田株式会社倫敦支店
❺ 岩井商店倫敦支店
❻ 大倉組倫敦支店
❼ 大阪朝日新聞及び東京朝日新聞倫敦特派員
❽ 大阪商船会社倫敦代理店
❾ 海外駐剳財務官事務所
❿ 川崎会社
⓫ 国際汽船倫敦出張所
⓬ 在倫敦帝国総領事館
⓭ 鈴木商店倫敦代理店
⓮ 住友銀行倫敦支店
⓯ 大使館附商務官
⓰ 台湾銀行倫敦支店
⓱ 高田商会
⓲ 朝鮮銀行倫敦派遣員
⓳ ときわ④
⓴ 長瀬商店
㉑ 日本銀行倫敦代理店監督室図書館
㉒ 日本郵船倫敦支店
㉓ 野沢組
㉔ 堀越商会倫敦支店
㉕ 三井銀行倫敦支店
㉖ 三井物産倫敦支店
㉗ 三菱銀行倫敦支店
㉘ 三菱商事倫敦支店
㉙ 山下汽船倫敦支店
㉚ 横浜正金銀行倫敦支店
㉛ よこはま洋食店①
㉜ よこはま洋食店②

3 大英博物館からトラファルガー・スクエアまで

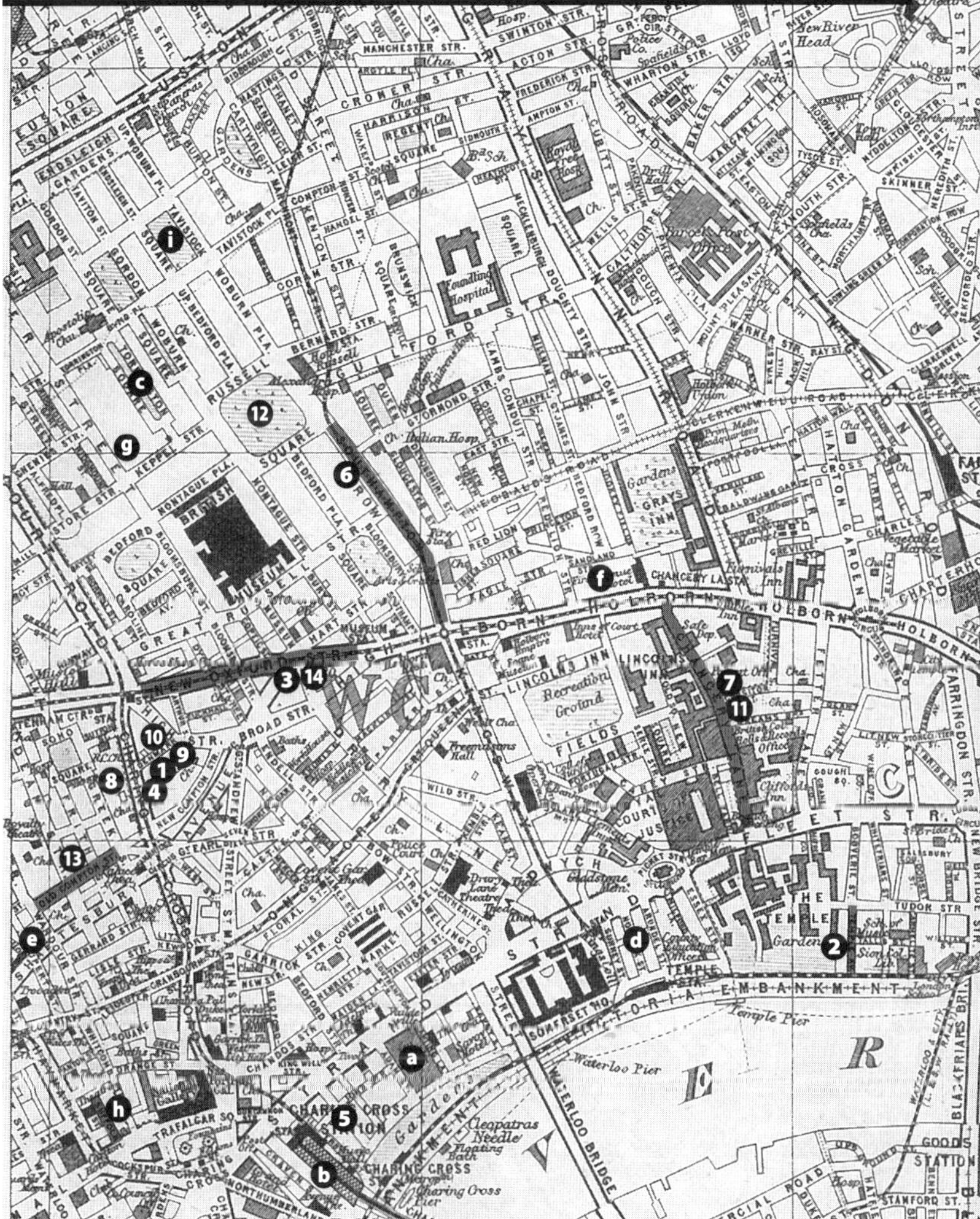

- ❶ 阿座上商会（日英書籍土産品販売）
- ❷ 大阪毎日新聞・東京日日新聞倫敦支局
- ❸ 加藤章造商店
- ❹ 酒井商会（御土産品販売及洋服店）
- ❺ 中国飯店（藤井米治）
- ❻ 鉄道省倫敦事務所
- ❼ 電報通信
- ❽ ときわ①
- ❾ ときわ②
- ❿ ときわ③
- ⓫ 日英新誌
- ⓬ 日本協会
- ⓭ 都
- ⓮ 山中商会（ダイヤモンド商）
- ⓐ 岡本一平
- ⓑ 郡虎彦①
- ⓒ 島村抱月①
- ⓓ 田中龍眉①
- ⓔ 坪内士行③
- ⓕ 戸川秋骨
- ⓖ 夏目漱石①
- ⓗ 野口米次郎③
- ⓘ 水上瀧太郎

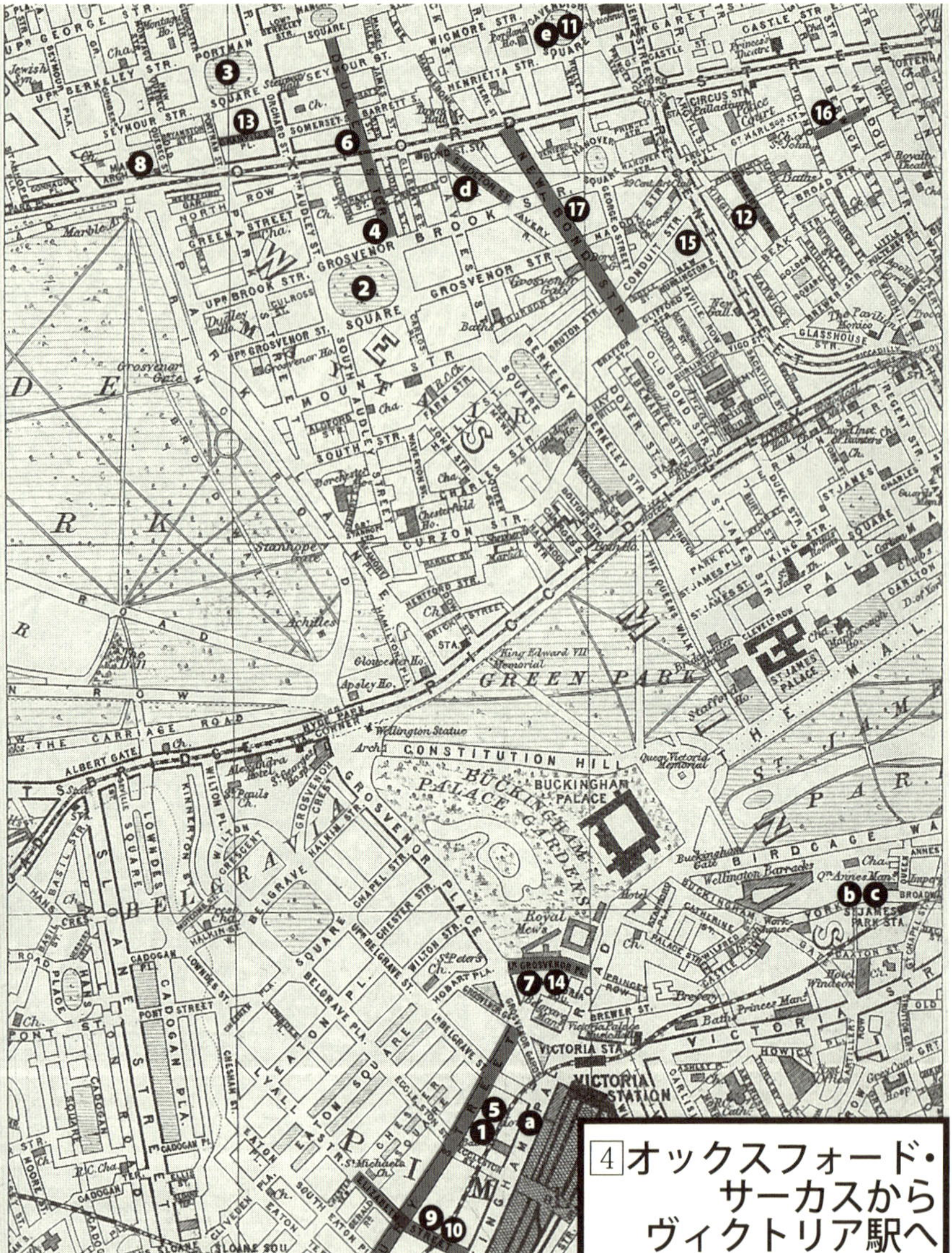

4 オックスフォード・サーカスからヴィクトリア駅へ

❶ 小泉商店
❷ 在英帝国大使館
❸ 在英帝国大使館事務所
❹ 歯科医（小池賢）
❺ 写真師（今井金衛）
❻ 写真師（大北英雄）
❼ 同胞共済会
❽ 東洋館②
❾ 日英書籍新聞雑誌取次
❿ 日本海員倶楽部
⓫ 日本人会
⓬ 日の出屋①
⓭ 日の出屋②
⓮ 武道会
⓯ 御木本真珠店倫敦支店
⓰ 都亭
⓱ 山中商会倫敦支店（東洋新古美術商）
ⓐ 桜井鷗村
ⓑ 末松謙澄
ⓒ 西脇順三郎①
ⓓ 野口米次郎①
ⓔ 森有礼③

5 ケンジントン・ガーデン周辺

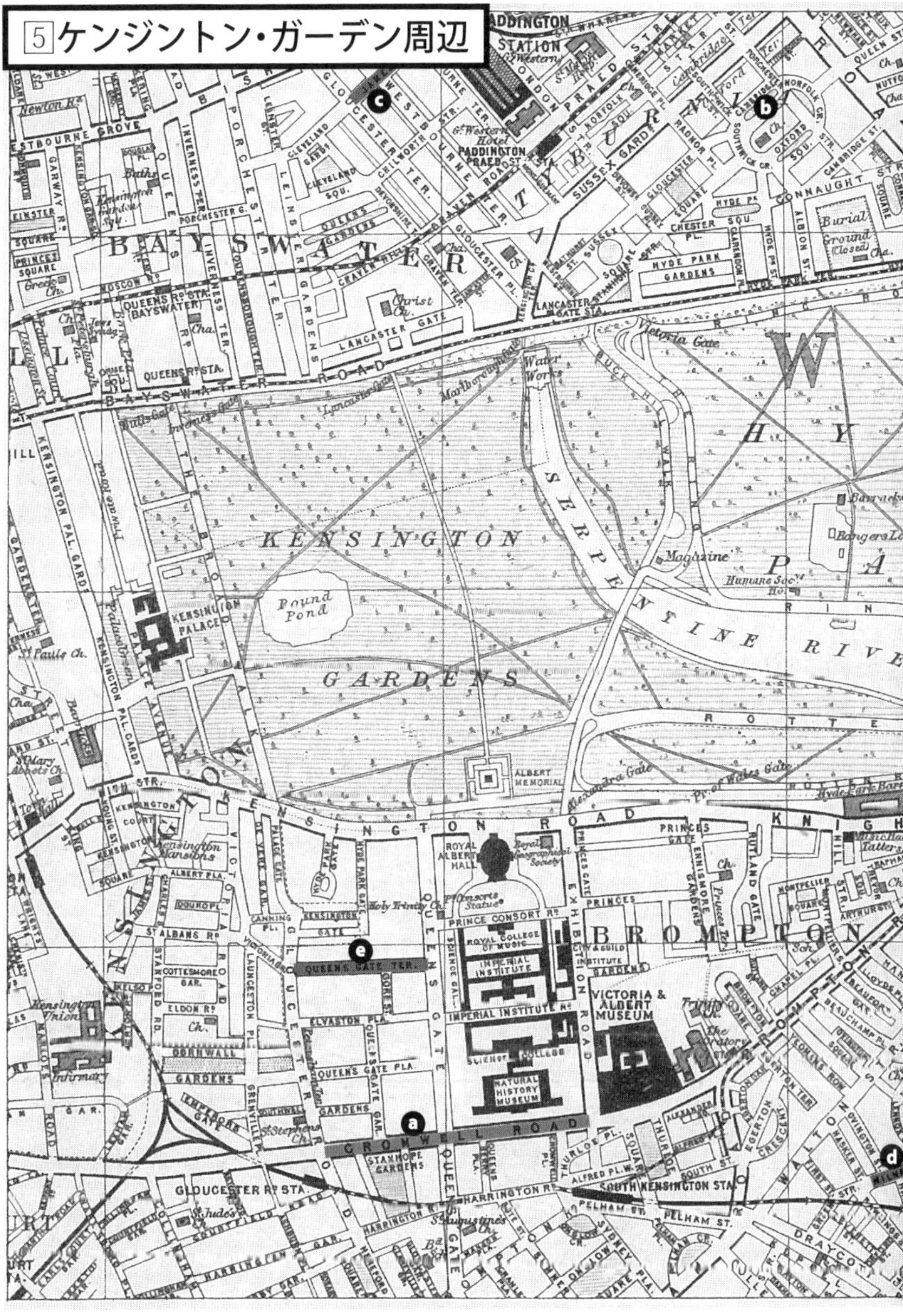

a 杉村楚人冠②
b 西脇順三郎②
c 本間久雄①
d 牧野義雄①
e 森有礼①

⑥ウェストミンスター寺院と議事堂

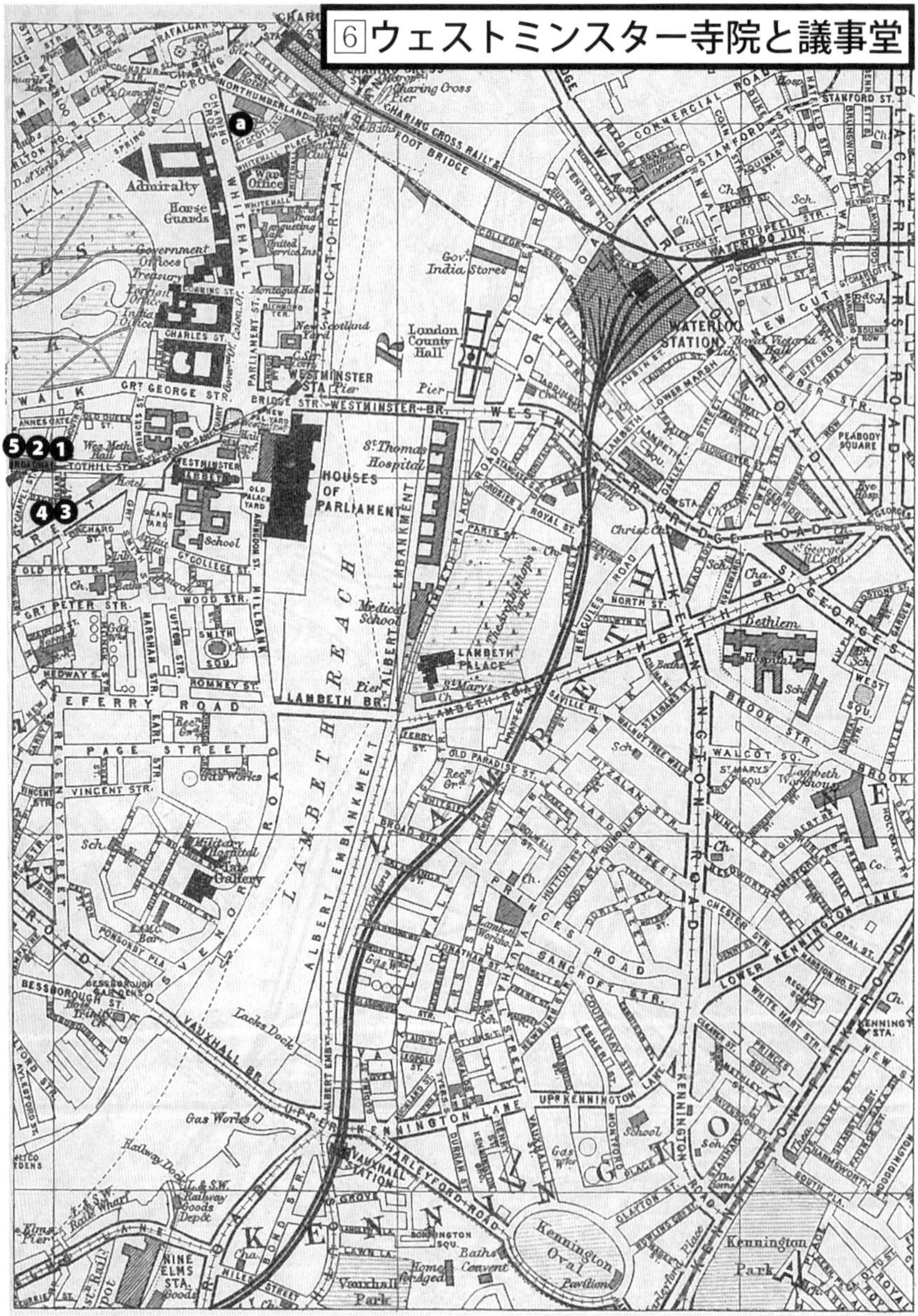

❶　在英海軍造船造兵監督官事務所
❷　在英帝国大使館付海軍武官
❸　在英帝国大使館付陸軍武官
❹　在英陸軍技術駐在官事務所
❺　万国船舶信号書改訂会議委員
ⓐ　杉村楚人冠①

7 イースト・エンド

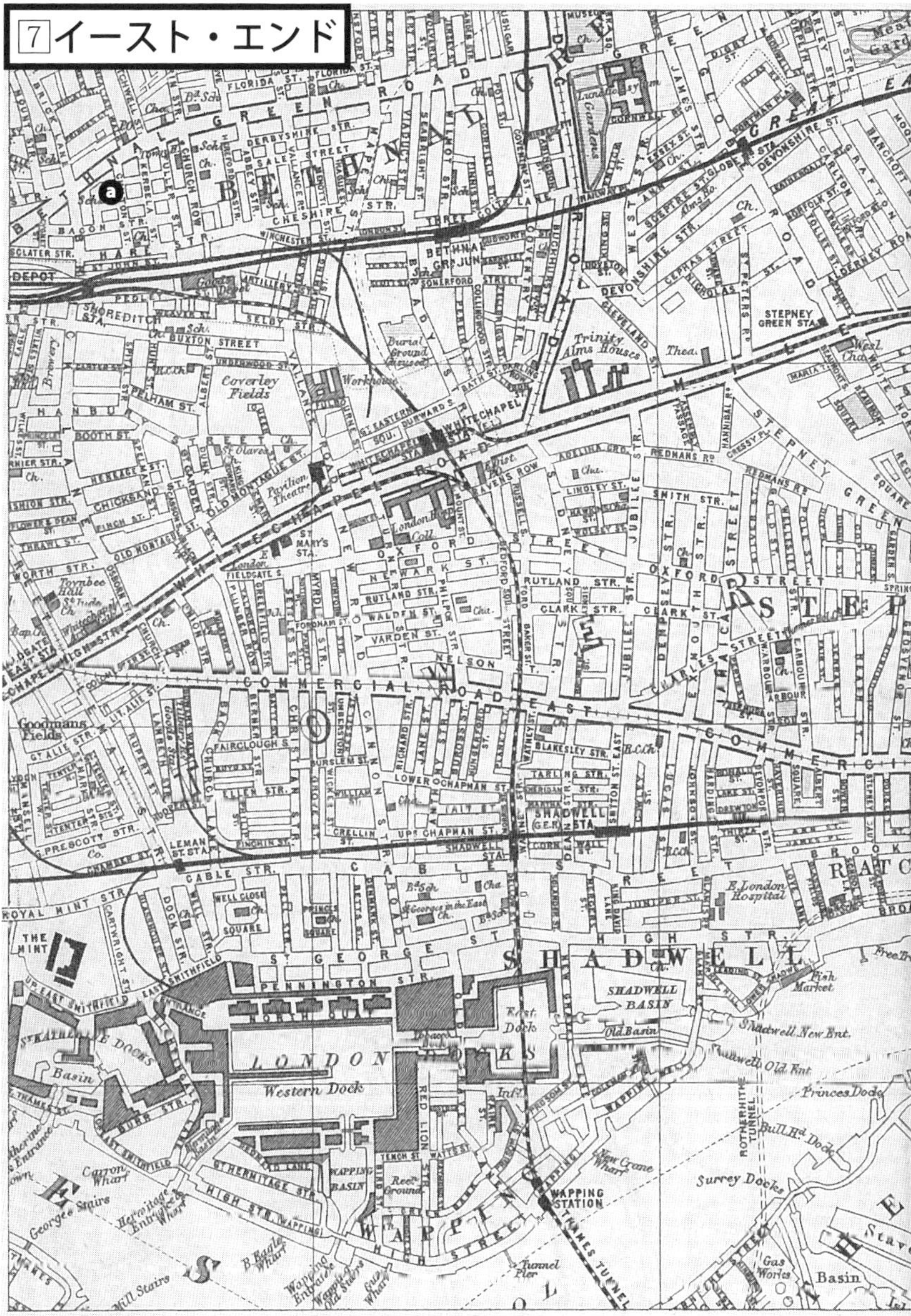

● a 馬場辰猪④

8 キングス・クロス駅とイズリントン

❶ 野木琴水（東洋美術装飾画工場）
ⓐ 姉崎嘲風
ⓑ 田中龍眉②

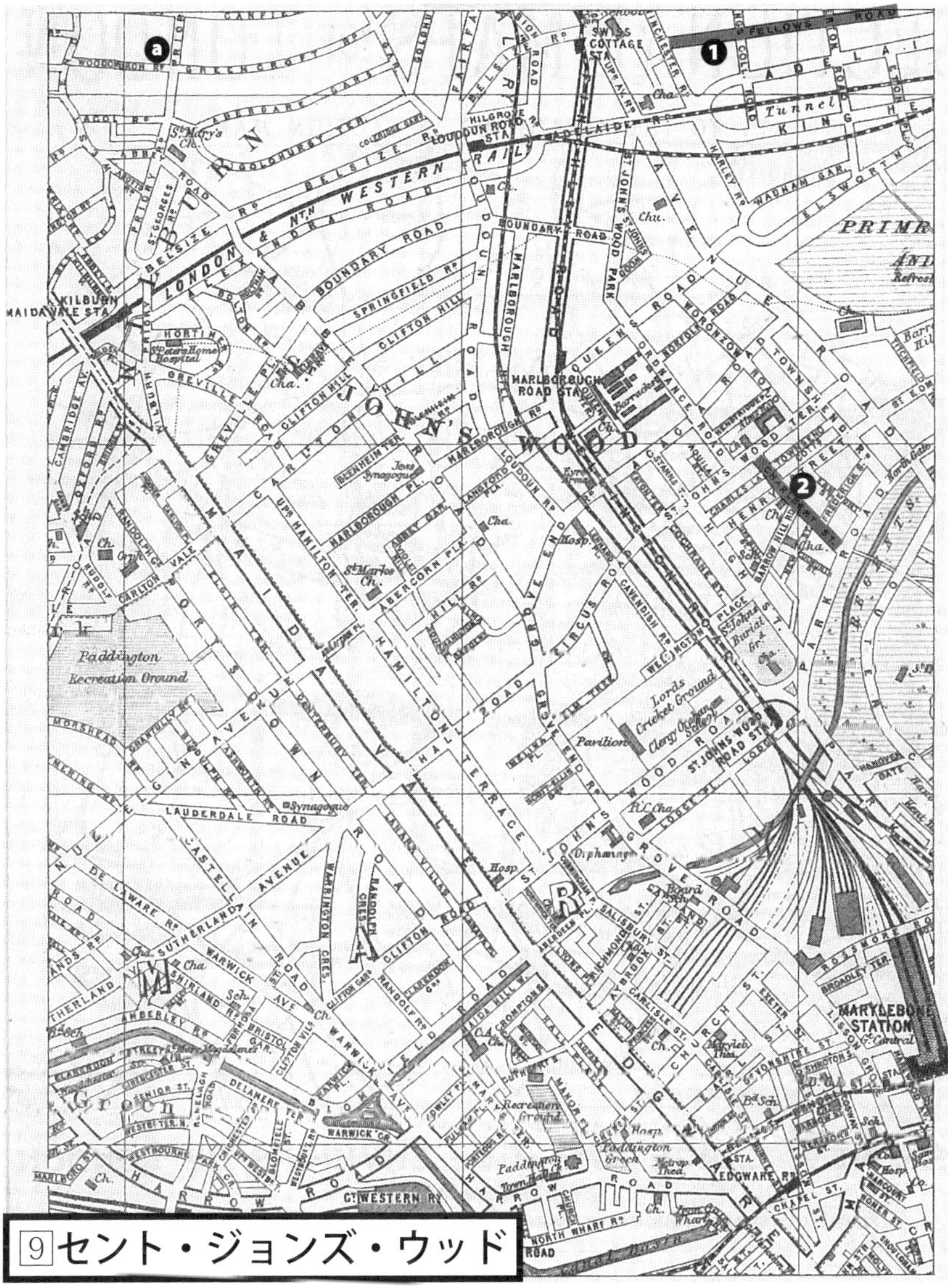

9 セント・ジョンズ・ウッド

❶ 倫敦駐在内務事務官事務所
❷ 倫敦日本人基督教協会
ⓐ 夏目漱石(2)

10 バタシー・パークとその周辺

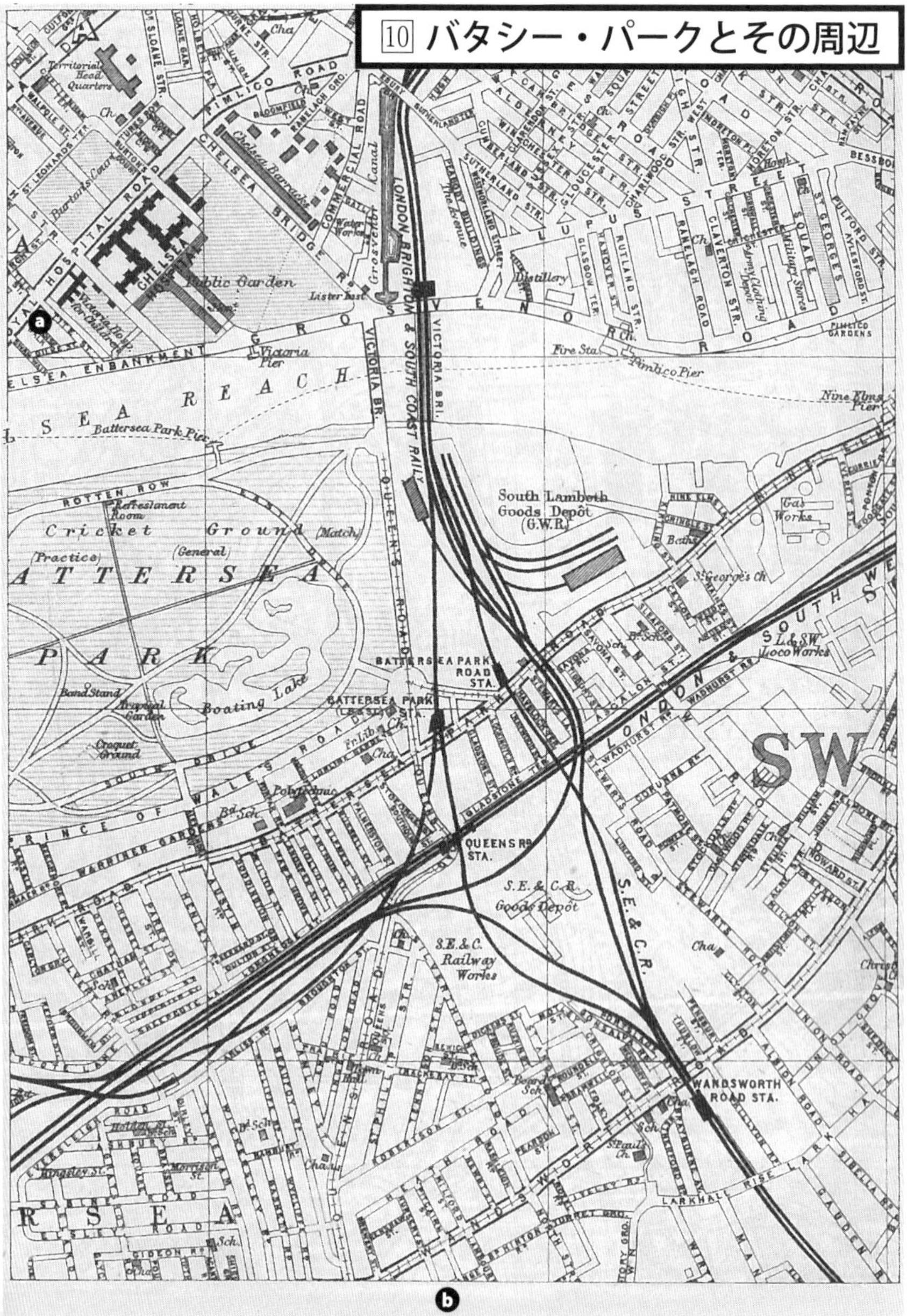

❶ 郡虎彦②

❷ 夏目漱石⑤

11 ブロンプトンとチェルシー

ⓐ 富本憲吉　ⓑ 西脇順三郎③　ⓒ 牧野義雄③

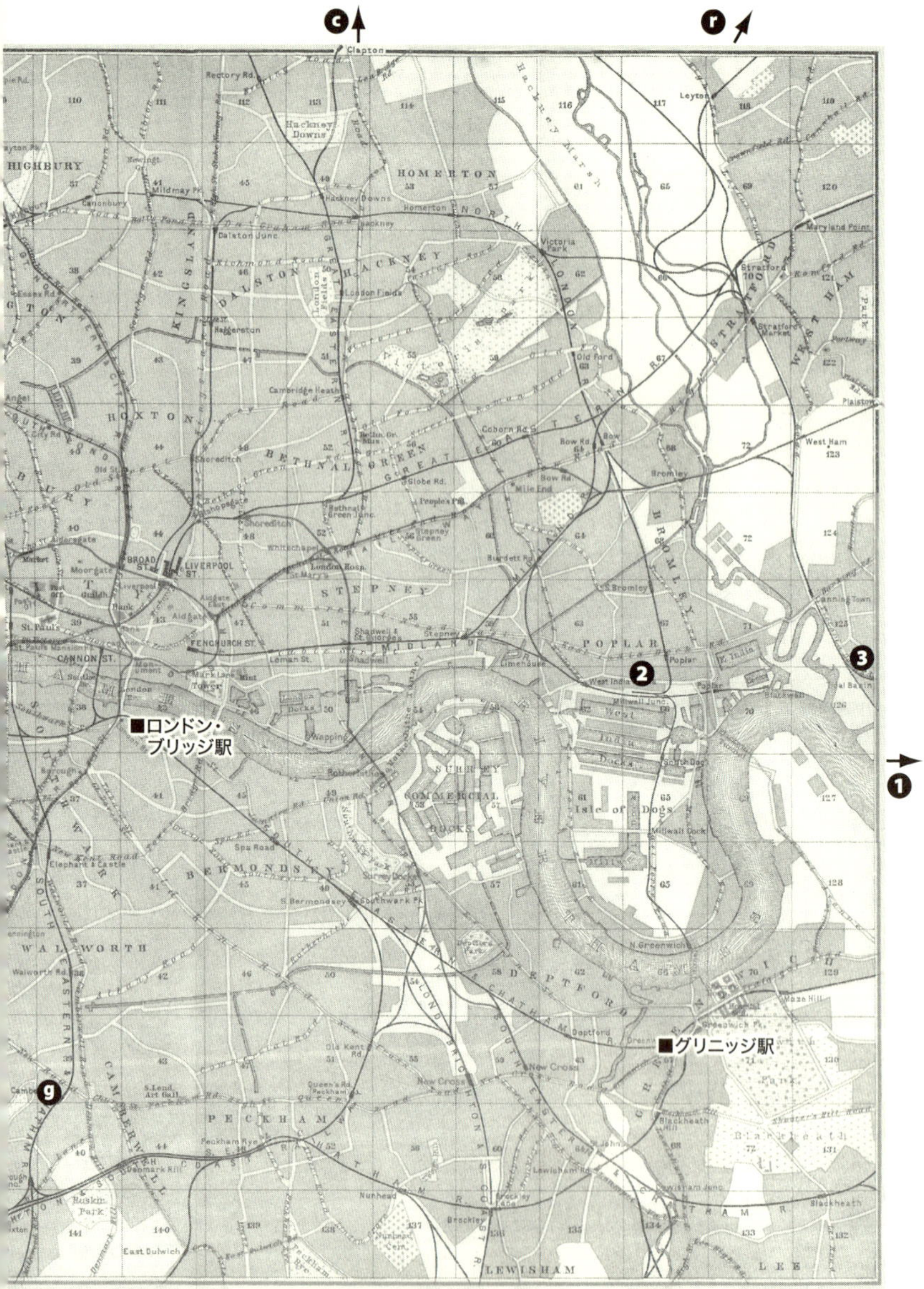

- h 夏目漱石④
- i 西脇順三郎④
- j 野上豊一郎・弥生子
- k 野口米次郎②
- l 長谷川天渓①
- m 長谷川天渓②
- n 長谷川如是閑
- o 福原麟太郎
- p 牧野義雄②
- q 森有礼②
- r 矢内原忠雄
- s 矢野龍渓

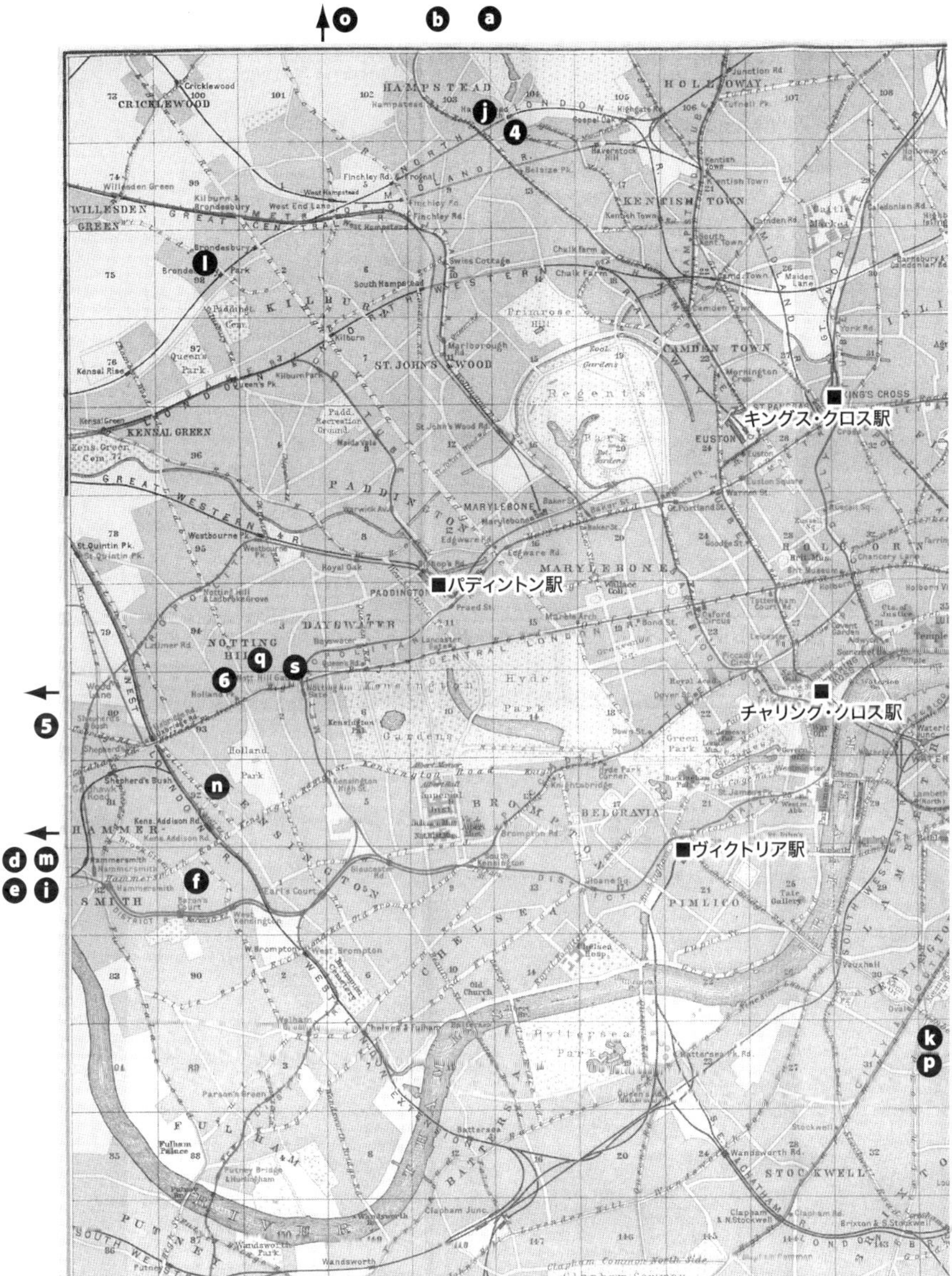

12 その他、ロンドン郊外地域

❶ アイデアル・カフェ（西洋料理店）
❷ 海員下宿（前田直治）
❸ [illegible]（海員下宿）
❹ 内科医（加藤伝三郎）
❺ 日本盆栽植木並ニ庭園築山請負業（矢野琢磨）
❻ ミセス谷（御下宿）
ⓐ 岡本一平・かの子
ⓑ 郡虎彦⑤
ⓒ 島村抱月②
ⓓ 坪内士行①
ⓔ 坪内士行②
ⓕ 伴野徳子
ⓖ 夏目漱石③

阿座上商会（日英書籍土産品販売） 6, Denmark Street [3]
浅野物産株式会社倫敦支店 Billiter Buildings, 22, Billiter Street [2]
安宅商会倫敦支店 59, Mark Lane [2]
按摩業（小林吉之助） 7, Compton Street [2]
飯田株式会社倫敦支店 122, Wood Street [2]
いく稲（※） 25, Fitzroy Square [1]
岩井商店倫敦支店 Norfolk House, 7, Laurence Pountney Hill [2]
大倉組倫敦支店 53, New Broad Street [2]
大阪朝日新聞及び東京朝日新聞倫敦特派員 Room 239, The Times, Printing House Square [2]
大阪商船会社倫敦代理店 25-27, Bishopsgate [2]
大阪毎日新聞・東京日日新聞倫敦支局 203, Temple Chambers, Temple Avenue [3]
海員下宿（前田直治，※） 142, High Street [12]
海外駐剳財務官事務所 7, Bishopsgate [2]
加藤章造商店 8, New Oxford Street [3]
川崎会社 52, Lime Street [2]
小泉商店 83, Ebury Street [4]
国際汽船倫敦出張所 Baltic House, 27, Leadenhall Street [2]
湖月（※） 37, Dorset Square [1]
在英海軍造船造兵監督官事務所 Broadway Court [6]
在英帝国大使館 10, Grosvenor Square [4]
在英帝国大使館事務所 37, Portman Square [4]
在英帝国大使館付海軍武官 Broadway Court [6]
在英帝国大使館付陸軍武官 16, Victoria Street [6]
在英陸軍技術駐在官事務所 16, Victoria Street [6]
在倫敦帝国総領事館 1, Broad Street Place [2]
酒井商会（御土産品販売及洋服店） 4, Denmark Street [3]
歯科医（小池賢） 80, Duke Street [4]
写真師（今井金衛） 83, Ebury Street [4]
写真師（大北英雄） 80, Duke Street [4]
鈴木商店倫敦代理店 c/o Iida & Co., Ltd., 122, Wood Street [2]
住友銀行倫敦支店 67, Bishopsgate [2]
大使館附商務官 1, Broad Street Place [2]
台湾銀行倫敦支店 40-41, Old Broad Street [2]
高田商会 69, Old Broad Street [2]
達磨屋（海員下宿，※） 9, Tidal Basin Road [12]
中国飯店（藤井米治） 28, Buckingham Street [3]
朝鮮銀行倫敦派遣員 Palmerston House, 34 Old Broad Street [2]
鉄道省倫敦事務所 Sentinel House, Southampton Row [3]
電報通信 3,Chancery Lane [3]
同胞共済会 15, Lower Grosvenor Place [4]
東洋館①（※） 40, Nottingham Place [1]
東洋館② 11-12, Marble Arch [4]
ときわ①（※） 15, Manette Street [3]
ときわ② 8, Denmark Street [3]
ときわ③ 22, Denmark Street [3]
ときわ④ 16, Mark Lane [2]
内科医（加藤伝三郎） 247, Haverstock Hill [12]
長瀬商店 6, Lloyds Avenue [2]
日英書籍新聞雑誌取次 42, Elizabeth Street [4]
日英新誌 3,Chancery Lane [3]
日本海員倶楽部 31, Elizabeth Street [4]
日本協会 22, Russell Square [3]
日本銀行倫敦代理店監督室 9, Bishopsgate [2]
日本人会 3,Cavendish Square [4]
日本盆栽植木並ニ庭園築山請負業（矢野琢磨） 56, Paddenswick Road [12]
日本郵船倫敦支店 4, Lloyds Avenue [2]
野木琴水（東洋美術装飾画工場） 61, Northdown Street [8]
野沢組 4, Broad Street Place [2]
万国船舶信号書改訂会議委員 Broadway Court [6]
美術工芸所（図案蒔絵及室内装飾） 25, Fitzroy Square [1]
日の出屋①（※） 4, Carnaby Street [4]
日の出屋② 9, Granville Place [4]
武道会 15, Lower Grosvenor Place [4]
堀越商会倫敦支店 9, Bow Churchyard [2]
御木本真珠店倫敦支店 205, Regent Street [4]
ミセス谷（御下宿，※） 37, Clarendon Road [12]
三井銀行倫敦支店 Winchester House, Old Broad Street [2]
三井物産倫敦支店 31-33, Lime Street [2]
三菱銀行倫敦支店 3, Birchin Lane [2]
三菱商事倫敦支店 Cory Buildings, 117, Fenchurch Street [2]
都 50, Old Compton Street [3]
都亭（※） 3, D'Arblay Street [4]
村上運送店 113, Charlotte Street [1]
山下汽船倫敦支店 27, Creechurch Lane [2]
山中商会倫敦支店（東洋新古美術商） 127, New Bond Street [4]
山中商会（ダイヤモンド商） Albion House, 59, New Oxford Street [3]
横浜正金銀行倫敦支店 7, Bishopsgate [2]
よこはま洋食店①（※） Finsbury Pavement [2]
よこはま洋食店②（※） 54, Cheapside [2]
倫敦駐在内務事務官事務所 80, Fellows Road [9]
倫敦日本人基督教協会 c/o Miss E. D. Preston, 8 Charlbert Street [9]

ロンドンの日本人・日本人社会　主要住所一覧

◇「日本人」の主要住所は,「第Ⅱ部　日本人のロンドン体験」で取り上げた 30 人のうち, 住所の少なくとも街路が判明している 27 人の 52 ヵ所をリストアップした。ただしそのなかにはホテルも含まれている。河合栄治郎・水田南陽・森律子の 3 人は判明していない。

◇「日本人社会」の主要住所は,『日本人名録　昭和五年度用』(The Eastern Press) の「諸官衙」「倶楽部其他」「新聞雑誌」「銀行」「会社商店」「料理店食料品旅館下宿其他」に掲載されたもののうち, 主要な 71 ヵ所をリストアップして, 1930 年当時のロンドンの日本人社会が地図上で浮き彫りになるようにした。さらに『日本人名録　大正八―九年』(The Eastern Press) から「料理店旅館等」に限り 11 ヵ所を補っている。後者にのみ掲載されたものには (※) を付けて区別できるようにした。

◇住所末尾の[1]～[12]は, 171 ～ 183 頁の地図に対応する。「[12]その他, ロンドン郊外地域」の地図上に記載できないものは「→」で所在地の方向を示した。

◇移転等で住所が移動している場合は, ①, ②…で示した。

■日本人

姉崎嘲風　Anson Road [8]

岡本一平　Cecil Hotel, the Strand [3]

岡本一平・かの子　2, The Gables, Vale of Health, Hampstead Heath [12]

郡虎彦①　Charing Cross Hotel, Charing Cross Station [3]

郡虎彦②　71, Royal Hospital Road [10]

郡虎彦③　St. Anne's Cottage, Vale of Health, Hampstead Heath [12]

桜井鷗村　Grosvenor Hotel, 101, Buckingham Palace Road [4]

島村抱月①　58, Torrington Square [3]

島村抱月②　4, Durley Road, Stanfordhill [12]

末松謙澄　Queen Anne's Mansions, St. James' Park [4]

杉村楚人冠①　Hotel Victoria, Northumberland Avenue [6]

杉村楚人冠②　68, Cromwell Road [5]

田中龍眉①　Howard Hotel, Norfolk Street [3]

田中龍眉②　47, Canonbury Road [8]

坪内士行①　30, Kingscote Road,Bedford Park [12]

坪内士行②　Woodstock Road [12]

坪内士行③　Globe Theatre, Shaftesbury Avenue [3]

戸川秋骨　First Avenue Hotel, High Holborn [3]

伴野徳子　Fitzjames Avenue [12]

富本憲吉　26, Cathcart Road [11]

夏目漱石①　76, Gower Street [3]

夏目漱石②　85, Priory Road [9]

夏目漱石③　6, Flodden Road [12]

夏目漱石④　5, Stella Road（現在の 11 番地）[12]

夏目漱石⑤　81, The Chase [10]

西脇順三郎①　Queen Anne's Mansions, St. James' Park [4]

西脇順三郎②　Cambridge Square [5]

西脇順三郎③　Hotel Roland, Old Brompton Road, Roland Gardens [11]

西脇順三郎④　141A, Church Street [12]

野上豊一郎・弥生子　5, Lyndhurst Road, Hampstead [12]

野口米次郎①　Queen's Hotel, 16, South Molton Street [4]

野口米次郎②　151, Brixton Road [12]

野口米次郎③　Garland's Hotel, 15-17, Suffolk Street [3]

長谷川天渓①　23, Christchurch Avenue, Brondesbury [12]

長谷川天渓②　30, Kingscote Road,Bedford Park [12]

長谷川如是閑　Holland Road [12]

馬場辰猪①　103, Gower Street [1]

馬場辰猪②　20, Harrington Square [1]

馬場辰猪③　13, Ampthill Square [1]

馬場辰猪④　15, Granby Street [7]

福原麟太郎　42, Hallswelle Road [12]

本間久雄①　4, Cleveland Terrace [5]

本間久雄②　14, Camden Street [1]

牧野義雄①　4, Milner Street [5]

牧野義雄②　151, Brixton Road [12]

牧野義雄③　68, Sydney Street [11]

水上瀧太郎　Tavistock Square [3]

森有礼①　Kensington Hotel, 19, Queens Gate Terrace [5]

森有礼②　9, Kensington Park Gardens（日本公使館）[12]

森有礼③　9, Cavendish Square（日本公使館）[4]

矢内原忠雄　c/o Mrs. Cook, The Fir's, Woodford Green [12]

矢野龍渓　Horbury Crescent [12]

■日本人社会

アイデアル・カフェ（西洋料理店）　13, Beresford Street [12]

ISLINGTON HIGHBURY
VICTORIA

I ヴィクトリア朝時代の繁栄

1861-1901

ヴィクトリア朝の性格

仲摩照久編『世界地理風俗大系』第一〇巻（新光社、一九二九年）には、近代に至るまでのロンドンの歴史が、次のように簡潔に要約されている。

ロンドンとは、ケルト語のLlyn-din（ランダン）、即ち「湖沼の砦」の意味でテームズ河に沿つた沼沢地の砦丘を意味し、ずつと古くからの要地である。ローマ人の侵入占領と共に、城壁なども新たに築かれロンドナムとよばれ、次第に繁栄した。今もムーア・ゲート附近にローマ城壁の跡が遺つてゐる。サクソン時代にはエセックス王国の都ともなつたし、九九四年には初めてテームズ河に橋が架つたと伝へられる。ロンドン塔が建つたのは第十一世紀のウイリヤム一世以来で、それからずん〱繁栄したが、特に一六六六年の大火で、一たび全市灰燼に帰した後、市街の復興により、全く面目を一新した。かくて後、数次の変遷盛衰あつたにせよ、大英国の首府として、現に世界第一の都市たる名と実とを誇つてゐる。

そしてこのロンドンの歴史のうち、最も繁栄を誇った時代が、ヴィクトリア朝であった。

ヴィクトリア女王の治世は、一八三七年から一九〇一年の長きにわたるが、この時代にイギリスは、第二次産業革命と呼ばれる経済的発展を背景に、世界各地に植民地をおき、繁栄期を迎えた。一八三八年に戴冠式を行ったヴィクトリア女王は、同じ年に早速第一次アフガン戦争に臨んでいる。一八四〇年にアルバート公と結婚し、この年に生れた長女ヴィクトリアをはじめ、多くの王女王子を生み、後にはヨーロッパ各国の王室と姻戚関係を作り上げ、また名付け親ともなり、「ヨーロッパ王室の名付け親（ゴッドマザー）」と称されている。一八七七年にはインド女帝となり、Queen のみならず、Empress の称号も得た。「君臨すれども統治せず」という言葉に代表される、議会制民主主義の推進者ではあるが、実際には、夫であるアルバート公の生前中は特にその助けを得て、政治に介入した。その一方で、当時は確かに、著名な政治家が輩出した時代でもあった。女王お気に入りで、小説家でもあったベンジャミン・ディズレイリ（後のビーコンスフィールド伯爵）と、女王があまり好まなかったと伝えられる、ウィリアム・グラッドストーンの対立の時代は有名である。女王は彼らを重用し、彼らに政治を任せながらも、重要な政策決定の場面においては、やはりくちばしを入れたようである。女王の時代の他の宰相としては、トーリー党を保守党として発展させ、後には内紛から分派してピール派を率いたロバート・ピール、ホイッグ系のジョン・ラッセル、同じくホイッグ党のエドワード・ダービ、ピール派のジョージ・アバディーン、トーリー党からホイッグ党に転じたヘンリー・パーマストンなど、また後にはロバート・ソールズベリー、アーキバルド・ローズベリなどが組閣した。イギリスは世界のリーダー的存在となり、さまざまな国際会議も、ロンドンで多く催されるようになる。

一八五一年に第一回、一八六二年に第二回の万国博覧会が、ロンドンで開かれた。一八六三年に、ロンドンで、世界最初の地下鉄が開通した。この一八六三年には、日本で薩英戦争が起こっている。一八六九年にはスエズ運河が正式に開通し、ヨーロッパからインドや中国への航路が短縮、整備されたが、後の一八八二年にイギリスに支配権がわたり、一八八八年にはスエズ運河条約が調印され、ここでもイギリスの特権が認められている。また、一八七一年には、イギリスは南アフリカのダイヤモンドの産出地帯を併合した。さらに、一八八一年にはロンドンに火力発電所が建設され、電灯事業が開始された。

もちろん、明るい話題ばかりの時代でもなかった。一八八八年には、娼婦連続殺人魔による有名な「切り裂きジャック」事件が起こっているが、世紀末に向かう世相には、危険な要素も多々存在した。

一八六一年、ヴィクトリア女王最愛の夫アルバート公が四二歳の若さで亡くなった。悲しみに暮れる女王は喪に服し、しばらくロンドンを離れ、議会にも出席しないほどであった。後に再び見るが、アルバート公を顕彰し、記念するさまざまな記念の建物が、ヴィクトリア女王の手によって建設された。ヴィクトリア女王に関しては、この一八六一年が、人生を区切る大きな分かれ目の年であったことは間違いない。

さて、世紀末は、ヨーロッパ中で芸術の花が一斉に開いた時代でもあった。イギリスでは殊に画家たちの活躍が目覚ましい。ジョゼフ・ターナーやダンテ・ゲイブリエル・ロセッティ、ジョン・ミレー、エドワード・バーン・ジョーンズ、ジョージ・ウォッツ、ジェイムズ・ホイッスラーなどである。正しく美術の時代であった。また、小説家には、ジョージ・エリオット、チャールズ・ディケンズ、シャーロック・ホームズを生んだアーサー・コナン・ドイル、ブロンテ姉妹、戯曲家でもあったオスカー・ワイルド、ウィリアム・サッカレー、アリスを生んだルイス・キャロル、ロバート・スティーヴンソン、トマス・ハーディーなどがいた。また詩人には、アルフレッド・テニスンやウィリアム・モリス、アルジャーノン・スウィンバーン、マシュー・アーノルド、ロバート・ブラウニングなどがいた。前掲のロセッティは詩人としても活躍した。鬼才と呼ばれたオーブリー・ビアズリーも詩を書き、絵を描いた。随筆家としては、トマス・カーライル、ジョン・ステュアート・ミル、ウォルター・ペイターなどが挙げられる。綺羅星のような顔ぶれである。

一八五七年、大英博物館に、図書館の新館ができあがった。例の大きな円屋根の図書館である。政治亡命者カール・マルクスはここで勉強を重ねた。ここには、後に南方熊楠も通った。その他の多くのロンドン留学者や訪問者もまた、ここで学んだのである。

このような文化的な環境整備もまた、大英帝国の国力の余香と考えることができよう。

遣欧使節団の季節

幕末の日本では、鎖国を期に、西洋への関心が急激に高まっていた。幕府や各藩、またその後の明治政府は、定期的に欧米に使節団を送っている。その最初のものは、一八六〇年一月一八日に品川を出発した、総勢七七人という大人数の遣米使節である。正使は新見正興で、護衛官として付き添った軍艦咸臨丸と、その艦長勝海舟こと勝麟太郎は著名であろう。この時、中津藩士であった福沢諭吉も、従者として同船に乗り組んでいた。

次に、今度はヨーロッパへの使節として、竹内保徳を正使とする総勢三六名の使節団が結成された。この際には、箕作秋坪・松木弘安・福沢諭吉などが参加している。松木は後に日本の外交の中枢を担うことになる寺島宗則のことである。この一行は、一八六一年一二月二二日に品川を出帆し、一八六二年三月九日、パリに到着し、ロンドンにも立ち寄り、当時のイギリス外相ジョン・ラッセルとの間で、条約改正についてのロンドン覚書に調印している。さらに一八六三年一二月二九日、横浜鎖港の交渉のための使節が横浜港を出発した。外国奉行池田長発ら三三人のパリへの使節団であった。さらに、一八六七年になって、パリ万国博覧会に使節が派遣された。正使は徳川慶喜の弟、昭武である。

このような幕府の使節の他に、各藩でも、表向きは禁止されてはいたが、海外渡航の企てが藩の黙許のもと行われた。まず、長州藩が、伊藤俊輔（博文）や井上聞多（馨）らを窃かに英国へと留学させた。また、薩摩藩でも、一八六五年に総勢一九名の留学生団をイギリスに送っている。この中には、留学生の監督的存在として、五代才助（友厚）や松木弘安（寺島宗則）も含まれていた。町田久成が監督で、留学生には森有礼、松村淳蔵、吉田清成、鮫島尚信など、後の日本の外交を担う顔ぶれが含まれていた。

また、前述の一八六七年のパリ万博に際しては、薩摩藩からも、岩下方平を全権とする使節が遣わされていた。諸外国にすれば、幕府と薩摩藩から別々の使節がやってきたことは、奇異に映ったであろう。当時の日本という国の姿の見えにくさが、ここには窺える。

一八七一年、岩倉具視を特命全権大使とし、木戸孝允、大久保利通、伊藤博文、山口尚芳らを副使とする視察団が欧米に送られた。この頃にはようやく日本の国情も落ち着いてきていた。最初、アメリカ合衆国を訪れた岩倉使節団が、ボストンからリヴァプールを経てロンドンのユーストン駅に着いたのは、一八七二年八月一七日深夜のことであった。使節団は、ヴィクトリア女王にウィンザー城で謁見している。久米邦武編『特命全権大使米欧回覧実記』（博聞社、一八七八年）に描かれたロンドンの概観は以下のとおりである。

一般平地ニテ、道路ニ高低ノ難ナシ、市街密接ノ地ハ、南北四英里半、東西七英里、達迷斯（テームス）河ハ、西ヨリ東ニ流レテ、其中腹ヲ貫ク、三分ノ二ハ河北ニアリ、三分ノ一ハ河南ニアリ、総テ倫敦ニテ殷劇ノ区ハ、ミナ河北ノ地ニアリ、河南ノ地ニハ、製作所多シ、（略）最下流ニ架シ渡セル橋ヲ倫敦橋ト云、諸商船ノ上リ来ルハ、此ニ至テ止ル（略）倫敦橋ヨリ上流ニ向ヒ、十三橋ヲ架ス、其四ハ鉄道ヲ通ス、

タワー・ブリッジの完成は一八九四年のことなので、彼らは当然ながら目にしていない。橋は鉄道用の四橋以外に、車馬および人を通す橋が九橋架かっていた。第九の「バツテルシー」橋、すなわちバタシー・ブリッジをもって、「最上流ニテ、記載未詳ナラス」とも書かれている。ここから、ロンドンの名所の説明が始まるのであるが、やはり議会や経済の中心地であるシティを中心に見学している。そこには、日本の将来像の青写真が重ねられていたのであろう。

新興国日本のモデルとしてのヴィクトリア朝

ヴィクトリア朝が半ばを過ぎた一八六八年、日本では王政復古の大号令が出され、ショーグンではなくエンペラーによる、帝国建設への路が開かれた。幕府と藩の二重構造、さらには、傀儡的ながらも精神的支柱として存在し続けた天皇の存在という、対外的には実に不透明で、現実的にもさまざまな摩擦を起こしてきた政治形態が、ようやく一元化されたのである。開国と、この新しい政治形態の維持と発展のために、さまざまな形で西洋が参照された。先に見た視察団と相前後して西洋に送り込まれたのは、政府その他からの派遣留学生である。また、正式な外交機関として公使館が置かれ、駐留外交官が送られる。

森有礼は最初、海外派遣留学生として、一八六五年六月（旧暦五月）にロンドンに到着した。それから一五年後の一八八〇年　月、今度は日本政府の特命全権公使としてロンドンに着任している。つまり二つの立場でロンドンを体験している。公使在任中の森は、一八八三年に、イギリス外相から条約改正に関する覚書を受け取り、当時の外交上の最重要課題であった条約改正について、日本政府の窓口の役割を担ったのである。森は両親および廣瀬某宛の一八八〇年二月一二日付手紙（『森有礼全集』第二巻、宣文堂書店出版部、一九七二年）において、ヴィクトリア女王と議会の様子について次

のように書いている。

去ル四日ニハ英国女帝へ謁見首尾能相済ミ其翌五日ニハ議事院開会之式有之、女帝親臨其外帝室悉ク来会外国大使公使書記官等何れも大礼服着用、尤此式ニハ女も許サレ候ニ付是亦何レモ大礼服にて美々敷装飾にて有之候、春江は未タ謁見不相済候ヘ共来ル二十日ニハ女帝引見之礼会ヲ被開候ニ付同日初テ之謁見有之筈ニ御座候、此礼会ハ毎年三四度有之其度毎ニ新製之衣服を要し衣服のミ之入費三千円程相かゝり甚た難渋罷在候、（仮名表記原文のママ――引用者注）

公使としてロンドンに着いたばかりで、西洋風の社交に未だ慣れない、やや微笑ましい姿が窺える。その社交こそは、妻春江ともども、森におけるロンドン生活の中心であった。

森公使の時の一等書記官は富田鉄之助で、書記生には大久保利通の息子牧野伸顕らがいた。牧野は、『回顧録』1（文芸春秋新社、一九四八年）の中に興味深い事実を書き留めている。

私が英国に居る間に有栖川宮威仁親王殿下が、当時海軍少尉であらせられたが、黒岡といふ陸軍少佐を随員に連れて留学に来られた。他にお供は一人もなく、当時御歳二十前後に御在されたが、万事その調子に極めて御質素で、倫敦の場末に小さな家を借りて住はれ、其処から海軍関係の講議を聴きに行かれたり、視察に出掛けたりして居られた。公使館にも時々お出でになり、私もお相手を仰せ付けられた。皇族方の海外御留学はこれが始めてではなかつたかと思ふが、明治の初年にはかういふこともそのやうに極めて簡単にすまされた。

森有礼の前の駐英特命全権公使は上野景範で、この時、公使館付一等書記見習の辞令を受け、一八七八年四月にロンドンにやってきたのが、末松謙澄であった。

さらに、一八八四年六月には、矢野龍渓がジャーナリストとしてやってきた。一八八六年七月までの滞在中には、弟武雄と、森田思軒もロンドンを訪れ、矢野と同居している。

一八九七年五月の『太陽』に掲載された柳井搁翠の「英京倫敦（万国都会案内の七）」という文章には、ロンドンの印象が次のようにまとめられている。

之を要するに倫敦の一大特色は其広大なるにあり、府中には許多の広小路、公園、通路等あり、郡議会管轄下の倫敦以外に市府の連続せるを見る、（略）倫敦本部のみを旅行するも、チスウィツクよりハムマースミツス、ケンシントン、ナイツブリツジ、ピカヂリー、スツランド、フリート街、ラツドゲートヒル、チープサイド、コーンヒル、リーデンホール街、アルドゲート、ホワイトチヤペル高街、マイルエンドロード、コムマーシヤルロードイースト等を通過するとなれば、たしかに世界の大観の一たるを失はず、而して倫敦は啻に西より東へと延びたるのみならず、北より南にも同じく延びたるなり、倫敦は一箇の迷宮なり、又蜂巣なり、其漸次発達する有様は世界の一大不思議として挙ぐべきにあらずや。

柳井はまた同じ文章において、「外国の来観者が倫敦にて尤も趣味を感ずる処は、ホワイト、チヤペル、盗賊の食事場、さては救世軍本部の倫敦なるべし、換言すれば貧民窟の倫敦なり、（略）貧民窟は豪商富家の淵叢と相接して並ひ存せり」とも書いている。これが正しく、世紀末ロンドンの日本への紹介であった。

ヴィクトリア朝が遺したもの

新しい日本を作る礎としての、海外派遣留学生たちの一人である夏目漱石が、英語学研究のためにロンドンを訪れたのは、一九〇〇年であり、正しく一九世紀最後の年であった。そして翌年には、ヴィクトリア女王の葬儀を見物することとなる。

さて、ヴィクトリア女王の影響力は、文化遺産の命名についても見られる。夫君も含め、ざっと挙げるだけでも、ヴィクトリア・アンド・アルバート美術館、ロイヤル・アルバート・ホール、ヴィクトリア・エンバンクメント、バッキンガム宮殿前のヴィクトリア女王記念像、ケンジントン・パークのアルバート公記念碑など、枚挙にいとまがない。また、ヴィクトリア駅など、その人を偲ぶ名称もロンドンにはたくさんある。黒田礼二の『燃ゆるロンドン』（新興亞社、一九四一年）には、ロンドンの港について、「一八五五年にローヤル・ヴイクトリア・ドツクなるものが竣工した。このドツクは、その倉庫地帯と、当時次第に発達し始めた鉄道とを聯結することによりて、有名となつたものである。即ち世界で始めて鉄道の引込線なるものが、そこへ出来たのだ」「一八八〇年には、その隣りにローヤル・アルバート・ドツクが設けられ」たと書かれている。

二人の名が好んで冠せられるのは、その栄光と繁栄の記憶を永続させようとするためであろう。しかし、ヴィクトリア朝が遺したものは、もちろん記念碑や名前ばかりではない。

例えば、評判の高いロンドンの紳士服の仕立てについては、現代の背広姿の一般化の直接の起源をヴィクトリア朝に求めることができる。また夏目漱石が「倫敦消息　其二」（『ホトトギス』一九〇一年六月）に「シルクハットにフロックで出掛けたら向ふから来た二人の職工みた様な者が a handsome Jap. といつた。難有いんだか失敬なんだか分らない」と書いているが、明治期の日本でも流行することになるこの装いも、この時代からである。

またシャーロック・ホームズの着る、ツイードのインヴァネスに見られる格子柄など、現代も見られるイギリス風の紳士服の生地も街にあふれた。ただし、全般的にヴィクトリア朝は、経済的な繁栄とは別に、生活感覚としてはやや厳格で趣味も地味なようである。矢野龍渓が「日本人が最も不注意なる政事上の要訣」（『国民之友』一八八八年一月）の中に、日本が手本とすべき点について、「立憲政体の仕組は之を形骸（カラダ）に譬ふべく沈重温厚の国風は之を精魂（タマシイ）に譬ふべし、其の精魂なき、形骸何をか為さん」と述べたこの「沈重温厚の国風」もまた、このヴィクトリア朝の大いなる遺産と考えられるのである。

（真銅正宏）

森有礼（もりありのり）（1865-67, 1880-84）――密航留学生から公使へ

★遠く日本において薩英戦争が起こった頃、既にロンドンでは、この絵のように、交通渋滞が新たな都市問題として持ち上がっていた。絵はマンション・ハウスの前で、キャプションによると、一八五九年頃に描かれたものという（Richard Tames, *City of London Past*, Historical Publications, 1995）。

開国前の密航留学

森有礼は、一八四七年、薩摩藩士森有恕の五男として鹿児島城下に生れた。

一八五三年のペリー来航以降、急速に進んだ開国への動きの中で、海外の進んだ文明が日本にも続々と伝わり、幕府はもちろん、諸藩においても海外の知識を得ることを火急の課題としていた。薩摩藩もその例外ではなかった。特に一八五一年に藩主となった島津斉彬は、開明的であり、柔軟な思想が育つ空気を藩内にもたらし、藩内からは、その後さまざまな優秀な人材が輩出した。

ところで、幕末において海外渡航はもちろん国禁であったが、これを犯してでも海外に知識を求めることに大いなる意義があることは、薩摩藩に限らず当時の聡明な人士の間では広く共有されている時代認識であった。一方で、攘夷派も勢力を保っていたため、既に日本にやってきていた西洋諸国との間で、さまざまな軋轢が生じた。歴史を動かすためにはいくつかの「事件」が必要であったのである。薩摩藩でも一八六三年の薩英戦争の経験から、西洋の文明が優れていることを目の当たりにさせられた。そこで、一八六五年、すなわち慶應元年一月に、藩から留学生を選抜し英国に留学させることとなった。その人に選ばれたのが森有礼である。留学生は一四名で、ここには森と共に日本人で最初の外交

官とされる鮫島尚信や、後に駐米公使を務めた吉田清成ら、明治日本の外交の中枢を担う人材も含まれていた。これに視察員として松木弘安（後の寺島宗則）や五代才助（友厚）ら五人が同行し、一行の総勢は一九名であった。ちなみに森は当時数え年で一九歳である。

一八六五年四月一六日（旧暦三月二一日）に、イギリス船オースタライエン号に乗船し翌一七日に羽島から出帆した。同行者の松村淳蔵の「松村淳蔵洋行日記」（『森有礼全集』第二巻、宣文堂書店、一九七二年）には、香港より『いんぎらんど』の飛脚船」にのった、と書かれている。船はイギリスのサザンプトンに着き、ここから汽車に乗り換えて、ロンドンに着いたのは、六月二一日の夕べのことであった。一行はまずケンジントン・ホテルに入った。住所はクイーンズ・ゲート・テラスの一九番地である。犬塚孝明・石黒敬章『明治の若き群像　森有礼旧蔵アルバム』（平凡社、二〇〇六年）という、森が所蔵していた写真を紹介した興味深い書によると、到着の翌日、彼らはホテルからベイズウォーターのフラットに移ったらしい。ケンジントン・パークの北側の静かな住宅街である。ここで約二ヵ月の間暮らした。住み込みの家庭教師であるバーフがいろいろと教えた。ここに着いて一週間ほど経った七月二日に、この宿を三人の長州藩の密航留学生たちが訪ねてきた。山尾庸三、野村弥吉、遠藤謹助の三人で、これより溯ること二年前、伊藤博文と井上聞多（馨）を加えた五人で英国に密航したメンバーである。伊藤と井上は先に帰国していた。そして奇しくもこの日、日本においては、井上と伊藤が桂小五郎（木戸孝允）とともに、横浜に着任する途中に下関に立ち寄った、駐日イギリス公使パークスと会見していたのである。この時点で、薩摩藩と長州藩とはさほど友好的な関係にはなかった。しかし、後に協力して明治の政府を担う薩摩と長州の若者たちが、遠い異国の地で邂逅していたことは、歴史を作り上げる

★現在のクイーンズ・ゲート・テラス一九番地。写真は二〇〇五年に著者が撮影。

秘密の鍵を垣間見るようでとても興味深い。なお、森旧蔵のアルバムには、長州藩英国密航留学生の五人が写った写真が含まれている。

長州藩留学生や薩摩の寺島宗則および鮫島尚信などについては、犬塚孝明の『寺島宗則』（吉川弘文館、一九九〇年）や『密航留学生たちの明治維新』（日本放送出版協会、二〇〇一年）、『ニッポン青春外交官』（日本放送出版協会、二〇〇六年）などに詳しい。また犬塚には、『若き森有礼』（KTS鹿児島テレビ、一九八三年）と『森有礼』（吉川弘文館、一九八六年）という森についての詳細な伝記もある。これらを読むと、当時の若き日本人たちの、自国愛に裏打ちされた西洋への並々ならぬ憧れと、無謀なほどの実行力とが窺われる。

さて、先に見た松村淳蔵の「海軍中将松村淳蔵洋行談」（『森有礼全集』第二巻、宣文堂書店、一九七二年）によると、八月（旧暦六月）になって、留学生たちはそれぞれ二人ずつ市内七カ所に分かれ、教師の家に住み込むことになった。森は高見弥一とともに、化学教師「ドクトル、グレイン」の宅に宿した。またこの時、森等の「研学」の科目は、「海軍測量術」であったらしい。また、「森有礼年譜」（『森有礼全集』第一巻、宣文堂書店、一九七二年）によると、「海軍測量術研究を志し、ロンドン大学化学教授A・H・ウイリアムスン指導下で歴史、物理、化学、数学などを学」んだという。

やがて、留学資金難から、多くの留学生たちが順に帰国していったが、森は鮫島や吉田とともに長くロンドンに残った。その後、T・L・ハリスという神秘主義の宗教家と出会い、留学生六人（畠山義成・吉田清成・森有礼・松村淳蔵・鮫島尚信・長沢鼎）は、ハリスにしたがって、一八六七年八月一三日（旧暦七月一四日）にアメリカに渡った。ここで、ハリスの営むコロニーに参加し宗教を基本とする共同生活を送るためである。このコロニーには多くの

★竹中式三郎編『世界一周写真帖』（皇室写真帖発行所、一九一三年）のロンドン大学。

日本人が集まったが、次第にその宗教に対する相容れなさが顕在化し、多くが去っていった。折しも日本では、一八六八年一月三日（旧暦一八六七年一二月九日）、王政復古の大号令が出され、天皇を中心とする明治という新しい国が立ち上がっていた。森や鮫島は最後までコロニーに残ったが、ハリスの命で、日本に帰国することになった。一八六八年六月七日のことである。

公使としての英国駐在

帰国後の森は、新政府に採用され、政治家の道を着々と歩んでいった。

一八七〇年から、少弁務使という役職でアメリカ合衆国勤務を命じられた。これは、公使という立場が生まれる前の外交官職の一つで、この年一一月二四日（旧暦閏一〇月二日）に外務省に大・中・少弁務使、正権大・少記が設置され、まず鮫島尚信が英・仏・独駐在の少弁務使に、森が米国駐在の少弁務使に任命されたのである。この二人の任官が、日本における外交官任官の嚆矢とされる。森はやがて中弁務使に昇任した。後の一八七二年一一月一四日（旧暦一〇月一四日）には、これらの役職が廃され、代わって特命全権公使・弁理公使・代理公使・書記官が設置された。森はそのまま代理公使となって、一八七三年までアメリカ合衆国に滞在した。

三月三〇日、森は合衆国からの帰国の途についた。ヨーロッパに立ち寄り、ロンドンで、社会進化論で著名な哲学者ハーバート・スペンサー（H. Spencer）と会見している。パリ滞在などを経てマルセイユを発ったのは一八七三年六月八日であり、この時、岩倉使節団と

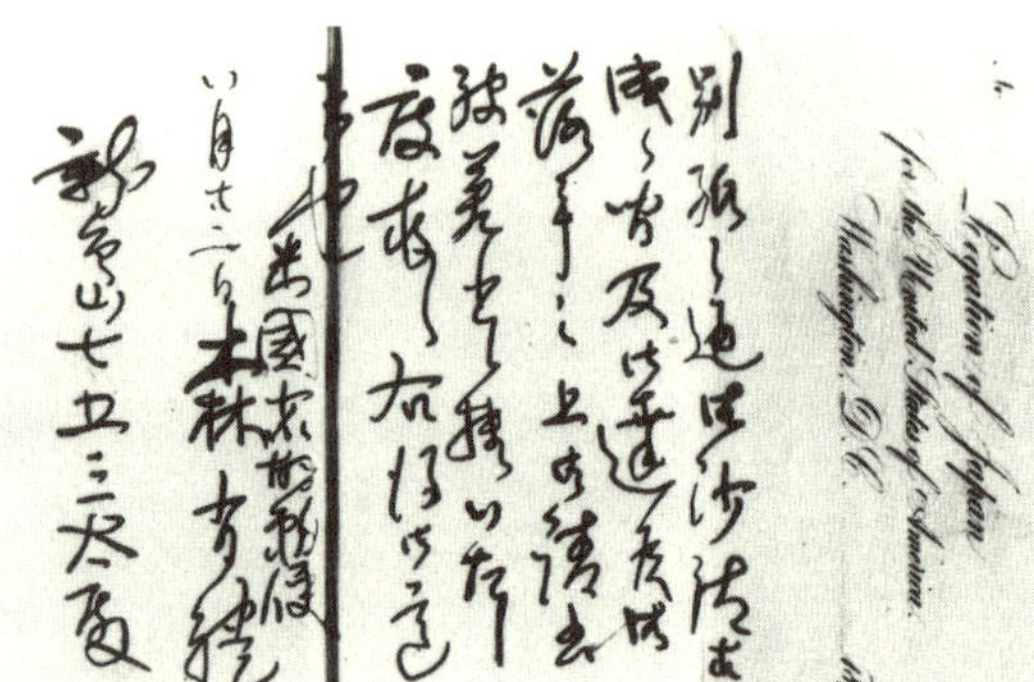

★一八七一年八月二二日付で、当時アメリカ合衆国に留学中であった新島七五三太（襄）の日本政府からの留学免許状に添えられた、森有礼公使の手紙（『新島襄——その時代と生涯』同志社、一九九七年）。

分かれて先に帰国する木戸孝允と一緒であった。船は七月二三日朝、横浜に着いた。

さらに、一八七九年一一月六日には、特命全権公使に任じられイギリスに向かうこととなった。不平等条約改正のために日本が外交に悪戦苦闘していた時期であり、条約改正をうまく運べなかった寺島宗則に代わって井上馨が外務卿になったことから、最も強硬な態度で臨んでいたイギリスに対して、この国をよく知り、英語がよくでき、強硬派でもある森が、それまでの公使上野景範に代わって起用されたのである。一一月二〇日に横浜を出帆し、ロンドンに着いたのは翌一八八〇年一月四日のことであった。妻の常、長男清と次男英、そして甥の有祐が同行した。

森は早速日本公使館に入った。当時公使館はケンジントン・パーク・ガーデンズ九番地にあった。二月四日には、ヴィクトリア女王に謁見し公使着任の挨拶をしている。

一八八〇年四月二七日付の黒田清隆宛書簡に、当時のヨーロッパおよびイギリスについて、次のように報告している。

> 当地何も異事無之欧州之形勢先ツ平安を保候、英国は保守党政府敗を取り改進党之勢甚た強く、終に政権を回復しグラヂストン執権宰相と成りて目下内閣之組織に従事し各省長官等不日可相定候、

この書簡の翌日、一八八〇年四月二八日に第二次グラッドストーン内閣が正式に成立した。この内閣は、一八八五年六月九日に総辞職して二四日に第一次ソールズベリー保守党内閣が成立するまで、比較的長命を保っている。

★ラファエル前派の画家、ジョン・ミレーが一八七九年に描いたグラッドストーンの肖像。ナショナル・ポートレート・ギャラリー所蔵（John Cooper, *National Portrait Gallery Visitor's Guide*, National Gallery Publications, 2000）。

森の着任後しばらくして、ロンドンの日本公使館はカヴェンディッシュ・スクエア九番地に移転した。これは森の意向によるもので、前掲の『明治の若き群像　森有礼旧蔵アルバム』によると、「ケンジントン・パーク・ガーデンスの建物では、あまりに手狭で国家の体面上もよくない、というのが移転の理由」であった。五月一八日に移転が行われたが、内部の片づけなどのためか、森は五月二八日になってから新しい公使館に入っている。

この頃、公使館の書記生としてやってきた大久保利通の次男牧野伸顕が、当時の公使館の様子を『回顧録』1（文芸春秋新社、一九四八年）に記録している。

当時倫敦の日本公使館は森有礼公使の下に富田鉄之助が一等書記官で、書記生は私を入れて六名だつた。此の時末松謙澄も書記生の一人で、その他にLaneといふ英国人が公使館の嘱託になつて居た。

この他、二等書記官には鈴木金蔵がいた。

当時、ヨーロッパ大陸では、一八八一年六月一八日に、宰相ビスマルクの主導のもとドイツ・オーストリア・ロシアの三帝同盟が成立し、翌一八八二年五月二〇日には、同じくビスマルクの主導により、ドイツ・オーストリア・イタリアの三国同盟が成立した。イギリスやフランスは、これらに対抗する必要性に迫られていた。

また、イギリスやフランスの植民地支配にも、やや穏やかならぬ空気が漂い始めた時代でもあった。特にフランスと清国との関係は、ヴェトナムをめぐってただならぬ状況にあった。後の一八八四年六月二三日には、フランス軍が清軍とぶつかり、清仏戦争が実質上始

★現在のカヴェンディッシュ・スクエア九番地。写真は二〇〇五年に著者が撮影。

まった。この戦争を終わらせるべく天津講和条約が調印されたのは一八八五年六月九日で、先に述べた、グラッドストーン内閣が総辞職した当日であった。

このような国際情勢の中、森は、条約改正を成功させるためにも、日本という国が文明国であることをヨーロッパ諸国に認知させることが大切であると考えていた。先の公使館移転もその意図から来るもので、この今も残るカヴェンディッシュの公使館の立派な建物に、イギリス外務省の関係者や諸国の外交官などをしばしば招き、交際している。

しかし、本国の井上外務卿と、条約改正についての方針が食い違ったりして、必ずしも成果を上げることができずにいたのも事実である。留学生の時代からの盟友で、パリにいるフランス公使の鮫島尚信だけが、心の支えであった。ところが一八八〇年一一月、その鮫島が病気になったとの知らせが届く。森はすぐさまパリに向かい看病にあたったが、一二月四日になって、鮫島はついに亡くなってしまった。肺病であった。三五歳の若さである。一二月八日にモンパルナス墓地で盛大に葬儀が行われた。

その後の条約改正交渉もあまりうまくいかず、失意のうちにあった一八八二年五月一六日、伊藤博文がベルリンにやってきた。日本政府がドイツを主な交渉相手に選ぼうとすることの表れであった。翌一八八三年五月一〇日になって、伊藤は森をベルリンに呼び、当時のドイツ公使青木周蔵と三人で協議する。しかし森は、あくまでイギリスを第一とすべきと考え、政府の考えには相容れないものを感じていたようである。

一八八四年に森は帰国命令を受け、一二月二六日にチャリング・クロス駅を出発し、三月一四日、フランス船ヴォルガ号で横浜港に到着した。帰国に際し、『ペル・メル・ガゼット』新聞のインタビューに答えた記事が残っている。その訳文である「英京退去に際し会見筆

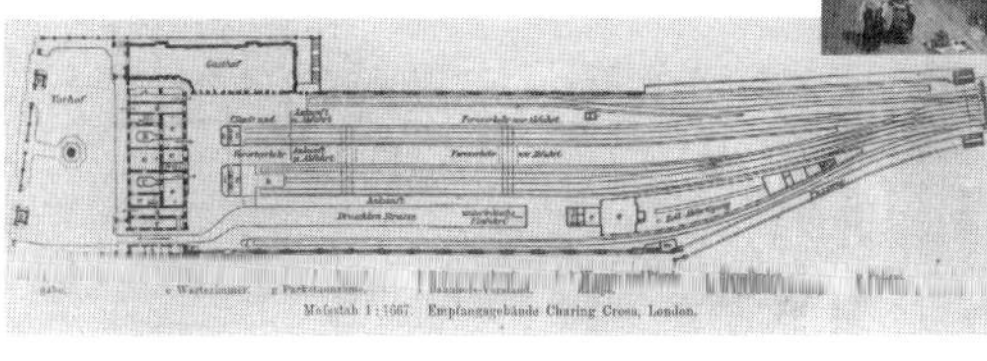

★チャリング・クロス駅（右）と構内（左）を示す古い絵葉書。

記」（『森有礼全集』第一巻）には、フランスと清国との関係について、かなり突っ込んだ見通しが述べられている。

また、日本人の特質を見通した次のような言葉も見える。

> 我日本国は古来より常に外国の所長を採取して曽て怠ることあらず、其原因は我国民の天稟に依て然る者歟将た他に縁由あるかは予の知らさる所なりしと雖も、数百年前には朝鮮より支那よりその芸術服式を輸入し又多くその憲法をも採取し、今を距る三百年前までは短を棄て長を取り外国に模倣すること実に我大特質を為すに至れり、（略）偖又英人ハ我日本国が十年乃至十五年間の進歩を以て全く日本人には新規の者なりと想像するものあれ共、実ハ其反対に出で捨短取長の旧性質を恢復したるまでにして、唯昔しは東洋に採り今は乃ち西洋に仮るの区別あるのみなり、

この部分は一八八四年四月一九日の『時事新報』に掲載されたものの一部であるが、この時点で、日本の模倣的特質から西洋とのあるべき関係を見事に言い当てているものといえよう。これが、この後日本政府の一つの方針ともなっていくのである。この時が、森の在外公使から国内における政治家への転換の瞬間であった。

イギリス流教育の影響

森は留学経験を生かし、明治新政府に最初は外交をまかされていたが、この度の帰国後

FEBRUARY 26, 1884.] PALL MALL GAZETTE. 11

THE JAPANESE AMBASSADOR ON PUBLIC AFFAIRS.

AN INTERVIEW ON HIS DEPARTURE FROM ENGLAND.

His Excellency Mr. Mori Arinori, the Japanese Minister in this country, left Charing Cross this morning for Japan, after a sojourn of four years in England. Within twenty-four hours of his departure from London he received, with his accustomed courtesy, a representative of the *Pall Mall Gazette*, with whom he held a long and interesting conversation upon various matters of interest, the substance of which was as follows:—

THE PROSPECTS OF A FRANCO-CHINESE WAR.

"Affairs in the East are somewhat interesting just now to Europeans. I see

law to all who dwell within their territory. With us it is quite otherwise. At Tokio, for instance, we have no fewer than fourteen different consular courts, administering justice by means of treaties made in the times of ignorance before we fully understood the significance of the concession. We are now, however, in good hope that before long we shall be able to do away with all the consular jurisdiction. We have devoted great pains and spared no effort in order to establish a system of judicial administration which can command the confidence of all the world; and we believe that at present our superior court at Tokio will, to say the least, bear comparison with any court in Europe. The efforts which we have

第十一圖 PALL MALL GAZETTE, FEBRUARY 26, 1884

★ロンドンを去るに際して、一八八四年二月二六日に、『ペル・メル・ガゼット』紙に載せられた記事。『森有礼全集』第一巻（宣文堂書店、一九七二年）に転載されたもの。

は、文部行政のエキスパートとして活躍した。初代総理大臣となった伊藤博文の第一次内閣に、文部大臣として入閣した。しかし悲劇的な事件が森を襲う。一八八九年二月一一日、文部大臣官邸玄関において刺客西野文太郎により刺されたのである。翌一二日にわずか四二歳の若さで亡くなった。短いながら世界中を駆け回った一生であった。

さて、森の文部大臣時代の教育観には、ロンドン在住時に得た知見が多く活かされている。西洋で得たことの第一は、知識があればよいということではなく、その知識を運用できる国民が育つことにある。森は国の近代化を国民の近代化に置き換えて、自立できる人間を育てる教育を考えた。その啓蒙運動は、「明六社」結成への参加からも窺える。

森が最初に作ったのは一八八六年三月二日に交付された「帝国大学令」である。イギリスにおいて紳士とは、ケンブリッジ大学とオックスフォード大学を出ていることを条件とする。さらにいうならば、これら両大学の出身であるということは、その前に、多くの場合、イートン校やハロウ校など、いわゆるパブリック・スクールの出身者であることをも意味している。このとおり、学校教育によってイギリス紳士の根底は保証されている。これについては、やや時代が下るが、福原麟太郎が『紳士の条件』（『英文学の周辺』法政大学出版局、一九五二年）という文章の中で、「イギリスの大学は、学問と社交とによって人間をつくる所だ。職業人をつくるのでもなければ、学究をつくるのでもない、英国紳士をつくる所なのだ」と書いている。このような環境を目の当たりにした森は、日本に未だ整備されていないものこそ、この学校制度であると確信したのであろう。そこで、それまでの東京大学を改組し、あえて帝国大学として権威付けたのである。その背景には、ケンブリッジとオックスフォードがイギリス社会において果す役割を移入したいという思いがあったの

★イートン校の遠景　おそらくウィンザー城の方向からの撮影と思われる。中央左下にチャペルが見える（仲摩照久編『世界地理風俗大系』第一〇巻、新光社、一九二九年）。

ではなかろうか。教育制度の整備は、人民からの、すなわち上からではなく下からの真の明治維新への道と考えたのであろう。

さらに、同年四月一〇日には、「中学校令」「小学校令」「師範学校令」が公布された。従来は、軍事の整備に関するフランス式からドイツ式への移り変わりや、憲法や議会制度をドイツに範を取り作り上げたことが、日本の近代化の中心であるかのように考えられているようであるが、森が教育を重視し、しかもイギリスをその模範としたことの意義は、歴史認識の場でもっと大きく取り上げられてもよいように思われる。

前掲『明治の若き群像　森有礼旧蔵アルバム』の石黒敬章の文章によると、石黒所蔵の森有礼旧蔵アルバムは五冊あり、「三冊はA４サイズで他の二冊はA５サイズである。イギリス製のずっしりとした革表紙のアルバムで、五冊で十三キロの重量がある」とのことである。これは石黒の父石黒敬七が手に入れたもので、「森有礼遺愛アルバム　石黒敬七」と書かれていたが、入手の経緯は不明とのことである。しかしながらこのアルバムのおかげで、当時のことがかなり明らかになった。とりわけ、カルトという名刺大の写真の所蔵により、森の人間関係の広さが実証されたことは貴重である。イギリスのみならず、アメリカ合衆国関係では新島襄の写真も荷風の父永井久一郎のものもある。フランスでは長田秋濤の父長田銈太郎と成島柳北のものがある。多くが、森への贈呈署名入りである。しかしもちろん、買い求めたものもあったであろう。中には、教育家ペスタロッチの肖像写真も含まれている。また森が文部大臣になった当時の文部省の木造建築の写真もある。これらからも、森が真摯に、教育というものを、日本の礎に必要な要素として考えていたことが伝わるのである。

（真銅正宏）

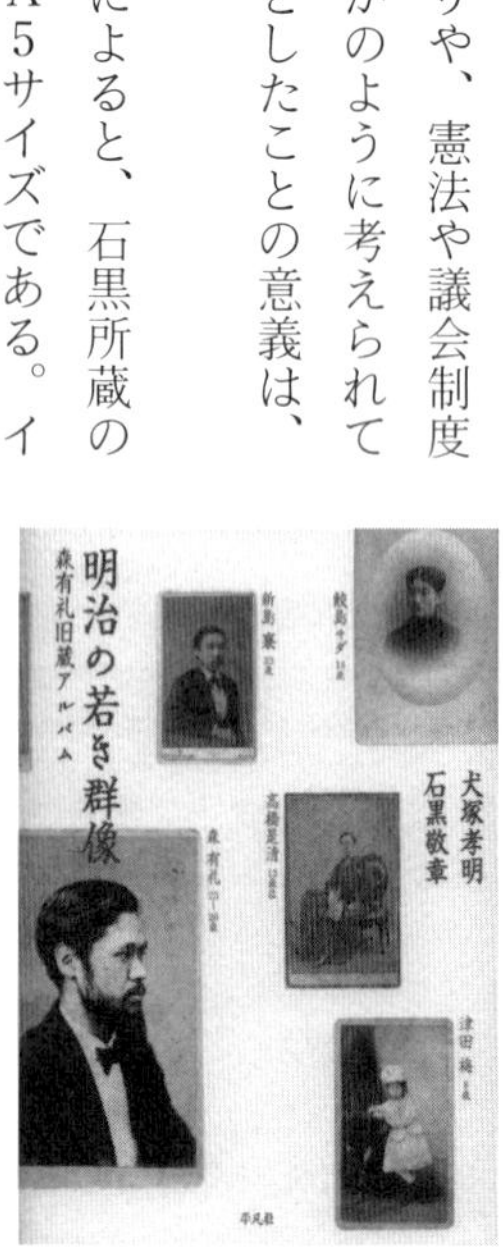

★犬塚孝明・石黒敬章『明治の若き群像　森有礼旧蔵アルバム』（平凡社、二〇〇六年）のカバー。左下が、森有礼の二三歳から二六歳頃の像である。

馬場辰猪（1870-1874, 1875-1878）——自由民権運動をリードする

孤高の洋学者

馬場辰猪は、一八七〇（明治三）年、イギリスに留学し、いったんの帰国をはさんで、一八七八年に日本へ戻った。法律をはじめ、多くのジャンルで最新の知識を身に付けてきた辰猪は、当時であれば官界入りも容易であったが、終生、在野にあって自由民権家として権力と闘いつづけた。法律書の翻訳、『天賦人権論』（慶応義塾出版社、一八八三年）を始めとする執筆活動や、明快な演説で人々を引きつけた。社会主義者でありジャーナリストの堺利彦は、「辰猪と勝弥」（『孤蝶馬場勝弥氏立候補後援現代文集』実業之世界社、一九一五年）において、「明治十年代を少年として過した私は、自由党改進党の諸名士に対して特別なる欽仰愛慕の情を養ふて居る。馬場辰猪君の名声の如き最も深く私の頭に染みこんで居る」と回想している。

一八八〇年、集会条令ができて、政談演説を行うことや政治結社を作るときには認可が必要となり、活動はしばしば抑圧された。

一八八一年の自由党結党時には自由党常議員に選ばれ、翌年は自由党機関紙『自由新聞』主筆となったが、同年に板垣退助の洋行渡航費の出処をめぐって渡航に反対し、大石正巳、末広鉄腸とともに自由党を離脱した。一八八五年、大石正巳と辰猪は、爆発物取締規則違

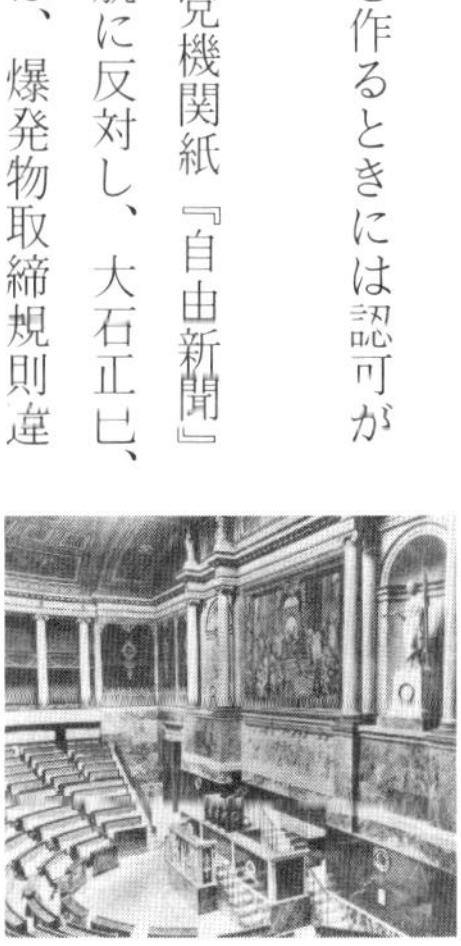

★柴田宵曲『明治の話題』（青蛙房、一九六二年）の「演説」の章には、演説が政治運動にもたらした力について書かれている。演説も舶来品のひとつであった。宵曲は、高田早苗の話として、「蛇に五種類あって云々と長々しい講釈をするので、聴衆が倦んでそろ〱帰り掛けようとすると、壇上の馬場は右手を振ひ、少し肩先を上げて半間ばかり前に進み、『圧制政府は猶蛇の如し』と一声叫ぶ」といった辰猪の話ぶりを紹介している。写真は、フランスの下院議場（内藤民治『世界実観』第二巻、日本風俗図絵刊行会、一九一五年）。辰猪はパリを三回訪れて下院を傍聴した。そこには、共和主義の政治家レオン・ミッシェル・ガンベッタがいた。辰猪はその雄弁から、東洋のガンベッタと呼ばれることもあった。

反容疑で逮捕される。これは冤罪であった。翌年に証拠不十分で放免となったが、そのままアメリカに渡ったのは身辺の危険を感じてのことであった。

彼はアメリカでも英文で日本政府攻撃の文章を発表し、講演も行い、抵抗運動を続行した。近代国家になったと言い張りたい藩閥政府に対し、辰猪は自身が体験した言論の弾圧や監獄制度の非人道的現状を告発してダメージを与えた。しかし亡命生活二年余りで結核により一八八八（明治二一）年、三九歳のとき、フィラデルフィアで病没した。

死の直前まで書いていた英文の自叙伝「The Life of Tatui Baba」が残された。これは、前半が馬場孤蝶により日本語訳され（『改造』一九二四年七〜一二月）、のちに後半を西田長寿が訳して「馬場辰猪自叙伝」として『明治文化全集』第一四巻（日本評論社、一九五六年）に発表されている。一八七五年から残されている辰猪の日記も英文で綴られており、これも同じく孤蝶訳「馬場辰猪日記『抄』」が、同じ巻の『明治文化全集』に入っている。辰猪は、若いうちからの英語修業と長い留学生活で、英語での執筆を難なくこなしたが、日本で読まれるには翻訳を待たねばならず、辰猪の著作を広めるには、これがひとつの障害となった。

辰猪の弟は、文学者の馬場孤蝶である。辰猪とは一九歳も年が開いていたし、家族中が畏敬している辰猪には近づきがたいものがあったようだ。だが、後に兄を回想して書いた「こし方」（『三田文学』一九一〇年一二月）には、「親族に対しては外観は如何にも無愛想であつたのに拘はらず、随分感情強い男であつたので、当時の政客の危険な生活を田舎出の両親などには見せ度く無いといふ用心もあつたらう」とある。また「われ〳〵のやうな位置の者は何時死ぬるか分から無い。親兄弟に優しくして置て、後で一倍悲ますのは、反つて参

★中江兆民『兆民文集』（日高有倫堂、一九〇九年）には、辰猪の早すぎる死を悼んだ「馬場辰猪君」が入っている。そこには、一八七三年にパリ留学中の兆民がロンドンに辰猪を訪ねたときの回想がある。辰猪は一週間ほど兆民を伴って、ハイド・パークや図書館、劇場、レストランなどを回ってくれたという。この文章は、「君若し悠然長逝するを得ずして一点残念なりと口に唱へながら死したるならば、君の其残念の二語こそ余は君の霊魂なりと思ふ。君其れ自ら慰せよ。余も亦自ら慰せん」と結ばれている。図版は一八八二年に開院されたイギリスの最高法院（『世界実観』第三巻、日本風俗図絵刊行会、一九一五年）。建物の中には、一一〇〇の部屋と一九の法廷がある。辰猪は、イギリスで法律の研究に専念しようとした。

酷なことでは無いか」という辰猪のことばが記されていて、情が薄いように見えた兄の態度は理由のあることだったとしている。辰猪は、同じ理由から、妻も娶らなかった。さらに「こし方」によれば、このとき馬場家は、父親が人に騙されて家産を失い、困窮していたのに、「その時分の洋行帰りの人々の青雲に上ぼる最も容易な梯(きざはし)であった仕官を肯じ無かつた」のである。

「The Life of Tatui Baba」を読んだ色川大吉は、『自由民権』(岩波書店、一九八一年)の中で、「思えば馬場辰猪ほど日本の民権運動の情況に焦慮し、同志の民権家や同胞人民に深く失望していた人はあるまい。彼は自由党を結成した中心的な人物の一人でありながら、その『無知な党員』と『愚劣な党首』(板垣退助)のあまりにも誤った言動に失望して離党し、単騎(たんき)よく専制政府とわたりあった独立不羈(ふき)の自由人だったからである」と書いている。続けて、「卓然として高い見地から運動への内部批判を放ってやまなかった」のは、同志の民権家や同胞人民に対する期待と愛情のゆえであり、ついにその手応えを得られぬまま日本を去らねばならなかった彼に、絶望と失意の思いは重くのしかかっていただろう、と推測している。

ロンドンで決闘する

馬場家は、甲斐の武田家に仕えていた馬場美濃守の後裔で、武田家滅亡のあと土佐の山内家に出仕するようになった。辰猪は馬場来八(らいはち)氏明の次男であったが、祖父が亡くなったとき、父はその「惰弱」のゆえに藩より家督を継ぐに及ばずと申し渡され、長男源八郎が

★『郵便報知新聞』明治八(一八七五)年四月七日、第六二四号に載った、馬場辰猪再渡英の送別会(四月三日)の記事。「宴会悉く欧式を用ひ頗る盛会なりし」とある。共存同衆の人々が中心となって開いた宴で、参加者の名前の中にはロンドンの日本学生会で一緒だった小野梓、万里小路通房などの他、跡見花蹊の名前も見える。記事には、臨席した東伏見宮嘉彰親王が辰猪に贈った送別の辞が載っている。辰猪はここに、妹の駒子を連れて出席した。『仏人ガール』とは?

○共存同衆の社員馬場辰猪君還り再び英國へ遊學せるに付同衆諸君去る三日を以て賣茶亭に會し送別の宴を開き馬場君を客位に請し相互に健康を祝し宴會悉く歐式を用ひ頗る盛會なりし其來集せる諸君社員にハ
馬場辰猪　福原芳山　尾崎三郎　岩崎小二郎
石野基將　矢島作郎　小野梓　廣瀬進一
大内青巒　高原弘造　萬里小路通房　南　保
堀川五郎　武者小路實世　内藤類二郎　松平信正
客員にハ　東伏見嘉彰親王　同日御息所とも君
松平晨若　荘田平五郎　岡田春助　岡林藤馬
濱口一藏　三宅　十郎　日下義雄　入米井隆吉
島地默雷　馬場こま子　馬場りつ子　塞松千代姫
跡見花蹊　佛人ガール
等の諸君にして諸君各祝辭を唱へ送序を述へ玉句金章多かりしが今茲に二品嘉彰親王の祝辭一篇を登録して其他ハ之を略す
寡聞淺學の嘉彰今日共存同衆諸君の盛宴に列り共に馬場辰猪君か再び英國へ遊學の上程を祝するを得る何の幸か之に若かん因て諸君の爲に聊か寸意を表し茲に祝言を述ふ聞く義ある諸君共存同衆の社を結ひしより聯綿相ひ勵て學術を琢き共に國家の爲に謀る所あると是を實に我國の神益を謂つ可し自今尚ほ其社名に背かす倍々賢明の衆員を増して盛大ならんことを祝て期し謹て祝する所あり且今日此賀杯を擧け會長君と始め諸君の健康を祝し馬場辰猪君か航律の恙なきを祈り併せて我國の學業として倍々隆盛ならしめんことを希望す

継いだ。しかし源八郎は大阪にある土佐藩陣屋に駐屯していたとき、陣屋を壊す暴挙に加わり失脚。こうして家督は一六歳だった辰猪が継ぐこととなったのである。家の名誉回復のため、彼は全力で漢学、剣術、ヨーロッパ式の兵法などを学んだ。一八六五（慶応二）年、一七歳のときに藩から選ばれて江戸に赴き、海軍機関学を学ぶ。すでに倒幕運動が各地で起こり、騒然としていた時期である。

江戸へ着いて、海軍機関学を学ぶために、まずしなくてはならなかったのが、語学の習得であった。鉄砲州の奥平藩邸中屋敷にあった福沢諭吉の塾を訪ね、塾生となって英語を学びはじめる。諭吉は馬場辰猪八周年祭の弔詞で、当時の辰猪のことを回想し、「此少年唯顔色の美なるのみに非ず、其天賦の気品如何にも高潔にして心身洗ふが如く一点の曇りを留めず、加ふるに文思の緻密なるものありて同窓の先輩に親愛敬重せられ」（「馬場辰猪君追弔詞」、『時事新報』『読売新聞』一八九六年一一月四日）としている。この聡明さを表わした表情の通り、辰猪は順調に勉学の成果をあげていったが、倒幕の動きが顕著になって世情不安になったので、いったん土佐へ戻る。この間に明治維新が起こり、徳川幕府が倒れて武士の世の中は終わった。辰猪はふたたび東京へ行き、慶応義塾に再入学する。

一八七〇（明治三）年、藩から、海軍機関学習得のための洋行を命じられ、同藩の四人とともに七月二一日、アメリカ船パシフィック・メール号で横浜を出向し、アメリカ経由でイギリスに向かった。九月末にロンドンに到着。いったんロンドンの西方一〇〇マイル離れたウィルトシャー州チペナンの郊外ウォーミンスターへ行き、この地のグラマー・スクールで幾何、地理、歴史を学んだ。同行の四人は英語が上手ではなかったので、それを補佐する辰猪は大変苦労した。一八七一年一〇月から翌年にかけて、ロンドンのユニヴァー

★イギリス留学時代（第二回）の馬場辰猪の写真（萩原延寿『馬場辰猪』中央公論社、一九六七年）。

シティ・カレッジで物理学を学んだ。

辰猪は自分に命じられたのが海軍機関学の習得で、より力のない同行者に法学の習得が命じられたことが不満であった。しかし一八七二年秋、岩倉具視、木戸孝允らが海外使節としてイギリスに来たとき、その学力を評価されて政府の留学生となり、法学を学ぶことができた。ロンドンには、ミドル・テンプル、インナー・テンプル、リンカーンズ・イン、グレイズ・インという四つの著名な法学院があるが、閲覧できない内部資料もあり空襲による資料焼失もあってか、現在のところ、どこの名簿にも馬場の名前は見いだせないという（杉山伸也「解題」、『馬場辰猪全集』第三巻、岩波書店、一九八八年）。ただ、ロンドン大学法学博士で弁護士のチャールズ・ライアルスとの親交が、馬場に大きな影響を与えたと指摘されている。「自叙伝」には、「英国法の組織や、法律家を教育する方法などを見て、その根底の深いことに驚かされた」と書いている。

辰猪は、ロンドンで決闘事件を起こして新聞に載ったことがある。

同じ藩から来た四人のうちの一人、真辺戒作に、一八七八年一月七日、辰猪は決闘を申し込んでいる。自分に対し為された真辺の無礼をとがめ、ノッティング・ヒルの下宿へ行って決闘を申し込んだが、真辺が応じないので、激昂した辰猪は洋刀で突いて怪我をさせた。真辺は維新のとき、板垣の部下として会津で戦ったというつながりで、留学生の取りまとめ役のような格好で洋行したのである。

この事件で辰猪はノッティング・ヒル駐在所に泊まり、翌日はハマースミス警察法廷で裁判官の審問を受け、クラーケンウェルの未決監四一番に収監された。一年くらいの禁固になるかと予想したが、二月八日の公判で、五〇ポンドの保証金で処罰猶予となった。裁

★ミドル・テンプルの回廊（*365 Views of London*, Sunday School Union, 刊行年不記載）。

判費用は九二ポンド請求された。

近代的な教養を身につけてはいても、辰猪は一七歳まで武士として江戸時代を生きた人だったと、ここで改めて思い知らされる。この事件により、辰猪は同年三月にロンドンを発って帰国した。

日本学生会

辰猪が一回目の留学をしたころ、ロンドンには日本人の学生が一〇〇人ほどいたが、街で会っても眼をそらして、お互い知らん顔で通り過ぎてしまう。なぜかというと、彼らは日本人同士というより、かつての藩に所属している意識が強く、他国者を敬遠するためだった。維新の経緯に遺恨を残す者もあり、薩摩の学生を見ると腹が立って仕方がないという土佐の学生の声を辰猪は聞いたことがあった。「馬場辰猪自叙伝」には、「英国では封建制度は五百年以前に廃滅してしまったのに、日本人がその英国で封建制度を立てようといふのだから、唯だ驚くより外はなかつた」とある。辰猪は、そういう封建的な考えを排除し、イギリスにいる日本人たちが自由に討論し、学びあうようにしたいと考えた。そして、日本学生会という組織を作った。言論の自由は、国民の生活に利益をもたらすと確信していたのである。

最初の会合は、ゴールデン・クロス・ホテルで開かれた。辰猪は、会の目的を説明した。議長は万里小路通房であった。この会合では決定に至らなかったが、自伝によると、第二回会合で日本学生会が成立し、辰猪は自著の『日本語文典』（*An Elementary Grammar of the*

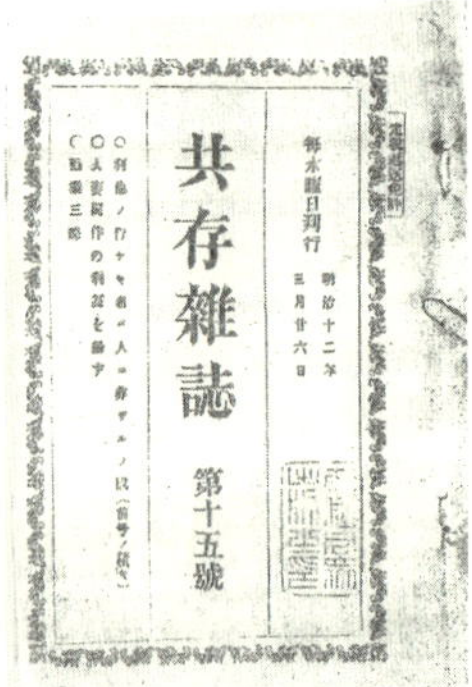

★小野梓は、一八七四年五月に帰国するや、九月には、新しい社会を作るための研究発表や討論会などを行う共存同衆を創立。万里小路通房も創立メンバーである。ここでは、日本学生会で得た人脈や運営方法が活かされた。馬場辰猪も、帰国後、ここに加わって活動する。図版は、西村真次『小野梓伝』（冨山房、一九三五年）中にある共存同衆の機関誌『共存雑誌』第一五号（一八七九年）の表紙。

Japanese Language, Trübner and Co.)について講演したとある。『日本語文典』の刊行は一八七三年九月なので、第二回会合はそれ以降と推測される。日本学生会のメンバーは、創設にかかわった小野梓、菊池大麓、万里小路通房の他、西川虎之助、原六郎、穂積陳重、桜井錠二といった名前がある。仏教学者の南条文雄(ぶんゆう)の著書『懐旧録』(大雄閣、一九二七年)では、イギリス留学中に日本学生会で話をした記憶がたどられている。これによると、会ではまず練習のために英語で話し、さらに日本語で話すことになっていた。

辰猪は、しばしば下院の傍聴に出かけた。「馬場辰猪自叙伝」には、「度々下院の討議を傍聴に行つたが、それによつて、彼は代議政体の利益を観察する機会を得たのであつた」とある。一八七四年二月には、アイルランド政策の一環として自由党のウィリアム・グラッドストーン内閣が出したアイルランド大学法案が、議会審議で敗北。グラッドストーンは首相を辞任し、保守党のベンジャミン・ディズレイリ内閣が成立した。辰猪はこのとき下院で、ディズレイリの演説を数回聴いている。留学中、二度訪れたパリでも、第三共和政下のフランスの下院を傍聴した。雄弁家として知られるようになる辰猪は、ここで聴いた政治家たちの討論から、多くを学んだに違いない。

一八七三年、政府はすべての官費留学生をいったん帰国させる方針を打ち出した。政府財政にとって少なくない出費を留学生に支給していたが、留学生の選び方が一定せず、あまりに玉石混交ではないか、というのが問題となっていた。そのため、いったんの仕切り直しが必要だったのである。小野梓は一八七四年に帰国するや、日本学生会を母体として共存同衆という組織を作った。ここでは、西洋の制度や文化を研究し、日本の政治や社会に改革をもたらすための啓蒙活動を行った。辰猪もこれに参加する。

★右は、イギリスの下院議場(長谷川如是閑『倫敦』政教社、一九一二年)。ここに通った辰猪は、議会政治の利点がよく理解できた。左はディズレイリ(古垣鉄郎『ロンドンの憂鬱』三省堂、一九三九年)。

この年の一二月には辰猪も横浜に着き、翌年二月に高知の家族のもとへ戻ったのである。五年の月日が過ぎていた。長兄の源八郎はロンドン滞在中の一八七三年に亡くなっており、家族は父母の他、二人の妹と二人の弟であった。弟勝弥、後の孤蝶はこのとき七歳だった。

五年ぶりの日本は、ずいぶん変わっていた。出発したときはまだ、侍が刀を差し街並みも江戸時代と変わらなかったが、帰ってみると、帯刀した者などおらず、街は煉瓦で照明がつき、鉄道が開通していた。ちょうど板垣退助が下院創設の運動に奔走している時期である。この運動に加わるよう誘われたが、板垣に対する不信と、時期尚早との思いから加わらなかった。それより、新しい国づくりには法整備が急がれると考えた辰猪は、再び留学して英国法の研究がしたいと熱望した。山内家からの後援を得て、辰猪は一八七五年三月、イギリスへ出発する。

パリを経て、六月にロンドン着。現在のユーストン駅に近い、13 Ampthill Square に住んだ。ここはロンドン大学にも、大英博物館にも近く、勉強には便利な場所であった。

日英関係を問う

二度目のロンドン滞在中に、『日本における英国人――日本人の日本在留英国人に対する観察』(*The English in Japan, What are Japanese Thought and Thinks about Them*)を、Trübner and Co. より一八七五年に出版している。これは日本語訳されて「日本在留ノ英国人ヲ論ズ」として、『郵便報知新聞』に分載された。イギリス人はキリスト教の精神で他人を愛すること己を愛するがごとくせよ、と説き、法律においては人間はすべて平等としているが、それは日

★大英博物館の読書室(黒板勝美『欧米文明記』文会堂、一九一一年)。日記によると辰猪は、しばしば大英博物館に通い、ここで読書をしていた。

本人には適用されないとし、「英人ハ日本人ノ無智ノルト其貿易ニ未熟ナルトノ間ニ乗ジ欺ク可クンバ以テ欺キ利スベクンバ以テ利シ寸機ノ投ズベキアレバ之ヲ攫執スルニ於テ未ダ曾テ一秒時ヲモ猶予スルコトアラザルナリ」（「日本在留ノ英国人ヲ論ズ」、『郵便報知新聞』一八七六年一月六日）と厳しく批判している。日本にいるイギリス人のアジア蔑視や自文化中心主義の横暴に対して警告するものを、イギリスで出版したのである。文明国であることを誇り、また実際に個人の自由を重んずる国民が、植民地で何をしていたか、という事実もここにつながってくる。

一八七五年九月二四日の日記には、「ツルウブナア商会（The Trübner and Co.）より手紙来る。曰く、凡そ小冊子なるものの出版は著者に取つては金銭上の損失、出版者に取りては唯の面倒に終るのみのものなりと。されども尚予は出版せんとす」（「馬場辰猪日記『抄』」）とある。これは、『日本における英国人』の出版をしぶる出版側の意向を退けた、ということである。そして、一八七六年九月に出した『日英条約論』（*The Treaty between Japan and England*, Trübner and Co.）では、治外法権の撤廃と関税自主権の回復を訴えた。イギリスの自由主義を学んだ結果として、不平等な国家間の条約は撤廃されねばならないと確信できたし、イギリスにある自民族中心主義の誤りを指摘できた、ということである。

『あずさ弓――日本におけるシャーマン的行為』（岩波現代新書、一九七九年）の著者であるカーメン・ブラッカーが書いた「馬場辰猪『日本語文典』を思う」（「月報」、『馬場辰猪全集』第三巻、岩波書店、一九八八年）には、興味深いエピソードが紹介されている。

ブラッカーは一九三七年、一二歳のとき日本語を習いたくなったが、テキストがない。当時、大英博物館の向かい側のグレート・ラッセル・ストリートに東洋関係の書物を扱う

★「明治九年英京に在りし本邦留学生」（『太陽』一九〇七年一月）。前列右端が辰猪。中列右より長岡護美、菊池大麓。「此写真は菊池博士が当時帰朝せらるゝにつき在倫敦の本邦留学生一同記念のため撮影せられたるものにて頗る珍品たり」というキャプションがついている。

店が何軒かあると聞いて母親が行ってみたが、子ども向きのテキストはなかった。やっと見つけたのが馬場辰猪の『日本語文典』第三版（一九〇四年）である。そこには、三版刊行時にロンドン日本協会理事長だったアーサー・ディオジーの「はしがき」があった。ディオジーも若い頃、この本で日本語を独学していた。ある日、ロンドンの劇場で隣に日本人の紳士が座ったので、習いたての日本語で話しかけ、今こういう本で日本語を学んでいると話したところ、「紳士は頭を下げ、満足げな吐息とともに言った。『私が馬場です。』」。

辰猪の日記（「馬場辰猪日記」、『馬場辰猪全集』第三巻）を見ていると、よく劇場に通っている。たとえば、一八七五年七月二三日、クイーンズ座で「Clancarty」、同年八月五日、アデルフィ座で「Nicholas Nickleby」、一八七七年一月一日、ドルーリー・レーン座で「アリババ」、同年二月一日、ライシアム座で「リチャード三世」といったように、古典ばかりでなく娯楽的な軽い芝居も楽しんでいる。「フィガロの結婚」に至っては繰り返し六回も見ていた。また一八七五年七月五日に、キュー・ガーデンへ行っている。この時期だったら、バラをはじめ、美しい花が咲き乱れていただろう。

辰猪は、イギリスにあってはイギリスの高圧的な対日姿勢を批判し、日本にあってはイギリスに比べて著しく劣った人権意識を攻撃してやまなかった。突出した知識とそれに養われた見識により、辰猪は周囲の無理解や、そこから来る孤独、挫折につきまとわれた。「満足げな吐息」がつけた瞬間を、この嵐の中を駆け抜けた男はどのくらい持てたのだろう。ディオジーと出会ったロンドンの夜は、辰猪にとって数少ない幸福な時だったに違いない。

（宮内淳子）

★写真はエレン・テリー（内藤民治『世界実観』第三巻、日本風俗図絵刊行会、一九一五年）。エレン・テリーが初舞台を踏んだのは、一八五三年、八歳のときであった。一八七八年に「ハムレット」のオフィーリアを演じて絶賛され、それ以来、長くヘンリー・アーヴィングの相手役を勤めた。辰猪が帰国したのは、ちょうどその「ハムレット」の上演された年だった。そして日記（『馬場辰猪全集』第三巻、岩波書店、一九八八年）によると、一八八七年一一月一六日、アメリカへ渡っていた辰猪はニューヨークで、巡業に来ていたヘンリー・アーヴィングとエレン・テリーの「ファウスト」を観ている。彼はロンドンでアーヴィングの演ずる「リチャード三世」を見ていた。イギリス留学時代がしのばれたことであろう。

末松謙澄（すえまつけんちょう）（1878-1886）——奔放不羈・八面六臂

★『廿一大先覚記者伝』（大阪毎日新聞社、一九三〇年）に掲載された末松謙澄の肖像。

英国公使館とケンブリッジ大学

末松謙澄は、一八五五（安政二）年、豊前国（小倉藩）京都郡前田村（現在の福岡県行橋市）の大庄屋末松房澄（七右衛門、号臥雲）の四男として生れた。後に青萍とも名乗った。時あたかも幕末の混乱のさなかであり、殊に小倉藩は関門海峡を隔てた長州藩の攻撃により落城し、末松家も家を焼かれた。明治維新により長州勢が政治の中枢に位置すると、元の小倉藩の上級階層の人々はますます窮乏を極めていった。末松家も例外ではなかった。そのような中、謙澄はあえて上京し、苦学生として一から出世の道を志した。

土佐藩出身の佐々木高行の家の書生に入ることができ、ここから運命が急転し始める。まず修業時代の高橋是清とたまたま知り合った。後に首相まで務めた人物である。高橋の勧めもあったのか、せっかく入った東京師範（師表）学校を辞め、東京日日新聞社に入り、社長である桜痴こと福地源一郎に才能を認められたのみならず、「社説」により、世に広くその文才を知らしめ、官途に進むこととなる。やがて、皮肉にも薩長閥の黒田清隆、伊藤博文、井上馨、山県有朋等に重用せられることとなった。特に伊藤は早くから謙澄に目をかけ、後の一八八九年には次女生子と謙澄とを結婚させているほどである。

謙澄が伊藤博文の推薦により、英国公使館付の一等書記見習として渡英するため横浜を出発したのは、一八七八年二月一〇日のことであった。わずか二三歳の時である。この時、漢学者村上仏山の塾水哉園の同門であった吉田健作という友人と一緒であった。

三月二六日にマルセイユに上陸し、翌日の汽車でパリに向かい、ここでしばらく滞在した後、四月一日の午後六時にロンドンのヴィクトリア駅に到着した。

当時の英国特命全権公使は上野景範であった。上野は一八七四年から一八七九年まで公使を務めた。また公使館はこの時、ケンジントン・パーク・ガーデンズ九番地にあった。やがて一八八〇年一月四日に、森有礼が後任の公使として着任してきた。その森の意向で、一八八〇年五月一八日、公使館はカヴェンディッシュ・スクエア九番地に移転する。

前掲の吉田健作の遺稿『異郷の友垣』（末松謙澄校訂、春陽堂、一八九六年）の「緒言」には、「明治十一年与に欧洲に航し健作仏国に留り予英国に留る居ること数年健作帰朝し幾も無く再び航す予等欧洲に在るの日音問絶えず往々互に相訪問し時に或は相携へて同遊旬日に及ぶ既にして健作再び帰朝し予も亦明治十九年を以て帰朝す」と書かれている。

吉田は内務および農商務を歴官した人物であるが、一方で、この「異郷の友垣」という小説をも書き、生前に謙澄に託していた。この両者の親しい交友の背後には、当時の留学の目的とそれに伴う豊かな文化吸収の状況が見て取れよう。

一方で、謙澄は、ロンドンでかなり不遜な振る舞いも多く、傲岸な人物との評判が多くあったようである。これについては、伊藤博文宛の書簡（「末松謙澄書簡」、『伊藤家文書』第四七巻、出版者・出版年不明）において、「野生ニシテ一生ヲ碌々タル歴史専門ノ一書虫ニ果シ候様ノ事ニテハ実ニ閣下ノ明ヲ損シ候恐モ不尠去ルニヨリ例ヘ如何ナル悪評ヲ世人ニ受候トモ年来ノ志業ヲ挫キ候様ノ事ハ不致決心ニ御座候間猶御気付ノ所モ有之候ハヾ時々御教諭可被

★一八六一年五月四日に、*The Illustrated London News* に掲載されたヴィクトリア駅。末松謙澄が着いた当時も、このような風景であったと考えられる（Isobel Watson, *Westminster and Pimlico Past*, Historical Publications, 1993）。

下候」と弁明している。
先には日本政府批判を展開し、次第に井上馨の外交の姿勢へと不信を抱き、後には森有礼に「独力独行ノ客気」（「末松謙澄書簡」）について忠告を受けなどしている点からも、どうやら謙澄は、自らの意を枉げることの少ない、実に奔放不羈な性格であったようである。

ロンドン時代の足跡再発見

謙澄のロンドン時代の住所については、玉江彦太郎の『若き日の末松謙澄　在英通信』（海鳥社、一九九二年）に詳しい。同書は、「あとがき」によると「昭和五十六年五月から同六十三年七月まで、財団法人西日本文化協会の機関誌『西日本文化』に発表」した「末松謙澄の在英時代」をもとに、「末松謙治さんの『ケンブリッジ大学関係の記録』も転用」して書かれたものである。

この書が書かれるきっかけとなったのは、末松のロンドン時代の書簡が発見されたことであった。同書には、「昭和五十五年末、福岡県行橋市前田にある末松本家（当主喬房氏）の土蔵（明治二年建築）を幸子夫人が整理中、相当数の文書類が発見された」「その中に、美濃紙の包みに一括され表に『英国在留、末松謙澄通信書　明治十一年二月より』と書かれた十六通の書簡があった」と報告されている。先にも見たとおり、明治一一年すなわち一八七八年の二月とは、謙澄が英国公使館に外交官として勤務を命じられ、イギリスに出発した月である。書簡はこの時から、一八七九年七月までの期間のものである。

先の「あとがき」にあった「末松謙治さん」とは、謙澄の弟の凱平の曾孫に当たる人物

★一九〇〇年頃のクイーン・アンズ・マンション（Isobel Watson, *Westminster and Pimlico Past* Historical Publications, 1993）。

で、玉江の依頼を受けて、謙澄の足跡をロンドンにおいて調査した人物である。玉江の書は、その調査を基に、謙澄のイギリス時代に関する実に貴重な新資料を提供している。

その一つは、謙澄のケンブリッジ在学の時期を特定する資料である。謙澄はケンブリッジ大学で文学と法学を修めたとされてきたが、これまでその詳細は必ずしも明らかではなかった。例えば、久保田辰彦編『廿一大先覚記者伝』（大阪毎日新聞社、一九三〇年）にも、「ケンブリッヂ大学に入り、在学三年にして技芸士及び法学士の称号を得た」と書かれているのみである。しかし玉江はこれを、伊藤博文宛の手紙を根拠に、より明らかにした。通説によると、末松のケンブリッジ大学入学はロンドンに着いた翌年、すなわち一八七九年のこととされてきたようであるが、これを一八八〇年春と改めた。また卒業については、一八八四年六月中とし、それが正規卒業であり、バチェラー・オブ・アーツとマスター・オブ・ローの称号を得たとしている。これらについて、末松謙治が、*Index to Tripos Lists*（*1748-1910*）を調査した結果、「Suyematz, Kenchio, Joh. Law 1884」の記載を見つけ、一八八四年に卒業したことが確認された。ただし末松謙治は、マスター・オブ・ローのみしか確認できず、バチェラー・オブ・アーツについては、疑問視している。

もう一つは、末松の宿についての資料である。末松がヴィクトリア駅に到着した時、たまたまロンドンに滞在していた井上馨が出迎え、当時の公使上野に挨拶の後、三夜は井上の寓所に一緒に泊まり、その後下宿に移った。この下宿の場所が特定されたのである。これは、セント・ジェイムズ・パーク近くの長期滞在者用アパートメントQueen Anne's Mansionsで、Queen Anne's GateとPetry Franceの角にあたる広大な土地の番地は、一九五二年の地図にもこの場所だけ記入されておらず、不明である。残念ながら、一九七一年に

★現在のクイーン・アンズ・マンション跡に建つHome Officeの建物。写真は二〇〇七年に著者が撮影。

取り壊され、今はHome Officeが建っている。

多くの顔を持つ男

謙澄は、まず『東京日日新聞』の新聞記者として知られるようになり、官吏を経て、先に見たとおり英国公使館付一等書記官見習として、英・仏歴史編纂方法の取り調べのために渡英し、帰国後は再び内務省参事官から官吏を歴任し、衆議院議員に当選したのち、法制局長官を経て、貴族院議員となり、第三次伊藤博文内閣の逓信大臣と第四次伊藤内閣の内務大臣を歴任している、また文学者としても、一八八八年六月七日、日本最初の文学博士となっている。バーサ・クレイの*Dora Thorne*を翻案した『谷間の姫百合』（金港堂、一八八八年〜一八八九年）の著者としても有名である。さらにロンドンで『源氏物語』を英訳出版したことでもよく知られている。*Genji Monogatari, or the most celebrated of the classical Japanese romances*（Trübner & Co.,1882）がこれである。『源氏物語』を本格的に西洋語に翻訳した嚆矢とされる。ただし、とりあえず第一分冊として「桐壺」から「絵合」の巻までが出版されたが後は出されなかったので、完訳ではない。

この他、英文で、『成吉汗』『日本の面影』などを出版している。前者は*The Identity of the Great Conqueror Genghis Khan with the Japanese Hero Yoshitsuné*（W. H. and L. Collingridge, 1879）の英文タイトルで、この書も国立国会図書館に謙澄寄贈本として所蔵されている。このタイトルからもわかるように、チンギス・ハーンと源義経を同一視する歴史ロマンであり、正確な歴史とは言い難い文学作品である。他にも、*The Risen Sun*（Constable, 1905）や*A*

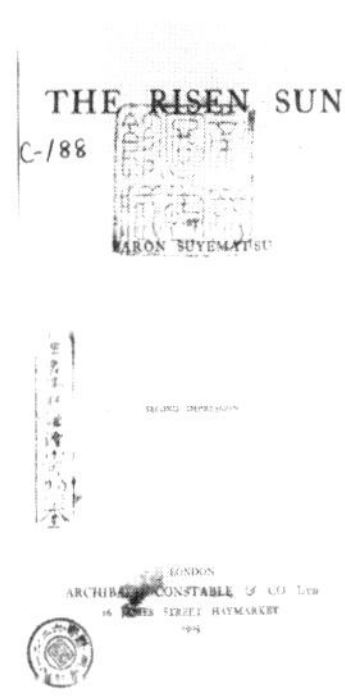

★ *The Risen Sun*（Archibald Constable & Co., Ltd., 1905.）の帝国図書館（現国立国会図書館）への謙澄寄贈本。「男爵末松謙澄寄贈本」の覚書が見える。

Fantasy of Far Japan or Summer Dream Dialogues（Constable, 1905）など、帰国後ロンドンで出版された書もまた、謙澄から寄贈され国立国会図書館に所蔵されている。

また一九一八年には、法学博士を授与されている。在英時代から各国の法律を調査し、伊藤博文の憲法研究の手助けもした。さらに、『防長回天史』（末松謙澄、一九一一年〜一九二〇年）を編纂したこともよく知られている。

これらの仕事は、まったく別々のものではなく、文学作品の東西双方向への翻訳・翻案もまた、西洋の社会理解や政治理解と密接に関わっていたようである。

つとに明治三五年の段階で、謙澄のロンドン体験は次のように紹介されていた。墨堤隠士『大臣の書生時代』（大学館、一九〇二年）の記述である。

> そして君がケンブリツヂ大学に在る頃は仏独の二学をも併せ修めたのである、且つ成蹟（ママ）も非常に好く出来、評判も宜しかつた、其上頗る雄弁であつたが、平常は左程無駄口を叩かぬ方だが、然し討論会でもある時は、夫れは〳〵一瀉千里の勢を以て、滔々と演べられる、此やり振りには何れも耳を傾けてからに、何時も好う聞き居つた。斯くも英国に於て学問を練られた君は、やがて明治十九年、学成つて帰朝された。

この書はもちろん、大臣の若き日を讃える書であるので、すべてを鵜呑みにするわけにはいかないが、当時の風貌の一端は伝えられていよう。

謙澄は一八八六年三月に帰国した。帰国後の謙澄の仕事としては、まず演劇改良運動に関わったことを挙げることが出来よう。その概要は、秋庭太郎『日本新劇史　上巻』（理想

★内藤民治『世界実観』第三巻（日本風俗図絵刊行会、一九一五年）のケンブリッジ大学。同書には、「英国に於ける一般高等教育の主眼とするところは人格の教養に存し、大学を以て単に知識を収得する、即ち学術研究所の如くに考へて居る我邦人とは異なる解釈の下に、文教の任に当るものが高尚、豁達の人物を作るべく『人間の価値』を尊重して居る事は牛津、剣橋などの学府を参観するに於て又更らに瞭に之を了解する事が出来る」と書かれている。

社、一九五五年）に、「演劇改良運動の先駆は、末松謙澄の主唱により、外山正一、渋沢栄一が有力な後援者となつて、明治十九年八月に発起された演劇改良会であつた。会員には井上馨、穂積陳重、外山正一、和田垣謙三、依田百川、高木兼寛、矢田部良吉、矢野文雄、福地源一郎、藤田茂吉、桜井錠二、菊池大麓、箕作麟祥、森有礼、渋沢栄一、重野安繹、三島通庸、高崎五六、高橋義雄等が、賛成者には伊藤博文、岩倉具定、大隈重信、安田善次郎、大倉喜八郎、徳川昭武、田口卯吉、西園寺公望、三井養之助、陸奥宗光、鍋島直大、丸山作楽、前田利同、芳川顕正、松平忠礼、北畠治房、沖守固、都築声六、石黒忠悳、徳川篤敬、長与専斉、千葉勝五郎等がゐた」と記述されている。

要するに、この演劇改良運動は、ただ歌舞伎などの旧劇の改革を目的とするのみならず、日本の文化が、近代化の中でどのように変化していくべきかという、実に大きな問題であった。そのために、当時を代表する選りすぐりの人物たちが各界から参加したのである。

また、この運動の要点は、ごく端的に言えば、日本の「西洋」化の問題にもあった。そのために、幕末から明治にかけて、西洋を体験した人々の多くが関わっているのが特徴である。とりわけ、当時の西洋においても、多くの劇場を抱えていたロンドンを経験した人たちが関わっているのが興味深い。演劇改良運動とは、演劇をとおした、西洋及び英国文化の移入でもあった。

特使としての再訪

謙澄は再びロンドンに渡った。この時期の謙澄については、岡倉由三郎『呉岸越勢集』

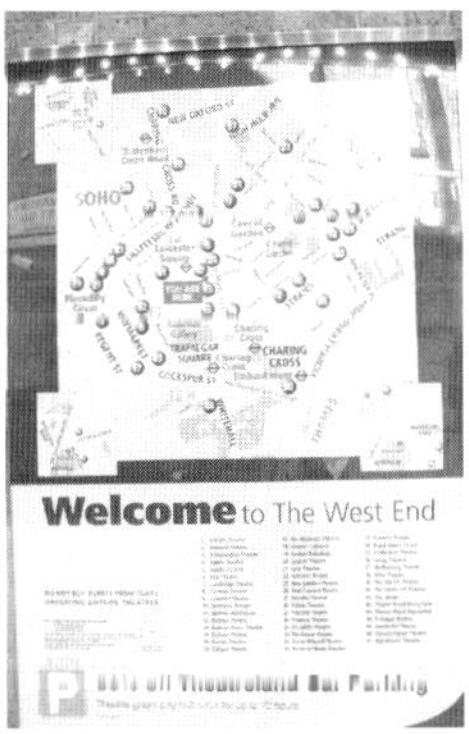

★ロンドンには、ウエスト・エンドと呼ばれる区域だけでも、現在、四七の劇場が存在する。写真は二〇〇七年に著者が撮影した街頭の劇場案内の看板地図。

（岡倉書房、一九三四年）に、次のように書かれている。岡倉がロンドンで画家の石橋和訓と会った際のことである。

　これは自分が英国に留学の砌、明治三十七年の冬から翌年の春へかけて大陸からロンドンへ舞ひ戻つてゐた頃、多分当時T博士を伴れて例の無遠慮な高笑で英京の社交会を賑はせてをられた末松謙澄氏の招待の席などで相客となつたと云つたやうな関係で先方は自分を覚えてをられたのだと思ふ。

謙澄は、一九〇四年、日露戦争に際し、再びロンドンに特使として派遣された。日本の立場の支持を訴えることが主な目的である。一九〇六年に帰国するまで、ロンドンの社交界で活躍する様子が窺える。

（真銅正宏）

★岡倉由三郎『呉岸越勢集』（岡倉書房、一九三四年）。同書には、「ケインブリッヂ大学にその頃在学中であられた小笠原長幹伯のこと当時前後してロンドンに留学生活をした夏目漱石氏の上やら、下村観山氏の上など、物語りはそれからそれと、古い夢の跡を辿」ったと書かれている。

矢野龍渓（やのりゅうけい）（1884-1886）――黎明期西洋移入の困難

★『明治文学全集』第一五巻（筑摩書房、一九七〇年）の口絵の矢野龍渓。

政治と文学と新聞

龍渓矢野文雄は、『斉武名士経国美談』（報知社、前篇一八八三年、後篇一八八四年）や『報知異聞浮城物語』（報知社、一八九〇年）という、いわゆる政治小説の作家として著名である。しかし、ここに留意すべきことがある。それは、幕末から明治初期にかけて、政治と文学とは、さほど截然と区別されるべき分類項目ではなかったという事実である。矢野の仕事を政治家や文学者という属性の範疇で括ることは困難である。

矢野は、慶應義塾に学んだ後、一八七六年に『郵便報知新聞』に入社し、一八七八年には官界入りし、大蔵省少書記官から、後には太政官大書記官まで務めたが、大隈重信の下野に従って、再び『郵便報知新聞』に戻った。一八八二年一月には同社社長となり、三月に結党された大隈らの立憲改進党にも参加した。この頃から多忙を極めたが、小説執筆をも思い立ち、翌一八八三年、古代ギリシャ史に材を採った『経国美談』前篇が出版されたことは先に書いたとおりである。それは矢野の広い世界観を示す作品空間をもっていた。

これに先立ち矢野は、「米国ノ紳士礼法及ヒ英国ノ男女礼法ト題セル二書ヲ対照輯訳シテ一部トナセシ」書である『英米礼記』（丸屋善七、一八七八年）を出版している。英米の風物を取り入れるには、先ずその基礎を為す人間の礼法からという矢野の考え方がわかる。

矢野は、西洋を移入するならば、根本的かつ実感的に移入すべきと考えていたようである。

このような西洋移入の準備期間を経て、矢野は、一八八四年四月二〇日、横浜港から西洋に向けて出発した。旅費については、「今世人物評伝叢書」の第二冊として出された、無何有郷主人（渡辺修二郎）の『大隈重信』（民友社、一八九六年）に「附録」として収められた「矢野文雄」という文章に、「明治十八年、欧米各国周遊の途に上る、当時の新聞（但し改進派の）記して曰く『矢野龍渓先生著述の経国美談前後二篇、印刷部数数万に上り、収益数万円に達し、今度先生其収金を以て海外に漫遊す、本邦著作を以て洋行を企つる者先生を以て嚆矢とす』と」と書かれている。

五月末、当時の多くのヨーロッパ訪問者と同様、マルセイユに上陸した矢野は、まずリヨンにしばらく滞在し、やがてパリに向かい、ここでもしばらく滞在した。「矢野文雄通報」の「第五」（『郵便報知新聞』一八八四年七月三一日）には、この時、フランスの外交官で、スエズ運河開掘を実現した大事業家「レセツプ氏」と面会したことが書かれている。

六月二五日朝、パリを出発し、夕刻八時頃ロンドンのチャリング・クロス駅に着いた。ここで、これから明治日本が手本とすべき政治形態について視察を開始したのである。ただし、初めて見たロンドンの印象は、次のようなものであった（「矢野文雄通報」第六、『郵便報知新聞』一八八四年八月一五日）。

市中の家並も巴里よりハ不揃なる上に巴里よりハ低卑に見ゆる家造り多し。且つ石炭臭きにハ困却せり。（略）清鮮の空気を吸ハんと独り地図を案じて近地のケンシントン樹園に至りしに樹木ハ茂鬱し居れども尚ほ濛々として烟を籠め炭臭きことハ免れ難

★ロンドンの街並みの鳥瞰図。確かにパリと比べて不揃いな感じがする（竹中式三郎編『世界一周写真帖』皇室写真帖発行所、一九二三年）。

く失望して帰り候程なり。夫故町々の家屋ハ皆黒みを帯び樹木の幹までも黒くなり居り申候。（雀迄黒く燻り居れり）且つ街上ハ日本抔とは比較にならねども亦た巴里と当地とハ比較にならぬ程懸隔して不潔なり。

しかしながら、その街の繁華な様子には驚いたようで、「英京の中央と覚しき市街本部（略）の雑沓ハ仏京の何れの部分に行くも多分及び難き程なるべし。流石ハ四百万人以上の大都府と思ハれ申候」（「矢野文雄通報」第六続き、八月一六日）とも書いている。

当時のイギリスは、ヴィクトリア女王の治世下にあり、またグラッドストーン第一次内閣の時代であった。王室と立憲政治こそは、日本が直接的に見本としうる体制であった。矢野のロンドンでの見聞は、『郵便報知新聞』に「龍動通信」として連載された。例えば一八八四年七月二二日発の「龍動通信」第二回（『郵便報知新聞』一八八四年九月四日～六日、八日、九日）には、同七月二一日に行われた選挙権拡張をめぐる大演説会について、ハイド・パークにおける七演説壇の演説の模様が実に詳しく記述されている。

一八八五年になり、イギリスでは、人民代表条例による新選挙法が成立し、これに基づいた総選挙が行われた。矢野はその様子を身近に観察することができた。また、春にはフランスとイタリアに旅行に出かけたが、ローマで病を得て、二ヵ月間この地で療養せざるをえなくなり、さらなるヨーロッパ視察旅行を取りやめロンドンに戻ったこともあった。

★ハイド・パークの野外演説の様子（仲摩照久編『世界地理風俗大系』第一〇巻、新光社、一九二九年）。

『周遊雑記』の周辺

一八八五年八月になって、弟の武雄がロンドンにやってきたので、同じ宿に招いた。後には森田思軒もロンドンにやってきたので、同じく一緒に暮らした。

矢野の宿は、一八八四年七月二日に発せられた前掲の「矢野文雄通報」第六続き（八月一六日）に「英京西区ホルブリー、クレスセント街第十一号舎に於て」とあるので、ここであったようである。翌一八八五年には、「龍動通信」の「七月三日発」（『郵便報知新聞』一八八五年八月一八日）に、六月三〇日の日付けで「英京北区にて」とも書かれているので、ここに移ったようである。ただし、通りや番地は不明である。

思軒は矢野の弟子で、矢野の『浮城物語』に掲げられた思軒の序には、「明治十五年の秋余東上して矢野先生の門を敲く」と書かれているが、実際にはこれが最初ではなく、一八七四年に、矢野が慶應義塾の分校である大阪慶應義塾の分校長であった頃、ここに入学しているので、この頃からのつきあいらしい。矢野が徳島分校の校長に移った際にも思軒は付き従ったという。後には矢野に誘われ、その秘書的存在として、一八八二年秋頃、『郵便報知新聞』に入社した。このことが先の思軒の序の「明治十五年」のことを指すものと考えられる。当時矢野は郵便報知新聞社の社長であった。さらに、一八八五年一二月二一日、思軒は、ロンドン滞在中の矢野の通信業務を助けるためにやってきたのである。

矢野には、ロンドン滞在中に執筆された、『周遊雑記』（報知社、一八八六年）という書物がある。その内容は、題名から想像されるような紀行文のようなものではなく、ヨーロッパ

★ロンドンの北、ハムステッドのハイ・ストリートの様子。一九〇二年頃（Clive & David Smith, *Hampstead Past & Present*, Sutton Publishing Limited, 2002）。

各国の風俗や商業、兵備や外交、政治の様子などを、東西文明の比較の観点から大局に捉え、これを列挙したものである。その「周遊雑記自序」によれば、この書はもともと一三箇条からなる予定であったが、「第六」まで書かれたところで刊行された。本文末尾にも、「周遊雑記上終」と書かれている。執筆の経緯は、「自序」によると「英国滞留中余ハ不幸ニシテ時々軽痾ニ罹リ自ラ執筆スルヲ難シタリシニ幸ニ家弟武雄氏ト同ク此ニ在ルアリ又森田思軒氏ノ近ク来着スルアリシカハ乃チ武雄氏ニ請フテ余ノ口述スル所ヲ筆記シ（略）八十余日ヲ積ミテ始テ是稿ヲ成スヲ得タリ然ル後思軒氏ニ請フテ其字句ヲ修正添削シ四月中旬（略）日本ニ郵送スルヲ得ルニ至レリ」といったものであった。

　このとおり、『周遊雑記』は、弟矢野武雄と森田思軒の協力により、ロンドンにて書き上げられたのである。矢野はもともと思軒に全幅の信頼を寄せていたようであるが、その関係は、ロンドンにおいてより強固なものとなった。また、弟武雄の協力も実に献身的なものであった。『日本文体文字新論』（矢野文雄、報知社発兌、一八八六年）の「明治十八年十月英国倫敦ノ客舎ニ識ス」と書かれた「自序」にも、次のように書かれている。

　一国ノ文字文体ハ国人ノ知識ヲ広ムルニ大切ノ者ナレハ海外ニ於テ是ノ事ニ付キ見聞スル所アルゴ（ママ）トニ時々其ノ要領ヲ箇条書キニ為シ（略）我カ国人ハ今方ニ文字文体ニ注意スルノ時ナルカ如シ凡ソ世事ハ機会ニ投スルコト大切ナレハ文字文体ニ関スル余ノ卑見モ今日ニ於テ之ヲ書送シナハ幾分カ我カ国人ノ参考ノ助ケトモ為ルヘシト思ヒ乃チ之ヲ略記シテ報知社ニ送ラント決シタリ幸ニ武雄氏当地ニ来着シ居レハ毎日二時間ツヽ同氏ニ筆記セシメ余ハ之ヲ口述スルコトヽ為シタリ

★自らも報知社から派遣されていた記者であった矢野は、ロンドンでさらにジャーナリズムの重要性を学んだものと想像される。この写真は一八七〇年のタイムズ社のオフィスである（Richard Tames, *City of London Past*, Historical Publications, 1995）。

この書は、『周遊雑記』が主として政治、経済、文学に触れたものであったのに対し、その文字と文体とに特化して、前著の補遺として編纂されたものである。ただし、時あたかも総選挙の時期であり、急いで出されたらしく、「自序」には、「余カ此書ヲ草セシハ方ニ英国総選挙ノ時ニシテ英国政治上ノ実況ヲ察スルハ余ノ本務ト為ス所ナレハ之ヲ見聞スルニ繁劇ナリシヲ以テ力ヲ此書ニ専ラニスル能ハス」といった言葉も見える。

どうやら矢野にとっては、政治視察が第一の目的として意識されていたようであるが、この文体や文字の問題についても、同時に強い興味を抱いていたことは確かであろう。

矢野が見て取った英国議会政治の肝要は、「公争」と「公議」にあった。『周遊雑記』には、「公争ノ仕組ト公議ノ働キトハ政治世界ニテ百善ノ源ナレハ之ヲ名ケテ立国ノ大本ト云フモ可ナリ設ヒ治国ノ細目タル枝葉ノ事務ハ整ハストモ此大本サへ立ツトキハ国政自然ト善ク行ハレ此大本カ立タザル(ママ)トキハ枝葉ノ細目ハ如何ニ整フトモ悪政多シ」と解説されている。これはいわば、国民の政治参加についての議論でもある。積極的に参加するためには、国民全てが見識を持たねばならない。その点に、文字や文体の問題も関わるのである。

やがて矢野は、思軒とともに一八八六年四月二九日から、ベルギーやドイツを旅行した。その後、思軒と武雄とともに、七月一日にリヴァプールからニューヨークに向けて出航し、帰国の途に着き、アメリカ合衆国経由で、八月一八日にベルジック号で横浜港に着いた。

★ロンドンへの出入り口の一つ、リヴァプール港のドック風景(福原麟太郎『新しい英国』吾妻書房、一九五四年)。

日本の西洋化への危惧と期待

さて、『周遊雑記』において、すなわち明治も未だ一九年しか経っていない時点において、矢野は、日本の西洋化について第二章「兵備及ヒ兵器等ノ事」に次のように書いている。

日本人カ西洋ノ器械、事物ヲ輸入スルモ常ニ十分ニ之ヲ利用スルコト能ハサルハ其ノ罪因、多クハ唯タ人ニ倣フノミニテ自ラ之ヲ其心ニ求ムルコト少キニ坐スル者ナリ（略）是ハ独リ兵事ノミニ限ルニアラス他ノ学術技芸共ニ我国人ノ患ハ唯タ人ニ倣フコトヲ競テ之ヲ己レノ発明ニ求メサルニアリ

これは、後の夏目漱石や永井荷風が指摘した、浅薄な西洋化への危惧を元とする文明批評の言説のさきがけと言えよう。また同様の視点は、日英同盟に関する文章にも見られる。

日本抔モ遠大ノ計ヲ為シ一二ノ強国ト連合シテ独立ヲ保タントスルニモ外国ノ助ケヲ借ルカ為メニ其ノ報酬トシテ彼ニ与フル所ノ品物ナクンハ如何ニシテ他国カ其力ヲ我ニ貸ス可キヤ今マ英カ目下ノ有様ノ日本ノ願ヲ納レテ連合シタリト仮リ定メヨ若シ日本ノ力ヲ以テ英国ヲ助ケ得可キノ場合ハ甚タ少ナキ者ナランニハ英国ハ詰マリ損アリテ益ナキ者ナリ

★トラファルガーの海戦で、ネルソン提督率いるイギリス艦隊の旗艦として戦ったヴィクトリー号。ポーツマスの軍港に保存され公開されている（仲摩照久編『世界地理風俗大系』第一〇巻）。

そのために、日本は、自らの「大ナル報酬」を作り出さねばならない、つまり、日本独自の交換価値を生じさせる必要があると述べたのである。やがて日本と英国とは、一九〇二年一月三〇日になって日英同盟を結ぶことになるが、これには、一八九九年に起こった義和団蜂起に端を発するいわゆる義和団事件という、清と欧米列国との紛争の講和に関し、日本が示した存在感が必要であった。矢野は、一五年以上も先を見通していたのである。

松葉卓爾（鶴巣）編輯、矢野龍渓校閲、森田思軒刪潤という奥付を持つ、『西俗雑話』（成文堂、一八八七年）という書がある。矢野自身の関わりの程度は不明であるが、当時のイギリスを始めとする西洋の生活がかなり具体的かつ世俗的に紹介されている。

> 西洋常用の茶は謂はゆる紅茶にて之に牛乳と砂糖とを混ぜて飲む事なり故に茶とさへ云へば必ず牛乳砂糖を調和せねバならぬものと心得余等が偶々日本茶を入れること抔あれバ下女は毎つも牛乳は如何、砂糖は如何、と尋ぬること常例にて牛乳も砂糖も不要なりと云へハ何か不審気な面色なり

右のような調子の書である。このように生活習慣や風俗が決定的に違うロンドンにおいて、政治体制や文化の側面において、理解できる要素を見出そうとすることは、考えてみれば、さほど容易なことではなかろう。矢野の政治と文学とにわたる文化の全面的移入は、想像以上に困難なものであったことがわかるのである。

（真銅正宏）

★アフタヌーン・ティーを楽しむ家族（ウィリアム・スウィート、飯島東太郎『英国風物談』大日本図書、一九一八年）。なお、この書の著者スウィートは、日本への出立の際、夏目漱石がロイヤル・アルバート・ドックまで見送った人物である。

水田南陽（みずたなんよう）（1897-1899）――翻案ミステリー小説と産業社会

消えたホームズ

富士、八島両艦回航に就て英国へ派遣したる社員水田栄雄氏は今や倫敦にあり、英皇即位六十年式祭の景況は勿論、目下世界の耳目を傾注せる土耳古、希臘の戦況の如きも、最も精細迅速に報道すべし

（『中央新聞』一八九七年五月九日）

これは『中央新聞』特派員、水田栄雄（えいゆう）のロンドン到着を最初に報じた記事である。とはいえ、彼の名前を知る読者はほぼ皆無だろう。その名はペンネームの南陽外史として歴史に登場する。日本でシャーロック・ホームズ・シリーズを紹介した最初期の翻案小説家として、である。

この謎の人物については、長谷川泉『続随筆明治文学』（春秋社、一九三七年）に詳しい会見記があるので、それを参照しながら彼の略歴を確認しておきたい。一八六九年に兵庫県淡路の鳶江（こもえ）に生れた水田栄雄は、大阪の英和学舎で学んだ後、立教大学校（立教大学の前身）に入学した。在学中の一八八九年に東京能弁学会に参加し、同会の主盟の一人、大岡育造に才能を認められ、一八九〇年前後に大岡の経営する『東京中新聞』（『中央新聞』の前身）に招聘されている。以後、約二〇年間を同社で働き（最終的には編集総長）、後に蔗糖業界の人

★水田栄雄は南陽外史のほかに水田南陽の署名も用いている。一九三七年に長谷川泉と対談した際には、自らの「履歴」を話したがらず、「探偵小説」の話になると「ひどく迷惑」な様子だったそうだ（長谷川泉『続随筆明治文学』春秋社、一九三八年）。図版は、コナン・ドイルが小説「まだらの紐」を初出誌 *The Strand Magazine* の一八九二年二月号に発表したときのシャーロック・ホームズ（左端）。この挿絵はシドニー・パジェットが担当している。

となった。彼は、探偵小説の先駆者、黒岩涙香とも交遊があり、一八九二年に涙香が『都新聞』を去る時には、代役に南陽外史を推薦したのだという。

その南陽外史の歩みは、一八九一年のエミール・ガボリヨの翻案に始まり、その後にフォルチュネ・デュ・ボアゴベも翻案している。言うまでもなく、この二人はフランス探偵小説史上の重要人物である。その後、水田は一八九四年に日清戦争へ従軍し、一八九七年に英国の地を踏んだ。それを機に南陽外史の翻案もフランスからイギリスへと転換し、日本に帰国した一八九九年五月から一連の英国ミステリー小説の翻案が始まるのである。長谷川泉は、黒岩涙香を除くと南陽外史が「新人連中のピカ一」で、彼のホームズの翻案は、日本の探偵小説が「フランス物から英国物にと移る一線を劃した」「探偵小説史上、重要視すべき一事実だ」と言っている（『続随筆明治文学』）。ちなみに、ホームズの翻案を連載中の一八九九年九月から、水田はアメリカ視察に出発し、さらにその翌年には義和団事件の取材で清国へ飛び立っている。彼はまさに国際派ジャーナリストでもあった。

話題をホームズに戻そう。周知のように、コナン・ドイルが長編小説『緋色の研究』で初めてホームズを描いたのは一八八七年のことだった。当初のホームズ人気は低調だったものの、短編集『シャーロック・ホームズの冒険』（原著一八九二年）などでロンドンっ子たちの爆発的な人気を獲得し、一躍スターダムにのし上がる。一方、日本で最初にホームズの名が現れたのは、無署名「乞食道楽」（『日本人』一八九四年一〜二月、原作「唇のねじれた男」）だと言われている。その後には、徳富蘆花「秘密条約」（『国民新聞』一八九八年九月七日〜一七日、原作「海軍条約文書事件」）と、無署名氏訳「血染の壁」（『毎日新聞』一八九九年四月一六日、原作『緋色の研究』）も発表された。

★イギリスから帰国した翌年、水田は義和団事件の取材で清国に向かった。図版はその際の記事の挿絵（南陽外史「籠城美談　北京の栄誉（十四）」、『中央新聞』一九〇〇年一〇月一日）。文中には「佐藤水兵重傷を忘れて英兵を救ひ帰り英公使お世辞を種に分捕銃を分捕の事」とある。

これに続いて南陽外史が登場するわけだが、彼の翻案が日本のホームズ受容史で異彩を放つのは、量と質の両面である。まず量だが、それまでの断片的な紹介と異なり、南陽外史は「不思議の探偵」の総題目の下で、短編集『シャーロック・ホームズの冒険』の全一二編をまとめて翻案したのである（『中央新聞』一八九九年七月一二日〜一一月四日）。ともかく、その記念すべき連載第一回の冒頭を引用しよう。

> 私は私の姓名を云はないで、唯独逸伯林の医学士と名乗り、私の友達を世界第一の大探偵と呼ふ、私と大探偵とが殆ど十年の永い間に、世界不思議の探偵を遂げた秘密の内には、笑ふ可きもの怒る可きもの、悲しむ可きもの驚く可きものなど、種々様々であるが、彼の世界を驚かした悪医栗生六郎の探偵事件も其内の一つである。
> 此時は未だ我々二人が共に独身で、伯林の麺麭屋街に下宿を為て居た時分であつた

何かの間違いと思うかもしれないが、ここに探偵ホームズの名前は登場しない。ホームズはただの「大探偵」と呼ばれ、ワトソンは「医学士」、舞台はドイツのベルリン、かのベーカー・ストリートは「麺麭屋街」だ。しかも、この翻案の題名は「毒蛇の秘密」となっているので、原作「まだらの紐」の核心部分がネタバレする危険もある。

だが、落胆する必要はない。当時の新聞読者はホームズの名など知らないのだから、当然、南陽外史もホームズという名前の権威に寄りかかる必要はなかった。彼が一番に目指したのは、読者にとって小説が面白くなることだ。しかも、南陽外史の翻案は、それ以前のものと質も異なる。例えば「ホームス君、君は何の用ありてこゝにといへば、声高しと

★南陽外史「不思議の探偵（一）毒蛇の秘密（五）」（『中央新聞』一八九九年七月一六日）の挿絵。中央にいるのが「大探偵」（ホームズ）、左側が「医学士」ワトソン。

制して」（「乞食道楽」）などの文と比べると、文章は格段に読みやすくなっているのである。そして、さらにご丁寧なことに、南陽外史の翻案の挿絵は、原作が初出誌 *The Strand Magazine* に掲載されたときの挿絵を、翻案（?）していたのである（図を参照）。

南陽外史の翻案については後で再び言及することにして、あと二点だけ補足事項を付け加えておく。第一点は、南陽外史がホームズに注目した理由で、それは「英国滞在中、日本の留学生達に向つて、近頃何か面白い小説が無いかときくと、それはドイルに限る」ということだったそうだ（長谷川泉『続随筆明治文学』）。もう一点は、南陽外史の滞在場所がロンドン西北部「キルバーン」だったことである（水田栄雄「英王在位六十年祭の実況」、『中央新聞』一八九七年七月二八日）。つまり、彼が地下鉄でロンドン市内へ移動する時にはベーカー・ストリートを経由する必要があった。その手には、きっと『シャーロック・ホームズの冒険』があったはずだ。その彼のロンドンに向かうことにしよう。

噫、日本！

冒頭で紹介した記事が報じたように、当初の水田栄雄の取材予定は三つあった。第一は当時イギリスで建造中だった二隻の軍艦（富士・八島）の視察、第二はヴィクトリア女王即位六〇周年の記念式典の報道、第三はトルコとギリシャの戦況報告である。軍艦については一八九七年五月のロンドン到着前に既に取材を終え、残りの二つも到着後まもなく取材が終わって、全て一八九七年の『中央新聞』に掲載されている（例えば、「清城の八島艦」四月二六日〜二九日、「皇艦富士試運転」五月五日〜六日、「英皇治世六十年祭の実況」七月二八日〜八月三日、「希

★小説「まだらの紐」のホームズ。右が初出誌 *The Strand Magazine* の一八九二年二月号の挿絵。左が南陽外史「不思議の探偵（一）毒蛇の秘密（十）」（『中央新聞』一八九九年七月二一日）の挿絵。

土の血戦」五月二七日〜六月二六日など）。水田が長崎河内丸に乗船して英国を去るのは、一八九九年一月のことで、イギリスで建造された軍艦東雲、叢雲の二隻とともに日本へ旅立っている（水田栄雄「叢雲及東雲万里之競漕」、『中央新聞』一八九九年四月一八日〜二〇日）。つまり、水田は早々に当初の目的を終えてしまい、ロンドンを出発するまでには膨大な時間が残されていたのである。

その後の水田の活動は驚異的だった。最初はロンドン市内で三井銀行ロンドン支店や英国議会を視察していたかと思うと、いきなりイギリス北部のシェフィールドに行き、再びロンドンに舞い戻ってダービー競馬やテムズ河造船所などを見た後、再度ロンドンを出発して、バーミンガム、マンチェスター、リヴァプール、グラスゴー、ニューカッスルと各地を訪問し、また再びロンドンに戻って、今度はウェストミンスター寺院で行われた国葬に参列したりしている（以上の旅程は『中央新聞』掲載記事の一部を連載順に配列している）。しかも、単なる紀行文ではなく、各取材地でのデータ収集も詳細で緻密だった。

それらの膨大な記事は、水田栄雄『大英国漫遊実記』（博文館、一九〇〇年）にまとめられた。同書から彼がロンドンの特徴について述べていた文章を紹介しよう。ある日、彼は「白鬼」（街娼）が出没するという「倫敦の芳原」ピカディリーで、この街の矛盾に憤り、打ち震えた。

貧富の懸隔、賢愚の差別、表面には献身慈善の美行、裏面には害毒罪悪の醜事、相関聯し相前後して、商業中心の倫敦市部に東部倫敦の貧民窟隣りし、左側の人家に死者あれば、忽ち右側に呱々の声あり、聖僧公園に説法すれば、白鬼聴衆中に客を曳く等、高低上下雲泥氷炭相容れざるものを、一日燎然最も相接近せしめて見る、是れ倫

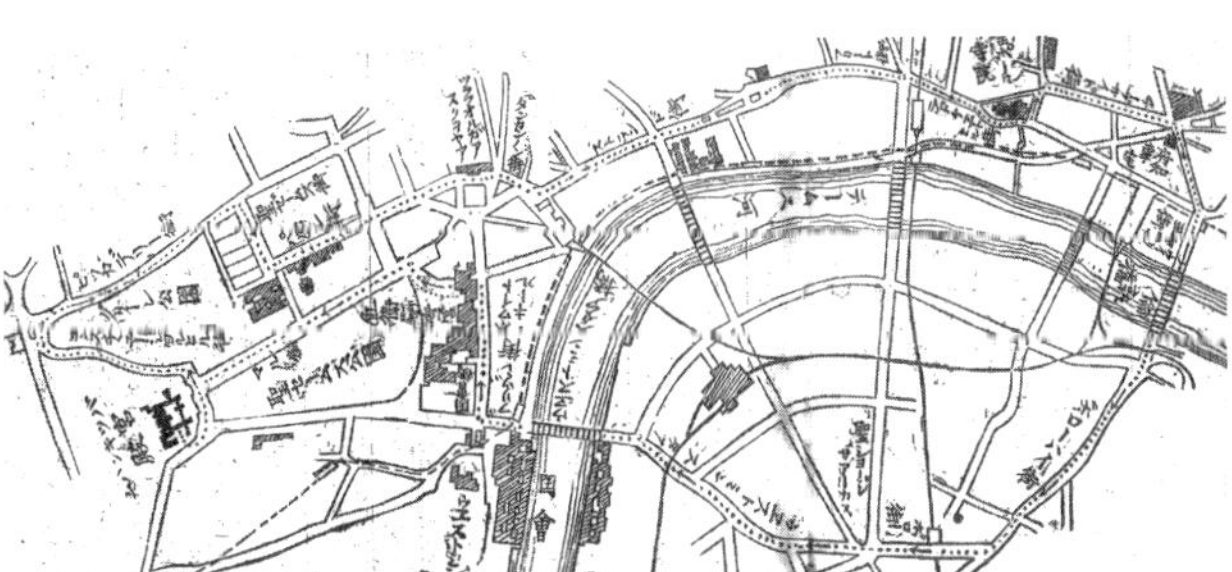

★水田南陽が渡英した主要目的の一つはヴィクトリア女王即位六〇周年記念祭ダイヤモンド・ジュビリーの報道だった。図版は、そのときのパレードの道順を解説したロンドン地図（水田栄雄「英皇治世六十年祭（七）」、『中央新聞』一八九七年七月二五日）。

敦が世界一の大都たる所以にして、思ひ返せば白皙人種も笑止の至り、白鬼も寧ろ憐む可きに似たりと、気の毒顔に夜行の婦人を打ち見やれば、悪魔は忽ち些少の心の緩みに乗ず、白鬼忽ち我前に顕はれ『ウエヤ、アー、ユー、ゴイング、ダーリング』(郎君何処へいらっしゃいます)咄！咄！咄！

白鬼の状態見届けて、其片腕を分捕りし、網も断くやと勇み立ち、我家に急ぐ行く手の方、小暗き街衢の傍らより、身の毛もよだつ皺枯声『郎君お待ち申して居ましたよ』

そう、結局は街娼に捕まったのだ。このように水田の文体は檄文調で滑稽味もあり、文語と口語を織り交ぜた戯作調ジャーナリストの一面がある。だが、忘れてならないのは、右の引用文冒頭の「貧富の懸隔」以下の文に顕著なように、彼が常に社会の弱者を凝視していたということである。

その一方で水田は軍艦マニアでもあった。彼は海軍担当の従軍記者として日清戦争に赴いており、軍艦への思い入れも熱い。先の軍艦富士の記事でいえば「潮に順ひ三十三分十九秒にしてスピツト浮標に達し十八節の高速を出す、斯くの如くにして往返航走六回六時間馬力一万六百二十五ログ十七節七一平均速力十六節八五を得たり」(「皇艦富士試運転」)と、他にも様々な角度から詳細に軍艦を語っていたのである。

しかし、彼はその軍艦への思いを遮断するような出来事に遭遇する。そのことはイギリス産業革命を象徴する都市バーミンガム——蒸気機関を発明したジェイムズ・ワットが活躍した地——で最初に語られた。水田が目を向けたのは社会の弱者である。「現時十五万

★ヴィクトリア女王即位六〇周年記念祭の様子。右が「女皇倫敦着御凱旋門通過の光景」、左は「聖ポール寺院中央塔の飾火」(水田栄雄「英皇在位六十年祭の実況」、『中央新聞』一八九七年七月二八日、八月一日)。

の職工は、白皙人種に生まれて黒奴に死し、男に非ず女に非ず、数十年来の労働は、十五万の人間を殺して、十五万の器械を育て上げたるなり」。この現状を目にして水田は次のように自らの過去を振り返る。「日清戦時従軍の戦争よりも恐ろしき哉」。そして、この悲惨な光景の背後に、自国民までも酷使する大英帝国の圧倒的な力を感じたのである。その力こそが「大英国の以て世界に雄飛する所以」なのだと。水田は、綿織物工業の中心地マンチェスターを訪問中に、次のように「東洋の英国人」（日本人）に警鐘を鳴らしている。

　噫東洋の英国人よ、世界の戦争は弾丸雨飛の陸海軍の戦争のみと誤想する勿れ、炭粉飛び吹雪散る平和工業の戦争程重且大なる戦争はあらじ、噫世界日本の外交家よ、世界の外交は布哇に軍艦を派し、机上日英同盟日露協商を論議するの裡にのみ存すと盲断する勿れ、

このようにイギリス国内を飛び回っていた水田は、その間に様々な人物とアポイントメントをとり、もう一つの計画に向けて準備をすすめていた。そして、帰国まで一年を切った一八九六年八月から、ロンドン在住の著名人との会見記が、次々に『中央新聞』へ掲載されたのである。その中から特に彼にとって特別な意味があったと思われる会見記を紹介しておきたい。『大英国漫遊実記』の最後を飾る二人の人物との会見である。

その一人が、元タイムズ記者でイギリス最初期の軍事通信員として知られるジャーナリスト、ウィリアム・ハワード・ラッセルだった。日清戦争に従軍した水田にとっても意中の人物だったはずだ。そのラッセルとの会見の最後で、水田は将来の日本の軍事通信員の

★水田は、英国の技術力に眼を見張っている。例えば、特別許可を得て、テムズ河の下を走る河底トンネル「ブラックウオール」の工事現場を見学した際には「古今世界を通じて工術の大勝利」と驚愕した。図版は水田米雄「河底の隧道」（『中央新聞』一八九七年九月二四日〜二五日）に掲載された河底トンネルの解説図と「河底隧道の技師長アレキサンダー、ビンニー氏」。

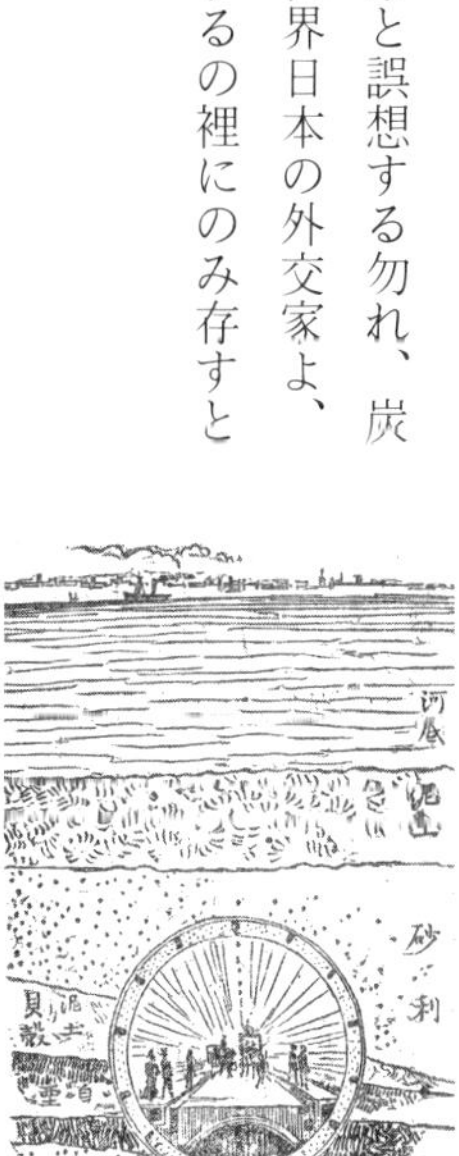

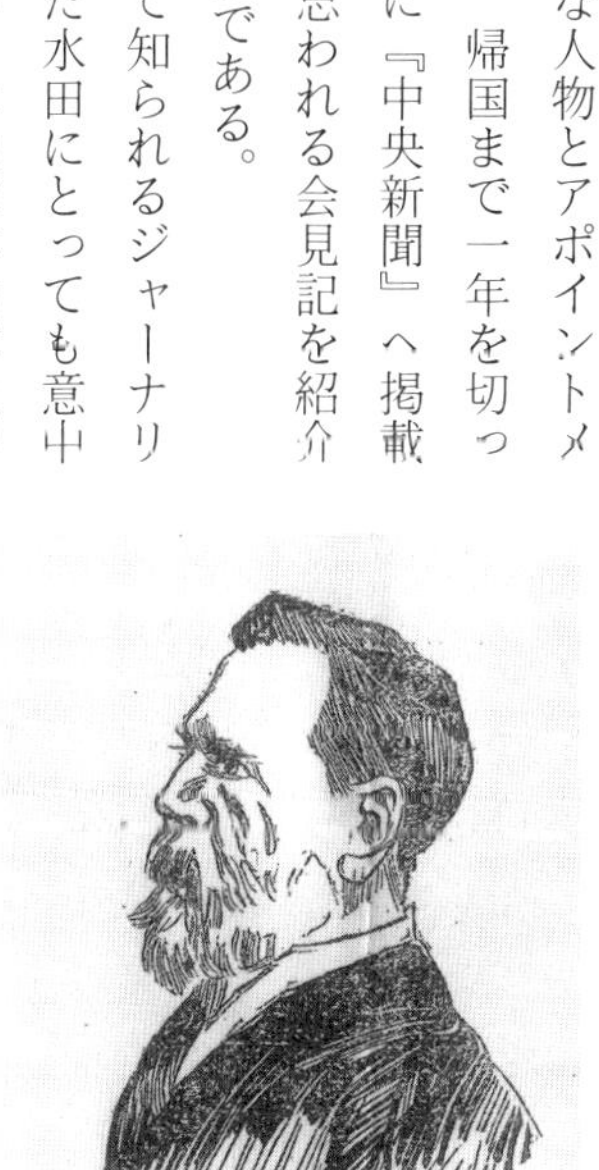

ために「一言の訓戒を与へよ」と言い、ラッセルは次のように答えている。戦場に立つジャーナリストは、そのままの現実を報道した場合、「軍隊政府国民の憤怒」を買うかもしれない。だが、それを恐れて「曲筆阿世の虚言者」となってはならない。「真理の戦場に出陣するもの須らく真理の為に戦死の覚悟なかる可らず」。この言葉を水田は感慨深く受け止めている。

もう一人の人物は、海軍改革や社会福祉の法整備を大衆に訴え、現代英国ジャーナリズムの基礎を築いたといわれる、ウィリアム・トマス・ステッドである。軍艦マニアで、社会の弱者に目を向けていた水田と関心が重なる点も興味深い。ロシアの「社会主義」と関係があり、「無政府主義」の「湧起」を饒舌に語るステッドに対して、一見すると水田は距離を置いているようにも読める。だが、ステッドの軽い語り口は『大英国漫遊実記』の中で一番親しみやすい。ステッドは「世界平和会議開設」について語った。「世界列国と同歩調の運動をするが好いぢやないか、君頼むよ」と。一点だけ推理しておこう。それは水田と同時期の『中央新聞』に幸徳秋水がいたことだ。この同僚からの影響をステッドとの会見には見ることができるかもしれない。

その水田は『大英国漫遊実記』で何度も「日本」と叫んでいる。彼のロンドン見聞録の締めくくりとして、その言葉を引用しよう。彼は連呼した。「噫大海知らざる井蛙日本（かへるのにほん）!」「起てよ日本!戦勝後を口舌にする曲学阿世の徒を坑にして起てよ」「醒めよ日本!起てよ日本!愧ぢよ日本!奮へよ日本!」。

★水田は、日英同盟に対する世論を調査するために、同盟論の主唱者チャールズ・ベレスフォード卿や、スペンサー・ウィルキンソンなど、各界の要人と会見した(日英同盟は一九〇二年に締結)。図版は「八百七十有余名の会員を有する倫敦日本協会の創設者」アーサー・ディオジー。ディオジーは作家ラフカディオ・ハーン(小泉八雲)とも親しく、英国王室の「名誉通訳官」でもあった(『大英国漫遊実記』博文館、一九〇〇年)。写真の日本語はディオジーの直筆と考えられる。

古今未曾有の大秘密

その水田が日本に帰国した直後、一通の奇怪な手紙が届く。宛名は「日本東京　南陽外史様」とある。

> 拝啓　貴下が西洋御漫遊中不図(ふと)或国の片田舎にて御日にかゝり日本を去つて二十余年振りに親しく日本の遷り変りを承はりひたすら日本の恋しく相成り候まゝ世にも不思議の私が身の上を鳥渡(ちよつと)お洩し申上候

手紙の続きを要約すると以下のようになる。この謎の送り主は、約二〇年前に日本を去った後、「古今未曾有の大秘密」を経験し、その後は家族五人で西洋の片田舎に隠れ住んでいる。しかも、実名や住所が公表されたら、「生命」の危険にさらされるというのだ。

この手紙の全文は、『中央新聞』(一八九九年五月八日)第二面の片隅の、「世界不思議の実歴譚」という小さな記事に掲載された。既にお気づきと思うが、これは読者を惹きつけるための、手の込んだフィクションである。数日後、この「大秘密」は南陽外史「魔法医者」として連載されるだろう(『中央新聞』一八九九年五月一五日〜七月一〇日、原作、ガイ・ニューエル・ブースビー『ニコラ博士』一八九六年)。新聞の小さな記事(手紙)に気づいた読者は、まるで探偵になったかのように、ドキドキしながら小説を読んだはずだ。ちなみに、ブースビーの原作も書簡で始まっているが、南陽外史はその虚構のフレームを突き抜けて、自分の名前を小説世

★水田は『デイリー・テレグラフ』紙の編集長サー・エドウィン・アーノルドとも会見した。アーノルドは来日経験があり、仙台出身の黒川玉子と結婚した。『亜細亜の光』(*The Light of Asia*, Roberts, 1879)などを発表した詩人としても著名である。図版はアーノルドと玉子(水田栄雄『大英国漫遊実記』博文館、一九〇〇年)。

界へと忍び込ませた。現実と虚構の境界線を不分明にし、読者を英国ミステリー小説の世界に引き込もうとしているのである。いわゆるメタ・フィクションの技法だ。

補足しておこう。この翻案小説の原作者ブースビーはオーストラリアに生れ、二〇代の頃に東洋を旅行し、その後はイギリスで多数の東洋ピカレスク小説を発表した。中国を主な舞台とする『ニコラ博士』はその代表作で、ニコラ博士がチベットのラマ教本山に伝わる蘇生術と不老長寿術の秘密を盗みに行く、というのが大雑把な筋である。原作では、ニコラ博士に雇われた英国人ブルースが作品全体の語り手となっており、最後にラマ教本山を脱出した博士とブルースは、やっと逃げ延びたロンドンでもラマ教一派の中国人に命を狙われ、住所を転々とすることになる。

ところで、少年時代に南陽外史「魔法医者」の愛読者だった西條八十は、後年『ニコラ博士』の翻訳まで行った（『世界大衆小説全集』第1期第7巻、小山書店、一九五五年）。その「訳者あとがき」で西條は、「魔法医者」が同世代の多くの支持をえていたと回顧し、大佛次郎、木村毅、片上伸の名を挙げている。そしてさらに「魔法医者」の魅力を「その舞台が当時日清日露の戦役でわたしたちに親しみ多かった中国大陸であったからだ」と語っていた。この感想には説明が必要だろう。ポイントは翻案である。南陽外史は、原作の語り手（英国人ブルース）を、日本人の三芳野文吾に改変していた。この翻案によって、主人公の日本人と、その命を狙う中国人（ラマ教一派）という構図が成立し、読者は虚構（「魔法医者」）を現実（日清戦争）に投影することが可能となったのである。先に西條八十が語った魅力はこの点にあった。このとき翻案は原作以上の強度を放ちはじめ、オリジナル（原作）とコピー（翻案）の上下関係は逆転されるだろう。

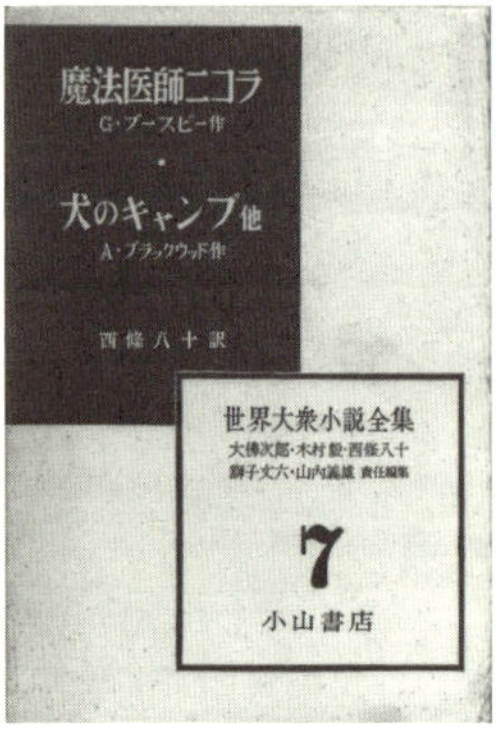

★西條八十訳「魔法医師ニコラ」を収録した『世界大衆小説全集』第1期第7巻（小山書店、一九五五年）の表紙（右）と箱（左）。

ちなみに、似たような設定は名探偵ホームズにもある。例えば、前述の「まだらの紐」では、英国の植民地インドから来た危険な「蛇」が殺人事件の鍵となるし、他のホームズ・シリーズでも植民地（オーストラリアやアイルランド）から〈悪〉が来るという設定は頻出する。そして、こうした観点から翻案小説「魔法医者」を批判することも必要にちがいない。だが、これらの権力構造は南陽外史にとってはむしろ二義的なことで、彼が重視していたのは読者をいかに楽しませるかにあった。彼の翻案を根底で支えているのは、植民地思想や帝国主義というよりも、読者の快楽が生れる場所なのである。最後にもう一度だけ南陽外史の翻案小説に戻ろう。

前述の「魔法医者」の最終回では、原作が数ヵ所改変されている。その一つが、主人公（先の謎の手紙の送り主）が西洋の片田舎に隠れ住む際、ニコラ博士から一冊の書物を贈られている点である。その本は「全世界中機敏無双の大探偵の実歴譚」だったとある。きっと読者は、この最終回で現れた謎の「大探偵」に惹きつけられたはずだ。そう、この直後に前述した「大探偵」を主人公とするホームズの翻案小説「不思議の探偵」の連載が、『中央新聞』紙上で始まるのである。

このとき、例えば前述の「毒蛇の秘密」に現れた「インド有名の最毒蛇」は、英国帝国主義という文脈から逸脱する。既に紹介したように、舞台が英国からドイツへ改変されていたからだ。インドの毒蛇は、ドイツという虚構空間で、イギリスにいたときとは別の、より怪奇な姿を読者の面前に現すだろう。

ジャーナリスト水田栄雄は英国各地を駆け抜けるように飛び回った。そして、翻案小説家の南陽外史は現実と虚構の境界線を次々と飛び越えた。恐らく、その恍惚とした越境空

★南陽外史「不思議の探偵（一）毒蛇の秘密（十一）」（『中央新聞』一八九九年七月二一日）の挿絵として描かれたインドの毒蛇。

間は、彼自身のロンドンでの読書体験とまっすぐに接続していたはずだ。奇しくも帝国主義と同じ軌跡をたどりながら、しかし南陽外史の翻案小説はその英国帝国主義さえも呑み込み、一つの小説から別の小説へと越境する。こうした小説の強度が、彼がロンドンから持ち帰った、もう一つの「古今未曾有の大秘密」だったのだろう。

（西村将洋）

★ロンドンの新聞街フリート・ストリート（*The Imperial Album of London Views*, Eyre & Spottiswoode, 1921）。水田栄雄『大英国漫遊実記』（博文館、一九〇〇年）には「フリート街」の「デイリー、クロニクル」や「デイリー、テレグラフ」などの訪問記も収録されている。

牧野義雄(まきのよしお)（1897-1923, 1927-1942）――長期滞在者が見た英国と日本

差別と貧困のサンフランシスコからロンドンへ

牧野義雄が英文学を学ぼうと、横浜からサンフランシスコ行きの船に乗ったのは一八九三年六月二九日のことである。外国人が英文学を学ぶ困難さを珍田総領事から指摘された牧野は、志望を美術に変更して、ジョン・ホプキンズ美術学校に入学する。それからの約四年間を彼はサンフランシスコで過ごした。一九一〇年に牧野がまとめた *A Japanese Artist in London*（Chatto & Windus）は、『霧のロンドン』（サイマル出版、一九九一年）という題で恒松郁生が翻訳している。この本で牧野は、サンフランシスコで受けた差別について次のように回想した。道路を歩いていると、唾をかけられたり、小石の雨が飛んでくる。市電に乗って座ると、横の女性が汚らわしいものを見るような目で睨みつけ、遠くの席に移動する。ケーブルカーで同級生に挨拶すると、顔をそむけられる。苦労して買った絵具と絵筆を、海に投げ捨てられたこともあったと。

パリ留学を決意した牧野義雄は、一八九七年一一月に紹介状を携えてパリの林忠正を訪ねる。しかし三年後のパリ万国博覧会の準備のため、林は帰国して不在だった。ジョン・ホプキンズ美術学校の先輩の井手牛太郎に相談すると、ロンドンに来いという。牧野は一二月八日にロンドンに到着して、井手と同居するようになる。貧困はともかく、差別に関

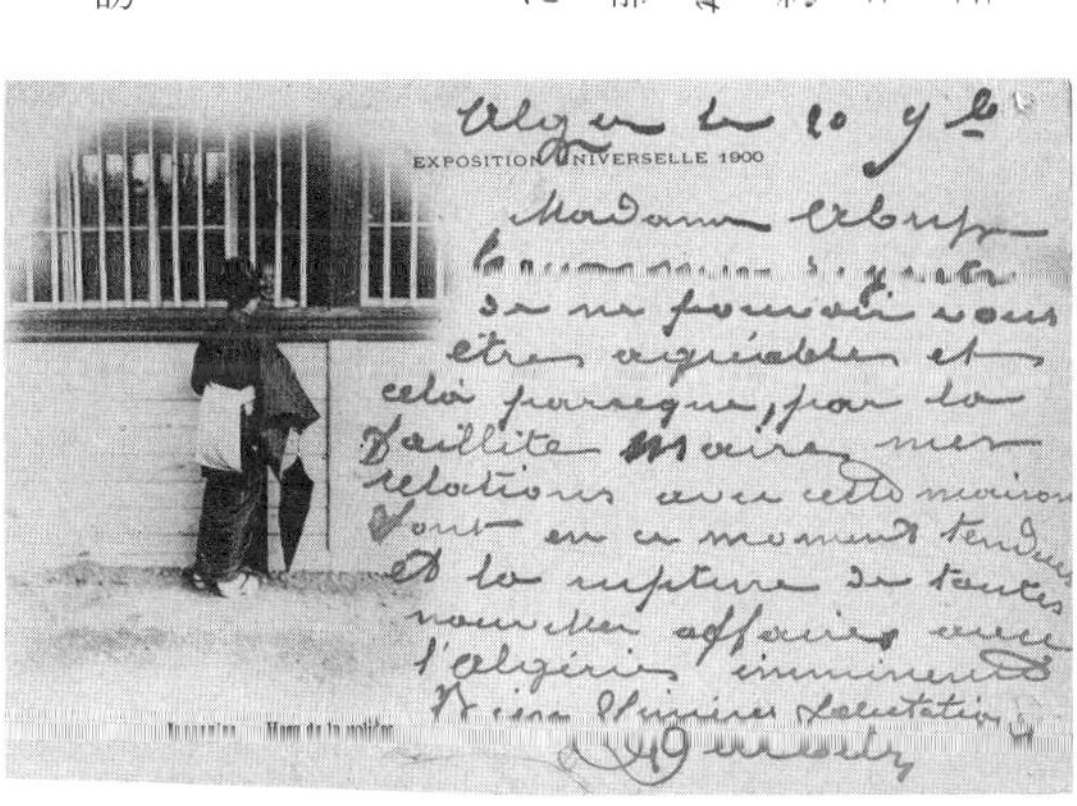

★一九〇〇年のパリ万国博覧会の使用済み絵葉書。着物姿で洋傘を手にした日本人女性の後姿が撮影されている。

していえば、ロンドンはサンフランシスコよりはるかに暮らしやすかった。『滞英四十年今昔物語』（改造社、一九四〇年）に牧野は、「当時の英国は今と余程異つて実に住み良い国であつた。私は排日の中心地から来た為に尚一層その感を深くし、この英国には人種軽蔑が全然ない事を知つて痛快に感じた」と記している。

もちろんイギリスに人種差別がなかったはずはない。『英国人の今昔』（那珂書店、一九四三年）で牧野義雄は、「印度では英人が印度人に対して残虐な事をする」というイギリス人の話を紹介している。牧野自身、「僕は着英早々今日に至る迄、君等が他の人種を軽蔑をしてゐる事は熟知してゐる」と、株式取引所の頭取を務めるスコットランド人に語りかけている。にもかかわらず「人種軽蔑が全然ない」という言葉が出てくるのは、それだけサンフランシスコでの差別が激しかったからだろう。また「当時の英国」と「今」を比較しているのは、渡英して約四年後の一九〇二年一月三〇日にロンドンで日英同盟協約が調印されたからである。同盟関係と敵対関係では、ロンドン在住日本人に対する態度が一八〇度変化しても不思議ではない。

パリほどの熱気はないが、ロンドンにもジャポニスムの波はやってきた。川上音二郎と貞奴は一九〇〇年のパリ万博の帰りにロンドンに立ち寄り、コロネット座で日本の芝居を初めて演じている。一九〇三年一二月にはベラスコの“The Darling of the Gods”（「神々の寵児」）という日本劇が上演され、牧野も舞台装置・衣装・メークアップを担当して大当たりになった。同じ頃に柔道家の谷幸雄は、寄席で拳闘家やレスラーを投げ飛ばし、警視庁や陸海軍の学校から招聘される。ただそれらの小さな日本ブームは、イギリス人と日本人との対等な関係のなかで起きたというより、「英人が吾人を可憐なる小国民と見做して恰も小

★桜井寅之助『欧米土産野鳥語』（東京宝文館、一九一八年）によれば、日本の軽業師はアメリカでもヨーロッパでも到る所で歓迎されていた。水晶宮見物の際に、桜井が日本の軽業師のもとを訪れると、広い住宅を構え玉突場まで備えていたという。また欧米では浮世絵の人物が「演劇的の動作を巧妙に発表して居る」と「驚嘆を博して」いて、アメリカの映画俳優のなかには錦絵を手本に研究する者もいたらしい。図版は、同書に収載された軽業師の「RIOGOKU FAMILY」。

児を愛する如く取扱つた」（『滞英四十年今昔物語』）結果のように見える。同じ柔道家でも大野大仏は、体格がいいため評判にならなかった。

西欧文明を基準にすれば、文明化が遅れている極東の日本。イギリスの文化とまったく異なる、ウキヨエやキモノ、ゲイシャやミカドの日本。大英帝国が支配する世界地図とは比べようもなく小さい国の小さい日本人。——そんな日本や日本人に対する保護者のような好奇心は、うさんくさい者への警戒心や差別意識と一対だろう。九一三年の夏に牧野は、リンコルン・ロスコー夫妻と田舎で避暑生活を送る。『滞英四十年今昔物語』によれば、来客の一人だったインド駐在イギリス陸軍将校の妻は、ロスコー夫人を庭の隅に連れていき、「あの日本人には御気を付けなさい。東洋人と云ふものは甚だ危険だから」と忠告したらしい。

もちろん陰口をたたく人だけでなく、明確な排日論者もいた。『滞英四十年今昔物語』によると、日本協会で牧野義雄の話を聞いたオーストリアの総督サージョン・マッコールは、自分が排日論者のチャンピオンになった理由をこう語ったという。オーストリアには日本人の紳士がいない。たまに紳士らしい人を見かけても、「私等が五歩進むと彼等は五歩退ひてしまふのです。それでは交際は到底出来ない。終には、こんなジヤツプどうでも勝手にせよと云ふ気が起つて、弥々益々日本人嫌ひになつたのです」と。島国の日本で西欧人と日常的に接していない日本人は、語学力の壁もあり、ヨーロッパでなかなかオープンになれなかった。そんな日本人ばかりを見てきたマッコールは牧野に出会って、日本人観が少し変わったのだろう。

排日論者を生み出す一因は、異文化を理解しようとせず、自国の文化のままに振る舞う

★イギリス人の会員が多数いる日本協会は、日英両国親善のために設置された機関である。『英米訪問実業団誌』（十一年会、一九二六年）によれば、チャールズ・エリオット英国大使が渋沢栄一に、両国実業家の関係を親密にしたいと提案し、それを受けて一九二一年一二月二〇日に日本の実業団一行がロンドンに到着した日本協会はその二日後に、ヴィクトリア・ホテルで歓迎の晩餐会を開いている。写真は、『日英新誌』第七三号（一九二二年一月）に掲載された晩餐会の様子。

態度にある。牧野義雄は『滞英四十年今昔物語』で、第一次世界大戦中から続々と訪れて、とても評判が悪かった「成金」日本人の姿をこう描いた。「或者はホテルのポーターをなぐつたとか、又或者はカールトンホテルの最上等室を取り、ドテラを着た儘応接室に出たり、又は室中の爐前でスルメを焼き、其煙が隣室に迄入つたとて、他の御客に小言を云はれたりした」と。彼らはホテルやレストランで、常識はずれの多額のチップをばらまいた。しかしカールトン・ホテルでもバークレー・ホテルでも、日本人の宿泊客は断るようになったという。

サンフランシスコに比べて差別の問題は薄れたが、貧困の問題は無名の青年を悩ませ続けた。ロンドン到着後から働き始めた日本海軍造船監督事務所が、一九〇一年三月に閉鎖されると、牧野はすぐに苦境に陥る。モーティマー・ストリートの鍛冶屋が営む安い下宿に移るが、絵は売れず、貧しい家主から借金する始末だった。『霧のロンドン』によれば、朝はわずかなパンとコーヒー一杯を口にする。昼は家主に申し訳なくて、下宿で食事をとらずに、町角で噴水の水を飲んだ。夕食もとれず、空腹のために眠れないこともある。くたびれた靴からは、穴のあいた靴下が見えていた。一九〇三年には『マガジン・オブ・アート』からイラストの仕事をもらえるようになったが、その直前には自殺を考えたこともあったらしい。

ロンドンの日本人とナショナリズム

一九世紀末〜二〇世紀初頭のロンドンでは、日本人数はまだ多くない。町で日本人同士

★画家の三宅克己は一九二〇年二月に四回目の洋行に出発した。『欧州写真の旅』(アルス、一九二一年)はそのときの成果である。写真のタイトルは「倫敦の浮浪人」。階級社会のイギリスでは、貧困にあえぐ下層階級の人々や、ホームレスの姿も目立っていた。

が出会うと、互いに脱帽をしていた。牧野義雄が「トテナム街」で老人に挨拶すると、着任したばかりの林董公使だったりする。牧野の周囲がしだいに賑やかになってくるのは、日露戦争が始まる一九〇四年頃からである。『滞英四十年今昔物語』によれば奥宗之進・原撫松・日高靖らがロンドンに来て、原は同じ下宿に同居している。土曜日には牛肉やネギを買ってきて一緒に牛鍋を囲んだ。ストーブで米を炊き、原が蕪菜を早漬けにする。日本人旅行者も少しずつ増えてきた。一九一一年八月には哲学者の井上円了が牧野を訪ねてくる。牧野は三日三晩にわたって井上の仏教講釈を聞き、その後ハイゲートにあるハーバート・スペンサーの墓に案内したという。

ロンドンで日本人はオープンでない分、日本人社会を作って、日本人のやりかたを持ち込んだ。そんな事例が『滞英四十年今昔物語』にはいくつも出てくる。初対面の林董は、牧野義雄の名前を知っていて、「公使館に来なハレ、何時でもよい、此頃暇だからなー」と誘ったらしい。実は林は水彩画と写真が趣味で、牧野と芸術の話をしたかったのである。ところが数日後に公使館を訪れると、受付をしている書記生の浮田郷次が「ナニ御前が公使に会ふと、ソンな事は出来ない」と、怒声を張り上げて帰れと言う。林が二階から降りてきて「さあ僕の部屋に来給へ」と呼びかけた途端に、「牧野サン、公使の仰せで御座ります、さあこれへ」とがらりと態度を変えた。権威をかさに着た居丈高な態度は、日本国内での態度のコピーだろう。

サージョン・マッコールも出席していた日本協会での牧野義雄の話は、日本とイギリスの文化の違いを「戯談」として語ったもので、満場の喝采を浴びたらしい。ところが日本大使館の渡辺書記官は、「馬鹿な事許り言ふた」とかんかんに怒った。後に牧野がロンド

★牛鍋は、日本人が故国の味を懐かしむポピュラーな食べ物だった。写真は、尾崎行雄『外遊断想』（中央公論社、一九二四年）の「浅間丸甲板上に開かれたすき焼の饗宴」。左端から二人目が尾崎である。

ン大学東洋部で講演してから、日本総領事館で総領事たちと談笑していると、渡辺が来てこんな暴言を吐いたという。「日本協会でつまらん馬鹿話やなぞをしやがつて。（略）又此頃倫敦大学で東西哲学の比較等大きな事を言やあがつて、海軍事務所で筆生等をして居つたくせに、こんなやつに戦地に行く証明書等が渡せるものか」と。実際、第一次世界大戦下のフランスで戦場をスケッチしようと、日本大使館に証明書の交付を申請したときに、この書記官は断固として交付に反対したのである。

ロンドンで功成り名遂ぐための権謀術策にも事欠かない。ロレンス・アーヴィングがヘイマーケット座で「大風」という日本劇を上演したときに、「シェコーと云ふ日本人」が父の病気で帰国を余儀なくされ、アーヴィングが代役を頼んできた。「彼の父君S先生はシークスペーアを訳し、（略）僕も日本に居た時、先生の『書生気質』を読んだことがあつた」という一節から分かるように、「シェコー」とは坪内士行。劇場で坪内に紹介されて挨拶すると、彼は「顔をそむけて無言で舞台の後に」行ってしまう。この話には後日談がある。一九一三年一二月にハーバート・ビアボウム・トリーが日本劇"The Darling of the Gods"を再演したいと、下稽古の監督を依頼してきた。ところがトリーのところにこんな手紙が届く。「あなたは数年前、日本劇を演ぜられ其節は或日本人が其下稽古の監督をしたと云ふ事を聞きました。（略）或人は色々悪評をしたとも聞きます。今度又同じ日本劇を演ぜられるのなら、可成完全ならん事を希望に堪へません」と。要するに自分が監督をしたかったのである。

一九一四年に野口米次郎がオックスフォードで講演したときには、駒井権之助が牧野義雄を訪ねてきてこう言う。「英語の発音が悪いから何を云ふて居るのか聴衆には少しもわ

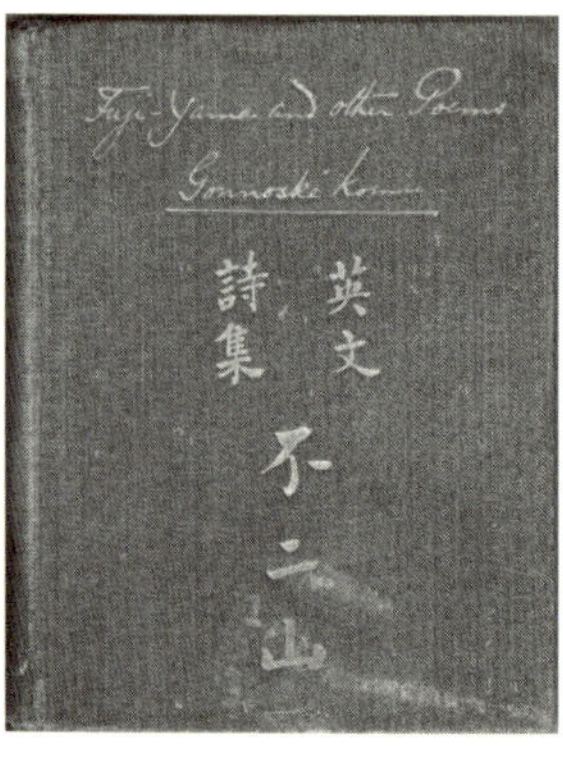

★駒井権之助はロンドンの日本人社会で、詩人として知られていた。図版は、駒井の『英文詩集不二山』（The Eastern Press）。刊行年は未記載だが、この本の扉には謹呈先と共に、「London, Sept: 1934」という自筆の書き込みがある。

からなかつた。（略）牛津の教授等はこんな厄介者と云ふて彼の荷物を皆門前に投げ出した」と。駒井の話は信用できないと、牧野は彼と絶交する。この話にも後日談がある。ある日、日本協会のディオジーが来てこんな話をした。「私は駒井様には大変困つてしまひました。野口様が牛津で演説をなされましたから、自分はケンブリッジで演説せねばならぬ。其御世話をする様と云ふて私の所に再三御手紙を書かれました」と。

ロンドンの日本人社会と、牧野義雄はときおり衝突した。ロンドンで牧野と三年間同宿していた原撫松は、帰国後にこんな手紙を寄越したという。「君はまあ帰朝せん方がいゝ。日本の社会は仲々うるさいよ。君の想像には到底も及ぶまい」と。衝突の一因が牧野の直言であることを、原は見抜いていた。本来の性格に加えて、イギリスに長期間滞在するうちに、牧野と日本文化との間には、大きなずれが生じていたのである。牧野自身『英国人の今昔』のなかで、「人に対面して直言するのがこの国のスポーツと成つてゐる」と述べている。

ただ牧野義雄がイギリス文化を基準にして、日本文化を批判したわけではない。『霧のロンドン』に牧野は、イギリス人の口から孔子・孟子・老子の名前が出たときに、とてもうれしかったと記している。牧野の父は中国古典思想の研究家で、「いま名前の出た思想家たちの考え方と、武士道とにもとづいて育てられた」からである。また牧野は「人びとがミカド（天皇）を敬愛する国、日本に生まれた私は、英国人が国王に対して非常に忠実なことがとても心地よい」とも書いている。一八九三年に故国を後にした牧野は、二〇世紀前半の日本人に比べて、古い日本を純化して保持していたように見える。それは異郷にあるが故に、逆に強靭な物差しとなっていたのである。

★三宅克己は一九一〇年にロンドンを訪れたとき、ロンドン在住の画家・松山忠三と一緒に、牧野義雄のアトリエを訪問した。『欧州写真の旅』には「倫敦で苦学中領事館員初め在留日本人の無情さに引替へ、英国人の親切と同情深いことは、忘れられぬと何時も話される。そんな事で日本人を敬遠するやうになり、今では余程な縁故でも無くば日本人には容易に面会も為ず」という牧野の様子が記されている。写真は、三宅が撮影したナショナル・ギャラリー前の風景。

だから一九三七年八月一三日に上海で、日本海軍の陸戦隊と中国軍の戦闘が始まったとき、牧野義雄は「英国の新聞雑誌が口をそろえて『上海爆撃』『日本の暴逆』等と、彼等の心中にも無きことを書き立て、正々堂々たる吾皇国を侮辱して居る」(『滞英四十年今昔物語』)と書かざるをえない。ロンドンでは排日熱が一瞬のうちに広がっていった。一九四一年一二月八日にはイギリスに対して宣戦の詔書が出る。同月二五日には香港のイギリス軍が日本軍に降伏した。もはやロンドンの日本人は、牧野がイギリスに渡った直後のような同盟国人ではなく、敵国人である。牧野が引き揚げ船の龍田丸で日本に帰ってくるのは、その翌年の九月二七日のことだった。

霧のロンドンの水彩画家

アメリカからイギリスへと大西洋を越えたとき、牧野義雄はまだ無名の画学生にすぎなかった。一八九八年三月一日にサウス・ケンジントン芸術科学学校に入学した牧野は、午前中は日本海軍造船監督事務所で働きながら、午後のクラスで木炭画を学んでいる。その後、ニュー・クロスのゴールドスミス美術学校で人物画を勉強したり、ロンドン中央美術学校に在籍したが、画家としての未来が開けてきたわけではない。一九〇一年三月に造船監督事務所が閉鎖されてからは、絵のモデルをしたり、墓石のデザインをするなど、糊口を凌ぐことに追われていたのである。

牧野義雄が画家になるための修業を積んだのは、美術学校だけではない。常にスケッチブックを携えて、駅や劇場やレストランなど、都市のさまざまなスポットでスケッチを繰

★『航空朝日』一九四二年三月号に掲載された「香港の敵機壊滅」の一枚で、斎藤特派員が撮影した。場所は香港啓徳飛行場で、右に日本軍の空襲によって破壊されたダグラスDC二型輸送機の残骸が見える。

り返した。『霧のロンドン』によれば、軽食堂でランチを食べるときも周囲の客をスケッチしている。友人は腹を立てて中止を求めたが、牧野は聞く耳を持たなかった。ガールフレンドが日曜日の教会に誘ってくれたときも、聖書の中身を破り取り、スケッチブックを挟み込んで、教会の様子をスケッチしている。二人の友情はあえなく終わりを告げた。記憶を頼りに絵を描く練習も積んでいる。人々の動作の観察に夢中になり、街灯に衝突したり、子供を突き飛ばすこともあった。九年ほど練習を続けた末に、一度に二〇人の姿を記憶できるようになったという。

牧野義雄の生活の窮状を救ったのはマリオン・ハリー・スピルマンだった。仕事もなく厭世的になっていた一九〇三年に、雑誌『マガジン・オブ・アート』の編集部を訪ねると、スピルマンが絵を購入してくれる。『滞英四十年今昔物語』によると、スピルマンに会って勢いがついた牧野が、次に『イングリッシュ・レヴュー』を訪問すると、記者が霧中のトラファルガーの墨絵を買ってくれた。その絵を見た水彩画家レジナード・バラットの推薦で、『ブラック・アンド・ホワイト』誌から毎週一枚のスケッチを頼まれる。『マガジン・オブ・アート』に牧野の絵と履歴が掲載されると、『タイムズ』や『デイリー・メール』などの新聞にも取り上げられた。

イギリスの画家で最もよく知られているのは、光や大気の現象を描いた一九世紀のジョゼフ・ターナーだろう。霧の絵で有名になる牧野義雄を考えると意外なことだが、彼は最初ターナーが嫌いだった。ナショナル・ギャラリーで原撫松に語った牧野の台詞が、『霧のロンドン』に出てくる。「トラファルガー海戦の絵を見てごらんよ。彼の人物の描き方ときたら！ ネルソンの格好を見ろよ！ デッサンがひどすぎる！ 一〇歳の子供だって、

★Yoshio Markino, *The Colour of London* (Chatto & Windus, 1907) に収録された牧野義雄の「Sepia Drawings」のうちの一点「Trafalgar Square by Night」。

もっとましな絵を描く。ターナーは本当にひどいペテン師だ」。そんな牧野の目を開いてくれたのは原だった。ターナーの素晴らしさを毎晩のように語り続けた原は、牧野をテート・ギャラリーに連れていく。霧の絵を描き始めていた牧野は、閉館時間まで我を忘れてターナーに見入ったのである。

牧野義雄が画家としての地位を確立したのは、W・J・ロッティの*The Colour of London*（Chatto & Windus, 1907）の刊行によってだろう。この本に牧野は六〇枚の挿絵を入れて、"An Essay by the Artist"を収録した。同時にヘイマーケットのクリフォード・ギャラリーで原画展覧会も開いている。出版が決まったときはうれしかったようだ。『滞英四十年今昔物語』に牧野は、「下宿へ飛んで帰つて、このことを原君や、奥、日高君らに知らせると、彼等もまた我事のやうに喜び、例の手製の牛鍋に酒までそへて、その夜は歌つたり踊つたりした」と記している。

牧野義雄が*The Colour of London*に書いたエッセイは、恒松郁生の訳で『霧のロンドン』に収録された。このエッセイで牧野は、自分がどれほどロンドンの霧を愛しているかを熱をこめて語っている。特に好きだったのは一一月で、「町全体を包む濃い霧がすべてを、神秘的で絵のように美しい光景にかえる。濡れた歩道にすべてが映し出され、まるで町全体が湖の上に浮かんでいるようだ」と記した。この霧をどのようにキャンバスに描くことができるのか。霧を観察するため、牧野は昼夜を問わず歩き続けた。一二時過ぎに家を出てから、夜明けまで歩くこともあった。それでも「その印象を紙に描きとめようとすると、いつも絶望感に襲われた。自分が見たままのロンドンの霧を紙に描くことができない」と彼は吐露している。

★*The Colour of London*の表紙。牧野義雄は刊行当時の生活について、「出版社の好意で、前金としてなにがしかの金を週単位でもらいはしたものの、家主のおばさんへの借金は残っていたし、毎日乗合馬車に乗るだけの金はなかった。だから、どこであれスケッチをしにいくときはいつも歩いていった」と『霧のロンドン』（恒松郁生訳、サイマル出版会、一九九一年）で回想している。

本書口絵の図版は「Night: Lights in Piccadilly Circus」と題された絵で、*The Colour of London* の口絵に使われている。ライトが映し出す、人々や馬車で混雑するピカディリー・サーカスの夜景は、霧に包まれて、すべてがシルエットにすぎないような幻想的な空間になっている。牧野義雄は『霧のロンドン』でウェストミンスター・ブリッジの霧の光景を、「街灯が円い光をそこになげかける。女たちの白いドレスと男たちのシャツの白い胸元が暗闇の中に映える。並んで歩くそのさまはまるで軽やかに飛ぶ蝶のようだ。これほどまでにロマンティックな光景が、ほかのどこで見られようか？ パリでも、ローマでもないことは確かだ！」と表現した。この言葉はそのまま、ピカディリー・サーカスの夜景にも適用できるだろう。

牧野義雄が描いたのはただの霧ではない。それは二〇世紀初頭のロンドンの霧に他ならない。『滞英四十年今昔物語』によれば原撫松は帰国後に、日本は空気は非常に鮮明なので、牧野が帰国しても日本の風景は当分描けないだろうと、手紙を寄越したという。牧野も後にニューヨークに行ったとき、今までのやりかたでは水彩画が描けないという体験をしている。ロンドンで牧野はワットマンの厚い紙を水中に一時間浸して、濡れているうちに描いた。紙はロンドンで一時間は乾かなかったが、ニューヨークでは三〜五分で乾いてしまう。またロンドンの霧は「羅紗」のようだが、ニューヨークの空気は「水晶」のように濃厚だった。いまロンドンのピカディリー・サーカスに行くと、都市景観はまるで違っている。一〇〇年前のような霧も見られない。牧野義雄の表現を成立させたコンテクストは、歴史の彼方に眠っているのである。

（和田博文）

★ *The Colour of London* に収録された牧野義雄の「Spring Mist, Westminster Bridge」。

夏目漱石（1900-1902）——不愉快で貴重な二年

世紀の変わり目

夏目漱石は、一九〇〇年五月一二日、英語研究のために、文部省第一回給費留学生として二年間のイギリス留学を命ぜられ、同年九月八日、横浜港をドイツ汽船プロイセン号で出帆した。寺田寅彦が見送りに来ていた。同行者は国文学者の芳賀矢一、ドイツ文学者で第一高等学校教授の藤代禎輔（素人）、農学者稲垣乙丙、陸軍軍医の戸塚機知の都合五名であった。ナポリに寄り、ジェノヴァで上陸し、ここから汽車でパリに着いたのは一〇月二〇日のことであった。ちょうど開かれていたパリ万国博覧会を文部書記官渡辺董之助などの案内で見学し、画家浅井忠とも会っている。一〇月二八日に船でロンドンに渡り、その日のうちに、第一の下宿とされる仮の宿ガワー・ストリート七六番地に入った。

漱石がイギリスに滞在した一九〇〇年から一九〇二年の時期は、英国史においても、また日英関係においても激動の時代であった。一九〇一年一月二二日にヴィクトリア女王が亡くなり、一九〇二年一月三〇日には日英同盟が調印され即日施行された。

また個人的にも大きな節目の年であった。親友であり、『ホトトギス』のロンドンからの通信の宛先ともいえる正岡子規を失ったのである。その心の痛手は想像に余りある。

漱石はロンドンで計五つの宿に滞在した。第一の宿こそ大英博物館のすぐ近くにあった

★福原麟太郎『新しい英国』（吾妻書房、一九五四年）の挿入写真のヴィクトリア女王。同書には、「この女王が亡くなった時、すでに余り長い治世に、いくらか飽き気味であったと評されていた英国人も、粛然として襟を正し、重要なものを喪失した悲しみに打たれたことは、ゴールズワージーの小説にもカワードの劇にも書かれていることである」とされている。

が、それ以後はロンドンの中心からはやや離れた地域にあった。それはちょうど漱石とロンドンとの距離感を反映しているかのようである。漱石はロンドンを、周辺部から眺めた。

漱石が帰国のためにロンドンを出発したのは、一九〇二年一二月五日のことである。ロンドンで日本郵船の博多丸に乗船し、翌一九〇三年一月二三日、神戸港に到着した。二年あまりにわたる漱石のロンドン滞在は、明治期の日本人の西洋との関わり方の特徴を、周縁的に、またアイロニカルに、我々の目の前にあぶりだしてくれるであろう。

五つの宿と交友関係

ロンドンの五つの下宿における、漱石の不愉快ながら貴重な体験を概観しよう。

まず第一のガワー・ストリート七六番地の下宿は、今も当時の姿を留めている。漱石がいた頃は扉であった入り口が、今は壁となり使われずに閉ざされている。大塚保治に紹介されたとされてきたが、末延芳晴は、大塚の依頼で大倉組の門野重九郎が斡旋したとしている（『夏目金之助ロンドンに狂せり』青土社、二〇〇四年）。この宿はロンドン大学や大英博物館の図書室にも近く、ロンドン生活を送るには絶好の場所だったはずである。しかし漱石は、ここにはたったの一五日間しかいなかった。理由は単純で、本を買いたい漱石には、ここの下宿代では、経済的にもたないからである。

一九〇〇年一一月一二日にウェスト・ハムステッドのプライオリ・ロード八五番地のミス・ミルデ（Miss Milde）の家に移った。『永日小品』（『東京朝日新聞』一九〇九年一月一日～三月一二日）の中の「下宿」という文章に、「始めて下宿をしたのは北の高台である。赤煉瓦の小

★ガワー・ストリート七六番地　現在はドアが壊され、壁になり、入り口は左の七八番地に合併されたようで、このドアに七六と七八の数字が見える。写真は二〇〇五年に著者が撮影。ここはロンドン大学からも大英博物館からも近い。

じんまりした二階建が気に入ったので、割合に高い一週二磅(ポンド)の宿料を払って、裏の部屋を一間借り受けた。其の時表を専領してゐるK氏は目下蘇格蘭(スコットランド)巡遊中で暫くは帰らないのだと主婦の説明があった」と書かれている。この「K氏」が、後の鉄道官吏および実業家で、禁酒運動家としても有名な長尾半平と考えられている。例えば一一月一五日の日記には、「終日長尾氏と話ス」とある。長尾は台湾総督府に勤めていたが、総督の後藤新平によって洋行に出してもらい、一九〇〇年四月からロンドンに滞在していた。長尾の「ロンドン時代の夏目さん」（『漱石全集月報』第五号、『漱石全集』別巻、岩波書店、一九二八年）によると、「時間や金の制限なしに来てゐた」とのことである。『永日小品』の中の「過去の匂ひ」にも記述が見られる。ただしなぜ「K氏」と呼ばれたのかは不明である。小宮豊隆は、『夏目漱石』（岩波書店、一九三八年）の中で、「中に出て来るK氏は、この時一緒であった長尾半平と、後の下宿が一緒であった田中某とが、一つの人物に搗き交ぜられてゐるのではないかといふ気もするが、精しい事は分からない」と書いている。「田中某」とは後に述べる田中孝太郎のことで、頭文字からそう推測したのかもしれない。

　長尾の「ロンドン時代の夏目さん」には、この宿について、「ロンドンの西郊にあって、主人はドイツ系の人で、市中に洋服店を開いてゐた」「オールドメードが一切の世話をしてゐたが（略）その主人が、パパと呼ばれてゐた」と書かれている。出口保夫、アンドリュー・ワット『漱石のロンドン風景』（研究社出版、一九八五年）によると、実際の主人は、ロンドンの有名洋服店を経営するマイルド商会のフレデリック・マイルドであった。

　第三の下宿は、キャンバーウェル・ニュー・ロードのフロッデン・ロード六番地にあったブレット家であった。漱石はここに一九〇〇年一二月二二日前後に引っ越し、ここから、

★石井満『長尾半平伝』（教文館、一九三七年）の口絵の一九〇〇年当時の長尾半平。キャプションには、「欧米出張中ベルリンにて」とある。なお、同書には、「ロンドンにて漱石と交わる」と題した記述も見える。

55a Gloucester Place, Portman Square にあるクレイグ先生のもとに教わりに通った。

漱石は一九〇一年二月九日付けの狩野亨吉、大塚保治、菅虎雄、山川信次郎宛の書簡において、「東京の小石川といふ様な処へ一先づ落付たすると此家がいやな家でね——且つ頗る契約違背の所為があつたから今度は深川のはづれと云ふ様な処へ引越した」と書いている。実際、フロッデン・ロードは、シティと呼ばれるロンドン中心部などから見れば、東京の隅田川における深川同様、テムズ河の川向こうにあった。ここには、パリから漱石の高等学校時代の国文学の先生であった池辺義象（旧姓小中村）が訪れたことが、鏡子宛の手紙（一九〇〇年一二月二六日付）に書かれている。ここに下宿していたのが、前述の田中孝太郎である。田中は一八九九年に渡米し、その後ロンドンに移ってロンドンの貿易会社サミュエル商会に勤務していた。横浜にも支店があり、その支配人は田中の父であった。漱石の日記によると連れ立って芝居にもよく足を運んでいる。一九〇一年三月一七日にはともにキュー・ガーデンの植物園と宮殿にもでかけている。なお田中については、「倫敦消息」（『ホトトギス』一九〇一年五月）にも詳しく書かれている。

次の引っ越しは漱石が望んだものではなく、ブレット一家がトゥーティング・グレーヴニーのステラ・ロード五番地（現在は一一番地）に一九〇一年四月二五日の午後引っ越したことにともなってのものであった。ロンドン中心部から最も遠いこの地は、とにかく気に入らない場所だったようで、移った当日の日記に、「聞シニ劣ルイヤナ処デイヤナ家ノリ永ク居ル気ニナラズ」と書き付けている。これが第四の下宿である。

しかしここも楽しみはあった。漱石は化学者池田菊苗を下宿に迎え、毎晩のように楽しく話し込んでいる。池田は「味の素」の発明者であるが、文学や哲学などにも造詣が深く、

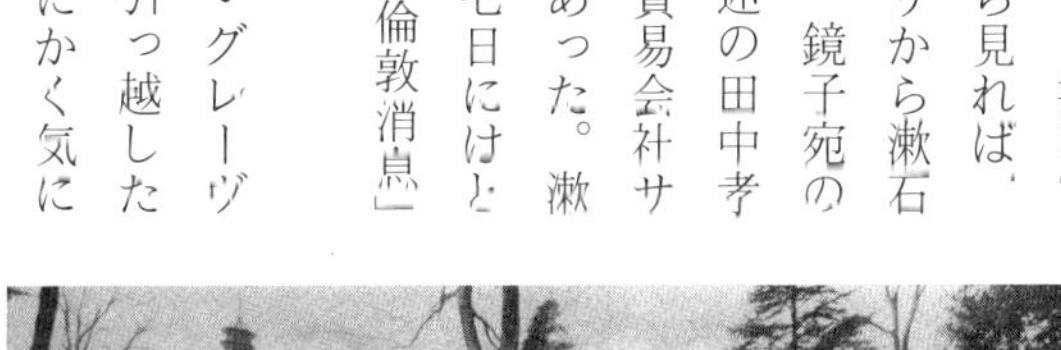

★キュー・ガーデンの庭園（上）と温室植物園（下）。一七六二年に完成した六角形の十重塔パゴダも見える（都河龍編『世界一周名所写真帖』婦女界社、一九一一年）。

漱石もその多岐にわたる学識を信頼していた。また五月五日の日記には「神田、諸井、菊池三氏来訪」との文字も見える。神田、諸井は男爵神田乃武と領事館勤務の諸井六郎のことである。これら友人たちとの頻繁な交流が、漱石の落ち込みがちな気分を救っている。

しかし、やはりこの下宿には我慢がならなかったようで、広告まで出して次の下宿先を探していた。渡辺春溪「漱石先生のロンドン生活」（『漱石文学全集』別巻月報、集英社、一九七四年）によると、次のような事情で下宿が決まった。

> 自分の古い知友、太良（渡辺和太郎）は以前から、この家の二階に下宿していた。たま〱三階に空室が出来て、日本人で下宿の欲しいものがあれば、世話してくれと、主婦から頼まれた。丁度その時漱石先生は、前からの家が、思はしくなく、外に適当なのを探していた所なので、太良は早速先生に通知した。（略）先生は自身懸け合って、この宿に移ることになった。

この第五の下宿、クラパム・コモンのチェイス八一番地のミス・リールの家には、一九〇一年七月二〇日に移り住んだ。ここには、帰国のため出発する日まで、ロンドン滞在中最も長期間暮らした。現在、向かいの建物（八〇番地b）には漱石記念館が開かれている。ここでも池田との交友は続いた。八月三日には池田の家を訪れ、昼食を取った後、ともにカーライルの故宅やエリオットの家、ロセッティの家などを見学している。

また八月一五日には、土井晩翠を迎えるためにヴィクトリア駅に出向いた。これについては土井も、「八月中旬、ヴイクトリヤ停車場に漱石さんのお出迎を忝うし」（「漱石さんの

★『味をたがやす——味の素八十年史』（味の素株式会社、一九九〇年）に掲げられた一九〇〇年前後の池田菊苗。同書には、池田の死後、三男の兼六の回想として、「父は、その生涯を一化学者として送り、けっして外には出ませんでした。しかし読書は実に範囲が広く、化学、応用化学、化学工学と、専門関係のものは当然ですが、（略）そのほかカント全集やモンテーニュのエッセイ、仏教の本としてはあの膨大な国訳大蔵経といったぐあいで、世界史やマルクスの資本論なども若いころ読んでいて、よく知っていました」と語っていることが書き留められている。

ロンドンにおけるエピソード（夏目夫人にまゐらす）」、『中央公論』一九二八年二月）と書いている。また八月三〇日には、帰国その他の目的でロンドンを離れるスウィート（William Edward Laxon Sweet）、池田菊苗、精神病学者の呉秀三博士をアルバート・ドックまで見送りに出かけてもいる。スウィートは、漱石がロンドン大学キングス・カレッジのヘイルズ教授と交渉して、熊本の第五高等学校に英語教師として斡旋した人物である。この活動からも、漱石がロンドンにおいて、やはり公人としても振る舞っていたことが窺える。

さらに一九〇二年四月一七日の鏡子宛書簡によると、ここで茨木清次郎と岡倉由三郎の二人の日本人留学生を迎えている。岡倉は天心岡倉覚三の弟で、英語学研究にやってきた。前掲の土井晩翠「漱石さんのロンドンにおけるエピソード」に、次の記述が見える。

> 始めの二日は日通ひでお見舞しましたが下宿のリイル婆さん（老ミスの姉妹二人）が「心配だから一寸でも傍について見てくれ』と曰ひ、漱石さんも『君が居てくれると嬉しい』と曰はれるので、九月九日（重陽だから暗記し易い）朝まづ領事館に行つて住居変更を届け（翌十日公使館にも同様）九月十八日迄クラパムのチエーズ八十一に滞在しました、大した御役にも立たず、ろくなお世話も出来なかつたのですが、ともかく十日ばかり同宿したのであります

岡倉と土井は、いずれも文部省に「夏目狂セリ」の電報を打ったとの風説を流された人物で、それぞれこの事実を否定している。真偽は不明であるが、漱石のロンドン滞在の最後の時期に漱石とロンドンで交わったことが、そのような誤解を生む要因だったのであろ

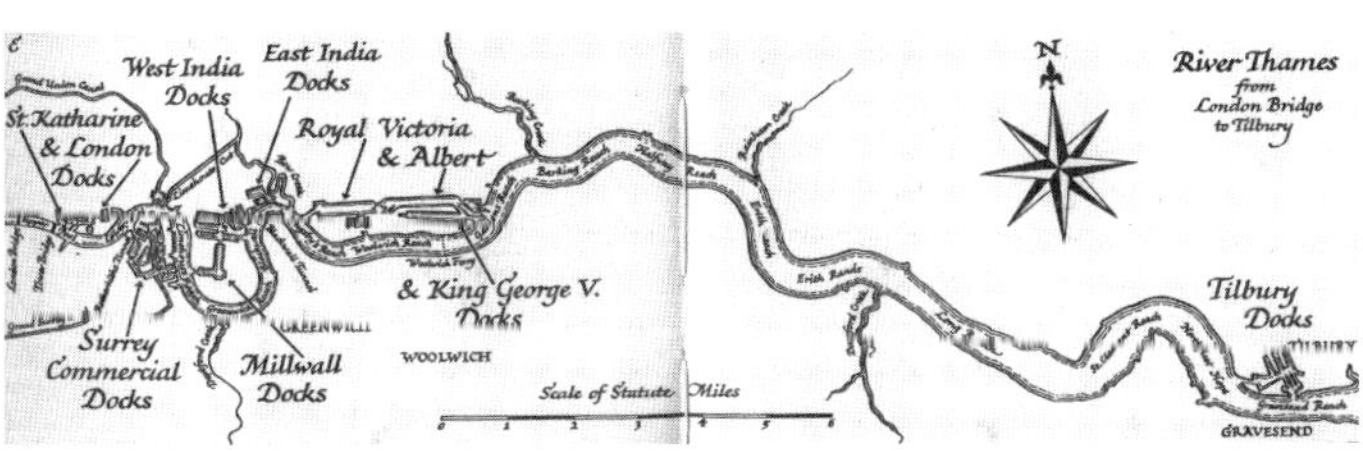

★テムズ河のドック。左北方に、最も大きな規模を誇る「Royal Victoria & Albert & King George V. Docks」が見える（John Herbert, *The Port of London*, Collins, 1947）。

う。岡倉は後に、「朋に異邦に遇ふ」（『国漢』一九三六年一二月）という文章の中で、漱石の精神異状の噂と、文部省からの帰国の命について、次のように推察している。

察するに、夏目君に極めて接近してゐた某氏が、文人にはありがちのハルウシネェションの気味を、夏目君のうへに認めて、こは一大事とばかり、精神に異状あるもののごとく、大陸の旅先から、たぶん芳賀君のもとへ内信を発したところ、（略）杞憂のため、かかる処理が採られるに至つたものと、僕はただちに感づいた。

しかしながら、後にも述べるように、他の留学生同様、漱石もまた、ロンドンにおいて着実に人間関係を拡げていた。神経症で下宿に籠もりっきりであったというイメージは、せいぜい、ある一時期のことというのが、現在のところの有力な見解であろう。

漱石の洋行観と交際観

ロンドン到着後間もない頃、漱石は洋行者の土産話について、興味深い説をとなえている。一九〇一年一月五日の日記である。

妄リニ洋行生ノ話ヲ信ズベカラズ彼等ハ己ノ聞キタルコト見タルコトヲuniversal caseトシテ人ニ話ス豈計ラン其多クハ皆particular caseナリ、又多キ中ニハ法螺ヲ吹キテ厭ニ西洋通ガル連中多シ、

★右は、現在の漱石の五番目の下宿、クラパム・コモンのチェイス八一番地。その向かい側の八〇番地bが、一九八四年八月二五日に、漱石研究者恒松郁生が私財を投じて開いたロンドン漱石記念館である。左はそのパンフレット。

ここに語られた「洋行話」の性格は、すべての人に当てはまる要注意事項であろう。この「洋行話」に典型的であるように、知らない土地について、数日から数ヵ月の滞在はもちろん、事によっては、何十年も滞在した人の観察でさえ、あてにはならないものである。なぜならそれは、あくまでその人が見ただけの個人的な観察だからである。同じ事件や事物を見ても、その印象は、見る人によって大きく異なるかもしれないのである。

しかしながら、我々後れてきた時代の人間が歴史に立ち向かうには、このような言説をできるだけ多く集め、誤差を縮めていくしかないことも事実である。

漱石は、観劇や展覧会、音楽会などに頻繁に出かけている。例えば第三の下宿であったブレット家のMr. Brettとは、「ロビンソン・クルーソー」の芝居に出かけた。清水一嘉の「漱石のロンドン――ブレット家の七か月」(『国文学』二〇〇六年三月)によると、このブレット氏は当時まだ二五歳で、漱石より九歳年下であったらしい。一緒にヴィクトリア女王の葬儀を見に出かけた折には、漱石は肩車をしてもらい見物している。師事したクレイグ先生を始め、英国人たちとも、結構その交流を楽しんでいたのである。一九〇一年三月二八日の日記には、「夜ロバート嬢トピンポンノ遊戯ヲナス」という記事も見える。

また、いわゆるアフタヌーン・ティーにも招かれている。出口保夫の『午後は女王陛下の紅茶を』(東京書籍、一九八六年)によると、イギリス人は最初に友だちを作るきっかけとして、家に紅茶を飲みに来るように誘う。大体午後四時頃が多いのでアフタヌーン・ティーと呼ばれるが、友だちがたくさん集まればティー・パーティーともなる。これは、イギリス人の「いわば社交生活の入門篇」である。しかし漱石は、一九〇一年二月一六日の日記

★漱石の二番目の下宿、プライオリ・ロード八五番地のミス・ミルデの家(右)と、四番目の下宿、ステラ・ロード五番地(左)(現在は一一番地になっている)。いずれも写真は二〇〇五年に著者が撮影。なお、三番目の下宿である、フロッデン・ロード六番地のブレット家は、第二次世界大戦後に取り壊され、現存しない。

に「Mrs. Edgehill ヨリ tea ノ invitation アリ行カネバナラヌ厭ダナー」と書いている。前掲の「倫敦消息」にも、「吾輩は日本に居つても交際は嫌ひだ。まして西洋へ来て無弁舌なる英語でもつて窮屈な交際をやるのは尤も嫌ひだ。加之倫敦は広いから交際抔を始めると無暗に時間をつぶす、お負に（ママ）きたないシヤツ抔は着て行かれず、『ヅボン』の膝が前へせり出して居てはまづいし雨の降る時抔はなさけない金を出して馬車抔を驕らねばならないし、夫は〳〵気骨が折れる、金が入る、時間が費へる、真平だが仕方がない、たまにはこんな酔興な貴女があるんだから行かなければ義理がわるい、困つたな」と書いている。ここには、漱石の交際観が実に正直に吐露されている。

ただし、嫌々ながらにしろ、実際に足を運んだこともまた事実である。このような社交の習慣に触れることは、確かに漱石のロンドン生活の一部であった。「自転車日記」（『ホトトギス』一九〇三年六月）に見られるように、当時ロンドンで流行していた自転車の練習などという、日本においては考えもつかなかったであろう試みをしている。確かに漱石が神経症気味であることを心配したリール姉妹や同宿の犬塚武夫が気分転換に勧めたものであったかもしれない。しかし、必死になって自転車に乗る練習をしている漱石の顔を想像すると、これが微笑ましいエピソードであることもまた事実であろう。

追体験を誘うもの

稲垣瑞穂は『漱石とイギリスの旅』（吾妻書房、一九八七年）の「はじめに」において、留学時代の漱石を知るために読まなければならないものとして、「文学論」「日記」「断片」「書

★一九〇四年当時のクラパム・ハイ・ストリートのクラパム・パーク・ロード角。自転車に乗っている人の姿も見える（Gillian Clegg, *Clapham Past*, Historical Publications, 1998）。

簡」の他に、「『道草』・『倫敦塔』・『カーライル博物館』・『自転車日記』・『永日小品』（一十五編の中の『下宿』・『過去の匂ひ』・『暖かい夢』・『印象』・『霧』・『昔』・『変化』・『クレイグ先生』、それに正岡子規宛の書簡に基づく『倫敦消息』」や、「鏡子夫人の追想記『漱石の思い出』や、藤代禎輔（素人）、長尾半平、寺田寅彦やその他の友人らによる手記」の名を列挙している。とりわけ、「倫敦塔」（『帝国文学』一九〇五年一月）と「カーライル博物館」（『学燈』一九〇五年一月）がその代表的存在であることはいうまでもない。また「倫敦塔」と伝説との関わりなどについては、塚本利明『増補版漱石と英国――留学体験と創作との間』（彩流社、一九九九年）に推理小説のようにスリリングな調査報告がある。

たしかに「倫敦塔」には、現実と幻想との間を自由に出入りする小説的手法が見られる。これは、ロンドンという土地に迷い込んだ人々をこの土地の魔力に誘う技法と類比できる。この他にも、漱石とロンドンについては実に精緻な研究の蓄積がある。その先鞭をつけたと思われる角野喜六『漱石のロンドン』（荒竹出版、一九八二年）には、第四の下宿の探索を始め興味深い記述があり、ロンドン研究の第一人者である出口保夫にも、『ロンドンの夏目漱石』（河出書房新社、一九八二年）や、その加筆修正版である『漱石と不愉快なロンドン』（柏書房、二〇〇六年）など実に詳しい報告がある。前掲の稲垣瑞穂の『漱石とイギリスの旅』とその増補修正版ともいえる『夏目漱石ロンドン紀行』（清文堂出版、二〇〇四年）にも、漱石のロンドンでの足跡について、貴重な写真とともに詳しく紹介されている。

それでもまだまだ、漱石のロンドン生活には不明な点が多い。もちろん、誰の体験にしても、すべてが分かるということはない。ただ、漱石のそれが、当時の日本人代表選手として映るがゆえに、我々には殊更に興味深いのかもしれない。

（真銅正宏）

★一八五七年にRobert Taitによって描かれた、Cheyne Rowの自宅でくつろぐカーライル夫妻の油彩画（Barbara Denny, *Chelsea Past*, Historical Publications, 1995）。この家がカーライル博物館となっている。桜井鷗村の『欧州見物』（丁未出版社、一九〇九年）には、「応接間に帰ると、婆さんは訪問客名簿に姓名を記入してくれと云ふので、予等は日本字で名名に記入した。　寸其帳簿を繰返して見ると、歴史上文芸上に名の聞えた人の名前も多く見える。婆さんはこれがマーク、トウエンだとか、こゝにコナン、ドイルの名があるとか指す。処処には日本人の名も見えた」と書かれている。現在では、夏目漱石と池田菊苗のサインのコピーを見せてくれる。

Dewar's
WHITE LABEL
14

2

日英同盟と第一次世界大戦

1902-1918

日英同盟

長かったヴィクトリア朝が一九〇一年に幕を閉じた。エドワード七世が即位し、載冠式は一九〇二年六月に予定されていたが、国王の急病のため延期となった。載冠式の行列を見るための観覧券を買っていた島村抱月は、直前の六月二四日にこのことを聞いて驚く。翌日、「市中自ラ悲惨ノ色アリ」と「日記」（「渡英滞英日記」、『明治文学全集』第四三巻、筑摩書房、一九六七年）に記している。国王の腸の手術が無事済んで載冠式が行われたのは、八月九日であった。抱月の「日記」には、「市中賑フ、夜近所ノ illumination を見ニ行ク」とある。

即位したとき、エドワード七世は六〇歳となっていた。皇太子時代が長かったぶん、ヴィクトリア女王よりはるかに世情に通じ、親しみやすい国王だと言われていた。一八九七年からロンドンに滞在して二つの時代を知っていた牧野義雄は、「エドワード七世陛下の御代となり、未だ二年と経たぬうちに、英国はがらりと変つた」「御即位後直に居城をバツキンガム宮殿に定めさせられ、宮中には時々舞踏会、園遊会等の御催しがあり、また、ハイド・パークのロツテンローで御乗馬等なされるので、上の好むところ下これより甚だしきはなしで、国民挙つて快活になつて来た」（『滞英四十年今昔物語』改造社、一九四〇年）と書いている。エドワード七世が在位した一〇年間は、第二次ボーア戦争終結後、第一次世界大戦が始まるより前という時期で、ドイツとの緊張関係はあったものの、対外的には比較的平穏であった。日英関係の最も親密な時期でもあった。

この間に発表された小説としては、ジョゼフ・コンラッド『闇の奥』（一九〇二年）、エドワード・モーガン・フォースター『眺めのいい部屋』（一九〇八年）、『ハワーズ・エンド』（一九一〇年）などが知られ、戯曲では、ジョージ・バーナード・ショー『人と超人』（一九〇三年）、ジェイムズ・バリー『ピーター・パン』（一九〇四年）、ジョン・ゴールズワージー『正義』（一九一〇年）の初演などがある。

日本とイギリスの関係でいえば、載冠式のあった一九〇二年に日英同盟が結ばれている。もちろん締結に至る準備は、ずっと前から進んでいた。イギリスは、「光栄ある孤立」を外交の基本政策として、大陸との戦争を避けていた。イギリス海軍は強く、他国を寄せつけなかった。しかし、ドイツやロシアの力が強まってきたことから、イギリスの安全を守るため、孤立政策の変更が迫られていた。イギリスは日本に、ロシアが極東へ向かうのを阻む働きを期待した。日本の方は、日清戦争後の三国干渉を体験し、強国との同盟の必要性を痛感していた。双方の思惑が一致して、日英同盟が成立。

一九〇四年二月から、日露戦争が始まった。このときイギリスにいた平田禿木は、「老英国の富」（『改造』一九四〇年三月）の中で、「折しも日露戦争当時で、高橋是清氏が借金に来てゐて、四分利附の日本国債が売り出された。飛ぶやうにそれは売れ、宿の老爺なども幾枚かそれを手に入れて、ホクホクしてゐた。余程金利の安いとことと思つた」と、当時を回想している。日本はシティ金融で巨額の外債を発行し、戦争の資金を得ていた。日露戦争では中立を保ったイギリスだが、金融市場を介し、日本への財政的援助をしていたのである。同盟国の戦況を報道するイギリスのマスコミは、まるで自国が戦っているような熱っぽさで、国民も、日本が巨大なロシアに破れるのではないかと、報道に一喜一憂していた。しかし、日露戦争に勝った日本が朝鮮半島や中国大陸へ向かう姿勢を強めると、両国の利権対立は深刻になってゆく。日英同盟は一九〇五年に更新された。一九一一年に再度更新されたとき、有効期間は一〇年とされた。そして、その後の更新はなかった。

エドワード七世の逝去と日英博覧会

『大阪朝日新聞』の日英博覧会特派員として、一九一〇年四月にロンドンへ来た長谷川如是閑は、来て間もない五月六日に、イギリス国王エドワード七世の崩御を知らされる。彼は、新聞社の特派員という資格でウェストミンスター・ホールに入る許可証を得て、霊柩安置式の模様を詳細に日本へ書き送っている。三日後、五月二〇日にはウェストミンスター・ホールからウィンザー城まで王の柩がおごそかな行列に守られてゆく大葬があった。これも如是閑は許可証を得て見ることができた。如是閑は、エドワード七世が果した政治的役割を、「外交上に於ても其各国元首に対する社会的地位(ソシアルポジション)の優秀なる事を極めて道徳的(モーラリー)に利用して、欧州列国間の平和を維持する上に於て、千百の大政治家が頭を鳩(あつ)めて経営惨憺しても到底為し能はなかつた所のものを成し遂げられた。欧米人が陛下を呼んで『エドワード・ゼ・ピースメーカー』といふに至つたのは決して偶然ではない」(『倫敦』政教社、一九一二年)として、その徳を偲んでいる。

一九一一年六月に行われたジョージ五世の載冠式には、東伏見宮が日本より列席し、東郷平八郎、乃木希典が随行した。東郷は、一八七一年から一八七八年の間、イギリスで海軍について学んだ親英家であり、イギリスでも東洋のネルソンと呼ばれて歓迎された。

日英博覧会は、エドワード七世の崩御により開催が危ぶまれたが、無事、一九一〇年五月一四日から一〇月二九日まで開くことができた。入場者総数は六〇〇万人とも八〇〇万人とも言われる大盛況であった。日本は、一八六七年のパリ万博以来、博覧会にはたびたび参加してきたが、開催国となるのは、これがはじめてであった。会場となったシェパーズ・ブッシュでは、一九〇八年に英仏博覧会が開かれており、当時の駐英大使小村寿太郎がこれを見て、博覧会がもたらす外交的な効果を実感したのである。すでに西洋列強は、日本が朝鮮半島や満州に手を伸ばしていることに危機意識を持ち、反感を強めていた。日英博覧会開催には、これを成功させて日本に対するイギリスの世論を好転させたい、という政治的な意図が含まれていた。寺院や個人のコレクターが提供してくれた美術品の他、手工芸品、工業製品などの展示があり、広い敷地内には日本庭園も作られた。京都の西本願寺唐門を五分の四に縮めて複製した勅使門は、博覧会終了後、キュー・ガーデンに移築され、現在もそこにある。出品物の中には、正式な日本の領土ではなかった「南満州」の物産が混じっており、これには当然抗議の声が上がった。日英間の火種は、すでにここで目に見えるかたちになっていた。

　また、人間を送り込んでその生活ぶりを再現して見せる「日本村」「台湾村」「アイヌ村」まであった。日英博覧会といってもロンドンで開催される以上、やってくる観客のほとんどはイギリス人なので、彼等の持つ遠い日本への興味を満足させようという展示が出てきても不思議はない。それにしても、人間を見せるというやり方は、現地の日本人を当惑させた。如是閑はルポの中で、まるで動物園のようで人道的に問題だと義憤を漏らす。牧野義雄は、展示会場から一歩も外へ出たことがないという日本人たちに同情し、自費で五二人を馬車でロンドン見物に連れだしたという（『滞英四十年今昔物語』）。しかし、一方で、三宅克己「巴里から倫敦」（『欧州絵行脚』画報社、一九一一年）にあるように、「倫敦に居た間に一寸用があつて、博覧会附近に往つた。処が五十位の婆さんが日本服で雪駄を穿いて、アスファルトの往来をチヤラ〳〵と散歩して居る。何とも堪らぬ感じがした。無論日本服としては差支は無い。併し当地では、如何にも野蛮な土人のような気持がして、何と無く情ない。英吉利人に遭つて、博覧会の為に来たのかと問はれると、ゾツとする」と嫌悪感を示す者もいた。和服を来た日本人に罪はない。しかし、洋画を学びにヨーロッパ各地を回っていた三宅にとって、それは過去から追いかけてきた日本の亡霊のように見えたことだろう。日英博覧会の盛況はジャポニスムの流行にも後押しされていたが、ヨーロッパで暮らす日本人の中には、オリエンタリズムの中にある差別的な視線に敏感な者もいたのである。

　この頃、ロンドンにいた英文学者で俳人の大谷繞石（じょうせき）は、大葬の絵葉書を買おうと絵葉書屋へ入ったら、日本人と見るや、店員がゆっくり英語を話してくれたので、これは博覧会にかかわる日本人と間違われているな、と思い、「実際博覧会で来てゐる日本人の中には碌に英語の分らぬのが少く無いと聞いて居る。職人などウエストケンジントンを上杉謙信殿ヴイクトリアを鳥屋と覚へて、停車場なんかでそれで通じさして居る」（『滞英二年案山子日記』大日本図書、一九一二年）と書いている。エリートばかりがロンドンに来たのではなかった。しかし、「上杉謙信殿」「鳥屋」で用を足していた人々に、見てきたロンドンを書き記して発表する機会はなかった。書き残されなかった日本人の見たロンドン風景、というのもさぞ多いことだろう。

婦人参政権運動の急進化

ヴィクトリア朝の繁栄に影が差しはじめた一九紀末から、徐々に、堅固に見えたイギリスの階級社会に変動が生れはじめた。ドイツやアメリカといった国が力をつけてくると、自由貿易体制を堅持していたイギリスは、むしろ不利な立場に置かれることとなった。不況により、大量に失業者が生れ、デモやストライキが頻発するようになると、失業と貧困は社会問題として取り上げられるようになった。農業も、アメリカ、カナダ、オーストラリアといったところから安い食料がヨーロッパ市場に輸入され、イギリスの農産物に打撃を与えた。それは地主階級の衰退につながった。一九〇六年から自由党が統治した一〇年の間に、大規模な社会改革といえる諸政策が成された。児童、高齢者、失業者、病気になった者といった、社会的に弱い立場の者を支えるための法律が、次々と成立したのである。それに充てる財政は、累進課税にして得た富裕層からの税金で確保した。この路線は、イギリスを福祉国家とする基礎を築いた。労働運動も盛り上がって、一九一一年に鉄道スト、一九一二年には鉱夫連盟のスト、と続く。

このような気運のもと、婦人参政権運動も活発化した。一八九七年には、婦人参政権協会全国同盟（NUWSS）が結成されていたが、ここはそれ以前の婦人参政権団体の上に作られた穏健な活動を継続していた。これに対し、一九〇三年にエメリン・パンカーストとその娘、クリスタベル、シルヴィアを中心としてマンチェスターで結成された婦人社会政治同盟（WSPU）は、サフラジェットと称し、過激な闘争方法を取った。一九〇八年から首相となったハーバート・ヘンリー・アスキスがこの運動に冷淡だったこともあり、女性は違法に権利を剥奪されているのだから法を破って抗議してもかまわない、という主義を取った。窓ガラスを割ったり放火したりして故意に入獄し、獄中でハンストを行う者もあった。大規模なデモや集会がしばしば行われ、これを見た日本人も多かった。

中村吉蔵「倫敦日記」（『太陽』一九〇八年一二月）には、彼がハイド・パークで女権拡張運動の大会を見たときのことが記されている。「代表者なくして、税金を課するは圧政也」といった幕を下げた馬車に、女性達が乗ってくる。ハイド・パークにはすでに多くの人々が待っていた。女性たちが演台に立つと、男性の聴衆たちから「赤児に気をつけろ」「女は男の下に服従するやうに造られてる」といったヤジが飛んでくるが、演者は負けずに演説を続けた、とある。中村は、一九〇九年七月にコート座で、ほぼ実名とわかる政治家や婦人参政権運動家を登場させて時事問題を諷刺的に扱ったショーの戯曲「新聞切抜」を見た。中村はこれをポンチ絵式だと言いながら、時代とピタリと触れあっている点を評価して、舞台を細かに書き伝えている（『最近欧米劇壇』博文館、一九一一年）。

一九一〇年、長谷川如是閑は、ヴィクトリア・エンバンクメントからケンジントンまで行進するサフラジェットのデモを見に出かけた。如是閑同様の見物人が、街にあふれていた。デモの先頭は乗馬した三人の女性で、続いて運動のために監獄に入ったことのある女性達が「監獄から市民に」と書いた幕を掲げて行く。次に学士の格好をした大卒の女性達、美術家、女優、教師、看護師、役人といった人々がスローガンを掲げて続く。盛大なデモンストレーションであった。これを読んでも、すでに女性が多種の職業に就いていたことがわかる。オックスフォードやケンブリッジに女子学生寮ができたのは一九世紀末で、女性の学士もすでに生れていた。

日本では、遠藤清子が中心となり一九〇四年より婦人参政権要求運動が展開された。一九一一年には、女性文学者たちを中心にした月刊誌『青鞜』が創刊されている。『青鞜』の賛助員に名を連ねていた与謝野晶子は、一九一二年七月にロンドンを訪れた。このときは女性参政権が下院で否決されてすぐだったので、抗議活動はますます盛んであった。晶子はこの運動について、「女子教育の普及した結果内面的に思索する女が多数に成つたからであらう」「或階級の婦人が男子と対等の資格を要求するのには拒み難い真理がある」（「倫敦より」、『巴里より』金尾文淵堂、一九一四年）とし、暴動は空騒ぎではなく、過渡期を示す現象だとしている。

第一次世界大戦が始まると、こうした運動は一時停止した。戦時下の女性たちは、戦地へ行ってしまった男性の労働力を補う必要から、男性が占めていた職場に進出し、自ずから社会参加の機会が増えた。軍需関係工場で働く女性が増えたし、救急看護奉仕隊の女性は数万人に及び、戦地へも赴いた。戦争が終わると、一九一八年、国民代表権法が成立し、婦人参政権が一部、与えられた。それでも、男性は二一歳以上の普通選挙であるのに、女性は戸主か戸主の妻である三〇歳以上に限られていた。男女平等の普通選挙権が得られるのは、それから一〇年後である。

第一次世界大戦が始まる

一九一四年六月二八日、オーストリアの皇位継承者フェルディナント大公がサラエボで暗殺された。翌月、オーストリアはセルビアに宣戦布告。こうして第一次世界大戦が始まった。八月、ドイツは、ロシアとフランスに相次いで宣戦布告した。イギリスも、ドイツが中立国のベルギーに侵攻するに至り、ドイツに宣戦を布告した。日英同盟により、日本も八月二三日にドイツに対し宣戦布告。戦争が始まると、日本の敵国となったドイツから河上肇、伊藤道郎、澤木四方吉、郡虎彦らが続々とロンドンへ逃れて来た。ドイツと国境を接するフランスからも避難する日本人がやってきた。彼らは短期間をここで凌いだり、ロンドンを経て他の国へ移ったり、そのまま帰国したりした。フランスに留まった島崎藤村は、「倫敦が当時邦人に取っての静かな『隠れ家』であることは無事に海峡を渡つて行かれた河田君からの葉書にもありました。こゝへ来て見ると戦争は何処にあるかといふほど静かだとありました」（『戦争と巴里』新潮社、一九一五年）と書いている。

河上肇も、ドイツでは一七歳以上の者が開戦後すぐ徴集されてしまったのに、イギリスに来てみれば、まだ兵士募集の広告があちこちに掲げられているのに驚く。イギリスは徴兵制が敷かれておらず、常備軍の数が少なかった。そのため、戦争開始とともに義勇兵が募られたのであった。一九一四年の秋も過ぎると、ロンドン市中を通る軍隊が増え、空襲を恐れて電車の中の電球まで黒布で覆われて、「如何に悠長な英人でも、開戦後今日で百余日にもなるものを、追々本気になつて来たものと見える」（河上肇『祖国を顧みて』実業之日本社、一九一五年）と書いている。一方、未だに志願兵募集の広告があるのを見ると、戦時にあっても個人の意志を尊ぶ気風が表れていて頼もしい、と河上は思う。だが、戦争の長期化に伴う兵士不足には勝てず、イギリスでも一九一六年一月に徴兵制が導入された。アイルランドを除く一八歳から四一歳までの男性に対し実施された。

その一九一六年一月、画家の高村真夫がパリからロンドンへやってきた。彼からすると、「永い戦争に倦み疲れたうら寂しい巴里から来ると、ロンドンは殆んど火事場の様な騒々しい賑やかさだ」（「北欧通過記」、『中央美術』一九一六年四月）という。空襲に備えた遮蔽幕で夜は真暗なのだが、街へ出ると、その暗闇に馬車や人がうごめいているし、劇場も開いている。高村はパリから藤田嗣治と一緒だった。ロンドンでは九時半になると酒類の発売が禁止になるので、酒好きの二人は困っていたが、カフェ・ロワイヤルは例外らしいと知ってそこへ行き、酒と、フランスのカフェを思わせる雰囲気を堪能したのであった。この店ではドイツ語やフランス語が通じたこともあり、大陸から逃れた人々が集まって交流していた。伊藤道郎がウィリアム・バトラー・イェイツの戯曲「鷹の井」の上演に参加したのも、ここで知り合ったエズラ・パウンドを介してのことであった。

一九一七年一月、ドイツ軍は無制限Uボート戦を布告し、イギリスと通商する船舶を無差別に攻撃し始めた。この攻撃によりイギリスの商船は一〇〇〇隻以上が撃沈され、物資不足に拍車がかかった。戦時下のロンドンで暮らした牧野義雄は、「空襲が毎夜来るので、倫敦は三年間無燈暗黒、全市は恰も墓場の様であった」「英国は肉類野菜等凡ての食品を海外より仰ひで居たが、開戦以来独逸のU Boatsが盛んに食料船を沈没せしめるので、ロイドジョージ君は第一に莫大の金を費し、倫敦郊外リチモンド公園を始めとし、全英国到る処の空き地に小麦又はポツテートー等を作らした。併し其地質がクレー或はシストで有るから、何の収穫も無く無効に終った」（『滞英四十年今昔物語』）と書いている。厳しい状況が長引いて、国民は疲弊していった。四月、アメリカの船がUボートに撃沈されたのを引き金に、アメリカも参戦。これにより戦況は変わってきた。

一九一八年八月に連合国側は大攻勢をかけた。ドイツ国内に革命が起きたこともあり、一一月、ドイツは連合国と休戦協定を結ぶ。長い戦争は終わったが、イギリスは、本国だけで七五万人の戦死者と一五〇万人を越える傷病兵を出した。イギリス参戦とともに、インド、オーストラリア、ニュージーランド、カナダといった植民地では、自動的に人員が徴集され物資の提供を求められた。犠牲は本国にとどまらず、帝国全体で言えば戦死者は一〇〇万人を越えたのである。

（宮内淳子）

島村抱月（しまむらほうげつ）（1902-1904）――芝居の都にて

早稲田からの留学生

島村抱月は、「偶感」（『滞欧文談』春陽堂、一九〇六年）において、「七月八日、国にあらば、露の朝顔暁の風やいかになど。書中にして想を東方の諸君子に致す。倫敦はいま、苺の都、芝居の都、絵画音楽の都なり。世界の西より、南より、此の大都の塵と煙とを浴びんが為に集ひ来るもの、日に万人と称す。豈（あに）また盛ならずや」と、ロンドンから意気高い文章を書き送っている。このとき、一九〇三年。

一九〇二年三月八日、抱月は東京専門学校海外留学生として、横浜より讃岐丸に乗り、欧州留学に旅立った。文学科からは金子馬治（筑水）に続く二人目の留学生であった。東京専門学校は、この年（一九〇二年）に早稲田大学と改称している。抱月は一八九四年に東京専門学校卒業後、母校の講師に就任し、『早稲田文学』の記者や批評の執筆の他、『新著月刊』には小説も発表し、すでに早稲田の俊英として知られていた。さらに最新のヨーロッパの知識を学び、広く文化を見聞して、文学科をリードする人材になってほしいとの要望を託されていた。『滞欧文談』は、『新小説』を中心に発表した文章をまとめたもので、劇壇、文壇、現代思潮などについて論じている。これを読んでも、留学中に広い目配りで、できる限りの勉強をしておきたいという抱月の意欲が見て取れる。

★島村抱月の滞欧中の写真「ワーズワース墓前にて」（『早稲田文学』一九一八年一二月）。

ロンドンには五月七日に着いた。半年をロンドンで過ごし、一〇月四日よりオックスフォードのマンチェスター・カレッジで学ぶ。一九〇四年七月一六日にロンドンを発ってベルリンへ移る。ベルリン大学で聴講し、一九〇五年六月ベルリンを出て、ウィーン、イタリア、パリを経て、七月二六日、サザンプトンより帰国の船に乗った。イギリスにはおおよそ二年あまりの滞在であった。オックスフォードで学んでいた時期も、劇場や美術館、図書館などに通うため、よくロンドンに出てきていた。

本間久雄は留学中の抱月について、「この満三年半の間一日も欠かさず日記がつけてある。日記は横三寸、縦五寸五分、一冊が約百二三十頁、横罫のある西洋雑記帖で、これが三冊ある」「これら三冊の日記を通読して第一に感ずることは、先生の飽くことなき勉強ぶりだ。昼は図書館、夜は芝居か読書、並びに故国への文芸通信のための原稿書き、一日でも、むだに遊ぶといふやうなことはない」(『文学と美術』東京堂、一九四二年)と報告している。英文学者の本間は、早稲田大学時代、抱月の教え子であった。イギリス滞在時の日記は、川副国基により「渡英滞英日記」として翻刻され、『明治文学全集43 島村抱月・長谷川天渓・片上天弦・相馬御風集』(筑摩書房、一九六七年)に入っている。「偶感」を書いた七月八日を見てみると、各種のベリーが出盛るロンドンにあって、抱月は午前中、大英図書館で勉強し、午後からはヒズ・マジェスティー座で「トリルビー」を観劇している。七月だけでも一八回劇場に通うという精勤ぶりであった。

抱月のイギリス滞在中、一九〇四年二月に日露戦争が始まっている。日英同盟(一九〇二年一月三〇日締結)が結ばれて間もない時期だったので、英国民の日露戦争への関心も高かった。イギリスの世論は、日本に同情的だったが、抱月はそれを次のように冷静に分析して

★オックスフォードを代表するクライスト・チャーチのホール入口(出隆『英国の曲線』理想社、一九三九年)。抱月の一九〇三年五月一四日の日記によると、抱月は、ロンドンから訪ねてきた田中穂積とクライスト・チャーチの中庭の草地に座って語り合っている。田中も東京専門学校からの留学生で、経済学を専攻していた。抱月より一年早く日本を出てコロンビア大学で学位を取り、抱月より二ヵ月ほどあとにロンドンへ来た。

いる。イギリスを模範として出来た日本の海軍が勝つことによりイギリス海軍の優秀さを示せるし、日本陸軍の勝利は強さを誇ったロシア陸軍の面子を失わせ、「今まで日英同盟を、旦那が下女の手でも引いてあるくかのやうに笑つてゐた、大陸諸国に対し、同盟国の誠に立派なものであつたことを示して、面を起こすといふこと」（「英国で見る日本」、『新小説』一九〇四年七月）だと。そのための日本びいきだ、というのである。そしてさらに、いまは日本の味方でも、「支那が目を醒まし、印度が目を醒まして、其所の英領が危くなるといふやうな事があつたら何うすると、問はれると、彼等の心の底に一種言ふべからざる矛盾を感ずる、即ち今日英国の政治問題の中心点たる植民地政策に感触して来るから」（「英国で見る日本」）と、イギリスの植民地主義を論じていた。

長い船旅の間、植民地になっているアジア諸国を見てきて、思うところは多かった。「海上日記」（『滞欧文談』）には、香港寄港のさい、仕事を求めて寄ってくる中国人労働者を追い払うのに、同乗の船客たちがステッキや棒で殴りつけるのを見たことが書いてある。殴られる彼らにも妻や子があろうに、家族があれを見たらどんなに悲しいだろう、と抱月は思う。植民地に寄港するたび、こうした光景を目にしたことだろう。上海より西の世界では「位に於いては、哀しいかな、彼れ常に主人たり、此れ常に奴隷たり、彼れは使役動詞に属し、此れは被使役動詞に属す」（『滞欧文談』）と予想する。彼とは白人、此とは有色人種を指している。

日英関係の分析は、こうした見聞にも裏づけられていた。ただし、留学先で知り合ったイギリスの人々とは、暖かい交流ができた。国際関係と個人的な交友関係とでは、また違う意味を持っていた。それも実際に留学してみなければわからないことであった。

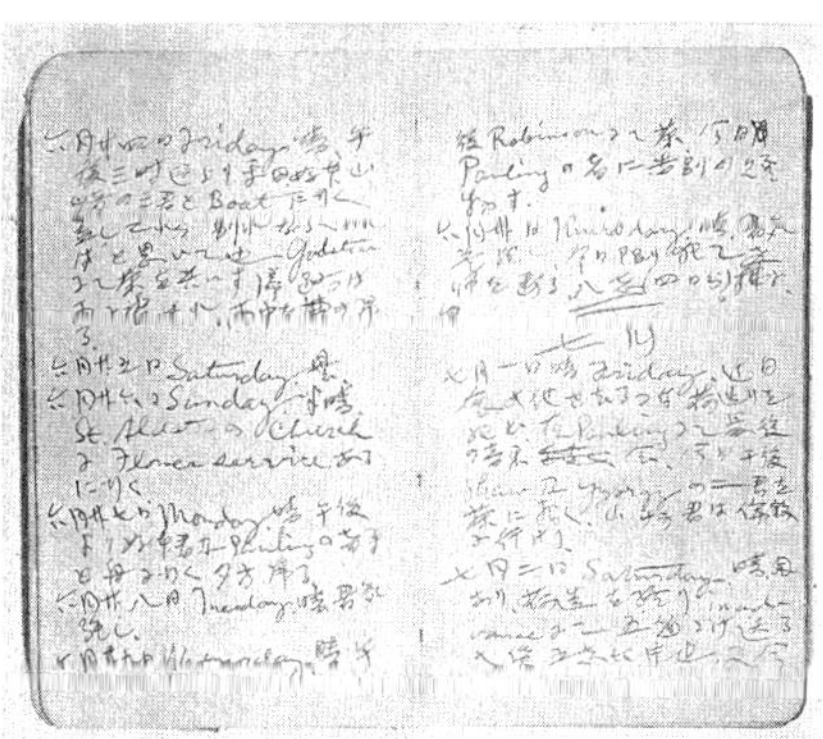

★抱月が留学中に記した「滞欧日記」本間久雄『文学と美術』東京堂、一九四二年）。

スタンフォード・ヒルの家主

ロンドン到着の日、ひとまず、トリトン・スクエアに宿を定める。「日記」（五月七日）には、「五時半茶、九時夕飯ニテ頭痛ノ気味アルタメ早ク寝ニ就ク、此日雨ニテ悪天気ナリキ、途中高田商会ノ人ニモ逢フ、此夜頭痛クシテ眠リ難シ」とある。このとき抱月は三三歳で、すでに三児の父であったが、長い船旅の果て、遠い異国に一人で暮らし始めるという最初の晩に、緊張と不安で体調がおかしくなっても不思議ではない。もともと頑強な体質というのではなかった。

ロンドンでの住まいは、六月一四日より、スタンフォード・ヒルに移った。家主は、フレデリック・サマーズというユニタリアン教会の牧師で、夫人と息子、娘たちと暮らしていた。伊原青々園への手紙（一九〇二年八月）に、「秋よりは Oxford に参らんと存居候へど此家は至て手堅き素人屋故永く此家宛にて通信仰候、至て親切にて気さくなる細君にて小生を子の如く世話し呉れ申し候」（『抱月全集』第八巻、天佑社、一九一九年）と書いている。「旅中旅行」（『新小説』一九〇二年一二月）は、八月にサマーズの家族やその知人たちの集まり一二人で、イギリスの北部、湖水地方を旅したときの紀行文である。

オックスフォードへ移ってからもサマーズと手紙のやりとりをし、観劇などでロンドンに出る機会があれば、よく訪問した。役者志望の息子ウイルソンの紹介で、ドルーリー・レーン座に「ヴェニスの商人」でシャイロックを演じていたヘンリー・アーヴィングを訪ね、楽屋で握手をしてもらったこともある（「楽屋で会ったヘンリー・アービング」、『新潮』一九一一

★アーサー・ジョーンズの戯曲「嘘つきども」（一八九七年）を演ずるチャールズ・ウィンダム（小山内薫『演劇新声』東雲堂書店、一九一二年）。この戯曲は、上質の喜劇とされている。島村抱月は「嘘つきども」を一九〇三年三月六日に見て、「夜、New Theatre 行キ、外題ハ The liars 也、女主人公ヲ勤メシ女優ノ顔ノ表情最妙ナリキ」と日記に書いている。抱月は、一九〇四年七月一四日にも「嘘つきども」を見た。

六年六月）。このときは一瞬の出会いだったが、観客としてヘンリー・アーヴィングの演じたダンテを見たときは、これを詳細に取材、鑑賞して「アーギング劇『ダンテ』」（『新小説』一九〇三年一一月〜翌年四月）を残している。「ダンテ」はヴィクトリヤン・サルドゥーの脚本であったが、これをきっかけにダンテの『神曲』を英訳で読み、その様式を批評に用いたのが「囚はれたる文芸」（『早稲田文学』一九〇六年一月）だとされる。

ピアノを習ったり、ロイヤル・アルバート・ホールで演奏会を聴いたりしているのも、音楽を愛好するサマーズ一家の影響であろう。牧師の一家なので、賛美歌を歌うことも多かった。

「渡英滞英日記」を見ると抱月は、よく教会へ行っている。たとえば、一九〇二年六月一六日「夜、細君ト宗教ノコトヲ談ズ」、七月一日「夜宿ノ主人ノ教会ニ行キ貧民へノ載冠式饗応ノ案内札書キノ手伝ヲナシヤル」、七月六日「宿ノ主人ノ教会へ行ク」、七月一一日「夕教会へ行ク」、七月一六日「夜教会ニテ貧民等ノ盆栽会ヲ催セルニ行ク」など。イギリス人の生活の一面を知ろうとした、とか、メーテルリンクを好んだ抱月の一面が出た、ともいえるが、まず何よりサマーズ家にいたことが大きいだろう。

オックフォード大学で交友を深めた好本督（ただす）も、敬虔なクリスチャンであった。好本の著書『真英国』（言文社、一九〇二年）には、ロンドンの名所を紹介している「倫敦見物」の章に、「貧民窟」「貧民訪問」などの項目がある。そして、「倫敦見物」の章の最後は「英国文明の粋と倫敦の花とは、抑もいづこに存して居るであらうか。ハイド公園か、否。シティか、否。リゼント街か、否。然らば何処か。イースト、ロンドンこそ英国の粋倫敦の花であるのである」と結ばれている。好本によれば、ここに住む人々は貧困ではあるが、植民地を

★島村抱月『滞欧文談』（春陽堂、一九〇六年）の中に収められた、「ダンテ」第一場。ダンテを演じているのはヘンリー・アーヴィング。

搾取して偉ぶっている人はいないし、貧困階級の生活改善事業が行われて徐々に光が見えはじめているので、こういうところをこそ、ロンドンの花と呼んでほしいというのである。なおこの本には、イギリスの視覚障がい者の現状や教育施設、就職のことなども書かれている。好本自身も弱視であり、終生、視覚に障害のある人々の福祉事業に尽力した。

芸術座の創設

正宗白鳥は『自然主義文学盛衰史』（六興出版部、一九四八年）の中で、「抱月の数年間の欧州留学中に、樗牛死し、緑雨死し、紅葉死し、戦争は勃発するし、文壇は混沌としてゐたのであつたが、そういふ手頼りない形成を見るにつけても、『抱月が帰つて来たら何か目ざましいことをやるであらう。西洋から、新しい珍しいものを背負つて来るであらう。』と、多くの人に期待されてゐた」と書いている。その期待通り、一九〇五年九月に帰国するや、抱月は休む間もなく精力的に活動し始めた。『早稲田文学』を再刊し、その第一号に「囚はれたる文芸」を書いて欧州文芸思潮の紹介をする。

一九〇五年には夏目漱石が『吾輩は猫である』で文壇に登場しており、その翌年には島崎藤村『破戒』、その翌年には田山花袋『蒲団』が発表されて、日本の近代文学が大きな展開を見せた時期であった。待たれていた抱月は、早稲田陣営にあって「文芸上の自然主義」（『早稲田文学』一九〇八年一月）などで、日本の自然主義を理論でリードした。

森鷗外は、批評家としての抱月には二つの大きな功績があるとし、「坪内君の後を承けて、早稲田文学に二度目の花を咲かせたのが一つ。それから所謂自然派を世に紹介したのが二

★好本督（一八七八年〜一九七三年）は、一九四〇年に帰国し、戦中を日本で過ごしたが、戦後またオックスフォードに戻り、引き続き福祉事業に邁進した。左の写真は好本督『祖国に寄す』（中央教化団体連合会、一九三一年）に収められたもの。視覚に障害のある子どもたちの施設で、子どもたちがダンス遊戯を楽しんでいる。当時からイギリスには視覚障がい者のための協会があり、こうした施設の運営や点字書籍の刊行、職業訓練や就職紹介等の事業を行っていた。

つ。自然派の紹介はラスキンがP. R. B.の紹介をしたのに較べても良い程の成功で、島村君はこれ丈で事業を廃めても、恥しくない過去を有してゐる」（「島村君について」、『中央公論』一九一一年七月）と書いている。しかし、鷗外がこう書いたころ、抱月の事業は文学の批評活動から演劇運動へ移っていた。

一九〇九年に坪内逍遙の宅地内に、俳優の養成と演劇研究を目的とする演劇研究所が設立される。ここでの活動を通じて、抱月は演劇活動に力を入れてゆく。一九一一年にはイプセンの「人形の家」が上演されたが、主役のノラは演劇研究所第一期生だった松井須磨子であった。一九一三年、抱月は、師である逍遙のもとを去り、早稲田大学の教授の地位も捨て、須磨子とともに芸術座を立上げた。こうなるには、松井須磨子との恋愛もあったろう。しかしそれ以上に、近代劇を早く日本に移入したいという強い思いがあった。その背景に、外遊中に見た芝居体験があったのは言うまでもない。

『早稲田文学』の「島村抱月追悼号」（一九一八年　二月）に載った伊原青々園「追憶のさまざま」には、「滞欧中に、島村君が最も劇と音楽とに没頭した事は『滞欧文談』を読んでも分る。三色摺の名優写真帖を倫敦で予約出版するので、私に買はないかと見本を送つてくれた。帰朝した行李の中には、役者の絵葉書が一杯あつた」とある。抱月からも、伊原宛（一九〇三年九月一一日）に「兎に角芝居は見たり其数已に百に上り、舞台裏よりの見物も機会を得て試みたりせめて其内には兄等に材料でも供給して御役に立て申すべし」（『抱月全集』第八巻）と書き送っていた。伊原はこのとき『日本演劇史』（早稲田大学出版部、一九〇四年）を執筆中だった。

抱月は、この時点で、まだ自分が将来日本の近代劇運動の中心に立つといった予想はし

★ウィリアム・アーチャーは劇評家、劇作家で、イプセン劇の翻訳者としても知られる。一八九九年、ハリー・グランヴィル＝バーカーらとともに舞台協会を始めた。こうした近代劇運動の展開に、抱月も大きな刺激を受けた。左は、小山内薫『演劇新声』（東雲堂書店、一九一二年）収載のアーチャーを描いたスケッチ。

ていなかったようだが、演劇に強くひかれていたことは確かである。
「渡英滞英日記」によると、一九〇三年四月二二日にオックスフォードを発ち、シェイクスピアの生地、ストラットフォード・アポン・エイヴォンを訪ねて一泊している。四月二三日はシェイクスピアの命日であり、同時に誕生日だという説もあり、記念日となっていた。したがって訪れる人が多く、宿もにぎやかだった。抱月は同宿の人々とシェイクスピアを語りあったり、エイヴォン川あたりを散歩したりと、この休暇を楽しんだ。このときのことを書いた「沙翁の墓に詣ずるの記」（『早稲田文学』一九〇六年四月）には、ゆかりの地をまわりながら、若き日のシェイクスピアが恋人アンとしのび会うさまや、故郷を出てロンドンを目指す様子などを幻に思い描いた場面がある。

　ロンドンやオックスフォードの劇場で見たシェイクスピア劇は、「リチャード二世」「嵐」「マクベス」「ヴェニスの商人」「ハムレット」「お気に召すまま」「オセロ」「リア王」など、数多い。演劇は、文学や美術と違って遠く離れた地で鑑賞することはできない。その場で時空を共有して見るしかないのだ。シェイクスピアの権威であった逍遙は、留学する機会を持てなかった。本場の演劇を見てくる抱月に、期待するところは大きかっただろう。

　抱月は、オックスフォード大学で、シェイクスピア研究で有名なアンドリュー・セシル・ブラッドレーの講義を受け、また宿舎を訪問して話をする機会を得た。ここでブラッドレーは、当代一流のイギリスの劇作家としてアーサー・ウィング・ピネロを推し、「舞台上ノ術ニ通ゼリ」（「渡英滞英日記」一九〇三年五月二日）と評価していた。抱月は帰国後、「二度目のタンカレー夫人」を、「ポウラ」という名で田中介二と共訳し、芸術座で上演している。

★日記によると抱月は一九〇三年四月二二日にシェイクスピア記念堂で、ベンソン一座の「マクベス」を観ている。写真は、中村吉蔵『欧米印象記』（春秋社、一九一〇年）中のもの。この記念堂は一九二六年に焼失。一九三二年に再建された。

「カチューシャの唄」はここから

観劇記「ツリーの『レサレクション』」(『新小説』一九〇三年七・八月)は、役者の演技だけでなく、音楽の使い方、舞台装置、小道具、衣装までも細かく報告した文章で、これを読むと当時の舞台が目の前に浮かぶようだ。抱月は、一九〇三年三月一四日と四月一六日の二回、ヒズ・マジェスティ座で「レサレクション」を見た。トルストイ原作の「復活」をアンリ・バタイユが脚色し、それを英訳した戯曲である。ビアボウム・トリー主演で、レーナ・アシュウェルのカチューシャだった。ネフリュードフと再会したカチューシャの表情は、「子供のことを問はれ、それは死んだと言ッて、一寸愁ひを見せ、思ひ入れのあひだ、男憎しの怒の情が次第に我が身果敢なしの悲しみに移り行き、我が身に所詮捨鉢なりとの述懐やうのが詞に変はる。それと共に顔の表情がサッドネス一方となり、動作も今までの烈しい動きかたが、段々弱ッてきます」と描かれる。すべてこのような、精密な観察がなされている。

のちに芸術座の代表的演目となった「復活」は、ロンドンで見た「レサレクション」を下敷きにした五幕七場である。これが話題を呼んだのは一九一四年のことで、松井須磨子のカチューシャ、横川唯治のネフリュードフであった。このヒットで、一時は経済的に立ちゆかなくなっていた芸術座も息を吹きかえした。芸術座は旅回りも多く、一番上演回数の多かった「復活」は、計四四四回の公演に及んだ。

抱月は、イギリスではメロドラマの人気も高いが、現在、ロンドンの劇場で一番客を呼

★「レサレクション」第一場。ビアボウム・トリーのネフリュードフと、レーナ・アシュウェルのカチューシャ(島村抱月『滞欧文談』)。

べるのはミュージカルだとし、「其の中でも去年一年を打ち通して今以て続けてゐるもの『ゼ、トリアドア』(The Toreador 牛使ひ)、『エ、カンツリー、ガール』(A Country Girl 田舎娘)、及び『チャイニース、ホネームーン』(Chinese Honeymoon 支那新婚旅行) の三を以て此の種の代表と見られます」(「英国の劇壇」、『新小説』一九〇三年六月)としている。抱月は前の二つをオックスフォードで、「チャイニーズ・ハネムーン」をロンドンのストランド座で見ている。ミュージカルには、日本の風俗を取り入れたと称する「ミカド」や「ゲイシャ」もあった。

　ロンドンでは、中産階級が力をつけて、娯楽を求めて劇場へ集まっていた。これを見た抱月は、いつか日本でもこうなるという確信を持っただろう。イギリスの芝居では、人生を深刻に取り扱うより予定調和の結末に向けてコメディにしてしまうものが好まれた。その理由について、「元来世の多数衆俗といふものは、一日頭や身体の疲れる仕事をして、夜分にでも劇場に行つて笑つて一日の労を息(やす)めやうといふのであるから、好んで肩の凝るやうな芸術を味ふことなぞは出来ない」(「ピネロ作『二度目のタンカレー夫人』」、『新小説』一九〇六年八月)と考えている。ロンドンだけでなく、パリやベルリンでも「音楽的喜劇」が流行するのはこのためだろうというのだ。「復活」で「カチューシャの唄」(中山晋平作曲)をヒットさせたことから、芸術座は大衆におもねって堕落した、という批判があったが、それはトリーの「レサレクション」ですでにあった演出だったし、抱月はミュージカルを見て歌の効果もよく知っていた。

「復活」で人気を得たものの、芸術座の運営により、人間関係や金銭上の苦労が抱月にのしかかった。一九一八年、四八歳の時にスペイン風邪で急逝。しかし抱月は、日本の近代劇運動に大きな足跡を残したのである。

(宮内淳子)

★伊地知純正『倫敦名所図会』(研究社、一九一八年)にある、マチネ(芝居の昼公演)を観にやってきた女性たち。夜だと男性のエスコートが必要だが、マチネなら女性同士で来ることができた。気軽に劇場へ足を運べる環境が整っていった。

野口米次郎（のぐちよねじろう）（1902-1903, 1913-1914）——詩人から日本文化の解説者へ

★二〇歳ごろの野口米次郎。渡米して間もなく詩が認められ、その機会に慣れぬ洋服を借りてポートレートを撮影した。それが *The Critic* (N. Y. new series, November 14, 1896) に掲載された。

ロンドンでの自費出版

野口米次郎は一八七五（明治八）年、愛知県に生れた。一八九一年、慶応義塾に入学し、国粋保存主義を唱える志賀重昂の書生となる。来客の菅原伝がカリフォルニアの日本愛国同盟について語るのを耳にした野口は、急に渡米を思い立つ。一八九三年一一月三日に横浜より出航し、サンフランシスコに着いたのが一二月初旬であった。

菅原の紹介で、野口はサンフランシスコの日本字新聞社に仕事を得、やがて詩人ホアキン・ミラーの山荘に寄宿するようになる。ここで書生をしながら、彼はポーやホイットマンを読み、同時に芭蕉を読んで、独自の詩の世界に浸った。『ラーク』誌に英詩を載せたのを皮切りに、野口は盛んに短い英詩を作るようになり、一八九六年には第一詩集 *Seen and Unseen*（『見界と不見界』）を、翌年には第二詩集 *The Voice of the Valley*（『渓谷の声』）を刊行した。その後、ニューヨークに移って一九〇二年に小説 *The American Diary of a Japanese Girl*（『日本少女の米国日記』）を刊行して好評を得る。詩でも小説でも成功した野口は自信をつけ、一九〇二年一一月に念願のイギリス行きを果すのである。

最初からイギリスにそう長く滞在する予定ではなかった。ただ、あこがれのキーツやテニスンの国イギリスで、自作の詩を発表して英詩界をうならせようという野心がある。そ

れに小説 *The American Diary of a Japanese Girl* の続編 *The American Letters of a Japanese Parlor-Maid*（『御小間使朝顔嬢の書簡』）はほとんど完成している。野口はさらにその続編 *The London Letters of a Japanese Parlor-Maid* の企画を考えており、そのためにロンドンの家庭や社交界を見ておこうというつもりもあった。

一九〇二年一一月二〇日、野口米次郎がロンドンの土を踏んだ時、夏目漱石はそろそろ帰り支度をしていた。「尤も不愉快の二年」（『文学論』大倉書店、一九〇七年）をすごしたロンドンをあとにして、漱石がアルバート・ドックから帰国の船に乗ったのは一二月五日であった。野口の方は野心に満ち、「英詩で以て英京を唸らせ呉れんず決心」（『霧の倫敦』玄文社、一九二三年）を持って、その半月前にロンドンに着いたのだった。

野口はまず、オックスフォード・ストリートのサウス・モールトン一六番地にあるクイーンズ・ホテルに宿泊した。ロンドンの印象は最悪だった。この安っぽい部屋に一晩一二シリングも払わなければならないこと、イギリス英語が悪魔の言語のように聞こえること、ロンドンの霧が湿ってべたべたしていて極めて不快なこと、さらにロンドン社会がよそ者を容易に受け入れない雰囲気であることが、野口を辟易させた。野口は早々にロンドンの家庭に入り込む日本人メードの小説をあきらめる。それでもなんとか詩だけは発表したいと思っていた。

彼はまもなくホテルを引き払い、ブリクストン・ロード一五一番地にある牧野義雄の下宿先に転がりこんだ。牧野はサンフランシスコ時代からの友人である。野口は詩作、牧野は絵画と分野は違ったが、互いに異国の貧乏生活はよく知っている。ブリクストンは「東京でいうと本所の場末」（『二重国籍者の詩（林檎一つ落つ）』玄文社、一九二一年）で、ここなら下

★サウス・モールトン一六番地の現在の姿。写真は二〇〇七年に著者が撮影。野口はロンドンに着いてはじめてここにあったクイーンズ・ホテルに泊まった。「余は生れて初めての不愉快なる朝餐を喫せり。倫敦の旅館の、何ぞそれ冷かなる。余は思へり寺院にて一人食事せんとも、遥かに之に勝るあらんと。空気は奇しく且つ寒く、食堂は猶ほ undertaker の応接間にも似たり。之を米国の旅館の楽しきに比ぶべくもあらず」と野口はこきおろしている（『英米の十三年』春陽堂、一九〇五年）。

宿代は週一ポンドですんだ。牧野は一番上の階に住み、野口はすぐ下の部屋を借りた。牧野の勧めもあって、野口は詩を自費出版することにした。出版社を探し、交渉し、何ヵ月も待たされるよりも、安い印刷所に原稿を持ち込む方が手っ取り早かった。

ケニントン・パークの近くの印刷所で、野口は一六ページの薄っぺらな詩集を二〇〇部ほど作った。タイトルは *From the Eastern Sea*（『東海より』）。Yone Noguchi という著者名の下にわざわざ（Japanese）と入れ、価格は一シリングとした。当時新聞が一部一ペニー、すなわち一二分の一シリングであったから、一シリングとは大胆な値段設定である。案の定印刷屋は本当に一シリングなのか、一ペニーの間違いではないのか、と聞きに来た。野口はプライドをもって一シリングだ、と断言した。一九〇三年一月一二日の夜、野口は出来上がった詩集を受け取り、ロンドンの文学者や新聞社に送りつけた。そしてバイロン卿のように、「朝おきたら有名になっていた」のである。

ロンドンで有名人に

詩集に収められた詩は全部で九篇。いずれも短く、韻は踏まず、英語はブロークンである。しかし、これに対する英詩界の反応はすばらしいものだった。アーサー・シモンズは、そこに純粋な詩情を見て取り、ウィリアム・ロセッティはその豊かな美と情調に感嘆した。ロレンス・ハウスマンも野口の粗野な器の中に何かがあると感じた。ジョージ・メレディスは「気力神秘又詩情に豊かである」（野口米次郎「欧文壇詩人の面影」、『新潮』一九一六年六月）と書き、大英博物館のシドニー・コルヴィンやロレンス・ビニヨンからも手紙が来た。アー

★牧野義雄が描いたブリクストン・ロード一五一番地の下宿。Yone Noguchi, *The Story of Yone Noguchi Told by Himself* (Chatto & Windus, 1914)。ランベス公文書保管所（Lambeth Archives）所蔵の *Kelly's London Suburban Directory 1903* によると、ブリクストン・ロード一五一番地の建物の所有者はダック・ウィリアムとなっており、彼が当時の大家であったらしい。しかし一九五〇年に取り壊され、現在この番地は抜けている。

サー・ランソムはわざわざブリクストンの下宿を訪ねてきた。写真家アルヴィン・コバーンとも親しくなった。こうして詩人ヨネ・ノグチの名前は、またたく間にロンドンに広まるのである。

一躍時の人となった野口は、招待されて多くのクラブや家庭を訪れた。ロンドンの詩人クラブに招かれた時、そこで知り合ったインドの詩人サロジニ・ナイズーを介して、野口はマハトマ・ガンジーやラビンドラナート・タゴールとも親交を結ぶことになる。一九〇三年一月二九日にはウィリアム・ロセッティの家に招かれる。浮世絵を愛するロセッティは、ヨーロッパのジャポニスムの波にどっぷり浸かっており、家には芳年や北斎がところ狭しと飾られていた。

野口はまた、ビニヨンを通じて、木版画家のスタージ・ムーアや詩人のロバート・ブリッジズ、画家のチャールズ・リケッツやチャールズ・シャノンとも知り合う。彼らもまた歌麿や光琳を語って飽きることがなかった。

ロンドン日本協会創立者のアーサー・ディオジー宅に招かれた帰り、野口は深い霧の中に迷う。あれほど嫌っていた霧について、野口は今やこんなふうに書くのだ。「倫敦の深霧！余は深霧を愛す、街上のランプは快麗なる光を放ち、天下変じて詩人の脳裡にある意想国となるの感あり」（『英米の十三年』春陽堂、一九〇五年）。

たった一六ページの小冊子でこれほどの反響を得たため、三月には一〇〇ページにもなる増補版をつくり、ユニコーン・プレスより出版した。よそ者が入り込めないと感じていたロンドンの社交界は、実に容易にその扉をあけたのであった。しかし野口は長くロンドンに留まらず、五月にはアメリカに帰ってしまい、翌年八月には一〇年ぶりに日本に帰国

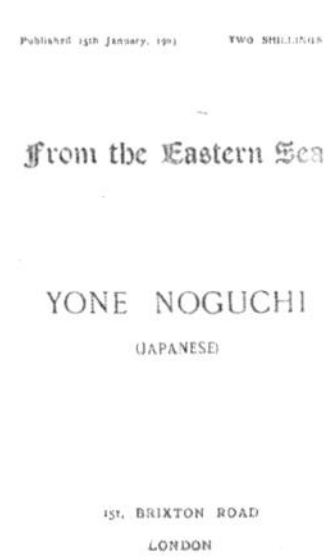

★一九〇三年に野口が自費出版した *From the Eastern Sea* の表紙。一九六五年に The Yone Noguchi Society によって復刻刊行された。

するのである。

故郷に錦を飾る、とはこのことだろう。野口はアメリカでもイギリスでも詩人として成功を収め、帰国するやいなや幸田露伴が「野口米氏に寄す」（『読売新聞』一九〇四年九月一七日・一八日）という長詩を野口に献じた。記念すべき詩集『東海より』は、今度は冨山房から新渡戸稲造の序文つきで出版された。慶応義塾大学文学部英文科教授となり、結婚し、長女・長男・次男を得、東京中野に家を新築する。すっかり成功者の貫禄のついた野口がオックスフォード大学から講演を依頼されるのは、一九一三年のことであった。

日本を代表する詩人

インド洋経由でパリに行き、ドーヴァー海峡を渡ってチャリング・クロス駅に着いたのは一九一三年一二月一二日である。なつかしい霧の中に立った野口に、婦人参政権運動のパンフレットが差し出された。女性の意識はめざましく変化したようであった。また一〇年前あれほど野暮ったかったイギリスの女性が、フランスの女たちのように垢抜けたことを、野口はいち早く察知した。

今度の野口の宿泊先は、ガーランド・ホテルであった。ペル・メル・ストリートを少しそれたサフォーク・ストリートにあるこのホテルは、かつてホイッスラーがひいきにしていたといわれる。街へ出てレストランに入ると、野暮なイギリスは健在であった。パリに比べてどうしようもなくまずいパン。それをさらにまずくする無愛想なウエートレス。インテリアの趣味の悪さ。詩壇においてはしかし、わずかながら変化が見られていた。伝統

★右が一九〇三年一〇月に冨山房より刊行された増補版の *From the Eastern Sea*。左が一九一〇年にロンドンのエルキン・マシューズと鎌倉のザ・ヴァレイ・プレスから刊行された第五版。

的な英詩が新詩運動の勢いに押されはじめていたのである。野口が講演に呼ばれた背景には、この時期の英詩界が外からの風を積極的に受けようとしていたという事情があったようだ。

ロンドンに着いた翌朝、さっそく野口は旧知のアルヴィン・コバーンを訪ねる。コバーンは肖像写真集 *More Men of Mark*（『続著名な人々』）に野口の写真を入れたいと、かねてより依頼していたのだ。野口はコバーンの求めに従って着物姿のまま乗合自動車に乗り、ハマースミスのコバーンの自宅で写真におさまった。一〇年前に、まだ少年の面影を残していた野口は、今やアナトール・フランスやロイド＝ジョージらと共に写真集に載るような人物となっていたのである。

この月、野口は英詩界の重鎮エドマンド・ゴスの夜会に招かれ、リージェント・パークに面したハノーヴァー・テラスを訪れた。ここで野口は、マックス・ビアボウムにはじめて会い、ビニヨン夫妻とも再会した。またハロルド・マンローに連れられてフリス・ストリートの夜会にも行った。ここでエズラ・パウンドに会い、パウンドを通してW・B・イェイツや彫刻家ゴーディエ・ブルゼスカとも親交を広げた。

翌年一月には、コバーンとともにバーナード・ショーを訪ねた。ショーはロンドン郊外のエイオット・セント・ロレンスに自宅を構えていたが、仕事場としてアデルフィ・テラスのフラットの三階部分全床を借りていた。アデルフィ・テラスはテムズ河沿いのヴィクトリア・エンバンクメントにあり、画家のジョゼフ・ペンネルもここに住んでいた。サヴェッジ・クラブという芸術家クラブもここにあり、野口は日本美術研究家のアーサー・モリスンに招待されて、このクラブのハウス・ディナーにも出席した。

★写真家アルヴィン・コバーンによって一九一三年一二月一四日に撮影された野口の肖像。Alvin Langdon Coburn, *More Men of Mark* (Duckworth & Co., 1922)。この写真集には野口のほか、トマス・ハーディ、エズラ・パウンド、アナトール・フランス、モーリス・メーテルリンク、ジョゼフ・コンラッド、デイヴィッド・ロイド＝ジョージらの肖像が載った。

野口が待っていると、少し遅れてショーが帰宅した。ショーは、サヴォイ座でグランヴィル＝バーカー演出の「真夏の夜の夢」のリハーサルに立ち合っていたのだ。この舞台は大きな評判となり、野口ものちに見に行っている。しかしショーはさかんにイギリスの文芸界の無理解をまくしたて、「英国で文学で飯を食はうとするのが間違ひだ」（『霧の倫敦』）と言った。日本がアメリカやイギリスを真似ようとするのを嘆いて、「余が持つて居た日本の夢は破れてはるばる訪問したい気は無くなつたよ」（『霧の倫敦』）とも言った。もっとも、そう言ったショーは一九三三年二月に来日し、三月八日に組まれた改造社主催の能見物では、野口がショーの隣に座って粗筋を説明した。

一月一四日、野口はハノーヴァー・スクエアにあるロンドン日本協会で講演をした。聴衆の中には、もと駐日英国領事でロンドン大学日本語教授のジョゼフ・ヘンリー・ロングフォードら、日本通のイギリス人が何人もいた。「ジャパニーズ・ポエトリー」というタイトルで野口は、書かれぬ詩こそが最上の詩である、と語った。

一月一八日にはアーサー・シモンズと会った。シモンズの『表象派の文学運動』は一九一三年に岩野泡鳴によって翻訳され、河上徹太郎、小林秀雄、中原中也らに大きな影響を与えたが、野口はこの泡鳴の翻訳書を直接シモンズに手渡して喜ばれた。この頃には野口はすっかり日本を代表する詩人となっている。二週間後にはオックスフォード大学での講演が待っていた。

★アーサー・シモンズが野口に献じた詩「ジャパン」。野口自身による訳は次のとおり。「日本／ヨネ・ノグチに／／蝶々、／かよはきものの極み、／そは宝玉をもて、／その翅を染むる色彩あり。／／そは花葩か、／狭霧か吐息か、／その一時の生ぞ、／／死に諧み和らぐ。／／世に伝へ聞く、／／翅ひろげ輝ける日本は、／／扇の霊に、／剣の心持てりと」（野口米次郎『日本詩歌論』白日社、一九一五年）。

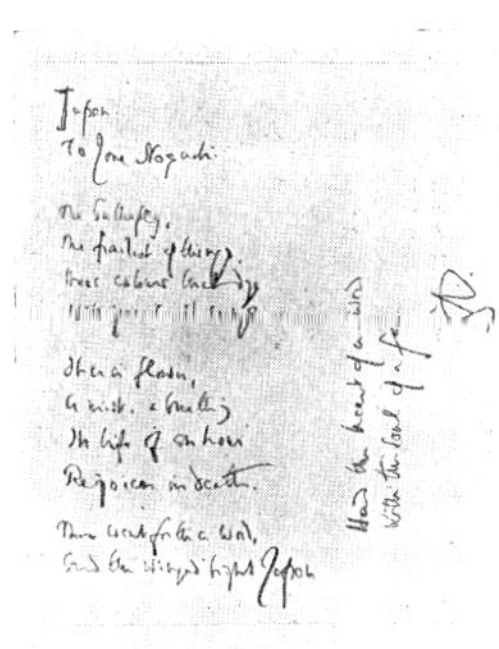

日本文化の解説者として

一月二八日、野口はいよいよオックスフォードへ向かう。夕刻に停車場に着いた野口を、桂冠詩人のロバート・ブリッジズが出迎えた。チャールズ二世が一六六八年にジョン・ドライデンを公式に任命して以来、イギリスには国王によって選任される「桂冠詩人」が存続していた。ブリッジズはアルフレッド・オースティンに続いて、一九一三年七月に桂冠詩人となったばかりであった。

オックスフォード大学での夕食のあと、野口はボアーズ・ヒルのブリッジズ宅で一晩すごす。ボアーズ・ヒルはオックスフォードから五マイルも離れており、自動車でも優に一時間はかかったが、ブリッジズは遠くオックスフォードの尖塔を望むこの場所を非常に気に入っていた。翌朝、健脚のブリッジズは徒歩でオックスフォードに行こうと言い出した。牧場を横切り、小川を渡って、二人はオックスフォードののどかな自然の中を散策しつつ大学に向かって歩いた。

野口の講演会場はモーダレン・カレッジであった。モーダレンはジョゼフ・アディソンの散歩道で知られているが、同時にオスカー・ワイルドが男色の相手であるアルフレッド・ダグラス卿を見いだしたカレッジとしても有名である。当初オックスフォードの異端児ワイルドについて話すことも考えていた野口は、ブリッジズに英文学でなく日本の文学について話すよう強く求められたのだった。かくしてタイトルは「ジャパニーズ・ホック・ポエトリー」となった。ホックとは発句、すなわち俳句のことである。

★牧野義雄によって描かれたモーダレン・カレッジの塔（Hugh de Sélincourt, Illustrated by Yoshio Markino, *Oxford from Within*, Chatto & Windus, 1910）。

野口は挑戦的な言い回しで、日本詩歌の優位性を説いた。説明を極力省いた日本の詩歌は「ポエティカル・アンインテリジビリティ」（詩の上の理智没却）に陥るだろうが、それは「かの英詩などに見るやうな遅鈍怯懦や卑賤風俗に優ること萬々である」（『日本詩歌論』白日社、一九一五年）と彼は語った。

駒井権之助は野口の講演についてこうコメントした。「今度野口は牛津で大味噌を付けたよ。英語の発音が悪いから何を云ふて居るのか聴衆には少しもわからなかつた。それで野口が演説を終ると牛津の教授等はこんな厄介者と云ふて彼の荷物を皆門前に投げ出したので、彼はほうほうの態で逃げて帰つたと云ふことだ」（牧野義雄『滞英四十年今昔物語』改造社、一九四〇年）。もちろん実際は、英語の発音ごときで人を侮辱するようなことはしない。オックスフォードの教授たちはステファヌ・マラルメを歓迎して以来の熱意をもって野口に接し、茶話会を開いてテニスンの姪やメンデルスゾーンの孫を含む多くの有名人に彼を引き合わせた。

野口の講演録は一九一四年に *The Spirit of Japanese Poetry* と題してロンドンで刊行され、野口はすっかり日本文化・文学の解説者としての名前を確立した。一九一五年にはイギリスのA&Cブラック社から刊行される *Who's Who*（『紳士録』）に、野口の名が載った。一〇年前には俳句を説明するにも、浮世絵を解説するにもしどろもどろだった野口が、今や専門家である。

一九〇三年にスタージ・ムーアの夜会に招かれて北斎について聞かれた時のことを、野口はこう告白する。「その頃私は恥しながら北斎に関する何の智識も持つてゐなかつた。私はムーアの質問に対して、満足な返答を与へることが出来なかつた。実際この絵さへ見

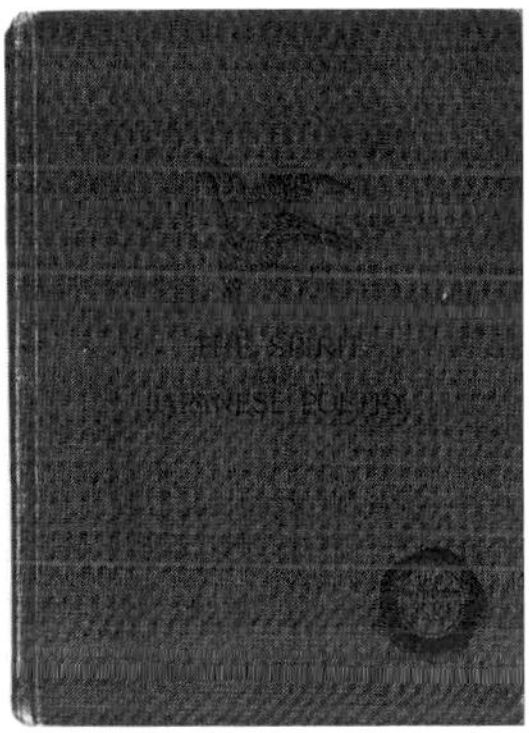

★Yone Noguchi, *The Spirit of Japanese Poetry* (John Murray, 1914)。ロンドンで刊行されたこの著書は、野口自身によって邦訳され、『日本詩歌論』として一九一五年に白日社より刊行された。

たのが始めてであつた私に、北斎芸術の智識なんてある筈がなかつた。私は一代の恥辱を感じてその晩おそく私の下宿屋へ帰つた」（『歌麿北斎広重論』第一書房、一九二六年）。ところがこの時、ムーアの応接間に飾られていた北斎の富士の木版画「凱風快晴」が、野口に思わぬ力を与えた。「われを見て起て、西洋人を睥睨して東海詩人の面目を発揮せよ、恐れてはならない、慄へてはならない、われはお前に命令する、勇気を出せ！」（『ヨネ・ノグチ代表詩』新詩壇社、一九二四年）――こう北斎の富士は野口に語りかけたのだった。以後、野口が外国に向けて語る俳句論や浮世絵論には、この時の武者震いのような気負いが見え隠れする。

野口は、俳句や浮世絵の情調に、本国でなくイギリスで触れたのだった。アメリカでもイギリスでも句集を携えていた野口だが、自身で句作するということをほとんどしてこなかった。それが一九〇二年の秋、チャリング・クロスの雑踏を耳にして、ふと俳句が頭に浮かんだ。「天国の路はいづれぞ町の網」（『英米の十三年』春陽堂、一九〇五年）がそれである。テート・ギャラリーで見たダンテ・ロセッティの絵を思い出しながらハイド・パークを散策中、英語俳句がまたひとつできた。“My Love's lengthened hair/Swings o'er me from Heaven's gate:/Lo, Evening's shadow!”（*Through the Torii*, The Four Seas Company, 1922）である。ハイド・パークの情景はまた、野口に浮世絵の情調を感じさ せた。

倫敦の春も漸く熟して、紫色の霞がたなびく日曜日のハイド公園などに人が出盛る時、私もよく其処を散歩したものだ。かういふ場合に私は木の下や草の上で幾組も抱き合つたり又接吻し合つたりして居る男女の群を見た。彼等は酒こそ飲まず又三味線

★北斎の「凱風快晴」。野口の英文キャプションには“Red Fuji in Fine Weather”とある（野口米次郎『六大浮世絵師決定版葛飾北斎』誠文堂、一九三二年）。

こそ弾じて居らないが、私は、それが清長の二枚物『当世遊里美人合』（天明五年頃の作で変化ある描線と優美な構図で勝れたものが含まれてゐる）などによく発見せられる場面であると思つて眺めたことがあつた。私は西洋へ来て始めて実際に、浮世絵の情調に触れることが出来たやうな感じを得たことを喜んだ。

（『野口米次郎ブックレット第八編　春信と清長』第一書房、一九二六年）

興味深いことに、一八歳で日本を離れた野口は、英語の国で日本の情調を知り、英語を使って日本を歌ったのである。

四月一日には再びロンドン日本協会で講演を行った。今度の題目は「ヨシトシ、ザ・ラスト・マスター・オブ・ジ・ウキヨエ・スクール」というもので、浮世絵師月岡芳年についての講演であった。この月野口はロンドンを離れ、パリを経てベルリンへ行き、モスクワへ足をのばし、シベリヤを横断して帰国の途についた。帰国後、野口は海外に向けて *Japanese Hokkus*（The Four Seas, 1920）、*Hiroshige*（Elkin Mathews, 1922）など、多数の俳句論や浮世絵論を刊行する。

野口のロンドン滞在は、あわせても一年ほどの短いものである。しかしロンドンでの経験は、野口のその後の仕事に決定的な影響を与えたといえるだろう。

（和田桂子）

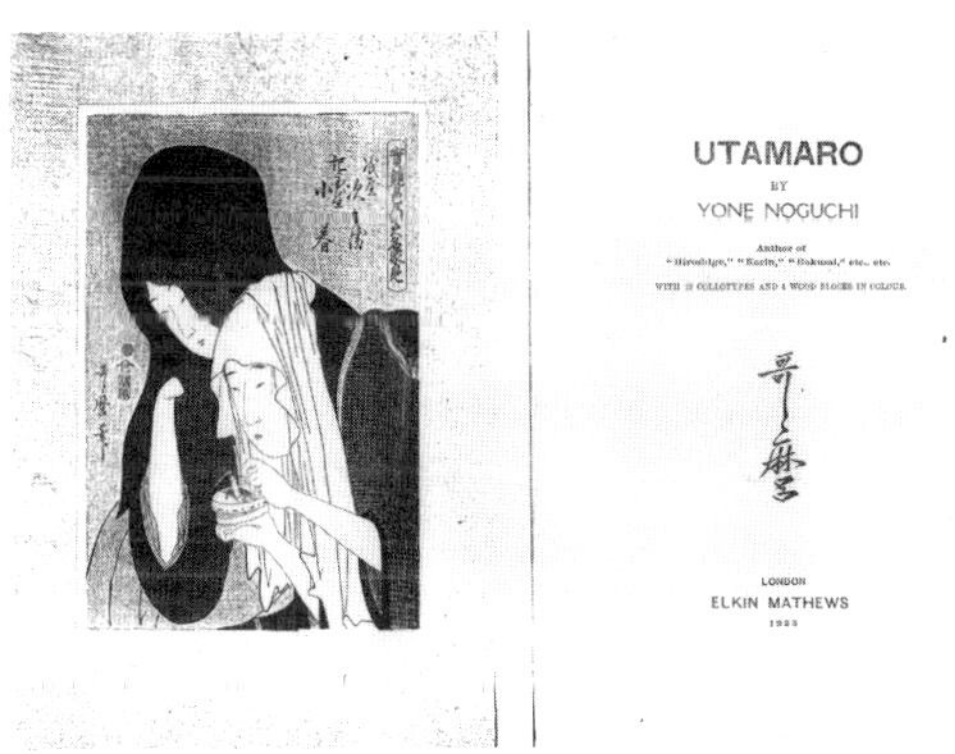

★野口米次郎の編著 *Utamaro*（Elkin Mathews, 1925）の内扉。日本でカラー印刷され、四五〇部がヨーロッパで販売された、と書かれている。

姉崎(あねざき)嘲風(ちょうふう)（1902）——ドイツより英国に入りて

留学の経緯

嘲風こと姉崎正治が官命で留学に出発したのは一九〇〇年すなわち明治三三年の三月末日のことで、目的は宗教学研究にあった。留学先はドイツであり、これは第三高等中学校を卒業する頃からの望みでもあった。『私の留学時代』（生活社、一九四六年）には、「何とかしてドイツに留学したいと考へ、雑誌に出す文に、夢伯林士といふ名を用ひたこともあった」と書かれている。帝国大学文科大学哲学科に入ってからもドイツ語学習に熱中し、大学院に入った頃、三年間の留学の命を受けた。支度料が三百円用意された。これで洋服数着と夏着とトランク、柳行李などを買い、別に旅費として「船の一等賃金と日当とで五六百円」もらい、二等に乗ったので、まだ余裕があったとのことである（『私の留学時代』）。

横浜港から乗った船は、姉崎の記述では「四千余トンの河内丸」で、博文館の大橋乙羽がパリまで一緒であった。ちなみに『七つの海で一世紀　日本郵船創業100周年記念船舶写真集』（日本郵船、一九八五年）の「取得船リスト（1）」には、「河内丸（Ⅰ）」について、明治三〇年四月に英国グラスゴーで建造、総トン数は六〇九九トンと書かれている。

姉崎はこうしてドイツで留学生活に入り、キール大学やベルリン大学で約二年間学んだ。

★『七つの海で一世紀　日本郵船創業100周年記念船舶写真集』（日本郵船、一九八五年）に掲載された、姉崎が乗った河内丸と同級の欧州航路用船舶の博多丸（Ⅰ世）。同書には、同級船として、神奈川丸の他、河内丸、鎌倉丸、讃岐丸という、英国で建造された五隻を紹介している。また、横浜・ロンドン間の運賃は、一等五〇〇円、二等三三〇円、特別三等二〇〇円、三等一六五円であったとも書かれている。

土井晩翠との交流

一九〇二年三月下旬、姉崎はロンドンに移った。『私の留学時代』には「ハリヂの港に上陸したのは三月下旬か四月上旬であつた」と書かれている。「ロンドンでは北方 Tufnel Park の Anson Road（番地は四十何番か）で、南西に面した開濶な部屋に住むだが、突出までで眺めはよく、隣の家に住む土井晩翠とは、窓から互に話しあつた」（同書）という。

部屋の様子もドイツとは違つてからりとし、又朝食もドイツの様な貧弱でなく、時には玉子もあつた。食事も時々は家族（Mrs. Janes といふ寡婦と二人の子息）と共にした。当時イギリスは物価が高いといふので留学費も一ケ月二三十円多く貰つたので、十七八ポンドになつた。部屋代と朝食とを合せて、一週間一ポンド余りであつた。書物は余り多くは買はなかつたが、音楽会などの支出も可なりになり、余裕はなかつた。

ロンドンでは、学校には入らず、リスデビヅ Rhys Davids にたよつて、アジヤ学会の図書室や大英博物館で研究した。

右が『私の留学時代』に書かれたその生活ぶりである。出口保夫『ロンドンの夏目漱石』（河出書房新社、一九八二年）によると、同時期の漱石の留学費は年額一八〇ポンド、月額一五ポンドほどであり、姉崎はこれよりやや多かったわけである。

「英京通信」（『帝国文学』一九〇二年八月）は、冒頭に「卅五年五月廿四日」の日付をもつ姉

★現在のアンソン・ロード近くの風景。閑静な住宅街という趣である。写真は二〇〇五年に著者が撮影。

崎のロンドン生活の断片報告である。これによると姉崎は、同五月二一日には博物館で彫刻を見学し、夕べにはロイヤル・オペラでワグナーの「ジークフリート」を見ている。翌二二日はワグナーの肖像入りの絵葉書を街で探し回ったが見つけることが出来ず、さらに二三日には、「エストミンスターの辺りに、即位式行列を見物せん為の桟敷が築れつつあるを見て、テート画廊にロセツチやワツツの作を見」、夕べは再びロイヤル・オペラで、今度は「トリスタンとイゾルデ」を見ている。外に出ない時は宿で読書に耽っていた。

もちろん、独りで行動するばかりではなかった。特に隣家の土井晩翠とは深くつきあったようで、『私の留学時代』にも、実に微笑ましいエピソードがいくつか書き込まれている。

> 古本屋の外に古道具屋にも古本が出てゐる。一つでもあれば晩翠は其に立寄る為に、道路を横切つて左往右往する、自分はそれについてあるく。そこで此を犬の小便と名づけたが、犬の小便で二三珍本を得た。

この他、二人で、目的もなく一区域一ペニー分だけ乗合馬車に乗り、下りたところでもう一度、たまたまやってきた乗合馬車に乗って同様にし、一日を過ごしたこともあったという。これには、晩翠が大事な小手帳を無くし後に見つけるという「付録挿話」もあった。

> 当時ロンドンにゐた人には、建築家の武田伍一、それから、岡倉由三郎、夏目漱石、深井英五、下田次郎等、その外に大谷光瑞氏一行を思ひ出すが、武田の外は皆遠くであつて、ほんの二三回会つただけであり、ベルリンでの様な交際はなかつた。又公使

★ワグナーの「ジークフリート」。よく知られるように、「ジークフリート」は「ニーベルンゲンの指輪」四部作のうちの第三作であり、ワグナーの代表作である（小松耕輔『西洋音楽の知識』アルス、一九二〇年）。

館とも疎遠であつた。たゞ書記官でゐた阿部守太郎とは往復し、後に記すハンブルヒ行にはそのタキシードを借りて行つた。
（『私の留学時代』）

要するに、晩翠との交流は格別であった。なお、「ハンブルヒ行」とは、この地で同年の「九月下旬か十月上旬」に開かれた東洋学会で、「Sagatha-vagga」についての研究発表を行うためであった。姉崎はこの論文について、「ロンドン在住の賜」と述べている。この後、キールを訪れ、ドレスデンや「ライプ」を経てロンドンに帰り、それからさらに一ヵ月ほどロンドンに滞在し、ここを離れたのである。ロンドンには約半年の滞在であった。その後、パリに数日間滞在し、イタリア各都市を経て、ナポリを出発したのが一一月一九日であった。インド滞在を経て帰国したのは、一九〇三年六月のことである。この帰国途上の一九〇二年一二月二四日、大学時代からの友人高山樗牛の突然の訃報に接している。

ちなみに土井晩翠は、一九〇一年六月一五日、私費で欧州旅行に出かけ、イギリス、フランス、イタリア、ドイツ等を周遊する途次、ロンドンでやや長期にわたっての滞在中に、姉崎と親交を深めたのであった。晩翠は一九〇四年一一月二〇日に三年半ぶりに帰朝した。

『花つみ日記』の世界

一九〇七年九月、姉崎は、カーン資金を得て再び欧米旅行に出発した。カーン資金とは、フランスの銀行家アルベール・カーンの寄付基金を元に運用される資金で、日本では一九一三年に「カーン海外旅行財団」が設立され、毎年二名の学識者が一年間の海外旅行に派

★やや時代は下るが、一九二〇年代の街角のブックショップ。大英博物館近くのシチリアン・アヴェニューのものである。姉崎が土井と立ち寄ったのも、このような店であったのであろう（Richard Tames, *Bloomsbury Past*, Historical Publications, 1993）。

遺されることになっていた。姉崎はカーンについて、『花つみ日記』（博文館、一九〇九年）の中に、一九〇八年七月七日の日付で、次のように書いている。

カーン氏の人となりに接しては、この旅行をさせてくれた恩人としての外に、深い感化を得た。銀行家で財界に活動する人が、一点私利の念がなく、世界のため人類のため、近くは又朋友のために色々配慮して、クラブには常に人を招ぎ、音楽者を保護して、多忙の中にも常に人の世話をやく。

この旅においても姉崎はイギリスを訪れた。『花つみ日記』には、一九〇八年六月から七月にかけての「パリからロンドンへ」と、一九〇八年八月のスコットランド紀行を描く「原ぐさ日記」という文章が収められている。前者によると、姉崎が「ドワーの港」から汽車でロンドンに入ったのは一九〇八年七月八日のことである。ガワー・ストリートの下宿に荷を解いた姉崎は、六年ぶりのロンドンの姿について、『花つみ日記』に次のように書いた。

夕食前に散歩に出て見ると、総て昔なじみの処、そこらの人のロンドン英語、町の角々に立つて居る背の高い愛くるしい顔をした巡査、トテンハム通の馬車、何となしに総てが再会を喜び迎へてくれる様にある。土井君と二人でイスリントンに住んで、市中に出るには毎日辻馬車の屋根の上から眺めて通つた辺りの景は少しも昔にかはらぬ。（略）土井君が通る度にあさつた古本屋も昔のまゝ、度度昼飯に行つた店も少しも

★ロンドンの巡査。キャプションにも「大男であるがみんな親切である」と書かれている（仲摩照久編『世界地理風俗大系』第一〇巻、新光社、一九二九年）。

変つて居ない。

姉崎にとってのロンドンは、やはり土井晩翠との生活が一番の思い出であったようである。今回は旅行途次の一時的な滞在であるはずなのに、旧知の土地であるからか、例えば七月九日には、「タイムス社の書店に行つて本を買ひ集め、それからリゼント公園に行つて読書」といった具合に、あたかも長期滞在者のような一日の過ごし方である。

この後、パブYe Olde Cheshire Cheeseに行って食事をしている。「こゝもホールと屡ば来た処であるが、二百年来の古風相変らずで面白い」とその印象を書き付けた。ちなみに「ホール」とは留学時代の友人で、大英博物館エジプト学担任であった。『私の留学時代』には、「1908や1919年にロンドンに行つた時になほ健在であつたが、1934年に行つた時には既に故人であつた」とあり、その格別の交情がふり返られている。『岩波西洋人名辞典増補版』（岩波書店、一九八一年）の「Hall」の項にも「Harry Reginald Holland 1873.9.30-1930.10.13　イギリスの古代学者。大英博物館に入り（1896）、エジプト・アッシュリア部副部長（1919-24）、同部長（24-30）となる」という記述が見られる。

姉崎は、先にも述べたとおり、七月九日には大英博物館を見学した。これはホールと再会するためでもあったが、「アマラワテーの彫刻やギリシヤの古瓶」（『花つみ日記』）などに、留学時代の美術見学の記憶をも呼び起こしている。一一日には、キューの植物園に出かけている。一二日は、シティ・テンプルでキャンベルの説教を聞きにでかけた。また夕方にはイギリス国教派の聖三位の寺に出かけている。一三日にはウェストミンスター・カテドラルという新しい寺にでかけ、その大伽藍を出た後、ウェストミンスター・アベイを訪ね、

★竹内勝太郎『西欧芸術風物記』（芸艸堂、一九三五年）に掲げられた、大英博物館のアメン・エム・ハット三世の彫刻の挿絵写真。

ここに眠る多くの文学者や音楽家に思いをはせている。翌一四日には、サウス・ケンジントンの博物館を訪れ、続けて美術館を見ている。さらにケンジントンの公園で休んだ後、辻馬車で、当時ロンドンの西のシェパーズ・ブッシュで行われていた博覧会の見学に出かけた。

この後、スコットランドへ出かけた後、イギリスを離れ、一九〇八年一〇月に帰国した。

ドイツとイギリス

姉崎はその後も、幾度か欧米に赴いている。一九三六年七月には世界宗教大会に出席するためにロンドンを訪問した。この時、ジュネーヴの国際学芸協力委員会に出席した後、アメリカに移り、九月にハーヴァード大学三〇〇年記念祝典で講演し、同大学の名誉学位を受け一〇月に帰朝した。一九三九年六月にもオックスフォード大学で講演している。

若い頃から姉崎が憧れたのはドイツであったが、世界を相手に活躍を拡げた後には、イギリスをもまた一つの近しい国と捉えていたようである。

一度目のロンドン滞在中に発表した「再び樗牛に与ふる書」(『太陽』一九〇二年八月)には、ドイツとイギリスとを比較した興味深い文章が見える。ヨーロッパから高山樗牛に宛てられた第三番目の書簡で、ロンドン移住後すぐの頃に書かれたものである。

英国に入りてより得たる印象如何とは、屡人に問はる、君問はざれど吾れ之を語らんか、ドイツより英国に入りて、特に新しき感を得しといふ程の事もなし、只此国の

★オックスフォードの大学街の風景(福原麟太郎『新しい英国』吾妻書房、一九五四年)。

事物が、何物も規則なくして而も妙に円滑に進行せる事は不思議に思はる、日本にてもドイツにても規則や法律先づ成りて、此規定にて事を進行すれども、此国は其正反対なり、

それでも姉崎は、両者の相違点をいわば止揚する形で、その体験を肉化していったのである。同じ「再び樗牛に与ふる書」の「五月十八日」の項には次のような言葉も見える。

今日雨後日没に近き頃ハムステドの丘に遊びぬ、雨後の嵐さやかにロンドン万家の煙を追ひて、常には見へぬセントポールの高塔夕日に映じて神々しきを、丘の上より望みぬ、雲煙塵埃を去て天に冲する神の塔を遠見し得し如き望を日本文明の将来の夢にして今日は寝ねん、嗚呼何時か君と共に日本の思想界にセントポールを望み得ん、此夜にも平和あれ、君が病の床にも平和あれ、

贅言は不要であろう。ロンドンは、そしてハムステッドの丘は、彼にとって、日本の、そして世界の将来を見据える見張り台であったのである。

(真銅正宏)

★ハムステッドの今も昔も変わらない風景。ここには、丘があり、池があり、芝生があり、ロンドン子たちが休日を過ごすにふさわしい公園である。八〇〇エーカーの広さを誇る（仲摩照久編『世界地理風俗大系』第一〇巻）。

戸川秋骨（とがわしゅうこつ）（1906）——ラムの住んだ街

★秋骨は『エリア随筆』翻訳の原稿を渡してから間もなく、病を得て没する。校正は、秋骨を師とする英文学者たちが行って本を完成させた。左は、そうして出された『エリア随筆』（岩波文庫、一九四〇年）中の「法学院の老判士」の挿絵。父親が弁護士の執事をしていたので、ラムはテンプルのクラウン・オフィス・ロウというところで幼少期を過ごした。テンプル付近には、法律関係の仕事をしている人が多く住んでいた。

画商の通訳として

戸川秋骨は、チャールズ・ラムの『エリア随筆』を翻訳（岩波文庫、一九四〇年）している。その「訳者の言葉」で、秋骨は『エリア随筆』愛読の理由を、「私の言ひたいと思つてゐる事が、実に心にくいほど巧みに語られてゐる。いや、その語り方が何とも言ひやうのないほど心をひきつける。が、このエッセイズと共に、私はラムの人物に傾倒する。あついい涙を流さずにはゐられないやうな場合でも、むしろ幽かに笑つてすましてゐる。極度の良い心持と、しつかりした意味をもつてゐなくては出来ないことである」と語っている。秋骨は熊本生れであるが、七歳のときに上京し、大阪での中学校時代と、山口高等学校へ赴任した一時期を除き、ずっと東京で過ごした。ロンドンで生れ育ったラムと、気質的にも近いものを持っていたようだ。

ラムは、三三年間ずっと東印度会社の会計係をしながら、文人の生活も続けていた。サミュエル・テイラー・コールリッジやウィリアム・ワーズワースらと文学を語りあい、文章を書いた。『エリア随筆』は一八二〇年から書きはじめられた。日本においてラムが紹介されたのは、明治半ばあたり、ラムとその姉メアリーとの共著『シェイクスピア物語』が早い方とされる。『エリア随筆』となると、一部が一九〇五年七月『英文学之友』第一冊に清水起正訳注で『新旧教師』（文友社）として刊行されたのが古い方だと、福原麟太郎は『チャールズ・ラム伝』（垂水書房、一九六三年）で考察している。この福原が、ラムに親しむようになった訳として、「岡倉由三郎、平田禿木、戸川秋骨諸先生はすでに六十前後でゐられて、いづれもラムがお好きでよくラムの話をして下さり、翻訳あるひは評伝を発表されてゐたから、さういふ先生方の影響を受けてラムに近づいてはゐた」（『チャールズ・ラム伝』）と書いている。

　ここに英文学者として秋骨や禿木の名前があがっているが、この二人は、日本近代文学史の中では、一八九三（明治二六）年創刊の雑誌『文学界』同人として登場する。一八九六年には、二人で樋口一葉のもとを訪れ、「たけくらべ」の話をしたこともあった。創刊時の『文学界』同人は、星野天知、星野夕影、平田禿木、島崎藤村、北村透谷、戸川秋骨の六人で、秋骨は前年に明治学院を卒業したばかりの二四歳という若さである。英語、英文学に詳しく、同時に俳諧へも心を寄せて、そうした方面の随筆や評論を載せていた。秋骨はその後、東京帝国大学英文科選科に学び、のち、明治学院や慶応義塾で教鞭を取った。秋骨の本領は、四〇歳を過ぎて、大学で教える傍ら書いた随筆で発揮された。そのあたりも、ラムに似ている。

　画商の小林文七の通訳として、一九〇六年九月から翌年一月まで欧米の旅に同行したのは、秋骨、三七歳のときのことである。秋骨は、東京帝国大学選科を修了後、一九〇三年山口高等学校に赴任したが、一九〇六年に廃校となって、七月、東京に戻っていた。通訳の仕事は、ちょうど職がなく、しかも語学ができる秋骨に都合がよかった。帰国後、秋骨はこの旅行記を『欧米紀遊二万三千哩（マイル）』（服部書店、一九〇八年）としてまとめたが、「余の旅

★『欧米紀遊二万三千哩』に収められた中村不折「甲板上の舞踏会」。アメリカから大西洋を渡り、明日はイギリスに着くという晩に、甲板で始まった舞踏会の様子を描く。

行が則ち乞食旅行であることを吹聴したい」「携へて居るものはトランク一個手提一個傘一本それで金は一文もない。人の懐宛である」とし、しかも「乞食なる余も同船の富豪も平等である。暢気至極と云つて宜しい」（九月一二日）と書いている。

それでは、出資者は誰で、どういう理由で同行したのか、ということは、この本には明記されていない。あくまで秋骨の私的体験談の範囲で書いている。わずかに、ボストンで富豪の家に馬車で行くとき、「余と小林君とは相並んで」乗ったというところに名前が見えるが、ほとんどは「同伴者」といった呼び方で済ませている。

小林文七は一八六一生れで、秋骨より九歳年長。アーネスト・フェノロサと本格的な浮世絵展覧会を開き、目録も刊行した。一八九七年とその翌年のことである。これは日本における浮世絵研究を本格化させる道を拓いた展示、目録として知られる。フェノロサとの関係からか、小林は、スタージス・ビゲロー、エドワード・モース、チャールズ・フリーアら、アメリカのコレクターと親密な交渉があった。瀬木慎一『世紀の大画商たち』（駸々堂出版、一九八七年）によると、小林がデトロイトに店を持っていたことが、フリーアの日記からわかるという。小林は浮世絵を主に取り扱ったが、琳派も評価していてコレクションも多かった。フリーアは、一九〇六年に小林文七から俵屋宗達「松島図屛風」一双を購入している。小林の旅には、この売買もかかわっていたのではないだろうか。美術品取り引きの旅であるなら、小林の動向は商売上伏せておくべきこともあったろう。門外漢の秋骨が、むやみに筆にすることは禁じられていたかもしれない。デトロイトのフリーアの家では、その膨大なコレクションの一部を見せてもらい、ホイッスラーの手になる「孔雀の間」に案内された。フリーアの接待は朝の九時から夜の一〇時半に及んだが、この手厚さは、

★フリーア美術館に所蔵されている、俵屋宗達「松島図屛風」（部分）。六曲一双。一九〇二年までは、堺の祥雲寺にあり、「荒磯屛風」と呼ばれていた。

小林文七がいたればこそ、であった。

　では、小林文七と秋骨には、どういうつながりがあったのだろう。二人を結ぶ人物は何人かいる。フェノロサは、一八九八年一月から高等師範学校英語教師となったが、高等師範付属中学校で教えていた平田禿木と親交を結んだ。また、秋骨は、フェノロサと親交があった小泉八雲に東大で教えを受けている。小林文七と秋骨を結びつけたのは、禿木とフェノロサであったろうか。

　禿木とは、『文学界』が終わっても英文学者としての交友が続いていた。その禿木が、秋骨について、「初めから如何にも地味で、老成で、どこまでも信頼できる、親しみ易い人のやうに思へた」（『禿木遺響　文学界前後』四方木書房、一九四三年）とし、その交友関係の広さを述べている。環境的にも、秋骨が身を寄せていた築地にある叔父の家が高等下宿のようなことをしていて、名士が泊まりに来ていた関係から、秋骨は各界に知り合いがいたという。通訳として同行するには、うってつけの人物ではなかろうか。

第一通り旅館

　旅行記の題名に「二万三千哩」とあるように、日本から太平洋を渡ってアメリカへ行き、大西洋を渡ってロンドン、パリ、ベルリン、そしてふたたびアメリカへ戻って北米大陸を横断し、太平洋を航海して日本に戻るという長旅であった。これをたった五ヵ月弱で済ました。ロンドン滞在も一一月一五日から二二日までのわずか八日間という短さである。それでも秋骨は、ロンドンに来て第二の故郷を感じた、という。

★本間久雄『英国近世唯美主義の研究』（東京堂、一九三四年）に収められた、ホイッスラーによる「孔雀の間」のための画稿。一八七四年、ホイッスラーは彼の保護者であったフレデリック・レイランドの邸宅の一室の鎧戸や板壁に、孔雀を描いた。そのため「孔雀の間」と呼ばれている。フリーアは、ホイッスラーのコレクターでもあった。

秋骨が泊まったのは、ハイ・ホルボーンにあるファースト・アヴェニュー・ホテルで、秋骨は、これを「第一通り旅館」、日本風に言えば「一丁目屋」か、と書いている。その裏にグレイズ・インがあった。ここは、リンカーンズ・インやテンプルと並び称される名高い法律学校である。一一月一七日に、さっそく、見物に行った。「グレイのインと云ふのは度々書物で知己(ちかづき)になつて居る、殊に十八世紀の作物(さくもつ)で見た事があるので懐しさに堪えぬ」とあるように、ロンドンの各地は、書物を通じてよく知っていた。まだ見ぬ場所ながら、すでになつかしい地名がたくさんあったのだ。

法律学校のひとつであるテンプル法学院は、秋骨の好きな作家、チャールズ・ラムゆかりの地域である。ラムは一七七五年にここで生れ、七歳までを過ごした。ラムの父親がテンプルの法学者の家に召使いとして働いていたためである。『エリア随筆』の中の「法学院の老判士」の章では、ロンドン市中にあって別世界をなす広いテンプルの敷地内や、そこに住む判士たちを回想している。

グレイズ・インはとりたてて見るべきものもないようだったが、「建築は頗る古くて、加之(しか)も粗末であるらしく見えるが、其古臭く粗末らしく見えるのが何と無く又床しく感ぜられる。否倫敦に来て何もかも床しく感ぜられたものである」と、秋骨はこれを楽しんだ。散歩するうち、フリート・ストリートやロンバート・ストリートをはじめ、街のあちこちで書店が目に付くようになる。アメリカと比較すると本屋が多いので、イギリスの方が高尚なのだと書いている。ピカディリーでは、古本店のクオリッチに入り、馬場孤蝶、島崎藤村から依頼された書物を購入した。老舗古本店の店構えは奥行きが深く、京都の店舗を思わせた。また、この後、ナショナル・ギャラリーに入ろうとしてナショナル・ポートレー

★代表的な四つの法学院には、それぞれ独自の大ホールがあった。グレイズ・インのホールでは、一五九四年一二月にシェイクスピア「間違いの喜劇」が上演された。写真は、グレイズ・インの中庭にあるベーコン立像（出隆『英国の曲線』理想社、一九三九年）。フランシス・ベーコン（一五六一～一六二六年）は、このグレイズ・インを根拠地として政界で活躍した。シェイクスピアの作品は、実はベーコンが書いたのではないかという説が流布した時期もあった。

ト・ギャラリーに入ってしまう、という、現代でもよくある間違いをしている。

一一月二〇日には、三時間の約束で馬車による市内観光をした。セント・ポール寺院、ロンドン塔、ウェストミンスター寺院、議事堂、バッキンガム宮殿とまわり、ケンジントン公園まで行って、旅館に戻った。『欧米紀遊二万三千哩』の「はしがき」では、この旅程を五ヵ月弱で回ることを「飛脚同様」としているが、ロンドン市内見物も、まったく飛脚同様のスピードだった。

一一月二一日には、ヒズ・マジェスティー座で、ビアボウム・トリー主演のシェイクスピア劇「リチャード二世」を観劇した。秋骨は、もとの戯曲通り演じられているのに感激した。それだけ、シェイクスピアの原典を変更して演じる場合が多かったということだろう。世評では、トリーはセットに凝りすぎる、しぐさがおおげさだ、という批判も多かったそうだが、西洋でシェイクスピア劇をはじめてみる秋骨には、かえってわかりやすく、ありがたかった。一二時ころに芝居は終わり、ホテルへ向けてホルボーン行きの乗合馬車に乗り込んだ。芝居帰りの正装した客がいっぱいで、仕方なく屋根のない二階席へむかったところ、一階席から一人なら座れるとの声があり、厚意を謝して座って帰った。

この時期、秋骨はどの程度ラムに親しんでいたのか。岩波書店から『エリア随筆』の翻訳を依頼されたのは、岩波文庫が出る一九四〇年より一〇年前になるというが、それでも明治までは辿れない。後年、秋骨は、「ラムの作品のすべてはロンドンで終始して居るといつてもよい。町の賑やかさ、その騒がしさ、その古本店がラムの世界である。蓋しそれはただ喧騒な都会そのものを好んだのでもあらうが、それよりも人間を好んだといふ心から来て居るのではあるまいか」(「斎藤緑雨君とチヤアルズ・ラム」、『凡人崇拝』アルス、一九二六年)

★長谷川如是閑『倫敦』(政教社、一九一二年)にある「乗合自動車の屋根の上」(右)と「乗合馬車の御者」(左)の写真。「乗合馬車の御者」のキャプションには「今は倫敦にては全滅して見るを得ず」とある。乗合馬車は、一九一一年八月をもってロンドン市内から姿を消し、乗合自動車がこれに代わった。秋骨が乗った時代には、まだ乗合馬車だったのである。

と書いている。その喧騒のロンドンと、ロンドンの人々を、秋骨はこうして実際に体験することができた。

イギリス嫌いの理由

秋骨は英文学専攻でありながら、しばしばイギリスへの嫌悪感を書いている。たとえば、『英文学覚帳』（大岡山書店、一九二六年）「序」には、「日本では何事もイギリスでなければ埒があかない。イギリスの事となると何でも良いとなる。イギリス人は実に立派な国民だといふ。イギリスの政治、イギリスの文学は、この上ないものとされて居る。あんまり賞められると、少し癪にさはつて、イギリスくらゐいやな処はない、あんなずるい奴が何処にあると言ひ度くなる」と、日本人のイギリス好きに水を差す。

そう言いながら、秋骨が英文学をずっと専攻し、翻訳、教育を続けているのは矛盾するようだが、イギリス嫌いは専門家ゆえの嘆きとも言える。英語は習得するのに難しすぎる、と秋骨は言う。この本にある「イギリス思想影響の一端」によると、「もう何十年といふ歳月の間、私は英語を勉強して居ますが、殆んどその要を得て居ません、従つてその思想に就いても、まだ私にはその確たる処を掴む事は出来ません」とある。専門として深めるほどに、自分の能力を厳しく批判するようになってくるし、また学ぶ対象としての、英語や英文学の欠点が目についてくる。そうして、この違和感は、もしかしたら日本とイギリスのものの考え方があまりに違っているせいではないか、と思いつめてゆく。違った思想の国のことばなのに、イギリスが世界に大きな勢力を持っているがゆえに、日本人の多く

★戸川秋骨の随筆集『文鳥』（奎運社、一九二四年）。奎運社は松本泰が一九二三年五月から『秘密探偵雑誌』（のちに『探偵文芸』）を出すために起こした出版社。秋骨は探偵小説にも造詣が深かったので、松本泰と親交があった。島崎藤村が「序」を寄せている。

がこれを学ぶことととなってしまったのが不幸のもとだ、という。無批判な西洋崇拝に警告を発しているのだ。

それなら日本びいきなのか、というと、『欧米紀遊二万三千哩』の一日目、出港の日の書き出しは「自分ほど愛国心の乏しいものは恐らくないであらう」「日本を去るのが嬉しくてたまらぬ。故国ながら日本には厭な奴が沢山居る」と書いている。国籍でも専攻の学問でも、何かに所属し固定されるのを嫌う性格が秋骨にはあったのだろう。社交的で人好きでありながら、特定の共同体に属することを嫌い、熱く湿った感情がこもるところは避ける――このような傾向は、都会に育った人間に共通するものではなかろうか。秋骨がラムに感じた親近感も、このようなところにあっただろう。「私はまたラムがすきだ、大すきだ。カアライルとかラスキンとかいふ豪い大家のすきな人は、天下決してその数の乏しいのを憂ふる要はあるまい。ただ私にはラムをイギリス文人中の最もなつかしい人として、永く愛さしてもらふ事を私は切に希望する」(『凡人崇拝』)と書いている。

一九〇六年一一月二二日、夜にチャリング・クロス駅をたってドーヴァーへ向かう。短い滞在であったが、実際のロンドンを目に焼き付けて、秋骨は次なる都パリへと旅だったのである。

(宮内淳子)

★『欧米紀遊二万三千哩』には、一九〇六年一一月一八日、ロンドンの宿にアーサー・モリスンが訪ねてきたと書いてある。モリスンは作家であるが、東洋美術のコレクターとしても知られていた。彼は小林文七と美術品購入について話があったのだろう。秋骨はモリスンの快活さに好印象を持った。「此人は未だ日本に来た事の無いのに拘らず、日本の事情に詳しく、日本の文字抔も無難に読むのには感心した」とも書いている。

★写真は、一六六六年の大火を免れたホルボーンの一角で、エリザベス朝の民家のすがたをしのばせる(伊地知純正『倫敦名所図会』研究社、一九一八年)。秋骨が泊まったホテルにほど近い。

杉村楚人冠（すぎむらそじんかん）（1907, 1908, 1914）——イギリスびいきの新聞人

プライベート・ホテルでの生活

杉村楚人冠は、本名廣太郎。英吉利法律学校、国民英学会などで英語を勉強した後、キリスト教ユニテリアン派の自由神学校（後の先進学院）に進む。卒業の際、ユニテリアン団体の特待給費生としてオックスフォード大学マンチェスター・カレッジに留学するはずだったが、機を逸した。一八九九（明治三二）年にアメリカ公使館の翻訳官となる。杉村の英語力を見込んだ池辺三山に推薦されて、一九〇三年に東京朝日新聞社に入社した。ロンドンに派遣されたのは一九〇七年のことである。

日本の各新聞社は、世界のニュースソースを確保するために各国の新聞社と契約を結びつつあったが、東京朝日新聞社にも「ロンドン特電」なるものがあった。『朝日新聞社史明治編』（朝日新聞社、一九九〇年）によると、『東京朝日新聞』は一九〇四年に『デイリー・メール』との間に通信交換契約を結んでいたが、翌年『チャイナ・エクスプレス』、続いて『ロンドン・テレグラフ』の各東京特派員との個人契約に切り替え、一九〇六年一月から『タイムズ』の外電部長スコットと特約通信員契約を結んだ。これを「ロンドン特電」と呼んでいたのだが、一九〇七年一月、タイムズ社との公的な特約契約に切り替え、これを「ロンドン・タイムス特電」と呼ぶようになった。杉村がロンドンに派遣されたのは、そのす

★河合英忠の描いた杉村楚人冠。『朝日』の編輯局にて（明治三十七年の盛夏）」、『楚人冠全集』第一巻（日本評論社、一九三七年）。『朝日新聞社史』明治編（朝日新聞社、一九九〇年）によると、一九〇七年に夏目漱石が朝日新聞社に入社した際の月給は二〇〇円、この時杉村の月給は一一〇円だったという。

ぐ後のことである。

一九〇七年四月二二日、ロシア、ドイツ、フランスを経て杉村はロンドンのヴィクトリア駅に到着した。出迎えてくれたのは『ロンドン・テレグラフ』の特派員としてかつて東京に来ていたロートンである。その兄は『トリビューン』編集主任をしている。ロンドンにいる間中、彼ら新聞記者たちが杉村のために多くの便宜をはかってくれた。特約契約を結んでいるタイムズ社は、それこそ一社をあげて彼をもてなした。新聞記者たちは互いにライバルであると同時に、多大な協力者でもあったのだ。

ロンドンに着いて、とりあえずはホテル・ヴィクトリアに泊まった杉村だが、いつまでもホテル暮らしというわけにはいかない。まず坂田総領事と共に、次に小村書記生とともに下宿さがしをし、サウス・ケンジントンのクロムウェル・ロード六八番地に適当な宿舎を見つけた。「下宿屋」（ボーディング・ハウス）ではなく、「高級御下宿」（プライベート・ホテル）である。宿泊費は週三ギニー、つまり一日あたり四円五〇銭であった。カリンガム夫妻が営んでおり、ハウスキーパー一人、女中二人、ポーター一人、ウエイター二人、料理人が何人かいる。

ここでの生活は、ざっと次のようなものであった。朝八時に四階の杉村の部屋に女中が湯を持って起こしに来る。九時に下の食堂で朝食を取りながら新聞や手紙を読む。部屋で原稿を書く。午後一時半に銅鑼が鳴って、昼食を取る。外出する。四時半にまた銅鑼が鳴ってお茶が出る。六時半に銅鑼が鳴ると夕食の用意ができたということだ。七時の銅鑼を合図に、一同盛装して食堂に下りて行く。夕食のあと出掛けたりするが、たいてい女性は応接間に集まり、男性は喫煙室に集まる。誰かの弾くピアノを聞きながら雑談したりして、

★クロムウェル・ロード六八番地の現在の姿。写真は二〇〇五年に著者が撮影。

一一時すぎには消灯となる。最初は一人ぽつねんとしていた杉村も徐々に打ち解け、箸の使い方や漢字の書き方などを同宿の紳士淑女に教えたりもした。

なかなか優雅な生活と思われるが、ひとつ気になるのは油煙であった。「倫敦の油煙と来ては、此の、日本なら先づ番町辺と言つた様な所で、而も終日窓を閉て置いてさへ、猶且何処からともなく入つて来て、夕方には、卓子の上がざら〳〵になる。少し出歩けば、襟は半日で黒くなり、顔一面何だかもや〳〵とした感じがする。如何な不性者の僕でも、一日に四五度は必ず手先を洗つたものだ。やれ〳〵気持の悪い」(『大英遊記』有楽社、一九〇八年)と杉村は書いている。

しかし概して杉村がイギリスびいきであったことは、『大英遊記』から見てとれる。たとえば夜中に往来がほとんど絶えた道を馬車が行く時も、きちんと左側通行をするのを見て、「一馬丁に至る迄、此の通り、英吉利人の英吉利人たる所を存して居る」と書いた。また警官の「優しいこと、丁寧なことは、迚も我が東京の巡査も及ばぬ」し、女中が言われぬ前に何でもきちんとこなすのも「矢張り英吉利だ」と感心した。五月二〇日にリージェント・パークにカートホースショーを見に行った時も、「急ぎ足で前の人をつきのけて行かうとする者もなければ、摺れ違ひざま打つかり合ふ者もない」のに感心、ハンティンドンに行く汽車に乗れば、人の荷物を持って逃げる者もいないから、駅員の応対が鷹揚であることにまた感心した。「斯なことは英吉利にして初めて行はるべきことで、迚も外では真似が出来まい」と、彼はすっかりイギリスに脱帽である。

杉村は自分の印象を、乞われて『タイムズ』や『デイリー・メール』に書いた。日本人のロンドン観は評判となり、大きな反響を得た。日英同盟は一九〇二年に調印され、一九

★杉村楚人冠『大英遊記』(有楽社、一九〇八年)。第四版の広告(杉村楚人冠『半球周遊』有楽社、一九〇九年所収)には、「我国の紀行文中、此くの如く長篇にして、而も此くの如く面白き妙文は、明治文壇未有の産物なり」という内藤湖南の言葉が紹介された。

〇五年には継続更新された。同盟国に対する好意的な印象も、その背景にはあったのかもしれない。

多忙な二ヵ月

杉村がロンドンに滞在したのは約二ヵ月である。その間、彼は新聞記者らしい軽いフットワークで様々な場所に出掛けて行った。

五月六日には伏見宮殿下が遣英大使宮としてヴィクトリア駅に到着した。杉村はタイムズ社のブレイン記者と一緒に行っている。九日にはオルダーショットで観兵式があった。日本大使館に参列券を依頼した時は、「『一切の野次馬』を拒絶せん考へとかにて、一向取り合ひ呉るゝ様子なし」（『大英遊記』）という態度であったのに対し、『トリビューン』記者はただちに陸軍省に掛け合ってくれ、『タイムズ』記者はすぐさまジェームス大尉とフーパー大尉に連絡を取ってくれた。これら迅速にして懇切丁寧な対応は、杉村を感泣させたのであった。

同じ月、杉村はデイリー・メール社の社主アルフレッド・ノースクリフ卿に招待されて、ギルドフォードにある彼の別邸サットン・プレースに行っている。「園広きこと幾万坪なるかを知らず。其の中大凡八九反を芝生とし、其の彼方を花園とし、夫より先は唯一面の草原なり」（『大英遊記』）という広大な地所である。ノースクリフ卿の財力と人脈は抜きんでており、彼によるタイムズ社買収が翌年三月であったことを考えると、この頃すでに話は進んでいたのだろう。

★アルフレッド・ノースクリフ卿の別邸サットン・プレース。ここで卿は多くの人士をもてなした。貴族を訪問するのだからと杉村はフロックコートにシルクハットで出掛けようとしたが、止められて背広に鳥打帽で出掛けた（William Carson, *Northcliffe: Britain's Man of Power*, Dodge Publishing Co., 1918）。

六月には、G・R・B・デビスから招待を受けてレミントンに行った。四〇年前に横浜で暮らしていたデビス老人は、『デイリー・メール』に載った杉村の記事を読んで、自邸に招待してくれたのである。この老人、ただの親日家ではなかった。一八六二年から横浜で商売をしていた彼は、ある日英語研究をしたがっている日本のサムライを家に置いてやることになる。そのサムライは名を福沢諭吉といい、家の用をしながらデビスに英語の疑問点を聞いたりした。福沢が渡英した際には、ロンドンの姉に紹介したという。デビスがイギリスに帰国した後も交流は続き、東京にコレラが流行した時には英国公使アーネスト・サトーを通じて特効薬を届け、お礼に福沢から署名入りの写真をもらったというのだ。デビス老人は、杉村に対しても大変親切で、レミントンからストーンレイ・アベイ、ウォリック城、ストラットフォードなどを案内してくれた。

杉村はまた一日、オックスフォードへも足をのばした。オックスフォードを案内してくれたのは、のちの衆議院議員永井柳太郎である。永井は杉村が逸したユニテリアン団体の奨学金を受けて、オックスフォードのマンチェスター・カレッジに留学中であった。『永井柳太郎』（『永井柳太郎』編纂会、一九五九年）によると、日本ユニテリアン団体の代表者は横井時雄、佐治実然、安部磯雄、岸本能武太で、永井をよく知っていた安部が、大隈重信や高田早苗、田中穂積らに永井を推薦したという。彼が若狭丸で神戸を発ったのは一九〇六年八月だった。杉村がオックスフォードに出掛けたのは一九〇七年六月一八日だから、永井がマンチェスター・カレッジのエストリン・カーペンター博士の講義を受けるようになってまだ一年にも満たない。自分も行くはずだったマンチェスター・カレッジに足を踏み入れた時、杉村の胸に何が去来しただろうか。

★オックスフォード大学の中には非国教徒派のホール（のちにカレッジとなる）がいくつかできた。ユニテリアン派のマンチェスター・ホールができたのは一八八九年である。写真はマンチェスター・カレッジのエントランス（V. D. Davis, *A History of Manchester College*, George Allen & Unwin Ltd., 1932）。

やがて杉村は、下宿先の夕食のあと外出しては夜中に帰るようになった。悪い遊びを覚えたわけではない。彼はタイムズ社に出掛けて、遅くまでその機構を調査させてもらっていたのである。朝日新聞社にも採用すべきだと思われる機構はたくさんあった。中でも索引部と呼ばれる部署は、杉村を驚かせた。

タイムズ社はブラック・フライヤーズ駅のすぐ前にあった。その編輯局に、新聞切抜を分類して索引をつけるという気の遠くなるような作業をしているインテリジェンス・デパートメント、すなわち索引部がある。ジョン・チャーターース主任がそのシステムを杉村に教示している間にも、四、五年前のチェンバレンの演説が見たいだの、なんとか僧正の履歴が知りたいだのと、人が次々とこの部署を訪れる。どんな難問でも五分あれば調べてみせる、とチャーターース主任は胸を張る。

杉村は帰国後、さっそくこのシステムを池辺三山に提言した。しかし実現には時間がかかった。やっと東京朝日新聞社に索引部ができたのは一九一一年六月のことだった。これは日本の新聞社では初めての画期的な試みであり、責任者は杉村となった。その年の九月には池辺三山の退社が決定する。杉村は一一月に編輯局制を制定し、編輯部、政治経済部、内地通信部、外報部、社会部、調査部を設けた。この調査部というのが索引部の新名称であり、杉村は調査部長となった。東京朝日新聞社のこうした組織づくりが、杉村がロンドンから持ち帰った一片一片の知識に基づくものであったことはいうまでもない。

★一七八五年創刊の『タイムズ』紙によって世界随一の新聞社となったタイムズ社は、杉村の渡英した一九〇七年当時、すでに経営難であった。翌一九〇八年には有限会社に改組される。一二〇年以上経営を担っていたウォルター家は退き、デイリー・メール社社長ノースクリフ卿がこれに当たることになる。写真はタイムズ社の外観（*Northcliffe: Britain's Man of Power*）。

旧知のロンドン

杉村が最初のロンドン滞在を終えたのは、一九〇七年六月二一日のことである。ところがそれから一年もたたないうちに、二度目のチャンスがやってくる。

朝日新聞社は一九〇八年元旦、杉村発案の「世界一周会」を発表した。旅行社はトマス・クック社、運賃・宿泊・食費一切込みの会費が二一〇〇円、期間は約三ヵ月、汽車、汽船は欧州・シベリヤで二等、それ以外は一等、定員は二五人以上五〇人まで、ということだった。東京朝日新聞社からは杉村が、大阪朝日新聞社からは土屋元作が引率者としてついて行くことになった。『朝日新聞社史明治編』によると、一月末には定員をはるかに越える申し込みがあったが、会員を五五人にふやして落ちついたという。うち女性会員が三人で、二人は夫婦連れ、もう一人は土屋の義姉で主婦の野村美智子であった。

一九〇八年三月一八日、モンゴリア号で横浜を出発すると、まずアメリカに渡り、次にセドリック号で五月二日にリヴァプールに着いた。その日のうちにロンドンのセント・パンクラス駅に着くと、杉村は「さながら宅へ帰つた様な気がして、嬉しくて〳〵堪らぬ」（『大英游記　半球周遊』至誠堂書店、一九一四年）のであった。駅に集まった新聞記者たちに混じって、例のデビス老人も会いに来ている。杉村は「此の何時に変らぬ好意に感じて、急に胸が一杯になつて、手を握つた切り一語も出なかつた」（『大英游記　半球周遊』）のだった。

ウェストミンスター・ホテルで旅装を解くと、もうじっとしていられない。地下鉄に乗ってグロスター・ロードまで行き、タイムズ社のウォルター・スコット記者宅を訪れる。そ

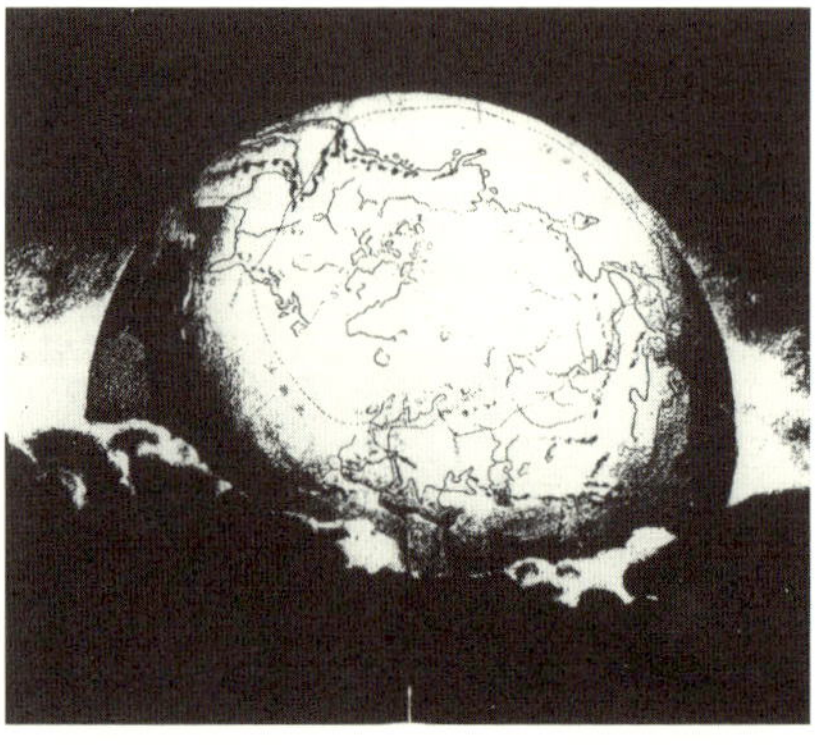

★杉村楚人冠『半球周遊』（有楽社、一九〇九年）に添えられた「著者半球周遊行程」の図。「自序」に「『大英遊記』も愚書なりしが、『半球周遊』は夫にもまして愚書なり」とある。

れからサウス・ケンジントンの去年の下宿先を訪れた。主婦は二階から一歩毎に「バイ、ゴッド』『バイ、ゴッド』を口にしながら、飛び下りて」（『大英游記　半球周遊』）きた。かつて通った煙草屋、帽子屋にも寄る。帽子屋の親父までが「バイ、ゴッド」と口走る。しばらく見ないと思っていた杉村が戻ってきたのを、こうして彼らは驚き、喜んで迎えてくれたのだ。

その夜、杉村は早くも「ミカド」を観劇する。去年は伏見遣英大使宮殿下がロンドンに来るというので、「ミカド」は興行禁止となった。杉村はあきらめ切れず、わざわざシェフィールドまで出掛けて観劇したのであった。その際、楽屋に招き入れられて酒を勧められ、話のついでにヤムヤムに扮する女優の三味線を弾く手つきが変だといって、女優にじきじきに弾き方を伝授したことがあった。そのかいあってか、今年のヤムヤムは三味線の持ち方がうまい。そんなことも杉村を喜ばせた。

一〇日ほどのロンドン滞在の間に杉村は、「伯父様の宅の様に」心得たタイムズ社を訪れ、英国議会を見物し、ノースクリフ卿のサットン・プレースも再訪した。五月のことだから、二ヵ月前にノースクリフ卿はタイムズ社を買収したばかりである。三人の日本婦人にはぜひ着物で来るようにとのお達しがあり、「キモノ〳〵と到る処に持て囃さるゝことゝて、註文がなくとも何で之を著ずには行かうか」（『大英游記　半球周遊』）と杉村もすっかり心得ている。デビス老人とともにレミントンも再訪した。

できたらもう少しロンドンに滞在したかっただろうが、五〇余名の会員を連れて、まだまだ訪れるべき国はある。フランス、イタリア、スイス、ドイツ、ロシアをまわり、六月二一日に敦賀に帰着。九六日にわたる二万三千マイルの世界一周旅行を無事終えたのだっ

★新聞王と呼ばれたノースクリフ卿の肖像（*Northcliffe: Britain's Man of Power*）。

た。

次のロンドン行きは、一九一四年、第一次世界大戦の特派員としてであった。杉村は八月一二日に横浜を発ち、アメリカ経由で九月一三日にロンドンに到着した。タイムズ社を訪れた杉村は、旧知の社主ノースクリフ卿から編集局への出入りを自由にしていいと言われ、勝手知ったるタイムズ社の社内で通信ダネを探しては日本に送った。

戦況を送信するのだから、ロンドンにばかり居られない。英国東海岸に行ってツェッペリン空襲についてレポートし、マルヌ河畔を歩いてドイツ軍とフランス軍との死闘をしのんだりもした。やがて一九一五年三月末に帰社すると、五月からは京城支局員に転出していた中野正剛がロンドン・レポートの任に当たり、六月からは外報部長米田実がロンドンに着任してその仕事を引き継いだ。

杉村の特派員レポートは評判がよく、新聞人杉村楚人冠の面目躍如といったところであった。ユニテリアン団体の奨学金によってオックスフォードに留学していた永井柳太郎は、その資格が一九〇八年に切れると、今度は早稲田大学の留学生としてあと一年滞英が許され、帰国後は政治家の道を歩むことになる。杉村は同じユニテリアンの奨学金でオックスフォードに学ぶチャンスを捨てたが、新聞人としてロンドンを愛し、ロンドンもまた彼を愛した。


（和田桂子）

★杉村楚人冠の写真（『朝日新聞社史』明治編）。外国経験豊富な杉村は、英語学習の講演も行った。第一外国語学校編『英語研究苦心談　十六大家講演集』（文化生活研究会、一九二五年）によると、英語を学ぶには間投詞から始め、次に代名詞に進むのがいいらしい。

桜井鷗村（1908）——二〇世紀初頭の女性への視線

英語圏の文化に親しんだ者の「漫遊」

一九〇九年に桜井鷗村（本名・彦一郎）がまとめた『欧州見物』（丁未出版社）の「序文」に、大隈重信は次のように記している。「特殊の視察とか研究とかを目的したのでは無くて、漫遊客が不用意の間に観取して、深く其脳裡に印象して帰つた事実が、却つて人国の状態を知るに預りて稗益するところ大にして、又た最も興味のあるもの」だと。確かに桜井は、視察や研究のためにロンドンに赴いたのではなかった。大隈や桜井が編纂に携わり、日本の近代化の過程を明らかにしようとした『開国五十年史』上・下・付録（開国五十年史発行所、一九〇七～〇八年）の、英訳本刊行のために渡英したのである。

桜井鷗村の活動は幅広くて、一つの肩書だけではカバーできない。まず翻訳家。一八九九年に出版したエム・リード『初航海——勇少年冒険譚』（文武堂）など、彼は多くの冒険小説を翻訳している。次は教育者。同年に桜井は巌本善治にすすめられてアメリカに渡り、女子教育を視察してきた。アメリカでは新渡戸稲造が『武士道』を執筆中で、二人は親交を深めている。帰国後は女子英学塾（後の津田塾大学）の設立に関わり、自身も教壇に立って英語を教えた。さらに新聞記者。アメリカから戻った桜井は、大隈の推薦で報知新聞社に勤めている。最後は編集者。一九〇一年一一月創刊の『英学新報』（後に『英文新誌』と改題）

★桜井鷗村『欧州見物』（丁未出版社、一九〇九年）には絵葉書などの図版が多く収載されているが、桜井の覚え書がときどき見られる。この写真にも「詩仙バーンスの生れた家」と手書きしてある。スコットランドで桜井がぜひ訪ねたかったのがロバート・バーンズゆかりの場所で、バーンズ記念堂では詩集を購入して詩を味読している。

の編集を、桜井は渡英するまで行った。以上の経歴が語るように、桜井のロンドン行は、欧米を初めて訪れる者の「漫遊」ではない。英語圏の文化に親しんだ者の「漫遊」だったのである。

一九〇八年七月五日にロンドンに着いた桜井鷗村は、一一月三日にパリに向かうまでの四ヵ月間を、イギリスで過ごしている。長谷川勝政が開設した「本田増次郎Web記念館」の「年譜」によると、桜井は到着した翌日に、本田が下宿するシェパーズ・ブッシュのウォルトン家に移った。二人は知己の間柄である。本田は東京外国語学校教授をしていた一九〇二年に女子英学塾講師を兼任し、『英学新報』にも寄稿していた。また鷗村の弟の桜井忠温が、日露戦争の旅順を舞台に書いた『肉弾』（丁未出版社、一九〇六年）を、英訳したのも本田である。この英訳本は一九〇七年にアメリカで刊行された。後に鷗村はロンドンのヒポドローム座で、大砲に少女をこめて打ち出す「肉弾」という寄席を見る。「紐育（ニューヨーク）で桜井大尉の『肉弾』が英文で出版せられると、直ちに其名を取つた」と命名の由来を聞いた桜井は、すぐに本田を思い浮かべただろう。

約二週間後の七月一八日に、二人は湖水地方のケズィックに向かう。本田は「宗教家の夏期大会」に招待されていた。「偶然日本伝道会のお客とはなつたが、決して漫（みだり）に神の名を唱ふる感情的信者の祈祷で祈り上げられるのが目的で無かつた。勝景に富める湖郷の天然に接し、ウオルヅウオルス等詩仙の遺跡を訪ねて、これによりて冥々の薫化を感受せんと欲した」と記すように、ウィリアム・ワーズワースの故郷を見るいい機会だと、桜井も同行したのである。ウィンダミア湖のほとりの町アンブルサイドまで、桜井は「四頭立てコーチ」（馬車）で出掛けている。馬車の二階から眺める風光は素晴らしかった。残念なが

★桜井鷗村の弟の忠温は、陸軍省新聞班長を務める大佐として、一九二八年六月一六日にアメリカから大西洋を渡ってロンドンを訪れた。『日英新誌』第一五〇号（一九二八年七月）に「桜井『肉弾』大佐」という記事が出ている。それによれば桜井は、「此処の肉は実にウマイですね」と言いながら、日本人会で中根電通編輯長と和食に舌鼓を打ち、「英国好印象の第一感」を語ったという。図版は、『日本人名録　昭和五年度用』（The Eastern Press、一九三〇年）に掲載された日本人会の広告。

らワーズワースが九年間住んだ「鳩の家」は、馬車がそばを通るだけで、立ち寄る時間はない。それでも途中のグラスミアでは休憩時間を使って、教会敷地内のワーズワースの墓に詣でることができた。

湖水地方の風光や「詩仙の遺跡」には満足したが、桜井鷗村は宣教師にうんざりしている。集会に熱心でなく、祈祷もしない日本人を、怪しく思った女性宣教師は、「我側に坐せる紳士が悔改めますやうに」と祈りを捧げた。ロンドンに戻る前に桜井は、日本伝道会の仕事を意味あるものとするために、次のような考えを表明している。伝道しようとするなら、まず日本の歴史・宗教・思想を知らなければならない。日本人を「異教徒（ヒーゼン）なり暗きに迷ふ民なりと賎しめ」て、教化しようとしても受け入れられないと。しかし駅まで見送りにきたツレデニックが、別れ際に桜井に渡した袋には、松江のパクストンらが書いた宗教書『信ぜざれば死なん』が入っていた。こんなものはイギリスの百姓が拾って読めばいいと、桜井は本を車窓から放り投げている。

イギリス南西部に位置する海辺のリゾート地ボーンマスでは、まだ面識のない友人・リディヤードに会うことができた。リディヤードはロンドン日本協会の会員で、桜井が『英学新報』の主幹を務めていた頃に、ロンドン在住の中川治平を通して、日英学生同士の文通を申し込んできたことがある。彼が居を構えるボーンマスからはイギリス海峡のワイト島が眺められ、リタイヤした人々の邸宅が並んでいた。海水浴場が有名で、波打ち際には無数の箱車が設置され、女性はその中で水着に着替えるシステムになっている。日本の海水浴と違って、女性が人目にさらされないように、箱車のまま海に入り、海水浴をするのが新鮮に感じられた。中川と共に訪れたリディヤードの家は、日本やアフリカの品物で飾

★N. Hindmarch Keen, *Faces of Britain*（Ritz Editions, 1993）には“Beside the Seaside”という章があり、海水浴の写真が収められている。桜井鷗村が記した「箱車」についてこの本は、“The bathing machine was one of the most familiar sights at the British seaside at the end of the last century and the beginning of this one.”と説明している。桜井が目にしてほどなく、この海岸の光景は消えていったのだろう。

られていたという。

ロンドン見物は一つの学問

ロンドンに着いてすぐに桜井鷗村は、日本の国力が小さいことを痛感する。到着二ヵ月前の一九〇八年五月から、シェパーズ・ブッシュでは英仏博覧会が開催されていた。産業品や芸術品を展示する博覧会が、ヨーロッパで開かれるようになるのは一八世紀後半。日本でも一八七二年の東京湯島の物産博覧会を皮切りに、明治の都市空間を博覧会が賑わせていた。だがロンドンで目の当たりにすると、博覧会という名前は同じでも、規模がまったく違う。敷地面積は一七万坪以上あり、主要陳列館は二〇で、建物の総数は一〇〇を越えていた。遊園地や見世物もある。さすがは「欧州の二大強国が握手した結果」の博覧会で、設備・陳列法・陳列品のどれをとってみても、「一昨年の上野の博覧会などの比では無かつた」という。

ロンドンでは同時期に、第四回オリンピック大会も開かれている。一九〇〇年の第二回パリ大会や、一九〇四年の第三回セントルイス大会もそうだが、博覧会とオリンピックは連動していたのである。参加国数は二二ヵ国。嘉納治五郎がＩＯＣ委員に選ばれるのは翌年の一九〇九年で、日本のオリンピック初参加は一九一二年の第五回ストックホルム大会まで待たなければならない。七月一三日の開会式で桜井は、各国選手団の入場行進を見ながら、「アゝあの中に何ゆゑ日章旗が交つてゐ無いのであらう。日章旗を捧げて英国のスタヂアムに、オリンピック競技（ゲーム）をなす運動家は無いのであらうか」と慨嘆した。日英同盟

★英仏博覧会で人気を博した一つが、桜井鷗村が『欧州見物』に収めた写真のフリップ・フラップだった。二つの巨大なはしごの先端には「廻覧箱」が設置されていて、空中高く上げられる。切符売場には人々が長い列を作り、「廻覧箱」に乗った老若男女は嬉々として叫んでいたという。博覧会は朝から夜の一一時まで開かれていた。

の締結からすでに六年。日本とイギリスは対等な関係だと思っている日本人は多かっただろう。だがオリンピックは、日本のスポーツの近代化が、まだ未成熟であることを桜井に感じさせた。

都市にはさまざまなスポットがあるが、動物園も英日の違いを感じさせる。リージェント・パークの皇立動物学会付属動物園には、約二五〇〇種の禽獣が収容されていた。動物園の設置目的は、「学術」のためであると同時に、「老若男女をして動物に親しましめて、多くの動物を知らしむる」ためである。しかし後者の教育という点で、桜井鷗村は日本の動物園に疑問を感じた。「我国の動物園や花屋敷」は「動物虐待の模範を見せてゐる」のではないかと。一八八二年に開園した上野動物園では、象を鉄鎖につないでいた。それに対して一八二八年に開園したロンドン動物園では、係員が象を園内で散歩させている。入場者はパンや砂糖を与えたり、鼻を撫でたり、背中に乗せてもらうこともできた。両者の歴史の深浅は、スポットの成熟度の差につながっていたのである。

地下鉄やバスが縦横に走るロンドンの交通機関は、世界で最も整備されていると桜井鷗村は感じた。ただ街区によって通りは、迷宮のように入り組んでいる。地図を広げ、巡査に尋ねながら、桜井は市内を精力的に歩き回った。「ウエスト、エンドやチープサイドあたりの大通りの景況を観察するのも一つの学問」と考えたからである。日本では無縁の女性物の店にも、好奇心の赴くままに立ち寄り、「女児の洋服やリボンや、下シヤツ」などを購入した。「猶太（ユダヤ）人の巣窟」と聞いていたイースト・エンドにも足を伸ばしている。危険なエリアだから巡査か救世軍人に案内してもらう方がいいとアドバイスされたが、日曜日に本田増次郎と二人で出掛けた。ユダヤ教は土曜日が祭日なので、ウェスト・エンドと

★オリンピック競技種目のなかの花形は、一世紀前もやはりマラソンだった。ビスケットや飲み物でエネルギーを補給しながら三時間弱の走行。図版（『欧州見物』）のオリンピック競技場に最初に現れたのは、イタリアのドランド選手だった。しかし「最早失神の態で、度々倒れたのを起され」て、なんとかゴールまでたどり着く状態。最後はアメリカのヘーズ選手に抜かれてしまったという。

異なり、日曜日に活況を呈しているのが印象的だった。

牧師で思想家の海老名弾正とは、偶然にも大英博物館の階段で、新橋で別れて以来の再会を果している。エディンバラで開かれる世界会衆派基督教会に日本組合教会代表として出席するため、海老名は渡英していたのである。桜井鷗村は海老名や本田と共に、カーライル博物館を訪れている。桜井にとってカーライルは、長年にわたり「深き教を蒙つた恩師」だった。だから博物館近くの公園で像を見かけたときに、彼は思わず「嗚呼これがカーライルよ」と駆け寄っている。本田とは他にもロンドン中を歩き回った。七月二七日～八月一日に開かれた第一七回万国平和協会大会には、姉崎嘲風も含めて三人で出席している。日本人が珍しいためか、大会では各国の人が話しかけてくる。ボストンから来た話し好きの老婦人を持て余し、桜井はとうとう相手役を姉崎に押し付けた。

桜井鷗村がロンドンで感心したのは、国力や近代化度だけではない。オリンピック・スタジアムから国王が馬車で帰るときに、近くで見たいと群集が集まってきた。しかし人々は前に出ようと他人を押しのけたりしないし、騒然となることもない。桜井は「流石に英国人だ」と感心した。また礼儀正しいからか、イギリス人は言葉づかいが丁寧で、「プリーズ」と「サンキユー」を多用する。路上で人と接触するとすぐに「サリー」。その習慣が身についていない桜井の口から、「サリー」という言葉が出るのは、「二三間」(＝約三・六メートル～五・五メートル)も行き過ぎてからだった。こちらに非がある場合に彼は赤面したという。

★カーライル博物館は、カーライルの旧宅を保存会が修繕・管理している。桜井鷗村が訪れた頃は、平日は一シリング、土曜日は六ペンスの入場料で公開していた。『欧州見物』によれば、受付の老女が訪問客名簿に記名を求めたので、過去の頁を開いてみると、マーク・トウェインやコナン・ドイルの名前もあったという。桜井はここで絵葉書を買い、海老名弾正や本田増次郎と連名で、「日本のカーライル」ともいうべき新渡戸稲造や内村鑑三に送っている。写真(同書所収)は博物館の裏手。

イギリス女性への違和感

逆にロンドンで桜井鷗村が違和感を感じ続けたのはセクシュアリティの問題、特に二〇世紀初頭のイギリス社会の女性のありかただった。「かやうな堅固な家庭があり、其主宰者として、淑良なる英国の母（イングリッシュ・マザー）のあることは、其国家の至幸であるが、扨て英国に於ても社交的婦人は頻々として増加し、即ち良妻たり賢母たるを厭ひて、文明の装飾品たらんことを喜ぶ女子の益す多くなることは、実に現代の風潮の然らしむる所である」という一節に明らかなように、桜井の女性観の基軸は「堅固な家庭」の「主宰者」である。女性は「良妻」「賢母」であるべきだった。イギリス人から招待されて、桜井が実際に家庭を訪問したわけではない。四ヵ月の滞在中にロンドンの都市空間で目にした女性の姿が、彼の慨嘆を生んだのである。

女性の姿とは、まず「文明の装飾品」としての姿だった。桜井鷗村がロンドンに赴いた一九〇八年は、ヨーロッパのファッション革命が進行している最中である。シルエットを作るためのコルセットから解放され、女性の身体をゆるやかに覆う衣服が、モードを形成していた。「日本風だと云ふキモノ（キモナとも称す）形の、袖の広い、前の開いたのが、上着ともなり、外套ともなり、これが近年引つゞいての大流行だ」と彼は記している。パリでポール・ポワレが、キモノのように裁断した孔子コートを作るのは一九〇三年、古代ギリシャ風ドレスのローラ・モンテスを発表するのは一九〇六年。前世紀の古い型からの脱出は、セクシュアリティの時代的規範からの脱出も意味していた。

★女性が「堅固な家庭」の「主宰者」で、「良妻」「賢母」であるべきだという考え方は、桜井鷗村だけではなく、二〇世紀初頭の日本人に広く見られる。たとえば日本女子大学教授の松浦政泰は『欧米名士の家庭続編』（女学叢書発行所、一九〇三年）の「第十一　出ては慈善家、入ては賢母良妻」でアプスレー子爵夫人を取り上げ、「夫れ已婚の婦人が第一の任務は親に事へ夫に事へ、子女を育て奴婢を使ふことなり」と主張している。図版は同書の扉。

日本女子大學校教授松浦政泰編述
女學叢書
歐米名士の家庭　續篇
東京　女學叢書發行所

だが桜井鷗村の目に女性は、「流行の奴隷、時勢粧の犠牲」としか映っていない。ウェスト・エンドの大劇場には、流行のファッション・髪形・化粧で身を包んだ女性たちが押し寄せる。特に昼のマチネは、客の大半が女性だった。「金の生る木か、魔法のランプでも持つてゐるらしい夥多の婦人が、互に華奢を競ひ、貧苦の風は何処を吹くぞと云ふやうな顔」をしているのを見るたびに、桜井は腹を立て、娘をもつ父や、妻をもつ夫に同情を寄せた。桜井の同情は小犬にまで及んでいる。数ヵ月前までは女性が、袖が短い服・小型の帽子に白い駝鳥のボア姿で、小犬を抱いて外出するのが流行だった。しかし裾が長い服に大きな帽子がはやり始めると、小犬はそのファッションに合わない。いつしか小犬の姿はハイド・パークから消えてしまったと。

盛装して劇場を訪れる女性たちのなかには、売春婦も含まれていた。舞台が終わる午後一一時過ぎになると、ピカディリー・サーカスからレスター・スクエアのあたりは売春婦で溢れかえる。売春婦にも階層があった。高級な売春婦は劇場のバーやカフェで客を探すが、低級な売春婦は公園付近をうろうろして客を探す。桜井鷗村は乗合自動車を待っているときに、二人の「乞食然たる女」から「眠くは無いか、泊りに来ぬか」と誘われて、「予は貴様等に用は無い」と怒鳴ったらしい。最終電車には酔っ払いの女性や、秋波を送ってくる女性がたくさん乗っていた。そもそもロンドンのパブでは、昼でも夜でもアルコールを注文する女性が珍しくない。桜井にとってそんな光景は、「倫敦所見中、最も不快に感じたもの」の一つだった。

ロンドンで桜井鷗村が違和感を感じた女性の姿はそれだけではない。二〇世紀初頭の女性はコルセットから解放され始めただけでなく、「堅固な家庭」の「主宰者」という役割

★図版の「ピカデリーの夜」は『欧州見物』に収録された。桜井鷗村は深夜のピカディリー・サーカス付近の混雑ぶりを、「白く塗り赤く頬紅を刺して、一見客商売たる面相の女が、人道を上下する。(略)彼等の数は果して幾万人ぞ。英国人ならぬ面相の女も甚だ多く、鼻の大きな猶太人、顔の丸い仏国人、髪の黒き伊太利人、はた又た顔の黒き黒人も交つてゐる、それが素見連の男に言葉をかけるのである」と描写している。

からも抜け出そうとしていた。家庭を守ることこそ、女性の「天賦の権力」だと考える桜井は、女性の社会進出に対してシニカルである。「家庭と云ふ大責任を打忘れ、家庭の俗務に服し、児を産み、之を育てるが如きは、馬鹿な女のすることぞ、我等如き豪いものは、社会に出で、国家の為に奉ずるで無ければ、天下を如何にせんや」と思う女性は、『何の役にも立たず、却つて男の為の傀儡となりて使はれるに過ぎ無い」というように。一八世紀半ばに女権を主張したロンドンのサロン「blue stocking」に由来する、女流文芸雑誌の『青踏』が、日本で創刊されるのは三年後の一九一一年九月のことである。

おのずからロンドンで盛んな婦人参政権運動への視線も冷めていた。桜井鷗村は実際に運動を目撃したことがある。七月二八日にクイーンズ・ホールで開かれていた万国平和協会大会で、ロイド＝ジョージが演説中に、傍聴席の運動員たちが「女子の投票権！」と連呼したのである。「政治的国民たる英国人のことであるから、其婦人と雖も、政治上には熱烈なる運動をなすこと、今日英国の大問題たる婦人参政運動の如きものあるは、人種より見、又た国情より見て、当然の現象と云ふべきであらう」と、桜井も一応は理解を示したように見える。しかしいざ運動の評価となると、「女の頭の高い英国」とか「女は図に乗つてヒステリー的に駄々を捏る」といった感情的な反発が、桜井の口調には現れてしまうのだった。

（和田博文）

★桜井鷗村は『欧州見物』に、「一般の社会は、サフラゼツツの行動を非難し、婦人等は多く『恥づべき女権家！』などと罵る」「サフラゼツツを誹謗諷刺する滑稽な絵葉書の類なども沢山に行はれてゐる」と記した。同書収録のこの挿絵は後者の一例だろう。タイトルは「女子の投票権」。胸を張り澄まして歩く女性と、泣き叫ぶ子供を両脇に抱え肩を落としてついていく男性の取り合わせには、婦人参政権運動に対するシニカルな視線が現れている。

富本憲吉（とみもとけんきち）（1908-1911）——工芸デザインへの道

モリスとホイッスラーに憧れて

佐藤春夫「西班犬の家」（『星座』一九一七年一月）では、林の中にある不思議な家にジェイムズ・マクニール・ホイッスラーの作らしい原色刷りの海の絵が掛かっている。『美しき町』（天佑社、一九二〇年）では、美しい町を作ろうとするテオドル・ブレンタノがホイッスラーを激賞し、モリスの「どこにもない処からの便り」を好んでいた。佐藤と同い年の芥川龍之介は、卒論「ウイリアム・モリス研究」を一九一六年に提出している。一九世紀末イギリスで起きた新しい芸術は、二〇世紀初頭の日本の文学者にも影響を及ぼしていた。当時、美大生の多くがフランスを目指したのに、富本憲吉がイギリスへ行ったのは、ホイッスラーやモリスに憧れたことが大きな要因となっていた。こうした新しい知識を富本は、一八八九年より東京美術学校の講師となっていた岩村透から教えられたようだ。長期の欧米留学（一八八八〜九二年）をしてきた岩村は、白馬会の刊行した『美術講話』（嵩山房、一九〇一年）に「プレラフエリストの起原」を講述し、イギリス美術研究の重要性を語っているし、欧斎の名前で発表した「櫟亭閑話（ウイッスラー逸事）」（『美術新報』一九〇三年一〇月）には、ホイッスラー紹介もある。ウィリアム・モリスについて紹介する文章は、富本自身がイギリスより帰国して、一九一二年に「ウイリアム・モリスの話」上・下（『美術新報』一九一二年二・三月）

★本間久雄『英国近世唯美主義の研究』（東京堂、一九三四年）の中では、ホイッスラーがいかに広重の影響を受けているかが説明されている。図版はそのために並べられた、ホイッスラー「バタシー橋」（右）と広重「両国の宵月」（左）。

を書いたのが始めとされている。
親友の南薫造が、一九〇七年にイギリスへ留学したことでも、ロンドンはゆかしい都となった。二年先輩の西洋画科の南とは、岩村透教授の作ったマンドリン・クラブの活動を通して知り合い、親交を深めた。一九〇八年一月八日付けの南宛の書簡には、「クリスマスは何うだった。ロンドン塔、音楽、プレラフワエリストの作品、フィスラー……古風な八畳の高い天井を寝て見ながら感じ易き僕の頭を横たえる。次ぎに起った問題は今頃同時同刻に君はロンドンの下宿で何にをして居るだろう、と考へる」（奈良県立美術館編『南薫造宛富本憲吉書簡』奈良県立美術館、一九九九年）とあり、ラファエル前派やホイッスラーへの興味が見える。また同じ書簡には、「一ケ月何程の金かゝり候哉、建築図案を研究するに僕等の様なものに良き方法ありや（勿論ロンドンにて）」とあり、ロンドンで建築や図案といった大学で専攻したものをそのまま学びたい意向がわかる。のちに陶芸家として名を成す富本であるが、このときは、そこまで焦点は絞られていない。

富本は奈良県生駒郡安堵（あんど）町に生れた。代々の豪農の家であった。田能村竹田に心酔する文人趣味の父から素養を受け継ぎ、南画を学んだこともあった。その父は憲吉が一一歳のときに亡くなり、長男の憲吉が家督を継いで、後見にしっかり者の祖母がついた。美術学校への進学は旧家の跡取りとしてふさわしくないという親類の反対もあったが、祖母がこれを許してくれた。一九〇八年、二二歳の富本は、東京美術学校図案科の卒業製作「音楽家住宅設計図案」を早く提出し、一一月にロンドンへ向けて出発した。

★富本は、一九〇九年四月にロンドン郊外のウィンザーに、南薫造、白瀧幾之助とともに写生旅行をした。南薫造『画室にて』（趣味叢書発行所、一九一五年）には、この時の思い出が書き残されている。絵は『画室にて』に収められている南の水彩画「ウヰンザアにて」。

カスケード・ロード26番

ロンドンでは南薫造に迎えられ、チェルシーのキングス・ロードにあるOnslow Studiosという貸画廊に落ち着いた。ここには白瀧幾之助もいた。白瀧は、富本より一三歳年上の温厚な人物で、その風貌から「入道」と呼ばれていた。岩村透の渡米に従っていったんアメリカに渡った白瀧は、一九〇六年秋にヨーロッパへやってきた。まずパリに長期滞在し、一九〇八年初めにロンドンに移る。ロンドンでは、高村光太郎と同じアトリエに住んだ。光太郎の「画室日記の中より」（『東京美術学校校友会月報』一九〇八年七月）には、ロンドンの濃い霧に、「霧もたまにはあればこそ面白かれ、倫敦のには愛想が尽きる」と閉口し、暗くて絵が描けないので、白瀧と連れだって大英博物館へ行ったこと、大沢三之助、南薫造らとスタジオで鍋をつつきながらビールを飲んで歓談した様子などが描かれている。富本はまずこの貸画廊に合流したが、そのとき光太郎はパリへ移っていて、いなかった。

　ロンドン生活の先輩たちは、富本の好みそうな場所を教えてくれた。しかし、富本は貸画廊には長く住まず、より快適な居場所を求め、九月に、サウス・ケンジントン、カスケード・ロード26番地のシェファード家に部屋を借りた。

　筆まめな富本は、キングス・ロードにいる白瀧に、折に触れて絵をあしらった葉書を出している。一九〇九年一一月には、「陣屋とたのむ二拾六番もコウ高等官ぞろひでは逃げる外なし」とあって、26番地と表示された門の前でシルクハットをかぶった二人の男の前に土下座する自分の絵が描いてある。富本は葉書に、スケッチや漫画ふうの絵、図案のよ

★右は富本憲吉による絵手紙（辻本勇・海藤隆吉『富本憲吉の絵手紙』二玄社、二〇〇七年）。白瀧幾之助宛、一九〇九年一一月一五日。「陣屋とたのむ二拾六番も、コウ高等官ぞろひでは逃げる外なし」という文面で、高等官に土下座している絵。左の写真は、著者が二〇〇五年に撮影したカスケード・ロード26番地。

うなものなどをペンや水彩で描き、その余白に文字を書いた。絵も文章も、才知と遊びごころにあふれた自在なものだ。シェファード家には富本の他にも下宿人がいて、中には文部省から派遣された日本人もいた。富本は日本人の中で最年少だった上、私費で自由に好きなことを学べる立場だったから、年長の官費留学生たちは別世界の人に見えた。

早稲田大学の建築科を創設した佐藤巧一（碧坐）も官費留学生の一人で、『中央美術』の富本憲吉特集号（一九二二年二月）に「富本君のポートレー」を寄せて、当時を次のように回想している。

> 丁度十二年程の昔になる。当時同宿者中で一番の年少者であつた富本君はトミーと呼ばれてシエフアード夫人の御気に入りだつた。夫人の息子にボンド君といふ中年の商人が居て、其人の娘にカーネーとビオラといふ姉妹があつた。シエフアード夫人はカーネーをトミーにめあはせたいといつて居た程トミーを愛して居つた。実際あのせいのスラリとした、当時引き締つた黒の背広を着て居つたがよく似合つた、動作のテキパキとした誠に可憐な青年だつた。暇があるとよくマンドリーヌをひいた。トミーがマンドリーヌをひくと、きつと裏の二階からピアノの音がし出すので得意だつた。

明るく屈託のない性格で、富本がシェファード家にすっかり打ち解けていることがわかる。

富本のデザインの源には、ロンドン留学時代にヴィクトリア・アンド・アルバート美術館の展示品をスケッチした体験がある。ここに展示されていた工芸品の数々は、無名の職

★富本は、ロンドン滞在中 セントラル・スクール・オブ・アーツ・アンド・クラフツでステンドグラス製作について学んだという。この学校ができたのは、一八九六年である。菅靖子『イギリスの社会とデザイン』（彩流社、二〇〇五年）には、「ロンドン州議会の管轄下でセントラル・スクール・オブ・アーツ・アンド・クラフツ（以下セントラル・スクール）が開校し、モリス商会のために家具デザインもしていた建築家W・R・レサビーが初代校長となっている。この学校も設立する土台となったロンドン州議会の技術教育委員会では、シドニー・ウェッブが議長、リュエリン・スミスが書記であった。ちなみにセントラル・スクールも『工房』のような教育環境を目標とし、やはり実践を重視していた。それはレサビーの最大のモットーでもあった」とある。図版は、*The Studio*, No.170（1907）の広告ページ。ロンドンにある美術関係の教室が並ぶ。

人の手になるものであった。のちに彼は、「ロンドンのアルバート・アンド・ビクトリア博物館でのスケッチは、私ののちの仕事の血となり肉となった。私の焼き物や図案が新風を開いたのは、この時代のスケッチが大きな力になっていると思うが、そればかりではない。もしこの博物館を知らなかったら、私はおそらく工芸家となることはなかったと思う」(『私の履歴書 文化人6』日本経済新聞社、一九八三年)とまで述べている。大英博物館でなく、ヴィクトリア・アンド・アルバート美術館に通いつめた、というのも富本らしい。ここは、下宿していたカスケード・ロードからも近かった。一日、一点か二点ずつスケッチしていったものが、最後には何百枚にもなった。

残されたスケッチの中には、イスラム美術のものも多い。ロンドンに行って、ヨーロッパだけでない、広い世界の装飾美術を知る契機を得たのである。彼が尾形乾山の焼き物をはじめて見たのは、日本ではなくこの美術館であった。また、工芸が絵画と同じ貴重さを持つという展示の姿勢に、富本は新鮮な驚きを感ずる。ここでは、バーン・ジョーンズの絵などと並んで陶器や織物が展示されていたのである。

サウス・ケンジントンの博物館

一八五一年のロンドン万国博覧会の後を引き継いで設立された産業博物館には、イギリスの産業製品デザインの水準の向上を計ろうとする目的があって、工芸品の他に、彫刻や絵画のコレクションも購入された。コレクションはヨーロッパのものにとどまらず、インド、エジプトといった植民地やイスラム文化圏など、広い範囲から集められた。一八五七

★富本憲吉「工芸品に関する私記より」(『美術新報』一九一二年四月)に掲載されたヴィクトリア・アンド・アルバート美術館の展示品のスケッチ。それぞれ「染めたる木綿(古代ペルウ)」(右)、「タペストリーの一部(独逸十五世紀)」(左)というキャプションが付いている。

年にはサウス・ケンジントン博物館と改名され、ヴィクトリア女王臨席のもと新しい建物の定礎式が行われた。一八九九年には、ヴィクトリア女王と、ロンドン万博開催に貢献したアルバート殿下の名をもってヴィクトリア・アンド・アルバート美術館と改名された。富本がロンドンにいたのは改名後であるが、まだ前の呼び名が残っていたようで、しばしば「サウス・ケンジントン博物館」と書いている。

「工芸品に関する私記より」(『美術新報』一九一二年四月)には、「絵と更紗の貴重さを同等のものと云ふ事は、ロンドン市南ケンジントン博物館で、その考へで列べてある列品によつて、初めて私の頭にたしかに起つた考へであります。此の事は矢張り器械と手の面白みが異ふ場合の様に誰れも知つて居る事ですが、実際は何うでしよう。工芸に関係ある人々、此れを賞玩す可き世の中の人に、それだけ動かぬ心の底からの感動が有りましようか」と記されている。そして、サウス・ケンジントン博物館でのスケッチを図版として多数載せている。古代エジプトの首飾りの一部、古代ペルーの花瓶や染め物、一七世紀ペルシャの刺繍や敷物、インドの瓦や皿など、当時の富本の関心のありどころがわかるスケッチである。

モリスの作った壁紙の図案に深い感銘を受けたのも、ヴィクトリア・アンド・アルバート美術館であった。「ウイリアム・モリスの話 上」には、「サウスケンジントン博物館の裏門から這入つて二階に上つた左側の室を通つて左に廻つた室が諸種の図案を列べてある処と記憶します。私は其処で初てモリスの製作した壁紙の下図を見ました」「真面目な、ゼントルマンらしい、英吉利風な作家の、けだかい趣味が強く私の胸を打ちました。『手で製作した面白み』が機械の音で追々と乱されて行く事を、余り人々が注意して居なかつ

★右は『パンチ』誌(一八八七年二月一二日)で、女王即位六〇周年を記念してサウス・ケンジントン美術館が開館することになったが、収蔵品はガラクタが多い、と皮肉った絵。左は、開館してからの「サウスケンジントン美術館 陶器陳列」(藤波慶太郎『倫敦随筆』佐々木出版、一九二六年)。

た時代に熱心に良い趣味の復活を美術工芸の上に尽力して呉れた人は実にウイリアム・モリスであります」と書いている。

モリスは、粗悪な大量生産の品々が人々の日常に入り込んでくるのを見て悲しんだ。そして、芸術家の仕事は芸術作品の製作ではなく、手作りの良さを残してしかも廉価で美しいものを日常の中に提供することにあると考え、一八六一年にモリス・マーシャル・フォークナー商会を、一八七五年には単独でモリス商会を作った。そこでは、壁紙、織物、刺繍、カーペット、印刷、製本、家具、インテリアなどのデザインや製作をした。富本は、こうしたモリスの仕事に深い感銘を受けた。「ウイリアム・モリスの話　下」は、「法隆寺金堂内の壁画を称賛する私共は、又同時代の織物その他の工芸品に向つて壁画に対した時と同じ程度の厳格さを保つて見なければならぬと思ひます」と結ばれている。またこの文章掲載時に、多くの図版が載せられた。「上」「下」と二回に分けて掲載されたが、「上」では、聖ギルス寺のステンドグラス、敷物下図「小さき花」「黒き木」、壁紙「ひなぎく」「マリゴールド」、タペストリー「アネモネ」、刺繍「花瓶」、「下」には、花毛氈「啄木鳥」「フロラ」「ポモナ」、ケルムスコットプレスの見返し図案、というように。これによってモリスのさまざまなジャンルの仕事を紹介することができた。

富本は、パリに移った南薫造宛に、一九〇九年一一月二六日付けで、「水彩をやったって乾かず、博物館へ行ったって暗くて見えず、音楽も写真も女も此処シバラク、ダメだ。厭だ〱英国の冬」（『南薫造宛　富本憲吉書簡』）と書き送っている。このように、イギリスの冬の暗さに悩んでいたころ、折よくイスラム教建築調査にあたっていた文部省技官、新家（にいのみ）孝正工学博士の通訳と写真撮影担当の助手となって、一二月から翌年四月まで、カイロ、

★モリス案の壁紙「ひなぎく」（右）と、タペストリー「アネモネ」（左）（富本憲吉「ウイリアム・モリスの話　上」、『美術新報』一九一二年二月）。

インドへの旅ができた。インドやイスラム文化圏の美術品は日々のスケッチを通して親しんでいたが、実際に行って見た建築物や巨大な遺跡には新たな目を開かされた。南薫造にボンベイから出した一九一〇年三月七日の手紙には、ヒンズー教の彫刻やラホールの壁画を見て感動したと書いている（『南薫造宛　富本憲吉書簡』）。

富本が陶芸の道に入ったのは、イギリス人の陶芸家バーナード・リーチの影響が大きい。リーチは、ロンドンで高村光太郎と知り合い、日本へ行くときは光太郎の紹介状を携えていたという。富本は光太郎ともリーチとも入れ違えで、ロンドンで会うことはできなかった。しかし、リーチの話は聞いていたので、一九一一年、帰国の船でリーチの親友と一緒になったときは、その偶然を喜んだ。この縁で、リーチと富本は日本で会うことができたのである。

富本憲吉の陶芸は、伝統的なフォルムを取り入れたものから斬新な形、模様のものまでさまざまあるが、どれも富本の個性が反映されている。「模様より模様を造るべからず」のことばで知られる「製陶余言」（『製陶余録』昭森社、一九四〇年）では、既成のデザインに頼らず、実物の花や風景と向かい合ってオリジナルのデザインを生み出す必要性を主張している。近代陶芸の始祖と言われるゆえんである。そして、富本の仕事の根幹には、図案をはじめとする装飾芸術の研究に打ち込んだロンドン留学時代というものがあった。

（宮内淳子）

★帰国した富本は故郷奈良に戻って窯を築き、陶芸に没頭する。左は、富本憲吉『窯辺雑記』（文化生活研究会、一九二五年）に収められている富本の陶板「小屋と道」。身近な風景を染め付けている。

田中龍眉（たなかりゅうび）（1909-1910）——都市の裏面の探検者

ロンドン本の白眉——『最新倫敦繁昌記』

神戸又新日報社社主の渡辺尚が『神戸又新日報』紙創刊二五周年を記念して、田中龍眉記者をイギリスに派遣したのは、一九〇九年のことだった。田中がロンドンから送った記事は日々の紙面を飾り、後に渡辺尚編『最新倫敦繁昌記』（博文館、一九一〇年）として刊行されている。この本の「序」で渡辺は、記事が「他に比類を見ず」と称せられたことを紹介した。また博文館編集局長から東京市会議員に転身していた坪谷水哉は、単行本にまとめるよう博文館に慫慂したと「序」に記している。一年間にわたって連載されたロンドン記事が「生気あり、蘊蓄あり、観察は表裏両面に亘り、行文は流暢奇抜」で、ふだんは地方新聞など読まない坪谷に、この新聞を毎日手に取らせたからである。

神戸又新日報社は一地方新聞社にすぎないから、ロンドンの大新聞社と提携しているわけではない。特別に取材の便宜も図ってもらえない。おのずから政治・経済・外交の記事は少なく、自分の目と耳で確かめた話が多い。たとえばロンドンの交際社会。階級社会のイギリスでは、二月中旬から議会が開かれる七月までの五ヵ月間が、上流階級の交際季節となる。交際費で一番高いのは家賃で、次は馬車（馬二頭＋馭者＋馬丁）と自動車。夜会は少なくとも二回は主宰しなければならず、音楽隊・歌妓・芸人を雇う必要がある。一季の夜

★渡辺尚編『最新倫敦繁昌記』（博文館、一九一〇年）の口絵の写真で、右が田中龍眉、左が渡辺小城。神戸又新日報社主の渡辺尚は「序」で、「男小城渡辺小次郎を倫敦に留学せしむ」と述べている。小城はこの本の末尾に収録された「倫敦はがき便」一五〇回を執筆した。第一四一回に彼は、「倫敦大学の図書館には多くの書物あり、世界各国の書物は大抵備り居り、日本の歴史其他の種類を集め、開国五十年史等も之れあり、生徒は思ひ〳〵に之を読み、又自分の見んと欲するものをば一週間借用し得るは便利に候」と記している。

会出席数は二〇回以上になるが、同じガウンは続けて着られない。他に女皇謁見式の謁見費や、召使の給料、観劇費などもかかる。——田中がロンドンで最初に宿泊したのは、ノーフォーク・ストリートの高級なハワード・ホテルだった。通常なら縁のない同宿者たちの話を、なかば呆然と、彼は手帳に書き留めたのである。

外務省外交史料館が所蔵する外務大臣官房報告課編「海外各地在留本邦人職業別表」によれば、一九〇九年のロンドンの日本人数は四九五人にすぎない。日本人倶楽部もできているが、維持するのに精一杯で、アメリカやドイツとは比べようもなかった。一般のイギリス人は日本大使館の場所も、日本郵船会社の名前も知らない。「我有力者の紹介状の価値は存外尠く、時として之のみにては門前払ひを食ふ」ことさえあった。だから田中は紹介者が必要な場合は「門破り策」を講じている。口を極めて相手を褒めたうえで面会したいと述べる書面を作り、名刺を添えて申し込んだのである。見知らぬ街に出かけるときも、トマス・クック社のガイドを頼んだりしない。地図と首っぴきで探検すれば、何かにぶつかる。そんな身体を張ったロンドン体験が、『最新倫敦繁昌記』というロンドン本の白眉を生み出すことになった。

なかば無鉄砲な方法だから失敗はつきもの。最初のハワード・ホテルからして発音が悪くて、風呂を頼むとバース・ビールが運ばれてきた。入浴の勝手も分からず、「シヤツとズボン下に靴穿の儘、廊下前後を見回してコツソリ出掛ける」始末。街に出れば通行中の女性にぶつかり、落としたステッキを拾うためうつむくと、火災報知器で頭を打つ。ランチタイムも周囲がコールド物でさっさと済ませるのに、調理時間のかかるビフテキを注文するなど「野暮の骨頂」。四つ角を横切るときには、たくさんの自動車に囲まれて一歩も

★『日英新誌』第七七号（一九二一年五月）の「往来欄」には、「帰朝の途来英されし漫画家近藤浩一（ママ）、画家北島浅一両氏は本月十二日出発馬耳塞より郵船榛名丸にて帰朝の予定」という記載が見られる。漫画家であり日本画家でもある近藤浩一路のヨーロッパ体験は、笑いに満ちた『異国膝栗毛』（現代ユウモア全集刊行会、一九二八年）を生み出した。同書の「倫敦名物ビフテキ屋」に添えられた挿絵には、近藤の自画像（奥の右側）が描かれている。ビフテキ屋は「屋台店の一世紀ばかり進化したもの」で、フライドポテトとパンが添えられるが、ビールは一人一本までだった。「ビフテキは自慢だけに世界的逸品だ」と近藤は賞讃している。

進めなくなった。この年の日本の自動車台数は、まだ六九台（岡村松郎編『日本自動車交通事業史』上巻、自友会、一九五三年）にすぎない。しかしイギリスではすでに一八万三七七三台が走っていて、田中は慣れていなかったのである。

失敗は多いがフットワークは軽い。ロンドンで火事があったら実見記を送ろうと、田中はてぐすねひいて待ち構えていた。日曜日の朝に散歩していると、キャノン・ストリートで失火中という話を小耳にはさむ。小躍りした田中はムーアゲートまで電車で行き、そこから「十町内外」（＝約一キロ）を全力疾走して駆けつけた。見物のやじ馬をかきわけて現場に到着したものの、煙だけで火が見えない。一五分ほどしてそのまま鎮火してしまった。建物の外観も元のまま。近くの人に聞くと、まず巡査が気づいて火災報知器のベルを押し、キャノン・ストリート屯所の消防隊とロンドン火災保険会社の消防隊が、滝のように放水したという。石造建築と木造建築では火事も違う。「火災は家の建築材如何に因りて他へ燃え拡がらぬ効験あるは明白」と田中は感じた。

同じ日の午後にマンション・ハウス（市長官邸）まで来ると、今度は宝石店の前が黒山の人だかり。後頭部から出血した老人が担架で運ばれ、五人の男性が手錠をかけられている。「旅の恥は掻き捨て」と巡査に名刺を渡して取材を申し込むと、巡査は逆に田中を尋問してきた。そこに上司と思しき別の巡査がやってきて、二人で何やらささやきあった後で、事件の顛末を説明してくれる。それによれば戸外にいた見張り役の男が挙動不審で尋問中に逃げ出したため、警備員と警官が店内に入り強盗を捕まえたという。見物人たちは「見慣れぬ東洋人と巡査との押問答」が始まったので、別の事件かと思い田中の周りに集まってきた。なかには「掏児（すり）にやられたのか」と誤解して声をかける者もいた。

★*London: the Heart of the Empire* (Valentine & Sons Ltd., 刊行年不記載）に収録されたマンション・ハウスとチープサイドの写真。左手のマンション・ハウスは、六本のコリント式石柱の柱廊玄関が目印となっている。チープサイドは地名が「chepe」（＝取引）に由来する商業地。

火事も強盗も、わざわざ極東の日本に伝えるべき大事件だったわけではない。『神戸又新日報』の読者も、ニュース自体に驚いたわけではないだろう。田中が伝えたのは、ニュースというよりも、それを取材する彼自身の行動である。二〇世紀初頭に一人の日本人が初めて訪れたロンドンの都市空間で、身体を移動させながら異文化に出会っていく。その面白さが読者に「生気」を感じさせたのである。

牛の脳味噌料理／家畜市場／イースト・エンド

ロンドン名物の霧の濃さについて、田中龍眉はこんなレポートをしている。住居の近くで視界が一四〜一五間（二五〜二七メートル）あるときでも、トラファルガー・スクエアやピカディリー・サーカスに行くと二間（三・六メートル）先の人馬も朦朧として実体を認識しがたくなる。まして四〜五間（七〜九メートル）先になると、「何が何やら総てボカシが掛りて所謂五里霧中、蛇が出るか鬼が飛出すか、漠々たる白幕の内部は全く窺ふに由もなし」と。一面の濃い霧のなかから靴音が聞こえてきても、姿が見えない。あちらこちらで人同士がぶつかり、人と馬が鉢合わせする。しかし霧の有無にかかわらず、「五里霧中」とは田中のロンドン体験の喩でもあった。「蛇」や「鬼」との突然の遭遇が、彼の一年間を豊かなものにしたのである。

公式的な行事に立ち会うチャンスが少ない分、田中は日本人がほとんど行かない場所にも足を延ばした。ビリングスゲートにある魚市場は、そんなスポットの一つである。日本人の姿はよほど珍しかったらしく、人々が作業の手を休めてじろじろ眺めるのは、あまり

★日本橋魚市場組合取締役を務めていた小網源太郎は、一九二三年六月九日に横浜から欧米漫遊の途についた。中央卸売市場法が公布・実施されるにあたり、各国の魚市場を視察しておきたいと考えたからである。『欧米魚市場覗記』（小網源太郎、一九二五年）によれば、ロンドン・ブリッジとタワー・ブリッジの間にあるビリングスゲート魚市場を訪れたのは八月二日。魚市場には問屋が五〇軒と仲買が一五〇軒あり、一二〇〇人のポーターが働いていた。魚市場の地下にはロンドン製氷冷蔵庫株式会社が入っている。図版は、同書に収められた魚市場内部の様子。

気分のいいものではなかった。ビリングスゲート口調も「粗雑極り甚だ乱暴」で聞き取りにくい。それでも田中は魚問屋の主人に話しかけて、イワシ、カレイ、サバ、シイラ、タラなど約六〇種の魚が入荷することを知った。ニシンはビール樽のような大きな樽一杯に詰められている。ウェスト・エンドのレストランで、最も人気が高いのはエビで、その次はヒラメとサーモンである。魚はドーヴァーなどイギリス近海以外に、北海やアイスランドからも運ばれてきていた。

魚市場以上に田中を驚かせたのは、メトロポリタン・ミート・マーケットである。「予は実に打ツ魂消たり、仰天したり、倫敦の偉大はウエストミンスター寺に非ず、聖彼路の大伽藍にも非ず、又ワイトニー、メーブル等の百貨店にも非ずして、実に此肉市場ならんめり」と彼は記している。何しろロンドン市民七〇〇万人の胃袋を満たす、生肉の集散場である。見渡す限り皮を剥がれた何万もの牛・豚・羊の遺骸と血の川。関係者以外の観光客など一人もいない。田中の持ち味は自ら体験してみることだろう。臓物を釣り下げて血を滴らせた、汚い飲食店を見つけると中に入る。口からでまかせに牛の脳味噌料理が出来るかと尋ねると、食べる客はないが料理してみようかという。今さら後に引けず注文すると、大皿に牛一頭分くらいの蒸し焼きが出た。味はいいが、血走った網の目を見ると吐き気がしてくる。田中はほとんど残して退散した。

肉市場の関係者は意外なほど愛想が良かったが、メトロポリタン・キャトル・マーケットに行くときは腰が引けた。「馬喰、牛飼、屠畜者の寄集り、随分人の一人位は殴り殺しても平気と云ふ、恐ろしく気の荒き手合の四方より集合する場処」だから、日本人がほとんど行ったことはないと事前に聞いていたからである。田中はすねの抜けかかったズボン

★図版は、スミスフィールドにあるミート・マーケット（*365 Views of London*, Sunday School Union, 刊行年不記載）。伊地知純正『倫敦名所図会』（研究社、一九一八年）にも同一の写真が載っている。写真のように、大きな建物の中央を通路が走り、屋根はガラス張りになっていた。二階は事務室で、一階は店、地下には鉄道の倉庫があり地下鉄と連絡している。

に鳥打ち帽という、水夫上がりのような粗末な恰好をわざとして、洋傘は似合わないと濡れ鼠になって出掛けた。市場には五〇〇〇頭余りの家畜がいて、二〇〇〇〜三〇〇〇軒ほどの古道具や古着の露店が出ている。「紳士らしき人間は千人に一人」程度で、「東洋人の入場せしは吾輩が元祖位のものなれば、ジロ〱と蛇の様な眼眸にて見らるゝ気味の悪さ」は尋常ではない。露店のロールをつまみながら、「乃公は東洋クンダリから食詰めて密航と洒落れた不甲斐性者、何かボロい金儲けが見付かるまいか」と尋ねると、博覧会で車夫をしたらどうかと勧められた。

実際に身の危険を感じたのはイースト・エンドである。「ピカデリーの魔窟、イースト、エンドの貧民窟に至りては、警察も手が届かず。殊に後者にありては、不知案内の他国人が、若しウカウカ迷ひ込む時は、白昼丸裸にされる」こともある。行方不明になっても責任はもてないから探検しないようにと、知人からは釘をさされていた。しかし怖いものほど見てみたい。とうとう我慢できずに、田中はイースト・エンドで最も有名なホワイト・チャペルに乗り込んだ。

警察権が及ばない物騒な場所という先入観があるから、誰もが「極悪非道らしき男」に見えてくる。何をするわけでもなく「遊民惰者」が表通りに佇んでいて、「不快の念」が湧いてくる。バーの外にいる「生酔の男女」が、こちらを穴のあくほど凝視して、何かささやきあっているのも心地悪い。無心をしたのか、手拭を首に巻いた男が近づいてきて意味不明の言葉を口走ると、立ちん坊の男たちがげらげら笑った。道端には紙屑やバナナの皮が散乱していて、子供たちの「不潔さ加減は言語に絶」するものがある。思い切って横町に入ると、異様な臭気が鼻を刺してきた。辻には四〜五人の「無頼漢」がいて、そのう

★一九二三年八月〜二四年六月に欧米漫遊の旅に出た佐竹義文は、ベルナルド・ホームの一部である「孤児技芸学校」を訪ねている。『欧米を縦横に』（宝文館、一九二五年）によれば、イースト・エンドに約九〇〇〇人いた孤児を、ベルナルド博士が救済するため、約六〇年前に創立したのがベルナルド・ホームであり、写真の「孤児技芸学校」の卒業生は、なるべくイギリスの植民地で働かせる方針だったらしい。

ちの一人が「ジヤプ」と叫び、人差し指をこちらの後頭部に突き付けて尾行してくる。その瞬間に「肝玉が少々飛び上」がったが、田中は静かに歩き続け、男が背を向けた瞬間に全速力で逃げ出した。何かを取材したわけではないが、イースト・エンドが見物に行くべき場所ではないと、彼が身をもって確認したことだけは、読者にも伝わっただろう。

ロンドンのなかの小さな日本

ロンドンは東京と異なり国際都市だった。イギリスは一八世紀後半に、北アメリカや西インド諸島、インドや西アフリカを包含する帝国になっている。おのずから植民地出身の人々が流入してきていた。また事務職を求めて、フランス・ドイツ・デンマーク・スイスなどヨーロッパ各国の青年たちも集まってくる。事務職は就職難で、半年以上求職活動を続けることも珍しくなかった。ベルギー人女性のマリア・アークソンは、田中龍眉にこんな話をしている。シティの会社が一年前に閉鎖されて職を失ったが、ある求人に応募したら、募集一名に対して各国の女性が四〇〇人以上も来ていたと。アークソンは英・仏・独三ヵ国語が堪能で、速記とタイプライターにも熟練している。逆に英語だけしか理解できないイギリス人は、条件のいい職にはなかなかつけなかった。

田中の下宿でも、七ヵ国の青年一二名が生活している。夕食後のサロンでは共通語の英語だけを使用して、各国語を使うと罰金というルールになっていた。田中にとってはいい語学練習の場になっていたらしい。そんな国際都市で田中は、日本を相対化する視線を獲得していく。日本の小ささを思い知らされたのは、ライゴン・プレース一番地の日本大使

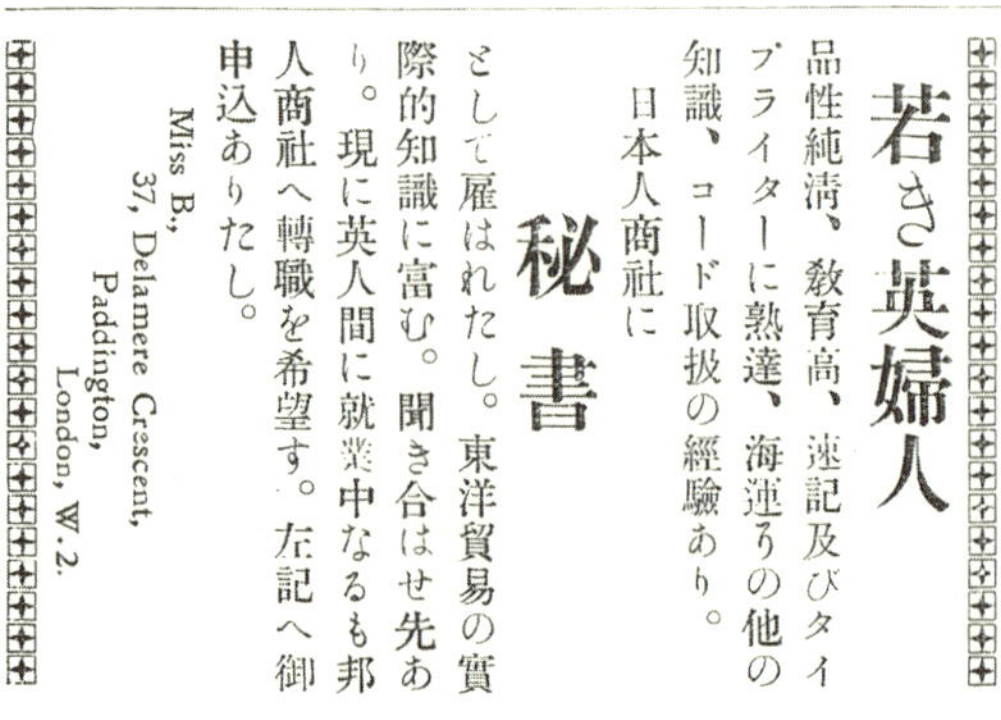
若き英婦人

品性純淸、敎育高、速記及びタイプライターに熟達、海運其の他の知識、コード取扱の經驗あり。

日本人商社に

秘書

として雇はれたし。東洋貿易の實際的知識に富む。聞き合はせ先あり。現に英人間に就業中なるも邦人商社へ轉職を希望す。左記へ御申込ありたし。

Miss B.,
37, Delamere Crescent,
Paddington,
London, W. 2.

★日本の商社に対しても求職活動は行われた。図版は、『日英新誌』第一四六号（一九二八年三月）に出たイギリス人女性の求職広告で、速記とタイプライターに熟練していることをアピールしている。

館を初めて訪れたときだった。「吾輩の下宿屋でも之よりは気が利いてる」ほどの「貧乏たれた小屋」を、大使館は借りていた。加藤駐英大使の話を聞いても、日本人の存在は影が薄いらしい。「本国にてはヤレ列強に伍したの、ソレ世界一等国だのと独りヨガリを為すも、此処へ来ては日本なるものは尚々青二才にて、英人の目には小さい」ことを、田中は実感せざるをえなかった。

日本国内で大国意識が醸成されるようになるのは、日清戦争と日露戦争の勝利によってである。東郷平八郎率いる連合艦隊が、対馬海峡でロシアのバルチック艦隊を破り、日露戦争の勝利を決定付けたのは、田中がロンドンを訪れる四年前の一九〇五年だった。さすがにマダム・タッソーに行くとトーゴーの蝋人形が人気で、田中も少し肩身が広い思いをする。クリスマスが近くなると、玩具店では東郷に擬した海軍人形を売っていた。ウェスト・エンドを中心にショーウィンドーにはキモノが飾ってあるし、日英博覧会が開かれるホワイト・シティ周辺では日傘を手にした女性もいる。一見すると日本ブームのようにも見えるが、それはロンドンで無意識のうちに日本物を探しているからだろう。事実、書店に入っても、日本を紹介する本はほとんどなかった。

日本の存在感は小さかったが、ロンドンで田中は日本の文化とのさまざまな違いを感じている。特に感心したのは巡査である。軍人も日本のように長剣の柄に手を掛けて威張って歩いたりはしないが、巡査は身に寸鉄も帯びていない。短棒すら袋に隠していて、無手で多くの強盗を逮捕していた。公徳心の普及にも感服する。電車で紳士が窓を閉める前には、必ず他の客たちの了解をとる。日本ではどこのトイレにも落書きがあったが、ロンドンでは一度も目にしたことがない。公衆トイレはよく掃除されていて、「便所を出る前に

★田中龍眉が見物したときは、第一四五番が東郷大将の蝋人形だった。見物人は他の人形の前は素通りしたが、口々に「アドミラル、トーゴー」と言いはやしてここに集まり、「ネルソンも背は低いがトーゴーも低い」とか、「存外老人に見ゆる」などと語り合っていたらしい。*365 Views of London* (Sunday School Union, 刊行年不記載) に収められたマダム・タッソー内部の写真には、たくさんの蝋人形が写っている。

衣服を整へられたし」という注意書きが貼ってある。ズボンのボタンが外れている場合には、罰金が課せられた。

逆に違和感を覚え続けたのは、セクシュアリティに関わる文化の違いである。「日本で男を拵(こしら)へた、女を囲うたなど云へば忽ち醜行の名を下さるゝ」が、ロンドンでは一〇代の少年少女が手をつないで歩いている。「ハブ、ユー、ゴツト、スヰート、ハート（女が出来たか）」と質問されて、ノーと答えるのが「変人」「野暮の骨頂」だというのは、「東洋の頭」ではどうしても納得できなかった。同宿者のうち四〜五人は恋人を下宿に連れてくる。キスをするときに高い鼻が邪魔なのか、顔を斜めにするのも奇妙に感じられた。ロンドンの女性は、田中のあるべき女性像から離れている。女権運動に携わる女性の演説を聞いて、田中は「アレでも女かと思はるゝお転婆さ」を感じた。女性の婚約不履行訴訟を傍聴したときも、「厚顔(あつかま)しくも女の方より」という思いが湧いてくる。多くの女性がバーでビールを立ち飲みする姿にも慣れることができなかった。

田中は『最新倫敦繁昌記』のなかで、「郷に入つては郷に従ふ」という言葉を少なくとも二回書き付けている。一回は、新たにロンドンに来た二人の日本人が丁重なお辞儀をしたとき。「日本風の礼式は何となく間が抜けて」見えたのである。もう一回は、「化粧倶楽部」と書かれた店でカットしてもらったとき。日本にいたときは男性と化粧は無縁だと思っていたが、ロンドンでは「顔を鏡に映し悦に入つてる日本人」がいる。「櫛を出して横鬢を梳(と)き上げる所なんざア歯が浮く様で、殴打(どや)しつけて」やりたくなるが、多少は頭や顔を気にするようになってきた自分にも気づいている。どちらの場合も揺り動かされているのが、自らの内なる日本であることに変わりはなかった。

（和田博文）

★国文学者の斎藤清衛は一九三六年に、シベリヤ鉄道でヨーロッパの旅に出発した。九月一日にロンドンに到着した斎藤は、一〇日からイギリスの地方旅行に出かけている。「ロンドンの酒場にて」は斎藤の描いたカットで、『東洋人の旅』（春陽堂書店、一九三七年）に収められた。

第四十九圖

長谷川如是閑（はせがわにょぜかん）（1910）——日英博覧会の特派員

日英博覧会の裏側

「タイムス特電　日英博覧会開場」（『大阪朝日新聞』一九一〇年五月一六日）は、次のように日英博初日の模様を報じた。

天気晴朗、東洋式の建築は麗かなる空の天然美と対映して其の配分申分なく日光に燦めく雪白の矢倉と銀色の尖塔、房々と垂れたる紫藤、泉水に写れる桜、何一つとして英国人の心神を恍惚たらしめざるはなく、各方面より倫敦に着する汽車は皆な数千の博覧会見物人を以て一杯に充満せり

そしてさらにタイムズの特電は続いている。すなわち「日本部大繁昌」なりと。

一九一〇年四月一一日、当時三五歳の長谷川如是閑は、『大阪朝日新聞』の日英博覧会特派員として英京ロンドンに到着した。既に、幾つかの社会批評や、特異な文体の小説『額の男』（政教社、一九〇九年）などで頭角を現していたとはいえ、後の彼の軌跡を考えるならば、未だ駆け出しのジャーナリストだった時期である。

周知のように、日英同盟（一九〇二年）以降の日本と英国は協調関係にあった。しかし、

★日英博覧会の“CONGRESS HALL”と“COURT OF ART”（*Official Report of the Japan British Exhibition 1910*, Unwin Bros., 1911）。

この同盟に対する英国での評価は、日露戦争中の第二次日英同盟締結（一九〇五年）前後を絶頂期として、その後は下降線を辿っていた。日本政府はその同盟関係の再強化を目的として、ロンドンでの日英博覧会の開催を画策したのである。

　こうした関係図からも明らかなように、イギリス側は日英博に消極的で、展示品にかける意気込みも日本側に見劣りするものだった。だが、会期前にはアレクサンドラ王妃が博覧会会場を訪問してロンドンっ子たちの注目を集め、会期中の一九一〇年五月一四日から一〇月二九日にかけての約五ヵ月半の来場者数は、ヨーロッパ各地からの見物人も含めて延べ八〇〇万人を越えたともいわれている。日によっては数時間の間隔で入場者制限も行われ、現地報道では日本博覧会という名称も紙面を飾った。こうした盛況の裏側に、一九世紀中盤からヨーロッパを席巻したジャポニスムの余波を読み取ることは容易であろう。

　これにより、日本側は展示品の売却などで高収益を得たわけだが、しかし、日本人にとっての日英博覧会はジレンマの連続だったと言ってよい。それはまず日英博の成立そのものに起因している。如是閑の「聞いた日英博と見た日英博」（『大阪朝日新聞』一九一〇年五月一二日〜一五日）は、その点を的確に伝えた報道と言えよう。それによれば、第一の根本的な問題として、日英博は「終に英国政府の協賛を得られなかつた」。如是閑はその原因をイギリス側の「対博覧会思想」に見ている。つまり、博覧会とは後進国が「自己を世界に広告する手段」であり、先進国（英国）にとっての重要度は低いのだ。

　さらに如是閑は日英博の影の主催者「キラルヒー」にも触れている。その「富豪」は「色々な事業を企て」た人物で、ロンドン西郊に「シエファードブツシ博覧会会社」を設立し、「英仏博覧会をやつて大儲け」した後、今回の日英博でも「日本政府の未曾有宇の強烈なる協

★日英博覧会の "THE ELITE GARDENS"（右）と京都館にあった勅使門（左）（*Official Report of the Japan British Exhibition 1910*, Unwin Bros., 1911）。勅使門は西本願寺の唐門を五分の四に縮小したもので、現在キュー・ガーデンに移築されている。

賛」を得たのである。如是閑はこの会社を調査したが「決算の外の事は悉く秘密」だったようだ。補足すると、この大富豪イムレ・キラルフィーは、一九〇八年、ロンドン西郊の新開地シェパーズ・ブッシュにオリエンタル・スタイルの巨大な建物を完成させ、同年その施設は英仏博覧会やロンドン・オリンピックにも使用された。日英博が開催されたのもその施設だった。そして、この事業家が小村寿太郎外相に働きかけ、日英博が実現されたのである。この点でも、日本側と英国側の間には大きな温度差があった。如是閑は、日英博の開催地シェパーズ・ブッシュについても次のように報道している。このロンドン西郊の新開地は「下等労働者の住居」であり、「周囲は可なり汚ない」。

だが、日英博の紆余曲折はこれに止まらなかった。日英博直前の一九一〇年五月六日、突然、イギリス国王エドワード七世が崩御したのである。この影響で日英博開会は未定となり、どうにか開場した初日も、イギリス皇太子や伏見宮殿下が参列する予定だった盛大な開場式が取り止めとなって静粛なものとなった。如是閑は「倫敦特電　皇帝御葬儀」『大阪朝日新聞』一九一〇年五月二二日）で、当時のロンドンを次のように報じた。

> 倫敦全市は大雑閙を極め、バツキンガム宮よりパデントン停車場の間は皆家屋の裾を紫色の板囲ひに為し窓には紫色の幕を張り花環を飾り市街の外観一変せり

「世界の真中」を批評する

この日英博については後で取り上げるとして、ひとまず如是閑が体験したロンドンに話

★図版は「大葬行列（エドワード七世陛下の霊柩）」（右）と「エドワード七世陛下崩御記念絵葉書」（左）（長谷川如是閑『倫敦』政教社、一九一二年）。

題を転じておきたい。ところで、彼にとっての都市散策は大きな意味を持っていた。例えば、初期の評論「永代哲学」（『日本』一九〇〇年一二月一四日）で、日本初の鉄橋、永代橋（一八九七年竣工）を分析し、社会構造の矛盾点を告発してみせたように、如是閑の都市景観論は、そのまま社会批評の回路とも直結していたのである。

その如是閑の見聞を集成した『倫敦』（政教社、一九一二年）は、冒頭で、「世界の真中」として、ロンドンのチャリング・クロスを論じている。渡英前の如是閑は、文学者サミュエル・ジョンソンの「チヤーリング・クロッスは世界の真ん中だ、人間の潮が八方から寄せて来る」という言葉に大きな期待感を持っていたようだ。だが、実際のチャリング・クロスが、トラファルガー・スクエアの片隅の「妙に斜めになつたケチな往来」だったことに、少なからず失望している。しかし、如是閑は、この場所の来歴と記憶を語ることによって、現在のチャリング・クロスに新たに意味を加えてゆくのである。

具体的には、イングランド初代国王ウィリアム一世の時代や、その後のエドワード一世が最愛の皇后を喪った頃のロンドンを紹介しつつ、「チヤーリング村」にチャリング・クロスという場所が生れた来歴が語られる。この史実を通じて、東部の自治地区シティと西部の宮殿を中心とするウェストミンスターに二分されていたロンドンが、一つに融合した地点として、チャリング・クロスの歴史的かつ地理的な意義が析出されるのである。この場所の履歴が、特異な融合点としてのチャリング・クロスの意義を新たに照射する。

此のチヤーリング・クロッスは外国人と倫敦人とが溶け合った焼点（ママ）で今の形における、世界的倫敦の出来上った髄である。そこで千年この方、此のチヤーリング・クロッ

★エドワード一世は、崩御した妻エレアノールのために、一二九〇年にチャリング村に十字架碑を建設した。図版は *London Town* (Homeland Association, 1924) に収録された十字架碑。これは一八六三年に復元されたもので、現在もチャリング・クロス駅前にある。ちなみにエドワード一世が建てた十字架碑は、今の位置ではなく、トラファルガー・スクエアの南端にあった。

スは、外国人と倫敦人とが捏ね合はされて溶ろけ合って、ぬるぬると倫敦一面にたらし込まるゝ坩堝（るつぼ）になつてゐるのだ。斯くの如き坩堝（るつぼ）から流れ出た倫敦人が遂に内国人と外国人とを超絶した内外無しの人間となつたは当然だ。之を称して倫敦気質といふ。（略）ゴールドスミス主人も『拙者は世界の町人（ジチズン）で御座りやす、一名恋哲風来坊（ヒロソヒック、ベガボンド）と申しやす』と顋（あご）を撫でた。今の倫敦の通人は、恋哲風来坊（ヒロソヒック、ベガボンド）が実業風来坊（コンマーシャル、ベガボンド）と変つただけで、世界の町人たる事は依然たりだ。

ここで注意を要するのは、この一切の差異が消失する融合点という、チャリング・クロスのイメージが、全く逆の属性とも隣り合わせであることだ。確かに、チャリング・クロスという「坩堝」に吸い込まれて国籍や人種などの差異は消えるのかもしれない。だが、その融合点の周囲では様々な属性（国籍・思想・性差）が混交し、多数の係争状態が渦巻いている。世界の中心のすぐ外側では、幾多の矛盾が雑多なノイズを響かせる場所＝トポスが広がっているのである。

畢竟、如是閑がロンドンを見つめる視線は、その雑多な空間へと注がれた。例えば、ロンドンの繁華街として知られるピカディリー・ストリートの周辺。ここでは街娼が「往来に立ち止まり」「男に言葉をかける事」を警官が取り締まっており、街路は乱雑さを排除しているようにも見える。だが、それは表面上のことだ。彼女らは「一度此方が有意識の態度を示すと、忽ち有意識の動揺と変ずる」。阿吽の呼吸で男に歩み寄ってくるのである。

こうした都市に内在する拮抗状態への関心は、「女権拡張示威運動」への視線でも顕著である。「英国に於ける女子の社会上の境遇は漸次男子同様の苦境に陥り、生存競争場裡に

★「女権拡張示威運動当日チャーリングクロッスの雑沓」（長谷川如是閑『倫敦』政教社、一九一二年）。

男子を相手に苦戦奮闘」させている。その結果、「女子の男性化となり、男女の心理上の区画が攪乱されて、心理的に男性になつてゐる女子が無数に出来上がる」のだ。

この他にも如是閑は、様々な場所で社会の矛盾を見出してゆくことになるだろう。例えば、英国議会で民衆の立場に近いはずの下院が実は強権的で因習的であること。あるいは、先ほどの日英博開催にまつわる矛盾点も同様である。少し気の毒なのは、こんな分析好き珍客を受け入れた下宿先の細君だった。如是閑は『倫敦』に「倫敦女房」の一章を設け、彼女の心理に同居する「貴族主義」と「平民主義」を事細かに分析している。その視線は冷徹でありながらも、明らかに意地悪だ。

しかし、こうした批評的な眼差しは諸刃の剣でもあった。外界や他者を見つめ、かつ冷徹に分析する視線は、その自分の眼差しを意識するがゆえに、当の己自身に向けられる視線も強く意識することになるからである。ここで再び日英博へ舞い戻ろう。

英国で生れた日本

日英博を報道した如是閑の新聞記事の大部分は、西村時彦『欧米遊覧記』（朝日新聞合資会社、一九一〇年）に「附録　日英博覧会」として収録されている。以下、それを手に携えて、実際の日英博覧会の会場に入っていくことにしたい。

博覧会会場は、アックスブリッジ・ロードの第一正門から、ウッド・レーンの第二正門までの間に長い歩道がある。ガラス屋根で覆われ、日本の売店や宮島模型などが立ち並ぶ通りである。この入り口の歩道を抜け、第二正門をくぐると、「鬱蒼たる森林」が現れ、

★英国議会の下院（右）（*The Imperial Album of London Views*, Eyre & Spottiswoode, 1921）と「下院議長席」（左）（長谷川如是閑『倫敦』政教社、一九一二年）。

目の前には春日楼門が現れる。これは建築家の塚本靖が設計したもので、日本歴史館の入り口の建物である。「其の色合の調和が如何にも日本趣味を現して居るので殊に見物人を喜ばせ」ている。日本歴史館では、神武天皇時代から現代までを全一二のパートに分けて「歴史風俗人形」が展示された。「苦心の跡歴然たる丈け見物の人気を集める事は非常なもの我々日本人は遠慮して終ひ近附いて見る事もできぬ」という状態だ。その建物を出て左側に見える日本織物館では、さらに多くの人々が押し寄せているようだ。会場内の日本庭園は、やがて英国のガーデニング愛好家たちの注目を集めることになるだろう。

だが、異文化理解は簡単に成立するものではない。例えば、春日楼門の歩道の両脇には「春日型の石燈籠」があった。現地の見物人は「何処の戦争に死んだ軍人の墓か」と如是閑に質問している。また他の見物人はその門にある“JAPAN”の金文字を見て、日本の『原物にも西洋文字が入つて居るか」と言う。しかし、こうした意識の落差は、さらに根本的な場面で現れていた。さらに日英博の会場の奥へ進もう。

この博覧会は、英国と日本という二つの帝国の姿を明確に読み取ることができるものだった。イギリス側であれば、ニュージーランド館やカナダ景観鉄道の展示館、オーストラリア風喫茶店などがある。言うまでもなく、これらは大英帝国の植民地だった地域である。日本側でいえば日本殖民館の「朝鮮」や「満鉄」のパートがそれに該当する。

この帝国主義という文脈なかで如是閑が注目したのは、実際に少数民族を生活させた「台湾村」と「アイヌ村」だった。「慣れとも何とも申様なく、之を多くの西洋人が動物園か何かに行つたやうに小屋を覗いて居る所は些か人道問題にして、西洋人はイザ知らず日本人は決して好んでかゝる興行物を企てまじき事と存じ候」と如是閑は言っている。しかし、

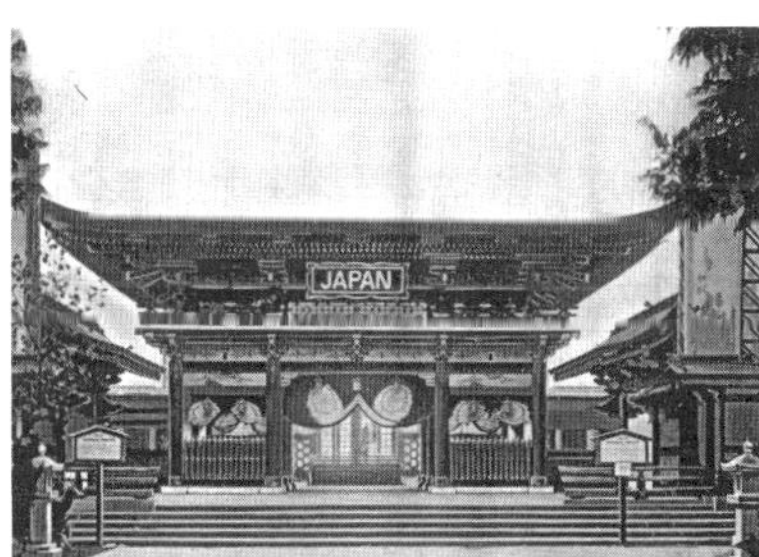

★日英博覧会の春日楼門（右）と朝鮮館（左）（*Official Report of the Japan British Exhibition 1910*, Unwin Bros., 1911）。

この日英博において、キラルフィーひきいる博覧会会社が「最も力を入れた」のは「台湾村」や「アイヌ村」ではなかった。それは「ファー、ジャパン」と名づけられた「日本村」だったのだから。如是閑の感想を見てみよう。

変手古な日本家屋の内にて余り標本的とは申し難き程の日本人が何れも迷惑相な顔をして仕事をして居る工合は、日本人の目からは何う考へても今日の日本を代表したものとは見えず、さりとて前世紀の日本とも思はれず、要するに日英博覧会以外にコンナ日本は世界中に之無きものに候。

この他にも、例えば「日英合同芝居」では、「怪しげの日本婦人に怪しげの服装を為せ怪しげの鳴物を鳴し怪しげの呼声を立てさせ、客を引く為に場内を練り歩かせ」ていた。「日本相撲館」では「ふざけ切つた初切相撲（しょつきりずまう）で軽業のやうな真似」をしている。そして、それらの見せ物が「非常の喝采を博して」いたのである。確かに、如是閑は自らの景観哲学とでもいえる批評態度でロンドンに冷静な視線を向けたといえるだろう。だが、その過程で彼が決定的に意識せざるをえなかったのは、エキゾチックな他者として見つめられる日本であり、己自身の姿だった。それは、展示され、好奇の眼差しにさらされる日本である。

とはいえ、如是閑がイギリスで見た日本には、もう一つの別の重要な日本イメージが存在していた。ある日、如是閑は大阪の「範多（ハンター）商会の木村君」に案内されて、ロンドンから一〇〇マイルほど離れた「レーストンという片田舎の一工場」を見物に行った。元来、如是閑は、雇用者と被雇用者が「仇同志」のようになり、「情義も道徳」もない資本主義の

★日英博覧会の日本村の様子（右）（塚本靖「日英博覧会々場雑観」、『建築雑誌』一九一一年一月）と、会場内の“CONGRESS HALL”のテラスからの眺め（左）（*Official Report of the Japan British Exhibition 1910*, Unwin Bros., 1911）。

仕組みに疑問を抱いていた。しかし、この個人経営の工場には、資本主義とは全く異なる社会が存在したのだ。その工場では「職工の待遇法」が熟慮され、「職工の共済機関」が整い、「会社は村其の物を職工の生活状態を幸福にするに適するやうに組み立て」ていた。そして、如是閑は、この村の光景に日本の原風景を重ねる。「日本の田舎に来た時よりも一層日本の田舎に来たやうな感じがする、一切の光景が日本の田舎で見たものよりも遥かに日本らしい風景なのである」（「英国の工場村」、『倫敦』）。

恐らく、ここで発見した原風景は、国家とは別の単位で存在する公共的な共同体のイメージとして、その後の如是閑の思想にも大きな影響を与えることになるだろう。そんな密かな可能性の一片を胸にしまって、一九一〇年八月、如是閑は日本へと旅立ったのである。

（西村将洋）

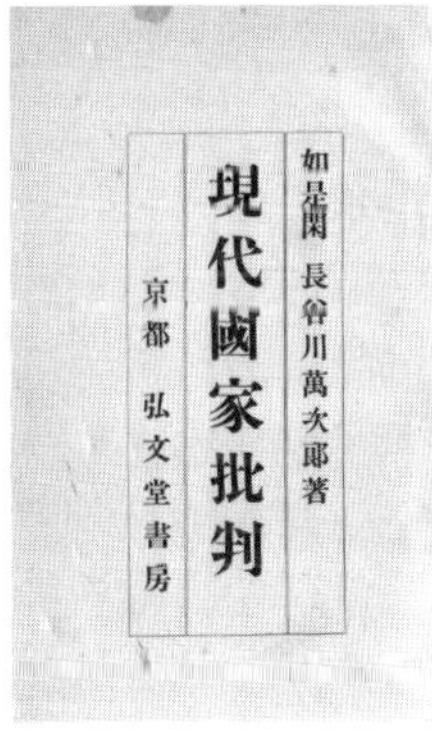

★イギリスで如是閑が体験した公共性のイメージは、後に『現代国家批判』（弘文堂書房、一九二一年）などで展開される多元的国家論の文脈ともクロスする（この点は本書第一部「ユートピア」を参照）。図版は『現代国家批判』の内扉。

長谷川天渓（はせがわてんけい）（1910-1912）——自然主義からフロイトへ

ポスト自然主義

「僕は莫迦になった」。これはロンドン滞在中の長谷川天渓が記した言葉である。日本では確固たる「社会の一分子」だった自分が「社会の外に飛び出してしまった」ような感覚だ、というのだ（「倫敦印象記」、『太陽』一九一一年一月）。

現在、長谷川天渓の名は、日本の自然主義文学を代表する評論家として文学史に刻み込まれている。彼がロンドンに赴いたのは、その批評家としての大活躍が終わった後の時期であり、今ではほとんど顧みられることもない。しかし、後述するように、彼はロンドンで「サフラジェット」と出会い、後の探偵小説やフロイト精神分析学へと移行する重要な指針を得ることになるだろう。その意味でいえば、ロンドン滞在後の、文学史に現れない長谷川天渓は、実に興味深い存在なのである。

出版社博文館の社員だった天渓が、海外出版事業の視察という命を受けてロンドンに到着したのは、一九一〇年八月二〇日のことだった。当初天渓はロンドン西部郊外の「23 Christ Church Ave. Brondesbury, London.」に滞在し（「海上通信」、『太陽』一九一〇年一〇月）、約七ヵ月後の一九一一年四月一日からは、同じくロンドン西部郊外の「30 Kings Cote Road, Bedford Park, London.」に転居している（「倫敦印象記（四）」、『太陽』一九一一年六月）。第一の下

★図版は一九三三年四月のフロイト博士喜寿祝祭（東京精神分析学研究所主催）で講演する長谷川誠也（和田桂子編『コレクション・モダン都市文化25変態心理学』ゆまに書房、二〇〇六年）。誠也とは天渓の本名である。この五年後の一九三八年、ナチスから逃れたフロイトはロンドンに亡命し、以後イギリスで晩年を過ごした。

宿では、英文学者の市川又彦や、同じく英文学者で俳人の大谷繞石（じょうせき）（ラフカディオ・ハーンの弟子にあたる）と同居しており（「海上通信」）、約二年間★をロンドンで過ごした後、一九一二年夏からヨーロッパ各地を旅行して、八月に再び英国に舞い戻り、その直後にアメリカのシアトルを経由して帰国の途についていた。日本に到着したのは同年一〇月二八日のことだった（坪谷善四郎『博文館五十年史』博文館、一九三七年）。

彼のロンドンでの体験を見てゆく前に、まず渡英の前と後での天渓の主張の変動を測定しておきたい。渡英前の天渓は、主著『自然主義』（博文館、一九〇八年）を上梓し、既に確固たる持論を構築していた。以下、同書収録の評論から、彼の主張を概観しよう。最初の特徴は「今や一切の幻像は、破壊せられたり」というものだ（「幻滅時代の芸術」）。この主張の根底には「科学」への傾倒がある。つまり、科学的思考の発達によって、旧来の倫理、道徳、宗教などの観念（幻像）は全て粉砕されるというのである。この攻撃的姿勢はさらに過激となり、「科学万能といふ一種の空想世界」という主張へと続いた（「理論的遊戯を排す」）。つまり「科学」さえも幻像として退けられたのである。その結果、導かれたのが「唯自身の看取したる現実を描写するのみ」という自然主義のテーゼだった（「自然派に対する誤解」）。幻像や偶像や理想を完全否定し、ありのまま現実に触れ、その「現実暴露の苦痛」に直面せよと主張したのである（「現実暴露の悲哀」）。

ロンドンから帰国した後の天渓の評論には、ボキャブラリーに変化はないが、渡英前とは明らかな違いが現れている。第一の変化が「人生の科学化」の強調である（「人生の科学化」、『読売新聞』一九一三年一月五日）。天渓はかつて否定したはずの科学の重要性を再度主張し、より徹底した「更に急速なる人生の科学化」を提唱したのである。はたして、それはなぜか？

★図版は天渓が、市川又彦や大谷繞石と住んだ“Christ Church Ave.”の町並み（大谷繞石『滞英二年案山子日記』大日本図書、一九一二年）。

第二の変化は、国家へのスタンスである。前掲『自然主義』に「偉大なる天職を有する者は我が大日本帝国なり」(「反基督教的精神」)とあるように、洋行前の天渓には「大日本帝国」への絶大な信頼があった。これは「文明上の日露戦争」(『太陽』一九〇六年三月)の頃からの主張で、日露戦争の勝利で日本は西洋の模倣時代を脱し、新たな自覚の時代となった、という見解である。この日本人としての自覚を、個々人の生活上の自覚へと発展させたのが、先に引用した「唯自身の看取したる現実を描写するのみ」という自然主義のテーゼだった。彼の文学論は自らの政治学と表裏一体だったのである。

しかし、帰朝後の天渓は、日本国は「果して第一等国か」と疑問を投げかけている。「国民の第二自覚」(『太陽』一九一三年一月)から引用しよう。

> 日露戦役後の自覚を第一回と称しやう。その自覚は、要するに自惚に外ならぬものであつた。誰れが、おだて上げたのでもない、国民全体が、自ら自惚れ出したのだ。併し今日は自惚れで満足すべき時代ではない。吾が国民は、何れの点より看ても、第一等国の国民と称するには、余りに不完全であることを悟らねばならぬ。

天渓は「自惚れ」を直視することが「国民の第二自覚」なのだと強調する。もちろん、これは国民のみの問題ではなかろう。恐らく「自惚れ」ていたのは天渓自身だったのだから。よって、この胸中を代弁し、最初に紹介した言葉を訂正しておく時がきたようだ。「僕は莫迦になつた」のではない。長谷川天渓は、自分が「莫迦」だったことを「自覚」したのである。このことの内実は彼のロンドン体験によって自ずと明らかになるはずだ。

★天渓は日英博覧会にも出掛けている。多くの日本人が会場内の「日本村」を見て憤慨したが、天渓は「日本人の低級生活を紹介したことが恥しいと論ずる者の多いことが、却つて邪道に入らむとする傾向を自白するやうなものだ」(「日本と日本人の評判」、『太陽』一九一〇年一一月)と一蹴した。図版は日英博会場内の夜景(*Official Report of the Japan British Exhibition 1910*, Unwin Bros., 1911)。

第三の性

天渓が自らの「莫迦」を悟ったのは、極めて具体的な出来事に直面したからである。第一は言語の問題だった。「嘗つては哲学、文芸の書すら読んで得意であつた者」が、「SとTHの別、LとRの別」さえ発音できず、GirlとEarlの違いや、YesやNoさえ満足に話せない（「倫敦印象記」）。

この状況は必ずしも嘲笑されるべきものではなかろう。彼が生活した明治期の日本では、外国人と会話を交わすことはめったになかった。だから英会話ができないのもある意味で当たり前なのである。それよりも、ここでは会話という日常的かつ具体的な行為を通じて、天渓が己自身に違和感を持ったことに注目しておきたい。それは独我論（自然主義）的な思考に亀裂の生じる瞬間でもあったからである。実際、ここから天渓の長所が発揮されることとなる。「そこで英語を練習する気になる」といってリーダーの本を一生懸命に勉強し始めるのである（「倫敦印象記」）。彼は「毎朝字引をポケツトにして新聞を読む」ことにもなるだろう（「倫敦印象記（四）」）。

似たような逸話は他にもある。天渓がロンドンに来て驚いたのは、紳士のみならず、婦人や子供も「日露戦争では日本は幾許使つたか」と頻繁に「金の問題」を質問することだった。元来、文士たる者が金銭を語るのは「非常に下劣」と考えていた天渓は、ここで自らの考えを改める。そして、書店に出向いて専門書を買い、日露戦争にまつわる様々な収支の情報を手帳に記して、次から質問される度に丁寧に返答したのである（「外遊所感」、『早稲

★天渓はロンドン郊外の田園都市レッチワースも見学した。ただし「ガアデン・シチーそのものゝ経営に、感服したよりも」「理想の実現に援助を惜まなかつたイギリス富豪に感服しました」と、ここでも金銭の問題に興味を示している（長谷川天渓「英国の田園都市を見て」、『早稲田文学』一九一六年八月、「長谷川誠也」の署名）。図版は「レッチワースにおける商店区の一部」（河野誠『都市か田園か』松山房、一九一四年）。

田講演』一九一二年一二月)。

ここで浮かび上がるキーワードは、少々言い方は悪いが、愚直さだ。天渓は何らかの出来事に直面したとき、バカ正直に受け止めて対処した。しかも、ロンドンの人々は、彼を「異人種」とみなして好奇の眼差しを向けるのではなく、ごく普通にイギリス人が天渓に「道を尋ねたり」もしてくるし、「好奇心の強い児童等でさへ」日本人の天渓に群がることがない(「倫敦印象記」)。そこには愚直な彼の居場所があったのである。これは大英帝国の首都ロンドンに、複数の人種が居住していたためでもあろう。少しドライで、なおかつ、ある種の親近感が存する場所。それが彼のロンドンだった。天渓は「英国を去る時には、或る意味に於いて、日本を去る時よりも悲しかった」という(「帰朝してみれば」、『太陽』一九一二年一二月)。この愛着は、恐らく右のような実体験に起因していたのだろう。

そんな彼は、ある日の新聞に「イブ(ママ)セン倶楽部」(Ibsen Studio)の広告を発見する。ノルウェーの劇作家ヘンリック・イプセンは、天渓が『自然主義』で頻繁に論じた作家でもあり、早速、この団体名を研究書で探した。だが、記述がない。不安になりつつも、記事の住所を頼りにコヴェント・ガーデン駅へ向かった。迷いながら到着したイプセン倶楽部は、路地の奥の「馬具商」の二階にあり、「甚だしく古色蒼然」として「薄暗い陰気な化物の出るやうな部屋」だったのだという。さらに不安になりながらも、応対の婦人に「秋季の会費十二志(シリング)六片(ペンス)」を払い、会員証をもらった。この約五〇名の「倶楽部の事業は演説討論と試演」で、以後、天渓はここへ通い、「日本に於けるイブセン研究」なる報告書まで提出することになるのである(「イブセン倶楽部」、『太陽』一九一二年二月)。

周知のように、イプセンは一九世紀後半からヨーロッパ各地に吹き荒れた嵐を象徴して

★天渓はイプセン倶楽部(Ibsen Studio)が、コヴェント・ガーデン駅近くの"65a, Long Acre, W. C."にあったと述べている(「イプセン倶楽部」、『太陽』一九一二年二月)。図版はイプセン倶楽部があった場所の現在の様子。暗い通路の向こう側がロング・エーカー通り。写真は著者が二〇〇七年に撮影。

いる。旧来の道徳や規律を重んじるヴィクトリア朝の価値観に対して、イプセンはその因習の打破を試みたのである。『人形の家』（原著一八七九年）が「新しい女性」という女性解放運動の潮流を形成したことも有名だろう。天渓は、微温的な記述にとどめているが、イプセン倶楽部がその渦中にあったことは間違いない。例えば、倶楽部の「大多数は婦人」であり、彼に応対した婦人は「苦労したヒステリー性の顔色」で、「握手もサフラヂェット式に頗る強い」と記されている（「イプセン倶楽部」）。もちろん「サフラヂエット」（Suffragette）とは、当時のイギリスで女子参政権運動を行った女性たちのことである。

もう一つ逸話を加えておこう。ある日、天渓は「婦人空中研究会」（?）という不思議な名前の団体の演劇に行っている。題目はメーテルリンクの「モンナ・ヴァンナ」。この作品はイタリアを舞台とした女性の物語で、かつては政府の取り締まりで興行が禁止され、「今日なほ公然と興行することが出来ぬ」ものだった。天渓は「サフラヂエットのような女事務員に談判して、入場を許してもらつた」ようだ。しかし、場内が「余り好く繁昌して居らぬ」ことに「失望」したのだという（「倫敦の劇界」、『読売新聞』一九一一年七月一六日）。この「失望」の内実は容易に想像することができる。天渓は、ロンドンのサフラジェットの側に立ち、その盛んな勢いを自らの眼に焼きつけたいと思っていたのである。

ところで、帰国後の天渓は、旧来の男と女の性別では説明できない、第三の性を語りはじめている。「第三性」（『読売新聞』一九一二年一一月二四日）から引用しよう。

英国の社会には、此の第三性に属するものが、比較的に多いやうに思はれる。其の体格から言つても、或は思想感情の方面から見ても、或は其の日常生活から看ても、

★イプセン『人形の家』（島村抱月訳、早稲田大学出版部、一九一三年）の箱（右）と同書に収録されたイプセンの肖像写真（左）。

男ともつかず、女ともつかぬ一種の人種が多い。殊に女性側から発生したものが甚だ多い。其の好例は、評判の高い女子参政権論者（サフラヂエット）と女工とであらうと思ふ。

このほか天渓には、「第三性」の出現によって男たちは「大迷惑を蒙る」から「注意」せよ、と一見したところ男性擁護と思われる発言もある（「外遊所感」）。右の引用文の、男でも女でもない人種、という規定も賛否が分かれるところだろう。しかし、サフラジェットが彼の心を強く揺さぶったことは間違いない。例えば、天渓は「今日の第三性に至りては、女といふ観念を放棄して、人間といふ考を根本にして、活動すす（ママ）のだ」と熱弁する（「第三性」）。恐らく、この発言の背後でこだまのように反響しているのは、先の「今や一切の幻像は、破壊せられたり」という主張だろう。今や、旧来の「女といふ観念」（幻像）は「放棄」され、「破壊」されようとしている。それは天渓にとって、過去の性差（ジェンダー）の規範が崩れ去ろうとしている瞬間であり、彼自身が「莫迦」だったことを「自覚」した瞬間でもあった。そして彼は、このロンドンで体験した「現実暴露の苦痛」と、ただ愚直に向き合ったにちがいない。

★図版は「女権論者が英国海軍省内に投じたる爆裂弾」（長谷川天渓「英国の女権拡張問題」、『太陽』一九一三年六月）。

フロイト精神分析学から探偵小説へ

文脈を整理しておこう。天渓のスタンスには渡英の前と後で、変化しないで持続している部分と、変化した部分がある。持続が確認できるのは、旧来の「幻像」（因習的観念）を打破せよ、「現実暴露の苦痛」に直面せよ、という二つのスタンスだ。

　一方、変化したのは、前にも触れた「科学」に関連するスタンスである。洋行前の天渓は科学に懐疑的であったが、ロンドン在住中は、客観性と論理性を重視した科学的な発想が目立つ。例えば、日露戦争の収支のデータを収集してみたり、分からないこと（例えば、イプセン倶楽部）があれば、すぐに彼は専門書をひもといた。

　このスタンスが明確に示されているのが「英国女子参政権の賛否両説」（『太陽』一九一三年六月）である。この文章で天渓は、自分の主観をできるだけ排除するように心掛けた。例えば「（三一）婦人労働者が、男性政治家のみの手によりて編成された法律の下に、労働するといふことは甚しく不当だ」のように、英国での具体的な事例を、ただひたすら全八一項目も列挙したのである。賛成が四三、反対が三八という項目数の微妙な割合からも分かるが、内容でも全項目を見比べると女子参政権の必然性と必要性とが判明する仕組みになっている。最後の部分には、女子参政権論者を「冷笑」する日本の論者に対して、「眼孔狭隘」な「事実を知らぬ者」だと、実地を見聞した自負も顔をのぞかせている。

　このような科学的思考が優先された理由は明らかだろう。それは天渓がロンドンで未知の世界に触れたからである。未知の世界に接し、それまでの自分の世界観が崩れてゆくなかで、彼と世界をつなぎ止める役割をはたしたのが、愚直さであり、科学だった。そして、この世界観の崩壊と呼応して、洋行前の「大日本帝国」という「幻像」にも亀裂が入ったのである。そしてさらに、この世界観の崩壊は自己の崩壊感覚ともリンクしている。帰国直後の天渓が「永久に秘密で孤独である自我」（「孤独の自我と評論」、『生活と芸術』一九一三年九月）を語りはじめるのは、そのためだろう。ロンドン滞在中、天渓は「英国の婦人は、矢張進んでゐると思つた」といい、次のように語っている。「其の参政権運動なるものは、お転

★天渓は「戴冠式と倫敦」（『太陽』一九一一年八月）で、ジョージ五世の戴冠式の様子を伝えた。ただし文中では戴冠式の数日前にあった「サフラヂヱットの大行列」も詳細に紹介されている。図版は「婦人自由同盟会と女子社会政治団」が主催した「一人行列」（教育学術研究会編『英国研究』同文館雑誌部、一九一七年）。首領パンクハースト夫人の指揮する群衆は今や『婦人の自覚』なる軍歌を歌ひ「大倫敦の街上を練り歩く」と解説がある。

婆性、出しや張り性の然らしむる所と謂ふよりも、寧ろ世界全般に拡つてゐる不安の精神に基づくものだ。（略）思ふにイブセン（ママ）の描いたノラは、英国婦人に由りて、最も好く解釈もされたと謂ふべきであらう」（「近事偶感」、『太陽』一九一二年四月）。

ここには、かつて「唯自身の看取したる現実を描写するのみ」と語った、洋行前の強固な自我はない。帰国後の天渓にとって、自分が見た現実をただありのままに描くことなど、到底不可能なのだ。既に、現実を見つめようとする彼の「自我」の内側には、「不安」や「秘密」という名の黒い穴が、ぽっかりと穿たれていたのだから。

その天渓がロンドンから帰国した頃、一九一五年に早稲田大学本科（英文科）に入学した柳田泉は、講師として早稲田に来ていた天渓が「フロイトの立場から文学を説く」講義をしていたと回想している（『座談会大正文学史』岩波書店、一九六五年）。この回想と呼応するように、後に天渓は、長谷川誠也の本名で『文芸と心理分析』（春陽堂、一九三〇年）、『精神分析とイギリス文学』（英語英文学講座刊行会、一九三三年）、『遠近精神分析観』（岡倉書房、一九三七年）を立て続けに刊行し、フロイト著『社会・宗教・文明』（『フロイト精神分析学全集』第三巻、春陽堂、一九三一年）の翻訳も手がけることになる。

しかも、右の著書の参考文献を見るかぎり、天渓のフロイトに関する情報のほとんどは、英語文献から得られていた。さらに『精神分析とイギリス文学』には、イギリスの読書界がフロイトたちの「無意識を注意する心理学に注意し始めた」のは「一九一三年」だったと記されている。ちょうど天渓がロンドンから帰国した年だ。その天渓が「無意識の意義」を論じている部分を引用しよう。

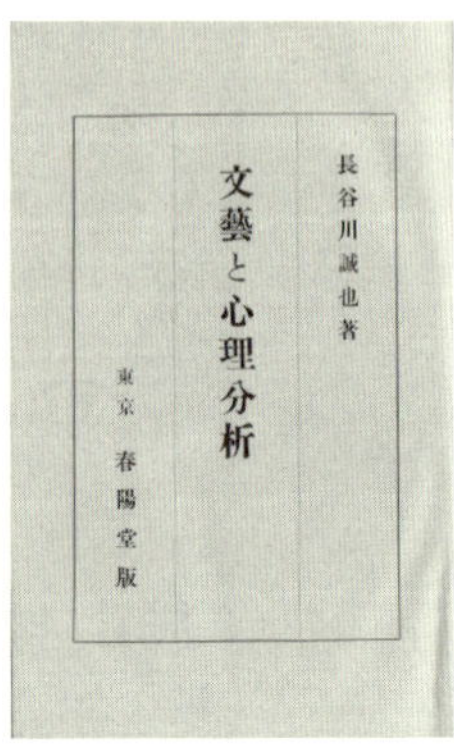

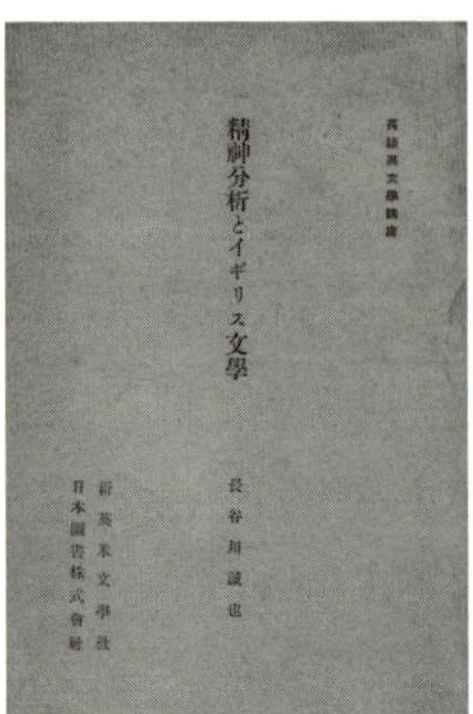

★天渓が長谷川誠也の本名で刊行した『文芸と心理分析』（春陽堂、一九三〇年）の内扉（右）と、『精神分析とイギリス文学』（英語英文学講座刊行会、一九三三年）（左）。

われわれの日常生活に直接必要な心理は、極めて狭少であるが、行動はそれによつてのみ支配されるものではない。無意識的内容は、意識的より遙かに豊富であり、また活力を有してゐるから、常に意識の表面へ進出しやうとする。しかし、道徳上または実生活上の原則が、その迸出を禁遏する。だから無意識的心理は、迂廻した途を辿て意識面へ現れて来る。別の方面から言へば、人の行動は、一から十まで合理的であるやうに考へられるが、実は常に理智の範囲外にある無意識的の影響を蒙つてゐるものだ。

（『精神分析とイギリス文学』）

この「道徳上または実生活上の原則」とは、天渓が嫌悪した旧来の道徳であり、「幻像」だった。また文中の「無意識」とは、単に精神分析学という文脈のみで理解すべきではなかろう。天渓はロンドンでサフラジェットをはじめとする、様々な未知の文化と接触した。その結果、彼の「自我」の内側には「秘密」という未知の領域が生れていたのである。天渓はその「無意識」という名の「秘密」を、精神分析学という名の「科学」によって愚直に解明しようとしていた。しかも、ロンドンの読書会の動向（英語文献）を経由して。その意味で、帰国後も彼のロンドン体験は持続していた。

この終わらないロンドンは、もう一つの重要な地点に飛び火する。「民衆文芸としての探偵小説」（『新文学』一九二二年一月）から、天渓の言葉を引用しよう。

探偵家の資格として、洞察力の鋭い事、記憶の好い事、注意の緻密なる事、機智に富んでゐる事、冷静なる事、これらは必要欠くべからざるもので、其の一を欠いても、

★イギリス滞在中の長谷川天渓（右端）。そのほかの人物は、左端から、中島半次郎、坪内士行、市川又彦。図版は坪内士行『越しかた九十年』（青蛙房、一九七七年）より。

明快な推理は成り立たぬ。吾人の眼に映ずるホームズは、実に此れ等の資格を完全に備へてゐる一性格である。閑の時の彼れは、一個のイギリス紳士である。（略）然るに一たび事件に立向ふと、全く恐るべき人物となる。もう尋常一様の紳士ではない。むしろ人間ばなれのした冷静な推理家である。

もちろん、右の「探偵家の資格」は、先の科学的思考の延長線上にある。そして英国紳士ホームズとは、犯罪者の「自我」の「秘密」を探る「冷静な推理家」でもあった。この文章を発表する直前に、天渓は博文館に森下雨村を招聘し、後に日本の探偵小説の拠点ともなる雑誌『新青年』（一九二〇年創刊）を創刊させている。後に天渓は、甲賀三郎らの若き探偵小説家たちを発掘することにもなるだろう。そんな彼の活動と呼応するかのように、日本の探偵小説の全盛期はすぐそこまで近づいていたのである。

（西村将洋）

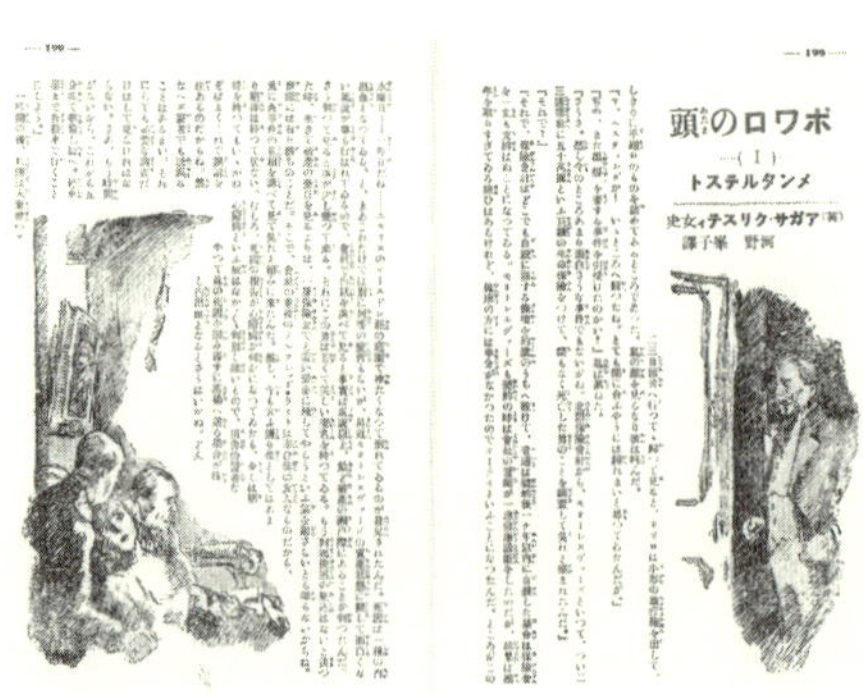

★甲賀三郎は一九二三年に探偵小説に応募し、「長谷川天渓氏の眼に止つて」作家デビューした（甲賀三郎「実は偶然に」、『新青年』一九三一年二月）。また雑誌『新青年』では、第二のコナン・ドイルとして、アガサ・クリスティによる名探偵ポワロ・シリーズの連載も行われている。図版はクリスティの『新青年』第一作目となった「ポワロの頭（Ⅰ）メンタルテスト」（河野峯子訳、一九二四年四月）。

坪内士行（つぼうちしこう）（1911-1915）――ロンドンの日本人役者

ハーヴァード大学からロンドン演劇界へ

それでは又、そのうちに出します。御機嫌やう。くれぐれもお大切に、よい年をお迎へ遊ばせ。私も元日には、陰膳すゑて一緒にお祝ひ致しませう。それではこれで、ご機嫌やう。恋しき君へ。

「ご機嫌やう」。そう手紙を締め括った女は、この直後に他界した。この手紙をアメリカで受け取った男は、失意の底から立ち直る暇もなく、やがてロンドンを目指すだろう。右の手紙は劇作家・舞踏研究家の坪内士行による恋愛自叙伝『なずな恋』（博文館、一九一六年）に収められている。もちろん「恋しき君」とは士行を指す。士行は七歳のとき文豪・坪内逍遥の養子となり、早稲田大学を卒業した後、一九〇九年に米国ハーヴァード大学へ向かった。アメリカで約二年、続くイギリスで約四年を過ごし、一九一五年六月に神戸港に到着している。だが、彼の外遊は前途洋々たるものではなく、その出発点から既に波乱含みだった。

坪内士行『越しかた九十年』（青蛙房、一九七七年）から、その経緯を記す。当初、坪内逍遥は養子と養女をとり、二人を養子夫婦として自らの後継者にしようと考えていた。しか

★図版は、ハムレットに扮した坪内士行（『越しかた九十年』青蛙房、一九七七年）。士行は、イギリスから帰国した後、一九一八年に「ハムレット」の舞台に立った。詳細は坪内士行「大正のハムレット」（『早稲田文学』一九一八年二月）を参照。

し、その思惑は完全に裏切られる。養子の士行が友人の妹、赤井美代との愛を選んだのである。しかも美代は不治の病、肺結核だった。まさしく決死の恋であろう。最終的に逍遙は士行への理解を示し、美代の病状が回復するまでバーヴァード大学へ留学するよう提言したのである。そして、最愛の人の死後、士行のアメリカでの消息は完全に途絶えた。内ヶ崎作三郎はニューヨーク近くの「玉ころがし屋」(?)でバイト中の士行と遭遇し、次のように日本へ報じたのだという。坪内逍遙博士のご子息「坪内士行は堕落した」。

その後の士行の足跡については確たる資料がない。『越しかた九十年』には一九一一年頃にイギリスに渡ったとだけある。美代を失った悲しみは時間の感覚さえも奪ったのである。その間の歩みを、坪内士行『西洋芝居土産』(冨山房、一九一六年)から部分的に再構成してみよう(主に同書所収「『タイフーン』の一員」による)。

士行がロンドンに向かった理由は、俳優兼劇場経営者のビアボウム・トリーが創設した王立演劇学校(一九〇四年設立)への入学を志したからだった。入試結果は見事に不合格。英語が上手く話せなかったのだ。当時滞英中の長谷川天渓からは「まア、自由に行動が出来ていゝサ」と慰められた。それから士行はアメリカで準備した紹介状を携え、イプセンの翻訳で知られるウィリアム・アーチャーなど、多数の著名人と次々に面会する。そのなかの一人が大英博物館の日本・中国絵画部にいたロレンス・ビニヨンだった。ビニヨンは詩人・脚本家でもあり、彼を介して士行とゴードン・クレイグとの交際が始まる。クレイグは当時の新進気鋭の演出家・舞台装置家で、*On the Art of the Theatre*(Heinemann, 1911)などの活発な執筆活動も行い、かの舞踏家イサドラ・ダンカンと恋仲だった人物である。その後、クレイグは自らの演劇学校開設のためフランスとイタリアへ旅立ってしまうのだが、

★ゴードン・クレイグの母親はシェイクスピア劇の名女優エレン・テリーだった。士行が和服姿で『越後獅子』の一節を踊った際に、テリーは「裾のスレる音が、松風を思わせて微妙である」と感想を述べたのだという(坪内士行『越しかた九十年』青蛙房、一九七七年)。図版はクレイグ(右)と母テリー(*Gordon Craig Collection Catalogue*, 大谷女子大学図書館、一九八三年)。

士行は演劇の芸術性についてクレイグから多大な影響を受けることになる。

続く転機はその直後に訪れた。留守番役のクレイグの執事から「劇協会の演説会の切符」が士行に送られてきたのである。サヴォイ・ホテルで開かれた演説会の題目は「支那の劇場及び俳優」。演説終了後、士行は司会者から『東洋の人』たるの故をもつて、異説もあらば述べよ」と発言を求められた。「箆棒(べらぼう)な話」(!)と士行は思ったそうだ……。

ここから士行の交友範囲は一気に広がるのだが、その前に、この演説会の題目「支那の劇場及び俳優」に注目しておきたい。この中国への関心が当時のロンドン演劇界の一面を象徴していたからだ。

花盛りのオリエンタリズム

坪内士行「倫敦劇界問答」(『西洋芝居土産』)には次のようにある。

日本新派連中や帝国劇場の面々が、一心に西洋風の背景を模するのに苦心して居る間に、西洋人は日本や支那の舞台面、色彩などをも取入れて新気風を出して居るのは、何となく庇を貸して母屋を取られるやうな気がします。

西洋の日本劇といえば、喜歌劇「ミカド」(一八八五年初演)やオペラ「マダム・バタフライ」(一九〇四年初演)が思いつくはずだ。滞英中の士行もこの二作品を観て批評している。だが、士行の観劇記が興味深いのは、それ以外の作品を含めた同時代の「東洋劇」を包括

★士行は初めてクレイグを訪ねたとき、土産として「木版摺の日本劇場画譜と、能の衣装、道具を説明した活版本」を贈り、クレイグは「東洋の美術」に感激したのだという(坪内士行「白雲のクレーグ氏」、『新潮』一九一六年九月)。図版はクレイグが発刊した雑誌 *The Mask* の一九一〇年一〇月号に掲載された"Geisha dance"

的に記録している点である。士行の「倫敦所演の東洋劇」（『西洋芝居土産』）を参照しつつ、一九一三年前後のロンドン演劇界を俯瞰してみよう。

士行が当時の東洋劇の起点と位置づけたのは「キスメット」である。これは「アラビアン・ナイト」を基にした異国情緒漂う作品で、舞台装置の見世物的なスペクタクルが観客の度胆を抜いて大当たりとなり、国王ジョージ五世も観劇した。ほかにはインドの古代劇「シャクンタラー」なども上演されているが、新聞紙上で「目下倫敦に於ける二大劇」と評された中国劇「黄上袍（エロー・ヂヤケット）」は特に注目に値する演目だろう。これは「百五十余回の長興行」を記録した作品で、中国の某劇場を寸分違わず写したという触れ込みだった。しかも、その舞台装置は、山のセットを椅子を数脚重ねて作るといった、単純かつ非写実的な傾向で構成されており、士行は「能の道具風」の舞台装置だと説明している。このほかの中国劇ではオペラ「トゥーランドット」や、滞英中国人を扱った「ウー君」、中国と日本の要素を混在させた喜劇「パメラの追跡」なども上演されていた。

一方、日本劇については、短編の一幕物「可愛い女房（ダイヤ・リツトル・ワイフ）」や、日露戦争を題材にした「マズラ」（又は「マルサ」）があり、歌劇「ムスメ」なども上演された。なかでも士行が多くの記述を費やしているのが、先に登場したビアボウム・トリーによる「神の愛子（ダーリングオブゴツト）」（"The Darling of the Gods"「神々の寵児」）だった。これは「マダム・バタフライ」の原作者デイヴィッド・ベラスコや、画家の牧野義雄が顧問として関係した演目である。坪内士行「外国人の日本劇」（『早稲田文学』一九一五年一二月）から、それらの日本劇の大まかな特徴を見ておこう。第一は「忠義の念に厚い」日本人像。これは国家、君主、夫（男）への忠義である。第二は「女の優雅さ」。第三に「過去」の日本の「所謂美点」（武士道や良妻賢母思想）を主題とする点で

★ロンドンで電気工学を学んだ八木秀次の評伝、松尾博志『電子立国日本を育てた男』（文芸春秋、一九九二年）によれば、士行は『源氏物語』の英訳で知られる東洋学者アーサー・ウェイリーの日本語教師を一時期していたらしい。図版は、中国劇「ウー君」の舞台写真（坪内士行『西洋芝居土産』冨山房、一九一六年）。

ある。

こうした傾向について、士行は「今日の日本を写した作では無い」と徹底した批判を加えている。例えば「神の愛子」は、姫君も芸者も「ゴチャ交ぜ」になって寺の本堂で歌ったり、踊ったりする内容で、「覚束無い幻影が滅茶々々に叩き壊される」と酷評し、これを観たら「勢ひ牧野氏を攻撃したくなる」と述べている。また士行は日本劇を珍重する英国人にも批判的な姿勢を示す。「個人主義」者の英国人が「お世辞のつもりか、出任せか、兎に角日本の武士道主義、良妻賢母主義衰退を憤慨する声を聞くと、全く其の矛盾を吹出さずには居られない」「彼等は口にこそ日本の精神界の変化を嘆くと見せて居るけれど」「飽く迄古物扱ひ、骨董扱ひにして居る者が十の八」なのだ（「外国人の日本劇」）。

このようにエキゾチックな他者として日本イメージを構築するという発想は、日本以外の国の演劇にも共通している。例えば、アラビアを舞台とした「キスメット」では「素裸同様の女」が登場し、「人殺し」や「姦通」に満ちていた。中国人実業家が登場する中国劇「ウー君」でも「私通、強姦、毒殺」が演じられた。日本劇に至っては、日本人は表向きの対応は穏やかでも、実はいつも腹黒いといったイメージが顕著で、たいていラストの場面には切腹や自殺が待っていた。前述の日本劇「神の愛子」の場合は、心中した男女が最後に天界で再会するという、仏教的な結末だったのだという。ちなみに、士行によれば切腹という日本イメージは「乃木大将の殉死問題」によって「英国人にも評判になった」のだそうだ（「外国人の日本劇」）。

だが、士行は全てを否定していたわけではない。このとき彼が注目していたのは、英国演劇界の「新運動」と日本芸能との共通点だった。例えば、「舞台後部一面に布を張って

★「ラインハルト創出の『キスメット』の舞台写真（坪内士行『西洋芝居土産』冨山房、一九一六年）。舞台中央には裸の役者がいる。

大空の広さ」を表現するといった非写実的傾向に、「能狂言の舞台のやうな」属性を読み取り（「倫敦劇界問答」）、前述のクレイグについても「昔の日本の芸術心に似通つた心を持つクレーグの舞台装置者、指揮者としての将来の企ては、ラインハルトの企てよりも一層自分の見たいと願ふ所である」と述べている（「ラインハルトを論じてクレーグに及ぶ」、『西洋芝居土産』）。大掛かりなスペクタクルを得意とするドイツ的動向（ラインハルト）よりも、クレイグたちの演劇思想（非写実的な舞台装置・照明・上演内容などの有機的連関）こそが、最も前衛的で現代的な傾向であり、なおかつ日本の芸能とも共通点を持つと感じていたのである。そこには日本文化を単に過去のものとして「古物扱ひ」するのではなく、最先端の演劇思潮と結びつけ、現代的な意義を見出そうとする眼差しがあった。

日本人旅役者の「タイフーン」

ここで再び先のサヴォイ・ホテルでの「劇協会の演説会」に戻ろう。このとき土行は『モーニング・ポスト』紙の評論記者オスマン・エドワードと知り合い、彼を介して、演出家・俳優のロレンス・アーヴィングと交遊することになった。シェイクスピア舞台で有名なヘンリー・アーヴィングの次男である。アーヴィングとは日本のことや団十郎にも話題が及び、「今、日本劇を考案中だが、誰か日本人で相談に乗る人が有るやうなら紹介して呉れ」と依頼された。この発言が出発点となって、土行はイギリスの日本人旅役者という道を歩むことになるのである（『タイフーン』の一員）。それは日本劇を単に外から批評するのではなく、ロンドンの「東洋劇」の渦中へ飛び込むことを意味していた。そして彼は一九一二

★ゴードン・クレイグが創刊した雑誌 *The Mask* の一九一一年一〇月号に掲載された勝川春章の美人画（右）と、同じく一九一四年一月号掲載の能舞台（左）。同誌には、ほかに葛飾北斎や勝川春山らの浮世絵、ラフカディオ・ハーンの文章の掲載もある。

年の春にアーヴィング一座へ加わり、芸名「吾妻四江」を名乗ることになる。

その土行が準主役級の役柄で出演したのが日本劇「タイフーン」（大風）だった。先の中国劇「黄上袍」とともに「目下倫敦に於ける二大劇」と評された作品である。この日本劇はドイツ、フランス、ロシア、アメリカなど世界各国で上演された演目だが、アーヴィングは英訳の際に手を加え、さらに観客や新聞の批評も踏まえて、原作を別の作品に書き換えてしまった。内容は、日本政府の命を受けてフランスに渡った軍事探偵の物語で、その日本人探偵「トラケモ」（他の日本人滞在記では「タケラモ」とも表記される）がフランス人女性と恋におちるが、女が浮気をしていると勘違いして殺害してしまい、探偵は裁判にかけられる。そのとき法廷で土行演じる日本人留学生が身代わりとなり、軍事探偵を助ける、というのが大まかな筋である。最後の場面では、アーヴィングふんする日本人探偵が割腹自殺するという設定になっていた（原作では病死）。

「タイフーン」はニューカッスルでの初興行の後、リヴァプール、エディンバラ、グラスゴー、カーディフなどを経てバーミンガムで公演した後、一九一三年四月二日からはロンドンのヘイマーケット座でも上演され、同年五月一七日には国王と王妃も来場し、続いて、ロンドン市内のクイーンズ座、グローブ座、ニュー・シアターで二〇〇回以上公演された。その後はマンチェスター、リヴァプールなど英国各地を巡回し、最終的にはカナダから招聘されている。さらに付け加えると「名優アービング来らん」（『読売新聞』一九一三年五月一八日）の記事が示すように、日本に来ることも予定されていたようだ（実現せず）。その名のとおり、「タイフーン」は旋風を巻き起こしたのである。

とはいっても、土行にとって「タイフーン」は手放しで賞賛できる演目ではなかった。

★先に土行は、画家の牧野義雄を批判していたが、牧野もクイーンズ座の上演から「タイフーン」に協力し、「辻番附」などを作製した（『西洋芝居土産』冨山房、一九一六年）。図版はロンドンの寄席で上演された「蜘蛛の網」の舞台写真（坪内土行「漂浪の心――ロンドンのカフエー・公園・肉体美・寄席・芸人下宿・病院物語」、『新小説』一九二〇年七月）。

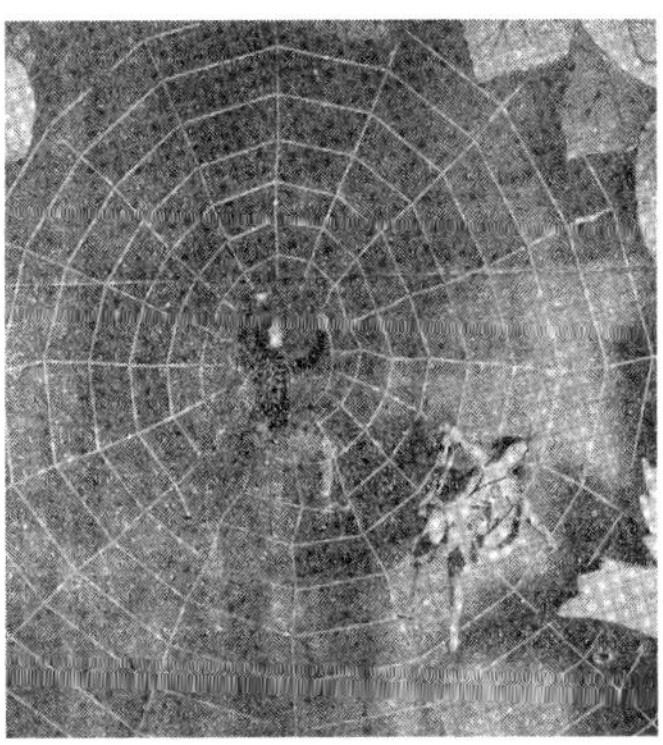

この点で士行と共通の感想を持っていたのは、当時ヨーロッパ演劇界を視察していた小山内薫である。ロンドンで「タイフーン」を観劇した小山内は、日本人を全て「探偵」と見なすかのような脚本自体に疑問の声を発し、さらに士行演じる留学生が犠牲となって探偵を救うという「犠牲的精神」についても、日本人には「くだらない」「迷惑」な内容であるにもかかわらず、ヨーロッパの人々が心を「非常に動かされる」と、日本人イメージの矛盾点を告発していた（「日本演劇の将来」、『小山内薫全集』第八巻、一九三一年）。

では、なぜ士行はアーヴィング一座に長期間加わったのだろうか。恐らく、それは演劇人アーヴィングの情熱に触れたからだろう。士行は、稽古中のアーヴィングを「一は小胆、二は皮肉、三は学識」と酷評している。だが、彼の「毎日休む暇無き活動」や「交際は、始終実に鄭重を極め、親切を尽」くすという英国紳士像に徐々に惹かれていった（「『タイフーン』の一員」）。しかも、彼の演技は「恩師島村抱月にそっくりと言ってよいほど日本人になりきって」おり（『越しかた九十年』）、脚本の改訂についても並々ならぬ信念があった。例えば、「タイフーン」のラストの探偵の死を、原作の病死から切腹に変えたことも、単にエキゾチックな日本人を表現するのとは別の意図があった。アーヴィングは主人公の葛藤について熱弁する。

　自分が主人公を自殺する事に改めたのは、主人公の心中に三つの悶えが有つたからである。第一には、国家の為めとは云ひながら、自分よりも年少の広成〔士行演じる留学生を指す――引用者注〕と云ふ青年を身代りの為に牢獄中に犠牲とした苦悶である。第二には、一旦の怒りに任せて一婦を殺した事はさまでに大事とは思はぬながら、その

★武者小路公共『滞欧八千一夜』（暁書房、一九四九年）によれば、「タイフーン」の原作は、ハンガリー出身の青年がベルリンの日本大使館事務所を観察しながら書き上げた戯曲だったらしい。図版は『タイフーン』劇中の日本人留学生」を演じる坪内士行（『越しかた九十年』青蛙房、一九七七年）。

女が、表面は頗る曖昧であつたに拘らず、実は他の男よりも自分を最も愛して居たと云ふ真情を聞知つたからの煩悶である。最後には、前幕にも度々日本の舊思想を代表する老人が出て主人公トラケモの欧化を苦諫する処があるが、それにも拘らずトラケモの心中は何としても従来の所謂国家万能、帝国第一の主義に得心されず、漸く疑ひの雲濃くして払う由ない余りの厭世である。

（「外国人の日本劇」）

恋のタイフーン

その士行が、最も赤裸々にロンドン体験を綴ったのが、告白的な自叙伝『金髪のもつれ』（蒼生堂、一九一九年）である。その前半部分から引用しよう。

> 私は此の恋物語を単に恋物語としてのみ読んで頂きたくないのです。私が自分の恥である事をかうして露骨に大胆に書き始めたのは、（略）むしろ一般女性の強さ弱さ、又、私自身の欠点、性癖をあからさまに描いて、二人の別れるまでの始終を会得され、多少なりとも皆様の参考になり、将来の為のヒューマン・ドキュメンツになれば、と思ふからで、他意は更らにありません。
>
> （『金髪のもつれ』）

右の引用文は谷崎潤一郎の小説『痴人の愛』の冒頭を彷彿とさせるかもしれない。だが結論からいえば、士行の英国体験は谷崎ではなく、森鷗外だった。

事の発端は「タイフーン」がロンドンのグローブ座（現・ギールグッド劇場）で上演された

★マヂと坪内士行が出会った旧グローブ座。現在はギールグッド劇場となっているが、劇場横の外壁にはグローブ座のプレート（左）がある。写真は著者が二〇〇七年に撮影。

一九一三年の夏にさかのぼる。その頃のアーヴィング一座には、土行のほかに三人の日本人役者がいた。彼らは劇場裏の「青物店ニーブス」で働く娘にアプローチし、「おい、とう〳〵昨日あの若い娘と口をきいたよ」などと話していた。それを土行は立ち聞きする。劇団で他の日本人よりも高待遇だった土行は、仲間たちの「得意の鼻を折つて、上位者たるの力をみせるぞ」と思い、軽い気持ちで娘に近づいたのである（『金髪のもつれ』）。このとき土行は二五歳、アメリカ生れでロンドンの養母の家にいた娘マヂ（本名マッグラルド・ホームズ）は一六歳だった。

土行は次のように告白する。「私は長い間心に抱いて忘れなかつた病女の面影を、新に異国に初めてえた娘によつて忘れやうとしました。私の心は決して純な恋ではなかつたのです、私は彼女の幼さを愛し、彼女の無垢を尊びましたが、それだけに彼女の無汚を我が手の中に得たかつたのです」「私は此の新たな女性をなつかしみました、さうです。なつかしむと云ひませう。決してそれは恋ではなかつたからです。然し又、弄びの道具とも決して思ひませんでした。勿論彼女を女性としては欲しなかつたなど〻卑怯な嘘は申しません」「あ〻少女マヂ。不忠実な我を恋する少女」（『金髪のもつれ』）。

アーヴィング一座はロンドンでの「タイフーン」の興行が終わった後、マンチェスターで公演し、その後は英国各地で巡業する予定になっていた。土行はマンチェスター公演を最後に一座から離れ、別の劇団に入ってロンドンに止まり、マヂと生活をともにした。土行とマヂの間には様々な恋のいざこざが発生し、森鷗外『舞姫』であれば天方伯爵役ともいえる高田早苗が、ロンドンで土行のもとを訪れる場面もある。

だが、ここでは一九一四年五月の事件に触れておこう。土行と別れた後、「タイフーン」

★ロンドンから帰国後の一九一七年、土行のもとにビアボウム・トリー死去の報が届いた。土行は「演劇興業行者、経営者中の棟梁、俳優取締や保護事業の中心人物」を失ったと述べ、さらに「彼の血の中には独逸猶太人の血が流れてゐたので」、第一次大戦以後「独逸人の血を受けた彼は英国内に腕を振ふ余地」がなくなっていた、と解説した（「英国名優ツリー逝く」、『早稲田文学』一九一七年八月）。図版はビアボウム・トリー（「英国名優ツリー逝く」）。

はカナダ公演に向かった。そのカナダからの帰途、アーヴィングの乗っていた汽船がセント・ロレンス河に沈没したのである。かつて士行に向かって、「御身やがて再び一座を率ゐて渡英せん頃には、我も一つの劇場を持つて、御身の用に供したし」（坪内士行「アービングの死」、『読売新聞』一九一四年六月二九日）と語っていた心腹の友アーヴィングが、突如として帰らぬ人となったのだ。

　直後の一九一四年六月には第一次世界大戦が勃発し、士行とマヂの生活も貧窮を極めた。「大惨禍の後」（『読売新聞』一九一四年一一月一五日）には、当時の士行の私信が掲載されている。「芝居の如き一向に入りがない」「入場料を半額にして見たが一向に客足がつかない」。『金髪のもつれ』からマヂと士行の後日談をまとめておく。一九一五年四月、いよいよ金が底をつき、士行は高田早苗に電報を打って、五〇ポンドが横浜正金銀行ロンドン支店に振り込まれた。「日本から金を取寄せる。それはとりも直さず、英国では自力で食つて行けなくなつたから、もう早速帰朝する、と云ふことになる」。そのとき二人は顔を見合わせて何も言えなかったのだという。「その時の私の心持ちを正直に申すと、『別れたくない。』と云ふ事でした」と士行は記している。そして士行は日本へ帰り、マヂは祖国のアメリカに向かった。それから約半年後の一九一六年一月、マヂは来日している。森鷗外でいえば小説「普請中」のような状況である。このとき士行とマヂの仲を認めない坪内逍遙に対して、彼女は「逍遙何者ぞ！」と大立ち回りを演じることになるだろう。それから三年後の一九一九年一月、結局マヂは、士行とは別の日本人男性とアメリカへ旅立ち、当地で結婚した（マヂは士行と正式に結婚していない）。士行は「私自身こそ最も悪人である」と言っている。

★「タイフーン」を演じるロレンス・アーヴィング夫妻（坪内士行『西洋芝居土産』冨山房、一九一六年）。

最後に『越しかた九十年』などで、士行が触れていない事実を紹介しておく。マヂが渡米した約九年後、『東京朝日新聞』（一九二八年二月六日）には「坪内士行氏の／前夫人自殺／カリホルニヤの愛の巣で／さびしかつた晩年」という見出しの記事が掲載された。このマヂとの関係が、ロンドンの坪内士行にとって最大のタイフーンだったのかもしれない。

（西村将洋）

★マヂ（マッグラルド・ホームズ）の肖像写真（坪内士行『金髪のもつれ』蒼生堂、一九一九年）と、一九二八年二月六日付『東京朝日新聞』の記事。

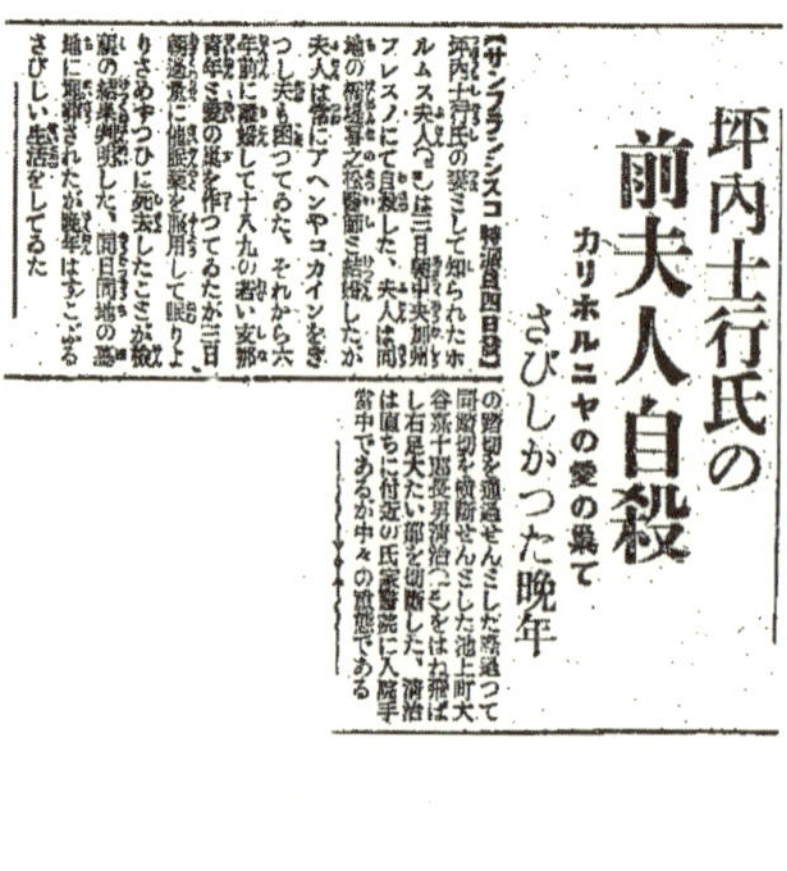

坪内士行氏の
前夫人自殺
カリホルニヤの愛の巣で
さびしかつた晩年

【サンフランシスコ特派員四日發】坪内士行氏の妻として知られたホルムス夫人(三四)は三日朝中央加州フレスノにて自殺した、夫人は同地の[illegible]と結婚したが夫人は常にアヘンやコカインをきつし夫も困つてゐた、それから六年前に離婚して十八九の若い支那青年と愛の巣を作つてゐたが三日朝遂に催眠薬を服用して眠りよりさめずつひに死去したことが検屍の結果判明した、同日同地の[illegible]地に埋葬されたが晩年はすこぶるさびしい生活をしてゐた

の踏切を通過せんとした際過つて同踏切を横断せんとした池上町大谷孫十郎長男清治(一七)をはね飛ばし右足大たい部を切断した、清治は直ちに付近の氏家医院に入院手当中であるが中々の重態である

森律子(もりりつこ)（1913）——女優のロンドン見物

憧れのロンドンへ

森律子は、帝国劇場で長く活躍した女優である。律子が学んだ「帝国女優養成所」は川上貞奴が所長であった。貞奴は一足早く欧米を見てきており、女優に求められるものが何であるかを身をもって知っていた。

川上貞奴が音二郎とともに神戸を発ったのは一八九九年であった。翌年ボストンで興行中、ほど近い劇場で「ヴェニスの商人」を公演中であったヘンリー・アーヴィングとエレン・テリーと知り合い、彼らの紹介状を持ってロンドンのコロネット座で興行を続けた。バッキンガム宮殿にも招待され、さらにパリ万国博でも大評判を取った。日本に帰国したのは一九〇一年である。それから七年後の一九〇八年九月、「帝国女優養成所」が設置される。一九一一年に完成する帝国劇場のために、新女優を養成しようというのであった。

森律子は跡見高等女学校を卒業後、女子語学校（のちの双葉女学校）の専科生となっていたが、新聞で新女優養成の記事を見てすぐに応募した。貞奴の新劇の指導をはじめ、唄や踊りの厳しい稽古が続いた。一九一〇年九月、律子は一期生として首席で卒業し、一九一一年三月一日の帝国劇場舞台びらき狂言「頼朝」で初舞台を踏んだ。

念願の女優になった律子は、研鑽を積むため、欧州旅行に出たいと思い始める。ようや

★一九一三年三月、帝国劇場大食堂にて森律子の渡欧送別会が開催された（森律子編『扮影帖』森律子、一九三九年）。

く実現が可能となり、林伯爵夫妻とともに日本を発ったのは一九一三年三月二三日のことであった。朝鮮の京城で父肇に会い、シベリヤ鉄道でロンドンに向かい、四月七日、チャリング・クロス駅に到着する。ロバートソン夫妻の経営するファミリー・ホテルに直行し、以来定宿とした。『妾の自白』（日本評論社出版部、一九一九年）によると、律子は当初ロレンス・アーヴィング夫妻宅に下宿する予定であったところが、都合で取りやめとなったらしい。

　ロンドン到着早々、律子は英語のレッスンを始めた。同じ頃にロンドンに滞在していた小泉信三が、レディ・アーノルドの友人ミス・バーマンに英語を習っており、彼の四月一〇日の日記に次のような記述がある。「ミスバーマンは森律子にも英語を教える事になったそうである。Japanese gentlemen are very anxious to see her なりと笑う」（秋山加代・小泉タエ編『青年小泉信三の日記』慶応義塾大学出版会、二〇〇一年）。律子は決して長くはない今回の旅で、できる限り多くのものを経験し、吸収しようとしていたのだ。律子の女性ならではの観察眼で描いたロンドンの生活を、『欧洲小観　わらはの旅』（博文館、一九一三年）にしたがって見ていくことにしよう。

　まずは主婦の生活。上流家庭の主婦の場合は、朝六時半に起きて子供の世話や乳母への言い付けをすませる。九時に朝食を終えて手紙の返事をすませ、買物に街へ出る。そして午餐に招いた人を待つか招かれた家に行く。その後家事をすませると再び社交のために出て行く。中流では社交の時間がこれほどはないにしても、大体勤勉に一日を過ごす。

　どの家庭も下女を雇うのが普通だが、料理を出すだけの「平クツク」や、ごく普通の料理を出し、ちょっとした他の仕事もする「クツク　ジエネラル」がいずれも一年三〇ポンドほど。皿洗いをするのは「スカラリー　メード」といって、それ以下の給料になる。家

★一九一三年三月二三日、新橋駅から出発する律子。『女優の洋行だ』『森律子の出発だ』と折柄の汽車発着で混雑一方ならぬ新橋駅は一層身動きも出来ぬ大混雑」（『東京朝日新聞』一九一三年三月二三日）。

事全般は「ハウス　メード」が取り仕切り、その下に「ヤコンド　ハウス　メード」がいる。大家族ではその上の「ハウス　キーパー」という総取締役を雇うところもあり、給料は年四〇ポンドほどになる。一週間に一度掃除に来る臨時雇い女は「チヤー　ウーマン」と呼ばれ、半日で二シリングか二シリング半の支払いとなる。また、主婦の服や帽子の世話をする侍女は「レデース　メード」で、これも年三〇ポンドほど。下女のほかに下男を使っている家も多く、「バットラー」、「ファースト　フート　マン」「セコンド　フート　マン」が居り、「バットラー」の給料は年七、八〇ポンドから一〇〇ポンドという。

律子の詳細な記録によって、我々は一九一三年当時のロンドンの生活費も知ることができる。まず一ポンドは当時の日本の一〇円に、一シリングは五〇銭、一ペニーは約四銭に相当する。ただし「此地で一片を使ふのは、日本で一銭を使ふ位のものであるから、先づ倫敦での物価諸費用は、我国の四倍乃至五倍に、当るとも言はれやうか」と律子は書いている。婦人の衣服については、一流の店はさておいて、「二流以下の仕立職に、見苦しくない限を以て、相当の場所にも着て行つて、羞しからぬ訪問服を註文すれば、十二ギニー（我が百二十六円相当）位を最低とし、十四ギニー、十六ギニー乃至二十ギニー（我が二百十円相当）位で、立派なものが調へられるであらう」という。注文だと絹のブラウス一枚でも三ギニーから五ギニーとられるが、出来合なら一ポンド半から二ポンドで十分である。ちなみに週刊朝日編『続値段の明治大正昭和風俗史』（朝日新聞社、一九八一年）によると、わが国では背広注文服が一九一五年に二五円だったから、出来合のブラウス一枚に二ポンドすなわち二〇円は高い。

ロンドンで「間数が七八つもあつて、一寸見苦しくない家といふと、一年に四百磅以上

★律子が泊まったロンドンのファミリーホテル。左上の小さな写真が律子。右上はホテルの主婦アグネス・ロバートソン（森律子『欧州小観　わらはの旅』博文館、一九一三年）。

の借家料を払はなければならない」が、フラットの安いものなら一年四、五〇ポンドでもある。短い期間家具付きの借家に住むなら週単位となり、一週六、七ギニーから一〇ギニーが最も需要が多い。「一ギニーは二一志、即ち七の倍数であるから、一週を基とした計算には、日割などの場合に都合が好い為」という。下宿屋で安いのは、朝飯と夕飯込みで週二五シリング位からある。食事については、「ホテル料理屋などで食事をすれば、朝飯は二志半位、中食は四五志、晩食は六志位より、十二志位まで」と書いている。『続値段の明治大正昭和風俗史』によると、帝国ホテル宿泊料金シングル一泊が一九〇四年に六円、一九二三年に八円である。ロンドンの家具付き借家、つまり今でいうウィークリー・マンションが週一〇ギニー、ということは一日あたり一五円の計算になる。帝国ホテルの二倍である。また『値段の明治大正昭和風俗史』には、東京におけるうな重（並）が一九一五年に四〇銭だったと書いてある。ロンドンでの朝食はその約三倍ということになる。

次に社交である。一般にアット・ホームという接客の催しは四時ごろからのお茶の時間にある。お茶菓子としては、サンドウィッチやバタつきパン、チョコレート、苺にデヴォンシャ・クリームなどが並び、飲んだり食べたり、音楽、講談、人相見、手品などの余興を楽しむ。社交家の婦人などは五、六軒のアット・ホームに出たあと家に帰り、またすぐに仕度をして晩餐会に出掛ける。そのあとさらに夜のアット・ホーム、つまり夜会に出掛ける。ここでは冷肉涼魚、果物、シャンパン、レモネード、ウィスキーなどが出される。そのあとさらにボールという舞踏会に出掛け、帰宅が二時、三時になるという。それをシーズン中倦むことなく繰り返すのだ。シーズンというのは、四月上旬のイースターから八月初旬までで、特に五月半ばから七月の半ばまでが真っ盛りである由。律子が渡英したのは

★『欧州小観 わらはの旅』の外箱（右）と表紙（左）。律子はこの書を、在英中に他界した林伯爵の霊前に供えた。

まさにシーズン中であり、日本の帝劇女優である律子が、いかに忙しい三ヵ月を過ごしたかは想像に難くない。

舞台の数々

　ロンドンに滞在中、律子が見た劇は五〇を越え、訪れた劇場は三〇に達した。到着後はじめて見たのはウィンダム座の「ディプロマシー」で、四月一八日には、松居松葉の紹介状によって、ロレンス・アーヴィング夫妻と昼食を共にした。夜には「タイフーン」を上演しているヘイマーケット座の楽屋口から入ることを許され、二幕ほど舞台裏より見物させてもらった。「タイフーン」で主役の日本人を演じたのはロレンス・アーヴィングである。五月二日にこれを観劇した小泉信三は、「『タイフーン』は馬鹿々しい。ロレンスアーヴィングのタケラモは人を馬鹿にしていると云うの外ない。それで当人大真面目なのだから仕方がない」（『青年小泉信三の日記』）と辛口の批評をしている。もっとも日本人役をすべてイギリス人が演じたわけではなく、在欧日本人留学生役には坪内士行が扮していた。坪内の『西洋芝居土産』（冨山房、一九一六年）によると、「タイフーン」のヘイマーケット座初興行は四月二日で、それから四五日打ったというから、律子が観たのはまだ始まって間もない頃である。また彼によると、この興行ではロレンス・アーヴィングとヘイマーケット座の座主との間に確執が生じていたらしいが、律子はそんなことを知るよしもない。

　その他、ドルーリー・レーン座の「ライト・ザット・フェールド」、ライシアム座とコロネット座の「ネル・グイン」、デューク・オブ・ヨークス座の「イエロー・ジャケット」、

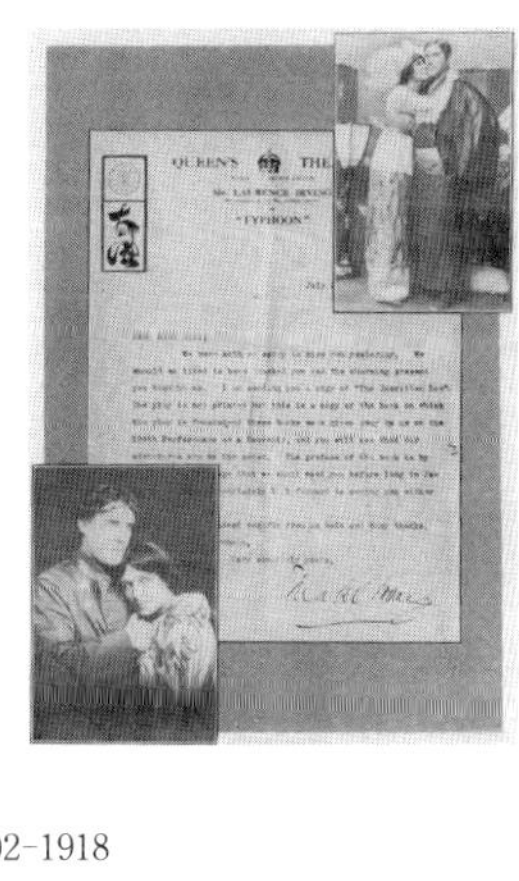

★ロレンス・アーヴィング夫人より律子にあてた手紙。律子からの送別のプレゼントに対するお礼がしたためられている。レターヘッドにはクイーンズ・シアターと印刷されており、その左横に「大風」の文字が見える。「タイフーン」のために特別に作られたレターペーパーである（『欧洲小観　わらはの旅』）。

コリシアム座の「デイヴィッド・ギャリック」を、律子は最も印象に残った演劇として記している。五月一七日にプリンス・オブ・ウェールズ座に「じゃじゃ馬馴らし」を観に行った時には、小山内薫に会うこともできた。また、五月二〇日にはハーバート・トリー卿よりプレゼントされたヒズ・マジェスティー座のボックス席で、「スクール・フォー・スキャンダル」を観劇。幕間にはボックス席の後の応接室で、衣裳かつらをつけたままのトリーと面会した。

ロンドンに行って舞台を観たり俳優に会ったりした日本人はほかにも大勢いるが、律子の場合はもっと積極的である。三ヵ月の滞在中に、彼女は演劇学校を見学し、稽古まで受けるのである。まずロレンス・アーヴィングの紹介状を手に、レディ・アーノルドに導かれて訪れたのは、ミス・ロジナー・フィリップの演劇学校であった。一日目はちょうど生徒らの試演会があり、教室にしつらえられた舞台で「マイルストーン」を演じていた。生徒たちの演技中にも、校長はあれこれと注意をし、律子は帝国女優養成所当時を思い出したのか、「在りし頃の妾等が試演会当時を想ひ起し、さても叱られたる師達の面影さへ目先に見え、声かけらるれば胸の動悸高まりて、身内の顫ふやうにも覚え、怪しきフートライトの光にさへ、目の眩みし覚」(『欧洲小観　わらはの旅』)がしたという。次の日には、普通の稽古を見せてもらい、「生徒の中には、俳優ならぬ素人の方々も交り居ると聞けば、其道にある妾の如き、決して油断も楽も出来ぬものよと、一層心に励みを覚え」(『欧洲小観　わらはの旅』)たのであった。

次に再びレディ・アーノルドに連れられて、ガワー・ストリート六二番地にあるアカデミー・オブ・ドラマティック・アートという演劇学校に行く。一年級から四年級まであり、

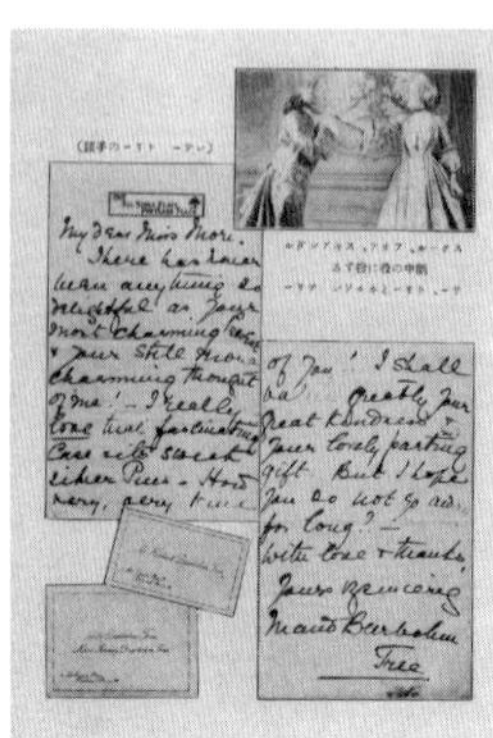

★ビアボウム・トリー夫人より律子にあてた手紙。律子からの送別のプレゼントに対するお礼がしたためられている。(『欧洲小観　わらはの旅』)。

次の月曜日から新学期が始まると聞いた律子は、なんと一年級の生徒となることを申し出るのだ。言葉が不十分なのでエロキューション（せりふ回し）は無理でも、ジェスティキュレーション（しぐさ）なら授業についていける。専科は八回で一コースで、授業料は一ギニーであった。その授業だけではもの足らぬと、律子は別にプライベート・レッスンを週二、三回受けることにした。このレッスンは一回半ギニーである。律子の舞台にかける熱意の表れと見ていいだろう。

中村吉蔵の『欧米印象記』（春秋社書店、一九一〇年）によれば、中村も一九〇八年七月八日に、ガワー・ストリートの演劇学校を訪ねている。俳優によく知られた学校で、同じガワー・ストリートにあることから、おそらく律子が行ったのと同じ学校ではないかと思われる。中村が行った当時はまだ創設以来四年しかたっておらず、名優が育つほどではなかったが、それでも卒業生は舞台の主要な役を与えられていたという。この時はあいにく校長が留守で参観ができなかった。月謝を払えば傍聴生になれるが、一五日に学期が終わってしまい、新学期は一〇月からだといわれて、中村はあきらめている。

律子の方はちょうど時期が合った。学校の規則書を買い、アコーディオン・プリーツ・スカートやヒールなしの靴など、必要な衣服もそろえ、わくわくしながら初日を迎えた。タクシーで月曜日の朝一一時前に学校に着き、教室の棚を見ると、早くも「ミス・モリ」と書いた札が貼りつけられている。一六人のクラスで日本人は律子一人だった。学校では肩や手足の動かし方を学び、プライベート・レッスンでは表情の稽古をし、帰宅すれば「節々と言はず。身体は打たれたる後の如く痛を覚え」（『欧洲小観　わらはの旅』）たという。律子は六月一六日に一旦ロンドンを離れてパリ、ベルリンを見物し、三〇日に再びロンド

★ロンドンのガワー・ストリートにある演劇学校で学んだ律子は、一九一三年六月五日付で仮修業証書を発行してもらっている。ジェスチャーと表情の科目を担当したオニール先生より、「ミス・モリはデルサルテ方式のジェスチャーおよび表情のレッスンを学び、しっかりと修得した」と書いてもらった。だが手書きの証書で、書き損じの箇所もあり、あくまでも記念のものであったと考えるべきだろう。デルサルテ方式とは、フランソワ・デルサルテの演技指導メソッドをさす（森律子『女優生活二十年』実業之日本社、一九三〇年）。

ンに戻っている。戻るとまたプライベート・レッスンの続きである。今度は「ロミオとジュリエット」のジュリエットの煩悶の独り舞台の稽古をした。

女優の矜持

ロンドンで律子が特に感じたのは、舞台俳優の地位の違いであった。日本では「芸界の人が河原乞食と軽蔑まれて、世の地位ある人々に齢せられざりし時の、まだ遠くもあらざりし」が、「英国にては、演劇と云はば、美術、音楽などと共に、世の文明を進むるに必要なる技術として、世人の之に重きを措けるは元より、世上に及ぼすべき感化力も、至つて偉なるもの」（『欧洲小観　わらはの旅』）とされている。

律子よりも一〇年以上前にヨーロッパに来た川上音二郎一座も、同じような思いを抱いていた。フランスの女優サラ・ベルナールは勲章を、イギリスのヘンリー・アーヴィングは爵位を授けられたのに対し、川上一座は日本で何を授けられただろう。場合によっては冷笑と揶揄をもって遇されたのだった。「嗚呼米に於てばブース出でゝ、仏に於てはサラベルナの叙勲に由つて、英に於てはアーチング（ママ）の叙爵に由つて、各劇界は一大革新を遂げた、腐爛せる我が劇界は果して、何者に由つて、何の日か、眇たる光明をだに認め得べき!?」（金尾種次郎『川上音二郎欧米漫遊記』金尾文淵堂、一九〇一年）と音二郎は叫んだものである。

俳優の地位向上のためには、俳優自身も自らを磨き、高めていかなければならない。日本大使館の晩餐会で会ったイギリス劇界の人々を律子は思い出す。「わたくしは驚きました。学殖の豊富なるは勿論でありますが、東洋のことにまで精通して御出になりまして、近松

★サラ・ベルナールからの電報。会えなくて残念、と書かれている（『欧洲小観　わらはの旅』）。

や馬琴の話が出ました。殊に美術などになりますと全く造詣の深いことに驚きました」と、律子は『妾の自白』に書いている。女優としてさらに精進することを念じ、律子は八月五日、ロンドンに別れを告げた。九日に丹後丸にてマルセイユを出航。シンガポール、香港を経て神戸に着き、なつかしい新橋停車場に降り立ったのは一九一二年九月一八日のことであった。

帰国後、律子は帝劇の看板女優として活躍した。律子の姉は当時煙草王と呼ばれた金満家と結婚し、律子の後援もよくしてくれた。生涯独身だった律子は、のちに姉の娘二人を養女にしてもいる。しかし弟は、女優である律子を蔑まれたことが原因で鉄道自殺しており、律子の望んだ女優の地位向上という夢は、容易には叶わなかった。やがて一九二三年の関東大震災で帝劇は焼け落ちてしまう。ロンドン滞在中も、ウィンダム座を見ては「帝国劇場を見し目には左程建物には驚かず候」、ヘイマーケット座の舞台裏に行っては「不図妾が身の帝国劇場に存るにあらぬかと疑はれ候」(『欧洲小観　わらはの旅』)などと、事あるごとに帝劇を引き合いに出していた律子にとって、その消失は大きな痛手であったことだろう。建物はまもなく再建されたものの、今度は経営の問題から一九二九年に解散が決定する。その年に律子は松竹に移籍し、新派劇にも出た。そして一九四三年一一月の舞台を最後に引退する。ロンドン滞在は三ヵ月ばかりであったが、舞台一筋の律子の人生を濃密に彩ったものと思われる。

(和田桂子)

★「帰京して帝劇に入れる森律子嬢（手にせる花束はレート化粧料本舗より贈りたるもの）」『東京朝日新聞』（一九一三年九月二〇日）。『矢張り平生から専用のレート化粧料とレート白粉とを用ひまして、洋化粧を致して居ましたが、それが実に美に見えると申されました、日本人にはレートが一番適して居ると信じまして、之を一つの誇りと致しました」と、レート化粧料本舗の宣伝をしている。

水上瀧太郎（みなかみたきたろう）（1914-1915）——イギリスの中流家庭

第一次世界大戦前後のロンドンの日本人

水上瀧太郎（阿部章蔵）が二年間のハーヴァード大学留学に区切りを付けてロンドンに到着したのは、一九一四年一〇月のことである。「澤木四方吉氏素描」（『三田文学』一九三二年一月）で水上は、「大正三年戦争が始まり、独逸にゐた連中は命からがらロンドンへ逃げ、澤木小泉両君もその中にゐた。ロンドンと雖も安全では無いからよせと云ふ人々の言葉を振切つて、私も亜米利加に別れを告げた。英京パツデイングトン駅に出迎へてくれたのも両君であつた」と回想している。「澤木小泉両君」とは、後に美術史家になる澤木四方吉（梢）と、経済学者として知られる小泉信三。探偵小説家になる松本泰（泰三）も含め、彼らは慶応義塾在学中の一九一〇年に、文学を志して「例の会」を結成した仲間だった。

彼らはいずれも欧米に留学するが、海外での動向は、『三田文学』の「消息」欄に記録されている。仲間のなかで最初にロンドンを訪れたのは松本泰だった。一九一三年八月二八日に植松貞雄とロンドンに到着する松本は、c/o Mrs. Webster, 35a Charlwood St., Belgrave Road, London, S. W. に居を定める。同年一一月の「消息」欄に掲載された井川滋宛書簡には、「大道演説をよく分らないながら聞いてゐることもあつた。馬車を雇つて郊外の森をさまよふのも日本とは違つた、然しながら落付いた喜びがあつた」と記されている。一九

★『三田文学』一九一三年六月号に掲載された水上瀧太郎の井川滋宛書簡。「ボストンにてフランスの新しい連中の絵画彫刻展覧会有之フユーチユリスト、キユービストのすごいのを見て烟にまかれ申候」と記している。同号の「消息」欄では慶応関係者の国内外の動向が紹介された。生田葵はベルリンに到着し、澤木梢（本名・四方吉）はベルリンからミュンヘンに移り、植松貞雄と松本泰は七月二日に横浜から加賀丸に乗ってロンドンに向かう予定であると。

一四年二月の「消息」欄からは、すぐ近くの32 Charlwood St.に移転したことや、ロンドン大学に在学していることが分かる。

ロンドンに赴いたのは学生や卒業生だけではない。演劇評論家の小山内薫は一九一〇年から慶応大学文科講師となり、水上も講義に耳を傾けたことがあった。小山内は着任二年後の一二月から、演劇研究のためロシアやドイツに出かける。帰国直前の一九一三年六月七日に、ロンドンから石田新太郎に送ったのは、バーナード・ショー「シーザーとクレオパトラ」の舞台の絵葉書だった。そこには「日本を出てからずつと御不沙汰をしてをります。可なり忙しい、そして油断の出来ぬ旅をしてゐますので、どちらへも失礼してゐます。こゝでは色々小泉君のお世話になりました。塾長も見えましたし、近日三田会がこゝで開かれます」（一九一三年八月の「消息」欄）と書かれている。

小泉信三は一九一〇年の慶応大学政治科卒業後、すぐに大学部教員に就任した。小山内とは七歳違うが、就任は同期ということになる。ロンドンでは小山内と一緒に、舞台を含めてあちこち回った。実はこの絵葉書は、小山内と小泉の寄せ書きである。小泉の文面は次のようなものだった。「フオーブスロバートソン一世一代お名残興行も昨夜を以て楽と相成申候。小山内氏と共に屡々古本屋を冷かして歩き候。目下倫敦は交際季節の由なれども吾々には関係無之候、一度小山内氏と共に礼服を着て某夫人の『アツトホーム』に臨み候。之れ最も新しき経験の一に御座候」。小泉がロンドンで松本泰とも会っていたことが、一九一三年一一月の「消息」欄から分かる。

後年の小泉信三は、マルクス主義に対峙した経済学者であり、学校経営者（慶応義塾塾長）であるというイメージが強い。しかしヨーロッパで小泉は、演劇に打ち込んでいたらしい。

★ロンドンでは出身校ごとの会合が行われることもあったが、慶応出身者は数が多いのかよく集まっている。図版は、『日英新誌』第一二五号（一九二六年五・六月）に掲載された三田会の会合の報告。翌月の『日英新誌』第一二六号（同年七月）にも、六月一七日には山口高商同窓会が、一八日には三田同窓会が、それぞれ「ときわ」で開催されたと記載されている。

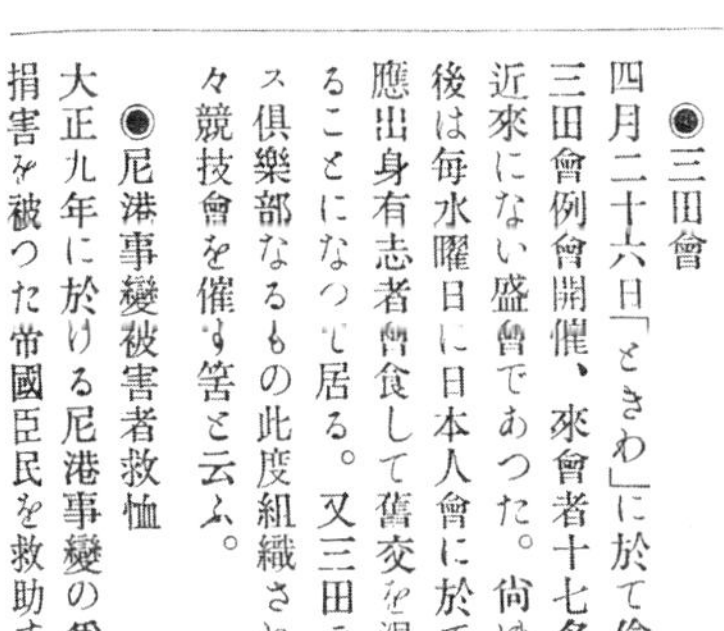
◉三田會
四月二十六日「ときわ」に於て倫敦三田會例會開催、來會者十七名、近來にない盛會であつた。尚ほ今後は毎水曜日に日本人會に於て慶應出身有志者會食して舊交を温むることになつて居る。又三田テニス倶樂部なるもの此度組織され時々競技會を催す筈と云ふ。
◉尼港事變被害者救恤
大正九年に於ける尼港事變の爲め損害を被つた帝國臣民を救助す

一九一四年一月の「消息」欄には、ベルリンに向かう直前にリヴァプールから出した、井川滋宛の長文の手紙が掲載されている。昨夜はバーナード・ショーの芝居「The Great Catherine」を見たという報告から始まるこの手紙は、「伯林は芝居盛なる由、当分は語学の稽古を名として精々見物致す可く候」と結ばれる。「倫敦は流石に大きな都会だと思ひ候は芝居の長く続く事に御座候」と、ロンドンの演劇やミュージカルコメディの話も満載で、演劇研究者かと錯覚するほどである。

ヨーロッパ在留日本人社会に衝撃が走るのは、一九一四年七月二八日のことである。オーストリアがセルビアに宣戦布告して第一次世界大戦が始まった。八月一日にはドイツがロシアに、三日にはドイツがフランスに、四日にはイギリスがドイツに宣戦布告して、戦火はヨーロッパ中に広がる様相を呈する。『三田文学』を発行する三田文学会にも、ヨーロッパからの通信が続々と入ってくる。一九一四年一〇月の「消息」欄に載った島崎藤村の八月一二日付書簡には、為替の支払いが停止され、パリの日本人が大使館に集結したことが記されている。島崎はミュンヘンの澤木四方吉のことが気掛かりだった。パリの日本大使館はボルドーに、島崎はリモージュに移る。一一月の「消息」欄には、八月二五日付の堀口大学の書簡が載った。スペインで避暑中の堀口はブリュッセルに戻れなくなり、マドリッドの父の家で様子を見ることにする。

第一次世界大戦の勃発は、海を隔てたロンドンに多くの日本人を避難させ、別々の国にいた者同士を再会させることになる。後に教育学者となる小林澄兄は、大戦前の四月八日にヨーロッパに向けて出発した。一九一四年一一月の「消息」欄によると、小林はミュンヘンにわずか一ヵ月ほど滞在しただけでロンドンに避難している。そこで小林は松本泰や

★第一次世界大戦開戦時にベルリンにいた河上肇は『祖国を顧みて』（実業之日本社、一九一五年）に、一九一四年八月一四日に日本大使館が国外に即刻立ち退くよう張り紙を出したと記している。一三日の避難者は二名だったが、一四日には一〇〇余人が避難し、一五日にも河上を含めて一〇〇人近くが避難した。日本がドイツに宣戦布告したのは八月二三日である。写真は、第一次世界大戦中の飛行機（『日本一』一九一七年二月）。

植松貞雄に再会した。小林の「私交を通して澤木君を憶ふ」（『三田文学』一九三一年一月）で補うなら、ミュンヘンには澤木四方吉や郡虎彦もいたが、ベルリン経由でロンドンに向かったのである。

ミュンヘン大学で学んでいた澤木四方吉は、ロンドンの大英博物館図書室で本を読む生活を送るようになった。松本泰はロンドンで偶然、澤木に再会した日のことを記憶している。「故澤木梢君を憶ふ」（『三田文学』一九三一年一月）によると、初冬のウィークデーの穏やかな日に、松本はハイド・パークを散歩する。森の小道を抜けて、池の縁まで来たときに、遠くの汀で白鳥を眺める澤木の姿を認めたのである。誘われるままにサウス・ケンジントンの宿に行くと、角砂糖が好きな黒犬がいたという。

水上瀧太郎がロンドンを訪れたのは、まさに懐かしい面々がロンドンに集まった直後のことである。彼らはよくハイド・パークを散歩したらしい。水上より慶応大学理財科を四年早く卒業した会計学者の三辺金蔵も、第一次世界大戦勃発後にドイツから引き上げてきた。三辺は「外遊中の一挿話」（『水上瀧太郎全集月報』第九号、『水上瀧太郎全集』第六巻、岩波書店、一九四一年）に、この年の初秋の思い出を記している。澤木・水上・小泉とハイド・パークの池の周囲を散歩していると、ボートを見ながら澤木が、ボート漕ぎの腕前を自慢した。そこでテムズ河上流で日を改めて、澤木・水上チームと、三辺・小泉チームが、ボートレースをすることになる。結果は三辺・小泉チームの勝利だった。約束通り二人は、フランス料理とボルドーワインの御馳走に預かっている。

★ *London Town Described & Illustrated* (The Homeland Association, 刊行年不記載）に収載されたラウンド・ポンドの写真。名前の通り、ハイド・パーク西に隣接するケンジントン・ガーデンの中央にある円形の池で、白鳥や家鴨にエサをやる市民の姿がいつも見られる。この写真の子供たちは舟や網で遊んでいる。

イギリスの中流家庭の規範

ロンドンに到着した水上瀧太郎は、まずウェスト・ケンジントンの軍人の家に半年余り下宿する。この下宿を舞台に書いた小説が、「霧の都」（『中外』一九一八年一二月）であり、『倫敦の宿』（中央公論社、一九三五年）の第一部「英京雑記」だった。高橋誠一郎は「『倫敦の宿』を読んで」（「水上瀧太郎全集月報」第九号）に、「『英京雑記』や『都塵』が、私に取つて甚だ面白く読まれることは、啻に其の作品の傑れてゐるばかりでなく、篇中に現れる日本人の誰れ彼れが私に取つて親しい人物であることと、其の背景を成す倫敦が曾遊の思ひ出深い土地であるから」と記している。もちろん作中の和泉や高樹や茅野を、そのまま現実の小泉信三・澤木四方吉・郡虎彦に還元できるわけではない。実在した人物や土地をモデルとしながら、書記行為が呼び込んでしまう問題系こそ、対象化するに足るものだろう。

水上瀧太郎「英京の家」で最大の問題系となるのは、イギリスの中流家庭である。四〇代後半と思しき下宿の主婦は、ある日の朝食後にこんな身の上話を柘植に聞かせる。「自分は貴族の分家の生れで、祖母に当る侯爵夫人の家で育つた。貴夫人として恥かしくない教養を受ける為めに、巴里にも行つてゐた。夫の少佐の家柄も悪くはなく、以前は贅沢な生活をしてゐたのだが、戦争の無い平和の日の軍人の所在なさから、ふと手を出した投機に祟られて無一物になつてしまつた。上の娘には相当の教育も施せたが、次の娘以下には手が及ばなくなつた。生活の足しに、空間を貸しては如何かと知人に勧められて、初めて柘植を置いた」と。

★「英京雑記」などを収めた『葡萄酒』（東光閣書店、一九二二年）には、水上瀧太郎の「巽孝之丞先生仝令夫人に捧ぐ」という献辞が見られる。巽孝之丞はロンドン日本人社会の中心人物の一人で、『日英新誌』第三六号（一九一八年一一月）には、日本人会第一九期定時会員総会が一一月一四日に日本人会で、巽副会頭の司会のもとに開催されたという記事が出ている。写真は、「水上瀧太郎全集月報」第九号（岩波書店、一九四一年）収載のロンドンの巽家で、円内が巽孝之丞、右が小泉信三、中央が水上瀧太郎、左が巽しげ子夫人。

階級社会のイギリスで、上流階級の末端から中流階級へと転落した家庭が、小説ではクローズアップされる。一家にとって柘植の止宿は、転落の結果だった。おのずから以前の規範や習慣を保守したい気持ちと、保守できない現実との間の齟齬が、止宿者という場所に集中して現れる。玄関の鍵をめぐるトラブルは、そんな齟齬の一つだった。「郊外に広い邸宅を構へてゐる先輩のところに、同窓の友達四五人と一緒によばれ」た柘植は、帰宅が遅くなるからと、まだ受け取っていない玄関の鍵を請求する。ところが合点がいかない表情で、主婦は「必要がないと思ひます」「私が起きてゐてあけてあげます」と拒んだのである。

小説で「先輩」のモデルになっているのは巽孝之丞だろう。一九一九年に出た『日本人名録　大正八―九年』(The Eastern Press)によると、当時の巽は横浜正金銀行倫敦支店の取締役で、日本人会副会頭を務めている。巽しげ子「倫敦時代の思ひ出」(「水上瀧太郎全集月報」第九号)にしたがえば、巽が住んでいたのはロンドン郊外のリアム・コート・ロードにある正金銀行の社宅で、テニスコートやビリヤードも備えた広々とした倶楽部のような場所だったという。第一次世界大戦開始後にロンドンに集まった小泉信三・小林澄兄・澤木四方吉・三辺金蔵・水上瀧太郎は、巽家でよく遊んだ。留学中だから研究発表でもした方がいいという巽の提案で、彼らは研究発表会を始める。巽しげ子の記憶では、鎌田竹夫が謡の話を、澤木が建築の話を、水上がエドガー・アラン・ポーの話をしたりしたという。

主婦が玄関の鍵の貸与を拒んだ一因は、下宿というシステムに慣れていなかったことである。しかしそれだけではない。夜遅く帰宅して呼鈴を鳴らすと、見知らぬ女性が「誰です、お前さんは」と突っけんどんに言う。この日から雇われた女中が、柘植と初対面だっ

★正金銀行はシドナムに運動場を所有していた。写真は、『日英新誌』第八一号（一九二二年九月）に掲載されたもので、同年八月二七日にこの運動場で開催された第三回在倫邦人庭球大会の集合写真である。参加者は六四人いたが、そのほとんどは大使館・軍人・銀行・商社関係者だった。

たのである。主婦が二階から降りてきて家に入ることはできたが、主婦は「あたりを憚らぬ聞えよがしの欠伸」をする。翌日、柘植が再び鍵を請求すると、主婦はまたしても拒否した。結果的には主婦が不在の夫に相談して、柘植は鍵を手に入れることになる。だが鍵の貸与を拒否したのは、もう一つの理由があった。「早く帰つていらつしやればいゝのです」「私の家には、あんなに夜遅く迄遊んでゐる者は今日迄なかつたのです」という主婦の言葉は、彼女が保守したい家庭の規範を示している。

柘植がさらに受け入れられないと感じた齟齬は、オスカー・ワイルドをめぐるトラブルだった。柘植の部屋の掃除中に、机上の本を見た主婦が、「あゝいふ本は此の家の内では読まないやうにして頂きたい」と要求したのである。本とは、柘植がロンドンで購入したアルフレッド・ダグラス『オスカー・ワイルドと私』（一九一四年）。クイーンズベリー侯爵の息子だったダグラスは、「英京雑記」では主婦の従弟という設定になっている。ダグラスを有名にするのは、ワイルドとの同性愛である。柘植にとって以前から愛読していたワイルドは、イギリスの近代文学を代表する小説家だった。しかし主婦にとってダグラスの本は、「尊敬すべき家庭で読む事を許される本」でも「紳士淑女の目に触れる可きもの」でもない。

主婦の心を支配する規範（＝「尊敬すべき家庭」「紳士淑女」）の強さに直面した柘植は、「自負心の強い国民性に根ざす頑固」に辟易としながらも、「社会的に画一された道徳と礼儀を持つ英吉利の中流階級の母親として、無理の無いいひ分」だと考える。ただそのときに浮上するのは、言語間のヒエラルキーの問題だろう。「日本の事にして見れば、あんな母親はとるに足りない」と思いつつ、「言葉の不自由な為めに相手をいくらか買かぶる」自

★本間久雄は一九二八年に英文学研究のためイギリスに渡った。『滞欧印象記』（東京堂、一九二九年）によると、できるだけオスカー・ワイルド研究文献を収集しようと考えた本間は、ニュー・ボンド・ストリートのデュラウという書店で膨大な資料を見つける。それは『ワイルド書目史』の著者ステュアート・メイソンのコレクションだった。図版（同書所収）はその一つで、「ドリアン・グレイの肖像」の舞台関係資料。

分に、柘植は気付かざるをえない。同じ問題は、柘植が娘から英語のレッスンを受ける場面にも現れてくる。「いくら落ぶれても」娘を事務員として働かせることはできないと考える主婦が、毎朝娘から英語のレッスンを受けてほしいと、柘植に依頼したのである。

教える／教えられる関係は、すぐに雑談の関係に変化してしまう。先生役は「相手の方が、遥かに学問も識見もある」ことを知って面はゆくなり、生徒役は「からかふやうな調子で稽古を」するばかばかしさに耐えられなくなったからである。もちろん日常会話を学びたければ、知識の優劣に関係なく学べばいい。しかし「たつた一つ自分の方が劣つてゐるのは、英語だけだと思つてゐた。しかもその英語も、会話が出来ないといふばかりで、学問として此の人から学ぶ可き何物も無い事は明瞭だった」と記すとき、水上瀧太郎はイギリスの中流家庭を舞台に、イギリス人と日本人との間に生じる言語間の闘争に手を触れている。一方には英語を世界言語（中心性）と見なす無意識があり、他方には日本語が極東（周縁性）でしか通用しない屈折感があるというように。

主婦が保守しようとする規範のほころびを、水上は積極的に小説に書き込んだ。少佐が兵営から帰宅して三日目に、柘植がビールを飲もうと珈琲店に入ると、女性を同伴した士官が別のテーブルに二組いる。女性たちは「安つぽくけばけばしいみなりから見ても、自堕落な身じろぎから見ても、往来で擦違ひざまに色目を使ふ種類の女」に違いなかった。柘植が店を出ようとすると、少佐は「人差指を唇にあてゝ、うちの者には黙つてゐろといふ合図」をしたのである。

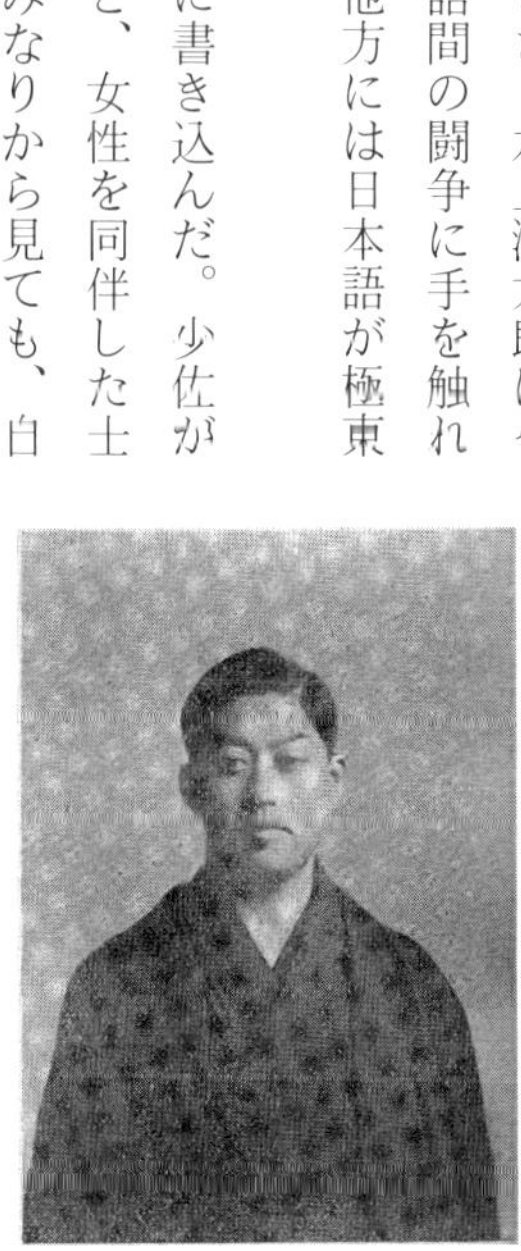

★小林澄兄は「主として外遊中のこと」（『三田文学』一九四〇年五月、水上瀧太郎追悼号）で、「阿部さん〔水上瀧太郎の本名――引用者注〕と私とはよく『大英博物館』の図書館へ勉強に出掛けた。お互に申合せて行つたわけではなく、ただ偶然のやうに屡々出遭つたものである。夕方帰り際に、二三度阿部さんに誘はれて近所のバーに立寄り、何か知ら阿部さん好みの酒を私もお相手して飲んだことがある」と回想している。写真は同号に掲載された、ヨーロッパから帰国した当時の水上瀧太郎。

空襲下のロンドンと、澤木四方吉・郡虎彦

水上瀧太郎が大英博物館図書室から歩いて数分のタヴィストック・スクエアの下宿に移るのは、一九一五年の五～六月頃である。「倫敦時代の郡虎彦君」（『三田文学』一九二四年一二月）によれば、そこは三辺金蔵が見つけた下宿で、澤木四方吉や水上が、後には小泉信三や小林澄兄も引っ越してきた。『倫敦の宿』で下宿を変えた理由は、柘植が購入し、下宿の娘たちも母に隠れて読んだ『トルストイ全集』ということになっている。主婦から見るとトルストイは「極めて危険なる狂人」で、全集は「善良なる英吉利人の家庭」におくべき本ではなかった。さらに移転先の町名を聞いた主婦は、「決して社会の尊敬を受く可き人々の住む場所でない」と柘植に告げる。小説のなかの主婦は最後まで、自らが信じる規範への信念を曲げようとはしなかった。

ロンドンで水上瀧太郎が深く交流し、自身を映し出す鏡のような役割を担うのは、澤木四方吉と郡虎彦である。水上にとってロンドン生活は楽しいものだったが、澤木にとっては不満の多いものだった。『三田文学』一九一四年一一月の「消息」欄に、澤木がロンドンに移って間もない九月一九日に、井川滋に出した書簡が紹介されている。「こゝは都会としてはつまらぬ処にて候。毎日博物館美術館に通ひ居候」と書簡は結ばれていた。また一九一五年一月の「消息」欄に掲載された澤木の井川宛書簡にも、「龍動は誠につまらぬ都にて候。（略）小生の眼に映ずる英国人は威張れる亡国民に候、島国といふ地理的優勢を占めざりしならば疾くに滅亡したる国のやうに思はれ申候」と書かれていて、澤木のロン

★図版は、*365 Views of London*（Sunday School Union, 刊行年不記載）に収められたラッセル・スクエアで、背後にインペリアル・ホテルが見える。ラッセル・スクエアは大英博物館のすぐ北側にあるが、そこから西北に短いベドフォード・ウェイを抜けるとタヴィストック・スクエアに出る。ラッセル・スクエアの名前は大地主のベドフォード公爵ラッセル家に由来するが、同公爵はタヴィストック公爵も兼ねていた。

ドン体験が幸福なものではなかったことが分かる。

澤木がロンドンを好きになれなかった原因は複数ある。水上瀧太郎は「澤木四方吉氏素描」で、「独逸で無遠慮に振舞つて来た人には、ロンドンで窮屈が堪らないらしく、私のやうに亜米利加で軽蔑されてゐた者とは余程感じが違ふらしかつた」と指摘している。ロンドンの日本人は、アメリカの日本人のようには差別されないが、ドイツの日本人ほど厚遇されなかった。だから澤木は下宿の待遇も含めて、衣食住の不満をたくさん抱えていたのである。しかしロンドン好きでなかった根本的な原因は、彼の美術体験だろう。当時の日本では印象派の美術がブームだったが、ヨーロッパの美術館を回った澤木は一五～一六世紀のイタリアのルネサンス美術に魅かれていた。オスカー・ワイルドゆかりのカフェ・ロワイヤルで、澤木は眼を輝かせ、「つばきを飛ばし」ながら、その芸術的感激を水上に語り続けたという。

ドイツにいた頃から澤木は結核を患っていた。「澤木四方吉氏素描」によれば、タヴィストック・スクエアの下宿で、朝顔を洗うときに、澤木は洗面器に喀血している。澤木に頼まれて水上は、彼のドイツ以来の友人の伝で、九州医科大学から留学していた小野寺に診察してもらう。小野寺は水上を別室に呼んで、澤木の体質が良くないので注意するよう忠告したという。大英博物館図書室で研究に没頭していた澤木が何より楽しみにしていたのは、イタリア旅行だった。ソーホーのイタリアンレストランで、マカロニとキャンティを口にしながら、旅行の計画を語る澤木の姿を、水上は印象深く覚えている。澤木が計画を実行するのは一九一五年八～一二月で、フランス経由でイタリアに入国した。

イタリアへの憧憬は、澤木梢「伊太利へ」（『三田文学』一九一五年一一月）と「フィレンツェ

★澤木四方吉は『美術の都』（東光閣書店、一九一七年、訂正再版一九二六年）の「第一版序」に、「私の滞欧期間は大正二年の秋から大正四年の末に到る迄三年四ヶ月に亘つた。（略）日進月歩の新しき欧羅巴を期待して彼の地の土を踏んだ私は、全く反対に古色蒼然たる古き欧羅巴に感動した」と記している。澤木が訂正再版の口絵に採用したのも、「ミケランジェロ作　ロレンツオ、デイ、メデイチの墓碑の一部分」の写真だった。

より」（『三田文学』一九一六年一月）から明瞭に読み取れる。二つのエッセイは、ロンドンの萱野二十一（郡虎彦）・木下正雄・水上瀧太郎に宛てた複数の書簡で構成されている。一〇月二日の水上宛書簡（後者）に澤木は、「僕は光を愛する。（略）あの光薄く陰鬱に湿つた倫敦では僕は一度も此歓喜を経験しなかつた」と記した。光の中で彼が眼にしていたのはもちろんルネサンス美術である。一〇月三日の萱野宛書簡（後者）には、「ルネサンスの真の大精神は、此のフイレンツエに生れたのだ。ダンテ、ペトラルカ、ヂオツトの古くより、ブルネレスコ、マサチオ、アルベルチ、ボテチエリ、レオナルド、ミケラジエロ、皆、アルノの水で育つたではないか」という一節がある。

澤木四方吉が去った後のロンドンは、単に「陰鬱」な季節を迎えようとしていただけではなかった。ドイツのツェッペリン飛行船の空襲が始まったのである。水上瀧太郎は「倫敦時代の郡虎彦君」に、九月八日の夜のことを次のように記録している。郡と音楽会に出かけた水上は疲労感を覚えて、第一部終了後にカフェで休息していた。夜の一〇時半頃に砲声が聞こえ出して、カフェ中が騒然とする。窓から外を見ると、探照灯の光が「未来派の画のやうに」交錯していた。やがて水上の下宿の方に爆弾が落ちて火の手が上がる。客の中には、恐怖と興奮のために泣き出す者もいた。

この頃の郡虎彦はロンドンの烏龍茶店に勤める日本人女性に入れ込んでいる。「倫敦時代の郡虎彦君」によると、水上瀧太郎はロンドン到着後三日目にこの店に案内され、たまたま来店中だった生田葵山・郡・山本鼎を澤木から紹介された。郡と初めて言葉を交わしたのはこのときである。店では五人の日本人女性が働いていたが、「日本人同志だと、間違が起り易い」という支配人の考えで、日本人客のテーブルにはイギリス人女性しか近寄っ

★桜井寅之助は第一次世界大戦下のロンドンで空襲を体験している。『欧米土産野鳥語』（東京宝文館、一九一八年）によると九月四日の午前二時過ぎに、「ミスター桜井、ツェップ〳〵」という下宿の主婦の声で目が覚め、それから一〇分以上砲撃の音が続いた。半時間ほど静寂が戻ったのでベッドに戻ろうとしたら、「異常に強い光」が突然、空中のツェッペリン飛行船を照らし出したという。このときの飛行船は、円内のロビンソン中尉が撃墜して、写真（同書所収）のような残骸として砕け散った。

てこない。言葉を交わすチャンスがなくて所在ないので、郡はいつも伊藤道郎を連れてきていた。慶応義塾普通部を出た伊藤は、後にニューヨークとハリウッドでミチオ・イトウ芸術舞踊学校を開く舞踊家である。一九一四年にロンドンで公演を行い、その二年後にアメリカに渡っている。

郡虎彦は恋愛を芸術のエネルギーにしているように、水上瀧太郎の目には映った。「自分はその清浄な少女によつて救はれ、清められた魂をもつて、（略）世界の文学史上に一大記念塔を建設する仕事にとりかゝる」と、郡は水上に語ったらしい。その日本人女件と話をするチャンスを郡は後に得るが、恋愛は成就しなかった。その代わりに「芸術愛護者の金持の婦人」が現れ、彼女の「愛護の下」に、郡は「王争曲」を完成させることになる。『倫敦の宿』の最後は、柘植がロンドンを去る場面で終わっている。そのときに柘植が想起するのは高樹と茅野である。高樹は「古典芸術の研究の為に命を賭けて、真剣な歓喜に酔ひながら」ロンドンを去った。茅野も「世界を驚かす戯曲の完成を夢みつゝ」ロンドンを後にした。しかし自分の行く手には「如何なる抱負」もないと。水上瀧太郎にとって澤木四方吉と郡虎彦は、自分の姿を映し出し、自分のあり方を問い直す、鏡の役割を果していたのである。

（和田博文）

★田中一貞は『世界道中かばんの塵』（岸田書店、一九一五年）に、上田貞次郎・鎌田竹夫・徳川頼貞らと「ピカデリー・サーカスに堂々たる料理店を遣つて居る野沢組で夜食をした。此家は極めてハイカラなカフエ風の店で、彼の森真如女史とやらの監督の下に使はれて居る日本の娘が十人許り居る。皆純粋な日本服を着て給仕をするのである」と記している。烏龍茶店は野沢組が経営していたので、田中の言う「料理店」と同一だろう。同書収録のこの図版の、SCOTTSというビルに入っていた。

郡（こおり）虎彦（とらひこ）（1914-1920, 1921-1923）——人類のためのモニュメント

渡欧するギャラント

郡虎彦は鈴木耕水の六男として生れたが、まもなく日本郵船の船長であった郡寛四郎の養嗣子となった。彼は早くから文才を発揮し、「萱野二十一」というペンネームで『白樺』の同人となったのは一九一〇年、二一歳の時だった。学習院高等学科を卒業後、東京帝大文科英文科を中退。一九一三年八月一六日、神戸より宮崎丸でヨーロッパに向けて出航した。日本での許されざる恋愛事件からの逃避行ではあったが、日本の舞台芸術に飽き足らず、世界に飛び出したいという野心のため、でもあった。

九月末にパリに着くと、五月二三日にパリ入りしていた島崎藤村が、下宿先のマダム・シモネの家に部屋を取ってくれた。澤木梢も既に藤村の隣室に陣取っている。旅愁を感じる暇もなく、郡は山本鼎や藤田嗣治らとも親しく交流するようになる。藤村の『新生』には、郡をモデルにしたとおぼしき人物が、「ギヤラントといふ言葉をそのまゝ宛嵌め得るやうな、巴里に滞在中も黄色い皮の手套を集めて居たことがまだ岸本には忘れられずにある青年の紳士らしい風采をしたその留学生」（島崎藤村『新生』第一巻、春陽堂、一九一九年）として描かれている。

パリでドビュッシーを聴き、シャヴァンヌの絵を鑑賞して一ヵ月余りをすごした後、郡

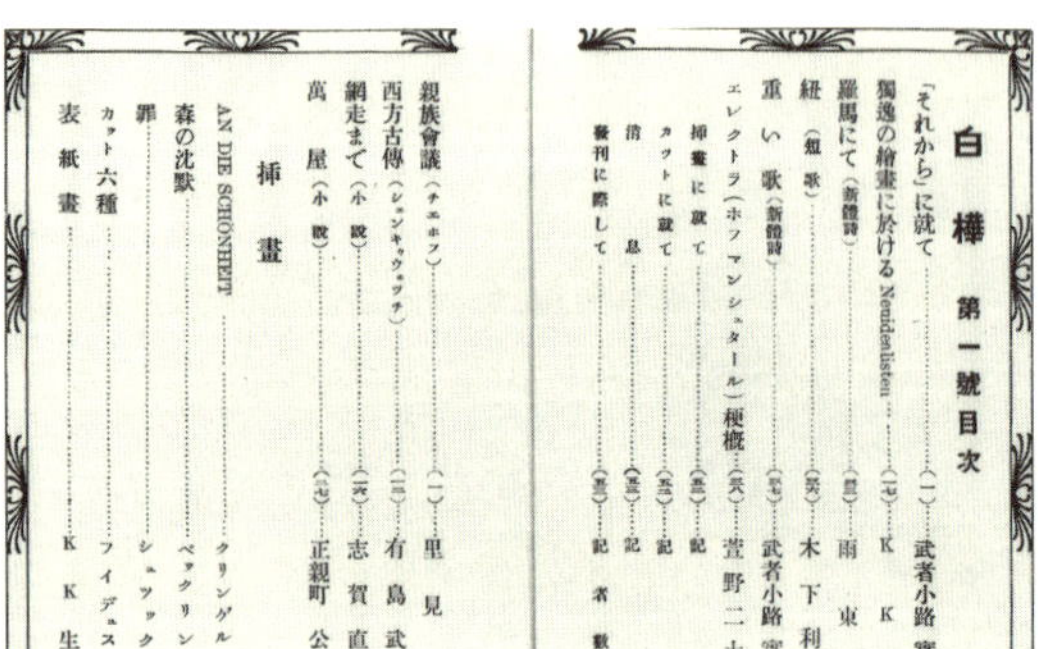

★『白樺』創刊号（一九一〇年四月）の目次。郡虎彦は萱野二十一というペンネームで「エレクトラ（ホフマンシュタール）梗概」を書いた。それ以前に彼は、柳宗悦と二人で『桃園』という雑誌を出している。

はミュンヘンへ移る。ミュンヘンでは先に着いていた澤木の紹介で井野英一や木下正雄と知り合った。冬には小杉未醒と一緒にベルリンに行き、帰国間近の山田耕筰とも会った。劇作家を志していた郡は、ベルリンで小山内薫に会えることを期待したが、残念ながら小山内はこの時既にパリに移っていた。

山田耕筰は一九一三年一二月末近くに、斎藤佳三と共に帰国の途につく。この時山田は、下関に着いたら郡のかつての恋人の様子を見てきてくれと頼まれるのだ。郡と幼なじみで姻戚関係にあったその女性は、親の反対にあい、郡の子を宿しながら別の男性に嫁がされ、郡の方はヨーロッパに送られたのだった。山田は一九一四年一月に、下関で郡との約束を果した。

郡はベルリンにしばらく残り、マックス・ラインハルト演出のシェイクスピア劇やアンナ・パヴロヴァの舞踏を観て過ごしたが、やがて六月のサラエボ事件が第一次世界大戦へと発展する。戦禍を避けるため、郡は木下正雄と共に一九一四年八月一八日、ベルリンを発ち、オランダ経由でロンドンに移った。二人はチャリング・クロス・ホテルに泊まったが、この時いきなり知り合いのイギリス人に電話をして住むところを決めてしまった郡の語学力に、木下は舌を巻いたという。郡はノアウッドのそのイギリス人宅に住み、木下も近くに住むことになった。

郡は一所に長居をせず、この後何度も引っ越しをすることになる。それでも木下は変わらず彼と親しくしていたようで、郡が自分の名前の虎彦を英訳して「タイガー・ラッド」と称していたことや、「ローエングリーン」の「白鳥の歌」をよく歌っていたことなど、ロンドンでの思い出を「懐かしき友郡」（『郡虎彦全集』別冊、創元社、一九三六年）に書いている。

★一九一三年、ベルリンにて。右から郡虎彦、山田耕筰、斎藤佳三。山田と郡はベルリンではじめて会い、すぐに親しくなった。「郡は坐つた福助のやうに、極端に寸づまりな、それでゐて纏りのとれた体躯を持ち、漆黒な濃い頭髪で、極度に堰かれた額も猫のやうに狭かつたが、聡明そのもののやうな眼と、引き締つた口もとが彼を美男に仕立ててゐた」（山田耕筰『若き日の狂詩曲』大日本雄弁会講談社、一九五一年）。

また中学時代からの友人三浦直介は、郡のことを親しみをこめてこんな風に書いた。「郡は貧紳士であつたが、やることは王侯貴族の如く、ロンドンのシーズンが過ぎると大陸に渡つて行く、又ロンドンのシーズンがくるとロンドンにやつてくる。郡がロンドンを去るときもヤレ〳〵であるが、郡がロンドンに来るときもヤレ〳〵であつた」（「追憶」、『郡虎彦全集』別冊）。大げさで自己顕示欲が強いくせに、そそっかしく粗雑なところがあり、何より人恋しい寂しがり屋の郡は、実に「ヤレ〳〵」であるが憎めない人物であったようだ。

ロンドンでの交遊

水上瀧太郎は一九一四年秋にニューヨークからロンドンに移ったが、着いて三日目に郡と知り合った。小泉信三や澤木に連れられて行った烏龍茶店で紹介されたのである。その後、烏龍茶店に行くと必ず郡がいる。聞けば郡はその店の日本娘に恋をして、伊藤道郎や他の日本人を伴っては、この店に日参しているのだという。水上の『倫敦の宿』（中央公論社、一九三五年）には、郡をモデルにしたらしい「茅野」がこんなふうに描かれている。

> 頭髪をきれいに分け、鼻眼鏡をかけ、はでな洋服に、うす茶色の山高帽子をかぶり、淡紅色の半巾を胸のかくしからのぞかせた彼の姿は、到る所で人目を引いた。時には顔面に美容術を施してゐる事もあつた。そんな事が、男の目には気障に見えても、女の目には別に映つた。殊に声が特別の朗かさを持ち、オルゴルの響を含む笑声や、情熱の篭つた話振りが、心を捉へるのに充分の力があつた。いろいろの階級の女を恋し、

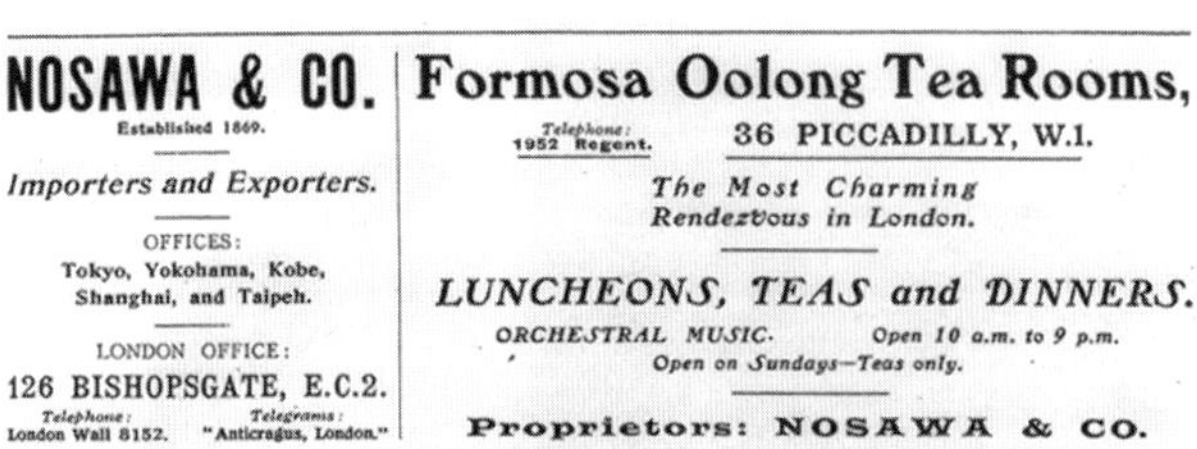

★『日英新誌』第四巻第三四号（一九一八年九月）に載った烏龍茶店の広告。貿易会社の野沢組の経営であったことがわかる。野沢組の広告は長く続くが、烏龍茶店の広告は第五巻第四二号（一九一九年六月）までで消えている。

誘惑し、それがきまつて長つゞきしなかつた。

恋を糧にして生きているような郡は、店で長時間ねばってはチャンスを待った。やがて郡が乗ってきた宮崎丸に、娘たちも乗ってヨーロッパに来たことがわかる。その船長は、郡の養父と親しい間柄で、名を今武平といい、今東光や今日出海の父親であった。その船長が店の娘たちの実家から託された物品を持って、折しもロンドンに向かっているという。絶好のチャンスに乗じ、郡は娘と話をし、手紙のやりとりをするようにもなるが、監督者に目をつけられて出入り禁止となる。

恋が成就しそうだとかやっぱり駄目だとか騒いでは、ウィレスデン・グリーンの下宿で、郡はそのたびに寝込んでしまう。もともと胃に宿痾のある郡は、派手な外見のわりにすぐに弱る。薬の壜を身のまわりにいくつも置いていた、しょっちゅう目薬をさしていた、とは多くの友人が証言するところであった。しかも人恋しい寂しがり屋である。この時も一人では寂しいといって、水上に電報を打って呼び寄せ、毎日のように一緒にカルタやトランプをして過ごした。

一九一五年四月下旬にはローマに足をのばした。システィナ礼拝堂のミケランジェロの絵に魂を奪われ、今度は娘でなくこれを見に日参した。しかし五月二三日、イタリアがオーストリアに宣戦布告し、郡もローマからロンドンに戻る。

ローマから戻った六月、カフェ・ロワイヤルに行くと、伊藤道郎からの伝言が届いていた。伊藤はエズラ・パウンドとW・B・イェイツに能を見せてほしいといわれており、郡に地謡を引き受けてくれと言ってきたのだった。かつて観世家から養子に望まれたことも

★アルヴィン・コバーンが一九一五年一〇月二二日に撮影した伊藤道郎の肖像写真。伊藤道郎は千田是也（本名伊藤圀夫）の兄にあたる（Alvin Langdon Coburn, *More Men of Mark*, Duckworth & Co., 1922）。

あったという郡は、謡曲の素養も持っていたようだ。

伊藤は一九一三年八月から翌年までドレスデン郊外のヘレラウにあるダルクローズ舞踊学校に在籍していたが、第一次世界大戦勃発に伴い、ロンドンに引き揚げてきていた。ドイツ語ならともかく、英語はあまり得意でない伊藤は、芸術家の溜り場で国籍や言語など問題にしないカフェ・ロワイヤルの常連となっていた。カフェの人脈からレディ・オトリン・マーローやレディ・マーガレット・キュナード、さらには時の首相ハーバート・ヘンリー・アスキスの前でも舞踊を披露する。その後コリシアム座で二週間の公演を終え、休養している時に、パウンドから話があったようだ。パウンドはアーネスト・フェノロサの遺稿であった能の研究をまとめる仕事をしていた。イェイツもこれに非常な関心を持っていたのだ。

伊藤は、ダルクローズで西洋舞踊は学んだものの、能などは退屈としか感じたことがない。そこで能の知識があり、英語もできる久米民十郎と郡虎彦に助けを求めたのである。久米は一九一四年からロンドンのセント・ジョンズ・ウッド美術学校で絵画を学んでおり、パリから引き揚げてきた藤田嗣治や山本鼎らとも親しくしていた。中でも同じ学習院出身の伊藤や郡とは、互いに助け合う間柄であったようだ。

こうして一九一五年六月、パウンドとイェイツの前で伊藤が仕舞を舞い、久米と郡が地謡を務めた。これに触発されてイェイツは、"At the Hawk's Well"（「鷹の井」）という能の要素を取り入れた戯曲を制作する。この戯曲が初めて上演されたのは一九一六年四月二日、カヴェンディッシュ・スクエアにあるレディ・キュナード宅においてであった。若者をヘンリー・エインリー、老人をアラン・ウェイド、井戸の守り手である鷹を伊藤が務めた。

★伊藤道郎のデザインによる「鷹の井」の老人の面。一九三九年、日本での初演で使われたもの（尾島庄太郎『イェイツと日本』北星堂書店、一九六五年）。

その後、イズリントン公爵宅で、アレクサンドラ王妃の前で踊ってみせたりもした。この時はレスター・ホートンが鷹で、伊藤は老人を務めた。伊藤道郎の弟、伊藤熹朔によると、あごの下まで来る面をかぶっての発声は難しく、能の修業による発声法を使ったという（尾島庄太郎『欅の家』北星堂書店、一九七〇年）。評判が評判を呼び、伊藤はその後ニューヨークに公演に行くことになる。

ヘスターとの出会い

郡にも転機が訪れていた。一九一五年の冬、郡はヘスター・マーガレット・セインズベリという英国女性と出会う。著名な内科医ハリントン・セインズベリの娘で、郡と同い年のヘスターは、木版画家として活躍しつつあった。藤田嗣治が当時住んでいたチェルシーのロイヤル・ホスピタル・ロード七一番地には、画家や踊り子ら芸術家グループが一緒に暮らしていたのだが、その中にヘスターもいたのだ。ヘスターは郡を下宿から連れ出しては、この家に連れてきていたらしい。「タイプライターをたゝき郡君の英文を校正し、日本の若きシエキスピヤと郡君を賞讃し而してヘスターは一分間も郡君の側を離れる事なく文学を論じ恋を語」っていたと藤田は回想している（「故郡虎彦君」、『郡虎彦全集』別冊）。藤田によるとこの家には、エドマンド・デュラックやジェイコブ・エプスタイン、ニナ・ハムネットらのほか、前述の久米や伊藤、それに駒井権之助らも訪れたというから、郡とヘスターの仲むつまじい様子は大勢に目撃されていたはずだ。

ヘスターの献身的な支えにより、郡は劇作家として花開くことになる。一九一六年には

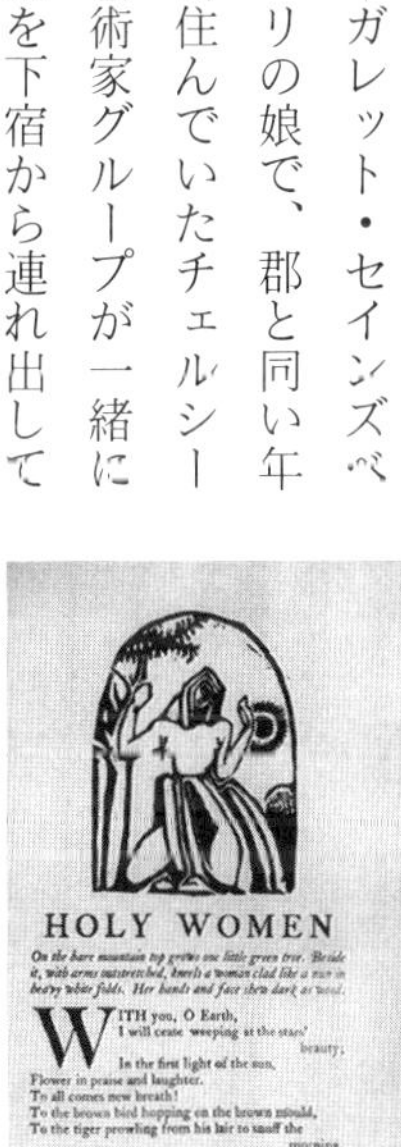

★ヘスター・セインズベリの詩と木版画の書 *Holy Women*（The Favil Press, 1921）の最初のページ。発行所 The Favil Press はケンジントンのピール・ストリートにあり、ヘスターの弟・セインズベリが印刷を担当していた。杉山正樹は『郡虎彦 その夢と生涯』（岩波書店、一九八七年）で、英国各地に住むセインズベリ姓の人に問い合わせ、ヘスターとフレデリック・エッチェルズとの間の娘、スーザン・ワイヤット夫人と知り合ったことを書いている。

"Saul and David"（「王争曲」）を英語で書き上げたが、身体をこわしてあちこち転居を続けた。ハムステッドで、木下正雄とヘスターと三人でフラットを借りていたのもこの頃かもしれない。ドイツの飛行機が飛んでくると、「ハムステッドの地下鉄や家の地下室に毛布を持って三人で避難した」（「懐かしき友郡」）と木下は述懐している。

一九一七年一一月には日本語版の「王争曲」を『新小説』に発表した。一二月には、かつて『白樺』（一九一三年三月）に発表した戯曲「鉄輪」の英語版"Kanawa: The Incantation"が、ロンドンのクライテリオン座で、パイオニア・プレイヤーズによって上演される。郡はイーディス・クレイグとともに演出を担当し、また舞台上でプロローグを語る序詞役も務めた。

一九一八年一月二一日には、ロンドン日本協会で「日本の演劇」についてレクチャーした。この年、*Kanawa: The Incantation* と *Saul and David* が、いずれもロンドンで刊行された。*Saul and David* を読んで、著名なシェイクスピア俳優のマーティン・ハーヴェイが連絡をしてきた。できれば *Saul and David* を自分が演じたいのだが、プレイヤーズとの契約があるのなら、自分のために新作を作ってはくれないか、というのだ。郡は喜んで引き受け、"Absalom"（「アブサロム」）を書き上げる。「僕の機運もいよ〱熟して来た」と郡は気負って木下正雄に手紙を書いたものだ（「懐かしき友郡」）。しかしこの壮大な悲劇の上演はとうとう実現しなかった。一一月には第一次世界大戦が終結したこともあって、人々は悲劇よりも肩のこらない喜劇を好んだという。夏目漱石は『虞美人草』（『東京朝日新聞』一九〇七年六月二三日～一〇月二九日）の最後に、ロンドンにいる宗近という男に「此所では喜劇ばかり流行る」と言わせているが、あながち冗談ばかりではなかったようだ。

一九一九年には木下正雄の紹介で、ロンドン大学東洋語学校で日本語や日本文学を講義

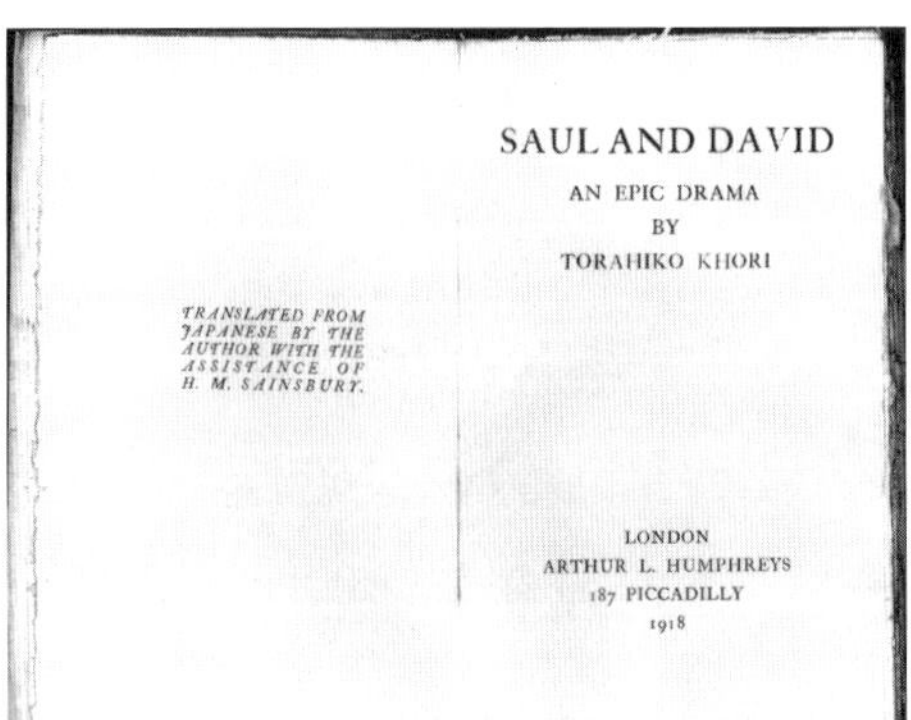

SAUL AND DAVID
AN EPIC DRAMA
BY
TORAHIKO KHORI
TRANSLATED FROM JAPANESE BY THE AUTHOR WITH THE ASSISTANCE OF H. M. SAINSBURY.
LONDON
ARTHUR L. HUMPHREYS
187 PICCADILLY
1918

★Torahiko Khori, *Saul and David*（Arthur L. Humphreys, 1918）の内扉。左ページに、H. M. Sainsbury の協力による、と記されている。

していたが、健康を害してしばしば休講した。当時の学長のサー・デニソン・ロスは、休講期間中の給料もくれた。「十二月中十日ばかり教へた為に五十ポンドを只貰ふやうで恐縮してゐる」と、郡は木下に手紙を書いた（「懐かしき友郡」）。この頃はマリオネット・シアターのディレクターを務め、多忙でもあった。

この年、平和条約実施委員として渡欧していた大沢章が、ハムステッド・ヒースのセント・アンナズ・インに住んでいた郡を訪れた。郡とは学習院で一緒だった。ヘスターに招き入れられた郡の部屋は、「余り大きくない、天井の低くて少し薄暗い様な感じのする仕事室」（「郡虎彦君の追憶」、『郡虎彦全集』別冊）で、その壁にはシスティナ礼拝堂にあるミケランジェロの「最後の審判」の複製画が飾られていたという。一九一五年のイタリア旅行で見たミケランジェロが、郡の芸術意欲を掻き立てていたに違いない。

一九二〇年には *Absalom* がロンドンで刊行された。健康は回復せず、転地療養のため各地に移動したが、九月、マルセイユから北野丸で帰国の途につく。少し前に養母が亡くなったこともあり、一度日本へ帰らねばならないと思ったのだ。旅費は大沢章が工面した。

一〇月六日に神戸に着く。養父はもう渡欧の金は出さないという。しかし郡はこのままぬくぬくと日本で生活するよりは、「人類から己に果せよと命ぜられた大きなモニュメントを築く為に」（木下正雄「懐かしき友郡」）、再び背水の陣で渡欧する決心を固める。結局三ヵ月ほどの日本滞在のあと、一九二一年一月一四日、静岡丸で再び出航し、二月にロンドンに着く。その後ヘスターとともにスイスへ行き、"The Toils of Yoshitomo"（「義朝記」）の推敲を重ね、六月にロンドンに戻った。

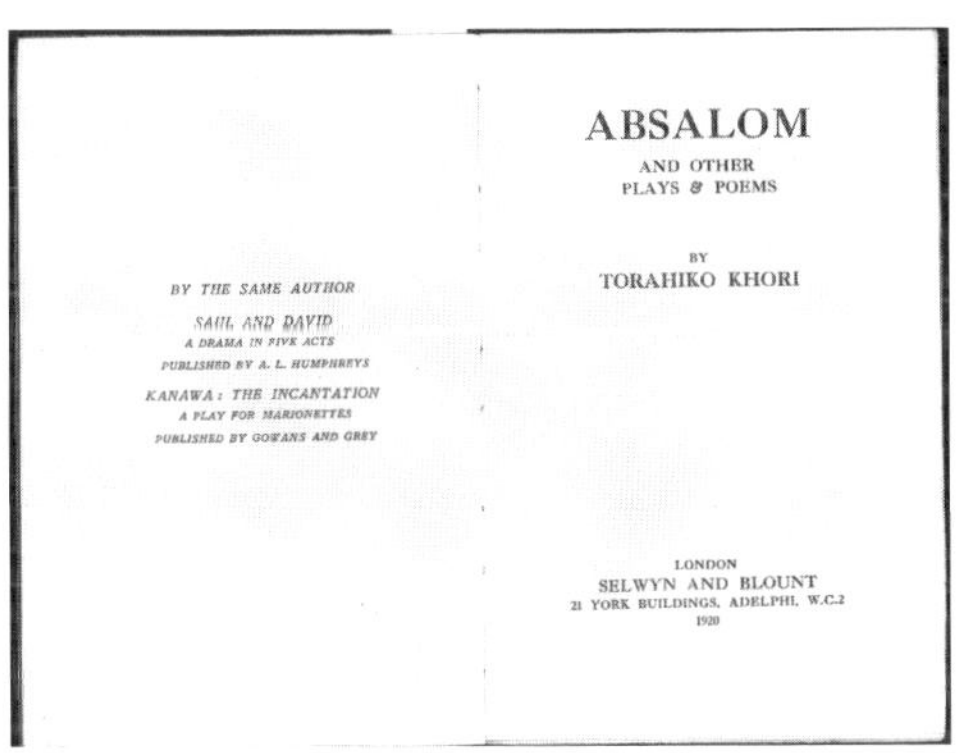

★ Torahiko Khori, *Absalom* (Selwyn and Blount, 1920) の内扉。

「義朝記」の上演

この頃、井野英一は木下正雄とともに郡の家を訪れた。「酒屋の二階の、柱もパーネルも総て黒く塗つた古風な家」（井野英一「郡虎彦君の追憶」、『郡虎彦全集』別冊）にヘスターと住んでいた郡は、完成した「義朝記」を上演したいと言った。一五〇〇円あれば足りるというので、井野は友人の津田信太郎に三〇〇〇円を工面してもらった。ところがそれでは足りないことがわかってきた。井野はさらに三〇〇〇円を出し、郡の養父から送ってきた一〇〇〇円を足し、木下正雄からも一〇〇〇円をもらい、大使館の徳川家正や従弟の徳田敬二郎からの援助も受けて、結局一万五、六〇〇〇円も掻き集めなければならなかった。舞台の準備は日本人が手伝った。「徳田君などは、留学に来て早々リノリユームを切つて、之を彩色して、糸でつなぎ合はせる役を手伝はされて居た。衣服は本統の絹では舞台で絹に見えぬと云ふので、トリコレットと云ふ木綿物で」（井野英一「郡虎彦君の追憶」）つくったという。

苦労のあげく一九二二年一〇月三日、ロンドンのリトル・シアターで幕があいた。『日英新誌』（一九二二年九月）には、こんな前宣伝が載った。「此れは外国劇場に於て公演せらるゝ最初の純正日本戯曲たるのみならず、単に欧州劇文学上よりしても MISS ELLEN TERRY, MR. CLIFFORD BAX 等をして極言推讃せしめたる程当国斯道大家の間にて近代随一の傑作の一として認められたるもの、我邦文化宣伝のためにも此際同胞として大に後援を与ふべきものと信ず」。

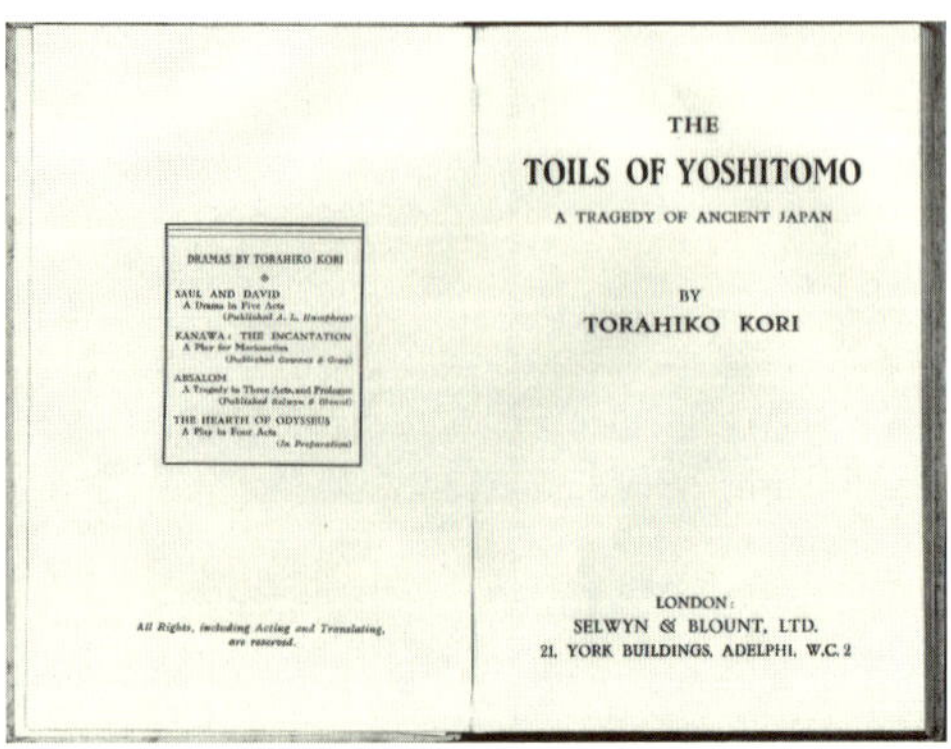

★ Torahiko Kori, *The Toils of Yoshitomo*（Selwyn & Blount, 1922）の内扉。郡のスペルが Khori から Kori に変わっている。

もちろんこの年まで、ヨーロッパで日本劇が上演されたことがなかったわけではない。「ミカド」や「ゲイシャ」は既にヨーロッパを沸かせていたし、ジョン・メイズフィールドの「忠義」なども上演された。また郡自身の「鉄輪」も一九一七年にロンドンで上演されたが、これは会員制度の戯曲協会によるもので、厳密には興行公演ではなかった。今度こそ「純正日本戯曲」が上演されるというので、観にいく日本人の方も力が入ったかもしれない。

この劇は、演出をエレン・テリーの娘でゴードン・クレイグの姉であるイーディス・クレイグが務めたこともあり、観客席にエレン・テリー本人が来て盛んに拍手を送ったりもした。また柳田国男は一〇月九日に観に行き、「源義朝なれど英語で聴くと少し変なり」（『瑞西日記』、『定本柳田国男集』第三巻、筑摩書房、一九六八年）と感想を残している。さて興行成績はというと、初日こそ盛況であったが、その後観客は入らず、その上立ち回りで怪我をした俳優との損害保障の問題も生じ、興行的には大失敗に終わった。

郡自身もこの上演が失敗であったことは承知で、『東京朝日新聞』（一九一三年二月五日）紙上で自らを「敗軍の将」と名乗っている。しかし興行的失敗が必ずしも芸術性の低さを表すものでなかったことを証明するため、次のようなエピソードも書き加えている。「或るマチネエでしたが、二三年来急に、エレン・テリイ女史の後を嗣ぐ人とまで、評判の高くなつたシビル・ソオンダイク嬢が、ハアコオト・ウィリアム氏同伴で見物に来てゐましたが、幕が終ると、いきなりハアコオト・ウィリアム氏が、見物席の方を向いて、『この劇場が満員になつてゐないといふことは、英国の名折れで恥さらしだ』と怒鳴りました。はんとうに涙を流してゐるので、一同息を殺してしまひました」（「『義朝記』倫敦上場に就いて」、『東

★リトル・シアターで上演された「義朝記」中の一場面（『東京朝日新聞』一九一三年一月二九日）。『日英新誌』第七巻第八一号（一九一三年九月）によると、チケット代は五、六人のボックス席で六ポンド、ストール席で一二シリングまたは八シリング六ペンス、バルコニー席で八シリング六ペンスまたは五シリング九ペンスだった。

京朝日新聞』一九二三年一月二九日)。

ロンドン公演のあと郡はパリに行き、正宗得三郎と木下杢太郎に会う。木下によると、ロンドン公演について「当人は大得意であつた」(「郡虎彦君」、『郡虎彦全集』別冊)というし、さらに世界各国で上演するつもりでいたらしいから、興行的失敗は郡本人にはさほどこたえていなかったのかもしれない。

しかし郡の病気は如何ともしがたかった。一九二四年一〇月六日、スイスで郡はついに力尽き、帰らぬ人となる。遺骨が一旦ロンドンのヘスター宅に安置された時、従弟の徳田敬二郎が、西脇順三郎と共に弔問に訪れた。徳田は遺骨を抱いて一九二五年三月に帰国した。享年三四。「人類のためのモニュメント」を打ち建てるには、短すぎる生涯であった。

(和田桂子)

★「義朝記」の登場人物。『東京朝日新聞』(一九二三年一月二九日)には、「源為義に扮したミルトン・ロスマア氏」とあるが、フィッシャー・ホワイトであろう。

3 第一次世界大戦終結から満州国建国まで

1919-1932

第一次世界大戦の終結

第一次世界大戦は一九一九年六月二八日、ヴェルサイユ条約の調印により正式に終結した。ロンドンでは七月一九日、二〇日に平和祝典が行われ、戦争中犠牲と忍耐を強いられた市民たちが、花火やパレードで平和の再来を実感した。大戦への反省から、一九二〇年一月には、世界最初の国際平和機構として国際連盟が成立する。国連事務局の事務次長には新渡戸稲造が就任した。新渡戸の後任として東京帝国大学助教授となった矢内原忠雄が、植民政策学研究のためロンドンに着いたのは、一九二〇年一二月のことである。大戦中、自治領や植民地の多大な協力を求めたイギリスが、戦後これらの国をどのように処遇するのかが注目されていた。イギリス国内の社会不安に加えて、インド、アイルランド、エジプトで民族運動が高まっていた。矢内原はロンドン市内を精力的に歩き、大英図書館を頻繁に訪れて、植民地政策の理想を追うことになる。

矢内原に少し遅れて一九二一年二月に、郡虎彦がロンドンに着いた。健康状態が思わしくなく、金もないままに、親の反対を押し切っての再渡欧である。どうしてもロンドンで才能を開花させたかった郡は、とうとう一九二二年一〇月に、自作の戯曲「義朝記」をリトル・シアターで上演する。二年後に死去する郡が、命を削るようにして作り上げた作品であった。

一九二一年には野村光一も音楽視察のためロンドンに来ていた。彼は一九二二年一月に大田黒元雄をヴィクトリア駅に出迎えた。また同年八月に着いた西脇順三郎を案内して、ロンドンのあちこちのコンサート・ホールをまわった。音楽もさることながら、ウィンダム・ルイスやT・S・エリオットやジェイムズ・ジョイスの新しい文学に、西脇は眼の醒めるような思いを抱く。戦後のロンドンを席捲する文学は、とびきりパワーのあるモダニズム文学であった。この年、BBCラジオ放送が開始される。日本でもそれから三年後の一九二五年に、芝浦の東京放送局から仮放送がなされる。

一九二三年九月一日、関東大震災が日本を襲った。このニュースはロンドンでも大きく報じられ、義援金や救援物資が届けられた。一九二四年一月には裕仁皇太子のご成婚に日本中がわいた。皇太子は一九二一年に、ロンドンでボーイスカウトの最高功労賞シルヴァー・ウルフ賞を授与されており、ご成婚のニュースはロンドンっ子に暖かく受けとめられた。

一九二四年は、イギリスでも大きなイベントがあった。大英帝国博覧会がウェンブレーで開かれたのだ。『神戸又新日報』（一九二四年四月二五日）によると、この博覧会は「英国工業家が英国の工業を以て英国の戦時国債を一切償却せんとの意気込から企てられた」らしく、陳列品の総価格は四億円にのぼるともいわれた。

この会場が一九四八年にはオリンピック会場となる。

一九二六年一二月二五日には大正天皇が崩御し、同日元号を昭和と改元したため、非常に短い昭和元年となった。同じ年、ソーホーのフリス・ストリートではテレビジョンの公開実験が行われた。一九二八年には、本間久雄がロンドンに着いた。彼はゴードン・クレイグやアーサー・シモンズ、マックス・ビアボウム、アーサー・ウェイリーらと会い、英文学について、また日本について彼らと語り合った。

一九二九年にはイギリス初のトーキー「ヒッチコックのゆすり」が上映される。二年遅れの一九三一年には日本でも初の本格的トーキー映画「マダムと女房」が上映された。またエプソム競馬場のダービーを範として、一九三二年四月には第一回日本ダービー（東京優駿大競走）が目黒競馬場で開催された。一九三一年にエプソム競馬場を訪れた馬郡沙河子は、シルクハットにモーニングの紳士、そして「白赤とりぐ／＼のうすもの、両腕を思ひ切り露出してすばらしくツバの広い帽子」をかぶったレディを見た（『欧羅巴女一人旅』朝日書房、一九三二年）が、日本ではそこまでの真似はできなかったようだ。

労働運動・婦人運動・政治運動

労働運動はイギリスでは大戦中も行われており、労働組合の組織も増大していた。ロイド＝ジョージ政府は、戦後の社会不安を目に見える形で示すこうした労働運動を、なるべく穏便に押さえるよう腐心した。

やがて労働党が国民の最低限の生活の保証や産業の民主的統制などを謳って伸び、一九二三年一二月の選挙後、自由党の協力のもとに初の労働党政府を組織する。一九二三年一月にロンドンに着いた河合栄治郎は、この時の労働党の躍進を目撃し、自らの留学生活中「最大の出来事」（『英国労働運動』、『在欧通信』改造社、一九二六年）であったと書いた。しかしこれは長続きせず、一九二四年には保守党に奪還されてしまう。保守党は、大戦中に停止していた金本位制度を復帰させ、これにより輸出産業が打撃をこうむると、労働者の賃下げに踏み切った。炭鉱労働者はこれに反発し、彼らを支援する全国の労働者とともに、一九二六年五月四日から九日間のゼネストを決行した。

伊藤貞助によると、四、五〇〇万人のストでロンドン市内の交通は止まり、軍事的動員の自動車二、三〇〇台は動いたが「労働者の激怒を恐れて針金を張つて運転手を護衛する有様」（「英国ゼネ・ストの九日間」、『文芸戦線』一九二九年五月）であった。また郵便、運輸、鉄道も十分に機能せず、議会では電気がつかず印刷もできないので、議事録なしで議事を進めたという。しかしこれだけの規模で行われたストも、失敗に終わる。

一九二九年一〇月二四日、ニューヨーク株式市場が大暴落し、世界的恐慌が始まる。日本でも対米輸出の生糸産業が打撃を受け、失業者が三〇万人を越える深刻な不況に見舞われた。すでに経済活動の停滞期に入っていたイギリスは、この年に二五〇万人を越える失業者を抱えた。殊に石炭業や綿業などの伝統的輸出産業の分野で人々の生活は困窮を極め、失業者らによる示威運動「飢餓行進」がロンドンで繰り広げられた。この年二月二四日の「飢餓行進」を見た木村毅が『女人芸術』（一九三一年五月）に書いたところによると、これは「全英国を九つの路に分割し、最も遠いスコツトランドでは、ロンドン迄の徒歩日数を計算し、実に七週間前から出発」する。それはあたかも「東海道筋は品川から、甲州筋は新宿から、東北筋は千住から、房州筋は両国から」やってくるという具合なのだ。一行は寄付を受けて行進するのだが、「必ずしも金のみに限らず、煙草でも、菓子でも、パンでも、途々与へる人があれば施与を受けて、喫食しながら」行進を続ける。「入浴もしないのだから垢まぶれになつて凄い顔をしてゐる」という。彼らはトラファルガー・スクエアでネルソン像の周囲を何回か回った後、議会や新聞社に抗議に行った。この年は三月六日には国際失業反対デーのデモ、さらに三月一〇日には国際婦人デーのデモがロンドンで見られた。

国際婦人デーのイベントは、一九〇四年にニューヨークで女性の労働者が参政権を要求してデモを行ったのが発端となって、毎年行われるようになった。東京でも一九二三年三月八日に第一回国際婦人デーの集会が開かれた。イギリスでは婦人参政権運動はそれ以前から盛んであったが、この日は主に英国共産党運動のひとつとして、炭坑夫をはじめとする労働者の妻らがデモンストレーションを行った。

イギリスの女性が参政権を獲得したのは一九一八年だが、これには女性たちの大戦中の働きが功を奏したと考えられている。一九一八年六月二九日、戦時中にめざましい働きをしたWAAC（陸軍婦人補助部隊）やWRNS（海軍婦人部隊）などの婦人労働者たち三〇〇〇人による堂々たる行進がロンドンで見られた。居合わせた文部省嘱託の会津常治によれば、彼女らはバッキンガム宮殿の広庭へ四列縦隊で整列し、陛下の銀婚式の祝賀を捧げた。陛下は謝辞を述べた後、各団体長に謁見し、その度毎に各団体は万歳を唱えたという（「戦時に於ける英国婦人の活動」、『婦人問題』一九一九年二月）。

一九一八年に女性に認められたのは、三〇歳以上という限定つきの参政権だったが、一九二八年には、男女ともに二一歳以上の参政権が認められた。すると女性の有権者数が男性よりも多くなり、各政党は競って婦人をターゲットとするスローガンを打ち出した。結果は労働党の勝利である。「屡々婦人は、顔の美醜によつて、容姿の善悪によつて、取るに足らぬ感情によつて左右されるであらうと嘲笑されたが、英国の新婦人有権者は見事この嘲笑をはね飛ばし、婦人の政治的進出に正しい一歩を踏み出した」と赤松明子は喝采した（「英国総選挙と婦人」、『婦人運動』一九二九年七月）。

日本では一九二四年一二月に婦人参政権獲得期成同盟が結成され、一九二六年七月には日本婦人参政権協会、一九二七年一〇月には全国婦人同盟が設立された。しかし日本で男子普通選挙が認められたのさえ一九二五年と遅く、婦人の国政権が認められるのは一九四五年になってからであった。

軍縮会議の顛末

一九二七年にジュネーヴで開催された海軍軍縮会議が不成功に終わったため、一九三〇年一月二一日、ロンドンで再び軍縮会議が開かれた。浜口首相より全権の命を拝した貴族院議員若槻礼次郎と海軍大臣財部彪は、一九二九年一二月二七日サザンプトンに到着し、英国駐剳特命全権大使松平恒雄らの出迎えを受けた。全権にはもう一人、ベルギー駐剳大使の永井松三が加わり、随員は約五〇名、それに新聞記者も加えた大所帯となった。漫画家の岡本一平は、妻かの子・息子太郎とともにひとまずパリ入りし、太郎を絵の勉強のためパリに残して、夫婦でロンドンに着いた。一平は漫画に短い解説をつけて、『東京朝日新聞』に随時会議の模様を伝えた。

会議に先立ってダウニング・ストリートの首相官邸でマクドナルド首相と会談した若槻は、首相が「圧迫的な強情な人格の強味を見せながら、迫つて来るのではないか」と危惧していたところ、「正しく英国紳士の全人格を表徴する典型的人士」であることがわかったと書いている（『欧州に使して』実業之日本社、一九三一年）。会議の初日の様子をラジオで聞いていたのは福原麟太郎である。福原は前年の夏にロンドンに到着し、ゴールダーズ・グリーンの下宿で、家主らとともにこれを聞いた。彼によれば若槻の演説は「日本語の朗読、初は処女の如く、後は堂々たる漢文口調、之は英語と仏語と二つ通訳がついた」（『春興倫敦子』研究社、一九三五年）そうだ。

予想どおり会議は難航した。フランス、イタリア、アメリカ、日本からの全権を招致したイギリス側は、各国の譲歩を引き出そうと苦慮した。会議に随行した岡本一平はこう書いている。「これらの客を招致した英主婦マグさんの腹だが、背中の児は泣くし海軍老将軍たちの姑爺はにらんでゐるし、これをなだめながら何んとか取まとめのお茶を客たちに配り、お愛想しようとしてゐる骨の折れさ加減よ」（「ロンドン軍縮会議画信」、『一平全集』第一一巻、先進社、一九三〇年）。

結局補助艦艇の保有制限に関して、日本は対英・米比一〇対七弱で合意した。これは一九三〇年四月二二日に調印されたが、この決定を「統帥権干犯」と見た海軍内の一部と右翼が政府を追及しはじめた。若槻の著書『欧州に使して』の中に、「何故今少し巧妙に立回らなかつたか」「最後の五分間に於ける押しが欠けてゐたか」などという小見出しがついているのは、こうした非難に対する弁明の意味を持っていたのだろう。

一九三〇年一〇月二日に正式に批准されると、二七日には浜口首相、フーヴァー米大統領、マクドナルド英首相がそれぞれの首都から記念放送を行って、世界に軍縮の意義をアピールした。まず愛宕山の東京中央放送局から、日本時間の二七日午後一一時五〇分より浜口首相の演説が流れ、二八日午前零時二分よりホワイトハウスのフーヴァー大統領の演説、零時八分よりロンドン首相官邸のマクドナルド首相の演説、零時一九分より再びロンドン首相官邸から松平駐英大使による浜口首相の英訳放送が流れた。はじめての海外放送は、送信・受信とも大成功であった。

『東京朝日新聞』（一九三〇年一〇月二八日）によれば、浜口首相はこの時、「ロンドン海軍条約は人類の文明に一新紀元を画したるものであります」と語り、マクドナルド首相は「私は米国、日本及び全英連盟の各政府間においては歴史上いまだ嘗て本条約調印後の今日の如く緊密なる友好関係を見たことがないと断言するに憚らぬものであります」と語った。

しかしこの条約内容とその締結経緯に不満を持つ右翼により、この年一一月一四日、浜口首相は狙撃される。一命は取り留めたものの、病状悪化のため一九三一年四月一三日、内閣は総辞職となった。翌日、第二次若槻内閣が成立する。浜口首相は八月二六日に死去した。軍縮問題はこのような大きな余波を伴い、さらに中国東北部では、民衆運動の活発化によって日本の利権が脅かされつつあった。

満州事変から満州国建国まで

一九三一年九月一八日、満州事変が勃発する。関東軍が柳条湖で満鉄線路を破壊し、軍事行動を開始したのである。尾崎行雄はこのニュースをアメリカで聞き、アメリカからイギリスに向かう船中で、犬養毅の組閣を聞いた。尾崎がロンドンに到着したのはこの年一二月二一日である。翌年一月一四日には、中国の提訴によりイギリスのリットン卿を団長としてアメリカ、フランス、ドイツ、イタリア各国委員からなる調査団が結成された。二月一一日、尾崎はロンドン日本協会の依頼を受け、「日本に於ける立憲政治」と題する講演を行う。一八八八年にはじめてイギリスへ来て以来、イギリスの議院の慣行、殊に政党政治を研究してきた尾崎は、「現在日本で行はれて居る政党政治に対しては、ただ一人を除く外、重要な反対者が絶対にない。その一人と云ふのは、全生涯を政党政治の建設に投じ、二大政党――民政党及び政友会の創立者の一人であつた、それは斯く申す私である」（『尾崎咢堂全集』第八巻、公論社、一九五五年）と語った。

二月二九日、リットン調査団が来日した。来日の船上でリットン卿と隣合ったのは東京朝日新聞社の古垣鉄郎であった。彼はリットン卿が極東に関する書類を読み耽っているのを間近で見る。「各頁の余白を細々と書込まれ、種々と印がしてある中に、『支那には名目上の政府あるに過ぎず』といふ点と、日貨排斥に関する国民党部の行動には色黒々とアンダーラインされ、リットン卿の我意を得たものの如く察せられた」(「リットン報告書作成までの事情」、『世界知識』一九三二年一一月)と古垣は書いている。またリットン卿は、「私が日本にあこがれるやうになつたのは医学生時代に私の姉から感化を受けたのが始まりでした」(『東京朝日新聞』一九三二年二月二九日)などと、日本上陸前夜に日本への思いを吐露している。しかしこの日から長期にわたって続けられた視察は、日本の思惑どおりには進まなかった。

満州国が建国されたのは、リットン卿日本上陸の翌日である。「満蒙三千万民衆の炎々燃ゆるが如き至誠と灼熱的待望裡に待ちに待たれた新国家『満州国』建国のその日は来た、隣邦日本の昭和七年三月一日、この日こそは世界史上永久に記念さるべき新『満州国』の大同元年三月一日、即ち新国家『満州国』建国の第一日となつた」と『大阪朝日新聞』(一九三二年三月二日夕刊)は、奉天本社支局発電のニュースを伝えた。

独走する軍部と、対中融和路線を画策する犬養首相とは相容れず、ついにこの年五月一五日、犬養首相の暗殺という事態になる。政友犬養の死を、尾崎行雄はロンドンで聞いた。さらに尾崎はこの年末、かねてより病気療養中のテオドラ夫人をロンドンの客舎で亡くす。

リットン調査団は日本のあと、満州、中国での調査を続け、その期間は半年に及んだ。満州国の元首は溥儀、首都は長春とされたが、これについて『マンチェスター・ガーディアン』(八月二六日)は、日本が満州を占領して植民地にしようとしており、これは国際連盟を侮辱する行為だという見解を明らかにした。しかし九月一五日には日満議定書が調印され、満州国が承認される。

一〇月一日、リットン調査団は日本政府に報告書を通達する。それは前年九月一八日の事変が日本の正当なる自衛権の発動ではなかったこと、満州国における日本の「特殊地位」が了解できるものでないことなどを盛り込んでいた。一〇月二日の『タイムズ』は日中の協調が成らなかったことを嘆じた。一一月一八日には日本が連盟に意見書を提出する。しかし一九三三年二月二四日の国連総会で、対日勧告案が賛成四二、反対一、棄権一で採択されると、松岡洋右代表は即座に国連の議場を退席した。

松岡一行は翌日、ジュネーヴを発ってパリ、ロンドンに向かった。三月一四日にはロンドン日本人会の主催で、日本人倶楽部において歓迎会が開かれた。これには松平大使以下在留邦人二五〇名が出席し、大盛会となった。松岡自身、国連総会での仕事が成功であったとは考えていなかったが、日本人の間では敢然と席をたった彼を英雄扱いする論調が、この頃には優位となっていた。

デイリー・メール社のG・W・ブライスは自ら熱河と満州を訪れ、『東京朝日新聞』(一九三三年三月二四日)に記事を寄せた。「視察の結果私は英国民が満州の実情を知しつするに到らば、日本が過去二年間の難局においてとつた政策に対して共鳴する最初の国民であるといふことを確信する」（「満州国を見る（上）」）と彼は書いた。また翌日には「日本のこの満州に対する文明事業が完成した暁、世界は国際連盟がこの完成に反対した近視眼的な妨害を嘲笑と侮蔑とをもつて回顧する時がくるであらう」（「満州国を見る（下）」）とも書いた。しかし世界の世論も国連の決定も変わることはなかった。一九三三年三月二七日、日本は正式に国連を脱退することになる。

一九三二年一〇月一日には、東京市は郊外の五郡八二町村を合併して二〇区を新設し、三五区、人口四九七万余人と世界第二位の大都市となっていた。大東京の誕生である。ロンドンの方も、郊外を含めた大ロンドン（グレーター・ロンドン）の人口は一九三一年に約八一〇万人となっている。人口が増え、都市の規模が大きくなり、各国の利権がぶつかりあうにつれ、次々と新たな火種がくすぶりはじめるのであった。

（和田桂子）

矢内原忠雄（やないはらただお）（1920-1921）――キリスト教徒の植民政策学研究

〈祈り〉の図像解釈学

無教会主義のキリスト教徒、矢内原忠雄がロンドンに留学したのは、彼が学者として出発した直後の時期だった。その発端となったのは、一九二〇年一月の国際連盟発足である。このとき東京帝国大学で植民政策講座を担当していた新渡戸稲造が国連事務局の事務次長に内定し、その後任として新渡戸の愛弟子の矢内原（当時は住友に勤務）に白羽の矢が立ったのである。同年三月、矢内原は東大経済学部助教授に就任し、同じ年の一二月には、植民政策学研究のために大英帝国の首都ロンドンの地を踏むことになる。

後述するように『矢内原忠雄全集』第二八巻（岩波書店、一九六五年）に収められた滞英中の日記には、頻繁に大英図書館を訪れ、研究に励む様子が記されている。しかし、彼は決して図書館に閉じこもる性格ではなかった。教会はもちろんのこと、ロンドン市内の様々な名所や、郊外のウィンザー城などにも足を運び、はかにもオペラ、演劇、映画、コンサートなどに足繁く通う生活を送ったのである。

なかでも矢内原が関心を示したのが美術館だった。一九二〇年一二月二一日の日記に「世界万邦の民衆来りて之等の名画を自由に観覧するを得。之を我国多数の富豪が古今の名画を争ひ買ひて己が庫中に蔵し自己と雖も一年数回展観するに過ぎざると比すれば如何ぞ

★矢内原のお気に入りの場所の一つがサミュエル・ジョンソン博士や作家チャールズ・ディケンズが常連だったパブ、イー・オールド・チェシャー・チーズだった。図版はイー・オールド・チェシャー・チーズの看板。写真は著者が二〇〇七年に撮影。

や」とあるように、ロンドンの美術館は国籍や身分に関係なく、万人に開放されていた。この開かれた場所のイメージが彼の心を惹きつけたのである。

しかも矢内原は、自らの聖書解釈に裏打ちされた独特な絵画批評を行っている。その一例として、一九二〇年一二月二〇日の日記から、肖像画の巨匠ジョシュア・レイノルズ(Reynolds)の絵画「Holy Family」についての発言を引用しよう。歴史的実像としてイエス・キリストを描いた、いわゆる〈ナザレのイエス〉に関する絵画批評である。

> Reynolds の "Holy Family" によりて感動を受く。Joseph と Mary と路傍に座して黙祷す、主とバプテスマの John と相語る。中世紀の画が多くは Joseph を疲れ眠れる様に描き Mary に Queen の威厳を与へ主及びヨハネにも余りに多く divine なる unhuman(ママ) なる処あり。然るに此の Reynolds の画を見よ。Joseph は robust なる healthy なるしかも deep-thoughtful なる人間なり、Mary は humble なる village wife にして Joseph の側に座せり。彼等両人静かに祈る。(略)之こそナザレの村に於ける真の holy family なり。強健なるヨセフ、謙遜柔和なるマリア、深き祈、静かなる landscape、人に過ぎざるヨハネと人の子にして而も神の子なるイエス。金泥を塗らずして金衣を見せ天使を描かずして天使の声を聞かしむ真に名画なり。

矢内原によれば、「中世紀の画」では、疲れ切った父ヨセフ(Joseph)に対して、マリア(Mary)は王妃のような威厳をたたえ、ヨハネ(John)も極度に神聖で人間味の希薄な存在として描かれていた。これに対して矢内原は、レイノルズが画中の人物をリアルで人間味豊かな

★矢内原がレイノルズ「Holy Family」を鑑賞したナショナル・ギャラリー(*The Imperial Album of London Views*, Eyre & Spottiswoode, 1921)。

存在として描いたことを評価している。それに加えて注目できるのは、矢内原独特のリアリズム論だろう。そのポイントは引用文の最後の「天使を描かずして天使の声を聞かしむ」といった記述にある。ここでリアリズムは、この世の存在ではない超越的な神を表象するための、間接的な技法として把握されている。それは矢内原の言葉でいえば〈祈り〉と言えよう。絵画は直接的に神を描くことはできない。ただ神へのリアルな〈祈り〉を表現することで、間接的に神を表象することができる、というのである。

同様の批評は日記の中でも頻繁に綴られている。例えば、フランシスコ・デ・ゴヤの絵画を見た際には「angel を描かずして其存在を人物の expression にて知らしむるを最も可とす」とあり（一九二〇年一二月一七日）、ジョゼフ・ウィリアム・ターナーを鑑賞した時には「人如何で神を画具にあらはすを得んや、人のなしうるは神の工を描きうるのみ」と、直接的な神の描写の不可能性を説いた上で、自然の風景の中に「神の存在と愛と栄光とを知らしむる Turner の深き自然観に余は感動の声を惜しまず」と、間接的に神の存在を暗示する絵画技法への賛辞が述べられている（同年一二月二一日）。そして結論からいえば、この絵画批評に現れたスタンスは、彼の植民政策学とも密接に関与していた。その点を見る前に、矢内原のロンドン体験をもう少し具体的に追跡しておこう。

苦悩するキリスト教徒

多数のキリスト教徒が住むロンドンは、矢内原に数々の貴重な体験を与えた。一九二一年元日の日記には、アルバート・ホールでオラトリオ「メサイア」に耳を傾けた時のこと

★矢内原がターナーの絵画を鑑賞したテート・ギャラリー（*The Imperial Album of London Views*, Eyre & Spottiswoode, 1921）。

が延々と綴られており、「大音楽、大説教、大礼拝なり」「此のconcertを聞くを得しは実に大なる幸福なり。帰宅後も心感激と愉快とに溢れて容易に眠られず」とある。
しかし、彼が異国の地ロンドンで捧げた神への祈りは、必然的にそれ以前とは異なる感情を伴っていた。例えば、一九二〇年一二月九日の日記に「余が母より習ひし日本語を用ふるはたゞ独り言の時と祈りのみなり、父なる神は余の日本語を領解し給ふ」とあるように、英語文化圏で「日本語」を話す、異邦人のキリスト教徒としての己の姿を、矢内原は見いだしていたのである。

こうした異文化間のズレの感覚は、矢内原の日記の至る所でノイズを響かせている。ウェストミンスター寺院を訪れた時には、見物人が教会の床に葬られた人々の墓石の上を、当然のように歩く姿に強い不快感を感じ（一九二〇年一二月一五日）、教会に「青年（男子）を沢山招致する為めにはgirlsを沢山呼ぶが良策なり」と新聞にあったのを読んで、「これがPuritansの故国英国の現状なり」と矢内原は憤慨した（一九二一年四月二日）。

また教会の説教でも違和感は募った。そこではただ教義が述べられるのみで「何故に直截に単純に明白に彼（preacher）自身の信仰を述べて『証し』となさざるや」と違和を表明するのである（一九二一年三月二五日）。「聖書知識が何だ、伝道が何だ、行為の善悪が何だ、われらの心が信仰の喜びに溢れて居ること之こそ最も幸なことである。喜びのない信仰――そんなものはうそだ」（同年四月一〇日）といった発言からは、単なる知識や教会組織などの諸制度を否定し、聖書の言葉が導く「心の信仰」を拠り所とした、無教会主義の思想が鮮明に伝わってくる。

その矢内原の胸中を明示する場面を見てみよう。一九二一年一月一二日、矢内原は精力

★ウェストミンスター寺院内の"Poets Corner"（右）（伊地知純正『倫敦名所図会』研究社、一九一八年）と"THE CHOIR"（左）（*The Imperial Album of London Views*, Eyre & Spottiswoode, 1921）。

的にロンドン市内で行動した。午前中には、オックスフォード・ストリートでウィンドーショッピングをしていて、失業者（Unemployed）から小銭をせがまれ、正午は大英博物館でギリシャ建築（Greek architecture）のレクチャーに耳を傾けた後、『タイムズ』で評判になっていた「乞食オペラ」（"Beggars"）を観劇し、午後六時からはアルバート・ホールで国際連盟（League of Nations）発足の一周年記念集会にでかけている。この一日を振り返って、彼は次のように日記に書きつけた。

Unemployed ——Greek architecture ——"Beggars" ——League of Nations いづれか人生の最もrealなるものなりや。いづれもrealityなるかも知れず、しかれども余に取りてはall vanityなり、空の空なり。ああ余の心は欠乏を感ず、何物かによりて充たされんことを欲す、本日見聞したるもの悉く余のwantを充たす能はず、——之を満たし得るものは愛なり。ああ余は愛を欲す。而して余に此満足を与へ得る者二あり。

もちろん日記の続きには、矢内原の心の空虚（vanity）を満たす二つの存在も語られている。「主キリスト」と、最愛の妻「愛子」である。

矢内原のロンドン日記には、頻繁に愛子への思いが綴られている。その記述は、最初は単なるホームシックともいえる内容なのだが、突然、不穏な影が忍び寄る。日本で気管支カタルの親類を看護していた妻が、その病人の死後、病臥に伏したのだ。そのことが発覚した直後の矢内原の日記には次のようにある。「『気管支カタル』——愛子も亦肺尖を侵されつつあるにあらずやと尠からず驚愕し心、身につかず」（一九二一年一月二〇日）、「愛子を

★一九二一年五月九日、皇太子裕仁親王（後の昭和天皇）がロンドンに到着した。駅で皇太子を出迎えた矢内原は、その日の日記に「余はdespotismを好まず、然れどもdemocracyよりもmonarchyを好む」と書いている（『矢内原忠雄全集』第二八巻、岩波書店、一九六五年）。図版は「倫敦市長の歓迎辞捧呈」（溝口白羊『東宮御渡欧記』日本評論社出版部、一九二一年）。

恋ひ慕ふ心、彼女の病気に対するanxietyにて心満つ。（略）ああ時よ早く過ぎ行け、愛子の愛の胸にかへる日よ早く来れ、おゝ愛子よ、わが妻よ」（同年一月二二日）。

最終的に愛子は、矢内原が帰国した直後の一九二三年二月に他界する。ロンドンの矢内原は、異邦人として、キリスト教徒として、そして妻の病状を案ずる夫として、葛藤と苦悩の渦中にあったのである。しかし、そこに一筋の光明のさす時が訪れる。

植民政策学と神

ロンドンを出発する一ヵ月前、矢内原は北ウェールズやアイルランドなどを旅行し、一九二一年八月六日、スコットランド北部のインヴァネス（Inverness）に到着した。翌日、散歩中に町の人から教会に誘われ、そこで矢内原は、俗化したロンドンの教会とは異なる、特異な光景を目の当たりにする。

日記によれば、その教会には「聖句を記したる紙の札が四枚」、壁にあるだけで他に装飾もなく、パイプオルガンさえない。賛美歌は「何のmusicもなく響き渡るは男も女もありたけの大声にて歌ふvocal soundのみ」だった。だが、この純朴な空間の中で、牧師が「単純に熱心に聖書のみ」を説く姿に、矢内原の心は完全に射抜かれた。「これが最もたましひの深き処に触れる声である」と感動し、翌八日の日記には次のような確信が綴られている。「此地を余の旅行の北の極点とせられしは全く此地に於ける主の民に会ふが為めであつた」。いわば、インヴァネスは神と矢内原の約束の地となったのである。

この体験を別の角度から考察してみよう。旅行後にロンドンへ戻った矢内原は、ブレズ

★矢内原は湖水地方を旅行中に、詩人ウィリアム・ワーズワースの墓を訪ねた。一九二一年八月一九日付の日記には「現代の英人の多くは彼の詩を顧みず又之を解せずと雖も東洋日本国に彼の同情者尠からざるを告げて彼の霊を慰めた」とある（『矢内原忠雄全集』第二八巻、岩波書店、一九六五年）。図版の右から三番目がワーズワースの墓石（仲摩照久編『世界地理風俗大系』第一〇巻、新光社、一九二九年）。

レン（Brethren・同胞派）の集会を訪れるようになる。牧師や聖職者を認めない、無教会主義とも近しい理念をもつキリスト教グループである。そして、この集会で矢内原は「Inverness の夜と同じ幸を味う」ことになるのである。日記には次のようにある。「英人あり日本人ありスウィス人あり仏蘭西人あり霊力溢れた meeting であつた。此夜帰る途中主を思ひ主の愛を思うて喜び心に満ち胸が張りさけんばかりの苦痛を感じた。わが此肉体の胸は此大なる霊の喜びを盛るべく余りに器が小さいのだ」（一九二一年九月五日）。

矢内原の信仰の根幹を貫くのは、こうしたインヴァネスの教会や、ブレズレンの集会でのイメージだろう。そこでは、様々な身分や国籍を越えて、共通の神への祈りが捧げられていた。そして、このイメージが矢内原の植民政策学の思考にも底流しているのである。

ロンドン滞在中の矢内原は頻繁に大英図書館を訪れ、アダム・スミス『国富論』をはじめとして、デイヴィッド・リカードらの経済学の書籍や、*The Oxford Survey of the British Empire*（Clarendon Press, 1914）などを熱心に読み込んでいる。その成果は、矢内原忠雄『英国植民省に就て』（内閣拓殖局、一九二二年）にまとめられた。

もともと「植民政策学」なる学問が日本で確立されたのは、日露戦争（一九〇四年〜一九〇五年）の後のことだった。この時期、朝鮮の保護国化や、中国関東州の租借地獲得に伴って、植民政策「学」の構築も推進されたのである。東京帝大では一九〇九年に植民政策学講座が開設され、続いて官立大学や私立大学でも同様の科目が開設されている。しかし、その内実は、海外の学説の焼き直しという域を出るものではなかった。いわば、当時の植民政策学とは、欧米列強における植民地統治の技術を習得するための学問だったのである。

その点を矢内原の『英国植民省に就て』も色濃く反映している。この報告書は全三部か

★矢内原は大英図書館で、産児制限論や性教育運動の中心にいたマリー・ストープスの著書も熱心に読んでいる。一九二〇年一二月二九日付の日記には、"Klassenkampf"（階級闘争）と"sex"が「我国に於ても今後人心を占領する二大問題たらん」と述べ、ストープスの思想に「憤慨を禁ぜざりき」とある（『矢内原忠雄全集』第一八巻、岩波書店、一九六五年）。図版は大英博物館（仲摩照久編『世界地理風俗大系』第一〇巻、新光社、一九二九年）。中央のドームが大英図書館の読書室にあたる。

らなり、「上、英国植民省成立の由来」で一七世紀から一九世紀までの歴史が概説され、「中、英国植民省の組織権限」では、植民省の管轄範囲、構成、事務、権限、予算編成が詳細に記されており、統治技術のカタログといった体裁になっている。

しかし、この報告書では従来の植民政策学とは異なる視野が開示されていた。矢内原は同書後半の「下、英国植民省の将来」で、カナダやオーストラリアなどの英国の植民地が、一九世紀から二〇世紀にかけて「自治領土」という名称を獲得し、イギリス本国と同等の「自主独立の地位」を認められたことに着目している。その上で「植民省の自治領土に対する権威は次第に失墜」し、自治領土は「一の国家」として認められ、「英帝国は自由なる国家の聯合」となりつつある、と主張するのである。ここで矢内原は、従来の統治技術の習得という次元を越えて、「植民」という現象そのものへと関心を向け、さらに多元的国家の成立という未来を展望している。

注意を要するのは、この「自由なる国家の聯合」という大英帝国のイメージが、前述したロンドンの美術館の、複数の国の人々に開かれた場所のイメージや、ブレズレン派の集会での、様々な国籍を越えた祈りのイメージと呼応している点だろう。矢内原は、主著『植民地及植民政策』（有斐閣、一九二六年）の最終章「植民地の理想」で、こうした共存のイメージを「自主主義植民政策」という言葉で語ったのである。曰く、「自主主義植民政策理想の実現に対する確実なる保障は科学的にも歴史的にも与へられない。（略）たゞ一事は確かである、即ち人類は之に対する希望を有することを。虐げらるゝものゝ解放、沈めるものゝ向上、而して自主独立なるものゝ平和的結合、人類は昔し望み今望み将来も之を望むであらう。希望！　而して信仰！　私は信ずる、平和の保障は『強き神の子不朽の愛』に存す

★矢内原は「附録アイルランド問題の沿革」（『帝国主義下の印度』大同書院、一九三七年）で「アイルランド問題研究の実際的興味は吾人にとりては朝鮮（及び満洲、台湾）あるが故」だと述べている。図版は『帝国主義下の印度』の内扉。

ることを」。

もちろん、こうした主張には問題点もある。熱く理想を語る矢内原の言葉は、ともすれば現実の政治的状況から遊離する危険を含んでいるからだ。この点は、先に矢内原がロンドンの政治的状況（失業者や国際連盟の集会）を「空の空なり」と退けたことにも見られるし、実際、『植民地及植民政策』では、植民本国と植民地との政治的従属関係が「形式的条件」の名の下に一蹴され、「植民地の本質的属性」からは除外されていた。

以上の点から、矢内原を批判することも当然必要だろう。だが、注意しておきたい。先にレイノルズやターナーの絵画批評で述べていたように、矢内原の考える神とは、直接的に人間の手が届かない外部の超越的存在であり、ましてや人間の利己的な思考（植民地主義）とは相容れない存在だった。その意味でいえば、神は私利私欲を貪る人間を徹底批判することが可能な存在でもあった。日中戦争勃発の直後、矢内原は、植民地支配を拡大する大日本帝国について「一先づ此の国を葬つて下さい」と語り（「神の国」、『通信』一九三七年一〇月）、東大教授の座を追放されることになる。彼のロンドン体験は、そうした不吉な未来を既に先取りしていたのかもしれない。

（西村将洋）

★矢内原の辞表提出を報じた『読売新聞』（一九三七年一二月二日、夕刊）の記事。

筆禍の矢内原教授
けさ辞表を提出
著書"民族と平和"頒布禁止

西脇順三郎（にしわきじゅんざぶろう）（1922-1925）——新しい詩への旅

北野丸でロンドンへ

西脇順三郎は、慶応義塾大学理財科在学中から語学を得意とし、英語の本を読みあさるほか、卒業論文はラテン語で作成した。絵画にも才能を発揮し、フランスへの留学をも考えていたが、父の死により断念した。慶応義塾大学予科主任教授であった田中萃一郎は西脇の英語力を買って、一九二〇年四月、彼を予科英語教員として採用する。西脇は慶応の教員留学生としてイギリスに向けて出発したのである。

一九二二年七月七日、西脇を乗せた北野丸は神戸を出航し、シンガポール、セイロンを経てマルセイユに向かった。西脇は「お守り」として持ってきたニーチェの『ツァラトゥストラ』をポケットから取り出し、インド洋で読んだ。同船者には慶応のドイツ語教員の船田三郎のほか、のちに内閣総理大臣になる小磯国昭もいた。小磯はこの時陸軍大佐で、各国航空事情視察のため欧州に出張するところであった。また資生堂社長の四男で俳人の福原信辰（路草）もいた。路草はマルセイユで西脇と別れてパリに向かい、パリの写真撮影に励んだ。すでに『写真芸術』に作品を発表していた路草は、パリのあとロンドン市内でも精力的に撮影してまわっている。そのほかに、川崎汽船のロンドン支店長奥山義一、川崎汽船神戸支店長の息子の徳田敬二郎も同船していた。この二人は、西脇にとって重要

★一九二一年五月、川崎汽船の松方幸次郎社長は、川崎造船所船舶部・国際汽船との三社共営態勢をロンドンに敷いた。この新ラインは三社のイニシャルをとってKラインと名付けられ、鈴木商店が総代理店となった。写真は一九二一年ロンドンにおけるKライン結成の時のもの。奥山義一は二列目右端（『川崎汽船五十年史』川崎汽船株式会社、一九六九年）。

な役割を果すことになる。西脇がのちにロンドンで結婚した時、奥山邸が披露宴会場となり、徳田はベストマンを務めたのである。

一九二二年八月下旬にロンドンに着いた西脇は、セント・ジェイムズ・パーク近くのペティ・フランスにあったクイーン・アンズ・マンションというホテルに滞在した。しかしホテルでは滞在費がかさむため、すぐに下宿に移った。一九二〇年に慶応大学英文科を卒業し、翌年にロンドンに来ていた野村光一が、西脇にケンブリッジ・スクエアにある個人ホテルを紹介してくれたのだ。当時の慶応の留学費は年三五〇円だったという。「普通の素人下宿へ泊まっていて、一週間ずつ支払いをする。一週間でいくらだったかな、僅かですよ。三百五十円あれば、まあ文部省の留学生並みなんです」と西脇は回顧する。そして「私の親父の世話になって、金持ちになった人が、その足りない分を出してくれたんです」（西脇順三郎・安東伸介「対談　初夏の一夕」、『三田評論』一九八〇年八・九月）というから、一般の留学生に比べて西脇は恵まれていたといえる。

野村光一は、音楽の視察研究のためロンドンに来ており、一九二三年一月には大田黒元雄をヴィクトリア駅に迎えていた。二人はクイーンズ・ホールやアルバート・ホールのコンサートに足繁く通ったが、門外漢のはずの西脇も、野村に連れられてあちこちのコンサートに行ったのだった。野村は、「イギリス人の喋る本物の英語の抑揚がヨーロッパの音楽の抑揚に何処か共通するところがあるのに気が付いて、それならばあまり洋楽には縁がなかった西脇さんにもう少し音楽を知って貰いたい、そうすれば語学の上でも得るところがあるだろうと思って」（野村光一「英語と詩と音楽と」、『三田評論』一九八二年一〇月）西脇を誘ったのだという。

★大田黒元雄は一九一二年に英国に留学し、ロンドン大学で経済学を学んだ。一九一四年に帰国後、音楽評論家となり、音楽関係の著述を多数刊行した。一九一六年から一九年まで同人誌『音楽と文学』の中心的メンバーであったことからもわかるように、大田黒は文学にも造詣が深かった。野村光一もこのメンバーであり、大田黒からロンドン生活について聞き、大きな興味を抱いていた。野村はしかし、ロンドン滞在中に神経衰弱に陥り、一九二三年には日本に連れ戻されている。写真は『音楽と文学』の同人たち。前列右から二人目が大田黒、後列左端が野村（野村光一『音楽青春物語』音楽之友社、一九五三年）。

おかげで西脇は、夏はクイーンズ・ホールのコンサートに毎晩出掛け、アルバート・ホールではフョードル・シャリアピンの「舟歌」や「ファウスト」を聞き、ピアノではミキ・ニキシやアルフレッド・コルトーを聞くことができた。

西脇には、野村のほかにも多くの知人友人ができた。のちに慶応で英文学を教えることになるシェラード・ヴァインズとも、ロンドン着後まもなく会っている。一九二二年と二三年にロンドンを訪れた柳田国男とも会い、これが縁で帰国後も柳田の木曜会に出席するようになった。また同船だった徳田敬二郎ともしばしば会い、彼の従兄にあたる郡虎彦とも親しく語り合った。なにより、西脇のロンドン生活に大きな影響力を持ったのが、ヴァインズに紹介されて知り合ったジョン・コリアという詩人であった。

ジョン・コリアとの交遊

西脇とジョン・コリアが会ったのは一九二二年秋のことで、西脇は二八歳、コリアは二〇歳だった。この年下の友人に、西脇は多くを教えられることになる。ペイターやフローベールやアーサー・シモンズを読んできた西脇が、それらが既に古い文学であり、今やモダニズムの時代であることを思い知らされたのである。

T・S・エリオットの『荒地』とジェイムズ・ジョイスの『ユリシーズ』が発表された一九二二年は、英文学史では「アヌス・ミラビリス」(驚異の年)と呼ばれるほどセンセーショナルな年だった。まさにその年、西脇はロンドンに足を踏み入れたのだ。コリアは西脇をチャリング・クロスの古本屋に案内し、ウィンダム・ルイスとエズラ・パウンドの編集に

★英国留学時代の西脇順三郎。右の写真はオックスフォード大学で他の学生らと写ったもの。前から四列目、左から七人目が西脇。左はそれを拡大したもの。中央が西脇(県立神奈川近代文学館所蔵。無断転用禁止)。

なる文芸誌『ブラスト』の一・二号を買わせ、またエリオットの「荒地」が掲載されている『クライテリオン』一号やルイスの小説『ター』も買わせた。コリアはまた、西脇を近代絵画の展覧会に何度も連れて行った。西脇はあっけにとられ、「私の過去をすべてすてて」、「心からこの新しい文学を信じてしまった」。そして「約四十年以後になってこの私の失望と希望をかえりみると涙ぐましいものであろう」（「モダニズムの文芸」、『英語青年』一九六〇年二月）と書いている。

コリアは裕福な青年ではなかった。昼間は海軍省で働き、夜は友人たちと文学論や絵画論を戦わせていた。彼の詩はやがて認められ、エドワード・タイタス編集の文芸誌『ジス・クオーター』に載るようになる。一九三〇年には小説『ヒズ・モンキー・ワイフ』が刊行されて評判を得る。一九三一年七・八・九月号の『ジス・クオーター』誌上で彼は、「ジス・クオーターズ・イングリッシュ・ポエトリー・プライズ」と「ウィリアム・ヴァン・ワイク・プレファレンシャル・プライズ」の二つの賞を同時受賞した。

コリアはやがて世に出るその詩才をふりまきながら、西脇と芸術を語り、ロンドンの町を逍遥し、ビールを飲んだ。「なにしろ、あれの飲み代は全部俺が払ったんだからなあ」（新倉俊一「白金余録」、『言語文化』一九八三年二月）とは西脇の弁である。西脇は当時下宿していたホーンズィ・ライズの坂を、「コリアがすすめるままにルイスの『Caliph's Design』という芸術論を読みながら、林檎と梨の白い花咲くころ歩いた」と、のちに懐かしく思い出すのだった（西脇順三郎「序」、ジョン・コリア、海野厚志訳『モンキー・ワイフ』講談社、一九七七年）。

西脇はやがてヴァインズの住んでいたブロンプトン・ロードのホテル・ローランドに移る。カーペットに薔薇の模様があり、二人はこの場所に「ロマン・ド・ラ・ローズ」（薔薇

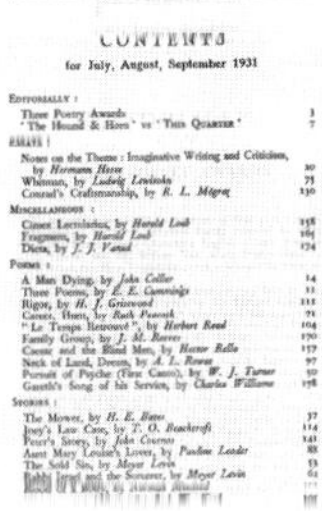
THIS QUARTER

Edited & Published by EDWARD W. TITUS

Vol. IV No. 1

CONTENTS

for July, August, September 1931

EDITORIALLY :
Three Poetry Awards 1
'The Hound & Horn' vs 'This Quarter' 7

ESSAYS :
Notes on the Theme : Imaginative Writing and Criticism, by Hermann Hesse 20
Whitman, by Ludwig Lewisohn 75
Conrad's Craftsmanship, by R. L. Mégroz 130

MISCELLANEOUS :
Cineæ Lecturiales, by Harold Loeb 158
Fragment, by Harold Loeb 165
Dicta, by J. J. Varud 174

POEMS :
A Man Dying, by John Collier 14
Three Poems, by E. E. Cummings 11
Rigor, by H. J. Griswood 111
Career, Hunt, by Ruth Peacock 71
"Le Temps Retrouvé", by Herbert Read 104
Family Group, by J. M. Reeves 170
Cassiac and the Blind Men, by Hector Bolla 157
Neck of Land, Dream, by A. L. Rowse 97
Pursuit of Psyche (First Canto), by W. J. Turner 50
Gareth's Song of his Service, by Charles Williams 178

STORIES :
The Mower, by H. E. Bates 37
Joey's Law Case, by T. O. Beachcroft 114
Peter's Story, by John Cournos 141
Aunt Mary Louise's Lover, by Pauline Leader 88
The Sold Sin, by Meyer Levin 53
Rabbi Israel and the Sorcerer, by Meyer Levin 61

— 1 —

★『ジス・クォーター』（一九三一年七・八・九月）目次。この号でコリアの二つの賞の受賞が発表された。賞金はそれぞれ二五〇〇フラン。この後コリアは詩よりも短篇小説に力を注ぐようになる。一九三五年にはイギリスを離れ、ハリウッドで映画テレビ向けの作品を書いた。一九五一年にはエドガー・アラン・ポー賞、一九五二年には国際ファンタジー賞を受賞している。一九七五年七月二日、新倉俊一がロンドンでコリアに会った。彼はすでに住居をフランスに移していたが、ロンドンのチャルコット・クレセントにも仮の居宅を持っていた。新倉はここでコリアと会い、彼がいかに西脇の才能を敬慕していたかを改めて知る（新倉俊一「はじめに――ジョン・コリア訪問記」『増補新版　西脇順三郎　変容の伝統』東峰書房、一九九四年）。

物語）というロマンチックな名前をつけた。コリアはといえば、テムズ河の南のピムリコに住んでいた。その頃の二人の生活を、西脇は「薔薇物語」という詩にしている。

ヂオンが寝る所はテムズ河の南の不潔な
町の屋根裏であつて、電気がないから
ビール瓶の五六本にローソクを花のやうに
つきさして、二人の顔を幾分あかるくした
ビール箱にダンの詩とルイスの絵を入れた
僕はその時分は南ケンジントンのブラムプトン
にある薔薇のついたカーペトのあるホテル
に住んでゐた。我々はこのホテルを
ロマン・ド・ラ・ローズと呼んでゐた
時々、月影にやき栗をかつて、一緒に
ロマン・ド・ラ・ローズの中へはひつて
電気をつけて悲しんだ

（「薔薇物語」、『Ambarvalia』椎の木社、一九三三年）

西脇はこうしてモダニズムの洗礼を受け、"A Kensington Idyll"（「ケンジントン牧歌」）という新しい詩をつくった。コリアに見せると大層気に入り、ハロルド・マンロー主宰の詩誌『チャップブック』に送るべきだという。コリアが推薦の手紙を書き、西脇はこの詩を三

★西脇順三郎『Ambarvalia』（椎の木社、一九三三年）。「薔薇物語」はこの詩集の後半「Le Monde Moderne」の中に収められた。

井物産の知人にタイプしてもらって送った。するとホテルに返事がきて、おもしろいから預かるという。ただし次号がいつ出るかはわからないということだった。それでも、ロンドンに着いた早々あっけにとられて見ているしかなかったモダニズムの波に、西脇は数ヵ月で乗ってみせたということになる。

この雑誌が出るより前に、西脇はオックスフォード大学に向けて出発しなければならなかった。慶応では、留学させた教員に英語に堪能になって帰ってきてもらうのが第一の目的であったので、特にオックスフォード大学へ行くように指示したわけではなかった。西脇は自らオックスフォード大学ニュー・カレッジのオナーズ・ディグリーへの入学を希望し、英文学と英語学とを学ぶつもりでいたのだった。ところが締切に間に合わず、幸か不幸か一年をロンドンで過ごし、やっと秋学期への入学が許されたのだ。ロンドンで西脇は、コリアらと交遊しながらも、ミルトンやシェイクスピアを読んで入学準備を怠らなかったようだ。

オックスフォードにて

一九二三年一〇月にオックスフォードの秋学期が始まった。西脇は、「朝からゴシック語で聖書を読まさせられたりベーオウルフとチヨーサかなにかを羊の肉をたべながらいやいや読んで」いた（「角笛を磨く」、『三田文学』一九三六年一月）。英文学を学ぶのは女子学生が多く、男子の秀才は古典文学を学んでいることに彼は気づく。そこでギリシャ語科に移りたいと手紙で慶応に訴えたが、退けられた。憂欝で退屈な生活が続いた。当初ホリウェル・スト

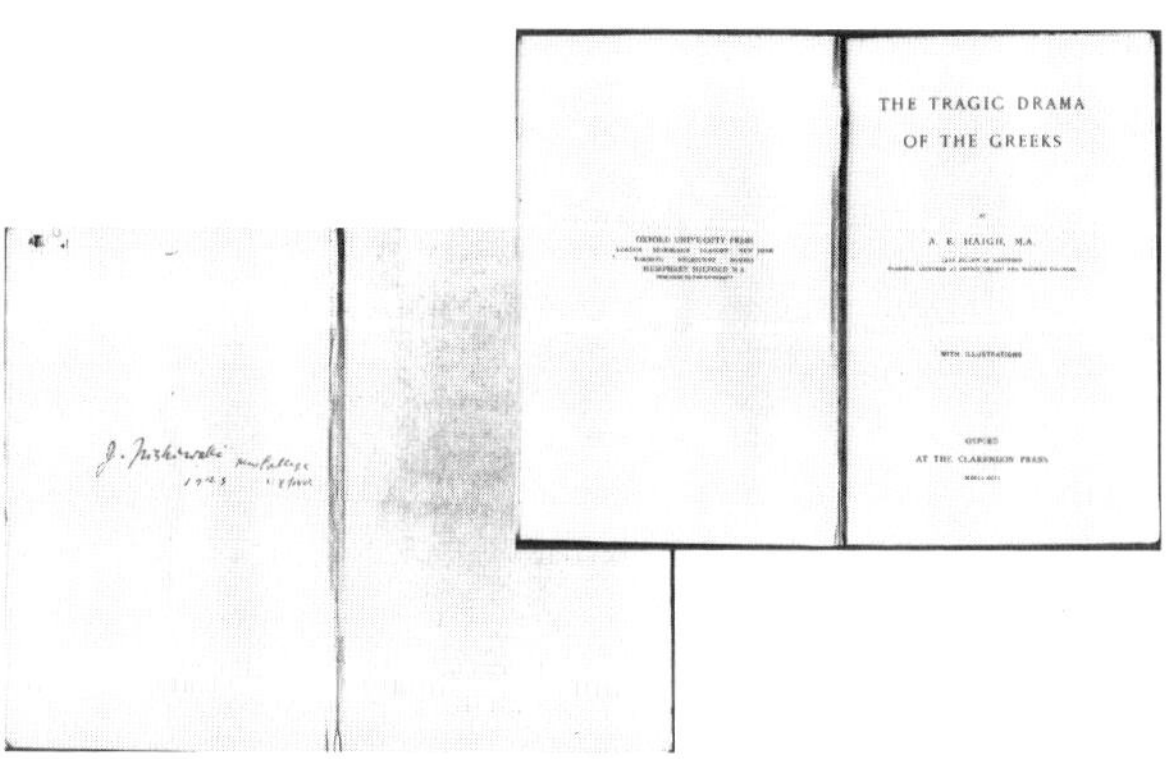

★オックスフォード大学在学中に、西脇が読んでいたギリシャ悲劇の本 A. E. Haigh, *The Tragic Drama of the Greeks* (Clarendon Press 1896)。見返し部分に"J. Nishiwaki 1923 New College Oxford"とサインしてあるのが見える。目次に引かれた下線で判断する限りでは、ソフォクレスよりもアイスキュロスをよく読んだようだ（個人蔵）。

リートの寮に住んでいた西脇は、冬学期の一九二四年一月には寮を出て、ボーモント・ストリート一二番地の下宿に移ることを許可された。「オックスフオドの冬の日は、下宿の暗い二階の室で、まきをたいて、シェイクスピアを読んでいたことが一番の印象で、時々河柳のある水辺を散歩したり、洪水の多い冬の牧場に夕日が落ちて行くの（ママ）見て淋しく思つた」（「英国の田園」、『英語プリマー』一九四九年八月）と西脇は回想している。

夏学期の五月には、ニューディゲイト賞という詩の募集が学内であった。この年の課題はラテン語ならナポレオン、英語ならミケランジェロだった。西脇はラテン語で挑戦しようとしたが間に合わず、急遽英語で応募し、落選した。

「角笛を磨く」はオックスフォードでの生活を思い出して書いたものだが、「別に面白いこともなかった」「まだ何も面白いことが起りさうもなかつた」「つまらない」「面白くなささうであつた」といった表現が並んでいて、西脇の心象風景がしのばれる。しかし、実はそう「面白くない」ことばかりではなかったようで、「オックスフォード時代、教授の自宅でお茶をのみながら講義をうけたりした、その豊かさを諸君に分けたい」と、慶応の大学院生だった村松英子に語ったりもしている（村松英子「教授の放心」、『回想の西脇順三郎I』慶応義塾三田文学ライブラリー、一九八四年）。なにより「外国にいた時分婦人に好かれた。向こうの女は男の顔を、平気でホメる」（三浦孝之助「話から知ったことなど」、『FRONTIER別冊I』一九五六年六月）などと語っていることから、楽しい思い出もあったのではないかと思われる。

それが証拠に、一九二四年七月二五日、西脇はマージョリ・ビッドルという英国女性と結婚するのだ。マージョリはロンドンのスレイド・スクール・オブ・ファイン・アートに通う画学生だった。西脇はオックスフォード時代、ロンドンに頻繁に出掛け、彼女と会っ

★一九二四年、西脇とマージョリ・ビッドルが結婚した時の写真（県立神奈川近代文学館所蔵。無断転用禁止）。

ていたのである。工藤美代子の調査によると、最初の出会いはカフェ・ロワイヤルで、お互いに一目ぼれであったらしい（『寂しい声——西脇順三郎の生涯』筑摩書房、一九九四年）。西脇はマージョリについて多くを語っていないが、おそらく郡虎彦とそのパートナー、ヘスター・セインズベリの紹介で知り合い、郡と同じシドナムのダリッジに住んでいた彼女のもとを、西脇は何度か訪ねたものと思われる。

結婚披露パーティーは、ブレナム・ロードの奥山義一邸で行われた。ベストマンは徳田敬二郎だった。二人はサセックス州のセルシーに新婚旅行に出掛け、そこにしばらく滞在した。「サッセックスのチチスターという町から当時のガソリンカーでセルシイという村へ行き、そこで長く夏休みの日を暮したが、この辺はやはりイギリス海峡に面している。麦畑の上にコバルト色の海が浮いて見えるところだ」（「英国の田園」『英語』一九四九年七月）と西脇は書いている。新婚旅行であったことなどおくびにも出さない。戻ってくるとオックスフォードのファーンドン・ロード一〇番地のフラットに新居を構えた。

やがて一〇月に悪いニュース、一一月によいニュースがやってきた。一〇月六日、スイスで療養していた郡虎彦が死んだのだ。遺骨がロンドンのヘスター宅に戻ってきた時、西脇は徳田とともに弔問に訪れている。一一月のニュースは、思いがけず斎藤勇からもたらされた。東京帝大助教授であった斎藤は、英文学研究のため、英仏米に二年の在外研究を命じられ、一九二三年五月にロンドンに着いていた。翌年七月からはオックスフォードに転居してキーツ論を書いていたが、ある日『チャップブック』に西脇の詩が載っていると教えてくれたのだ。マンローに預けたまますっかり忘れていた西脇の「ケンジントン牧歌」が、たしかに『チャップブック』三九号に掲載されていた。「マンローがやっていた詩の

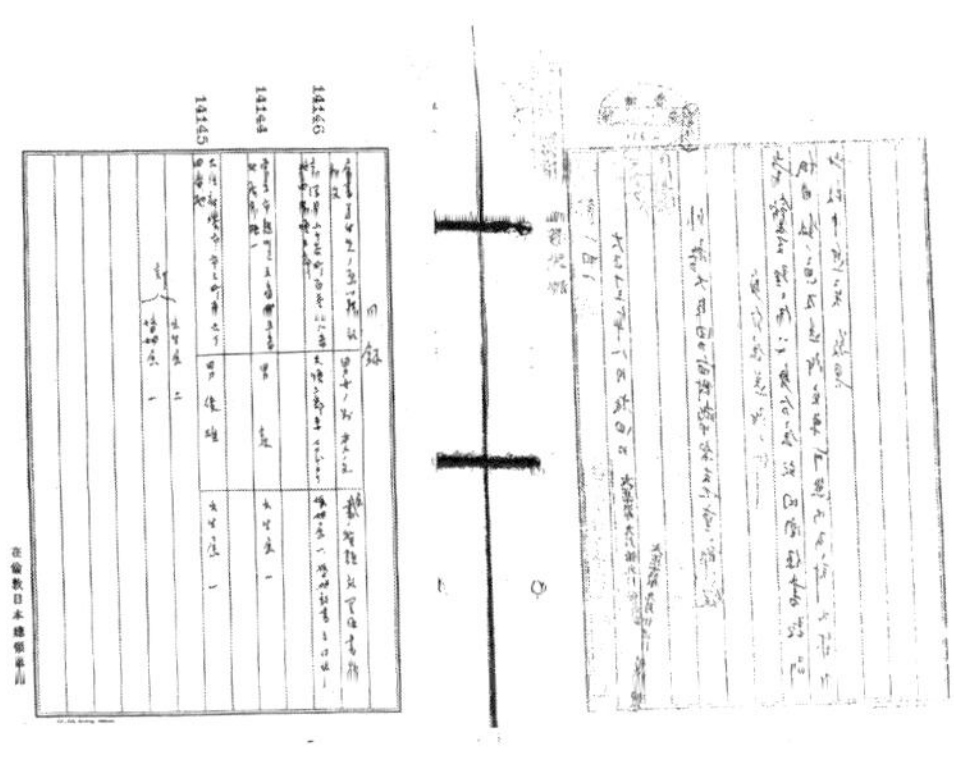

★西脇とマージョリの婚姻届は、在倫敦日本総領事館に提出された。「目録」として「夫順三郎　妻マアヂヨリ」「婚姻届一、婚姻証書及日訳文」と読める。総領事館では、同じ月に提出された二件の出生届とまとめて八月に書類作成し、九月にそれぞれの本籍地に送付したものと思われる（外交史料館所蔵『在外本邦人身分関係雑件　欧州　西比利　大正十三年自一月至十一月』）。

雑誌『チャプブック』に初めて詩が出たときはちょっと興味があった。その号ではエリオットは『サボテンの夢』という詩を書いたので、詩が認められたような気がした」（「『Spectrum』の思い出」、『中村書店パンフレット』一九五〇年）と西脇は回想する。西脇の"A Kensington Idyll"は、エリオットの"Doris's Dream Songs"やオズバート・シットウェルの"Catania"などと並んで掲載されていたから、英詩を志す者にとってこれほど心躍ることはなかっただろう。

西脇は意を強くし、オックスフォードの最終口頭試験を放棄して英文詩集 *Spectrum*（『スペクトラム』）の完成に力を注いだ。フランスでは年末に『シュルレアリスム革命』誌が刊行され、ロンドンの書店でも新しいフランスの詩の本を次々と店頭に飾るようになった。西脇はこの波にも乗ってみせようとした。『スペクトラム』を、西脇はヘスターの弟フィリップ・セインズベリのもとに持ち込んだ。フィリップはロンドンのミューズ・ウェスト、スタンホープ二一番地に小さな個人出版社ケイム・プレスをつくっていたのだ。

一九二五年八月、『スペクトラム』はケイム・プレスより刊行された。西脇はこの自費出版に、イタリア旅行のために貯えていた二五ポンドをあてた。書評が『タイムズ文芸付録』と『デイリー・ニュース』に出たが、どうやら出た頃には西脇はすでにこの詩集をあまり評価してはいなかったようだ。「これは犬もほえない気の毒なさすらい人の神経衰弱的な存在にすぎなかった。（略）外国で詩集をその国の言葉で出してヨーロッパの人達と競ってみたいというのが若気のいたりの軽業であった」（「Spectrum と『アムバルワリア』」、『本の手帖』一九六一年一〇月）と彼は書いている。

この頃西脇夫妻はチェルシーのアーツ・クラブの隣にあるチャーチ・ストリート一四一番地Aに住んでいた。「コップの黄昏」という詩の中に「チェルシーの橋によりかかって

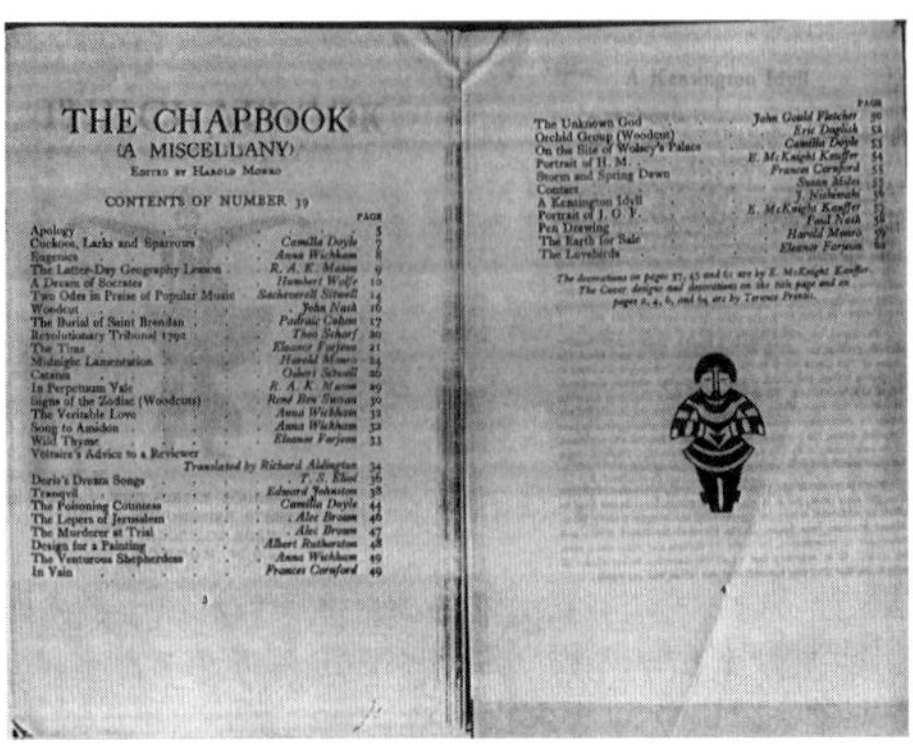

THE CHAPBOOK
(A MISCELLANY)
EDITED BY HAROLD MONRO

CONTENTS OF NUMBER 39

		PAGE
Apology		5
Cuckoos, Larks and Sparrows	Camilla Doyle	7
Eugenics	Anna Wickham	8
The Latter-Day Geography Lesson	R. A. K. Mason	9
A Dream of Socrates	Humbert Wolfe	10
Two Odes in Praise of Popular Music	Sacheverell Sitwell	14
Woodcut	John Nash	16
The Burial of Saint Brendan	Padraic Colum	17
Revolutionary Tribunal 1792	Theo Scharf	20
The Time	Eleanor Farjeon	21
Midnight Lamentation	Harold Monro	24
Catania	Osbert Sitwell	26
In Perpetuum Vale	R. A. K. Mason	29
Signs of the Zodiac (Woodcuts)	René Ben Sussan	30
The Veritable Love	Anna Wickham	32
Song to Amidon	Anna Wickham	32
Wild Thyme	Eleanor Farjeon	33
Voltaire's Advice to a Reviewer	Translated by Richard Aldington	34
Doris's Dream Songs	T. S. Eliot	36
Tranquil	Edward Johnston	38
The Poisoning Countess	Camilla Doyle	44
The Lepers of Jerusalem	Alec Brown	46
The Murderer at Trial	Alec Brown	47
Design for a Painting	Albert Rutherston	48
The Venturous Shepherdess	Anna Wickham	49
In Vain	Frances Cornford	49

		PAGE
The Unknown God	John Gould Fletcher	50
Orchid Group (Woodcut)	Eric Daglish	52
On the Site of Wolsey's Palace	Camilla Doyle	53
Portrait of H. M.	E. McKnight Kauffer	54
Storm and Spring Dawn	Frances Cornford	55
Contact	Susan Miles	55
A Kensington Idyll	J. Nishiwaki	56
Portrait of J. G. F.	E. McKnight Kauffer	57
Pen Drawing	Paul Nash	58
The Earth for Sale	Harold Monro	59
The Lovebirds	Eleanor Farjeon	60

The decorations on pages 37, 45 and 61 are by E. McKnight Kauffer. The Cover design and decorations on the title page and on pages 2, 4, 6, and 64 are by Terence Prentis.

★*The Chapbook*（Oct. 1924）の目次。右ページ七行目に"A Kensington Idyll. . . . J. Nishiwaki"とある。

／杏色の朝が／バタシー公園の森の上にのびて／かもめがほそ長い影をなげて／猫のように鳴いているのを／みている男の眼の茶色も／かたつむりの朝も／ひばりの夕暮も／ずっと向うにあるだけだ」（『文芸』一九六二年八月）と描かれているのは、その頃の風景だろう。

シュルレアリスム詩人として

Spectrum 以降も、西脇は英語やフランス語の詩を書き続けた。"Sentimental Exclamations!"（「感嘆集」）や"Une Montre Sentimentale"（「感傷的な時計」）などのタイトルをつけてまとめたものが残っている。一九二五年の秋、西脇はこれらを携え、マージョリと日本に帰る前にパリに寄った。パリにルーシー・サンテルムという外交官夫人がおり、オーギュスト・ロダンやジャン・コクトーと親しい家柄だった。作家であり婦人参政権運動家でもあった彼女は、日本の婦人問題について研究したいという希望を持っており、西脇を呼んだのだった。この機会にコクトーに会い、できれば詩集の刊行に力を貸してもらえればと西脇は考えていたようだ。残念なことにコクトーには会えず、出版の確約も取れないまま、西脇は一九二五年一〇月半ばにパリを発ち、マルセイユから再び北野丸に乗って帰国する。

一一月八日に帰国した西脇は、翌年四月、慶応義塾大学文学部教授に就任する。西脇から英文学を学んだ二宮孝顕によると、「教室へ入って来られただけでも、何か新鮮な空気が漂っていた。鼻メガネ、紺色のダブルの背広、その仕立ては一見して英国風であり、日本では見られないような瀟洒なスタイルであった」（二宮孝顕「西脇先生の思い出」、『ユリイカ』

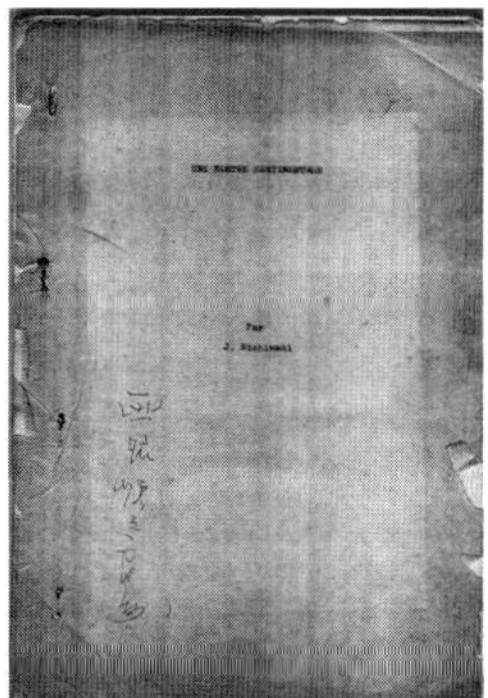

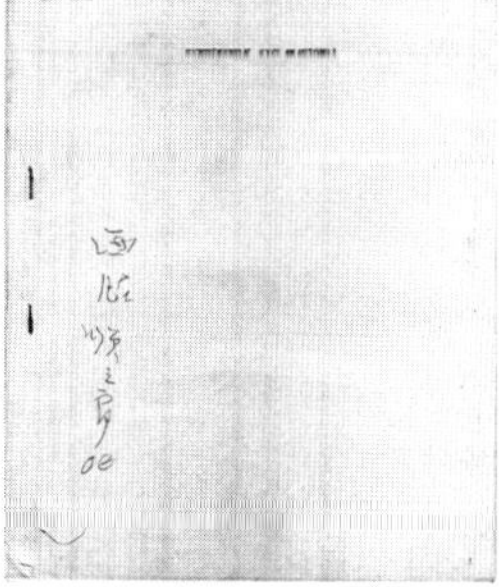

★右は西脇の仏語詩集「Une Montre Sentimentale」（「感傷的な時計」）のタイプ原稿。計七七篇の仏語詩から成り、目次もついている。最後のページに"J. Nishiwaki 1925"とある。イギリスから帰国する前にパリに寄ってこれを刊行しようとしたが、未刊行に終わった。左は西脇の英語詩集「Sentimental Exclamations!」（「感嘆集」）のタイプ原稿。未定稿らしく、刊行の手筈も整っていなかった（個人蔵）。

一九八二年七月）という。新しい文学を講じる西脇のまわりには、信奉者が集まった。瀧口修造、上田保、佐藤朔、三浦孝之助、中村喜久男が西脇を中心とする文学サークルを形成し、一九二七年一二月に日本最初のシュルレアリスム・アンソロジー『馥郁タル火夫ヨ』（大岡山書店）を生んだことはよく知られている。表紙デッサンはマージョリが担当した。以後、西脇は海外で英詩集や仏詩集を刊行するかわりに、次々と斬新な日本語詩を発表していく。ただし、海外とのコンタクトで特記すべきものが、二度あった。

まず一九五六年、岩崎良三が西脇の献詩つきの訳詩集『エズラ・パウンド詩集』を出した時、岩崎はこれに西脇の英詩"January in Kyoto"（京都の一月）を添えてパウンドに送った。パウンドはこれを読んで、岩崎に西脇をノーベル文学賞の候補に推薦することを提案したのだった。ノーベル賞の受賞はならなかったが、エリオットの才能を見いだしたパウンドが、西脇の才能にも着目していたことは、西脇の詩が世界に通用するものであることを雄弁に語っている。西脇はやがて一九七三年に、アメリカン・アカデミー・オブ・アーツ・アンド・サイエンシズの外国名誉会員に推薦された。

二度目は一九六七年九月にカナダのモントリオールで開催された世界詩人会議である。西脇はこれに出席したあと、九月一七日にロンドンに渡る。迎えた成田成寿らとともに西脇は、四〇年以上前に住んだケンジントンのホテル・ローランドを見、ホーンズィ・ライズを訪ね、オックスフォードのニュー・カレッジに足をのばした。二六日までの一〇日間、西脇は精力的に思い出の地をまわった。この時西脇は七三歳である。すでにマージョリとは離婚しており、エリオットも死んでいたが、パウンドもジョン・コリアも健在だった。ロンドン遊学中、「ブラムプトン・ロウドを中心にして自分の『緑りの夜明け』が開けた」

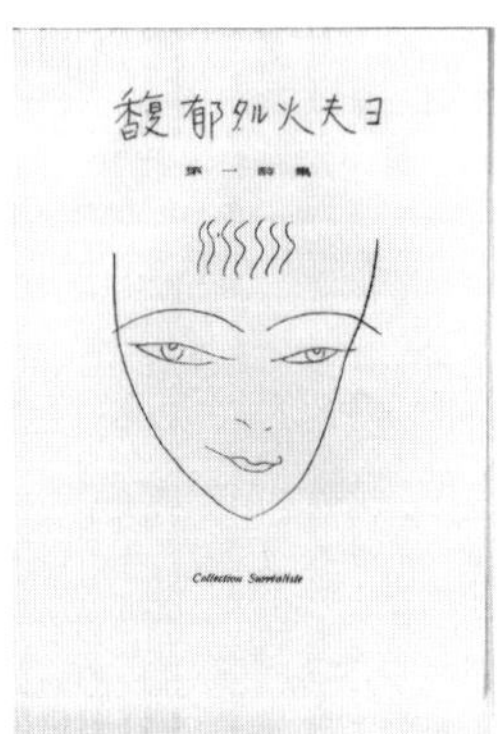

★『馥郁タル火夫ヨ』（大岡山書店、一九二七年）の表紙。題字は西脇、デッサンはマージョリの筆になる。

（「人形の夢」、『三田文学』一九三〇年一一月）と西脇は書いた。はたして七三歳の詩人の眼に、ロンドンの黎明は何色に映っていただろうか。

（和田桂子）

★ブロンプトン・ロードにあるホテル・ローランドの現在の姿。写真は二〇〇五年に著者が撮影。

河合栄治郎（かわいえいじろう）（1923-1925, 1933）——英国政治と革命の不可能性

アンチ・マルクス

自由主義思想家の河合栄治郎（東京帝国大学経済学部助教授）が、文部省在外研究員としてロンドンに到着したのは一九二三年一月のことだった。途中のドイツ留学などを除くと、約一年半を英国で過ごし、一九二五年七月に帰国している。この留学の記録は『在欧通信』（改造社、一九二六年）として上梓された。

日本人の海外滞在記では、往々にして異国での名所巡りなどが話題の中心となる傾向があるが、河合の場合は幾分事情が異なる。河合は「倫敦生活」（『在欧通信』）で、英国到着後、「一は英語の稽古、二は新聞雑誌を熟読すること、三は諸所の講演を丹念に聴き廻ること」に専念したと述懐している。つまり、彼の英国体験の主眼は、会話や活字や講演を通じて、イギリスの生の言葉に触れることにあった。

そのために河合は、複数の新聞や雑誌を毎日乱読しながら、多数の学者や政治家を訪問し、さらに大学構内の掲示板を何度もチェックして、頻繁に演説会や政治集会へ出かけている。『在欧通信』の特徴は、こうした同時代の英国の政治状況をビビッドに伝えた点にあるのだが、しかし、それは単なる現地報告ではなかった。

注目しておきたいのは『在欧通信』の「序文」である。河合は「我々の行為はすべて我々

★河合はイギリスの新聞を高く評価し、「保守系としてタイムスかモーニング・ポスト、自由系としてマンチエスター・ガーヂヤン」を挙げ、特に痛快な政府批判を行う「労働系」「デーリー・ヘラルド」を好むと述べている（『在欧通信』改造社、一九二六年）。図版は「四つの大新聞」（佐藤義亮編『世界現状大観』英吉利篇、新潮社、一九三一年）。

の個性の表現である」「外国生活の送り方も、亦其の人の個性の表はれであり」「自分の滞欧生活を顧みて、此にも自分の創造があると云ふ感を持った」と述べ、さらに、この書物が「私の友人に対する書簡に代へたやうなものである」とも記している。

ここでの「書簡」とは、単に情報を伝達するメディアの意味ではあるまい。河合のいう「書簡」とは、送り手と受け手の間に親密な関係を構築し、書き手（河合）が望む理想的な読者（「友人」）を創出する特別なメディアなのである。だとすれば、自らの「友人」へ語りかける際に、河合は何を「創造」し、己の「個性」を表現したのだろうか。その一面を窺うことのできるのが、彼のカール・マルクスへの言及である。

周知のように、一八四九年に英国へ亡命したマルクスは、大英図書館に足繁く通い、一八六七年には主著『資本論』の第一巻を公刊するなど、ロンドンで独自の思想を築き上げた。一八六四年にロンドンで設立された国際労働者協会（第一インターナショナル）の綱領や規約をマルクスが書き上げたことや、彼の末娘エリノア・マルクスが、一八八五年にデザイナーで思想家のウィリアム・モリスと社会主義同盟を結成したのもよく知られる事実だろう。モリスは『資本論』の愛読者でもあった。イギリス労働運動史に、マルクスは確かな足跡を残したのである。

河合もロンドンのマルクスに関心を注いでいるのだが、彼の言葉から浮かび上がるマルクスは特殊な意味を帯びている。例えば、河合は、一九二三年六月のイギリス労働党大会で議長シドニー・ウェッブが語った、次のような言葉を重視する。「マルクス主義を根本から排斥して、英国労働運動はマルクスから何物をも受けては居ない、我々に与へたものはカール・マルクスに非ずして、ロバート・オーウェンであり、ウィリアム・モリスであ

★カール・マルクスの肖像画（カール・マルクス『資本論』第一巻上冊、河上肇他訳、改造社、一九三一年）。

る」(『英国労働運動』、『在欧通信』)。

こうした発言が生れた理由を、河合は様々な人々に尋ね廻ったようだ。結論は次の三点である。第一はマルクスが「英人の好む人間味を欠いてゐた」から(ただし「人間味」についての具体的記述はない)。第二はマルクスが「英国に既存のものにインスピレーションを得て、之を系統的に記述したに過ぎない」という見解である。先にウェッブも述べていたように、マルクス以前に、英国には協同組合運動の先駆者ロバート・オーウェンらの営為があり、マルクスはそれらの既存の労働運動を整理して「説明」しただけの「模倣者」に過ぎない、というわけである。最後の第三の理由は「英国労働運動にある理想主義的傾向」の存在である。英国では、労働党などの革新勢力の中にも多数のキリスト教徒が属しており、それらの人々の理想主義的な思考が、マルクス主義の「無神論、物質論」に反感を持ったのだ、と河合はまとめている(『英国労働運動』)。

河合は、特に第三の理想主義を重要視するわけだが、しかし、彼の言葉を鵜呑みにすることはできない。なぜなら、河合自身が、当時の有力なマルクス主義政治学者ハロルド・ラスキを再三訪問し、一九二三年八月一六日付の日記では、ラスキの著書を読んで「マルクスに興味が出た」と述べ(『河合栄治郎全集』第二二巻、社会思想社、一九六九年)、さらにラスキの思想が英国理想主義の「最強の敵」であることを、自ら認めていたからである(『倫敦生活』)。にもかかわらず、河合は「英国ではマルクスの影響は実に尠い」「世界資本主義の中心たる英国に於て、マルキシズムは荒野に於ける孤客の声であった」と断言する(『英国労働運動』)。反マルクスという英国像を、日本の「友人」へ発信すること。この河合の「個性の表現」の意味を探る前に、ひとまずロンドンから離れることにしたい。

★河合が英国理想主義の根幹に位置づけたのが哲学者トマス・ヒル・グリーンだった。ただし矢内原忠雄は「自由と自由主義」(『思想』一九二九年六月)で、河合の論じるグリーンが、神学的要素を無視していると述べ、「『神』抜きのグリーン!」と酷評した。図版は「オックスフォルドの哲人トーマス・ヒル・グリーン」(河合栄治郎『在欧通信』改造社、一九二六年)。

未来の韓国大統領、尹潽善

河合の留学を語るうえで欠かせないのが、寄宿舎での共同生活である。一九二三年一月にロンドンに到着した河合は、四月からバーミンガムにほど近いウッドブルック・セツルメントの寄宿舎に入り、八月には英国南東部サリー州「ヘリスミア」でフェビアン協会夏期学校に、九月からはロンドンの北に位置する「ホッデスドン」でＩＬＰ（独立労働党）の夏期学校へ参加している。

ロンドンの喧噪から離れて、読書やレクチャーや人々との意見交換を行い、河合は充実した時間を過ごした。しかし、それぞれの寄宿生活の印象は自ずと異なる。例えば、フェビアン協会夏期学校では「集団として余りに統一の欠けてゐる」と、あまり芳しくない感想をもち、ＩＬＰの夏期学校では「明な旗印の下に全体が統一されてゐる」と好意的な印象を語っている。とはいえ、フェビアン協会やＩＬＰといった社会主義系の夏期学校は、いずれも手放しで賞賛できるものではなかった。それらの夏期学校で河合が感じていたのは「アングロ・サキソンの優秀民族であるとの自負」や「人種的偏見」「帝国主義的思想」だった。「英国のみならず、各国の労働者階級に漲る国民的帝国主義的思想は、僕が此の洋行に於て投ぜられた一つの暗い影であつた」と河合は記している（「英国の夏」、『在欧通信』）。

この対極にあったのが、ウッドブルック・セツルメントでの寄宿生活である。イギリスのセツルメント運動といえば、トインビー・ホールに代表される労働者福祉施設がまず思い浮かぶが、ウッドブルックは多少異なる。河合は、クエーカー（キリスト友会）の信者が

★河合は農商務省在職中に、日本初の工場法の実施に関わるなど、労働問題には特に関心があった。なかでもセツルメント運動の主導者アーノルド・トインビーの伝記は彼の愛読書の一つだった。図版は「トインビー・ホールの庭園」（佐藤荒亮編『世界現状大観』英吉利篇、新潮社、一九三一年）。

集まって「共同生活を為し、多少の講義を聴くが、主として御互の接触によつて向上を図ると云つた様なセツトルメント」と説明し、この場所の特徴を以下のようにまとめた。「此処には競争がない、他を押し除ける自我がない。全ての人が他に譲つて己が持たうとしない」。しかも「夫々が個性を持つた一見識を具へてゐる」。これに加えて河合は、クエーカー信者が、第一次世界大戦中に“conscientious objector”（良心的兵役拒否者）として活動し、投獄されることを恐れず、反戦運動を展開したことについても高く評価している（「ウッドブルック・セツトルメント」、『在欧通信』）。

このように『在欧通信』のウッドブルックは理想的な場所として語られる。しかし、そこから除外された出来事も存在していた。後に河合は「朝鮮のこと」（『経済往来』一九二七年六月）でその出来事を回想している。当時ウッドブルックには、イギリス国内のみならず、ドイツ、フランスなどのヨーロッパ諸国や西アジアからも様々な国籍の人々が集まっていた。その中にいた「朝鮮人Y氏」と河合は日本の植民地政策について、激しい論戦を交えることになったのである。

この「Y氏」とは、金裕松「河合栄治郎と尹潽善大統領」（『改革者』一九八四年三月）が明らかにしたように、後の大韓民国第四代大統領、尹潽善（ユンボソン）その人だった（当時、二六歳）。ある日、河合は「国際事情討論会」で、明治維新から日清・日露戦争までの歴史を語り、日本が歩んだ帝国主義へのプロセスを解き明かし、「日本の外交の難ずべきを難ずると共に」、日本の帝国主義化は「欧米人の政策も亦一半の責任を負はねばならぬ」という趣旨の講演を行った（「朝鮮のこと」）。

「講演の了つた時、果して朝鮮人Y氏は起つて、先程日清戦争は朝鮮を支那より救ふが

★河合が滞在したウッドブルック・セツルメントは、王室御用達のチョコレート会社キャドバリーの寄付で出来た学校だった（河合栄治郎「八年振りの英国」、『欧洲最近の動向』日本評論社、一九三四年）。学校周辺にはキャドバリーが建設した田園都市ボーンヴィルがあり、河合も見学している。図版は「池畔より見たるウッドブルック・セットルメント」（河合栄治郎『在欧通信』改造社、一九二六年）。

為に起つたと説かれたが果して朝鮮は救はれたかどうか。支那より救はれた朝鮮は、日本の支配の下に落ちたと述べて、日本がいかに朝鮮に於て圧制政治を布けるかを詳細に叙述して、聴衆の批判に訴へた」（「朝鮮のこと」）。

「之を語れるY氏の顔は青ざめ、其の声は顫へてゐた」のだという。国際平和を掲げるクエーカー信者たちも尹に同情し、日本への反感を顕わにしたようだ。後日行われた第二回目の講演原稿に、河合は次のような言葉を記している。"So far as I judge, what Japan did in Korea after the annexation was mistake after mistake and failure after failure. It is truly a blemish in our history, which could never be washed away, and which the Japanese nation should be ashamed of forever."（安井琢磨「解説」、『河合栄治郎全集』第一五巻、社会思想社、一九六八年）。つまり、韓国併合後の日本の政策は、誤りと失敗の連続であり、その歴史的汚点を日本国民は永遠に恥じるべきだ、と河合は述べたのである。

これ以後、二人は親しく交際するようになり、尹は河合に次のように語ったのだという。「あなたを知つてから色々の意味で、自分は眠られない幾夜を持つた。自分の祖国に対する心は挫けさうになつたこともあつた。然しあなたは信じるが、まだ自分は日本国民は信ずることは出来ない。あなたは信ずる所に向つて呉れ、自分はやはり朝鮮の為に信ずる所を戦ふから」（「朝鮮のこと」）と。

英雄たちのマトリックス

その河合が経験した「最大の出来事」（「英国労働運動」）が、イギリス初の労働党内閣の成

★河合栄治郎「朝鮮のこと」（『経済往来』一九二七年六月）によれば、尹潽善は「名望家の令息」として生れ、幼少期は日本で学んで日本語も話したが、「叔父は何の罪なくして寺内総督の為に死刑に処せられた」のだという。図版の右側の人物が尹潽善大統領（池東旭『韓国大統領列伝』中公新書、二〇〇二年）。

立だった。河合は、一九二三年一二月の下院選挙における労働党の大躍進を目撃する僥倖に巡りあったのである。この労働党台頭の背景には、労働組合の成長や生活保障、福祉など、複数の政治的要素が絡み合っていたのだが、河合は独特な手つきで労働党の躍進を説明する。それが英雄像の造形という方法だった。河合は、一九二四年に第一次労働党内閣の首相となったラムゼイ・マクドナルドを伝記的に造形化する。

一九一四年、第一次世界大戦に参戦したイギリスでは、愛国主義と戦争の熱狂が吹き荒れていた。このとき毅然たる態度で「非戦論を唱へた」のが、労働党の党首マクドナルドだった。その結果、マクドナルドは「政府と民衆の迫害」や、誹謗中傷の報道にあい、後の総選挙（一九一八年）で落選して完全に「社会から葬られた」。しかし、マクドナルドは「迫害の中に屈することなしに、社会主義の宣伝」を怠らなかった。やがて民衆は戦争熱から醒め、自らの地位を犠牲にしてまで平和主義を貫いたマクドナルドに「国民の尊敬」が集まり、労働党内閣の成立として結実したのだ、と河合は力説している（「英国労働運動」）。

同様の英雄像はＩＬＰの議長も務めた労働党員クリフォード・アレンにも見られる。アレンは“conscientious objector”（良心的兵役拒否者）として第一次大戦に反対し、幾度も投獄の憂き目にあいながらも、最後まで意志を貫徹した「平和運動の指導者」として激賞されている（「英国労働運動」）。この評価は、前述したウッドブルックのクエーカー信者への賛辞にも通じている。弾圧を恐れない“conscientious objector”として、国際平和を堅持したクエーカー信者もまた、河合にとっての英雄だった。

しかし、河合は必ずしも平和主義の観点から英雄を造形化していたわけではない。先の尹潽善との交流を描いた「朝鮮のこと」の後半には、別の英雄が登場する。第二次ボーア

★イギリス滞在中に、河合は三度もラムゼイ・マクドナルドの演説に出掛けた。そのときマクドナルドと「交はした握手は永く僕の記憶から離れない」と河合は述べている。図版は「英国労働党首領ラムゼー・マクードナルド」（河合栄治郎『在欧通信』改造社、一九二六年）。

戦争で暗躍した帝国主義者アルフレッド・ミルナー卿である。河合は、ミルナー卿が保守党の強権的なナショナリストでありながらも、「人道主義者」だったのだと主張する。ミルナー卿は、「白人種以外の人種がいかに、無智懶惰」であるかを悟り、彼らを「異国の併合」から救い、彼らの「教育文化」や「独立自主の能力」を養うことを、「大英国の使命」と考えた偉人である、と河合は賞賛の言葉を贈っている。

ちなみに、河合は、尹潽善と対決した際に「自力を以て自国を防ぎえない国を持つことは、日本にとつて大きな不幸であつた」「此の不幸が日本をしてあなたの云はれるやうな非暴の誘惑に陥れたのである」「此の意味で朝鮮人も亦責任を負はねばならない」（「朝鮮のこと」）とも語っていた。この発言に続くミルナー卿の英雄像によって、彼が何を語らんとしているのかは自明だろう。日本は「人道主義」の立場から朝鮮の「教育文化」と「独立自主の能力」を養っている、と主張しているのである。ここには、強者が弱者を教化／保護／支配することを当然とみなす、典型的な支配者側の眼差しがある。

河合の英雄像は平和主義と帝国主義が混在する矛盾の象徴だった。だが河合には河合の論理があった。彼の英雄像の中核にあったのは、イズムの差異ではなく、周囲の状況に動じずに己の意志を貫徹する姿勢、つまり行為の遂行性である。マクドナルドやアレンやクエーカー信者は、迫害を恐れず、反戦を貫いた。同様にミルナー卿もまた、保守党の国粋主義に属していながら、自らの博愛精神と人道主義を貫いた、というのである。

さらに重要なのは、こうした英雄像が河合の英国像と直結していたことである。英雄たちは互いを排除することなく、強烈な個性を貫きながら共存していた。この共存的な場所のイメージに河合はイギリスを見る。「すべてのものが極端と極端と対立せずに、一縷の

★河合は一九二四年一月一七日付のロンドン日記で、関東大震災の朝鮮人虐殺事件に触れ、「今新東京が鮮人に対してなした事は将来必ず高い犠牲を返さなければならなくなる」と述べた（『河合栄治郎全集』第二二巻、社会思想社、一九六九年）。図版は『婦人画報』（一九四二年二月）に掲載された写真グラフ「これが英国民である」。大英帝国の支配下にあった人々がモンタージュされている。

毛細管が其の間を通つて、浸透の職能を尽す所に英国の特色がある」。このイメージはある意味で強烈である。そこでは「保守党が保守でありつゝ進歩的であり」「急進党が徒に急激に走らずして、保守的分子を有する」「個人主義に団体主義の傾向が交り」「経験主義に一抹の理想主義が残つてゐる」（「大陸に立つ迄」、『在欧通信』）。あらゆる異質な主義主張をも呑み込み、多元的かつ異種混交的に生成する壮大なマトリックス。それが河合の英国であり、彼の「個性の表現」だった。

ここに河合がマルクスを退けた理由もある。マルクスは、階級闘争を通じて、被支配階級が支配階級から権力を奪取することを、つまり革命を説いた。しかし、河合にいわせれば、それはイギリスには当てはまらない。英国というトポスでは「互に反発し排斥することなしに、無用の闘争を費すことなしに、滑に社会の進化」が実現するのである（「大陸に立つ迄」）。『在欧通信』には、後の労働党党首ジョージ・ランズベリーの、次のような言葉が紹介されていた。「英国には決して革命が起こりません」（「英国労働運動」）。このようにして、河合は己の「個性」を日本の「友人」へ発信していたのである。

（西村将洋）

けふ河合教授の休職處分決定す
文官分限委員會で
迷ふ學生たち

★一九三〇年代に河合は軍部やファシズムを批判したが、複数の著書が発禁処分となり、出版法違反で起訴された。その後、東大総長・平賀譲の裁定（平賀粛学）で休職処分となり、退官後の一九四三年に有罪が確定している。だが、このとき河合は周囲の状況に動じず、己の主張を貫いた。ここに、ラムゼイ・マクドナルドらの英雄像の影響を見ることも可能だろう。図版は河合の休職処分を報じた『読売新聞』（一九三九年二月一日、夕刊）の記事。

岡本一平（おかもといっぺい）（1922, 1930-1932）――漫画的倫敦

降ってわいたロンドン行き

岡本一平にとって、最初のロンドン行きは降ってわいたようにおこった。一九二二年の年明けに『婦女界』社主の都河龍が世界一周旅行に一平を誘ったのだ。一平は一九一二年に東京朝日新聞社に入社して漫画を描いており、『婦女界』にも一九一七年から「映画小説　女百面相」を連載していた。「僕の取柄は先づ悉く役に立たない人間である点である。折角、西洋へ行つて生活改善の視察も出来ねば、土木や橋の架け方も習へないし、健忘症だから洋食の食べ方一つ満足には覚えて帰らぬだらう」（『増補世界一周の絵手紙』龍文舎、一九二九年）と一平は謙遜するが、一緒に旅をして面白く、絵も描け文も書ける者として白羽の矢が立ったのだろう。一平に言わせれば「湯屋の帰りに世界一週（ママ）に誘はれたやうなものである。持つてるものは手拭に石鹸、用意もなければ覚悟も無い」（『増補世界一周の絵手紙』）という状態であった。

本当は妻のかの子や息子の太郎も一緒に行ければよかったのだが、そうもいかない。トマス・クック社が募集した今回の世界一周の旅は、日本では二回目という。会費は八五〇〇円で、すべて一等待遇。汽車からホテルから食事から通訳まで入ってこの値段である。朝日新聞社から四ヵ月の休暇をもらっての大名旅行となった。もちろんその間、漫画や紀

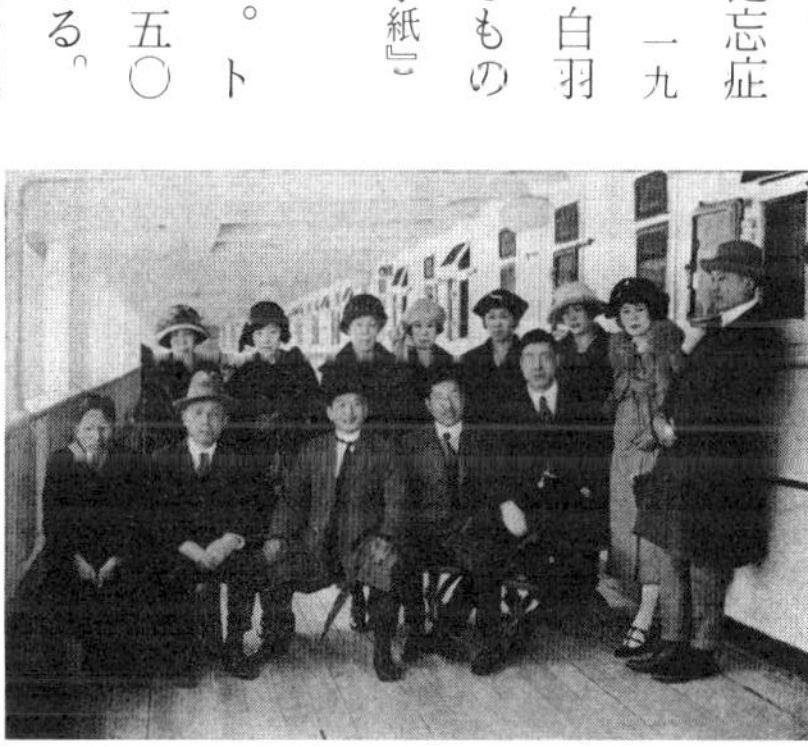

★一九二二年四月二二日、セドリック号船内で撮った記念写真。英国へ向け、ニューヨークを出帆間際に撮った。「中央向つて右が吾輩、その右は神戸の新田氏、その端が辰夫、左が岡本一平画伯、次が京都の大塚氏、左端が通訳の渡辺氏。辰夫の左が山野千枝子さん。その他は何れもお見送りの愛読者の方々」と都河龍の説明がある（都河龍編『世界一周名所写真帖』婦女界社、一九二二年）。

行文はしっかりまとめておかねばならないから、長期出張という見方もできる。出掛けに朝日新聞社の先輩であり、世界一周旅行の先輩でもある杉村楚人冠が「〇〇〇」とささやいた（正確には〇が一六個。『増補世界一周の絵手紙』）。紳士の洋行に際してのアドバイスで、どうやら婦人関係らしい。いやその必要はない、そうか君もか、ということでめでたく横浜を出航したのは一九二二年三月一八日であった。

ニューヨークを四月二二日に出帆して五月一日にリヴァプールに到着。オックスフォードを通って五月三日にロンドンのパディントン駅に着いた。セシル・ホテルまで行く間に目についたのは、アメリカよりもずっと小さいショーウィンドーに商品がぎっしり並んでいることと、町中に馬糞が落ちていることだった。セシル・ホテルの四七九号室に入るやいなや、洋服を仕立てるからと招集を受けた。一週間のロンドン滞在中に出来上がるように、今日は布地を選ばねばならないのだ。英国へ来れば洋服を仕立てるというのは、旅行者の約束事であったらしい。一平もモーニングを二着つくることにした。

ロンドン見物はまずロンドン塔、セント・ポール寺院、ナショナル・ギャラリー、バッキンガム宮殿などである。部屋を出てエレベーターに乗ると、「運転のおやぢが急に顔をしかめ、くるりと後向きになり、見て見ぬ振りをして犬を追ふような手つき、叱るような小声で、『クロッス！〳〵（締めろ〳〵）』」（『増補世界一周の絵手紙』）と言うのだ。ズボンの前を締め忘れていたのを注意されたと気づき、一平は礼を言って銀貨二、三枚を握らせたのだった。

次の日再びエレベーターに乗った一平が、スボンの前を見せて「如何に汝はこれについて考へなすか」と聞くと、「爺大に感心した身振りをして『オーライト、サア（結構此上も

★テムズ河畔に建つセシル・ホテル（片岡直方『欧米漫談鶏のあくび』伊藤淳一郎、一九二九年）。このホテルは日本人利用客が多かったとみえ、近藤浩一路によると、「十二三歳のボーイ数名が入口で、僕たちを見ると、日本語で『今晩は！今晩は！』と口々に連発して浴せかけ」たという（近藤浩一路『異国膝栗毛』現代ユウモア全集刊行会、一九二八年）。

なしです)』」(『増補世界一周の絵手紙』)と答えたので、またチップをはずんだ。この日はウェストミンスター・アベイ、ロイヤル・アカデミーのほか、ロンドン乞食というのが有名だからと、特に頼み込んで貧民窟を見せてもらった。それから例の洋服の仮縫いをしに行く。これはあとであまり仕立てのいいものでなかったと知る。クック社の隣の洋服屋というから、どうやら「結託」が行われていたとみえる。

この日のハイライトは都倶楽部といううなぎ屋だった。日本人がベルギー人の細君をもらって、ロンドンでもう一〇年余りもうなぎ屋をやっているという。うなぎの蒲焼きとご飯、湯豆腐、胡瓜もみ、細葱のみそ汁、香のもの胡瓜、細根がついて一〇シリング、日本円で約四円八〇銭だった。うなぎはデンマークから来る、豆腐はロンドンにいる日本人に作らせる、などと話してくれた。このうなぎ屋にはかつて後藤新平も訪れたが、あいにく材料がなくなっており、断られたという。また一平と同じ東京朝日新聞社の記者原田譲二も行っている。友人がこの夫婦の家に下宿していたので、原田はこの家族と親しくなった。「主人が武骨もので、掘り出したばかりの山牛蒡のやうな風をしてるのに、どうしてあんなおしやれの白人の女が女房になつたのだらう」(『欧米新聞遍路』日本評論社、一九二六年)と原田は書くが、戦争で夫を失い、三人の子供を抱えて苦労していた女性が、日本人のうなぎ屋と再婚して暮らし向きもよくなった、ということらしい。

ロンドン市内では他に裁判所、マダム・タッソー蝋人形館なども見学し、郊外にも足を延ばしてリッチモンドやブライトンも見物した。なにしろ世界一周旅行の一部であるから、そうそう一ヵ所に留まって深く観察するというわけにもいかない。ただし、他の旅行者とは一味違う漫画家ならではの体験もしている。

★一平の描いたロンドンのうなぎ屋「都倶楽部」。宇野萬太郎夫妻が接客している(岡本一平『紙上世界漫画漫遊』実業之日本社、一九二四年)。

漫画家として

ある日いつものように見物を終えてホテルの部屋に戻ると、東京美術学校で一緒だった近藤浩一路と北島浅一が来ていた。留学先のパリから帰国途中ロンドンに寄り、一平に会いに来てくれたのだ。異郷で友と会う喜びに、「手を執り合つて『どうした』『どうした』そのあとは両方で眼蓋をしばたゝいて」（『増補世界一周の絵手紙』）いた。

その近藤と一平を、ロンドン在住一〇年という栗原忠二が夕食に招いてくれた。栗原は東京美術学校で一平の二つ下のクラスにおり、ジョゼフ・ウィリアム・ターナーに私淑して「栗原ターナー」と呼ばれていた。一九一二年に卒業してすぐ渡英し、一四年にフランク・ブラングィンに師事した。一六年にロンドンで個展を開き、一九年には英国王立美術家協会の準会員に推されている。川崎造船所社長松方幸次郎はロンドン滞在中に洋画コレクションを始めるが、そのアドバイスをしたのがブラングィンであり栗原であったといわれる。一平が訪れた一九二二年には、イギリスで画家として堂々たる地位を占めていたことになる。日本人倶楽部の常連で、よくビリヤードに興じていたが、倶楽部の応接室にも彼の油絵がかかっていた。その後二四年に一旦帰国し、二六年に再渡英した時には、英国王立美術家協会の正会員になった。

アトリエはハマースミス・グローヴにあり、日本人を呼んでは牛鍋会を開いていたようだ。一平もこの日、彼の牛鍋をご馳走になった。一平が行った前年の一九二一年には、木下杢太郎が彼のアトリエを訪れている。「宿所が直ぐには分らないので通行人に尋ねると、

★栗原忠二宅で牛鍋をつつく日本人たちを近藤浩一路が描いた。右端が渡辺副領事、その横が栗原夫妻（近藤は愛人と書いている）、次が北島浅一、その横が近藤。後を向いているのが一平か（近藤浩一路『異国膝栗毛』現代ユウモア全集刊行会、一九二八年）。

『栗原さんか、栗原さんなら僕が教へてあげるから一緒に来たまへ』」と連れて行かれ、「呼鈴の太い長い綱が扉に垂れてゐる、黒い不思議な感じのする家」に着き、「その時わたくしは栗原君のロンドン生活の既に甚だ久しいことを推量した」と杢太郎は書いている（木下杢太郎「栗原忠二君個展」、『名古屋新聞』一九二五年九月二三日）。

杢太郎が通された広い画室に一平も通され、壁にかかった自作の絵を見ている間に、「忠ちゃんはカフスをたくし上げ、英国育ちの仏人の細君と飯を炊き、葱を刻み、手料理の支度」（『増補世界一周の絵手紙』）を始めた。「昔の友達が外人を妻に持つのを眼前に見るのは何だかこつちもハイカラになつた気が」して、「オイ、細君とキツスして見せろよ。帰つて皆に話すから」（『増補世界一周の絵手紙』）と焚き付けたが、とうとうこれは見せてはくれなかった。

学生時代の友人が、それぞれにしっかり自分の道を歩んでいるのを見るのは嬉しいことだった。一平もまた、当代きっての漫画家となった。同郷の友人もいいが、英国に来た以上、英国の漫画家と会わぬ手はない。一平はポーイという著名な漫画家の私宅を訪ねた。ポーイは本名をパーシー・ハットン・フィアロンという。一八七四年に上海で生れ、ニューヨークとイギリスのハートフォードシアで美術を学んだ。『マンチェスター・イヴニング・クロニクル』『デイリー・ディスパッチ』『サンデイ・クロニクル』を経て、一九一三年からロンドンの『イヴニング・ニュース』に漫画を提供してきた。特にロイド＝ジョージの似顔絵で有名だ。ポーイという名は、「パーシー」を「ポイシー」と発音されたことからついたらしい。「僕が贈つた著書を日本字だから逆さに頁を開けて、『オー、ベリ、グード、ベリー、スキルフル』多少そゝつかし屋だ」（『増補世界一周の絵手紙』）と一平は書いた。

★ポーイが一平に与えた漫画。「岡本一平様へ　祝賀をこめて　ポーイ」とある（岡本一平『増補世界一周の絵手紙』龍文舎、一九二九年）。

世界一の漫画雑誌社パンチ社も見学した。オーエン・シーマン主筆が案内してくれ、作家ウィリアム・サッカレーもここの主筆をしていたと語り、その名前が彫られたテーブルを見せてくれた。『パンチ』は一八四一年創刊の絵入り風刺週刊雑誌で、サッカレーは一八四二年からここに寄稿している。四六年から四七年に連載した「イギリス俗物誌」などが有名だ。他に『不思議の国のアリス』の挿し絵画家ジョン・テニエルなどもここにイラストを寄せた。かつては筆鋒鋭く政治家を糾弾したりしていたが、「今はボーイのいふように穏かになり、目的は家庭へ入れても難のない標準で編輯して居る」（『増補世界一周の絵手紙』）ということだった。

漫画家の目でロンドンを見た一平は、つくづくこう感じた。「ユーモアの無い国民程衰弱した国民であります。充実し新興の気にみてる国民程ユーモアの種類の芸術を持つてる。そのバロメーターは漫画です。かくてわが大和民族にも清新豊饒な漫画芸術の発生を促す必要はいよ〳〵あるといふ議論の段取りになつて参ります」（「出発に際して」、『一平全集月報』第七号、『一平全集』第八巻、先進社、一九二九年）。一平は、ロンドンに続いてパリや他のヨーロッパ諸都市をめぐり、七月一八日に神戸に着いた。

世界各国の漫画事情視察のため、再び外遊を考えていた一平に、数年後願ってもないチャンスがやってきた。ロンドンで開催される海軍軍縮会議取材のため、東京朝日新聞社から特派員として派遣されることになったのだ。さらに『一平全集』がベストセラーとなって印税が入ったことで、今度はかの子、太郎も伴って行くことができる。

かくして一行は一九二九年一二月二日、東京駅を出発した。この頃一平は、太郎の言葉を借りれば「総理大臣の名前は知らなくとも岡本一平の名を知らぬ者はない、と言われた

★一九二九年一二月二日午後七時半、東京駅を出発してロンドンに向かう岡本一家。右より岡本かの子、一平、太郎。「親友の藤田画伯を始め文士あり画家あり政治家あり新聞人等総数五六百人を越え多くの人は折角見送りに来ても近寄れずにあきれ返るといふ騒ぎ」だったという（『東京朝日新聞』一九二九年一二月三日）。

くらいのスーパースター」（岡本太郎『一平　かの子――心に生きる凄い父母』チクマ秀版社、一九九五年）であったから、見送りの賑やかさは前日に発った全権一行に劣らぬものとなった。『東京朝日新聞』（一九二九年一二月三日）は、「プラツトホームはまるで愉快な暴徒のやうにひしめきとわめき、学生団は新作らしい送別のおけさ節を歌ひ」だしたと伝えている。

ロンドン軍縮会議の取材

一二月五日に箱根丸で神戸港を出航した一平らは一月にパリに着き、ここで絵の勉強をする太郎を残して夫婦だけであわただしくロンドンに向かった。ロンドンではトキワ・ホテルに泊まり、一月二六日には郊外のハムステッドに家を借りて、軍縮会議の取材に出掛けた。

ロンドン海軍軍縮会議は、イギリス首相ラムゼイ・マクドナルドの提唱により、アメリカ、フランス、イタリア、日本を加えた五ヵ国で、主に補助艦保有量の制限を検討しようとするものであった。東京朝日新聞社からは大西斎、浜田常二良と一平が特派され、パリ特派員の重徳泗水、ロンドン特派員千葉雄次郎が加わった。一九三〇年一月二一日に開会したこの会議は、四月二二日の調印まで三ヵ月にわたった。

一月二〇日には、会議に先立って首相官邸における各国全権の顔合わせがある。ダウニング・ストリート一〇番地の首相官邸に真っ先に着いたのは、わが国代表若槻礼次郎であった。一平の漫画入り記事はこんな折にもすっとぼけて、「マグさん、今日この代表達に何を接待するだらう？　代表の入つて行つた表口から牛乳やが出て来たから少くとも牛

★一平の「ロンドン軍縮会議画信」。首相官邸前に並んだ各国全権のうち、先頭のシルクハットの人物は日本の若槻礼次郎である（『一平全集』第一一巻、先進社、一九三〇年）。

乳入りの何かを飲ませるらしい」（「ロンドン軍縮会議画信」、『一平全集』第一一巻、先進社、一九三〇年）という調子だ。

翌日は本会議である。「○この日ロンドンは会場のハウス・オブ・ローヅを手探りで漸く探り当るやうな深い霧、そしてその霧が閉鎖厳重な会議室の中にまで、いつかこつそりと侵入して室内の空気がモーツとする。○こゝの相談の内容もまたモーツとした程度だ」（「ロンドン軍縮会議画信」）と一平は書いている。

軍縮会議は難航した。補助艦の保有排水量の比率を米英日で一〇：一〇：七とする日米妥協案がまとまった後も、日本海軍と外務省とが対立して前に進まなかったが、浜口首相の裁断により「留保付き承認案」が採られ、ようやく四月二二日に調印となった。一平は調印のあともかの子と共にしばらくイギリスに留まり、ロンドン事情を朝日新聞社に送った。一一月三〇日にはパリに行き、太郎とともに半年ほど過ごしている。一九三一年七月二七日にはベルリンへ行き、オーストリア、イタリアをまわって一九三二年一月二〇日にパリ、二七日に再びロンドン、そして三一日にはロンドンを発ってアメリカ経由で三月一〇日に帰国した。一平にとって軍縮会議は、長い欧州漫画事情研究旅行のとっかかりであったのだ。

前回の旅行でボーイに会った一平は、今度はロウとストルーブスに会うことにした。ロウはフルネームをデイヴィッド・アレクサンダー・セシル・ロウといい、一八九一年にニュージーランドに生れた。ニューヨークとカンタベリーでイラストを学び、数々の新聞雑誌に携わったが、一九一九年にロンドンに来て『スター』紙に関わるようになってから、署名をデイヴ・ロウからロウに変えた。一九二七年からはもっぱら『イヴニング・スタン

★ロウの描いた一平の似顔絵（『東京朝日新聞』一九三二年四月二二日）。

ダード』に描いた。後に「サー」の称号を得ている。

ストルーブスと一平が呼んでいるのはシドニー・コンラッド・ストルーブで、一八九二年ロンドン生れである。『バイスタンダー』『イヴニング・タイムズ』などに描いていたが、一九一二年には『デイリー・エクスプレス』と専属契約を結んだ。「リトルマン」というキャラクターで有名である。高給を取ることでも知られており、一九三一年には『デイリー・エクスプレス』は彼に年一万ポンドを支払っていたという。

一平とこの二人はシティのホテルで会った。ロウは午後四、五時から新聞社に出勤して八時ごろまで描くこと、イギリスの漫画家の中堅どころの収入が日本の大臣級に当たることなどを話してくれた。ロウはこのあと自分の自動車でデイリー・エクスプレス社に送ってくれた。「彼のシャレた朱塗りの自動車を見、また彼等の服の好みを見ておほよそを察しるとイギリスの人気漫画家の社会的地位には映画のスターと共通のものがある」（「西洋の現代漫画と漫画家（一）」、『東京朝日新聞』一九三二年四月二二日）と一平は感じた。もっともデイリー・エクスプレス社のストルーブの画室は汚く、画室の汚いのは世界共通のようであった。

それから一平はデルソとケレンにも会った。ロンドン軍縮会議の際、「他の漫画家も来て居たが技量はどれもだめでこのデとケだけが断然一頭他を抜いてる画家だから会つとけと重徳特派員から紹介され」（「西洋の現代漫画と漫画家（二）」、『東京朝日新聞』一九三二年四月二三日）て会ったのだった。アロイス・デルソは一八八八年、エメリー・ケレンは一八九六年、ともにハンガリーに生れ、一九二二年にスイスで出会って以来一緒に仕事をしてきた。『イラストレーテッド・ロンドン・ニュース』や『ロンドン・ニュース・クロニクル』など、

★デルソとケレンの合作。「国際新聞記者協会が各国代表招待会に用ゐた献立表の図案、ジュネーヴ会議以来二氏が描くことが吉例になつてゐる」（岡本一平「西洋の現代漫画と漫画家（二）」、『東京朝日新聞』一九三二年四月二三日）。

多くの新聞雑誌に漫画を提供している。

一平はこの二人に、ロンドン軍縮会議に集まった各国代表の似顔絵を各々描いて発表しようと提案された。一平は「たつた一人敵中に在つて故国を背負つて立つ気持ちになり深沈たる涙が眼ににじんで」くるといった状態で、「家人が持つて来て呉れたマルマレードとハムのサンドキツチで紅茶をガブ〳〵飲んでヤケクソになつて」（「西洋の現代漫画と漫画家（三）」、『東京朝日新聞』一九三二年四月二四日）徹夜で描いた。やがてその報酬の配分をポンド勘定で受け取った一平は、はじめて外国の金をもうけたことに感慨ひとしおであった。他流試合を経験した今回のロンドン行きは、漫画家岡本一平の度量を二倍にも三倍にもしたのだった。

（和田桂子）

★軍縮会議に出席したイタリアのグランジ外相を一平が描いた似顔絵。ロンドンの『イヴニング・ニュース』紙に掲載された。「一本の線をこまかく切つて一々にヴアイブレーシヨンがある。これは西洋人には出来無い所で非常にインテレスチングだといふことであつた」（岡本一平「西洋の現代漫画と漫画家（三）」、『東京朝日新聞』一九三二年四月二四日）。

本間久雄（ほんまひさお）（1928-1929）——唯美主義の研究

ワイルドの資料

本間久雄は早稲田大学英文学科で、坪内逍遙にシェイクスピアを、島村抱月に唯美主義を学んだ英文学者である。一九〇九年に島村抱月の指導で「シェイクスピアとトルストイ——近代批評上の二問題」という卒業論文を書いて卒業した。

一九一八年、島村抱月が急逝し、本間はそのあと『早稲田文学』編集の責任を引き継いで、一九二七年まで主宰した。同年、早稲田大学講師に就任する。一九二八年三月、早稲田大学海外研究生として、英文学研究のためにイギリスへ渡る。このとき、四二歳。すでに、『生活の芸術化——ウィリアム・モリスの生涯』（三徳社、一九二〇年）、『唯美主義者オスカア・ワイルド』（春秋社、一九二三年）といった著作の他、ワイルドやモリスの翻訳も刊行していた。留学はこうした実績の上に立って、新しい学問を修めるというより、資料を探したり、現地踏査をするという目的があった。

ロンドンの本間のもとへは、逍遙から古本の購入リストも届いていたらしい。本間の長女の回想には、「父の外遊の後を逍遙の手紙はシベリア経由で追いかけて行く。それは膨大な書名の羅列で、それをロンドンの古本店で探すようにとの依頼である。父が師の命令を喜び勇んで果そうとした事には疑いの余地がない。そもそも古本屋で過す時間は父のこ

★『日英新誌』第一五五号（一九二八年十二月）に載った、本間久雄講演会の通知。

◉日本人庭球協會彙報

十一月廿三日晩午後七時よりダリチカバードコートにて　ルモア氏の混成チームに對す。七對一にて敗けたるも極めてクローズなるスコアにて妙技百出愉快なる一夜を過せり。

	太田・今城	三木・宮口	箕輪・高洲
Greig・Vickers	勝 6-3 6-4	敗 6-2 3-6 5-7	敗 4-6 6-2 5-7
Harris・Vinall	敗 4-6 4-6	敗 6-4 2-6 2-6	敗 1-6 3-6
Helmore・Brumwell	敗 8-10 6-8	敗 6-8 5-7	分 6-2 10-12

——★——

◉本間教授講演

十二月六日早大教授本間久雄氏は在倫敦邦人學生會の招きに應じストランド中國飯店において一場の講演をなす。

——★——

○本邦經濟狀況

在倫敦　日本銀行

▲昭和三年十二月一日着電

月央後も金融界格別の變化を認めず加之預金部において引受けたる市債社債等の代り金市場に散布せられたるがためコールマネー大体において軟勢を持し月末金融平穏旁々公債好調生糸は處分急ぎもあり相場伸悩みつゝも賣行良好その

よなき楽しみの一つであったから」（高津久美子「父とその二人の師」、『英文学』一九八二年一月）とある。留学中の見聞をまとめた本間久雄『滞欧印象記』（東京堂、一九二九年）にも、ロンドンの古書店めぐりの楽しさが綴られていた。

帰国後、『英国近世唯美主義の研究』（東京堂、一九三四年）をまとめ、これにより文学博士の学位を得ている。装丁は小林古径で、表紙には金色の線で描かれた孔雀が羽根を広げており、見返しには百合と向日葵が描かれる。孔雀、百合、向日葵は、どれも唯美派を象徴するものであった。

ワイルド研究とともに、本間は明治文学研究に力を注ぎ、明治文学史の礎を築いた。まだ、明治文学の資料の貴重さが認識されない時期から、散逸しがちな資料を収集し、それを活かして『明治文学史』上下巻（東京堂、一九三五・三七年）、『続明治文学史』上中下巻（東京堂、一九四三〜六四年）などをまとめた。収集した資料は、『明治大正文学資料・眞蹟図録』（講談社、一九七七年）にまとめられた。

本間は、日本にいるときからオスカー・ワイルド関連の資料集めを進めていた。大英博物館へ通って文献を探しても、すでに日本で入手したものがほとんどだったので、失望しかけていた。そこへ、大きな知らせが飛び込んでくる。

『ワイルド書目史』を書いたステュアート・メイソン（本名 Christopher Millard）の蒐集した資料が、一括して売りに出たというのである。これはメイソンが一九二七年末になくなったために売りに出されたものである。ニュー・ボンド・ストリートにある Dulau という店へ行ってみると、屋根裏にある一〇畳ほどの部屋が、すべてメイソンの集めたワイルドの資料で埋まっていた。ワイルドの原稿、手紙などの他、漫画、劇のポスターや筋書き、

★本間久雄『英国近世唯美主義の研究』（東京堂、一九三四年）の表紙。装丁は小林古径。限定五〇〇部。

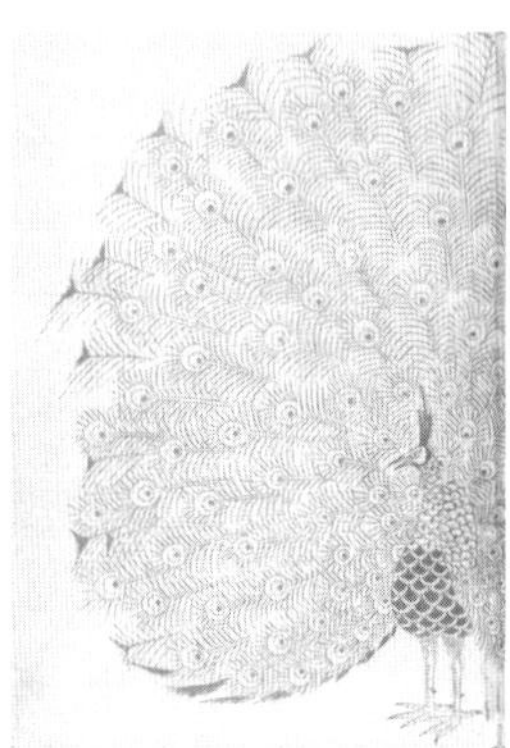

雑誌、新聞のワイルド関係の記事もあった。本間は大喜びで数日通いつめ、必要なものを買い取った。彼が手付けを払ってから、アメリカの古書店がコレクションを一括して売ってほしいと懇望してきたが、書店が本間との約束を守って売らなかったという。一括して売ったほうが万事都合が良かったろうに、約束を守った書店の義理堅さに、本間は感服している。

その上、この古書店の主人が、ワイルドの息子であるヴィヴィアン・ホランドに引き合わせてくれた。ホランドは母方の姓である。二人はすぐ親しくなった。「私は、彼れの父が、何時頃からどんな経路を取つて日本に紹介されたか――鷗外の『サロメ』の翻訳や、抱月の英国唯美主義の紹介などが、二十年前の私達青年に、どんなに興味を以て迎へられたかといふことを語つた」（『滞欧印象記』）とある。二〇年前といえば、本間久雄が「人生も自然も芸術の模倣也」（『文章世界』一九〇九年三月）でワイルドを論じ、「オスカア・ワイルド論」（『早稲田文学』一九一一年三月）を発表していたころである。これらは日本におけるワイルド論の最初期に属す。そうした知識から、本間は「谷崎潤一郎論」（『文章世界』一九一三年三月）において、谷崎の「刺青」「少年」「秘密」などが、ワイルドの「人生の芸術化的傾向を最もよく取り入れた」ものだと、指摘し得たのであった。

このような語らいの中で信頼を深め、ホランドはかたみとして持っていたワイルドの遺髪をわけてくれた。また、未発表だった『獄中記』の稿本の手写とその翻訳を許可してくれた。このことは、『英国近世唯美主義の研究』の「序」にも、「現行本の『ディ・プロファンディス』に漏れてゐるワイルド獄中手記の全部――現に大英博物館の保管にかかり、閲読禁止となつてゐる部分――所謂禁止本獄中記を、ワイルドの遺子ホランド氏の好意で、

★ヴィヴィアン・ホランドと本間久雄の写真（本間久雄『滞欧印象記』東京堂、一九二九年）。ホランドは写真で見ていたワイルドによく似ていて、「背も高く、でつぷり肥つて、整つた、上品な顔立の中に、頬から殊に口辺にかけて、どことなく官能的なところがある」と『滞欧印象記』に記されている。

これも稿者滞英中、全部手写して来た」と書かれている。大英博物館に通って全稿を筆写するのは大変な時間と労力を必要としたが、これはワイルド研究のみならず、唯美派運動全体の研究にとっても、大きな成果をもたらした。

クレイグ、シモンズ、ビアボウムに会う

本間がロンドンで出会った著名人は、ホランド氏の他にも数多い。

ゴードン・クレイグは、イギリスの名女優エレン・テリーの息子で、新しい舞台を求めて演出家・舞台装置家として活躍していた。

演劇というものは、演出家の指導のもとに、演技、装置、衣装、照明、音楽、大道具、小道具、効果などが、すべて統一されるべきだ、とクレイグは主張した。こうして演劇を総合芸術として作り上げる運動を展開したのだが、従来からの、人気俳優の専横、劇場主や劇作家の意向が重んぜられる傾向などを、急に変えることはできなかった。イギリスではクレイグの象徴主義的舞台装置が歓迎されなかったこともあり、彼は活路をヨーロッパ大陸に求めた。


そのクレイグの舞台意匠の展覧会があるのを知った本間は、リージェント・ストリートの裏町にある聖ジョージ画廊へ行った。画廊では、イプセン「偕望者」の他、「マクベス」「ハムレット」などの舞台装置の図が展示されていた。クレイグの近代演劇運動は日本にも早くから伝えられていたから、抱月の弟子だった彼は、当然興味を持っていた。さらに、本間は、山形県米沢市の上杉家に仕えた能役者の家に生れたので、能や歌舞伎など日本の

★クレイグの代表的な仕事である「ハムレット」の舞台装置も、イギリスではなくモスクワ芸術座におけるものであった。写真はその舞台で、一九一二年モスクワ芸術座での「ハムレット」(楠山正雄『近代劇十二講』新潮社、一九二二年)。屏風式装置と紹介されている。

伝統芸能に親しみ、豊富な知識を持っていた。画廊にいたクレイグは、白髪の老紳士となっていた。二人は、能や歌舞伎について熱心に語り合った。

クレイグが紹介状を書いてくれたので、一九二九年一月、詩や批評活動で知られたアーサー・シモンズをラングフォード・プレースの自宅に訪ねることができた。フランスの象徴派詩人たちを紹介した評論 *The Symbolist Movement in Literature* は、岩野泡鳴が『表象派の文学運動』（新潮社、一九一三年）という題名で翻訳し、日本の近代文学に大きな影響を与えている。シモンズの家には、黒縁のガラス張りの中に入れられた浮世絵がいくつもあった。歌麿、英山、広重、豊国など、みなロンドンの骨董店で求めたものだという。他に、ゴヤのエッチング、モネの絵などがあった。

本間の『英国近世唯美主義の研究』の「序」には、イギリスの唯美派研究を行うにあたって心がけたこととして、「唯美派の運動を、どこ迄も一個の社会的現象として観察しようとしたこと」と、もう一点、「この運動の要素――而も重大な要素の一つになつてゐる『日本的なもの』を検討し、解説しようとしたこと」を挙げている。シモンズの日本趣味は後者の問題意識に触れるもので、本間が喜びを感じたのは無理もない。シモンズは、ビアズリー、ワイルド、ホイッスラーらが集まったカフェ・ロワイヤルの華やかなりしころの話をしてくれた。ロンドンの古書店めぐりで、本間はシモンズの『カフェー・ローヤル』（ボーモント・プレスの三九〇部の限定版）という評論集も得ていた。

評論家であり風刺漫画家としても知られるマックス・ビアボウムにも会った。オーブリー・ビアズリーと同年の一八七二年生れで、オックスフォード大学在学中から戯画の才能を認められ、また『イエロー・ブック』創刊にあたっては、「コスメチックの弁」とい

★本間久雄『英国近世唯美主義の研究』によれば、ロバート・ヒッチンスの小説『緑のカーネーション』（一八九四年）の扉の意匠を依頼されたオーブリー・ビアズリーは、歌麿の「朝鮮女風俗」中の一枚をそのまま用いた。歌麿への傾倒をよく示すものだと指摘している。図版は、『英国近世唯美主義の研究』に収められた、その扉である。なお、『緑のカーネーション』は、オスカー・ワイルドとアルフレッド・ダグラスの関係を描いたモデル小説であった。

う論文で文才を発揮した。兄が名優のビアボウム・トリーだったので、若い頃からロンドンの劇場に出入りし、一八九八年にはバーナード・ショーの推薦で『サタデイ・レヴュー』の劇評を担当した。

ビアボウムは当時イタリアに住んでいたが、ちょうどロンドンのレスター画廊で、「幽霊展覧会」と名付けた展示をしていた。「幽霊展覧会」というのは、故人となった世紀末の文人、政治家などの漫画を展示したもの。その会場で本間は、来合わせていたビアボウムと近づきになった。ビアボウムは、「今日の倫敦が、余りに機械文明と商業主義のとりことなり、喧騒そのものゝ巷と化し去り、静かに読書し、瞑想し、思索するに適しない都となつたこと、その結果、優雅な上品な趣味が次第に欠乏して、野卑俗悪な趣味が益々跋扈して来たこと」(『滞欧印象記』)などを語った。第一次世界大戦を境にロンドンは変わってしまった、自分はビアズリーの時代に属すものだ、と語るビアボウムは、このとき五六歳になっていた。

この他、大英博物館の版画部に勤務するアーサー・ウェイリーを訪ね、その英訳『源氏物語』がどのように英国で受けとめられたか、などの話をした。ウィンダム座の楽屋で、俳優のレオン・M・ライオンと歌舞伎の型について話し合ったこともある。

本間が会うことを熱望していたのに会えなかったのは、文学者エドマンド・ゴスであった。ゴスは一九二八年五月一六日に亡くなったのである。

★本間久雄『滞欧印象記』に収められている、マックス・ビアボウムを描いた絵(シカード筆)。早熟なマックス・ビアボウムは一八九〇年、まだオックスフォード在学中から戯画の才能で注目を集めた。『イエロー・ブック』創刊号には「コスメチックの弁」という文章を寄せ、劇評にも才を見せて、バーナード・ショーに「無敵のマックス」と賛嘆された。オーブリー・ビアズリーとともに、彼は世紀末の寵児だった。

無名の人々

欧米を追って近代化を急ぐ時代に、本間は英文学を専攻した。そして、英文学を学ぶために渡ったロンドンで、芸術の最先端にいると信じていた人々が、イギリス内の新旧交代の問題に悩んでいたり、遠い日本の、しかも浮世絵や歌舞伎といった近代以前の芸術に心ひかれているのを目の当りにした。こうした体験は、本間の文学研究の態度に影響を与えていったはずである。明治文学を考えるときも、ただ外からの影響ということだけではなく、伝統的なものと外来のものがどう交錯し、新しいものが生じたかを考えるべきだとしている（『明治文学史』上）。

本間は、日本で著作を通じて知っていた人々に、実際にロンドンで面会することができた。こうした著名人たちの話が聞けたのは、本間がすでに肩書きを持ち、語学も達者で、話すべき内容を豊富に持っていたことが大きい。加えて、その親しみやすい穏和な人柄が与って力があったと思われる。

『滞欧印象記』の「倫敦の敷石画家」の章には、散歩の途中、道端でペン画を描いて売っていた青年の絵にひかれ、カフェに誘って話を聞いたことが書かれている。興味を持てば、心に垣を設けず話しかけている。ガルというこの青年は、後日、自分の絵を誉めてくれたことに感謝して、本間の肖像画を送ってきた。本間にウイリアム・モリスを紹介した『生活の芸術化』という著書のあることはすでに書いたが、無名の人々の活動に心を寄せる傾向は、モリスの思想からの影響もあろう。

★本間久雄『滞欧印象記』にある、ガル君が描いた本間の似顔絵。

一九二八年一二月、本間は、ウィリアム・モリスが一八八一年に染色や織物のために作った工場を訪ねた。工場のあるマートン・アベイへは、チャリング・クロスから地下鉄に乗って、ロンドン郊外のウィンブルドンで下りて行く。ここで本間は、モリスの薫陶を受け、モリスの死後に事業を受け継いだジョン・ヘンリー・ダールの案内で、染色、織物、染め付け更紗や、モリスの苦心になるアラス織りのなどの製作の様子を見学した。近年は、ダールの手がけたデザインにも注目が集まっている。

本間は『生活の芸術化』の中で、「古代及び中世紀の工芸美術品はモリス自らの言葉を借りれば『民衆に依つて民衆のために造られ、その製作者にもその使用者にも一種の幸福である芸術』であつた」と書いていた。近代の機械工業は、労働者に働く喜びを失わせてしまったが、かつて労働は快楽であり、働く喜びが、結果として作品を芸術的に高めた、とモリスは主張したのである。本間はマートン・アベイで、その考えに基づいて運営される製作現場を実際に見て、モリスの偉業をしのんだ。

ロンドンでは他に、劇場や美術館へも足繁く通い、学者としての後半生へ向けて大きな蓄積をし得たのであった。

(宮内淳子)

★本間がロンドンにいた間に、急進的な婦人参政権運動を展開したエメリン・パンカーストが六六歳で亡くなった。一九二八年六月一四日のことである。本間は、過激な実力行使に賛成できない点はあったものの、女性解放のために力を尽くした偉大な人物と認めていたので、葬儀が営まれた聖ジョン教会へ赴いた。写真は葬儀の様子を写したもので『滞欧印象記』に入っている。同書には、ラドクリフ・ホール（一八八〇〜一九四三年）の『淋しさの泉』（一九二八年）について述べた章もある。この小説は、イギリスで初めて女性の同性愛を扱い、発禁処分を受けた。本間はエレン・ケイの著作の紹介と翻訳という仕事をしており、婦人問題への関心が深かった。

福原麟太郎（ふくはらりんたろう）（1929-1931）——英文学者・英語学者の系譜学

★『春興倫敦子』（研究社、一九三五年）に掲げられた、ロンドン港の様子。遠くに、タワー・ブリッジが見える。

郊外の宿

福原麟太郎の文章は温かい。出発に際し、母親が船に差し入れてくれたサンドウィッチについて、「A Sentimental Journey」（『まこと』一九二九年一〇月、『牧人』一九二九年一一月。引用は『福原麟太郎随想全集』第五巻、福武書店、一九八二年）に次のように書かれている。

> 半分ばかり喰べたとき、もう未練を捨ててしまえと、どこからか命ずる声をきいた。私は威勢よく喰べのこしの半分を紙に包んで窓の外の海の中へ、すぽんと捨ててしまった。しかしサンドイッチの包紙を綴じてあった桜の簪ばかりは取って置いた。それはロンドンへ来ても机のそばにあった。

福原は文部省在外研究員として英国留学の命を受け、一九二九年五月末、日本郵船の香取丸で神戸を出帆し、カレー、ドーヴァーを経て、七月初めに汽車でロンドンに到着した。その際の様子については、「ヴィクトリア・ステイションへ汽車がとまりかけると、私は花嫁のようにそっと窓から首を出していた。友人が襟へバラの花をつけて、プラットフォームに立って待っていてくれた。どんより曇った金曜日の午後五時すぎであった」（「メリ・ィングランド」、『英語研究』一九二九年一一月。引用は『福原麟太郎随想全集』第五巻）と自ら報告している。

福原の住んだのは、ゴールダーズ・グリーンという、ロンドンの中心部からやや離れたところであり、住所はHallswelle Roadの四二番地で、「ロンドンに住む」（『教育週報』一九二九年四月。引用は『福原麟太郎随想全集』第五巻）の中で福原は、「大ロンドン市に外廓をなす郊外住宅地」と書きつけている。ここで妻から送ってきた為替の金を郵便局の本局で受け取った日、「その日には何だかロンドンの社会組織の中へ入って行った気がした。今までは旅行者だったが、今日からは市民になったような気がした」（「ロンドンに住む」）とも書いている。

ここはハムステッド・ヒースにも近く、住みやすい土地柄だったようである。昼食はガード近くの「リフェクトリーという料亭」（「ロンドンに住む」）で食べた。「ロンドンの宿」（『政界往来』一九三八年一月。引用は『福原麟太郎随想全集』第五巻）によると、下宿といっても、ダブル・ベッドの入った二階の寝室と階下の客間を借り、恵まれた住環境であったようである。ここにはイギリス人でラジオ会社に勤める電気技師がもう一人、下宿人として住んでいた。六〇歳を越した主人とその妻、妻の姉、そして一七、八歳になる息子、さらにメアリーという女中がこの家の構成メンバーであった。白で、背中に丸斑があるので「ニッポン」と名づけられたテリア犬もいた。ここで福原は、かなり快適と見受けられる二年間の留学生活を送ったのである。

福原は、秋からロンドン大学キングス・カレッジに通い始めた。中世英文学の泰斗イズレール・ゴランツ教授の詩歌史と戯曲史を週四時間聴講するためである。しかしこれは一年しか続かなかった。翌一九三〇年の初夏にゴランツが亡くなったからである。それで、このキングス・カレッジには通わなくなった。それまでも、カレッジ以外の主な勉強場所

★現在のホールズウェル・ロード四二番地。写真は二〇〇五年に著者が撮影。

は市内の図書館であった。また、ケンブリッジ大学のペンブルック・カレッジと大学図書館で、トマス・グレイの草稿をも研究した。かたわらシェイクスピアやオペラを観に、ウォータールーのオールド・ヴィック座などへ通った。もちろんこれも勉強のうちである。ロンドンは霧で有名であるが、福原の「ロンドンの霧」（『エコー』一九三四年一月。引用は『福原麟太郎随想全集』第五巻）によると、当時のロンドンの霧は、現在から想像する以上に深かったようである。

霧と一口にいうけれど、それに二種ある。天から降りる霧をフォッグといい、地から上る霧をミストという。これは英語の教師が心得ているべきだけの事ではなくて、現実の生活にも必要な知識である。家々の炉で焚く石炭の煙が天へ上ると南から吹く海の風に遭う。するとその煙の小さな微粒が、水蒸気をつかまえて重くなる。そしてまたロンドンの町へ降りてくる。これがフォッグである。白いときもあれば黒い時もある。いずれも全く人間の眼を無力にする。

ちょうどこの一九三〇年、ロンドンでは海軍軍縮会議が開かれた。若槻礼次郎が日本の全権である。「春興倫敦子」（『春興倫敦子』研究社、一九三五年）には、会議当日の様子が報告されている。

一月二十一日午前十一時ちよつと前、海軍会議が初まりますよと家の者が私を呼びにくる。彼等の居間へ入つてゆくと、今アナウンサーが祝辞の順序を知らせてゐると

★古垣鉄郎『ロンドンの憂鬱』（三省堂、一九三九年）の冒頭に掲げられたロンドンの霧。キャプションには、「霧のトラファルガー・スクェーヤ」と書かれている。

ころである。（略）
この日は恐ろしい霧の深い日であつた。新聞によると、王様の自動車はバッキンガム宮殿を出て海軍会議のある、つい近処の上院議事堂まで行くのに大層な時がかかつた。先導の警官が二人、そろりそろり御召車の前を歩いて、まるで牛乳の中を泳ぐやうにして、御案内をして、やつと間に合つたといふことである。

福原は、「濃霧もかうなれば如何にも歴史的倫敦会議の景物として相応はしい」と続けた。

会食という社交

「主知主義的会食」（『春興倫敦子』）という文章がある。ここには「ケンジントンのデマリアーとか何とかいふスウィス風御料理屋」で行われていた習慣が報告されている。これはハーバート・リードを中心とする人々の「中食クラブ」で、いろいろな人が木曜の昼食時に集まってきて、午後二時過ぎまで雑談に耽った。同文章によると、小説家のリチャード・チャーチ、陶工バーナード・リーチ、当時リードがケンジントン博物館の陶器部部長であったことから、博物館関係の人々、英文学者ボナミー・ドブレーなどが常連であった。

もう一つ、福原がロンドンで知り合いになったアメリカ人学者ヘンリー・バーゲンに紹介されたExpress Dairyも、同じような機能を果していた。例えば一九三一年一月一六日付の中島文雄宛書簡にも「Expressでバアゲン氏にあい」と書かれている。ここには、火曜日の午後二時によく行った。「Express Dairy」（『春興倫敦子』）という文章によると、Express

★『春興倫敦子』に掲げられたヘンリー・バーゲン博士。

Dairy 自体は、ロンドンのどこにでもある「軽便食堂」であるが、福原が通ったのは、「大英博物館の近処、ニウ・オックスフォード・ストリートの、つい此の間までミウディ貸本店の本店があつた先隣」の二階であった。場所柄、大英博物館のギリシャ・ローマ部長のエドワード・ウォルタースや、稿本部長のロビン・フラワー、詩人のエドワード・マイヤースタインなどが集まった。

とりわけヘンリー・バーゲンについては、特別の親しみを抱いていたようである。彼は当時「トロイ戦記」に注釈をつけるために、月曜から金曜まで大英博物館の図書室に通っていた。福原によると、「彼は倫敦市の西郊 Chiswick の或る flat に生（ママ）んでゐる。独身である。通ひの女中が時々来て煮炊きをしてゐる。あとは先生一人で家中書斎のやうな中に静かに暮してゐる。彼の書斎を飾るものは日本の版画と茶器である。大津絵の隣に夏目漱石の書がぶら下つてゐる」（「英京雑記」、『春興倫敦子』）とのことである。書斎を飾る「漱石の書」には、福原も驚いたかもしれない。

さて、ロンドンにおいて「食べ物屋」は、社交の場をも兼ねていた。『英文学の周辺』（法政大学出版局、一九五二年）の「英文学名所巡礼」にも、次のように書かれている。

> チェシヤ・チーズという食べ物屋へゆくと、そこの二階には、ジョンソンたちが、しょっちゅう会合したという室がある。まん中に大テーブルがあって、まわりに肱かけのある椅子が並んでいる。卓の頭にあるのはヂ（ママ）ョンソンが坐ったものだ。その左にあるのはゴールドスミスが坐ったと書いてある。どっちに腰かけてみようかと、ためらったものだが、この家は今度の戦争で爆撃せられたという話だ。

★イー・オールド・チェシャー・チーズの近くにある、ジョンソン博士の旧居。両者は裏通りを通じて繋がっている。写真は二〇〇七年に著者が撮影。

同じ文章には「文人の遺跡というと、残りなく大切に保存してある国だ。ロンドンでは、どこへ行っても誰かの住んだ所だとか、何とかの跡だとかいうタブレットが町通りの家の壁などにはめこんである」とも書かれるが、レストランやパブなどが「遺跡」になるためには、常連となることが必須である。会合は予定されるものというより、むしろ、いつも同じところに来る人が決まっていて、後付けで成り立っていたのである。

漱石の痕跡

「倫敦消息」（『春興倫敦子』）に、福原がある本屋さんを訪れた際、主人のミュラー老人から「おゝオケキュラさんを御存じの方か。あの方は此の頃どうしてをられます。私は永い間あの人を知つてゐます。オケキュラさんがイギリスにをられたのは永い永い前ですよ」と話しかけられたという挿話が書かれている。この「オケキュラさん」とは、岡倉天心の弟で英語学者の岡倉由三郎のことである。漱石の留学時、すなわち福原の頃から四半世紀以上前に、文部省からの「夏目、精神に異状あり、藤代同道帰国せしむべし」（「朋に異邦に遇ふ」、『国漢』一九三六年一二月）との電報指令を受けたが、心配無用と放っておいた人物である。岡倉は文部省の留学生として、一九〇二年にロンドンにやってきていた。なお藤代とは、漱石と一緒に洋行の途についた素人こと藤代禎輔のことである。

もう一つ、福原の通ったキングス・カレッジと同じロンドン大学の、ユニヴァーシティ・カレッジについて、福原自身が、「ユニヴァーシティ・コレッヂという方が、もっと大き

★ユニヴァーシティ・カレッジの風景（伊地知純正『倫敦名所図会』研究社、一九一八年）。

いようであった。こちらにも英文学科があって、W・B・チェイムバーズという碩学が教えていた。この人も中世文学の先生であった。その前にはW・P・ケアというやはり中世文学の大先生がいた。市河三喜先生の先生である」（『ロンドンの学校』、『あるびよん』一九五三年三月。引用は『福原麟太郎随想全集』第五巻）と書いているが、このW・P・ケアこそ、漱石が聴講した教授であった。漱石は、一九〇〇年一一月七日に初めてケアの講義を受けたが、あきたらなかったのか、大学の聴講は二ヵ月で止めている。角野喜六『漱石のロンドン』（荒竹出版、一九八二年）には、ケアについて、次のような紹介が見える。

ウィリアム・ペイトン・ケア教授（Prof. William Paton Ker, 1855-1923）は、中世文学研究の泰斗であった。漱石は帰朝後大学での講義「英文学概説」（後の「英文学形式論」）の中で、ケア教授の講義――コールリッジの「クブラ・カーン」――について言及している。

また同書には、角野撮影による、ユニヴァーシティ・カレッジ所蔵のケア教授の胸像が掲げられている。福原はこれを目にしたのかも知れない。それにしても、人のつながりは興味深い。漱石が師事したクレイグ先生も、ケア教授の紹介であった。ケアには、先の福原の文章にも書かれるとおり、市河三喜も師事した。市河の『旅・人・言葉』（ダヴィッド社、一九五七年）には「ケア教授とイギリスの学風」というケアの小伝が収められている。

私がケアに初めて会ったのは一九一二年の一月、英国へ着いて間もないころで、英

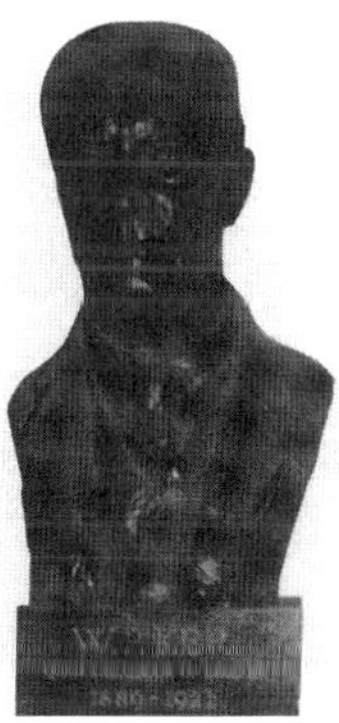

★角野喜六『漱石のロンドン』（荒竹出版、一九八二年）に掲げられた、角野撮影のW・P・ケア教授の胸像。ユニヴァーシティ・カレッジ所蔵。写真の他、同書には貴重な写真が多く収められている。

国の学者を訪問した最初の経験であった。ユニヴァーシティ・コレッジのあるガワー・ストリートの九五番が先生の寓居であり、そこに恩師ロレンス先生の紹介状を持って訪れた。

同書によると、ケアは、一九二二年に六七歳で大学教授の位置を退いている。後を引き継いだのがチェインバーズである。漱石、市河、福原が学問系統としてここでつながる。先に挙げた岡倉由三郎をここに加えてもよい。

福原がイギリスに留学したのは三五歳の時である。これから一五年ほど以前、すなわち福原が二〇歳前後であった一九一五年一月二一日の「読書日記」(『福原麟太郎随想全集』第八巻、福武書店、一九八二年)には、早くも「思うに真正の文明批評家は、文明の予言者でなくてはならないし、また一方一芸に透徹せるアーチストでなくてはならぬ。自分は、そんな意味において、夏目漱石氏を崇拝する。同じ意味において、岡倉先生の讃美者である。上田敏先生も厨川白村氏も、好きである」という言葉が書きつけられていた。この二〇歳過ぎの青年の直感は、ロンドンで再確認されたことであろう。

福原は、多くのロンドン滞在者と同様、ここで多くの演劇を観ているが、特にオールド・ヴィック座という劇場にはしばしば通ったようである。前掲の「ロンドンの霧」には、「オウルド・ヴィックという劇場。ここはシェイクスピアとオペラの小屋である。それは決して上等な小屋ではない。まず三流。(略)そこへ通ってゆくのが英文学留学生の日課の一つである」と書かれている。また、「オウルド・ヴィックの沙翁史劇」(『春興倫敦子』)には、この劇場について、「よく、本所寿座のやうなところと、私は書く。オウルド・ヴィック

★現在のオールド・ヴィック座。前面のみを真っ白にペイントされているので、見違えるようであるが、側面に廻ると、古い壁が姿を見せている。写真は二〇〇七年に著者が撮影。

は丁度そのやうな、場末にある小屋である。こゝは、英国の、いはゞ私立の国立劇場で、不思議にも国立劇場といふものを持つてゐない英国で、もつとも国立劇場式なものをみせてゐるところである」と紹介されている。イギリスで「国立劇場式」というのは、シェイクスピアなど、古典作品を多く上演するからである。福原もここで多くのシェイクスピア劇を観ている。しかし、日本人が歌舞伎を国立劇場で観るようにはいかなかったらしい。同じ「オウルド・ヴィックの沙翁史劇」の中において、演劇鑑賞について、「問題は、われわれ外国人が、英国の史上人物についてどの位、親密な英国式な聯想をもつてゐるかといふ事になるらしい。ニウ・シアターの『リチャード三世』の如き、私はたしかに夏目漱石氏の『ロンドン塔』を通して、はらはらしながら眺めてゐたのであるから」と、実に興味深い指摘を書いているが、またしても漱石である。福原のロンドン滞在とは、漱石の痕跡を探る旅でもあった。福原には『夏目漱石』(荒竹出版、一九七三年)の一書がある。

　このころの事で一つ私の腑に落ちないことは、漱石自ら『文学論』の序文に、この研究の最も盛んであった六、七ヵ月の間は「報告書の不十分なる為め文部省より譴責を受けたるの時期なり」と書いていることである。そんなことがあり得たかしらと思う。私の経験では、学費の請求をする際、その前の三ヵ月の研究状態、毎日ブリティシュ・ミュウジアムでグレイの草稿や版本を杳べて居ります、毎週オウルド・ヴィックで沙翁劇を見て居ります、旅行どこそこと言った程度のことを紙一枚二、三百字に書いて送っただけであったと覚えている。

★代表的なシェイクスピア俳優、ヘンリー・アーヴィング（内藤民治『世界実観』第三巻、日本風俗図絵刊行会、一九一五年）。同書には、解説として「イギリス劇壇に最高権威を振ったサー・ヘンリー・アーヴィング」「恰も此時名女優エレン・テリーの現るゝに会して、鬼に金棒を得たる彼れは彼女と相提携すること二十余年の久しきに亘つて英吉利劇壇の覇権を握り沙翁劇に於ては天下に並ぶものなき絶対の声誉を担ふた」と書かれている。ただし一九〇五年に亡くなっているので、福原は間に合わなかった。

これは「留学生」という章の一節であるが、漱石の留学時代を想像し、自らの体験に重ね合わせることが、福原にとっても楽しみであったのであろう。

四半世紀後の再訪

福原は一九三一年六月下旬にイギリスを去り、アメリカ経由で八月初めに帰国した。それから二二年を経た一九五三年、福原は英国政府の招待で再びロンドンを訪れた。河上徹太郎、池島信平、吉田健一の三人と一緒であった。八月三日に着き、九月一一日に帰国した。今度は空路であったため、実質一ヵ月ほどのイギリス滞在であった。ロンドンの宿は、「英京七日」（『東京新聞』一九五三年八月一九日。なお引用は『福原麟太郎随想全集』第五巻）によるとウェストミンスターにあった。

この際の旅についても、珠玉の文章が紡がれている。例えば、「ぼくの大学」（『変奏曲』三月書房、一九六一年）などがその代表であろう。

わがキングズ学寮の小さなゴシックの正門が、街に面して、商店に挟まれて、ショップ・ウィンドウの間から、そっと顔を出しているのである。私は河上さんにそこを指しながら「あれがぼくの学校」と言って紹介した。そのときの気持をみなさんどうか想像して下さい。

やはり、福原の文章は温かい。

（真銅正宏）

★キングス・カレッジの風景（伊地知純正『倫敦名所図会』研究社、一九一八年）。

岡本（おかもと）かの子（こ）（1930）――大英帝国への違和、市民生活への関心

大英帝国の世界地図

一九三〇年代製作と推定される一枚の世界地図（「THE WORLD――POLITICAL AND COMMUNICATIONS」、本書カバー参照）を見ておこう。左下に「BRITISH EMPIRE」（大英帝国）の四つの構成要素が記載されている。①「United Kingdom」（イギリス）、②「Self-governing Dominions and India」（自治領とインド）、③「Crown Colonies and Protectorates」（直轄植民地と保護国）、④「Mandates」（委任統治領）。②はインド以外に、オーストラリアやカナダやニュージーランドが該当する。③にはビルマやブルネイが、④にはイラクやアフリカの多くの地域が含まれる。重商主義思想の下に一七〜一八世紀に形成される大英帝国は、二〇世紀に入ると植民地の民族運動に脅かされるようになるが、まだ帝国としての威容を誇っていた。

一九二九年一二月七日に岡本かの子は、夫の一平や息子の太郎と共に、神戸港で欧州航路の箱根丸に乗船する。翌年一月一二日にマルセイユ港に着くまでの約四〇日間の船旅は、かの子に大英帝国の力を見せつけた。大英帝国の直轄植民地・香港に到着するのは一三日である。「海」（『かの子抄』不二屋書房、一九三四年）にかの子は、湾内の船上でドイツ人が双眼鏡を貸してくれた場面を描いた。「私」が双眼鏡を覗くと、小島の頂から数台の大砲がこちらを向いている。海上には砲艦七隻、駆逐艦一隻、航空母艦一隻が配置されていた。「今

★写真は箱根丸の図書室・書簡室で、『渡欧案内』（日本郵船、一九二八年）に収録されている。このパンフレットによれば、日本郵船は欧州航路に一万トン台〜七〇〇〇トン台の一一船を使用していた。箱根丸は一万〇四二〇トン。横浜出発後の予定は、一二日目に香港に着き一日碇泊、一八日目にシンガポールに着き一日碇泊、ロンドンに到着するのは五一日目のことだった。

自分のゐるこの海は英国の海だ」と気がついた「私」は、甲板上で拳を固めて「英国の勢力を打つまね」をしている。

岡本かの子は香港で目撃した光景を、一八日に立ち寄った直轄植民地・シンガポールで再び目にすることになる。一八一九年に東インド会社のラッフルズが貿易港を建設したシンガポールは、海峡植民地の首府に成長していた。先のドイツ人は「私」に、軍港は「完備に向かつて邁進しつつある」と教える。もちろんアジアの各地域を植民地化していたのは大英帝国だけではない。「日本の直ぐ隣りに支那や米国が、その隣りにイタリーやフランス、イギリスが在るやうだ。そして海も陸地と同じである事を知つた洋上に、僅かに頭を出す孤島が重大な要塞地帯であつたり、恐ろしき軍備の根拠地であるのを度々見た」と作品には書かれている。ただ茫漠として涯ないと思っていた海は、欧米の列強によって分割支配されていたのである。

世界地図を赤く塗りつぶした大英帝国への違和感は、ロンドンでイギリス人と付き合うときも続いている。「英国人」(『希望草紙』人文書院、一九三八年)に岡本かの子はこう記している。

英国人といふものは、いまだに、世界の人間の中で、一ばん父兄のやうなつもりでゐる。相手が自分の手に負へぬときは「彼も、成長すれば、やがて気がつくときが来る」と反身になつて辛抱する。自負心の強い老獪さは、こゝから生れる。しかし、世界の出来事をみんな自分の責任に取つて考へる長所も、こゝから来る。(倫敦滞在中所見)

★図版は、『渡欧案内』(日本郵船、一九三一年)所収の「香港島の夜景」。パンフレットは香港を、「通商上枢要の地として英国人の著目する所となり、千八百四十二年南京条約の結果英領となりました」と説明している。またその都市景観については、「欧風の大建物が層をなして相重り、洵に其の繁栄を思はせます。また日没後海上より之を見ますと、全市が一大イルミネーションをなし非常に美観であります」と述べている。

大英帝国への違和感は、岡本かの子の関心をアイルランドに向けさせている。一八〇一年にイギリスに併合されたアイルランドでは、独立共和国を目指す勢力と、自治を目指す勢力との拮抗が続いた。一九二二年にはイギリスの自治領としてのアイルランド自由国が成立している。「愛蘭へ行く」（『世界に摘む花』実業之日本社、一九三六年）でかの子は、「大英の太陽イングランド」の「衛星である領土」（インドやエジプト）に対する牽引力が緩んできたことに触れ、「衛星」の「自転は果してどの程度まで進展して居るか」と問いかけている。アイルランドも「太陽」に対する「衛星」であり、しかも「最先輩」であった。

ネイティヴ・アイルランド人はケルト人だから、アイルランドにはケルト語に属するゲール語の口承神話などが残っている。岡本かの子がロンドンで、最近の日本文学はアイルランド文学に啓発されているという話をしたときに、ロンドンの文化人たちは少し気色ばんで、「折角いぎりすに来られた以上、いぎりすの文学を味はつて」ほしいと希望を述べたらしい。彼らが抱いた「いま〳〵しい感じ」は、逆にかの子のアイルランド文学への関心をかき立てた。彼女の関心の中心がアイルランド文芸復興運動にあったことは、「あれ程華々しかつた愛蘭文学のその後は、どうなつてゐるのであらう。グレゴリー夫人のその後、イエツ、ダンセニー、アベ・セタアのその後」という一節に明らかだろう。アベイ座はその象徴的なスポットである。

ロンドンのペンクラブの紹介状を持って、六月にアイルランドのダブリンを訪れた岡本かの子は、ゴートまで足を伸ばせば、グレゴリー夫人に会えることを知る。「グレゴリー夫人訪問記」（『世界に摘む花』）によれば、夫人はかの子と一平に、「私達の平常の食物でも

★グレゴリー夫人が住むゴートは、ダブリンから列車で六時間かかる田舎駅だった。岡本かの子『世界に摘む花』（実業之日本社、一九三六年）によると、日本人を初めて見る村人たちが駅に何人も集まってくる。百姓にそのまま制服を着せたような駅長が、「日本のお客様が見えたら自動車を雇ってレデーのお邸までお送りするやうにと、レデーから電話がかゝつて居ります」と最敬礼したという。同書収録の写真の、右がグレゴリー夫人、左が岡本かの子。

てなされて下さい。でなければアイルランドへ来た甲斐が無いから」と食事に誘ってくれた。メニューは、庭の樹の葡萄を醸成させた赤ワイン、自宅の鶏が生んだ卵を使ったボイルドエッグ、ハム・燕麦パン・ピックル・蜂蜜付きのビスケット・シチュードフルーツもすべて自家製である。ここに宿泊したウィリアム・バトラー・イェイツは、トイレに行くのを面倒がった。そこで夫人はイェイツ用の部屋のすぐそばにトイレを新設したという。かの子もそのトイレを使わせてもらった。

ダブリンに戻った岡本かの子は、グレゴリー夫人が電報で紹介状を送ってくれたアベイ座を、秘書のペリンの案内で見学させてもらう。「レデイ・グレゴリーやアイルランドの愛郷詩人達の性質そのまゝの感じが出て居る」とペリンが説明する劇場は、春のシーズン終了後で、内部を修繕していた。部屋にかかる夫人の写真を眺めながらかの子は、「愛蘭の郷土芸術を確立し、それに依つて疲弊せる民衆を慰安しようとする赫耀たる夫人の愛郷心」に思いを馳せている。

★アベイ座はダブリンのアベイ・ストリートの一角にあった。五五〇席の小劇場だが、「質素な坐り心地の素晴しく宜い座席に着いたゞけで、この劇場が持つ洗練された純朴な気品に浴し得る」と、岡本かの子は『世界に摘む花』に書いている。同書所収のアベイ座で撮影した写真には、支配人（右）と岡本かの子（中央）と岡本一平（左）が写っている。

ハムステッドの丘の上で

一九三〇年一月一七日にロンドンに到着した岡本かの子と一平は、二六日にロンドン北部のハムステッドの家を借りている。住所は2, The Gables, Vale of Health。緑が豊かな閑静な環境である。Hampstead Museum が一九九三年に刊行した、*Where They Lived in Hampstead* という冊子がある。ここに収録された「Central Hampstead」という地図に、日本語の補足を入れておいたので、二人が住んだ場所を確認しておこう。地下鉄ノーザン・

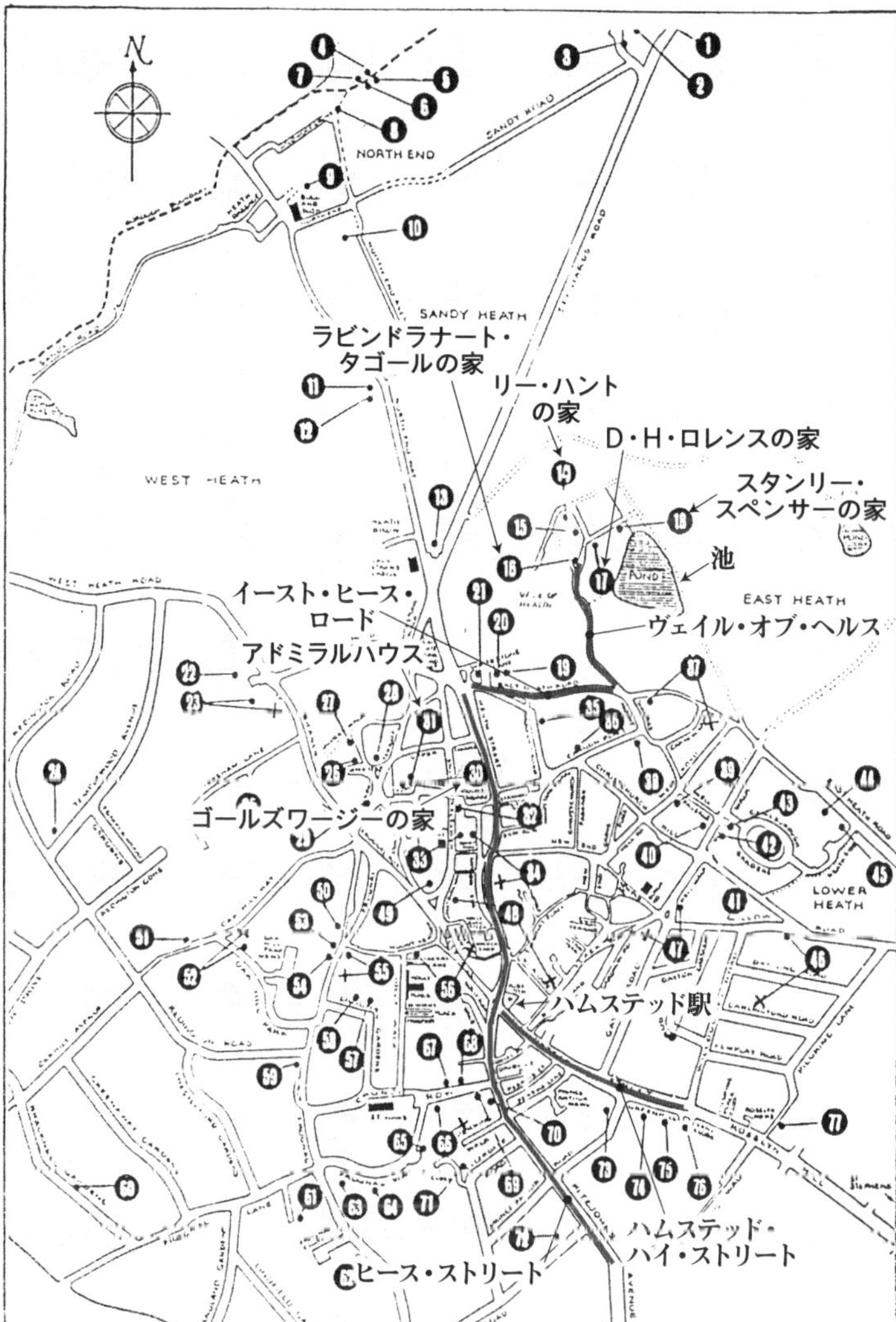

ハムステッドに住んだ文化人

❸ジェイムズ・ホイッスラー
❺ウィリアム・ブレイク
❼チャールズ・ディケンズ
❿ウィリアム・ピット
⓮リー・ハント
⓰ラビンドラナート・タゴール
⓱D・H・ロレンス
⓲スタンリー・スペンサー
㊶ジョン・コンスタブル
㉒ハーバート・トリー
㉙ジョン・コンスタブル
㉚ジョン・ゴールズワージー
㉛アドミラル・ハウス
㉞ピーター・オトゥール
㊲キャサリン・マンスフィールド
㊸ジョン・コンスタブル
51フローレンス・ナイチンゲール
56R・L・スティーヴンソン
63サミュエル・ジョンソン
00H・G・ウェルズ

ラインのハムステッド駅を降りると、高級住宅街のエリアが広がる。ヒース・ストリートを北上し、右折してイースト・ヒース・ロードを少し歩くと、北に伸びるVale of Healthという道が見つかる。池の向こうには広大な緑地帯、ハムステッド・ヒースの公園が続いている。

岡本かの子は「異国春色抄」（『かの子抄』）に「ロンドンの北郊ハムステッド・ヒースの早春の丘にはその起伏の処々に家がある。高名な老女優の隠退してゐる家。ロンドン市中の富豪の別荘。わざと十九世紀の屋根の家に棲んでゐる新進美術批評家とその年上の妻の彫刻家」と記した。このエリアには多くの文化人が居を構え、地図にも七七人の住居の位置が記載されている。地図の番号のうち、岡本の家の周辺だけ確認しておこう。⑭は詩人のリー・ハントが一八一五〜二一年に住んだ家で、⑯はインドの詩人ラビンドラナート・タゴールが一九一二年に住んだ家である。⑰では小説家のD・H・ロレンスが一九一五年に暮らし、⑱では画家のスタンリー・スペンサーが一九二四年〜二七年に暮らした。時期はそれぞれずれているが、ハムステッドに刻まれた歴史的記憶は、「超越の空気」「生活尊貴の気風」（「ロンドンの春」、『女の立場』竹村書房、一九三七年）を彼女に感じさせている。

ハムステッドで岡本かの子が交流した一人が、小説家で劇作家のジョン・ゴールズワジーである。「異国春色抄」によればゴールズワージーに初めて会ったのは、「英国ペンクラブの母」ドーソン・スコットの客間だった。「ガルスワシー邸と私の家との距離の間に花弁ばかりを植え込んだ丘の繁みがある。ライラツクの花!! その薄紫を通して白色の瀟洒としたガルスワシー邸が見える」と書かれているように、ゴールズワージーとは近所同士で言葉を交わす機会も多かったのである。「ガルスワーシーの家」（『鶴は病みき』信正社、

★*Hampstead As It Was*（C. R. Smith, 刊行年不記載）に収録された、一九〇七年撮影のVale of Health。自宅のすぐそばにあるこの池を、岡本かの子は毎日眺めながら暮らしていた。

一九三六年）で補うなら、アドミラル・ハウス（地図の㉛）と呼ばれる「軍艦形の建物」の塀沿いの道が、左に屈曲したところに、高い鉄柵の「別荘風の建物」（地図の㉚）があり、そこにゴールズワージーは住んでいた。

　　じよん、がるすわーしいの白頭ひかり陽春のはむすてつど丘に見えつかくれつ

岡本かの子「歌日記」（『岡本かの子全集』第八巻、冬樹社、一九七六年）の一首を引いた。一八六七年生れのゴールズワージーはこのとき六二歳で、一八八九年生れのかの子とは親子ほど違う。だから「ガルスワーシーの家」の景子が大学の英文科助教授宮坂と共に訪ねたとき、「失礼ですが私共からあなた方を見ると皆育ち盛りの児どものやうに見えますよ」と彼が語っても不思議ではない。しかしこの言葉が年齢差だけに由来するのでないことは、「あなたのお国の方には前にも五六人以上お会ひして相当年配の方も居られたやうですが然し、やつぱり児どものやうなところがある」と続けていることからも明らかだろう。同じ日に訪れたインドの女性たちに、ゴールズワージー夫妻は「老英帝国がインド連邦を保護国として迎へる態度」で接している。それは「英国人のサロン」に醸し出される「空気」のようなものだった。

　ハムステッド・ヒースの自然に包まれた生活は、岡本かの子にロンドン生活を満喫させている。「午後五時の恋人」（『世界に摘む花』）には、午後五時二〇分に必ず池のほとりに姿を現す、軽く腕を組んだ恋人たちが、次のように描かれた。「慎しい恋人たちの姿が、五時二十分に西の窓に現れて、十分ほど経つて家の南の窓の前を通り、丘の上の小径を行く

★ Christopher Wade は *Hampstead Past* (Historical Publications, 1989) に "John Galsworthy, who also arrived in 1918, chose a modest house, Grove Lodge, next to Admiral's House. He was at the height of his fame and during his days in Hampstead completed his masterpiece, *The Forsyte Saga*. By 1932, when he was honoured with the Nobel Prize for Literature, he had become an invalid and was unable to collect his award." と書いている。岡本かの子が交流したのは、ノーベル文学賞受賞前のゴールズワージーである。写真は、同書に収録されたグローヴ・ロッジのゴールズワージー。

のが毎日眺められた。わたしの借りた家は、エリザベス朝の建築の面影を遺す古雅なものであつただけに、窓蔦に框嵌められたその中に動いて行く輪廓のはつきりした二つの横顔を見て、わたしはつくづく『英国だな』と感じた。五時二十分頃はわたし達のお茶の時間だ。茶卓（テイテーブル）を西の窓下に持つて行き、二人を窓から眺める景色の点景物として、あたたかい玉蜀黍菓子を食べた」。

ハムステッド・ヒースの自然、一六世紀後半〜一七世紀初頭のエリザベス一世の時代の建築様式、「輪郭のはっきりした二つの横顔」——これら視野の構成要素は「英国だな」という感想を、「わたし」に抱かせている。だがイギリスらしいのは、見られているものだけではない。見ている「わたし達」は「お茶の時間」に、「玉蜀黍菓子」を口にしている。『仏教読本』（大東出版社、一九三四年）の「お茶時（チータイム）」でかの子は、「イギリスの家庭の美風は、お茶時（チータイム）で維持されてゐる」という言葉を紹介した。ティータイムに出るのは紅茶で、お茶受けにはビスケットやクッキー、玉蜀黍が入ったコーン・フレックスというパン菓子が用意される。見られる側も、見る側も、額縁のなかの典型的なイギリスの景色に溶け込んでいるのである。

ロンドン・ライフを市民のように

二年余りにわたるヨーロッパ生活を終えて帰国した直後の一九三二年五月に、岡本かの子は「フランスとドイツとイギリスと」（『女人芸術』一九三二年五月）で、異国の生活を次のように振り返っている。「一軒の家を持つてあちらのお鍋からお釜の世帯道具をそろへて

★伊地知純正は『倫敦名所図会』（研究社、一九一八年）でティータイムについて、「英国人は午後必ず御茶を飲む。Five O'clock Tea と言ふのが即ちソレだ。是は普通午後四時から五時の間に飲むから、五時の御茶と呼ぶのである」「紅茶である。ソレに薄く切つたバタ付きパン（bread-and-butter）と菓子がある。少し御馳走のある時は、サンドウツチなもど（ママ）出る」と解説している。図版は同書に収められた、ケンジントン・ガーデンにあるティー・ハウスで、伊地知は夏の午後にここで紅茶を飲むのを楽しみにしていた。

すつかり向ふの人とおなじやうな生活を味つて来たのです。そして女中もその国々の人を使つてみました。料理もその国の市民と同じものを食べその点ずい分よく見、よく感じて来ることが出来たと信じてゐます」と。彼女は旅行者や短期滞在者のように、日本で無意識の内に育んできた文化を基準に、異文化を語ろうとしているのではない。その地の市民のように生活することで、風俗や国民性に顕現する異文化を味わってみようとしたのである。

たとえばファッション。「洋服のリズムに乗つてしまつたらどうしても着物を着る気がしない」という彼女は、帰国後も洋服を愛用した。洋服だからこそ仕事も家事も効率的にこなせるというリズムを、身体が記憶していたのである。ショッピングの様子は日本とずいぶん違っていた。「欧州百貨店印象記」（『かの子抄』）にかの子は、大家の娘さんの案内でハロッズに行った体験を描いている。にこやかな店員に手伝ってもらって、二〇分ほどかけて約一〇着を試着したが、似合う服がないので今日は帰ろうと娘さんが言う。「こんなに着て見て気の毒ですわ」と恐縮する「私」に、「あなたこそ気の毒ですわ。こんなに着て見ても宜いのを見出し得なかつたのですもの」と娘さんは答える。ショッピングに時間をかけて慎重に選択することは、ロンドンでは客にとっても店員にとっても当然のことだった。

　女中の気質も日本とはずいぶん違う。「英仏の女中さん気質」（『婦人倶楽部』一九三一年六月）には、こんなエピソードが紹介されている。毎朝女中がカーペットの埃を、階段に出てはたく。風のある日は埃が隣まで飛んでいく。隣の奥さんがもう少し遠くではたくように伝えてほしいと言ってきたので、「私」は女中にその話をする。すると女中はかう答えた。「マダム、それが、あなた御自身の命令であれば私は喜んで従ひますが、私には隣の奥さんの

★宝蔵寺久雄『欧州旅行記』（千城堂、一九三五年）に収録された、一九三四年二月一四日付のハロッズの宝蔵寺宛書簡。ライターを購入しようとした宝蔵寺に、"We regret we are temporarily out of stock of these, but we hope to forward them in a few days." と連絡している。宝蔵寺の滞在先は、デンマーク・ストリートのHotel Tokiwa だった。

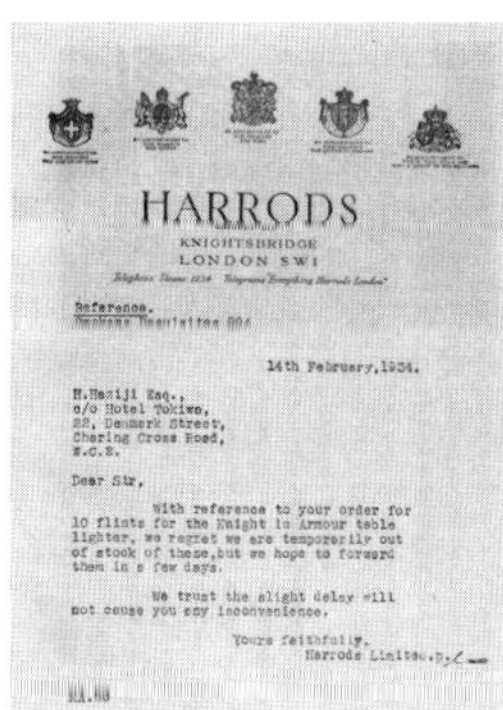
HARRODS
KNIGHTSBRIDGE
LONDON SW1

Reference.

14th February,1934.

H.Haziji Esq.,
c/o Hotel Tokiwa,
22, Denmark Street,
Charing Cross Road,
W.C.2.

Dear Sir,

With reference to your order for 10 flints for the Knight in Armour table lighter, we regret we are temporarily out of stock of these,but we hope to forward them in a few days.

We trust the slight delay will not cause you any inconvenience.

Yours faithfully,
Harrods Limited.

命令に従ふ義務はありません。埃がすれば窓を締めればいゝではありませんか」と。女中にとって雇用関係がない隣の奥さんは、ただの他人にすぎない。また雇用関係を結んでいる相手に、仕事の「理屈」を主張していけないわけでもない。その代わり契約内容には厳格で、毎朝きちんと定刻通りに来たという。

ロンドンの市民と同じものを食べるという原則は、必ずしも岡本かの子の舌にとって幸福ではなかっただろう。もちろん大英帝国の中心なので、ロンドンは国際色が豊かでインド料理など各国料理を味わえる。「商業と青年と夏など」（『女の立場』竹村書房、一九三七年）に記したように、シティの勤め人に交じって、キャビア・鱈の卵の燻製・スモークサーモンを乗せたカナッペを肴に、スタンドで一杯飲むのは楽しかっただろう。ただイギリス料理はイマイチ。「旅とガストロノム」（『世界に摘む花』）でかの子が、「イギリス料理は材料の持味を尊重してなるべく塩のみで食べる」というのは、間違ってはいないが、好意的な言い方だろう。地中海沿岸のイタリアに比べれば、味覚の単調さは覆うべくもない。

イギリス人と同じ生活をしようという方針は、岡本かの子に美術に対する独特の目線を与えている。「女性文人のふらんす絵評」（『世界に摘む花』）でかの子は、「イギリスでは芸術を生活に従属させ」る傾向があると指摘した。知り合いになった旧貴族の家には、お抱えの肖像画家が一人いる。その家では、歴代の先祖のなかで、肖像画のない人物を調査していた。古文書で当時の服装を調べ、親子兄弟の肖像を参考にしながら、画家に新しい肖像画を描かせるのである。それは芸術のための仕事ではない。肖像の家系図を完成させる仕事だった。イギリスからフランスに渡ったとき彼女は、フランスでは対照的に「芸術が生活をリードして居る」と感じる。二つの国の美術の違いは、二つの国の味覚の違いにも対

★岡本一平とかの子が暮らした家（著者が二〇〇七年に撮影）は、左から二軒目である。玄関は反対側にある。一階と二階（屋根裏部屋）の窓から、二人はハムステッド・ヒースの景色を楽しんだだろう。すぐ近くにはD・H・ロレンスが一九一五年に住んだ家がある。

応していた。

この頃の日本人の目に、イギリス人は個人主義を尊重すると見えている。もちろん個人主義は利己主義と異なる。「社会人としてのイギリス人」（『世界に摘む花』）で岡本かの子は、「イギリス人は己の生活に他から干渉を受けることを好まない代りに、決して他人の生活に徒らに干渉しません。言ひ換へれば自由を非常に尊ぶ国民であります。畏れ多い話ではありますが、イギリスに於ては国王陛下すら非常に大きな個人としての自由をお持ちになつて居ります」と述べている。自由を尊ぶということは、個人の勝手ということではない。自分に不愉快なことは、他人にも不愉快なことである。だから不愉快なことを避ける公共のルールが成立する。たとえばロンドンの公園は清潔で、紙屑はほとんど屑籠に入れられている。これをかの子は「個人主義的道徳」と呼んだ。

個人主義とは、個人と個人の距離の取り方が決まっているということでもある。「学ばされる英国の儀礼」（『女性の書』岡倉書房、一九三六年）で岡本かの子は、「この国の人はながく交際してゐても、少しも儀礼的な態度が変りません」と指摘した。「儀礼」とは、個人と個人の距離の取り方のルールで、それが不変なのは生活の様式と化しているからである。彼女が最も驚いたことの一つは、イギリス人家庭に招待されたときに、まず客間ではなく、主婦の部屋に通されたことだった。客はそこで帽子を脱いで、容姿の乱れを繕うのである。仮にそれが寝室でも、イギリス人は気にしない。かの子は国民性の違いを楽しみながら体験した。

文化の違いは、自然の違いとリンクしている。日本のように梅雨がないロンドンの六月は、日が長くて爽やかな季節である。しかし夜がなかなか明けず、すぐに日が暮れてしま

★ *Hampstead As It Was* に収録された一九〇九年の Heath Street Station の写真。同書には "At Heath Street the railway lines are almost 200 feet below ground. The new tube line was opened in June 1907." と書かれている。岡本かの子も地下鉄を使ってロンドンの中心部に出ていった。

う、秋から冬の季節は、陰鬱な気分に支配される。「愈々ロンドンに秋が来た。それは忽ちにして鳥肌の立つ寒い秋であつた。涼しさを楽しむひまさへ与へないロンドンの寒い秋であつた。暫らく忘れられてゐた濃霧がやつて来た。世界第一の大都会が発散する凡ゆる瓦斯と埃を含んだ淡褐色の霧である」と、「ロンドンの秋」(『かの子抄』)は書き始められている。緯度の高いロンドンでは、秋の虫の音は聞こえてこない。寂しく寒いこの季節には、劇場など夜の文化的生活が賑わうことになる。

ハムステッドの家を拠点としながら、岡本かの子はロンドンの中心部にも積極的に出掛けた。ロンドン大学の東洋学教室では、中国考古学が専門のイェイツ教授の公開講義を聴講している。教授は幻燈を使って鏡や銅器の文字を説明したが、聴講者のなかには老人や勤め人や主婦も交じっていた。かの子は政治学や経済学の教室も覗いているが、異文化への好奇心はこんなときも旺盛である。「欧州の学生に就て」(『女の立場』)で彼女は、「英国民と親戚関係」「準英人」と口にする、インド人女子学生の様子を観察している。彼女らは日本人や中国人を尻目に、先頭に立って講堂の席を確保したり、教室を出入りしていた。大英帝国の世界地図は、ロンドン大学のキャンパスにも映し出されていたのである。

ロンドン大学の友人でアイルランド生れのミス・マジョリーとは、秋の夜長を共に楽しんだ。「ミス・ニポン(略)また今夜もオールド・ヴイツクに行かうよ」(「ロンドンの秋」)と声を掛けられると、その誘惑に勝てない。イヴニングドレスに着替えた二人は、シェイクスピア劇の常設場であるオールド・ヴィック座へと、霧の中をタクシーを走らせた。そのときに岡本かの子は、まるで市民のようにロンドン・ライフを満喫している自分自身を発見したはずである。

(和田博文)

★『日英新誌』第一二六号(一九二六年七月)に掲載されたGL生「倫敦大学に就いて」のなかに、「パブリック・レクチユーア」という項目がある。それによれば公開講座はほぼ毎日あり、夕方の五時か五時半から一時間行われる。誰でも自由に参加できるので、「私も耳を馴らす為と且つ広く常識を得ると云ふ目的で」、事情の許す限り聞きに出かけたという。写真は、ロンドン大学(山本憲一・瀧澤七郎『倫敦』明文堂、一九二五年)。

4 第二次世界大戦への道

1933-1945

希望なき祈りの時代

思想家の河合栄治郎が「自分を育てて呉れた国」イギリスに帰ってきたのは、一九三三年一月のことだった。一九二〇年代に英国に留学した河合は「故郷へ戻つたやうな懐しさ」を感じつつ、再びロンドンの地を踏んだのである（「八年振りの英国」、『欧洲最近の動向』日本評論社、一九三四年）。

しかし、一九三〇年代のイギリスは「著しい変化」の渦中にあった。かつて河合が期待を寄せた英国労働党は、世界恐慌のあおりを受けて分裂し、その後の総選挙でも無惨に敗北して、今は見る影もない。河合は言論界の状況を把握するために、書店で「どんな本が英訳されてるか、どんな本が売れるか」も調査している。特に印象に残ったのが「共産党書房」だった。「前回の時からみるとかなりマルクス、エンゲルス、レーニンの本が沢山刊行され」「相当に売れてゐる」。河合は「恐慌以来英国の労働界と智識界にマルキシズムへの興味が台頭して来た」と分析している（「八年振りの英国」）。「恐慌」後の不況からの脱出、それは当時のイギリスが直面していた最重要課題だった。

この他にも英国では様々な変動が生じていた。ナチズムの躍進と軌を一にするように、一九三二年一〇月には元労働党のサー・オズワルド・モズリを中心とするイギリス・ファシスト連合が生れている。またドイツに対抗して、一九三三年秋には必要防衛力検討委員会が設立され、英国の軍事力増強の方針も検討されはじめた。さらに、一九三三年二月にはオックスフォード大学学生連盟によって「どのような場合にも王と祖国のために戦うことはしない」という決議が採択されていた。

日本人もこのめまぐるしい状況と無関係ではなかった。河合栄治郎は、英国の学者たちとの会話が一九三一年の満州事変に及ぶと、次のように身構えている。「満州事変に就て話が始まる。物の分つた外国人の中へ入つたら、先づ日本の政策を忌憚なく批判し、次で日本の立場を説明するに限る。之を逆にすると宜しくない」（「八年振りの英国」）。日本という国家の存在を背負いつつ、在英邦人も微妙な立場に追い込まれていたのである。

一九三六年にロンドンを訪れた政治学者の岡義武は、同年一一月二九日付の日記（篠原一他編『岡義武ロンドン日記 1936-1937』岩波書店、一九九七年）に、小説家エドワード・モーガン・フォースターの講演内容を記録している。その"Three Decades"と題する講演で、フォースターは英国近代史を三つに区分した。第一期は、一九世紀末から一九一四年までの「未来に何といふことなしに明るい希望」を持っていた"Hope without Faith"の時代。第二期は、第一次世界大戦後の一九二〇年代で、「新世界の建設を夢み、それへ向って努力した」"Curiosity"の時代。そして最後の第三期「我々の生きてゐる三十年代」について、フォースターは「人々は、希望をもちえぬ、しかし、世の中が悪くなって行かぬやうに、との祈りの気持の中に生きてゐる」と語り、この時代の特徴を"Faith without Hope"と名づけたのである。マルクス主義、ファシズム、軍国主義、平和主義、帝国主義などの様々なイズムが乱立し、じりじりと閉塞感のみが肥大化して解決策を見出すこともできず、ただ祈りを捧げることしかできない時代。イギリスの一九三〇年代とは、まさしく希望なき祈りの時代であった。

ただし一九三〇年代半ばの時点では、時代の切迫感は、まだ人々の心を直撃してはいなかった。夏目漱石の門下生で英文学者の松浦嘉一は、一九三六年にロンドンを訪れ、同年一〇月に発生した飢餓行進の模様を、『英国を視る』（第一書房、一九四〇年）で紹介している。これは、英国東北部の町Jarrowから、二〇〇名の失業者が徒歩で首都ロンドンを目指した示威行進で、"Jarrow March"として歴史に名を残す事件である。しかも「驚くべき事は、彼等一行の多くは過去十年以上の失業者で而も妻帯者といふ事実」だった。ちなみに、当時の首相スタンリー・ボールドウィンは、失業者による地方復興事業や失業手当給与の請願書を拒絶している。

以上の点から、当時のイギリスの殺気立つ状況を確認することもできる。だが別の一面も存在した。失業者たちが下院を訪問した際には、党派に関係なく、労働党や保守党の議員は「非公式ながらも、彼等の請願を聴い」ていた。また娯楽界ウェスト・エンドの「映画館は一日彼等を招待」している。加えて、ロンドン市会は「貧民救助法を活用、幾百磅（ポンド）を滞京中の彼等に支出してもてなし」た。失業者たちは、人々の善意に触れ、「すっかり御馳走攻め」になって、「特別仕立の汽車で」故郷に帰ったのである（『英国を視る』）。

愛は王位をも凌駕する

この直後に全世界の眼を釘付けにしたのが、イギリス国王エドワード八世である。

エドワード八世は、一九二二年のプリンス・オブ・ウェールズと呼ばれた皇太子時代に来日したこともあって、日本でも馴染みの存在だった。一例を挙げると、雑誌『婦人画報』の連載記事、小山荘一郎「英国皇太子は何故御独身か？」（一九二九年三〜五月）では、皇太子の親しみやすい人柄や、数々の逸話が紹介されており、プリンス・オブ・ウェールズの結婚問題は「世界結婚界の最大宿題」などと報じられていた。エドワード八世は、イギリス国内でも世代や階級の区別なく、絶大な人気を集めた国王であり、また多くの女性と浮き名を流したプレイボーイとしても知られていた。

そうしたなかで、一九三六年一二月に大事件が発生する。同月一一日付『東京朝日新聞』夕刊の第一面には、ロンドンからの緊急速報ニュースとして、「現帝、英国を去られん」「御退位けふ正式発表・英議会空前の興奮」「宣戦以上の衝撃」といった活字が踊った。一九三六年一月に即位したばかりのキング、エドワード八世が、わずか一一ヵ月で退位し、イギリスを去ることになったのである。事の発端は、国王がアメリカ人のウォリス・シンプソンとの結婚を公言し、ボールドウィン内閣との不一致が発生したことに始まる。イギリス国王はイングランド国教会の首長も兼ねており、二度の離婚歴をもつシンプソンとの結婚は、宗教上の理由から決して許されるものではなかった。政府と折衝を重ねたものの、最終的にエドワード八世は、王冠ではなく、シンプソンとの愛を選んだのである。

この騒動を目撃した岡義武は、一九三六年一二月四日付の日記に、当時のロンドンの複雑な状況を記している。劇場やレストランでは、国歌の奏せられた後、「喝采が起こり、婦人達は、人知れず泣」いていた。また、同日に開催された「Defense of Freedom and Peace の会」終了後、「七千乃至八千の満堂の聴衆」は「キング万歳」と「怒濤の如く」叫んだ。この日の『デイリー・ヘラルド』紙は、「激しい苦しみ、深い悲しみに悩みつつあるキングは、何人からも同情されるであらう。彼は、他の何人とも同じく、人間なのだ」と報じていたのだという（『岡義武ロンドン日記 1936-1937』）。

エドワード八世の退位が発表されると、ビジネス街シティをはじめとしてロンドン市内は大混乱に陥った。また、この事件の影響は大英帝国全体にも波及していた。松浦嘉一は次のように解説する。一九三一年のウェストミンスター憲章で、イギリスの海外自治領は英国本国から独立した共同体として認められていた。その自治領と本国を結びつけた「眼に見えない微妙な要(かなめ)」が、自治領のイギリス国王への「忠誠の誓」だった。しかし、キングの「アメリカ」人との結婚に、自治領「カナダ人の嫉妬」が高まり、カナダ当局は「帝国を統一してゐる要も切れる」のではないか、と危機感を募らせたのである（『英国を視る』）。エドワード八世の結婚問題が露呈させたもの、それは当時の大英帝国の脆弱性でもあった。

そればかりではない。一九三六年、エドワード八世は「夏期休暇の地中海旅行の途中、独逸に私的に立寄られた。実はキングは当時の独逸のやつてゐた社会政策に共鳴してゐて、その為に大分仏蘭西から煙たがられてゐた」（『英国を視る』）。この点との関連で、ナチス・ドイツの資料を集成した、ワルター・ホーファー『ナチス・ドキュメント 1933-1945』（救仁郷繁訳、論争社、一九六〇年）を見ておきたい。同書収録の文書「リッベントロップ対外政策計画」（一九三八年一月二日付）で、後のナチス外相リッベントロップは、ドイツが「イギリスとの協調を続け」つつ、「イタリア」や「日本」と「極秘のうちに」「イギリスに対抗する同盟情勢をつくり出すこと」の必要性を力説している。加えて、ヒトラー「総統に、私からロンドンに自分を派遣してほしいと要請した」理由について、

「エドワード八世に期待をかけて最後の努力を払おうとした」からだと述べていた。その上でリッベントロップは次のように推測した。英国政府が、イギリス国王とナチズムとの接触に危機感を覚えたために、エドワード八世は「退位せざるをえなかった」のだ、と。

　エドワード八世とナチズムとの関係については簡単に結論を下すことはできないが、以下の点を確認することは可能だろう。エドワード八世の事件には、キングの結婚問題のみならず、当時のイギリス国内や大英帝国の不安定化、さらにナチス・ドイツとの外交問題といった複合的な論点が集約されていた。この出来事は後のイギリスの道筋を暗示する前奏曲ともなっていたのである。

日英文化交流と高まる反日感情

　先に満州事変以後の在英邦人の微妙な立場について言及したが、それでも学術的なレベルでの日英文化交流は継続されていた。一九三五年五月には、古代歌謡を専門とした国文学者、久松潜一がロンドンに到着し、大英図書館で日本の古典文学を研究している。久松潜一『西欧に於ける日本文学』（至文堂、一九三七年）によれば、大英図書館には「天草版の平家物語、伊曾保、金句集（以上一冊）の珍本」をはじめとして、本居宣長や荷田春満の説を書き入れた「万葉集の古版本」、歌学書「八雲御抄古版本」など、膨大な書物が所蔵されていた。「大英図書館の日本の書籍はシーボルトの蒐集が千八百六十八年に入つたのを基礎として、千八百八十二年にはウイリヤム・アンデルソンによつて集められたもの、またアーネスト・サトウ氏の蒐集も加はつて居る。千八百九十八年にドラス氏によつて書目をあげ解題を加えた書が出来て居るが約五千部の日本書がある」と久松は解説している。

　また、久松は、『源氏物語』の英訳 *The Tale of Genji*（G. Allen & Unwin, 1926）などで著名な東洋学者、アーサー・ウェイリーと面会し、『源氏物語』のことや『万葉集』、『古今和歌集』、『蜻蛉日記』、『堤中納言物語』、井原西鶴などについて意見交換を行っている。例えば、「ほとけ」の『万葉集』での使用例についてウェイリーが質問すると、久松は「佛作るまそほ足らずは」という用例を思い出し、続いて話題が「ほとけの語義」に及ぶと、久松は「浮屠の家」、つまり仏陀の家の意味ではないかと答え、これに対してウェイリーは、「け」は「スピリット」の意味でないかと問いかけた。久松は「『もののけ』の『け』はたしかにスピリットの意味であらう」と考え、「ほとけのけの解釈はなかなかむづかしい」などと話し合っていたようだ（『西欧に於ける日本文学』）。

　翌一九三六年には、俳人の高浜虚子と小説家の横光利一が、ロンドンに本部をもつ国際ペンクラブ（一九二一年設立）の会合に出席するためにイギリスを訪れた。虚子はペンクラブでの講演（同年五月五日）の最後を、「俳句は、気候の変化に伴ふ天然及び人事を諷詠するものでありまして、それは世界の中で最も短い詩でありまして、また真に詩中の宝玉にも比すべきものかと思ひます」と締めくくっている（「倫敦P・E・N・クラブにて」、『渡仏日記』改造社、一九三六年）。

続く一九三八年には、英文学者で能楽研究者でもあった野上豊一郎が渡英した。野上はケンブリッジ、オックスフォード、ロンドンなどの各地の大学で、能の芸術理論について講義している。野上豊一郎『西洋見学』（日本評論社、一九四一年）によれば、ケンブリッジ大学では、「サー・アーサー・クィラクーチ教授」が特別に「老体を提げてチェアマンになつてくれて、非常に厚意に充ちた長い紹介の挨拶を」した。野上の講義が終わると、教授は「あなたの話は政治問題に触れなかつたから愉快だつた」と述べ、野上は「学問とか芸術とかの世界では、政治外交方面では望めないお互ひに心をゆるし合へる親密な結びつきがある」と確信したようだ。この発言に端的に示されるように、当時の日英の「政治外交方面」は「親密な結びつき」が「望めない」状態にまで悪化していたのである。

当然、イギリスでは反日運動が高まりをみせていた。ロンドンに長期滞在した画家、牧野義雄は、一九三七年の日中戦争開戦を転換点と位置づけている。牧野の『英国人の今昔』（那珂書店、一九四三年）によれば、一九三七年八月頃、ロンドンの映画館では「日本海軍が上海を攻撃してゐる映画」が上演され、「排日熱が恰も地震後大火となつた東京の如く、大火となつて全英国に焼け広がり、新聞の第一面には「上海に於ける日本の虐殺」などの記事が掲載された。また外務次官のクランボーンは「日本は只婦女子を虐殺する外、他に何の目的もなく支那に侵入した」と声明を発し、ロンドン市長は「『憐れなる支那人の御援助を乞ふ』と大書したポスターを倫敦到る処の町隅に何万と張つて義捐金を募つた」。さらにカンタベリー大主教コズモ・ラングも「日本の非道を讒訴して排日運動を始めた」のである。

この日英関係を、より一層険悪にしたのが、一九三九年に中国で発生した天津租界封鎖事件だった。これは、親日派の中国人を殺害した犯人が、天津のイギリス租界に潜伏しているとして日本政府が身柄の引き渡しを要求したものの、英国側がそれを拒否したために、日本がイギリス租界を封鎖したという事件である。日本兵はイギリス租界の出入り口に検問所を設け、イギリス人を公衆の前で全裸にして調べ上げるなどの強硬手段にでた。牧野義雄が新聞店に行くと、店主は「貴国の者は天津で英国の国民を裸体にするなんか無礼極まる。無礼の挙動を大国民にした事は英国未曾有の事で、吾人の終生忘れる事は出来ないところである。又子々孫々忘れ得ないであらう。この事は能く記憶して貰ひ度い」（『英国人の今昔』）と、激高しながら忠告したのだという。

この一九三九年は、イギリス外交が一八〇度転換した年でもあった。それまで英国は、ドイツ、イタリア、日本の対外侵略に対して宥和政策を採用していた。だが、一九三九年三月にドイツがプラハを占領し、チェコスロヴァキアを解体したことで、イギリスは完全に裏切られる。牧野義雄は、当時の首相ネヴィル・チェンバレンの演説も紹介している。チェンバレンは「吾が英国は古来第三国同志の外交戦争には干渉せざるを例として来つたが、今度はその前例を破り、新外交策を採らざるを得ない」と宣言し、ヒトラーを罵倒した。「彼はわが国を欺瞞したのだ、こん畜生！」（『英国人の今昔』）。

バトル・オブ・ブリテン

一九三九年九月一日、ドイツ軍がポーランドに侵攻し、同月三日に英仏がドイツに宣戦布告するに及んで、ついに第二次世界大戦が勃発する。だが、戦闘はすぐには始まらなかった。約七ヵ月間は、嵐の前の静けさ、ともいうべき硬直状態が続き、その間に多くの日本人も英国から引き揚げたのである。

戦争開始後、イギリスでは、国内保安、経済戦争、情報、食料、海上運輸などの各省が設置され、総力戦に向けた統制体制の構築が迅速に進められた。また開戦の三週間後にはガソリンが、翌年初めにはバター、ベーコン、砂糖の配給も始まった。そして一九四〇年四月、ドイツの北欧侵略に対して英仏の遠征軍が参戦し、沈黙が破られるのである。

この当時を克明に記録しているのが、毎日新聞社ロンドン支局長、工藤信一良の『悶ゆる英国』（成徳書院、一九四三年）である。工藤は、イギリス情報省で前述の東洋学者アーサー・ウェイリーと遭遇している。当時ウェイリーは「日本語の検閲官」の職にあった。また、一九四〇年五月に首相に就任したウィンストン・チャーチルは、次のように演説していたのだという。「余は国民諸君に、血と、涙と、汗を要求する以外、何等の約束をすることは出来ぬ」。第一次大戦が国王と国家のための戦いだったのに対し、第二次大戦はファシズムと対抗する自由のための戦いとして受け止められ、イギリス国民は積極的に戦争を支持した。一九四〇年七月からは、イギリス空域での英独の航空戦も始まった。「言葉上手なチャーチルは、この時の戦闘を、『英国の戦い（バトル・オブ・ブリテン）』と名付け」ている。

その後、一九四〇年八月下旬からのロンドン空爆は熾烈を極めた。工藤信一良の証言を引用しよう。「数十、数百の編隊群が、キラキラと銀翼を輝かして頭上にある。陽射しの加減で、一瞬、見えなくなるかと思ふと、次には鱗形にキラキラ光る」「今まで晴れ渡つてゐた秋空に、えも言はれぬどす黒き靄がかゝつてきて、太陽が西の方に、真黄色に見えた。夕方になつたのか？　さに非ず。ロンドンのイースト・エンド一帯のドック地帯が、炎々と燃え上つて、その煙が、地を這ひ、天に上つて、妖気でロンドンの空を包んだのであつた」「夜中、高射砲は気違ひのやうに号ふ、唸る、吠える」「クリスマスの夜には、ドイツ機は、セント・ポール寺院から取引所にかけて、問屋町のあるチープサイドに集中的に焼夷弾の雨を降らした」「セント・ポールの大伽藍を浮彫にして、あたり一面、ただもう火の海であった」「一六六六年のロンドン大火以来の業火である」（『悶ゆる英国』）。

一九四一年一二月の真珠湾攻撃とマレー沖海戦で、日本が米英と交戦状態に入ると、イギリスに滞在していた日本人は、アイリッシュ海の中央にあるマン島で抑留生活を送ることになった。このときマン島には、イギリス日本人社会の縮図のような空間が形成されている。工藤信一良によれば、抑留者のメンバーは実に多種多様であった。そこには一定期間イギリスに滞在する予定だった銀行員、商社マン、新聞記者たちのほかに、多数の英国長期滞在者がいたのである。例えば「ロンドンの一流料理屋トロカデロ」のコックは「二十年前に日本を出たとかで、日本語を忘れてしまつて」もう英語しか話せない。「飛行機工場の職工」と「写真製版の技術屋さん」は「いづれも在英三、四十年といった人で」「英国人の妻子を持ち、子供は陸海軍に招集」されていた。最も大人数だったのが約「六十人の船員」で「英国人を妻として、二十年、三十年、英国に居ついて、英国船に働き通した人々である」（『悶ゆる英国』）。

一九四二年七月、日英間で抑留者の交換交渉が成立すると、マン島の日本人は交換船で帰国の途に就いた。だが、全員が帰ったわけではない。先ほどの船員たちの大半は「彼等の意志によつて」英国に残った（『悶ゆる英国』）。古垣鉄郎『ロンドンの憂鬱』（三省堂、一九三九年）によれば、ロンドンでは「在英二十年者懇親会」なる団体が設立され、会員数は「百名以上」に達していた。古垣は、イギリス長期滞在者の一人として「人一倍太っ骨の人物K氏」を挙げている。イギリス武道会を設立し、ヨーロッパ柔道の普及に尽力した柔道家の小泉軍治である。小泉もまた戦時下のイギリスに留まった。英国と日本の戦争は、二つの国家に人々を二分した。だが、二国間の対立構造からは排除されてしまう、多くの人々も存在したのである。

ところで、マン島の日本人抑留者たちは、イギリス側と交渉して、ラジオ放送を聴くことのできる環境にいたのだという。その当時、BBC放送で戦況ニュース解説を担当していたのが、文豪ジョージ・オーウェルだった。オーウェルは、一九四三年三月一三日付のニュース原稿で、第二次大戦の「重要な要因（ファクター）六つ」を列挙している。その最後の二点は以下のような内容だった。「第五は、ナチス・ドイツの〈新秩序〉がヨーロッパで失敗したことです。第六は、日本が極東に樹立しようとした〈新秩序〉が、ヨーロッパにおけるドイツのものと同じように、自分自身だけの利益をはかるものであることが明らかになったことです」（ジョージ・オーウェル『戦争とラジオ――BBC時代』甲斐弦他訳、晶文社、一九九四年）。周知のように、日本国内で「新秩序」の幻想が崩壊するのは、さらに約二年後のことである。

（西村将洋）

伴野徳子（1936-1938）――フラットに住んだ主婦

女中＝異文化理解の通路

伴野徳子が夫とロンドン生活を始めたのは一九三六年一一月二四日である。北にフィッツジェイムズ・アヴェニューが見える七階のフラットは、二寝室・客間・食堂・書斎・女中部屋・キッチン・バスという間取りだった。伴野は『倫敦の家』（羽田書店、一九四〇年）を、「僅か一年半の間に、私の住むフラットの窓から観た、狭い倫敦であり、（略）いはゞ私の『倫敦の家における生活の感想記』に過ぎない」（「序」）と謙遜している。しかし彼女の言葉は逆に、他のロンドン体験記には見られない、この本の特徴を示しているだろう。ロンドンの政治や経済、芸術や文学を、伴野は高みから批評したり紹介したりしない。無名の女性であり主婦でもある彼女の、生活感に溢れる視線が捉えた異文化が、この本には定着しているのである。

異文化としてのロンドンは、五官（視覚・聴覚・嗅覚・味覚・触覚）を通して捉えられた。この頃のイギリスは日本に比べて「文化的設備の完備した国」である。だが伴野は季節の移ろいを感じられる日本が懐かしかった。「堅いコンクリートの路」（視覚と触覚）はときどき味気なく思えて、「裸足のまゝ土の踏み度い日」（触覚）という気持ちや、「水のやうな初秋の風の音を、ききたい」（聴覚）という気持ちが湧いてくる。ロンドンと東京では、同じも

★伴野徳子『倫敦の家』（羽田書店、一九四〇年）所収の写真で、キャプションに「フラットの窓から」と書かれている。フラットは七階だったので、周囲の四階建ての建物を見下ろすことができた。

のも違って見えた。たとえばフラワーショーのみごとな菊は、「高貴な薫りに乏しい」（嗅覚）ような気がする。ロンドンでは自然から距離がある分だけ、「宝石の光度」（視覚）が高くて、「人間の美しさ」を増幅させていた。

人間の感覚は外界との関係性のうちに成立する。だから環境が変われば、感じ方も変化する。霧が深い冬になると難しかったが、この頃のロンドンでは「欧州の皆様」と話し始める日本のラジオ放送が聴き取れた。電波は懐かしい日本の空気を、音声に変換して運んでくれたのである。ところが演芸放送になると、誰もががっかりしたらしい。「三味線の音は、板を叩くやうに聴えるし、今流行つてる歌謡曲なども、紙と木で造つてある日本の家では、ある情緒を含んで面白くきこえても、日本を遠くはなれた、堅い石の建物の中できくと、下卑た低調さだけが際立つて」いた。彼らは単なる日本人としてラジオ放送を聴いたのではない。ロンドン在住のエトランジェとして聴いたのである。

伴野の異文化理解は、女中のノラからももたらされた。主婦でなければ、女中と四六時中向き合うことは不可能だろう。倹約家のノラは、紙一枚・野菜一切れも無駄にしないだけではない。主人の無駄にもやかましく、伴野が外出着のままソファにもたれてラジオを聴いていると、服がくたびれると着替えを持ってくる。寝坊して食堂に遅く行くと、耳を引っ張る。馬鹿げた失策をすると、その場所に連れていって「ノーティ」と叱る。伴野の夫が夜遅く帰宅して大きな音を立てると「ホリブル」だと言う。しかし伴野は日本でのように、女中に腹を立ててクビにすることはなかった。理屈に外れた文句でないし、ノラの態度に憎々しさや皮肉が感じられなかったからである。伴野にとって女中は、合理主義という異文化理解の通路の役割を果している。

★伴野徳子が住んだ場所には、現在でも七階建て（日本の数え方では八階建て）のフラットが何棟もたち、周囲よりも高く目立っている。写真は二〇〇七年に著者が撮影。

女中のノラは、イギリスの家庭料理（味覚）という異文化も教えてくれた。メニューはほとんど同じで、毎日のように「ぐしよ〱」にゆでて味付けをしないキャベツとジャガイモがつく。魚は日本の冷凍魚の方がはるかにまし。「今日は御馳走がある」と出された生のキュウリも大味だった。後にパリジャンのマドレーヌが料理の腕をふるったとき、夫はノラに「お前もこんなのを作れ」と言ったらしい。そのときにノラは、「バタを一週間分も使つて、高価な茸を沢山使つて、私だつてあんなにお金を使つてよいものなら、いくらでもおいしい料理を作れる」と反論した。イギリスの家庭料理は良く言えば質実である。日本人の伴野には思いもよらない料理もあった。その一つが米のプディング。ご飯に牛乳と砂糖をかけるので、日本では金持ちのネコの食べ方だと言うと、日本のネコはゴージャスだと感心された。

ロンドンは階級社会である。女中と親しくなることは、外国人の伴野がふだん交流しない階層の人々を知ることを意味していた。ある日「英国は、下層階級と貴族にいゝ国」だというイギリス人女性の話をノラにすると、ノラはロンドンの物価では、失業手当で食べていけないとカンカンに怒る。いつも擦り切れた服を着ている英語の家庭教師のオリヴァ先生に尋ねると、「食べられない七十過ぎの老人」のためにワークハウスがあるが、監獄の方がましだと言う。前者には外出の自由があるが、後者の方が食物や衣服は上等だった。もっと年をとったら田舎に帰るのかと伴野が聞くと、働けるだけ働いて、その後はワークハウスに行くとオリヴァ先生は答えた。

★一九二二年にロンドンを訪れた近藤浩一路は、ロンドン在住の画家の栗原忠二と渡辺副領事の家を訪れて、夫人の手料理の日本食をご馳走になった。近藤浩一路『異国膝栗毛』（現代ユウモア全集刊行会、一九二八年）によれば、そのときに渡辺は、雇っている女中についてこんな話をしたらしい。「時間制度でその時間中も規定の仕事はするが、それ以外には一歩も踏み出さない。それで時間外になると、子守といへども子供が泣かうがもうとりむきもせず、さつさと帰つて行つてしまふさうだ。（略）日曜の公休日に酒を飲むのが無上の楽しみで、帰つて来るときにはいつもベロ〱になつてやつて来る」と。図版は同書の挿絵。

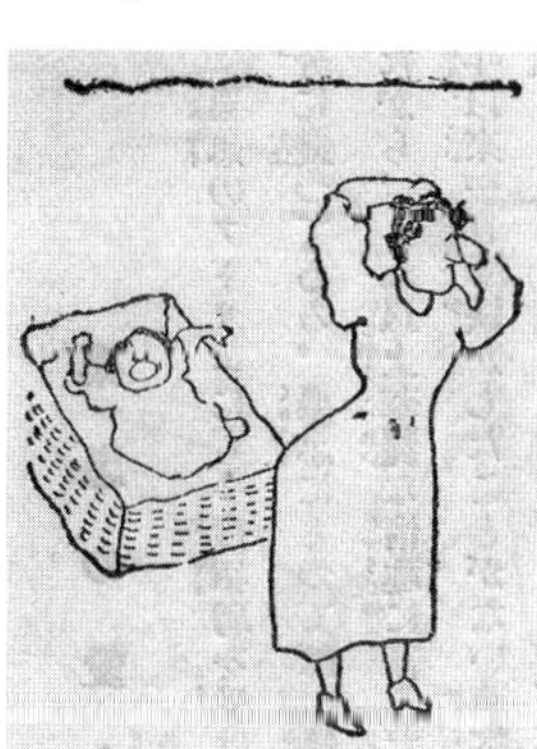

視線のセクシュアリティ

第二次世界大戦以前のロンドン体験記のほとんどは、男性の執筆者によって書かれている。だから伴野徳子が意識したわけではないが、『倫敦の家』には他の本とは異なる視点が織り込まれることになった。子供との接し方の日英文化の違いは、母親でもある彼女ならではの観察かもしれない。イギリスでは日本のように幼児を背負わず、頑丈な革紐を胴体にくくりつけて、母親かナースが紐を引っ張り散歩していた。その光景を初めて見たときは、犬のようでおかしかったが、衛生的にも思える。また子供たちは午後五時頃のお茶が夕食代わりで、ディナーの仲間入りをせずに寝室に追いやられる。デパートでも映画館でも、子供の姿を見ることは稀だった。

この頃の日本人として、伴野はごく一般的な女性観の持ち主だったのだろう。「女は矢張り、産めるなら母親になつて、子を育てて、子と共に伸びて行つて、(略)健康な精神を保ち得て、幸になるのではないでせうか」と彼女は記している。犬を連れて散歩をするロンドンの女性たちは、そんな伴野に違和感を覚えさせた。パーティーやダンスを楽しみ、映画館や劇場に通う彼女たちは、子育てよりも人生の享楽を優先しているように思えてくる。独身者や子供を産まない女性について、伴野は「さうした女性が多くなればなる程、世の中はよくならないで、風儀は悪くなり、そこに悪徳が芽生え、老後の安定を欠いてゆく、その傾向が、この国にも、フランス同様にある」と書いた。この一節からは、伴野個人の考え方だけでなく、一九三〇年代のイギリス女性と日本女性のライフスタイルの違い

★犬の散歩がよく見られたスポットの一つはハイド・パークである。図版はこの公園の一角にあった犬の墓地(伊地知純正『倫敦名所図会』研究社、一九一八年)。

も透けて見える。

女性が男性と同じように酔っ払い、羽目を外して騒ぐ姿は、日本ではまだあまり見られなかった。一九三六年一二月にエドワード八世がシンプソン夫人と結婚するためにイギリス王位を捨てて、ジョージ六世が即位する。戴冠式の日のパレードが行われる通りは、見物客で埋まった。お祭り気分のなかで、男性と共に踊っている女性の姿を見て、伴野はセクシュアリティの異文化性を感じる。彼女はもともと「女中階級とか、シヨップ・ガール階級の男女間の風儀の悪さ」が気になっていた。イギリスに比べて日本では、公的な場所での女性の感情表現がはしたないと捉えられている。だから深夜の地下鉄チャリング・クロス駅で若い男女がキスしている光景を、伴野は夫と反対側のホームから「呆れ返つて」眺めたりするのである。

伴野の女性ならではの視線は、ファッションや化粧に顕著に認められる。銀座の風俗をリードしていたのはモダンガールだが、ロンドンでは黒い帽子と黒いヴェールを被り、黒い服を着てかかとの低い靴をはいた老人が多かった。若い女性のファッションも、ブラックやネイビーブルーやブラウンの無地が目立つ。またノーメークで口紅をつけない若い女性が多いことも伴野を驚かせた。ときどき「パリー好みやアメリカ好みの、派手なメーキアップをした人」も見かけるが、周囲に溶け込んでいない感じがする。ロンドンは「田舎つぽく、野暮つたく、落ちついてゐて上品」な都市だった。

ロンドンに来てみると、和装か洋装かという選択に、日本では想像もしなかった心理が作用することが分かる。体格のいいヨーロッパ女性と一緒に洋服を着ていると、みすぼらしく見えるだろうと、伴野は和服をたくさん揃えてきた。ところが洋装の人々に交じって

★一九三七年に大阪毎日新聞社は「欧州一周旅行」を主催する。このツアーの参加者の一人である吉田辰秋が書き下ろした「外遊報告書」が『外遊漫筆』（明治図書、一九三九年）。五月一二日に行われたジョージ六世戴冠式を吉田は、トマス・クック社がハイド・パーク・コーナーのウェリントン・ハウス前に特設したスタンドで見物した。隣には日本郵船の斉藤支店長夫妻がいて、車上の人物を詳しく説明してくれたという。図版は同書収録の「戴冠式記念絵葉書」。

和装でいると、「重苦しく不調和な感じ」がして美しく見えない。「ぼたくくと重たく不活発な感じは、その人の頭の働までをにぶいものに見せ」るのではないかという自意識が、湧いてきたのである。日本ではまだ洋装よりも和装の女性の方が多い。しかしロンドンでは誰もが洋装なので、日本よりもはるかに楽な気持ちで洋服を着られることに気づいたという。

第二次世界大戦以前の日本人の体格は、ヨーロッパの人々に比べてかなり見劣りしていた。そんな自己像と向き合うときの心の波立ちを、伴野は自著で率直に吐露している。人並みのつもりなのに、美粧院で「若い外人の顔と並んで、自分の顔が鏡に写し出されようものなら、余り穢い自分の顔に、吃驚して」しまい、数日は憂鬱になると。後にロンドンから帰国の途についてナポリに立ち寄ったときも、同じ劣等感に襲われた。七〜八人の日本人の姿を見かけて安心したのはいいが、「黄色い顔がうすぎたなく、（略）得意になつて歩いて来た私達も、外見の悪い人種として、さぞ眼立つたことであらうと、今更ながら、旅の興味が薄れてゆく」と。ファッションや化粧や装身具への関心の深さと、身体性への関心の深さは、パラレルなのだろう。

日中戦争下のロンドンの日本人

伴野徳子『倫敦の家』を読む限りでは、彼女は一年半のロンドン生活を楽しんだように見える。パリは服の仕立てが良く化粧品も最高だった。それでも二度のパリ訪問で、たびたび聞かされてきた「倫敦程、世界中のよい品が豊富に集つてゐる国はない」という言葉

★尾崎行雄『外遊断想』（中央公論社、一九三四年）所収の写真。左から、尾崎品江、尾崎行雄、テオドラ夫人、尾崎雪香で、前年七月二一日のバッキンガム宮園遊会の直前に撮影された。雪香はロンドンの学校に在籍していることもあり、洋服姿にまったく違和感はない。

を、彼女は実感したという。言い換えればそう実感できるほど、伴野はロンドンでショッピングを楽しんだのだろう。社交ダンスは一流の先生に習いたいと、ヴィクター・シルヴェスターの教習所でじかに教授を受けた。ポーランドのピアニストのアルトゥール・ルービンシュタインのショパン・コンサートを聞いたり、アルバート・ホールでヴィルヘルム・フルトヴェングラーが指揮するベルリンフィルの、ベートーヴェンとドビュッシーを楽しんだこともある。

だがロンドンで、自分が日本人であるという身体性の意識は、美粧院の鏡以外からも訪れてくる。一九三七年四月六日に日本の立川飛行場を離陸した朝日新聞社の訪欧飛行機・神風号は、経過時間九四時間一七分五六秒の新記録を樹立して、同月九日にロンドンのクロイドン飛行場に着陸した。ロンドンでもこの話題でもちきりだったらしい。伴野が九日にシルヴェスターの教習所に行くと、エレベーター係の老人が「今日はお友達が日本から飛んで来るから嬉しいだろう」と声をかけてくる。シルヴェスターもお祝いの言葉を述べてくれた。帰りにボンド・ストリートの文房具屋でペンを買うと、店員が「神風が来るから得意だろう」と笑いかける。伴野の夫もレストランで食事をしていたら、神風到着のお祝いにオーナーがビールをおごってくれた。

祝福の場合はいいが、非難によって日本人という意識を際立たせられるときもある。一九三七年七月七日に日中戦争が始まり、八月一三日にはイギリスが共同租界で権益を有する上海でも軍事衝突が起きた。新聞やラジオや映画ニュースには、日本非難の言葉が溢れかえる。日本製品不買のポスターも貼られた。「倫敦に於ける日本人村」は火が消えたように静まりかえったという。どの日本人の顔を見ても、憂鬱な表情をしていた。M社のZ

★飯沼正明が操縦し、塚越賢爾機関士が同乗した日本の単葉機「神風」は、東京から三日二二時間一八分をかけて、一九三七年四月九日にクロイドン飛行場に到達した。『亜欧記録大飛行　神風画報』第二輯（朝日新聞社、一九三七年）収録のこの写真のキャプションは、「色とりどりに香高き花束をもつて『神風』の到着をクロイドンで鶴首して待つ在留邦人の子供達」と説明している。

氏の自宅の窓に石が投げられたという不穏な情報と、「貧民窟の近所で、教養のない人達ばかりのゐる」エリアだからという自分たちを安心させる解釈が、一緒に伝わってゆく。ピカディリーの中華料理店には「日本人お断り」の札が出て、日本人が経営する「藤井支那料理店」からは中国人コックが仲間の迫害を恐れて逃げ出したという。

　ロンドン市内で伴野は、不安に駆られることもあった。上海のニュースを新聞で読んだ日に、彼女はオリンピアで開催中の国産展覧会に出掛ける。ところが館内の日本人は自分だけで、「気の引ける心細い思を、頑張れ〳〵と、自ら励ましながら」回るが、とうとう不安に耐えかねて、途中で会場から飛び出してしまった。一九三八年の正月に大使館に遥拝に行くと、例年になく日本人が多く集まっている。ナショナリズムの高まりと、不安感と、情報を得たいという気持ちが、人々の心に混在していたのだろう。伴野は一定期間の滞在者にすぎないが、イギリス人と結婚している日本人女性もいる。英国軍人の夫をもつ日本人女性と話しながら、どちらが勝っても女性は「一生不幸で終らなければならないであらう」と伴野は考えていた。

　もっとも日中戦争下のロンドンで、イギリス人が日本人にむきだしの敵意を向けたわけではない。ニュースは日本非難一色でも、「倫敦に住む英国民は、我々に対して、事変前と同じ態度で接して」いた。巡査に道を尋ねると、日本人に対しても丁寧に応対してくれる。二〇〇〇人近い客が入るレストランで新年を迎えたときも、「誰一人として白い眼を見せる人」はいなかった。ロンドンの小学校に通う日本人子弟も少なくないが、友情が壊れたとか学校嫌いになったという話はほとんど聞かない。第二次世界大戦下のような明確な敵対国になれば話は別だが、イギリスでは「国家と個人とは別であるといふ観念」が浸

Strand Chinese Restaurant
28, Buckingham Street, Strand, London, W.C.2.
Telephone: REGENT 3851.
支那御料理
特別御献立
晝食　壹志八片
夕食　貳志六片
其他御尋ねに従ひ日本人各位様の御嗜好に相叶ひ候御料理色々御紹介可申上候
中國飯店
藤井米治

★一九二〇〜三〇年代のロンドンで、日本人経営のチャイニーズ・レストランとして広く知られていたのが、藤井米治経営の中国飯店である。図版は、『日英新誌』第一二三号（一九二六年三月）に掲載された同店の広告。

透しているように思われて、「完全に私は兜を脱いだ」と伴野は記している。

　同じ極東から来ても、日本人と中国人は対照的な性格をもっていたらしい。日本人の商人から伴野はこんな話を聞いている。海外で中国人は一人が頭角を現すとみんなで応援するが、日本人は足を引っ張る。だから日本人の商人は大きくなれないと。確かにロンドンの中国人は強固なコミュニティを形成していた。イギリス人は日本人と中国人の区別がほとんどつかず、中国文化の方により親しんできている。日本人は中国人と間違われてよく腹を立てたらしい。「日本人を支那人と間違へると、恰も不当な言ひ懸りをつけられたやうに、"I am a Japanese"と、怒気を浮べてやり返すが、我々には、その心理状態が解らぬ。そのくせ、日本の文化も、宗教も、支那から渡つたものではないか」とあるイギリス人は語ったという。

　伴野自身も子供たちに「チャイニーズ」と連発されて癪に障ったことがある。「貴女のお国のデザインを真似た服がある」と「支那服紛ひ」の洋服を見せられ、侮辱されたように感じたこともある。だが彼女は他方で、「子供時代に聞いた『チャンコロ』などといふ、支那人を侮蔑した言葉が、私共の頭にしみてゐて、それが大人になつても、無意識のうちに、頭を擡げて来るものらしい。よく〱心しなければならぬことである」と自省している。一年半のロンドンのフラットでの生活は、他者を鏡として、自己（日本人）を相対化する視線を彼女に与えてくれたのである。


（和田博文）

★伴野徳子が「チャイニーズ」と連発されたのは一九三七年一二月の末にトーキーへ行ったときだった。この年の七月には日中戦争が始まっている。街角には「日支事変に関する支那人の演説会」のポスターが貼られていた。トーキーからアリマスに足を伸ばして靴屋に行くと、「支那の若い婦人」が「こっちに視線を辿りながら、英人に何事か私語や」いていたという。写真は『倫敦の家』に収録された「トーキーの三角時計」。

野上弥生子（のがみやえこ）（1938-1939）——戦争の影とデモクラシー

緊迫する欧州へ

野上弥生子が、日英交換教授として渡欧する夫、豊一郎とともに旅立ったのは、一九三八年一〇月のことであった。

この年の二月には、ロンドンで反日国際大会が開催されており、両国間の関係はかなり難しいところにあった。それには、一九三七年に始まった日中戦争が関係している。日本の動きは、アジアにおけるイギリスの利権を脅かすもので、日本が大東亜共栄圏の構想を推し進めるならば、そこに多くの植民地を持つイギリスとの衝突は避けられない。こうして、イギリスとの関係は緊張していたが、外務省は日本文化に対するイギリス側の研究熱が高いことをあげ、その希望を容れて交換教授派遣を決めた。

豊一郎は一九〇八年に東京帝大を卒業。法政大学の講師となり、一九二〇年に法政大学教授となる。一九三四年、法政騒動により退職するが、これを機会に、それまで続けていた能楽研究に邁進し、一九三八年に「能の研究」で博士号を取得した。渡欧のさいも「能を中心とした日本文化史」というテーマでの講義が予定され、国際文化振興会製作のトーキー映画「能」英語版、幻燈数百枚と、徳川家秘蔵の能面と能衣装を持参した。

一九三六年末にこの話が内定すると弥生子は同行を決め、翌年の三月から英会話学校へ

★財団法人国際文化振興会は、一九三四年四月に創設された。初代の理事長は樺山愛輔で、国際派の華族や外務官僚らが中心となって運営された。事業の中に映画の作成があり、豊一郎が渡欧に際して持っていった「能」も、ここで作られたもののうちのひとつ。小津安二郎監督が六代目尾上菊五郎演ずる「鏡獅子」を撮影したフィルムも、国際文化振興会が企画し、予算をつけて製作したものである。一九四〇年にはローマ滞在中の野上素一が、国際文化振興会の海外連絡員に任ぜられた。写真は国際文化振興会の機関誌『国際文化』第六号（一九三九年一〇月）表紙。

通い始めた。豊一郎は公費だが、弥生子の旅費は岩波茂雄が提供してくれた。帰国後、岩波書店より、野上弥生子『欧米の旅』上下巻（一九四二年・四三年）が刊行されている。

弥生子は、「欧州に旅するに当りて」（『図書』一九三八年一二月五日）で、まず「学ぶことは人間に課せられた運命的な課題である。人が進歩する為には生れ（ママ）るから死に至るまで、学ぶことを怠つてはならない。同時にこれは人間の社会にも、国家にも、相通ずる原理である」とし、民族、国家が互いの文化、伝統を学び合い、尊重しなくてはならないと書き出している。自分たちの渡欧は、その相互理解の一助となるはずであった。これはもちろん、当時の緊迫した国際情勢を踏まえての発言である。

一九三六年九月に、長男素一がローマ大学言語学科に留学しており、夫妻には途中イタリアへ寄って息子に会える楽しみもあった。

豊一郎が『日本評論』などに書いていた旅行記は『西洋見学』（日本評論社、一九四一年）にまとめられたが、この「はしがき」に、「旅行の目的は、イギリスの諸大学で、交換教授として、能の芸術理論を中心として日本文化の特質について講義することであつた。講義したのは、ケインブリヂ、オクスフォド、ロンドン、リーヅ、ダラム（ニューカッスル・アポン・タイン）の五大学と、一二三の学会であつた。その頃、イギリスとの国際情勢が思はしくなかつたので、政府当局の人たちも大使館の人たちも心配してくれたが、また、私自身も最悪の場合の覚悟はしてゐなくもなかつたが、事実は、意外にも、むしろ反対に、頗る気持よく迎へられ」たと、講義してまわった大学やイギリス当局の対応が親切であったことを延べ、その厚意に感謝している。

弥生子の「日記」（『野上弥生子全集』第Ⅱ期 第7巻、岩波書店、一九八七年）を見ると、ときに

★写真はケンブリッジのジーザス・カレッジ（『欧米の旅 下』岩波書店、一九四三年）。ここには高名なシェイクスピア学者のサー・アーサー・クィラクーチ博士が講座を持っていた。豊一郎の講演で司会をしてくれた謝意を伝えに、翌日野上夫妻はジーザス・カレッジに博士を訪問した。カレッジの庭には連翹が咲き、春を知らせていた。

反日感情が禍して集まりの悪い講演会もあったようだが、リーズ大学では豊一郎の講演のあと、求められて弥生子が「羽衣」のキリを謡って喝采され、なごやかに終わったという暖かな一場面もあった。政治とは別にある、文化交流の大切さが示されていた。

『欧米の旅』の執筆

実際の旅では、人々の暮らしを通して、その国の社会制度を知ることができる。たとえば、弥生子は、美術館、博物館などによく足を運んだが、そこには学ぶチャンスを与えられた子どもたちがいた。『欧米の旅　下』には、公共の施設で平等な学びの場が提供されている子どもたちのすがたが描かれていた。数多い旅行記の中でも、こうした子どもへの目配りがあるものは少ないので、弥生子の記録は目を引く。

自然史博物館では、引き出しを開けて何かに見入っている子どもがいたので覗いてみると、中には小鳥の卵がぎっしりと詰まっていた。そばに立っている制服の番人も、卵を観察する子どもを笑いながら見守っている。子どもは、服の襟の汚れなどから、あまり大事に育てられていないように見受けられた。しかし、あらゆる種類の小鳥の卵を自由にいじらせてもらえるこの国の子どもは、なんと幸福なことか、と弥生子は思う。別の部屋では、引き出しの中の蜘蛛の標本を写生する子どもがいる。恐竜の骨が展示されている大きな部屋では、七八人の子供たちが駆け回って騒いでいた。鯨の模型がある部屋では、二人の小さい娘にしきりに説明をしている父親がいた。ごく自然に、博物館を団らんの場にするまでなじんでいる国民を、弥生子は好ましく眺める。近くにある科学博物館も、子どもたち

★自然史博物館（井上赳『印象紀行　祖国を出でて』明治図書、一九三一年）。

で賑わっていた。ナショナル・ギャラリーでは、さすがに駆け回る子どもはいなかったが、子どものグループに学芸員が絵の説明をする光景を眼にしている。科学も芸術も、子どもたちの身近にあった。

弥生子は帰国した翌年に、『英国史』（アンドレ・モーロア著、水野成夫・浅野晃・和田顕太郎訳、白水社、一九三九年）を読み、「英国のデモクラシイの根元がいかに遠い昔に根を張つてゐることかと驚く」（一九四〇年六月一四日の「日記」）と記している。デモクラシーという考え方は、もはや当時の日本ではタブーであった。一九三〇年代末から、軍部の発言力が増すにつれ、吉田茂に代表される親英派の官僚たちは「自由主義者」として排斥されるようになっていた。日記に書いたような意見は、公にするわけにはゆかない。そんな時期に、『欧米の旅』の刊行が準備されつつあった。「序信」（『婦人公論』一九三四年三月）から「落人日記」（『婦人公論』一九四〇年一月）までの間、『婦人公論』『中央公論』『改造』などに発表した文章に、書き下ろしを加えて『欧米の旅』をまとめたのである。

弥生子の「日記」によると、一九四一年一二月一四日に、「『欧米の旅』の上巻のペンをおいたのが十一月の二十七八日であったらう」とある。翌年の八月一六日には、「スペインがいよいよ終つたので、イギリスを書くつもりで材料のセイリをする。『ロンドンの家』が下巻のまつ先になるわけだ。思ひきつて書けない点がありさうで少し気重い」とある。太平洋戦争は、すでに始まっている。軍部の意向に沿わなければ、執筆禁止どころか、獄死さえあった時代である。そして弥生子の心はファシズムの日本より、イギリスのデモクラシーを求めていた。

一九四一年四月一八日には、「この頃の新聞を見るのは苦しい。ドイツが勝ち、イギリ

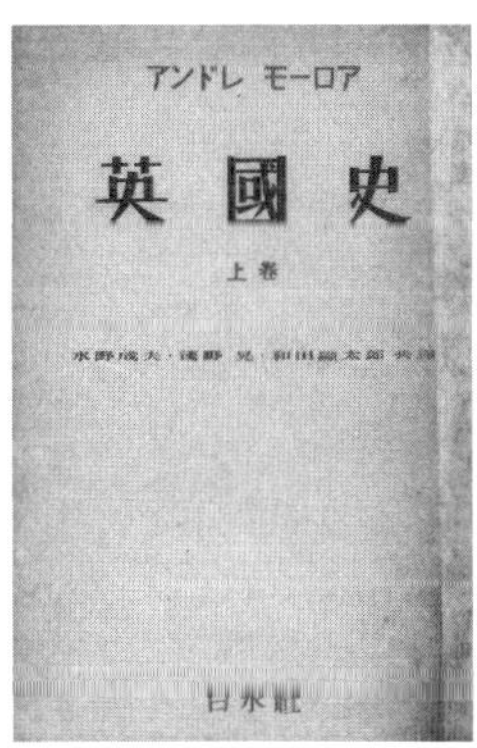

★アンドレ・モーロア『英国史　上巻』表紙（白水社、一九三九年）。原題は、*Histoire de l'Angleterre*, 一九三七年。モーロアはユダヤ系フランス人だが、イギリスの歴史や文学に親しみ、これに関する歴史書や伝記を執筆した。

スがユーゴーやギリシアで負けてゐるのが何故これほどに私の胸を痛くするのか。否、イギリスが負けるのはイギリスだけではない。私たちが同時にこの日本でドイツ屋に、一種の神がかりのオポチュニストに負けることである。それがたまらないのである」とある。弥生子の、大正教養主義に根差したデモクラシーへの信頼が、イギリスへの信頼につながっていた。『欧米の旅』のイギリスの部分を書き終えたのは、一九四二年一〇月であった。

ハムステッドの家

野上夫妻はロンドン滞在中、ずっと同じハムステッドの家の一部屋を借りて住んだ。小さい庭つきの古風な一軒家で、あたりに同じような家が並ぶ、閑静な住宅地であった。歩いて五分ほどのところに、朝日新聞の香月氏一家が住んでおり、よく行き来した。「ロンドンを思ふ時、私の胸にはハムステッドの家が浮きあがり、英国の半年の生活の追憶は扇子の要のやうにそこを基礎として拡がつてゆく」（『欧米の旅　下』）と回想している。

二人の部屋は、二〇畳ほどの広さで、大きな本棚があり、暖炉があった。あるじのハント夫人の他に手伝いの女性と、ジップという黒猫がいた。他にも部屋を借りている人たちがいて食事は一緒にした。夕食のあとは暖炉の前で住人たちが集まり、思い思いに読書や編み物をし、会話を楽しんだりした。住み込みの使用人のミス・ドヴィニは、仕事をしながら鼻歌を歌ったり、雪が降ると「おおきれい」と窓に駆け寄ったり、謹厳なハント夫人にはない明るさで弥生子たちを和ませていたが、四旬祭に入って間もなく、なにも言わずにすがたを消してしまう。宗教心の篤い彼女は、おそらく四旬祭の教会の鐘の音にひかれ

★右は野上夫妻が住んだハムステッドの家を、豊一郎がスケッチしたもの（『欧米の旅　上』）。左の写真は、著者がこの家を二〇〇五年に撮影したもの。スケッチとほぼ同じであったが、撮影したのが夏だったので、樹木が茂って一階が見えにくい。

て、家を出たのだろうという。アイルランド生れの彼女は、弥生子がジョン・シングの芝居を見たと話すと、あの芝居が本当にわかるのはアイルランド人だけで、アイルランドはイングランドとなにもかも違う、と主張した。そうした気質の違いの一端を、弥生子はミス・ドヴィニから教えられた。

弥生子は、高い教養とそれに基づいた知的な眼で、人間とそれを取り巻く社会を描いた小説家であった。知的といってもその分析は皮肉なものにはならず、人倫を重んじ、西欧で育った民主主義の精神を理想としていた。よくも悪くも安定した情感と理性が弥生子の小説を支えている。しかし、旅行中の日記には、高いところから正論を述べる知識人・野上弥生子とはべつの表情が見える。

イタリアでは、留学中の長男の靴下を洗ってやりながら涙を流したり、彼の口頭試験に立ち会ってはらはらしたり、有力者に頼ってあられもない就職活動をしたり、という親の顔を見せる。また、漱石門下の中でも温厚な人柄で知られた豊一郎を相手に、ささいなことでやりあって、感情のバランスを崩している。たとえば、オールド・ヴィック座で「真夏の夜の夢」を観た夜、帰宅後に言い争いが起き、「どれ程多くの事を私は忍んでゐるかを彼は夢にも考へやうとはしないのだ」（「日記」一九三九年一月一四日）と記す。霧が深く、夕方から雨の日であった。旅先で、一部屋に住んで顔を突き合わせているのが良くないのだと、豊一郎はハムステッド・ヒースのキーツ・ハウスまで一人で散歩に出たりする。また、夫が傘を買ってきたのが気に入らず、「買い度いものは他にあるのに。――父さんの流儀と私の流儀とはなにからなにまで違ふ。一緒に何十年と住んで、それがます〱明白になる」（「日記」一九三九年四月二九日）とある。この日も雨だった。長旅を夫婦二人で過ごす日々

★ロマン派の詩人ジョン・キーツが一八一八〜二〇年の間に住んだ家（金子健二『欧米遊記　馬のくしゃみ』積善館、一九二六年）。キーツの代表作「ナイチンゲールに寄せる歌」などが生れた場所として名高い。キーツはここを離れて半年後に没した。死後、ここはキーツの記念館となっている。

は、ストレスも溜まりがちだった。ロンドンの雨の陰欝さが、それをいっそう耐え難くしたらしい。

ヒトラーがチェコに侵入してから二日たった日、弥生子はハムステッドの家で、この家の持ち主であるモーレイ家の息子に会った。ロンドン大学名誉教授のモーレイ氏の子息である。ハント夫人はモーレイ氏の家を借り、下宿人の家賃からモーレイ氏に借り賃を納めていた。モーレイ家の子息は、菊池大麓や桜井錠二が父親の知人で、この家にも来たことがあるという話をした。やがて話題は戦争のことになった。「ミスタ・モーレイは前の欧州大戦では出征してフランスに三年ゐた。同じ戦線に出てゐた三人の従兄弟は三人とも戦死したと云ふ。こんな話になつても日支事変のことはなんにも口にださないのであつた」（『欧米の旅』）と記す。弥生子は、敵対する国の人間にも普通の態度で接するモーレイ氏に驚いた。それは、後に、日本人避難民となって大陸から鹿島丸でリヴァプールに一時寄港したとき、上陸する日本人にガスマスクを無料で貸与したイギリスの人々の公平な態度を見て、一層強まることになる。

戦争が始まる

政治的な緊張が高まる欧州で、野上夫妻はいつも以上に政治の動きに敏感にならざるを得なかった。日本から欧州に向かう船旅の途中、上海や香港ではすでに、イギリスと日本のせめぎあいを見ている。上海では、ガーデン・ブリッジの北半分を日本兵が、南半分をイギリス兵が警備していた。日本軍の攻撃によって破壊された光景も眼にした。ローマで

★弥生子がダッチェス座で見た「小麦は青し」の一場面（『欧米の旅 上』）。ウェールズの炭鉱地方を舞台にした芝居で、せりふの半分がウェールズ語だった。写真は、鉱夫の子どもたちを教育するミス・モファットと教え子のモーガン。ミス・モファットはシビル・ソーンダイクが、モーガンは、作者でもあるエムリン・ウィリアムズが演じている。評判が高くて、何ヵ月も続いていたという。ロンドン滞在中、弥生子は他に、バーナード・ショー「ジェノバ」「キャンディダ」「馬泥棒」「悪魔の弟子」、ノエル・カワード「生活のもくろみ」、シェイクスピア「真夏の夜の夢」「じゃじゃ馬ならし」「オセロ」などを観ている。

は、郊外に住む知人宅に昼食に招かれて行く途中、自動車の中から、馬に乗っているムッソリーニを見かけている。昼食前の運動をするコースにめたっているから、たぶん人違いではないだろう、と知人は言った。「大きな禿頭の、肥つた男のひとであつた。茶つぽい服に包まれた部厚な上半身が、殆ど馬の頸に重なるほどに乗りだし、両手できゆつと手綱をしめてゐた」（『欧米の旅』）と観察している。

ロンドンの街中で、ヨーロッパの戦争を感ずる出来事に出会うこともあった。一九三九年一月二九日、ソーホーでイタリア料理を食べ、トラファルガー・スクエアへ出ると、ネルソン像の台に立ってスペインへ武器を送れと叫び、演説し、寄付金を募っている人々を見る。弥生子も募金に応じた。スペイン共和国の人民戦線政府に対しフランコ将軍が武装蜂起したのは一九三六年で、長きにわたる内戦は一九三九年三月まで続いた。そして、弥生子が応援した共和国支持側は破れ、フランコが勝利したのである。

一九三八年九月、イギリスの首相、ネヴィル・チェンバレンはヴェルサイユ条約に違反してオーストリアに進軍したドイツ軍に対し、宥和政策を取ることで戦争を回避しようとした。三度目の会談でズデーデンをドイツに譲渡することを認め、ドイツは新しい国境を守ると約束した。和平維持に期待を繋いだが、翌年三月、ドイツ軍はボヘミアとモラヴィアを占領。夏にはポーランドに侵攻し、撤退を求めるイギリスの求めも無視された。

このとき野上夫妻は、五月三〇日にイギリスからオランダに渡り、ドイツ、スイス、イタリア、フランスを経て、スペインまで旅を続けていた。八月二三日に独ソ協約が結ばれ、事態が急変した。背後の心配がなくなったドイツはポーランドに侵攻。チェンバレンの宥和政策は破れて、九月三日、イギリスはドイツに宣戦布告した。事態の急変を受けて、弥

★ネルソン記念塔の下で共産党員が演説をしているところ（松浦嘉一『英国を視る』第一書房、一九四〇年）。松浦嘉一は英文学者。ロンドンでは演説やデモをたくさん見たが、「英吉利の群集は、演説を聴いてゐる間はいゝこともしない代りにいたづらもしない。演説をする奴も、しやべるだけが能で、彼等は彼等の言ふ所を実行する手段を知らない上に臆病である」という、バーナード・ショーの皮肉な意見を書き添えている。

生子たちは戦乱を逃れようとスペインからボルドーにたどりつき、そこで二週間、フランス在住の日本人避難民を乗せる船を待った。九月一四日は豊一郎の誕生日であったが、何をすることもできない。九月一六日に、百数十人の日本人とともに鹿島丸に乗り込むが船はしばらく動かず、やっと二五日に出港した。すべて、戦時の混乱を物語るものだ。船はリヴァプールに寄港し、一週間停泊するというので、その間上陸して、湖水地方をまわってからロンドンへ行くことができた。上陸したとき配られたガスマスクを、彼等は風呂敷に包んで持ち歩いた。ロンドンの街でも人々はガスマスクを携帯しており、愛犬にマスクをつけさせている人もいた。

ハムステッドの家では、ハント夫人が待っていてくれたが、開戦は人々の暮らしを変えていた。もといた部屋は燈火管制の設備ができていないということで、三階の部屋が用意されていた。燈火管制が守られないと五〇ポンドの罰金が科せられるのだという。窓には黒地の二重になったカーテンや、その他、ありとあらゆるものが掛けられていた。下宿人は一人残らずいなくなっていた。ロンドンから避難したのである。一人で心細く暮らしていたハント夫人は、野上夫妻を歓迎してくれた。

そんな中、野上夫妻は親しくしていた香月氏、北野氏らに会いに、クイーン・ヴィクトリア・ストリートのタイムズ社の中にある朝日新聞支局へ向かう。折からの大雨で、燈火管制下の暗いロンドンをタクシーで飛ばすと、リージェント・パークあたりは人気のなさに森の気配を漂わせていた。朝日のオフィスで、緊迫した世界情勢の最新の情報をもとに話し込んだ。

また、二人はチェンバレンの演説を聞くために、テムズ河畔の議会まで行った。たった

★空襲を避けてロンドンを離れる子どもたち（磯部佑治『倫敦防空戦線』羽田書店、一九四一年）。磯部は、朝日新聞ロンドン戦時特派員であった。

四日間の滞在期間なのに、精力的に戦時下のロンドンで、生きた情報を得ようと動き回っている。そしてとくにこのようなとき、野上夫妻にさまざまな人脈があり、それを通しての特別な計らいがなされていることがよく見える。大使館員に依頼してあったので、秘書室へ行くと弥生子には議長席の上にあたる席の切符が渡された。そこは女性の聴講者専用の席であった。チェンバレンの他、ジョン・サイモン、サミュエル・ホア、ウィンストン・チャーチル、ロイド＝ジョージといった著名な議員たちを見、彼等の議論を聞いた。ヒトラーからの和議定義について検討されていた。議場は大学の講堂くらいの広さで、雄弁を振るう場所というより相談ごとにふさわしい空間に見えた。チェンバレンの演説も大げさな態度を取らずに、「持前の円い冴えた美しい声で、普通の事を普通に話してゐる、といつた調子が飽くまでイギリス式に徹してゐた」。弥生子たちは燈火管制で街が真暗になる前に議会を出たのであるが、そのあと戦争回避を求める社会主義の議員から、戦争に行ったことのない議員が「安楽椅子に納まつてゐて、主戦論を唱える資格はないのだ」という発言があったと聞き、「国によつては刺し殺されるかもわからないほどの言葉を、自由に吐かせて知らぬ顔をしてゐるところに、イギリスの社会的な空気抜きの巧妙な装置を見る」（『欧米の旅　下』）と書いている。『欧米の旅』が刊行された一九四二年、一九四三年の日本においては、これがぎりぎりの発言であったろう。

野上夫妻を乗せた鹿島丸は、一九三九年一〇月五日に、リヴァプールからニューヨークへ向けて出港した。

（宮内淳子）

★一九三九年、下院で、海軍大臣だったチャーチルが徴兵制の施行を提案している様子（篠田錦策『英国の風物』研究社、一九四〇年）。徴兵制は一九一六年に成立している。

III

ロンドン事典

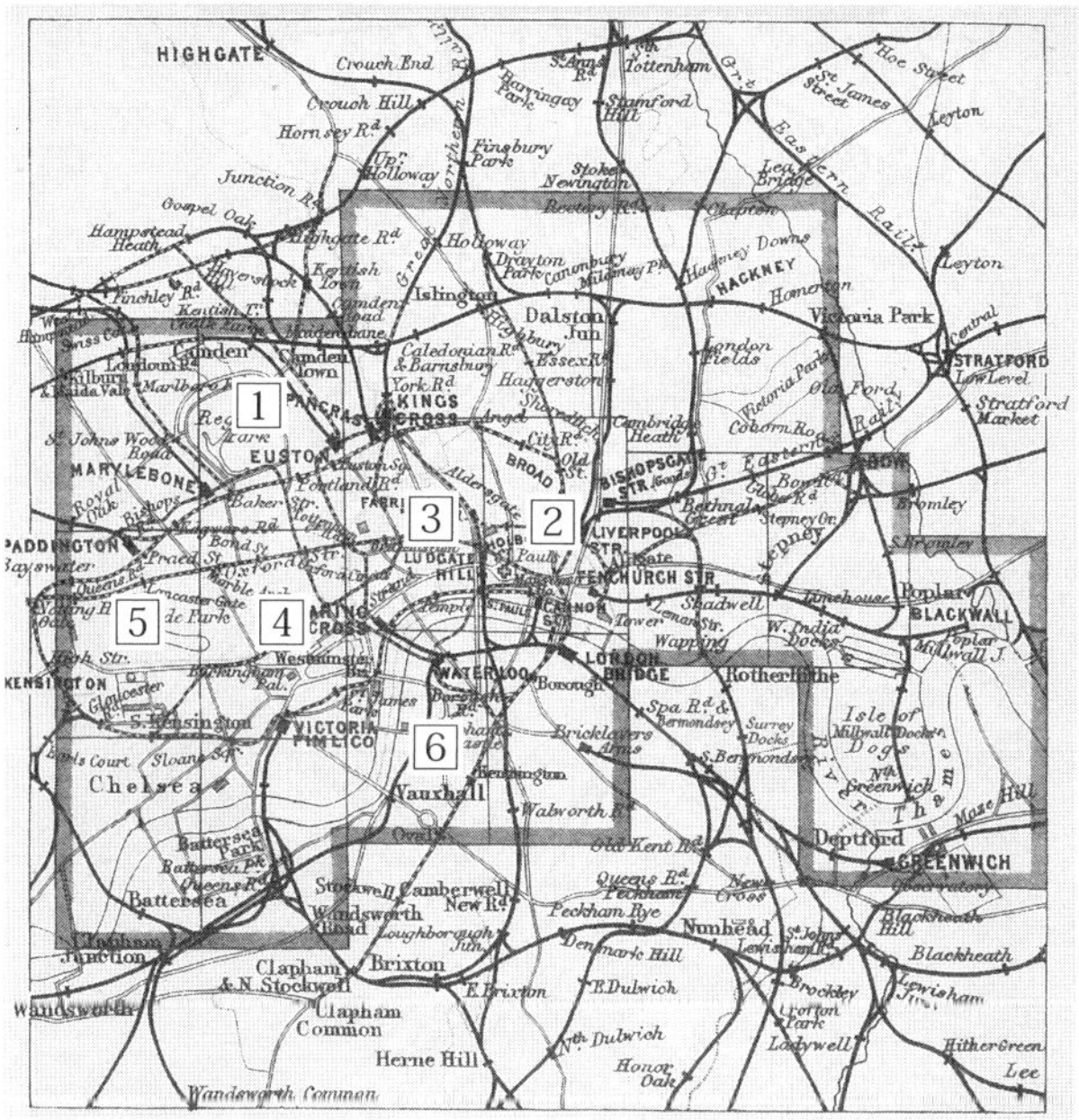

〈第III部　エリア一覧〉

リージェント・パーク（1）

シティとテムズ河（2）

大英博物館から
トラファルガー・スクエアまで（3）

オックスフォード・サーカスから
ヴィクトリア駅へ（4）

ケンジントン・ガーデン周辺（5）

ウェストミンスター寺院と議事堂（6）

ロンドン全域

その他——郊外

リージェント・パーク

❶ マダム・タッソー蝋人形館
❷ リージェント・パーク
❸ ロンドン大学
❹ ロンドン動物園

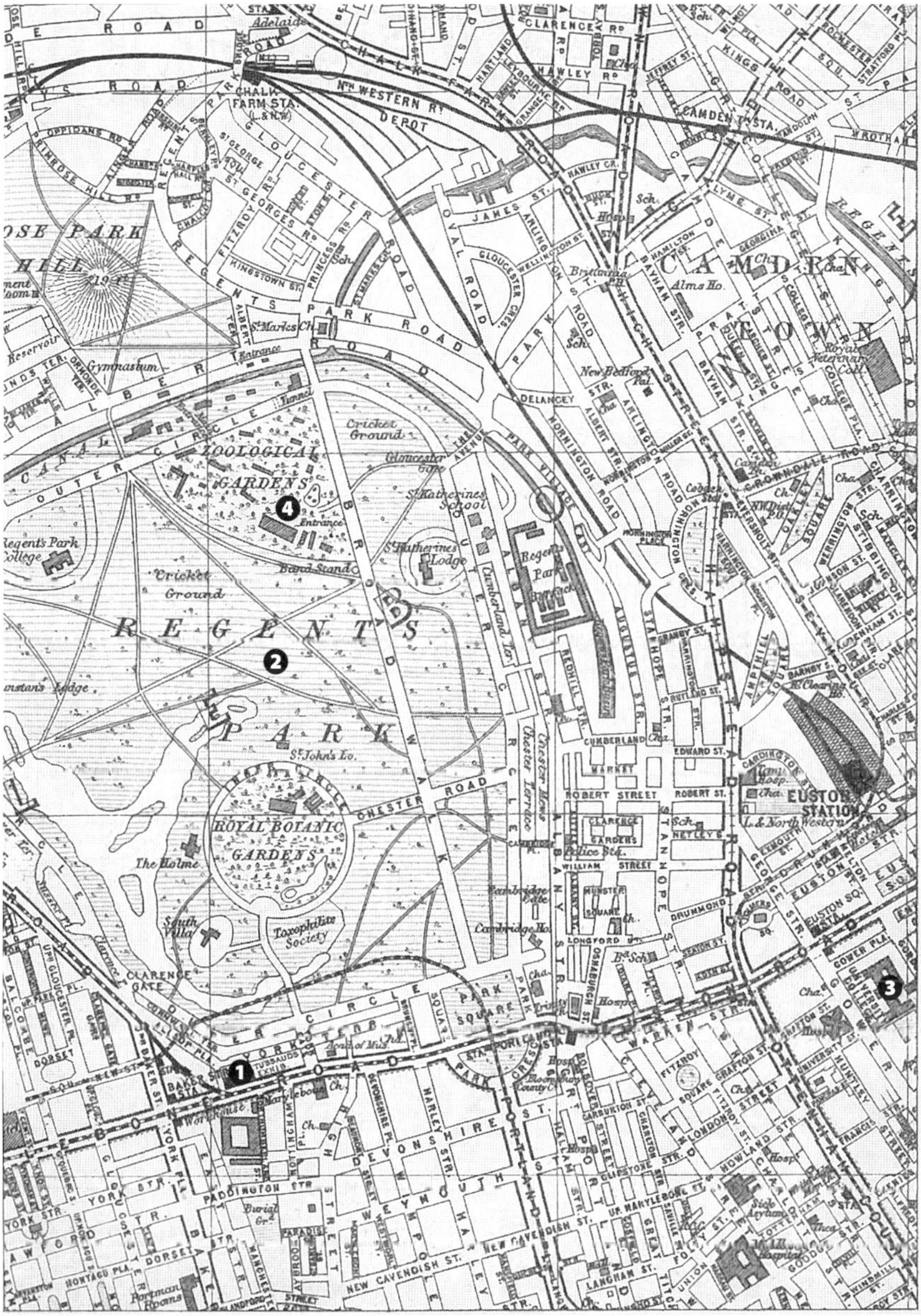

REGENTS PARK
ZOOLOGICAL GARDENS
ROYAL BOTANIC GARDENS
Toxophilite Society
Cricket Ground
Band Stand
Entrance
Gymnasium
Regent's Park College
St. Katherines Lodge
St. Katherines School
St. John's Lo.
The Holme
South Villa
Clarence Gate
Gloucester Gate
OUTER CIRCLE
INNER CIRCLE
BROAD WALK
CHESTER ROAD
ALBERT ROAD
REGENTS PARK ROAD
GLOUCESTER ROAD
PARK ROAD
CHALK FARM ROAD
CHALK FARM STA. (L.&N.W.)
Nth WESTERN Ry
DEPOT
CAMDEN TOWN
CAMDEN Rd STA.
HIGH STREET
OVAL ROAD
GLOUCESTER CRES.
PARK STREET
ARLINGTON ROAD
MORNINGTON ROAD
DELANCEY
PARK VILLAGE EAST
ALBANY STREET
Regents Park Barracks
Cumberland Terr.
Chester Terrace
Cambridge Ho.
PARK SQUARE
PARK CRESCENT
EUSTON STATION
L. & North Western
EUSTON SQ.
GOWER PLA.
EUSTON ROAD
HAMPSTEAD ROAD
ROBERT STREET
WILLIAM STREET
CUMBERLAND MARKET
STANHOPE STREET
DRUMMOND
OSNABURGH ST.
MARYLEBONE ROAD
BAKER ST. STA.
TUSSAUDS EXHIB.
Workhouse
Marylebone Ch.
DEVONSHIRE ST.
DEVONSHIRE PL.
WEYMOUTH ST.
HARLEY STR.
PORTLAND PLACE
NEW CAVENDISH ST.
GREAT PORTLAND ST.
WIMPOLE STREET
PADDINGTON STR.
Burial Gr.
YORK PLA.
DORSET
MONTAGU PLA.
Portman Rooms
LONDON STREET
FITZROY SQUARE
HOWLAND STR.
TOTTENHAM COURT ROAD
GRAFTON ST.
UNIVERSITY ST.
Royal Veterinary Coll.
CROWNDALE ROAD
Alms Ho.
Britannia
New Bedford Pal.
Police Stn.
PRIMROSE HILL

マダム・タッソー蝋人形館 (Madame Tussaud's Wax Museum)

Marylbone Road

一八〇二年、パリで肖像画や型づくりの技法を学んだマダム・タッソーは、フランスから三五体の蝋人形を持ってイギリスに来た。当初は各地をまわって人形を見せていたが、一八三五年にはベーカー・ストリートに場所を定めた。一八五〇年に夫人が死去した後も、息子たちがこれを引き継いだ。マリルボーン・ロードに移転したのは一八八四年のことで、この頃には既に蝋人形の数は四〇〇体になっていた。一九二五年には火事によって、一九四〇年には空襲によって被害をこうむったが、今もロンドン名所のひとつとして存続している。

ここを訪れた人がまず驚くのは、入り口のところに立っている警官である。本物と思って方角を聞こうとすると、これが蝋細工なのだ。ロンドン帰りの人からよく聞かされる話らしく、岡本一平も心積もりをして行った。「その積りで行つても、その巡査に顔をくつつけるほど近寄せて見るまでは半信半疑」(『増補世界一周の絵手紙』龍文舍、一九二九年)だったという。桜井鷗村が行った時には、ここに西郷隆盛の首の写しなるものがあった。しかしこれは「芝居で使ふ大髷を結つた張子の代首」(『欧州見物』丁未出版社、一九〇九年)で、「噴笑」ものだったと桜井は書いた。

今なら日本人の蝋人形も何体かあるが、明治期には日本の有名人がそうそういるわけでない。その中で東郷大将は第一四五番の番号をつけて、立派に立っていた。田中龍眉は鼻が高い。「此群衆中にて日本人と云へば我輩只一人にて何となく肩身が広く、ジロ〱と顔を見らるゝにつけても此時だけは何等不快の念が起らず、却つて身長五六寸も伸びたる心地せり」(渡辺尚編『最新倫敦繁昌記』博文館、一九一〇年)と書いている。

(和田桂子)

◇マダム・タッソー蝋人形館の「恐怖の部屋」を岡本一平が描いたもの(『増補世界一周の絵手紙』龍文舍、一九二九年)。

リージェント・パーク（Regent's Park）

公園はロンドンの都市空間の重要な構成要素の一つである。王侯貴族が独占的に使っていた庭園や狩猟場を、市民に開放したので広い。かつて王室領だったリージェント・パークは、その中でも最大の広さを誇る公園である。渡辺尚編『最新倫敦繁昌記』（博文館、一九一〇年）で田中龍眉は、「リーゼント、パークは昔リーゼント公の開創に係り、面積四百七十三エークル、周囲二哩」と紹介している。明治人の田中は松が好きだったようだが、ここに茂っているのはカシやクリやポプラで、たくさんのリスが暮らす。田中も「約十二三町も続ける栗の樹の並木路はリーゼント、パークの精彩なり」と感嘆している。

公園の北側にはロンドン動物園や運河が設けられ、家族連れで賑わう。夏になると野外劇場でシェイクスピア劇などが演じられる。公園内の池では、白鳥や鴨や小鳥にパンを与える人の姿をよく見かける。姉崎正治はリージェント・パークのベンチで読書したときのことを『花つみ日記』（博文館、一九〇九年）に記した。アウレリウス・アウグスティヌス『告白録』の、赤ん坊の頃の告白を読みながら、隣のベビー・カーの赤ん坊がどんな一生を送るのかを想像していたと。

リージェント・パークではイベントや歓迎会が開かれることもある。杉村楚人冠が見に行ったのはカート・ホース・ショー（荷馬車馬の共進会）。『大英游記』（有楽社、一九〇八年）によると、隣に住むドイツ人の一三歳の娘に誘われて、四人で出かけた。地下鉄のベーカー・ストリート駅で降りる頃から見物人で一杯である。荷馬車が通り過ぎるたびに人々は、「太り過ぎて居る」とか「脚が長過ぎる」とか、楽しそうに評していた。

（和田博文）

◇『世界一周名所写真帖』（婦女界社、一九二二年）に収められたリージェント・パークの写真。

ロンドン大学（University of London）

Russell Square

ロンドン大学はオックスフォード大学やケンブリッジ大学と、二つの点で根本的に異なっていた。福原麟太郎は「ロンドンの学校」（『あるびよん』一九五三年三月）で、「コレッジ」（カレッジ）というのは「教師および学生の社会」であると説明している。「コレッジ」の源は、中世のパリ大学のコレージュで、学生は寮舎で集団生活をしていた。オックスフォードやケンブリッジはパリ大学を手本として一二世紀に創立され、「コレッジ」＝寮舎を中心に制度を整えていく。その「習いに通う所ではなくて、住んで暮す所であるという概念」は、ロンドン大学にはない。

もう一つ異なる点は、一八三六年に創立されたロンドン大学が新興中流市民階級を対象にしていたことである。河合栄治郎が『在欧通信』（改造社、一九二六年）で、ロンドン大学は「現代的」だと述べているのはその意味だろう。一八七八年にはイギリスで初めて女性に学位を授与した。一九二三年冬〜翌年春に聴講していた河合は、掲示板で講演会をチェックして、はしごして回っている。最も印象に残った講演はジョン・ゴールズワージーの「Modern Novelists」で、ディケンズやモーパッサンについての見解を聞くことができた。

首都にあるだけに学生数も多い。『国民百科大辞典』第八巻（冨山房、一九三五年）の「世界各国大学表」によれば、ロンドン大学はイギリスの一六大学のなかで最も学生が多くて一万三三五一人。ケンブリッジ大学の五七〇四人、グラスゴー大学の四八六六人、オックスフォード大学の四八〇五人を大きく引き離している。留学生や市民の姿も数多く見られた。福原麟太郎は一九二九年〜三一年にロンドン大学のキングス・カレッジに在籍していたが、資格検定試験だけを受ける「外部学生」のような学生もいたという。

（和田博文）

◇ *365 Views of London*（Sunday School Union, 刊行年不記載）に収録された、ロンドン大学のキングス・カレッジの写真。

ロンドン動物園 (London Zoo)

Regent's Park

一八二六年に設立されたロンドン動物学協会は、二年後にロンドン動物園をリージェント・パークの北側に開く。会員のためのこのスポットが、一般に開放されるのは一八四七年のことである。日本の岩倉使節団は一八七二年にロンドンに到着する。久米邦武編『米欧回覧実記』第二編（博聞社、一八七八年）の陰暦七月二八日の記事に、動物園を訪れたことが出てくる。「西洋ニ禽獣少シ、熱帯ノ地ニ珍禽奇獣多シ、凡ソ園中ニテ奇異ノ物ハ、多く南亜米利加、亜弗利加、印度、南洋ノ群島ヨリ来ルモノ多シ」——世界中からすべての動物を集めたかに見えるロンドン動物園に、日本人は驚いた。「回覧ノ多キ、日ノ瞑スルヲ知ラリルニ至ル」ほど、熱心に観察したのである。

日本でも一八八二年に上野動物園が開園している。だが研究や教育とリンクした動物園の歴史的な厚みが、イギリスとはまったく違っていた。金子健二は『欧米遊記　馬のくしやみ』（積善館、一九二六年）で、「設備のいゝのに感心した。凡てが研究的に出来てゐる。（略）高い岩山を築いてその中腹に水を流し、そこに白熊を自由に遊ばしてゐるところなどは実に大仕掛なものだ。これを見ては日本の動物園は到底お話にならぬ」と慨嘆している。

ロンドン動物園では世界に先駆けて、一九世紀半ばには爬虫類館や水族館を備え、後半には昆虫館も設置していた。井上赳も『印象紀行　祖国を出でて』（明治図書、一九三一年）に、「園の規模の大きいこと、設備の行届いてゐること、到底我が上野のそれを比較に持出すべくもない」と記している。動物園の人気のアトラクションの一つが巨象の散歩で、男女子供を一〇人ほど背中に乗せてゆっくりと園内を歩いていた。

（和田博文）

◇図版は、*365 Views of London*（Sunday School Union、刊行年不記載）所収のロンドン動物園を散歩する象の写真。

シティとテムズ河

❶ ギルドホール（市庁舎）
❷ シティ
❸ セント・ポール寺院
❹ 大火記念塔
❺ テムズ河
❻ 三井物産倫敦支店
❼ ロンドン塔
❽ ロンドン・ブリッジ

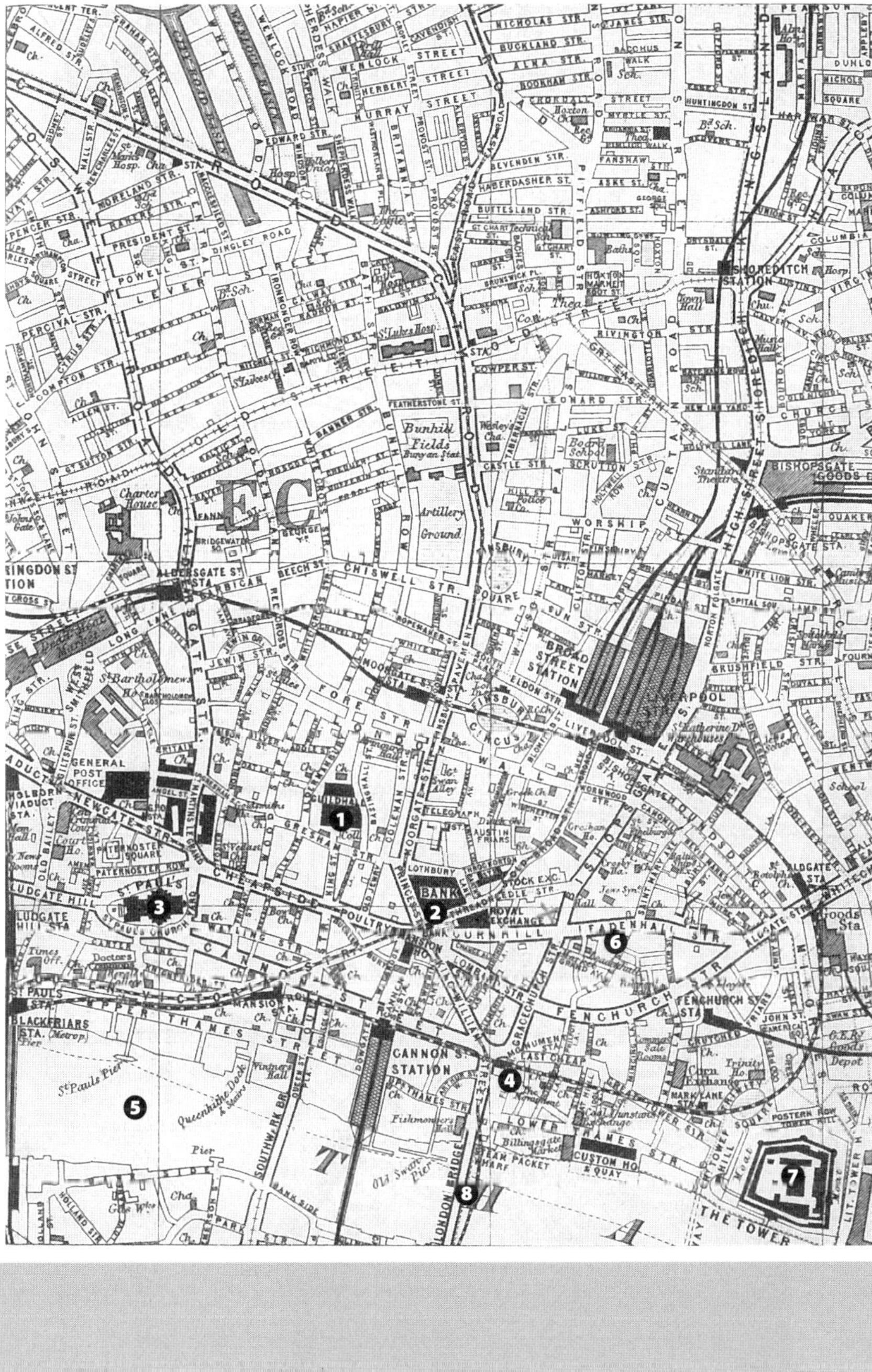

WENLOCK STREET
HERBERT STREET
MURRAY STREET
NICHOLAS STR.
BUCKLAND STR.
BOOKHAM STR.
HUNTINGDON ST.
NICHOLS SQUARE
CITY ROAD
MORELAND STR.
PRESIDENT ST.
DINGLEY ROAD
POWELL ST.
LEVER ST.
PERCIVAL STR.
COMPTON STR.
OLD STREET
St. Lukes Hosp.
HABERDASHER ST.
BEVENDEN STR.
BUTTESLAND STR.
PITFIELD STR.
SHOREDITCH STATION
RIVINGTON
LEONARD STR.
CURTAIN ROAD
SHOREDITCH HIGH STREET
BISHOPSGATE GOODS
Bunhill Fields
Artillery Ground
Wesley's Cha.
Board School
CASTLE STR.
WORSHIP
EC
Charter House
ALDERSGATE ST. STA.
BARBICAN
BEECH ST.
CHISWELL STR.
FINSBURY SQUARE
BROAD STREET STATION
LIVERPOOL ST.
WHITE LION STR.
BRUSHFIELD STR.
LONG LANE
JEWIN STR.
FORE STR.
MOORGATE ST. STA.
FINSBURY CIRCUS
LONDON WALL
ELDON STR.
ST. Bartholomews Hosp.
GENERAL POST OFFICE
HOLBORN VIADUCT STA.
NEWGATE STR.
OLD BAILEY
PATERNOSTER SQUARE
GUILDHALL
GRESHAM ST.
LOTHBURY
BANK
ROYAL EXCHANGE
STOCK EXC.
THREADNEEDLE STR.
CHEAPSIDE
POULTRY
CORNHILL
LEADENHALL STR.
BISHOPSGATE
ST. PAUL'S
LUDGATE HILL
LUDGATE HILL STA.
CANNON STR.
QUEEN VICTORIA ST.
MANSION HO. STA.
ST. PAULS STA.
BLACKFRIARS STA.
UPPER THAMES STREET
CANNON ST. STATION
GRACECHURCH STR.
FENCHURCH STR.
FENCHURCH ST. STA.
EAST CHEAP
MONUMENT
LOWER THAMES STR.
CUSTOM HO. & QUAY
Billingsgate Market
Corn Exchange
MARK LANE STA.
ALDGATE STA.
St. Pauls Pier
Queenhithe Dock & Stairs
SOUTHWARK BR.
LONDON BRIDGE
Old Swan Pier
TOWER HILL
THE TOWER
G.E.Ry. Goods Depot
1
2
3
4
5
6
7
8

ギルドホール（市庁舎）（Guildhall） Basinghall Street

ロンドンの東部地区シティの市長は、特に"Lord Mayor"という敬称で呼ばれ、世界金融の中心地を統括する最高責任者としての特別な地位と権威を有し、ロンドンの発祥地シティの伝統の保持に努めるとともに、国際親善のための外交活動を行うなど、数々の重要な役割を担っている。そのシティ市長の拠点が、市庁舎ギルドホールである。

一九〇七年にここを訪れたのは伏見宮博恭王である。杉村楚人冠『大英游記　半球周遊』（至誠堂書店、一九一四年）によれば、その日ギルドホール門前には「萬歳」の二文字が掲げられ、陸軍幼年学校の少年たちが日本語で「君が代」を斉唱し、「黄金の函」に収められた歓迎の辞が朗読された。「此の古きギルドホールは、従来幾多の荘厳なる式典を挙げたりと雖も、未だ曾て東西の結合を表し、文明の勝利及び二大国民の政治家の賢明と明察とを証すること、今回の如く重要なるを見ず」。こうして日英同盟による「東西の結合」を言祝いだのである。

また、毎年改選されるシティ市長の就任披露行列（Lord Mayor's Show）は、このギルドホールが出発点となる。野田一郎『欧米巡遊』（金港堂書店、一九三二年）は、陸海軍や楽隊、ロンドンの時代装束、英国植民地を模した山車が続くパレードを見て、次のように述べた。「京都に移して考へれば葵祭と時代祭と祇園会との行列を併せて、更にアイヌの熊祭、生蕃の首祭の山車を加へたものに陸海軍人の数隊及び軍楽隊を以て混成したものとなるであらう」。つまり、大英帝国のパレードを説明するために、京都三大祭にアイヌと台湾の祭を加えて、大日本帝国のイメージを提示したのである。現在も毎年秋にパレードが行われており、伝統的な中世の騎士の行進や、様々な趣向の山車などで、ロンドン市民の人気を集めている。

（西村将洋）

◇ギルドホール（溝口白羊『東宮御渡欧記』日本評論社出版部、一九二一年）。図書館や英国最大の時計博物館も併設されており、地下には一四四四年に献堂された地下聖堂もある。

シティ（The City）

テムズ河北岸に位置するシティ（正式名称シティ・オブ・ロンドン）はロンドンの発祥地であり、その中核をなす地区である。一世紀にイングランドを征服したローマ人は、現在のシティにあたる場所にロンディニウムの町を築いて拠点とした。この地域が、ロンドン西部の王権と政治の中心地ウェストミンスターからも独立した、自治商業地区へ発展したのである。

一九〇七年に渡英した杉村楚人冠は、イングランド銀行、株式取引所、世界各国の商社などが密集する「世界商業の中心」シティについて、この場所がハイド・パークほどの狭い地域で、住民数も「二万六千」ばかりだが、昼間になると「一百万人以上」のビジネスマンでごった返す、と解説している（『大英游記　半球周遊』至誠堂書店、一九一四年）。

ここを訪れたほとんどの日本人が目を見張ったのは、この地区が、英国政府からも独立した自治機能を備えていた点である。古垣鉄郎は、シティが行政、裁判、教育、警察など「殆ど外交特権に似た不可侵権を享有している」と述べ、強盗がシティに潜入してもロンドン警察は手を下すことができず、「シティ専用の警官の管下に置かれる」こと、伝染病がシティ内で発生しても政府の衛生当局が策を施しようがないこと、皇帝といえどもシティ市長の許可なしに「シティ御入来」を許されないこと、さらにイギリスの軍隊も「シティの縄張りは無断で通過できないこと」などを紹介している（『ロンドンの憂鬱』三省堂、一九三九年）。

岡本かの子は、食の観点に注目している。シティでは普通の食べ物屋にも「キヤビヤ」「コツド・ロウ（鱈の卵薫製）」などの「シャレた」カナッペが並んでいた。その様子に「粋」な「下町趣味」を見たのである（『女の立場』竹村書房、一九三七年）。

（西村将洋）

◇シティの金融街（長谷川如是閑『倫敦』政教社、一九一一年）。左側にある柱廊玄関の建物はシティ市長の公舎マンション・ハウス。

セント・ポール寺院 (St Paul's Cathedral)

St. Paul's Churchyard

セント・ポール寺院は六〇四年に聖者メリタスによって設立された。シティに位置する。一一世紀の半ばに一度焼け再建されたが、一六六六年のロンドン大火で再び焼失し、一六七五年、チャールズ二世の命、建築家クリストファー・レンの設計で三度建てられた。三五年後の一七一〇年に完成したゴシック様式の大聖堂は、ロンドンを代表する建築の一つとして有名である。

大聖堂は、ドームと、正面扉からこれに続く身廊、南北袖廊、ドーム下の祭壇の奥の内陣からなり、地下室には、チャーチル、ネルソン、ナイチンゲール、ウェリントン、ヘンリー・ムーア、ウィリアム・ブレイク、ターナー、レイノルズなど多くの軍人や文化人の墓および記念碑がある。レンの墓石には、「爾、彼れの記念の碑を求むるならば、周囲を見よ」との「拉典語の頗る簡単な句」（金子健二『欧米遊記　馬のくしゃみ』積善館、一九二六年）が刻まれている。

大聖堂のフロアからドームの階段を一六三段上ると「ささやきの回廊」があり、さらに一一九段上って外に出ると「石の回廊」、さらにそこから一五二段上に、「金の回廊」がある。

長谷川如是閑の『倫敦』（政教社、一九一二年）には、「此の円頂蓋（ドーム）は倫敦の帽子である。此の帽子の仰がるゝ辺が即ち余所行きの倫敦なので、此冠の見えない辺は、平生の倫敦である」と書かれている。一方、ビッグ・ベンに対してグレート・ポールと呼ばれるその鐘の声については、「邪慳な」「悲鳴」「怪声」と、さんざん罵倒されている。

ここでネルソン提督やウェリントン公の国葬、最近ではチャールズ皇太子とダイアナ妃の結婚式などが執り行われた。水田栄雄の『大英国漫遊実記』（博文館、一九〇〇年）には、一八九九年に行われたヴィクトリア女王即位六〇周年の祝典の様子が書き留められている。**（真銅正宏）**

◇伊地知純正『倫敦名所図会』（研究社、一九一八年）に収められた、当時のセント・ポール寺院正面と（右）、Old St. Paul's の図（左）。後者は、同書によると、一二八三年から一六六六年の大火まで、この地に建っていた。

大火記念塔（Monument）

一六六〇年代はロンドンにとって悪夢の時代だった。一六六五年にペスト菌の大流行で七万人以上の死者を出し、一六六六年九月二日から四日間も燃え続けたロンドン大火で、中心地シティの約五分の四が焼け落ち、中世ロンドンの町並みもほぼ完全に灰となったのである。

このロンドン大火を後世に伝えるため、クリストファー・レンの設計によって一六七一年から六年の歳月をかけて建設されたのが、大火記念塔（Monument）である。水田南陽が「世界最高の円柱記念碑」（『大英国漫遊実記』博文館、一九〇〇年）と紹介するように、約六〇メートルのドーリス式の塔は、石造の一本の塔としては世界一の高さを誇る。ちなみに、この約六〇メートルの長さは、塔から東側の火元となったパン屋までの距離を表している。

塔の台座の西側壁面には、救済活動を行うチャールズ二世と弟ヨーク公の姿が刻まれており、二人の視線の先には、焼け跡に力なく座り込む女性と、彼女を後ろで支える謎の怪物（？）がいる。田中龍眉によれば、この女性は「倫敦」の象徴で、後ろの「禿頭に翼のある怪物」は「時」の象徴なのだという。怪物の後ろには一群の市民がいて「時」を「鼓舞」し、その上方の「雲間」には「豊富平和二座の女神」がいる。つまり、この彫刻画には「大火の為め倫敦は一時廃墟となりしも、幾年間精勤勉励の後には再び立派なる都会を建築し得べし」という意味が込められているのだそうだ（渡辺尚編『最新倫敦繁盛記』博文館、一九一〇年）。

塔のなかの螺旋状の階段を上がると、「檻」のような「鉄欄」に囲まれた展望台に出る。ここは昔「飛下りて自殺せし不心得者前後数名」（『最新倫敦繁盛記』）という自殺の名所だった。自殺防止のために、展望台は一八四二年に網で囲まれてしまったのである。

（西村将洋）

◇大火記念塔（*The Imperial Album of London Views*, Eyre & Spottiswoode, 1921）。写真の台座部分に、ロンドン大火の救済活動を行うチャールズ二世らの様子が、浅浮き彫りで描かれている。

テムズ河（Thames）

ロンドンは一八世紀に大英帝国の貿易の拠点となり、テムズ河は全世界でも指折りの交通量を誇る港湾へと成長した。これにより貿易や産業は飛躍的に発展したものの、工場や家庭から排出される汚水に悩まされ、テムズ河は深刻な水質汚染に直面することになる。

一八九七年に渡英した水田南陽は「汚水消毒の工場」に注目している。当時テムズ河には「北岸は日毎に一千万立方呎（フィート）」「南岸は五百万立方呎」の汚水が垂れ流されていた。しかし、それらの汚水は、この汚水消毒工場で「石灰乳其他の化学作用」によって浄化され、「殆んど清浄の清水」になっている、と水田は驚嘆した（『大英国漫遊実記』博文館、一九〇〇年）。

かつてのテムズ河の名物といえば、往来する船舶の混雑を解消し、貨物の盗難などを防ぐために設けられた「ドック」と呼ばれる巨大な堀だろう。岡本かの子はロンドン東部に多数建設されたドックを「新様式のロンドン」の「船の都市」と呼び、「水上に表通があり小路がある」「船と船とは休息して感情の新鮮を取戻し、身軽になつたチーク材の身体であらためて愛し合ひ嫉妬し合つてゐる」と表現した（『世界に摘む花』実業之日本社、一九三六年）。

この対極にあるのがテムズ河の上流である。長谷川天渓は「倫敦市内のテームスは、極めて無風流」と述べ、上流のキュー・ガーデンやリッチモンド・パーク周辺のテムズ河を讃え、詩人テニスンがこの辺りに住んだのも「成る程彼の詩其のものが、此の趣を呈している」からだと説明した（「倫敦印象記（六）」、『太陽』一九一一年一〇月）。野田一郎『欧米巡遊』（金港堂書店、一九三二年）には、テムズ河上流の自然美を詠んだ、次のような短歌が収められている。「常磐なるキューガーデンの芝なだれ／裾わの縁を洗ふテームズ」。

（西村将洋）

◇長谷川如是閑『倫敦』（政教社、一九一二年）収録のテムズ河の絵画。同書「口絵目次」には「倫敦プール（ヴァイカット・コール筆）」とある。

三井物産倫敦支店（Mitsui & Co. Ltd.）34 Lime Street / Royal Mall House, Leadenhall Street

一八七六年に設立された三井物産会社は、一八七八年にパリ支店、翌年ニューヨーク支店、一八八〇年にロンドン支店を設置した（『三井物産小史』三井物産、一九六五年）。一八九七年に渡英した水田南陽は、全一〇数冊の『倫敦商業長者鑑（コマーシャルリスト）』で三井倫敦支店の評価を調査している。商品取扱高や取引信用度は、いずれも一〇数段階のうちの二番目。「即ち極上なり」だった。その後に水田はライム・ストリートの三井支店にも赴いている。そこは意外に殺風景な職場だったが、水田は次のように想像力を膨らませた。「彼等の手にせる一本のペンは、云はゞ英貨の磅（ポンド）に対して生殺与奪の大権を握る圧制士なり、彼等の身は今茲に倫敦にあるも、其精神は常に世界の商戦場に馳騁せり」（『大英国漫遊実記』博文館、一九〇〇年）。つまり、一本のペンのなかに、世界市場で格闘する三井社員の姿を見たのである。

伊藤与三郎が支店長として三井物産倫敦支店に赴任したのは一九三四年のことだった。当時、三井支店はレデンホール・ストリートに移っており、同じシティのなかを少し移動しただけだが、業務内容は様変わりしていた。ビジネスだけでなく、外交関係にも関与していたからである。一九三五年、伊藤はパリで開かれた国際商業会議所大会に出席し、「日本は、労働者を搾取した不当の競争をしている」という批判に、次のようなスピーチで応えた。日本は「天然資源に乏しく、貿易によって生活する以外に方法がない。もし、これを圧迫して窒息せしめんとすれば」「恐るべき爆発を必然とする」。会場からは喝采が送られたそうだ。しかし、『タイムズ』紙上では「Mr. Itoh は日本の貿易を論じ、うまいこと我田引水に持っていった」と辛口の報道が行われていたのだという（『回顧録』三井物産、一九七六年）。

（西村将洋）

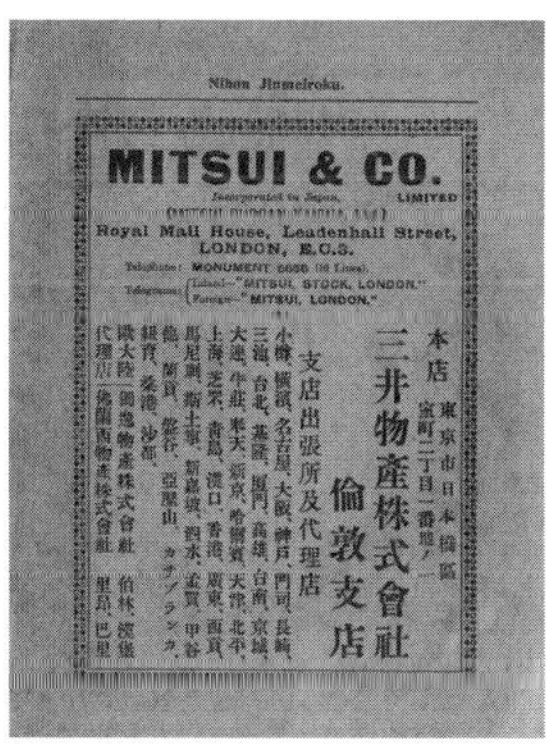

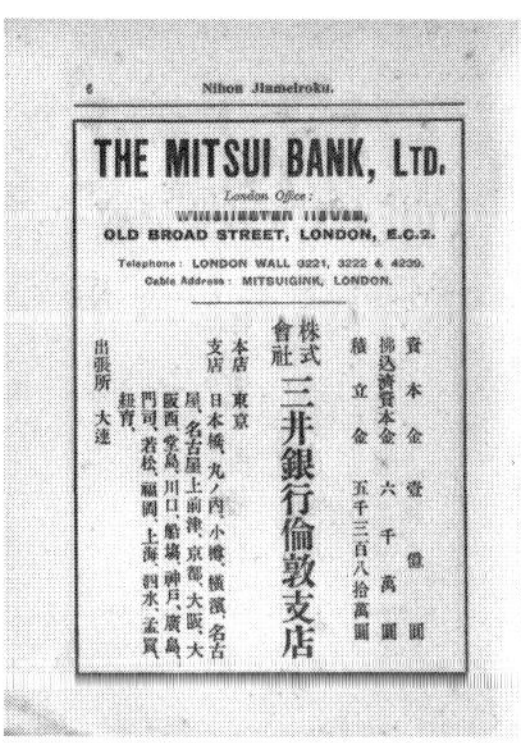

◇ロンドンの東洋出版会社（The Eastern Press）が刊行した『日本人名録　昭和九年度用』に収録されている三井物産倫敦支店（右）と三井銀行倫敦支店の広告（左）。

ロンドン塔（Tower of London）

Tower Hill

ロンドン塔の刑場としての歴史は、日本人には夏目漱石の『倫敦塔』（『帝国文学』一九〇五年一月）であまりにも有名である。ロンドンの東、タワー・ヒルにテムズ河に面して位置する。アン王妃、キャサリン王妃、ジェーン・グレイ、ノーサンバランド公などがここで処刑された。

ここはロンドンひいてはイギリスの歴史の縮図でもある。塔という名ながら、その実は、古城または要塞の姿である。古代ローマ時代からあったと伝えられているが、一一世紀になって、征服王ウィリアム一世が、中央に位置するホワイト・タワーを建てたのが、現在の建物の歴史の始まりとされる。その後代々の王によって増築された。仲摩照久編『世界地理風俗大系』第一〇巻（新光社、一九二九年）には、「全形は不等辺五角形で十八エーカーの面積を占め、ぐるりの壁が厚さ五十フィート。それに二つの砦と六つの塔とがある。その内部には十三の塔がある」と書かれている。渡辺尚編『最新倫敦繁昌記』（博文館、一九一〇年）などには、「大手の門をライオン門と云ふ。昔此処に動物園のありし故にて」と書かれているが、出口保夫『ロンドン塔』（中央公論社、一九九三年）によると、「現在のロンドン塔の入場門は、ミドル・タワーであるが、昔はその手前にライオン・タワーという塔があった。が、それは一八三四年に取り壊されて、現在はその跡形もない」とされ、記述に矛盾がある。テムズに沿って逆賊門がある。昔はここに舟で囚人たちが送り込まれた。トマス・モアもその一人である。この他、ウェイクフィールド・タワー、ブラッディ・タワー、武具や武器の庫であるホワイト・タワー、タワー・グリーンと呼ばれる庭、セント・ピーター教会、ビーチャム（ボーシャン）塔などがある。番人かつ案内人のビーフ・イーターたちと、烏もまたここの名物である。

（真銅正宏）

◇ロンドン塔の鳥瞰図。左下がテムズ河で、左上が入り口、中央の四角の建物がホワイト・タワーである（仲摩照久編『世界地理風俗大系』第一〇巻、新光社、一九二九年）。

ロンドン・ブリッジ（London Bridge）

岡本かの子『世界に摘む花』（実業之日本社、一九三六年）に「ロンドン橋」という短い作品が収められている。「ロンドン橋は黄昏のなかに要塞の稜堡のやうな肩幅を見せて居る。ブラック・フヱーヤ橋の色もコーヒー色に沈みその橋脚の間のアーチ形を通して華やかな夜の断片が覗く。ウエストミンスターへ曲る河岸のカーヴには無数の針痕のやうな灯が無数にきらめく」。かの子が描いたのは堅固でロマンチックなロンドン橋である。しかし子供たちが歌って遊ぶ童謡「ロンドン橋」と、この光景はそぐわない。第一連は「ロンドン橋落ちる／落ちる、落ちる／ロンドン橋落ちる／マイ・フェア・レディ」という不思議な歌詞で、歌い終わるときにくぐり抜けられなかった子供の上に、アーチが落ちてくる遊びだからである。

現在の鉄筋コンクリートのロンドン・ブリッジは一九七三年以降のものだが、かの子が目にしたロンドン・ブリッジは一八三一年に竣工した。山本憲一・瀧澤七郎『倫敦』（明文堂、一九二五年）によれば、この橋の長さは九二八尺（約二七八メートル）で幅は六三尺（約一九メートル）。「一日の車馬通過数二万五千。十一万の通過人数を示す」ほど賑わっていた。かつては「木橋にして両側に木造の商店あり、北端は刑死人の獄門として利用」されていたという。

ロンドン・ブリッジの歴史は長い。ローマの植民地だった時代には木橋が架けられていたが、一二〇九年に初めて石造橋が完成する。テムズ河に架かる市内唯一の橋だった一八世紀半ばまでがこの橋の最盛期である。一七世紀前半の銅版画を見ると、橋上にはたくさんの建物がひしめいている。その光景は一七五五年まで続いた。ロンドン橋が落ちたのは遠い木橋の時代で、子供の上にアーチが落ちるのは人柱の名残かもしれない。

（和田博文）

◇図版は、渡辺尚編『最新倫敦繁昌記』（博文館、一九一〇年）に掲載されたロンドン・ブリッジの写真。馬車や人の往来で混雑している。

大英博物館から
トラファルガー・スクエアまで

❶ イー・オールド・チェシャー・チーズ（居酒屋）
❷ ヴィクトリア・エンバンクメント
❸ ウィンダム座
❹ ウォータールー・ブリッジ
❺ オールド・ヴィック座
❻ ゲイエティ座
❼ コヴェント・ガーデン座
❽ コヴェント・ガーデン・マーケット
❾ コリシアム座
❿ サヴォイ座
⓫ サヴォイ・ホテル
⓬ 大英図書館
⓭ 大英博物館
⓮ ザ・テンプル
⓯ 常盤（日本料理店）
⓰ トラファルガー・スクエア
⓱ ドルーリー・レーン座
⓲ ナショナル・ギャラリー
⓳ ナショナル・ポートレート・ギャラリー
⓴ パレス座
㉑ ヒズ・マジェスティー座
㉒ ヘイマーケット座
㉓ フリート・ストリート
㉔ ライオン（レストラン）
㉕ ライシアム座

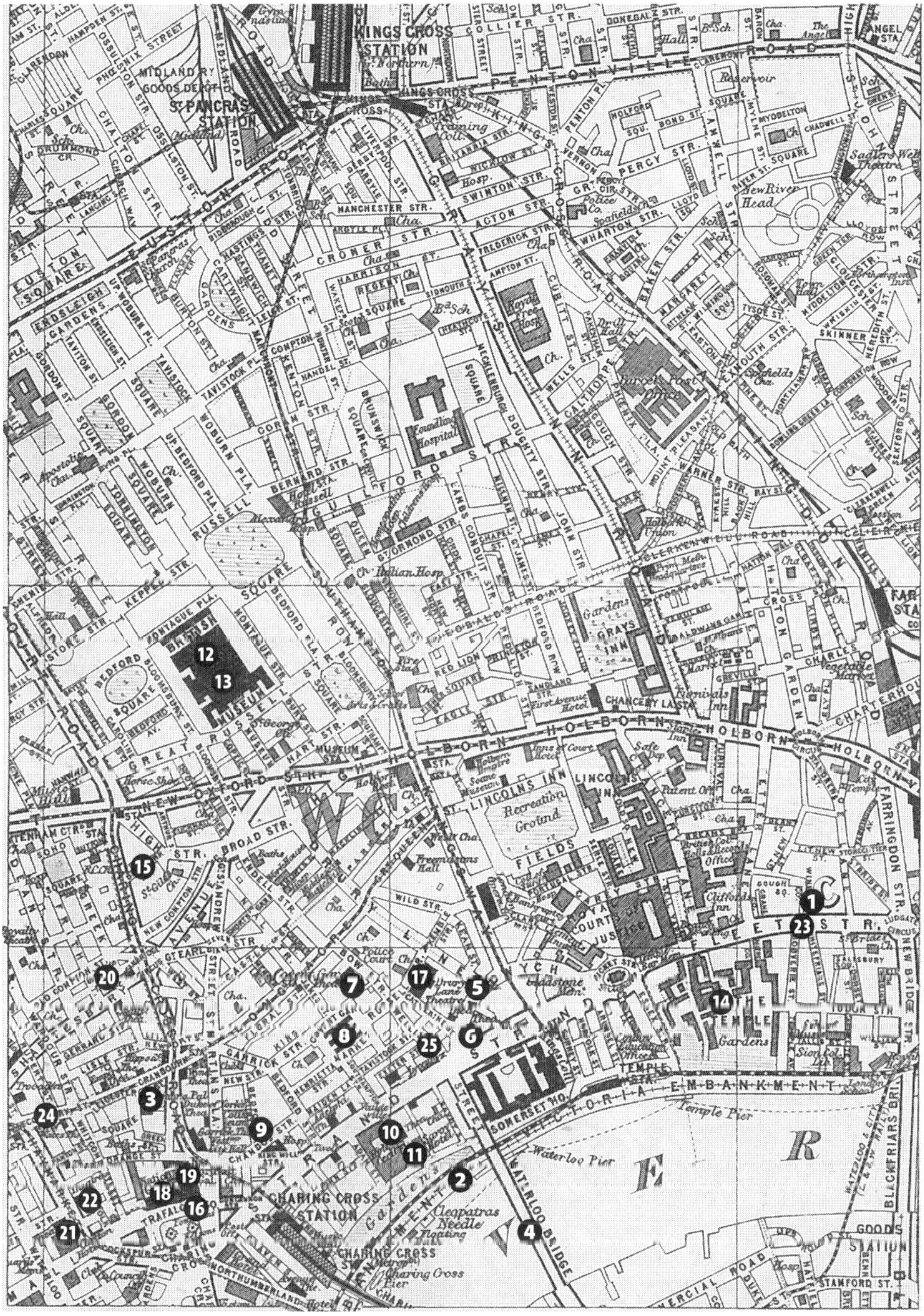

KINGS CROSS STATION
ST PANCRAS STATION
MIDLAND RY GOODS DEPOT
PENTONVILLE ROAD
EUSTON SQUARE
ENDSLEIGH GARDENS
GORDON SQUARE
TAVISTOCK SQUARE
WOBURN SQUARE
RUSSELL SQUARE
BEDFORD SQUARE
BRITISH MUSEUM
Foundling Hospital
MECKLENBURGH SQUARE
GRAYS INN
HOLBORN
NEW OXFORD STR.
HIGH HOLBORN
LINCOLNS INN FIELDS
Recreation Ground
ROYAL COURTS OF JUSTICE
FLEET STR.
THE TEMPLE Gardens
FARRINGDON STR.
CHARTERHOUSE
SOMERSET HO.
VICTORIA EMBANKMENT
Temple Pier
Waterloo Pier
WATERLOO BRIDGE
Cleopatras Needle
CHARING CROSS STATION
Charing Cross Pier
NORTHUMBERLAND
TRAFALGAR
SOHO SQUARE
BLACKFRIARS
GOODS STATION
STAMFORD ST.
Drury Lane Theatre
Freemasons Hall
Soane Museum
Parcels Post Office
MOUNT PLEASANT
CLERKENWELL ROAD
New River Head
Sadlers Wells Theatre
1
2
3
4
5
6
7
8
9
10
11
12
13
14
15
16
17
18
19
20
21
22
23
24
25

イー・オールド・チェシャー・チーズ（居酒屋）（Ye Olde Cheshire Cheese）145 Fleet Street

"The Old Cheshire Cheese" としてもいいところを、わざわざ古語を残して "Ye Olde" としているだけあって、古くから愛された酒亭である。店が出しているパンフレットによると、一五三八年にパブがつくられ、一七世紀には肉料理店としても人気を博していたが、ロンドン大火で焼失し、一六六七年に再建されたという。冬はビーフ・ステーキ・プディングが、夏はピジョン・パイが売り物で、サミュエル・ジョンソンをはじめ、オリヴァー・ゴールドスミス、チャールズ・ディケンズらがよく来た店として知られる。ただし、ここで飼われていたオウムのポリーが一九二六年に死んだ時は、ＢＢＣで放送され、世界中の二〇〇を越える新聞に載ったらしいから、オウムの方がドクター・ジョンソンよりも有名だったといえる。

今ではこざっぱりしたこの店も、金子健二が行った頃はそうでもなかったらしい。「日本でいふならば車夫や立ん坊が出入する縄のれん式の居酒屋だ。今でも木のベンチと砂床（床の上に砂をまいてをく。客が唾を吐けば後から砂と共に掃いてすてる）が設けてある。亦毎週水曜日に限つてこの店の昔からの御自慢料理ビーフステーキ・プツヂングを客に食はせることになつてゐる。英吉利人は今日余程物好きでない限りはこんな汚い家へわざ〱酒呑みに行く者もないが、何事にも奇を好むアメリカ人は折々倫敦見物の序にこゝを見舞うさうだ」（『欧米遊記馬のくしゃみ』積善館、一九二六年）と書いている。

姉崎正治や野口米次郎のほか、福原麟太郎もここを訪れ、「卓の頭にあるのはヂョンソンが坐ったものだ。その左にあるのはゴールドスミスが坐ったと書いてある。どちらに腰かけてみようかと、ためらった」（『英文学の周辺』法政大学出版局、一九五二年）という。

（和田桂子）

◇イー・オールド・チェシャー・チーズの内部。ドクター・ジョンソンの肖像画がかかっている（*Views of London*, Eyre & Spottiswoode, 刊行年不記載）。

ヴィクトリア・エンバンクメント（Victoria Embankment）

ウェストミンスター・ブリッジからブラックフライヤーズ・ブリッジに至る二キロ半ほどのこの美しい河岸は、一八七〇年に完成した。長谷川如是閑は、「ピカディリーをぶらつくには夜に限るといはれて居るが、此のヴヰクトリア河岸は朝が好い」（『倫敦』政教社、一九一二年）という。なぜなら「深い霧が、テームスの流れの、面の憎い程赤黒い色を緩和して、穏やかな波が薄紗の縮れたやうな皺を寄せ」、「対岸の建物は、煤煙の淡墨一抹の裡に朧ろの影を沈めて、遠い〳〵国の眺めが夢に浮んだやうに見える」からである。

この河岸には、「クレオパトラの針」と名付けられた高さ二〇メートル、重さ一八六トンの花崗岩のオベリスクが立っている。エジプトから運ばれたこの方尖塔を、野口米次郎はバーナード・ショー宅から見た。「天下に有名な方尖塔は闇明の中から寂しい超然たる姿を見え隠れに顕はして、古昔へリヲポリスの大神殿前に立つて居たことなど想出させ」（『霧の倫敦』玄文社出版部、一九二三年）たのだった。

しかし夜ともなればホームレスが大挙してやってくる。「クレオパトラの針」付近に田中龍眉が見たのは「六十位の老爺の襤褸を下げたるが、我子か孫か五六歳の子供の他愛なく熟睡したるを膝に載せて、其側に三十前後の同じく憔悴れて麦稈帽を被れる貧女が、青き林檎を三ヶ月形に噛り居り、両人の隣りには背中合せに海豹の古帽を冠れる四十前後の乞食体の男が、己れの膝に女房を載せ、垢だらけの肩掛けを被れる令夫人は、くの字となりて亭主の膝に眠り、其又直ぐ隣りには盤若の様な恐ろしき顔色の老婆が目を見張りて着坐し、互に密接して暖を取るものゝ如し」（渡辺尚編『最新倫敦繁昌記』博文館、一九一〇年）といった光景であった。

（和田桂子）

◇ヴィクトリア・エンバンクメントの写真（山本憲一・瀧澤七郎『倫敦』明文堂、一九二五年）。遊歩道の中央付近にそびえているのが「クレオパトラの針」。

ウィンダム座（Wyndham's Theatre）　Charing Cross Road

ウェスト・エンドの多くの劇場を手がけた建築家、ウィリアム・スプラグによるルイ一四世スタイルの劇場である。内装は薄い青とクリーム色で金箔が施されており、美しいことで知られる。客席は七五〇ほど。こけら落としは一八九九年で、トマス・ウィリアム・ロバートソン作の、一八世紀の名優の恋を描いた喜劇「デイヴィッド・ギャリック」であった。ウェスト・エンドを代表する劇場のひとつとして、長く客を集めて親しまれてきた。軽い喜劇を得意とする俳優のチャールズ・ウィンダムが、この劇場のアクター・マネージャーとして活躍した。一九一三年、ロンドンに滞在した森律子は、多くの芝居を見たが、はじめに行ったのがこの劇場で、「ディプロマシー」を見たのだった。

本間久雄が留学した一九二八から二九年ころ、ウィンダム座では、レオン・M・ライオンがアクター・マネージャーとしてよく出演していた。ライオンに会いに、ウィンダム座の楽屋を訪れた本間は、共通の知人である坪内士行の話をしたり、歌舞伎について語りあったりした。本間はウィンダム座を、「大震災前の東京の帝国劇場を思はせるやうな――あれよりは一廻りか二廻り小さい――劇場」と紹介し、ここで見たジョン・ゴールズワージー作の「ジャスティス」の観劇記を残している（『滞在欧印象記』東京堂、一九二九年）。帝国劇場は、日本における最初の本格的な洋風劇場として一九一一年に開場している。

他にこのウィンダム座では、ジョージ・ムーア、アーサー・ウィング・ピネロ、バーナード・ショーなどの戯曲が上演されてきた。福原麟太郎は、ここでゴールズワージーの「いがみあい」（Skin Game）を見たときのことを書いている（『春興倫敦子』研究社、一九三五年）。

（宮内淳子）

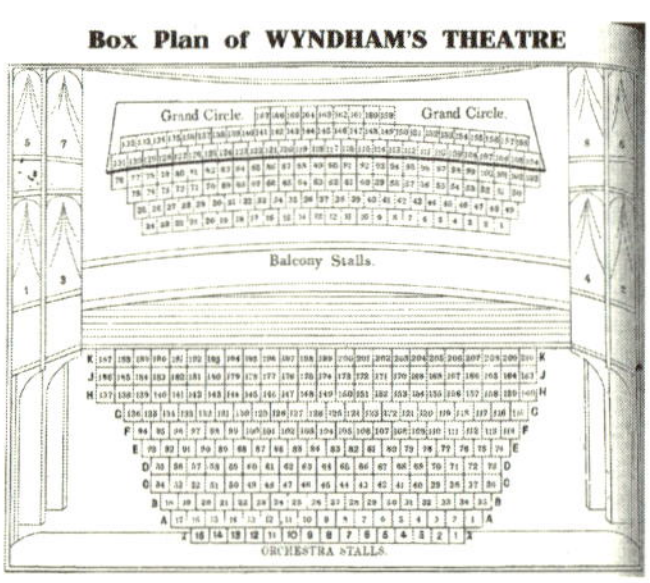

◇現在のウィンダム座（右）（二〇〇七年撮影）と、ウィンダム座の座席表（左）（*The Play Pictorial*, No.88, 1909. 早稲田大学坪内博士記念演劇博物館所蔵）。

ウォータールー・ブリッジ（Waterloo Bridge）

ヴィクトリア・エンバンクメントとウォータールーを結ぶ橋で、一八一七年に開通した。当初はストランド・ブリッジという名になるはずだったが、ウォータールーの戦いを記念してこの名に変更された。花崗岩でできたこの橋は、テムズ河で一番美しいとされるが、橋自体というよりもこれを含むエンバンクメント全体の風景がすばらしい。強度の問題があり、惜しまれつつ一九三六年に取り壊され、一九四二年に現在の橋に代わった。

野口米次郎は一九一三年、ジョゼフ・ペンネルに招待されてアデルノィ・テラスの彼の家に行った。そこから見えたウォータールー・ブリッジを、米次郎は「広重」という詩にしている。「主人の画家はつかつかと起つて、テームスに面した大きな窓のブラインドを上げ、／そしていふ、『野口君、これを見給へ……これが君に見せたいものだ、』／窓を通ふして私が見るテームス河畔冬夜の景色……／左手に私の眼界を横に太い一の字を引くものがある、何であらう、／それはウオルタルー橋だ、／橋上無数の動く光も、動かない光も、あつぼつたい霧の中で暈を出してゐる、／向河岸の燈火の影は油のやうな波の上で延びたり縮んだりしてゐる、／私は叫ぶ、『ああ、広重だ、広重だ、これは全く広重の両国橋だ、』／主人の画家はにやりと笑つて、すつとブラインドを下す」（『詩聖』一九二三年三月）。

実はこの時ペンネルは、ホイッスラーが広重の模倣者であると考えているらしい野口を招待し、模倣ではなく実写であることを証明するために夜のウォータールー・ブリッジを見せたのだった。ホイッスラーのみならず、モネもターナーもウォータールー・ブリッジを描いている。この橋は間違いなく「絵になる」橋だったのである。

（和田桂子）

◇ウォータールー・ブリッジの写真（仲摩照久編『世界地理風俗大系』第一〇巻、新光社、一九二九年）。手前がウォータールー・ブリッジで、奥にあるのがブラックファイヤーズ・ブリッジ。左奥にセント・ポール寺院が見える。

オールド・ヴィック座（Old Vic Theatre）　Waterloo Road

一八三三年にヴィクトリア女王が訪れたことを記念し、オールド・ヴィックという愛称が生れ、やがてそれが正式な劇場名となった。ウォータールー・ブリッジを渡ってすこし行った場所にあるが、ここは治安の良いところではなかった。日高只一は、「沙翁劇本位の劇場がこんな貧民窟にあつて、而も労働者の学校と労働者の飲食店に挟み撃ちに遭ふやうになつてゐては変ではないか――と思はれるかも知れないが、元来沙翁劇がギリシヤ劇のやうに半戸外式の、一種の民衆劇であつたことを思へば」不思議ではない、と書いている（『英米文芸印象記』新潮社、一九二四年）。入場料もプログラム代金も安く抑えてあった。一八八〇年に社会事業家のエマ・コンスが、ここを貧困が蔓延するランベス地区で福祉事業を興すため購入した。事業が姪のリリアン・ベイリスに引き継がれた一九一五年以後、シェイクスピアの上演が軸となった。ここでは第一次世界大戦中にも、定期的なシェイクスピア劇上演は途切れなかったのである。

英文学を学びにきた留学生は、皆、よくここに通った。福原麟太郎も、「河向うウォータールーの通りのごみごみした四辻にあって、秋から春へかけていつも開いている。そこへ通ってゆくのが英文学留学生の日課の一つ」（「ロンドンの霧」、『エコー』一九三四年二月）として、せっせとウォータールー・ブリッジをバスで渡って劇場へ通い、ジョン・ギールグッドが若手の頃の演技をすべて見た。帰路、舞台の幻を追いながらバスから眺めた、ロンドンの川向うの繁華街の夜景が忘れられないという。ロレンス・オリヴィエもここで名声を確立した。

岡本かの子はここで「アントニーとクレオパトラ」を、野上弥生子は「真夏の夜の夢」「じゃじゃ馬馴らし」を見ている。

（宮内淳子）

◇もとは一八一六年に、シャーロット王女の夫、サクス・コーバーグ殿下が劇場の基石を据えたことにちなんで、ロイヤル・コーバーグ座と呼ばれていた。図版はまだ「ロイヤル・コーバーグ」の名が掲げられた頃の劇場で、大場健治『ロンドンの劇場』（研究社、一九七五年）より転載。

ゲイエティ座（Gaiety Theatre）

コヴェント・ガーデンの東および南は、劇場が集まるその代表的な一区域である。ゲイエティ座も、かつてオルドウィッチとストランドの角に位置していた。ここはロイヤル・オペラやドルーリー・レーン座から歩いてみれば案外に近い。ライシアム座などとは目睫の間である。

坪内士行の『西洋芝居土産』（冨山房、一九一六年）によると、ロンドンのミュージカル・コメディは、一時、ジョージ・エドワーズという興行師が一手に担っていたが、ゲイエティ座は彼の「本城」であり、シャフツベリー・アヴェニュー座とともに、ミュージカル・コメディ専門の代表的な劇場であった。また森律子は『欧洲小観　わらはの旅』（博文館、一九一三年）で、この劇場で演じられていた「ガール　オン　ゼ　フイルム」について、「趣向浅薄にして、何の取り止まりもなきもの」ながら、「見るに美しく、聞くに軽妙なるもの」と書いている。

桜井鷗村の『欧洲見物』（丁未出版社、一九〇九年）には、「予の滞英中最も評判であつたのは、ゲエチー座の『ハヴァナ』の花形であつたストレーが、ポーレツト伯爵と結婚して伯爵夫人になつたのと、又た同座で一時人気を取つたことのあるスタツドホルムが、ボレツト少将の息子と結婚したこととであつた」というゴシップ的な記事も見える。一九〇八年頃の話である。

ゲイエティ座は、ウェスト・エンドと呼ばれる、繁華街にある大劇場の一つで、一八六四年にストランド・ミュージック・ホールとして創立され、一八六八年に再建された際に、改称されたものである。一九〇三年に、道路拡幅工事のために壊され、直ぐさま建て直された。“The Sunshine Girl” などの Girl ものと、“The Messenger Boy” などの Boy もので有名である。その後、一九三九年、第二次世界大戦のために閉場したまま、現在に至っている。

（真銅正宏）

◇オルドウィッチの半月形の通りの西の入り口角にあった、ゲイエティ座（右）。この時も *HAVANA* 上演中であることがわかる（*London: One Hundred Views*, E. B. Horwood & Co. Ltd., 刊行年不記載）。

コヴェント・ガーデン座（Royal Opera House at Covent Garden）

Covent Garden

正式な名前はロイヤル・オペラ・ハウス。一七三二年に、建てられた。一八四三年に新法令が制定されるまで、ロンドンでは二つの劇場しか正統な演劇（Legitimate drama）を上演できるライセンスが与えられなかった。その一つがこの劇場で格式が高く、客たちは華やかな盛装で観劇と社交を楽しんだ。ここは「最も貴族的な劇場で、倫敦の交際期間中に **grand opera** を演ずるのみで、常には開場しない」（伊地知純正『倫敦名所図会』研究社、一九一八年）と紹介されている。

二度の火災にあい、現在の劇場は一八五八年、サー・エドワード・バリーの設計によって再建されたもの。客席は二〇〇〇余りで大きい。やがてイギリスのオペラとバレーの殿堂となってゆく。始め、オペラは本場のイタリアから呼んできていた。一九〇二年六月に島村抱月がここで「アイーダ」を聴いたときもそうだった。抱月は「能ト踊リト剣舞トノ趣味ニ芝居ノ書割ヲ加ヘタルガ如キ気持」（「渡英滞英日記」、『明治文学全集43』筑摩書房、一九六七年）がした。初めて本場のオペラを見たので、こんな不思議な感想が生れたのだろう。森律子もここで「アイーダ」やドイツオペラ「ジークフリート」を鑑賞している。「アイーダ」にはイタリアの名テナー、カルーソーが出演していた（『欧洲小観　わらはの旅』博文館、一九一三年）。また、ここでバレエ・リュッスが上演され、イギリス人にバレーの芸術性を知らしめた。

大田黒元雄がこの劇場のそばを歩いているとき、「この堂々たる建物の前に我々の発見したのが、一本の大根であつた」（『音楽生活二十年』第一書房、一九三五年）と回想している。一九七四年までは、オペラ・ハウスの横に青果市場（コヴェント・ガーデン・マーケット）が隣接しており、朝は新鮮な野菜や果物や草花が売られ、それらのよい香りが漂っていたという。

（宮内淳子）

◇図版は一九一一年四月にモンテカルロ劇場で初演されたバレー・リュス「ばらの精」ニジンスキーとカルサヴィナ（*The Play Pictorial*, No.109, 1911. 早稲田大学坪内博士記念演劇博物館所蔵）。「ばらの精」は、この年の六月に、すぐさまコヴェント・ガーデン座で上演されて、人気を得た。

コヴェント・ガーデン・マーケット（Covent Garden Market）Covent Garden

女子修道院（コンヴェント）の庭（ガーデン）と呼ばれていたベドフォード伯爵の土地は、古くから野菜や果物や花の栽培に使われていたが、一六七〇年に正式に市場となった。一九一三年初演のジョージ・バーナード・ショー作「ピグマリオン」は、ここで花を売る貧しい娘を描いた戯曲だ。これをもとにした映画「マイ・フェア・レディ」では、オードリー・ヘップバーンがこの娘を演じたが、残念ながら実際はそんな美女が花を売っているわけではない。

市場は早朝に活況を呈した。藤波慶太郎はこの様子を見るために、わざわざ前日にウェスト・エンドの友人のフラットに泊めてもらい、朝五時半起床で駆けつけた。キョロキョロと見てまわっていた藤波は、何度も木の箱にぶつかりながらも、日本橋の魚河岸や神田の青物市場とは違う雰囲気を感じ取る。「如何にもビジネスライクに総てに自然の秩序が保たれ、自然に発達したオーガニゼーシヨンの完全を物語つてゐる。売買そのものさへトツクにきまつてゐる相談を只取り運ぶのだと云ふ風に静粛に進行してゐる。鉢巻をしたり、怒鳴つたり、手を拍いたりして景気を付けて悦ぶ国には見られない光景である。斯う云ふ所にも重厚な英国の国民性が反映してゐるのだと思つて大いに感服した」（『倫敦随筆』佐々木出版部、一九二六年）と彼は書いた。

竹村俊郎が感じたのは、独特の匂いと色であった。市場には運転手や車引きにまじって、ホームレスや売春婦がうようよしている。「そいつらが何かしら訳の解らぬことを吠える。そしてさかんに臭い息を吐く」のだが、その臭い息にまじって「何処からか幽かに花の匂がして来る」（「龍動の夏」、『竹村俊郎作品集　下』文化総合出版、一九七五年）。それは篭や箱につめられて市場へ入ってくる草花で、「白い花嫁のやう薄明の中をゆらゆら揺れて来る」のであった。

（和田桂子）

◇コヴェント・ガーデン・マーケットを上空から撮った写真（山本憲一・瀧澤七郎『倫敦』明文堂、一九二五年）。

コリシアム座（Coliseum Theatre）　St. Martin's Lane

屋根の上に地球儀のついた目立つ建物は、一九〇四年に、オズワルド・ストールがロマネスク洋式で建てたもの。客席数二三〇〇もある。舞台機構も最新の設備を備え、廻り舞台もあった。スターの出演でにぎわい、商業演劇を活気づけた劇場である。

「倫敦市中第一流の寄席、コルシアム座」（森律子『欧洲小観　わらはの旅』博文館、一九一三年）と書かれているとおり、ここはもともと寄席、つまりバラエティ・シアターである。伊地知純正『倫敦名所図会』（研究社、一九一八年）では、彼が見たコリシアム座の番付けを紹介しているが、ひと晩のうちに出しものは一四、五、もある。まず音楽で始まり、ヴァイオリンを弾きながらの歌、コメディアンの登場、自転車の曲乗り、人形を連れての腹話術、スペインのダンス、力業の披露、バレー等々、盛りだくさんで、最後に活動写真でニュースなどを見せて国歌斉唱で終わる。だいたいこれが普通の寄席のパターンだという。そして伊地知も、コリシアム座は寄席の中でも上等の部類に入る、と書いている。

寄席では法律で一五分以上続く出しものは許されなかったので、こうした細切れのバラエティになったのであるが、森律子がコリシアム座に来た頃には、三幕続きくらいの出しものも許可されるようになっていた。そのため、森は「デイヴィッド・ギャリック」という、一八世紀半ばに活躍した名優を主人公にした芝居を、シーモア・ヒックスとエレン・テリーで見ている。当代の名優である。野口米次郎は、ここで舞踊家アデライン・ジェニーの引退興業「デビルのロバート」を見た。身に付いた素晴らしい技巧を、柔らかでふくらみのある芸風に包んだ踊り手であった（『霧の倫敦』玄文社、一九二三年）。

（宮内淳子）

◇コリシアム座の外観（*London: One Hundred Views*, E.B. Horwood & Co. Ltd., 刊行年不記載）。正面奥の、屋根に地球儀のついた建物がコリシアム座。

サヴォイ座 (Savoy Theatre)

サヴォイ座は、一八八一年にサヴォイ・パレス跡地に創設された。イギリスでは初めて全照明の電化が計られたことでも知られる。この劇場を、福原麟太郎は「お菓子のやうに綺麗な小さな小屋」(『春興倫敦子』研究社、一九三五年)としている。貴賓室の内装をリバティー百貨店が請け負っていたと聞くと、この感想もうなずける。

作者ウィリアム・ギルバートと作曲家アーサー・サリヴァンが作った喜歌劇には、「ペンザンスの海賊」「ペイシェンス」「ミカド」「ラディゴア」「古城の衛士」などがあり、大変な人気を呼んだ。作った二人の名前からギルバート・サリヴァン・オペラと言われるが、そのほとんどがサヴォイ座で上演されたので、サヴォイ・オペラとも呼ばれる。二人の喜歌劇を上演する本拠地として、この劇場は作られたのである。「ミカド」は、似て非なるものだが日本の皇族を登場させたコメディなので、一九〇七年に日本から伏見宮がイギリス訪問をした際には、一時興業禁止を政府より言いつけられた。日本人には興味のある舞台だったらしく、中村吉蔵、杉村楚人冠など、これを見た多くの人がそれぞれの感想を書き残している。

一九〇七年、ヴェドレンヌとグランヴィル＝バーカーが、ショーやシェイクスピアの作品を手がけた時期は、新劇の本拠地となった。野口米次郎がここでグランヴィル＝バーカー演出の「真夏の夜の夢」を見ている。新しいシェイクスピア上演のスタイルを模索する試みとして評価の高い舞台だった。妖精の顔は金粉で塗られ、芸術的な面でレオン・バクストの影響を思わせた。その他、新演出に多いに刺激を受けたが、シェイクスピア劇をやるには、サヴォイ座は少し小さすぎる、と野口は書いている(『霧の倫敦』玄文社、一九二三年)。

(宮内淳子)

◇現在のサヴォイ座(右)とブルー・プラーク(左)(二〇〇七年撮影)。

サヴォイ・ホテル（Savoy Hotel）

Strand

ロンドンのサヴォイ・ホテルは一八八九年にセザール・リッツが創業した。パリのオテル・リッツと並び称される世界の最高級ホテルである。一九二三年に刊行されたBaedeker's *London and its Environs*（Karl Baedeker Publisher）は、サヴォイ・ホテルを次のように紹介している。"a large hotel on the Embankment, overlooking the Thames, entered from the Strand, with restaurant, palm court, etc" と。ストランド通りに面したこのホテルの裏手は、エンバンクメント（堤防）になっていて、テムズ河沿いの景観が一望できた。

このホテルのセールス・ポイントの一つはレストラン。フランス料理で名高いオーガスト・エスコフィエがシェフを務めていたからである。一九三〇年一月からロンドンでは海軍軍縮制限に関する国際会議が開かれる。全権委員の若槻礼次郎は一月一四日に、イギリスのマクドナルド首相と会談して、そのままサヴォイ・ホテルに向かった。大蔵省の随員だった津島壽一財務官が招待会を開いたのである。若槻の『欧州に使して』（実業之日本社、一九三一年）によると、会には「英国財界の巨頭連」が集まり、日本の金解禁の話題で盛り上がったという。

大藤治郎『西欧を行く』（新潮社、一九二五年）に収められた「ある日のテムズ河辺」という詩は、こんな一行で結ばれている。『「うん、今夜はあいつとサヴオイで食つてやれ」』。サヴォイでディナーを奮発するなら、もちろん正装が必要である。坪内士行は演劇協会の演説会の切符をもらってサヴォイに出かけた。『西洋芝居土産』（冨山房、一九一六年）には「是非とも夜会服で行かなければならぬ」と書かれている。ところが夜会服の持ち合わせなどない。窮余の一策として彼が思いついたのは和服だった。

（和田博文）

◇図版は、*London Fine Art Views*（Rock Bros Ltd.、刊行年不記載）所収の「Thames Embankment From The River」。写真の左端がセシル・ホテルで、その右がサヴォイ・ホテル。

大英図書館（British Library）

Great Russell Street

一九九八年からユーストン駅の近くに移転した大英図書館は、それ以前は大英博物館の一角にあった。直径四二メートルの大円蓋の下に、円形の閲覧室が拡がり、本が周囲の壁を埋め尽くしている。カール・マルクスが『資本論』を執筆し、南方熊楠が文献を調べたという話が、その雰囲気を一層重厚にしているような閲覧室だった。索引を見て、読みたい書名を用紙に記入し、中央のカウンターに持っていくと、館員がこちらの席まで本を運んでくれる。藤波慶太郎は『ロンドン随筆』（佐々木出版部、一九二六年）に、ここで勉強して、館内の食堂でランチを食べた後、博物館の古代彫刻の間を歩くと、「倫敦にして初めて満たされる幸福」をしみじみと感じると書いている。

英国図書館法の成立により大英博物館から独立したのは一九七三年なので、第二次世界大戦以前の文献には大英博物館の図書室として出てくる。英語学者の金子健二は、図書室に通いつめた一人である。金子の『欧米遊記　馬のくしやみ』（積善館、一九二六年）によれば、図書室の利用の仕方には国民性があるらしい。アメリカ人やアジア人は出入りが頻繁ですぐに退室するが、イギリス人は開館から閉館までランチも食べずに机に向かっているという。

日本古典文学研究者の久松潜一は「文学の起原」というテーマで、一九三五年五月末から大英博物館で研究を行っている。『西欧に於ける日本文学』（至文堂、一九二七年）に久松は、日本の書籍が五〜六〇〇〇冊所蔵されていると記した。一八六八年に入ったシーボルトのコレクションを基礎として、アーネスト・サトーらの収集本が加わっていったのである。ロンドンではなく東京の図書館にいる気分を、彼は味わっている。

（和田博文）

◇久松潜一『西欧に於ける日本文学』（至文堂、一九二七年）に収録された大英図書館の写真。中央がカウンターで、周囲に閲覧席が設けられていた。

大英博物館（British Museum）　Great Russell Street

伊地知純正の『倫敦名所図会』（研究社、一九一八年）に、「"It would take a lifetime to become acquainted with all the contents of the British Museum" とは、英国人が常に、自慢顔に言ふ所である」と書かれている。収蔵物は、正しく古今東西の品に及ぶ。そのコレクション形成については、まことしやかに、略奪品が中心と想像されることもあったようであるが、これについては、出口保夫が「大英博物館の展示室の数は九四室あり、館内には六八九万五〇〇〇点ほどの収蔵物が収められ、現在展示されている収蔵物の総数は約一五万点にもおよぶ。それら七〇〇万点近い収蔵物は、一〇部門のセクションに分けられ、部門別に見ると先史・古代ヨーロッパ部門と、版画・素描部門とが、それぞれ二五〇万点ずつで、（略）大半の収蔵物が旧植民地から奪取してきたというのは、この数字を見ただけでも誤解であることが判明しよう」と否定している（『物語大英博物館』中央公論新社、二〇〇五年）。

川上嘉市の『欧米を描く』（社会教育協会、一九四八年）には、「一千七百五十三年（今より百八十年前）サー・ハンス・スローン卿が、当時時価五万ポンドと評価された蒐集品を、寄附したのに端を発して、漸次に拡張して来た。現在の建物は一千八百二十三年に起工したもので、その後度々増築をした」と書かれている。なお、一九九七年まで本館の中にあった大英図書館は、一九九八年からセント・パンクラス駅近くに移転した（「大英図書館」の項参照）。

展示品の主なものには、古代ギリシャの彫刻やロゼッタ・ストーン、数多くのミイラ、バビロニアやアッシリアの遺物、地中海沿岸の銅器やテラコッタ、貴金属や貨幣、日本や中国の細工物、インド古代の遺物、陶磁器や硝子など、実にさまざまなものがある。

（真銅正宏）

◇モンタギュー公爵邸を買い取り、モンタギュー・ハウスとして出発した大英博物館。その後大増築が重ねられ、現在の建物に至っている（内藤民治『世界実観』第三巻、日本風俗図絵刊行会、一九一五年）。

ザ・テンプル（The Temple）

ザ・テンプルとは、フリート・ストリートとテムズ河にはさまれた法曹界のエリアの名称である。現在の四つの法学院、インナー・テンプル、ミドル・テンプル、リンカーンズ・イン、グレイズ・インのうち、前二者はこのエリアにある。名称の由来は十字軍時代に創設されたテンプル騎士団で、ロンドン本部がおかれていた。一一八五年に騎士団は、ここに円形教会を建てる。これが現在のテンプル教会の起原である。騎士団自体は一四世紀初めに解散するが、一七世紀に入ってジェイムズ一世はこの土地を二つの法学院に与えている。

野口米次郎は歴史的記憶が蓄積する、ザ・テンプルに愛着を覚えていた。「十八世紀の文学的歴史が所謂十字軍の思想と交つた大学町の香気」が豊かに漂っていて、この一廓だけには『近代的騒擾」を感じたくないと、野口は『霧の倫敦』（玄文社、一九二三年）に書いている。古い四角形の中庭を散策したり、冬の月を眺めたりする。そのたびに彼は、サミュエル・ジョンソンから皮肉の槍玉にあげられたゴールドスミスや、「啜泣きする月へ涙の呼吸を庭が吹きかへす」と歌ったアーサー・シモンズのことを思い起こした。

テンプル教会はコーラスが有名である。総領事に誘われて、伴野徳子は日曜日の午前中にこの教会に出かけた。礼拝にはたくさんの信者が訪れている。『倫敦の家』（羽田書店、一九四〇年）で伴野は、神父の説教はよく分からないし、コーラスも話に聞いていたほどではなかったと、落胆の表情を見せた。それでもメンデルスゾーンの二七九番はなかなかで、三〇人ほどのコーラスに交じる子供は、白いだぶだぶの上衣の襟元を、黒いリボンで蝶結びにしていた。教会近くのゴールドスミスの墓を見てから、彼女は家路についている。

（和田博文）

◇*Views of London*（Eyre & Spottiswoode, 刊行年不記載）に収録されたテンプル教会の写真。

常磐（日本料理店）（Tokiwa）　8 & 22 Denmark Street, 16 Mark Lane

ロンドンにいくつか存在した日本料理店の中でも、最も有名なものだろう。ロンドンに着けばとりあえず常磐、長期滞在するなら週に何回かは常磐、懇親会や同窓会も常磐、という具合に多くの日本人の心と腹を満たした。一九三三年二月にはリットン調査団のヴィクター・リットン卿がここで国際連盟の課題について語った。この時「聴衆は廊下に溢れ或は椅子に或はテーブルの上などに乗つて卿の談を謹聴する有様」（『日英新誌』一九三三年三月）だったという。

日本人会の料理人だった岩崎盛太郎が、妻福枝とともに小さな店をマネット・ストリート一五番地に開いたのは、一九一七年五月一五日のことであった。一九二二年四月二七日には支店「シテーときわ」をフィッシュ・ストリート・ヒル四六番地にオープンする。本店・支店ともに繁盛し、一九二四年一二月には本店がデンマーク・ストリート八番地に移転、一九二五年八月には支店がマーク・レーン一六番地に移転した。さらに一九二七年三月にはデンマーク・ストリート二二番地に専業旅館を開館する。旅館は『日英新誌』（一九二六年一二月）によれば、「ローンヂ、玉突場、浴室附寝室などあり、且つ各寝室にはホット・エンド・コールド・ウオーターの出づる設備をなし、凡てアップツーデートの装備」であったらしい。しかし一九三三年一〇月には、所有権が高富久枝に移り、名も「登喜和ハウス」と変わった。さらに一年後には「大和ホテル」となる。

瀧澤七郎は、一九二四年九月の常磐での昼食を記録している。「牛鍋一、玉子一、味噌汁一、新香一、サシミ一、白魚のすの物、御飯、ビール一、之で一人前宛が四志二片半」（『旅券を手にして』明文堂、一九二六年）であった。

（和田桂子）

◇顧客榎並真造への常磐の領収証。一九三〇年七月分の請求書（肉、かまぼこ、こんにゃく、寿司で計一三シリング六ペンス）に、八月一五日付の領収証を貼ったもの。店主岩崎盛太郎のサインがある。

トラファルガー・スクエア（Trafalgar Square）

夏目漱石の『永日小品』の「印象」（『東京朝日新聞』一九〇九年一月二九日）に、どことは書かずに、「坂の下には、大きな石刻の獅子がある。全身灰色をして居つた。尾の細い割に、鬣に渦を捲いた深い頭は四斗樽程もあつた。前足を揃へて、波を打つ群衆の中に眠つてゐた。獅子は二つゐた。下は舗石で敷き詰めてある。其の真中に太い銅の柱があつた。（略）しばらくして、振返つたら、竿の様な細い柱の上に、小さい人間がたつた一人立つてゐた」という記述がある。トラファルガー・スクエアでの「印象」と思われる。ただし、獅子の数が違う。長谷川如是閑の『倫敦』（政教社、一九一二年）には、「其の中央に百四十五呎の花崗石の羅馬式の柱を建て、其の上に身長十七呎のネルソン提督を載せ、礎の四方には四頭の大獅子を坐らせ、広場一面はアスハルトで鏡の如くに磨き立て、両側には泉水を作り、背景は優雅な露台を築いて、其の後の正面にはナショナル・ガラリーの希臘式の堂宇が聳え、少しく右手に聖マルチン寺院のゴシック風の尖塔が見えるといふ道具立である」と、簡潔かつ的確に紹介されている。

ネルソン提督は言うまでもなくトラファルガーの海戦の英雄で、その戦死の記念日である一〇月二一日にここを訪れた桜井鷗村は、「高き碑柱からは、ネルソンが著名の信号『英国人は其義務を尽すべし』が、信号旗で掲げられてあり、碑下には多くの花環を捧げてあつた」と報告している（『欧洲見物』丁未出版社、一九〇九年）。広場はチャリング・クロス駅からも近く、ロンドンの中心の一つである。ピーター・ブッシェル『倫敦千夜一夜』（成田成寿・玉井東助訳、原書房、一九八七年）によると、ネルソンにはよく郵便物が届き、その度に郵便局では、「配達不能。四頭の巨大なライオンが見張っているので」と丁重に返送するそうである。

（真銅正宏）

◇トラファルガー・スクエアとネルソン記念塔の景（右）と、獅子像の下絵「ランドシアーの獅子のスタディー」（左）。いずれも長谷川如是閑の『倫敦』（政教社、一九一二年）の挿絵写真。

ドルーリー・レーン座（Theatre Royal, Drury Lane）

Drury Lane

正式名称はシアター・ロイヤル・ドルーリー・レーン。王政復古期の一六六二年に演劇好きのチャールズ二世の勅命で建設された。最古のシアター・ロイヤルとしてロンドンの劇場で最も知名度が高く、一八世紀のデイヴィッド・ギャリックや、一九世紀のヘンリー・アーヴィングと相手役エレン・テリーなど、数多くの歴史的名優もこの劇場の舞台を踏んだ。

現在の劇場は、ベンジャミン・ワイアットの設計により、一八一二年に初興行が行われた第四代目の建物である。ここを訪れた日本人は、プロセニアムの間口一三メートル、奥行二五メートルという巨大な舞台で繰り広げられるスペクタクルに驚愕した。島村抱月は「マザー・グース」の「天人飛行」の場面を次のように語った。「二百人から出て来る天人の、半分は肉襦袢肉股引の裸体姿です。天人の衣裳の色と之に鏤ばめてゐる色々の球の光りとが、光線に和して、動作につれ、展開し行くさまは、殆ど見つめてゐられない程の豊富と変化を持ツてゐる」（「英国の劇団」、『新小説』一九〇三年四月）。また、夏目漱石は、「Sleeping Beauty」を観劇した一九〇一年三月七日付の日記に、ドルーリー・レーン座の「仕掛ノ大」「装飾ノ美」「舞台道具ノ変幻」を「筆紙ニ尽シ難シ」と記しており、「生レテ始メテカヽル華美ナル者ヲ見タリ」と感想を綴っている（『漱石全集』第一三巻、岩波書店、一九六六年）。

このほか坪内士行『西洋芝居土産』（冨山房、一九一六年）には、ロシア・バレエの舞踏家ニジンスキーがドルーリー・レーン座で興行して、人々に衝撃を与えた時のことが紹介されており、森律子『欧洲小観　わらはの旅』（博文館、一九一三年）には、名優フォーブズ・ロバートソンとその妻エリオットの演劇を頻繁に訪れた時の感動が綴られている。

（西村将洋）

◇ドルーリー・レーン座（二〇〇七年撮影）。一九二〇年代以降、アメリカ産ミュージカルの上演が増加し、第二次世界大戦後は「マイ・フェア・レディ」「ミス・サイゴン」などがロングラン上演された。

ナショナル・ギャラリー（National Gallery）

Trafalgar Square

ナショナル・ギャラリーは、イギリスのみならず、ヨーロッパを代表する美術館である。トラファルガー・スクエアをあかたも前庭のように見下ろす位置に建つ。滝沢七郎は『倫敦』（明文堂、一九二五年）で、「元リバープール卿の所持品三十八点を政府が買収して、一八三二―八年間に中央をグレシアン式に建設し後増築して現時の如し」「絵画総数二千三百点、其三分の一は十八世紀以来の英国の製作品なり」と紹介している。

コレクションは、フィレンツェ派の宗教画に始まり、主なものだけでも、イタリアのラファエルやミケランジェロ、ヴェロネーゼやティティアン、オランダのルーベンス、レンブラント、ヴァン・ダイク、スペインのヴェラスケス、ドイツのホルバイン、そしてイギリスのコンスタブル、ゲインズボローなど壮大なものである。「ターナー・ギャラリー」という一室が用意され、レイノルズの絵については、矢内原忠雄が、一九一〇年一二月二〇日の日記に、「National Gallery: Reynolds の“Holy Family”によりて感動を受く」（『矢内原忠雄全集』第二八巻、岩波書店、一九六五年）と書く一方で、画家の南薫造は、「サア　ジヨシユア　レノールヅの室に入るを甚だ懶く覚ゆる様相成申候。今日に到りては数ある名ある画家の画ける絵の内此の画家のものを最も厭ふ様相成申候」（『画室にて』趣味叢書発行所、一九一五年）と書いている。

ここには、現代もそうであるが、いつ訪れても、「一室に二人や三人の摸写生が必らず居る」（瀧澤七郎『旅券を手にして』明文堂、一九二六年）。また、「一週の時間表が定まつてゐて一々絵画を前にして実施の通俗講話が行はれる」（藤波慶太郎『倫敦随筆』佐々木出版部、一九二六年）のも同様である。要するに、ギャラリーはもう一つの美術学校なのである。

（真銅正宏）

◇ナショナル・ギャラリーの全容（内藤民治『世界実観』第二巻、日本風俗図絵刊行会、一九一五年）。ロンドンの一つの代表的な顔である。

ナショナル・ポートレート・ギャラリー (National Portrait Gallery)

St. Martin's Lane

この美術館は、その名のとおり、肖像画を中心に収集されたギャラリーである。ナショナル・ギャラリーの北側すぐに位置し、あたかもその姉妹館のような風貌を呈している。戸川秋骨などは、ナショナル・ギャラリーに入るつもりが、誤って入ってしまったとのことである（『欧米紀遊二万三千哩』服部書店、一九〇八年）。瀧澤七郎の『倫敦』（明文堂、一九二五年）にも、「国立絵画館の同棟、チヤーリングクロス街に面す。イタリヤン式の建物一八九六年九万六千磅を費して開場す。其内八万磅はアレキサンダー氏の寄附金にして中に二千の肖像画あり」と書かれている。現在のパンフレットによると、コレクションは一二〇〇〇点以上で、そのうち一三〇〇点が各階に展示されているとのことである。その詳細は、チューダー朝以来のイギリス歴代の王や女王をはじめ、政治家や芸術家などで、例を挙げれば、ヘンリー八世、エリザベス一世、シェイクスピア、ジョンソン博士、クロムウェル、サミュエル・ピープス、ウィリアム・ホガース、ヘンデル、ネルソン提督、ジェンナー、ダーウィン、ワーズワース、ウィリアム・ブレイク、バイロン、カーライル、ジェーン・オースティン、チャールズ・ディケンズ、ヴィクトリア女王、ブロンテ姉妹など、多士済々である。現代ではビートルズなどもある。

他にも見るものは多く、金子健二は、「詩人キーツの顔を石膏でとつたものや、カーライルの両手頸を石膏にとつたものや、サツカリーの死後直にその顔と右手を石膏にとつたもの」（『欧米遊記　馬のくしゃみ』積善館、一九二六年）を挙げ、中村吉蔵は、「カーライルの文字は神経質的で、ドライデンのはクラシツク流、サツカレーはいかにも威勢のよい文字を書いてゐる」（『欧米印象記』春秋社書店、一九一〇年）と、作家の手跡について報告している。

（真銅正宏）

◇上空からトラファルガー・スクエアを眺めた写真。左がほぼ北方向である。写真の左下四分の一を占めているのが、ナショナル・ギャラリーとナショナル・ポートレート・ギャラリーとが一体化した建物群である。中央左右に走るのがチャリング・クロス・ロードで、北側寄りに入り口がある（仲摩照久『世界地理風俗大系』第一〇巻、新光社、一九二九年）。

パレス座（Palace Theatre）

リチャード・ドイリー・カートが、一八九一年にロイヤル・イングリッシュ・オペラハウスの名前で建てた、ヴィクトリア朝の豪華な造りである。アーサー・サリヴァン作曲の「アイヴァンホー」でこけら落としをしたがヒットせず、所有権を売ることとなった。これを、ミュージック・ホールの父と呼ばれたチャールズ・モートンが買い取った。

伊地知純正『倫敦名所図会』（研究社、一九一八年）に、パレス座は上品な出しものをするバラエティ・シアターとして紹介されている。バラエティ・シアターは他に、アルハンブラ座やエンパイア座などが知られていたが、パレス座はそれらより格が上で、第一流の出しものを見せるという。伊地知の滞英中、寄席芸人が皇族臨席で演技する command performance という毎年恒例の会が、パレス座で開かれた。ダンスの名手がよくここで踊る、と書いているが、確かにそのとおりで、ここでダンスを見たという記録がよく残されている。

坪内士行『西洋芝居土産』（富山房、一九一六年）では、アンナ・パヴロヴァがパレス座を中心にバレー公演の活動をしていること、それが大変な人気であることを伝えている。野口米次郎『舞台の人々』（第一書房、一九二七年）には、ニジンスキーの「ばらの精」などをパレス座で見た感動が綴られている。中村吉蔵は、ミス・モード・アランの「サロメ」を見ており、これはロンドン中で評判になっていたという（『欧米印象記』春秋社書店、一九一〇年）。モード・アランはカナダ人で、イサドラ・ダンカンの舞踊を継承する踊り手とも言われる。イギリス育ちのバレーは当時ミュージック・ホールに出ていて、芸術とは思われていなかった。海外からのダンサーによってバレーの芸術的価値は見直されることになったのである。

（宮内淳子）

◇パレス座の外観（*London: One Hundred Views*, E.B. Horwood Co. Ltd., 刊行年不記載）。

ヒズ・マジェスティー座（His Majesty's Theatre）Haymarket

一七〇五年に開場した伝統ある劇場。女王の時代にはハー・マジェスティー（女王陛下の）となる。何度か焼失、再建が繰り返されているが、一八九七年、名優でありプロデューサーでもあったハーバード・ビアボウム・トリーがここを改装し、それまでのオペラ中心から演劇中心のプログラムに代えた。このときはまだハー・マジェスティーである。トリーの活躍したのがエドワード七世の時代だったため、ヒズ・マジェスティーという名前での話題が多い。最も瀟洒な劇場として知られ、舞台も広く音響効果もよいとされる。

写実を目指して衣装や背景に凝るのがトリーのやり方で、一九〇〇年の「真夏の夜の夢」では、実物の草木で舞台上に森を作った。そこには生きた兎が飛び跳ねていたという。平田禿木は、こうしたスペクタクル仕立てに対し、「頻りに背景に意を凝して、その出し物のあるものに至っては、ほとんどクリスマスのお伽芝居か何かの様で、芝居でなくてまるで見せ物か何かの様な趣きがあります」（「写実とその反動」『歌舞伎』一九〇七年四月）と批判的だ。しかし一方、トリー主演の「リチャード二世」を見た戸川秋骨のように「前景と云ひ、背景と云ひ、まことに眞に迫る」（『欧米紀遊二万三千里』服部書店、一九〇八年）と感嘆する者もいた。夏目漱石も、ここで「十二夜」を見た。

一九〇四年、トリーは、現在のロイヤル・アカデミー・オブ・ドラマティック・アート（RADA）の前身である演劇学校を創立。劇場最上階の社交用広場を用いたが、すぐ手狭になってガワー・ストリートに移した。ここでトリー主演の「レサレクション」を一九〇三年に見た島村抱月が、帰国後、芸術座でこれを「復活」として上演して人気を得た。

（宮内淳子）

◇ヒズ・マジェスティー座の外観（*London: One Hundred Views*, E. B. Horwood & Co. Ltd., 刊行年不記載）。

ヘイマーケット座（Theatre Royal Haymarket）

Haymarket

コリント式の柱廊玄関を持つこの劇場は、セント・ジェイムズ・スクエアから見ると、その正面が見渡せて一番美しいと言われる。ヒズ・マジェスティー座の斜め前にあり、ウェスト・エンドの中心を成している。創立は一七二一年で、一七六六年には、ドルーリー・レーン、コヴェント・ガーデンに次ぐ第三の勅許劇場（Patent Theatre）となり、正式名はシアター・ロイヤル・ヘイマーケットとなる。

現在の劇場は、一八二一年、ジョン・ナッシュによる建築で、大変に古い。客席は一〇〇〇を越えない小劇場で、「是処では、一体に上品な芝居を見せる」（伊地知純正『倫敦名所図会』研究社、一九一八年）とあるように、営利のための無理な興業はしなくて済んだ。一八八七年、ハーバート・ビアボウム・トリーが劇場マネージャーとなり、シェイクスピアをはじめ、イプセン、ワイルドといった現代の作品も上演した。一九〇〇年にロンドン留学にやってきた夏目漱石は、到着三日後に、ヘイマーケット座でシェリダンの「悪口学校」を見た。当日行ったのでバルコニー・ストールのチケットしかなく、周囲は燕尾服など正装の人がほとんどで、背広姿の漱石は肩身が狭かったと「ノート」に記している。

日本人役をロレンス・アーヴィングが演じ、坪内士行や牧野義雄も舞台に上がった「タイノーン」のロンドン初演（一九一三年）は、このヘイマーケットであった。森律子は招かれて劇場の楽屋口から入り、楽屋や舞台裏を見て行くうちに、ふと自分の出ていた帝国劇場を思い出している（『欧洲小観　わらはの旅』博文館、一九一三年）。桜井鷗村も中村吉蔵もともにここで、ショーの「成婚」を見ている。シェイクスピアなどもよく上演された。

（宮内淳子）

◇現在のヘイマーケット座（二〇〇七年撮影）。

フリート・ストリート（Fleet Street）

フリート・ストリートはラドゲート・ヒルからストランドまでの街路で、かつてテムズ河支流のフリート川が流れていたため、この名がついた。寺や牢獄があったこの地域が、やがてロンドンの目抜き通りとなる。そう広くない通りに二階建バスが頻繁に行き来し、ラッシュアワーには渋滞する。特にデイリー・ヘラルド社、デイリー・テレグラフ社、デイリー・エクスプレス社などの新聞社が並ぶ街路として、ここは活気づいた。夜になって劇場もはね、人々が眠りにつこうとする頃、この新聞街は目を醒まし始める。「人も機械も、否街全体が上衣を脱いでチヨツキ一つになりつゝ、いよいよ仕事に取りかゝる。輪転機が大きな音を立てゝ廻り出す。自動車がうなる様な叫びを立てつゝインキの香の高い紙の山を、次から次と運んで闇に消えてゆく」（『ロンドンの憂欝』三省堂、一九三九年）と古垣鉄郎は書いた。

英文学史に詳しい金子健二によれば、「フリート通りの裏筋はジヨンソンを偲ぶに最も面白い所」（『欧米遊記　馬のくしやみ』積善館、一九二六年）であるという。現在はドクター・ジョンソンズ・ハウスとして管理されているゴフ・スクエア一七番地も、金子の筆にかかると、「見るからにうす汚い没趣味なまるで貧民巷の家そのまゝの型だ。よくもこんな汚い不摂生な家で、あのやうな大事業が完成されたものだと驚いた」となる。大事業というのは、一七五五年に刊行されたジョンソン編纂『英語辞典』のことである。レッド・ライオン・ハウスほか、ジョンソン行きつけの飲み屋はこのあたりに多い。しかしこうした料理屋や酒屋は、「ジヨンソンによつて、開店の光栄ある機会を授けられ、ジヨンソンによつて家号を与へられ、最後にジヨンソンによつて飲み逃げされたものである」ということらしい。

（和田桂子）

◇フリート・ストリートの写真。『モーニング・アドヴァタイザー』『デイリー・メール』などの新聞名が、それぞれの社屋のファサードを飾っているのが見える（*London: One Hundred Views*, E. B. Horwood & Co. Ltd., 刊行年不記載）。

ライオン（レストラン）(Lyons' Corner House)　Coventry Street

一八八七年創業のJ. Lyons & Co. の最初のティーショップは、ピカディリー・サーカスに一八九四年にオープンした。一時は、オックスフォード・ストリートだけでも七つあったという。渡辺尚編『最新倫敦繁昌記』（博文館、一九一〇年）において、「ベーカー、ステーション際の茶屋ライオン」は「気楽な料理店」と紹介されている。瀧澤七郎の『旅券を手にして』（明文堂、一九二六年）に、「市役所前のライオンカヒイにて茶を呑む。驚くなかれ僅かに二片、昼めしも日本の八十銭位でたべられる。安い〳〵」と書かれ、桜井鷗村も『欧洲見物』（丁未出版社、一九〇九年）に、「博覧会場、展覧会内などには、何ヶ所となくライオンの茶店が出てゐて、黒裳束白前垂の女中が、リプトンの茶を売る、パンを売る、ハムを売る」と書き、大田黒元雄は「ロンドンの須田町食堂」（『気楽な散歩』第一書房、一九三四年）と呼んでいる。

一九〇九年になって、ライオンズ・コーナー・ハウスという、四階か五階建てからなり、オーケストラが常時演奏する実に大規模なレストランが、コヴェントリー・ストリートに登場した（一九〇九年～一九七〇年）。時に四〇〇人もの従業員がいたという。この後、ストランド（一九一五年～一九七七年）とトッテナム・コート・ロード（一九二八年～一九六七年、オックスフォード・コーナー・ハウスと呼ばれる）にもできた。メゾン・ライオンズという名で展開された店もマーブル・アーチ（一九三三年～一九七七年）とシャフツベリー・アヴェニュー（一九一五年～一九四〇年）にあった。藤波慶太郎『倫敦随筆』（佐々木出版部、一九二六年）は、「先頃新に出来た倫敦第一の壮大なレストラント・ライオンは数千人の夜の客を収容し、各階の窓に照る電燈の光は夢の世界の王宮の如く夜の空に浮き出して」と描いている。

（真銅正宏）

◇『有馬愛蔵氏欧洲視察談』（矢口書店、一九二八年）の口絵の「ロンドンのライオン店」。本文には「倫敦市だけでも五百軒の支店があり、中には一時に三千人の客を収容出来ると云ふ大きな店もある」と書かれている。

"Mountview Café"
LYONS' OXFORD CORNER HOUSE
Oxford Street & Tottenham Court Road, London, W.1.

ライシアム座（Lyceum Theatre）

Strand

一八七四年、ヘンリー・アーヴィングがこの劇場で演じた「ハムレット」は、シェイクスピアは当たらないという当時の常識を覆して成功をおさめた。テニスンをはじめ多くの文化人が、これを評価して劇場へやってきた。これをきっかけに、一八七八年から一八九五年の間、アーヴィングがライシアム座のアクター・マネージャーとなった。相手役は、これも名優として名高いエレン・テリーが務め、ヴィクトリア朝を代表するコンビとなった。彼がシャイロックを演じた「ヴェニスの商人」は、一八七九年以来、二五〇回のロングランを記録した。

演目はシェイクスピアや歴史劇が多く、アーヴィングは、チャールズ・キーンがプリンセス座で見せたスペクタクル的写実主義の伝統を受け継ぐ舞台を見せた。これは金のかかる演出だった。「三、四人の立役者の衣装に、百姓やら兵卒やら、所謂群集（クラウド）のそれを加へて、百、二百の衣装を工夫（デザイン）しなければならない。数ヶ月の苦心を要すのみか、また実に莫大な費を要す」（平田禿木「写実の値」、『趣味』一九〇七年四月）ということが続けば、いかに人気があっても財政困難となってくる。その上、こうしたリアリズムが古いと感じられる時代が来た。アーヴィングの健康問題もあって、彼は一八九九年に劇場経営から手を引いた。最後の舞台は一九〇二年であった。

ライシアム座は約二〇年の間、ロンドンを代表する劇場という地位にあったが、島村抱月がロンドンにいた一九〇三年、「ライシアム座は今や不幸維持の方法つかず、公売の悲運に陥るッて、其の名誉たりしアーヰングの座頭も去年限り」（「英国の劇壇」、『新小説』一九〇三年六月）と伝えている。劇場は衰退して閉鎖されたが、一九九六年に再開された。

（宮内淳子）

◇現在のライシアム座（二〇〇七年撮影）。ミュージカルのロングラン中であった。

オックスフォード・サーカス
からヴィクトリア駅へ

❶ ヴィクトリア駅
❷ オックスフォード・ストリート
❸ カフェ・ロワイヤル
❹ スピーカーズ・コーナー
❺ セルフリッジ（百貨店）
❻ セント・ジェイムズ座
❼ 日本人会
❽ 日本大使館
❾ バッキンガム宮殿
❿ ピカディリー・サーカス
⓫ ボンド・ストリート
⓬ マーブル・アーチ
⓭ ロイヤル・アカデミー・オブ・アーツ
⓮ ロイヤル・コート座

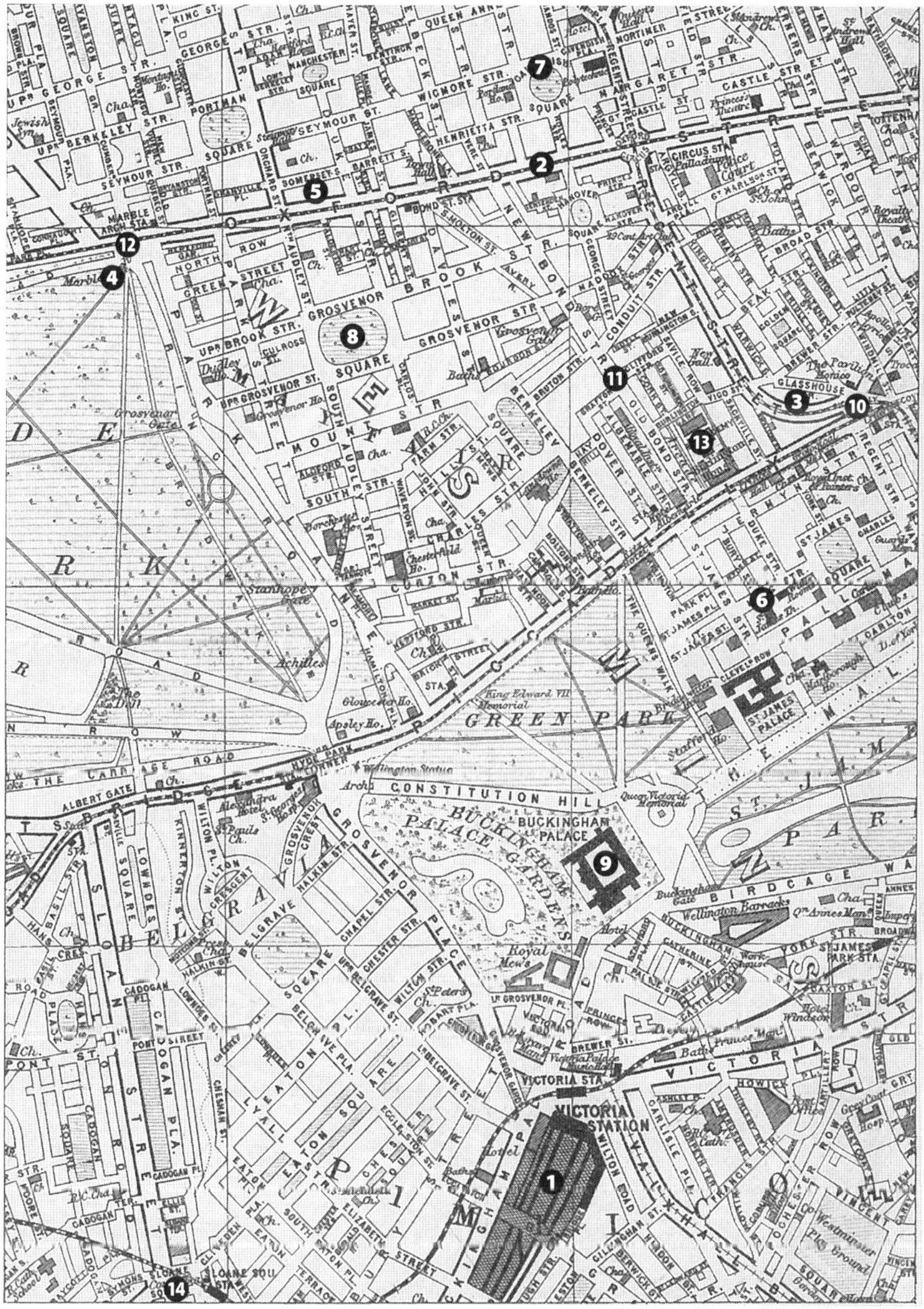

1
2
3
4
5
6
7
8
9
10
11
12
13
14
PORTMAN SQUARE
SEYMOUR STR.
MANCHESTER SQUARE
WIGMORE STR.
HENRIETTA STR.
CAVENDISH SQUARE
MARGARET STR.
CASTLE STR.
OXFORD STR.
BOND ST. STA.
MARBLE ARCH STA.
Marble Arch
NORTH ROW
UPR BROOK STR.
GROSVENOR SQUARE
GROSVENOR STR.
BROOK STR.
NEW BOND STR.
CONDUIT STR.
HANOVER SQUARE
CIRCUS STA.
Palladium
Police Court
BROAD STR.
GLASSHOUSE
The Pavilion
Monico
VIGO ST.
OLD BOND STR.
ALBEMARLE STR.
DOVER STR.
BERKELEY STR.
BERKELEY SQUARE
MOUNT STR.
SOUTH AUDLEY STR.
PARK LANE
Grosvenor Gate
Stanhope Gate
Achilles
Apsley Ho.
Gloucester Ho.
CURZON STR.
PICCADILLY
JERMYN STR.
DUKE STR.
ST. JAMES SQUARE
PALL MALL
ST. JAMES PALACE
Marlborough Ho.
Stafford Ho.
King Edward VII Memorial
GREEN PARK
THE QUEEN'S WALK
HYDE PARK CORNER
Wellington Statue
Arch
CONSTITUTION HILL
Queen Victoria Memorial
BUCKINGHAM PALACE
BUCKINGHAM PALACE GARDENS
BIRDCAGE WALK
Wellington Barracks
ST. JAMES'S PARK
ST. JAMES PARK STA.
ALBERT GATE
THE CARRIAGE ROAD
ROTTEN ROW
The Dell
BELGRAVIA
BELGRAVE SQUARE
GROSVENOR PLACE
CHESTER SQUARE
EATON SQUARE
LOWNDES SQUARE
CADOGAN PLA.
CADOGAN SQUARE
SLOANE STREET
PONT ST.
VICTORIA STA.
VICTORIA STATION
VICTORIA STR.
WILTON ROAD
BUCKINGHAM PALACE ROAD
Royal Mews
PIMLICO
SLOANE SQU. STA.
Westminster Play Ground
VAUXHALL BRIDGE ROAD

ヴィクトリア駅 (Victoria Station)

Terminus Place

バッキンガム宮殿のロイヤル・ミューズ（王室の厩舎）から南にすぐのところに位置するヴィクトリア駅は、ロンドンの表玄関の一つである。主としてイギリス南部へ向かう列車が発着する。角野喜六の『漱石のロンドン』（荒竹出版、一九八二年）などによれば、漱石も、ニュー・ヘイヴンからこの駅に着いたと考えられている。ロンドン通で知られる出口保夫は、「大陸からの旅行者なら、誰もがその第一歩を踏み出すロンドンの終着駅は、サウス・イースタン・アンド・チャタム鉄道会社が経営するヴィクトリア駅であった。その駅は、ある意味では東京駅に匹敵するような、ロンドンの代表的な終着駅で、東京駅が皇居に向かって建っているように、（略）バッキンガム宮殿にもっとも近く、そしてほぼロンドンのど真中に位置している」（『ロンドンの夏目漱石』河出書房新社、一九八二年）と述べている。末松謙澄が、一八七八年、フランスのカレーからドーヴァーに渡り、そこから汽車で着いたのがこの駅で、福原麟太郎も、一九二九年にまったく同じ経路をたどっている。瀧澤七郎も、まずこの駅で、「世界第一の都」ロンドンの繁栄ぶりに驚かされている（『旅券を手にして』明文堂、一九二六年）。

長谷川如是閑の『倫敦』（政教社、一九一二年）には、既に明治時代に、「ヴヰクトリア停車場では、電気仕掛で、次に出る汽車の番号や時間を掲示板に現して見せてゐるが、之が亦一寸素人には鑑定が附かない」事が書かれている。イギリスの鉄道の発達ぶりが窺える。

溝口白羊『東宮御渡欧記』（日本評論社出版部、一九二一年）によると、一九二一年五月九日に、東宮（後の昭和天皇）が、ポーツマス港からサウス・コースト鉄道のお召列車に乗り、この駅に着いた。この時、ロンドンにいた矢内原忠雄も歓迎の人々の群の中にいた。

（真銅正宏）

◇大正の頃のヴィクトリア駅の構内（溝口白羊『東宮御渡欧記』日本評論社出版部、一九二一年）。写真の解説には、「プラットホームは（略）美しく装飾せられ、華麗なる礼装に黄金色を漂はせた奉迎の百官貴紳は場内に充満して、全体の光景は実に見る目も眩いばかりであつたと伝へられる」とある。

オックスフォード・ストリート (Oxford Street)

オックスフォード・ストリートはロンドンのウェスト・エンドの目抜き通りで、東のトッテナム・コート・ロードの駅前から西のマーブル・アーチまで、約二・五キロ続いている。大通りだから買物客や観光客で混雑する。瀧本二郎『夜の倫敦巴里紐育』(欧米旅行案内社、一九二九年)の「買物」の節には、「購買心を煽り且満足さすに足る優良品はリゼント、オツクスフオード、ピカデリ、ボンド街等を中心とする付近の店」で、なかでもオックスフォード・ストリートには「Marshall and Snelgrove's, Peter Robinson's, Selfridges, Lays' Liberty's Dickin's and Johnes's, Evan's, Waring's 等倫敦流行を支配する第一流大百貨店がある」と記されている。渡航する日本人男性は、他国での買物を控えて、ロンドンで購入する傾向があった。

だがオックスフォード・ストリートで日本人は、速成の英国紳士になっただけではない。人通りは、街を歩く人々を観察する場所でもある。渡辺尚編『最新倫敦繁昌記』(博文館、一九一〇年)の「付録倫敦はがき便」に、渡辺小城はこんな感想を記した。「我々の目に奇なるは、大抵の人が口を動かしつゝあること是れなり。中にも婦人連が果物の皮をもむかずに食ひつゝ歩き、お顔と衣服の美麗に似合ざるも、一向平気なるには呆気に取られ候」と。

実際に来てみると、日本で思い描いていた都市景観と違うこともある。久松潜一はオックスフォード・ストリートが一番の中心なのに、煤けて黒ずんでいることに驚いた。ただ『西欧に於ける日本文学』(至文堂、一九三七年)で、久松はこうも付け加えている。「併しその煤けた中にも英吉利の人の伝統を重んずる習慣がある。道路にしましても、少しも改修しないで昔の儘を通すといふやうな気持が自然さうなつて居るのではないか」と。

(和田博文)

◇図版は、*London the Heart of the Empire* (Valentine & Sons Ltd., 刊行年不記載) に掲載されたオックスフォード・ストリートの写真。右側にマーブル・アーチが見える。

カフェ・ロワイヤル（Café Royal）

68 Regent Street

フランス人のワイン商が、グラスハウス・ストリート一五番地から一七番地にカフェ・レストランをオープンしたのは、一八六五年だった。一八七〇年にはエア・ストリート八番地とリージェント・ストリート六八番地にも店舗を広げた。一九二三年から翌年にかけての改装工事の際には、なじみの客たちが、まるで大英帝国が取り壊されるような大騒ぎをしたらしい。

この店は多くの作家や芸術家たちに愛された。オスカー・ワイルド、アーサー・シモンズ、ホイッスラー、ビアズリーらがここの常連だった。特にアーサー・シモンズは「カフェ・ロワイヤル」という追想記を書くほどここが気に入っており、本間久雄が彼の家を訪れた時もその話をした。「その頃を語るシモンスの顔には、おのづから若き日の幻を追ひ追憶の喜びに耽つてゐる有様があり〳〵と見えた」（『滞欧印象記』東京堂、一九二九年）という。本間もまた、ロンドン滞在中にここをしばしば訪れ、「目まぐるしい舞踏と、耳を聾するやうなジャズ音楽のたゞ中で、尚静かに、嘗てこゝを唯一の集合所としてゐた世紀末の文人墨客を想像」した。

水上瀧太郎は、毎日大英図書館に通って調べものをし、帰りには必ずといっていいほどカフェ・ロワイヤルで休んだ。郡虎彦が一緒のこともあったし、澤木梢が一緒のこともあった。「カフエ・ロオヤルは吾々の最もよき休息の場所だつた。このカフエは仏蘭西式で曽てはオスカア・ワイルドが毎日ウヰスキイ曹達を浴びながら談話の華を咲かせ、当時はエプスタインを中心とする芸術家が集つてゐた。いつぱいの葡萄酒に白皙の顔を紅く染めて、澤木君は芸術的感激を表白する事に熱中した。不平不満を忘れ、眼は輝き、唇はうるほひ、つばきを飛ばして語つて尽きなかつた」（「澤木四方吉氏素描」、『三田文学』一九三一年一月）と水上は回想している。**（和田桂子）**

◇世紀末のカフェ・ロワイヤルの中の様子。「アリンソン筆」とある（本間久雄『滞欧印象記』東京堂、一九二九年）。

スピーカーズ・コーナー（Speakers' Corner）

Hyde Park

ハイド・パークの北東のカンバーランド・ゲート近くに、野外演説場がある。一八七二年にここで集会と演説をする権利が公に認められて以来、冒涜や卑猥を避ければ、演説をしたい人は誰でもここに立ってすることができる。

一八八四年七月には、矢野龍渓がここを訪れ、「公園の此の部分ハ馬鹿に広き処にて樹木も少なく（前後左右にハあれども中央にハ少し）此処ハ即ち公園の東の端に当る一部分なり。然れども桜田の練兵場位にハあるべく見へたり」と『龍動通信』（『郵便報知新聞』一八八四年九月四日）に書いた。

長谷川天渓も一九一〇年に、何度かここを訪れている。「日曜の事だから、群集は皆な閑人のみだ。各階級の人間が、好み〱の演壇の前に立つて聴いてゐる。暢気なものだ。酒場で上機嫌になつて来た労働者が、禁酒演説壇の前に、にこ〱して聞いてゐる。毛皮にくるまつたレデーが、アンチヴイヴイセクシヨンの壇前に立つてゐる。公園の餓鬼連が尻のぬけたズボンのポツケツトに手を突込んで、ヒユーマニタリアニズムの演説を聴いて居る。シルクハツトの紳士が関税問題の議論を傾聴してゐる」（「倫敦印象記（五）」、『太陽』一九一一年七月）といった具合で、罵声も騒動も無縁の、のどかな日曜の光景であった。

長谷川如是閑の遭遇した演説風景は、「江戸ッ児なら『箆棒め』『ヒヨットコ野郎』の類、大阪ッ児なら『阿呆ぬかせ』『すかたん野郎』といふ類の、一寸外国人には通用しかねる罵声を八方から浴びせかける」（『倫敦』政教社、一九一二年）といった。もう少し活気のあるものだった。時には「神は愛なり」と説き、讃美歌を歌う集団も見られたようだ。

（和田桂子）

◇長谷川天渓の「倫敦印象記（五）」（『太陽』一九一一年七月）に添えられた挿絵。「ハイドパークの大道演説（一）」とある。

セルフリッジ（百貨店）（Selfriães） Oxford Street

一九〇九年にアメリカ出身のハリー・ゴードン・セルフリッジが創業したデパートで、ロンドンを代表する繁華街オックスフォード・ストリートに巨大な店舗を構えている。

古垣鉄郎『ロンドンの憂鬱』（三省堂、一九三九年）は、「上層階級を狙う保守的」ハロッズに対して、セルフリッジが「大衆本位」で「進歩的」で、客の応対もキビキビしていると紹介した。古垣によれば、本館四階の「調査部、学校案内、旅行案内、郵便局、国際新聞部」では「無料の奉仕」を受けることができ、お茶の時刻には、五階の食堂で「オーケストラ」が客をもてなしていたのだという。また、別館には新入社員のための「講習部」があり、細かな社員教育も行われていたようだ。ちなみに、評論家の木村毅のダンス友達「ドロシイ」は、セルフリッジの「書籍部の売子」だった。彼女は、当時のベストセラー『西部戦線異状なし』を木村に薦めてくれたのだという（『読書と旅と』双雅房、一九三八年）。

野上弥生子や田中龍眉は、ここのショーウィンドーの美しさを讃えているが、セルフリッジの宣伝活動には特別な営業戦略があったようだ。「宣伝部」は、膨大な資金を投じて毎日の新聞に広告をのせ、「パンフレット」なども発行していたのである（『ロンドンの憂鬱』）。

伴野徳子は、セルフリッジの食品フロアで古生姜を見つけた。値段は「二志（シリング）六片（ペンス）」。日本では「単行本一冊」ほどの値段である。しかし「値の高さに驚くより、物の値段の面白さに、私はをかしくなつて笑ひだしてしまつた。二志六片を二銭五厘位のつもりで買つてかへる」（『倫敦の家』羽田書店、一九四〇年）。当時の二銭五厘では鉛筆一本も買えない。伴野はデパートの営業戦略とは別の場所で、自分の買い物を楽しんでいたのである。

（西村将洋）

◇セルフリッジ（仲摩照久編『世界地理風俗体系』第一〇巻、新光社、一九二九年）。

セント・ジェイムズ座（St. James's Theatre）　King Street, St. James's Square

この劇場は、俳優のジョージ・アレキサンダーが二七年間にわたってアクター・マネージャーをしていたところとして知られている。アレキサンダーは洗練された紳士で、時代のファッション・リーダーでもあった。当時、舞台稽古に新聞記者を招いて見せるという習慣はなかったが、ロンドンの劇場で唯一、アレキサンダーだけは記者を招いて見せたという（市川又彦「英国の新聞劇評家」、『早稲田文学』一九一二年九月）。これも紳士的態度の現れといえよう。上流階級からの支持が多く、高額な席から売れて社交界の人々の交流の場となっていたというのも、アレキサンダーの持味だった。

アーサー・ウィング・ピネロの問題劇と呼ばれる「二度目のタンカレー夫人」は、一八九三年、この劇場で初演。ヒットして二二五回もの上演回数に及んだ。オスカー・ワイルド「まじめが大切」初演も、一八九五年、この劇場であった。

森律子はここで「二度目のタンカレー夫人」を、アレキサンダーとパトリック・キャンベルで見ている（『欧洲小観　わらはの旅』博文館、一九一三年）。アレキサンダーは美男で知られ、森も感銘を受けていた。平田禿木も、やはりセント・ジェイムズ座でピネロ作「ヒズ・ハウス・イン・オーダー」を見たとき、新派の伊井蓉峰の美貌にたとえ「アクタア・マネジャアの座頭株では、この優（ひと）などが先づ今男盛り、人気盛りといふのでしやう」（「イギリスの芝居の話」、『家庭文芸』一九〇七年三月）と書いている。中村吉蔵もここでピネロの「サンダーボルト」をアレキサンダーで見ていて、巧みに演じている、と誉めている（『倫敦印象記』春秋社書店、一九一〇年）。

（宮内淳子）

◇一九〇六年二月にセント・ジェイムズ座で上演されたアーサー・ウィング・ピネロ作「ヒズ・ハウス・イン・オーダー」（*The Play Pictorial*, No.48, 1906. 早稲田大学坪内博士記念演劇博物館所蔵）。アイリーン・ヴァンブルーが主人公のニナを演じ、ジョージ・アレキサンダーはその義兄ヒラリーを演じた。

日本人会 (Japanese Society)　3 Cavendish Square

ロンドンの The Eastern Press から一九三〇年に刊行された『日本人名録 昭和五年度用』を見ると、日本人会の住所は 3, Cavendish Square となっている。一〇年遡る『日本人名録 大正八―九年』での住所も同じである。しかし杉村楚人冠『大英游記 半球周遊』（至誠堂書店、一九一四年）には、「地下鉄道のレスター、スクェア停車場で下りて、或は上つて、其の辺でキング街の卅九番地と巡査に聞けば、『ハヽア御国の倶楽部ですな』と言つて、教へて呉れる」と書かれているので、第一次世界大戦をはさんで移転したのだろう。

杉村によれば移転前の日本人会は、細い入口から上がる二階にあった。二階には食堂と読書室を、三階には応接間とトイレを、四階にはビリヤードを備えている。荒川真澄という「球突の上手な弁護士」が取り仕切っていて、イギリス人の書記や、日本人のコックやボーイが働いていた。メニューは、鰻の蒲焼、ひらめの刺身、海老の天麸羅など、「一寸とした日本料理」は何でも出来る。歌舞伎俳優の二代目市川左団次、劇作家の松居松葉、その他大勢の日本人に彼はここで出会った。「異境に故国の面影を写して、此に貴賤を亡し、貧富を忘れて相語るの楽みは、斯の如き倶楽部に限る」と杉村は述懐している。

移転後も日本人会の評判は良かったようだ。ヨーロッパの都市のなかで、ロンドンの日本人数は最も多かったので、会も充実していたのだろう。高山謹一は『西航雑記』（博文館、一九二〇年）に、「倫敦日本人会は、オクスフォード街の後方に在る、最近移転せるものは、海外に於ける此種倶楽部の白眉である。会員に携へられて日本料理に舌鼓を打ち、又母国の新聞に其近況を知るべきか」と記している。

（和田博文）

◇田中一貞『世界道中かばんの塵』（岸田書店、一九一五年）に収録された「日本人倶楽部」の写真。

日本大使館（Imperial Japanese Embassy）　10 Grosvenor Square

在英帝国大使館は、ハイド・パークのすぐ東のグローヴナー・スクエアにあった。一九二〇年に『日本人名録　昭和五年度用』（The Eastern Press）が出版される頃になると、この他に在英帝国大使館事務所が37, Portman Squareに開かれている。日本人は在留届を出しに行ったり、手紙が来ていないか確認に出かけたりした。極東の日本から届く連絡は待ち遠しいものだが、いつも心弾むものとは限らない。『欧米の旅より』（蘆田書店、一九二五年）によれば、守屋栄夫が大使館気付で受け取った留守宅からの電報は、息子の死を知らせるものだった。彼はセシル・ホテルの一室で息子の死を弔っている。

大阪毎日新聞主筆の高石真五郎は『欧米を見て』（大阪出版社、一九二九年）に、人見絹枝を主賓にしたお茶の会が、イギリス人を招待して、大使館で何度も開かれたと記している。都合のつかない人たちは断りの手紙を寄越す。他の日本人スポーツ選手も交えていたが、手紙には申し合わせたように、ミス・ヒトミに会えないのは残念だと書いてあった。イギリス女子運動ナショナル・チャンピオンシップ大会で世界タイ記録を出した人見は有名で、佐分利代理大使も「この位よい日本の宣伝はない」と話していたという。

天皇誕生日になると、大使館にはシルクハットにモーニングの日本人紳士が続々とやってくる。昼には「遥拝」の儀式が行われ、夜になると夜会が開かれるからである。『倫敦の家』（羽田書店、一九四〇年）で伴野徳子は、外交官ではなくその夫人に視線を向けた。久しぶりに来ると、彼女たちの顔ぶれが変わっている。言葉が分かりかけた頃に次の任地に移動し、子供も手元で育てられない生活は、外から見た華やかさとは異なっていると。

（和田博文）

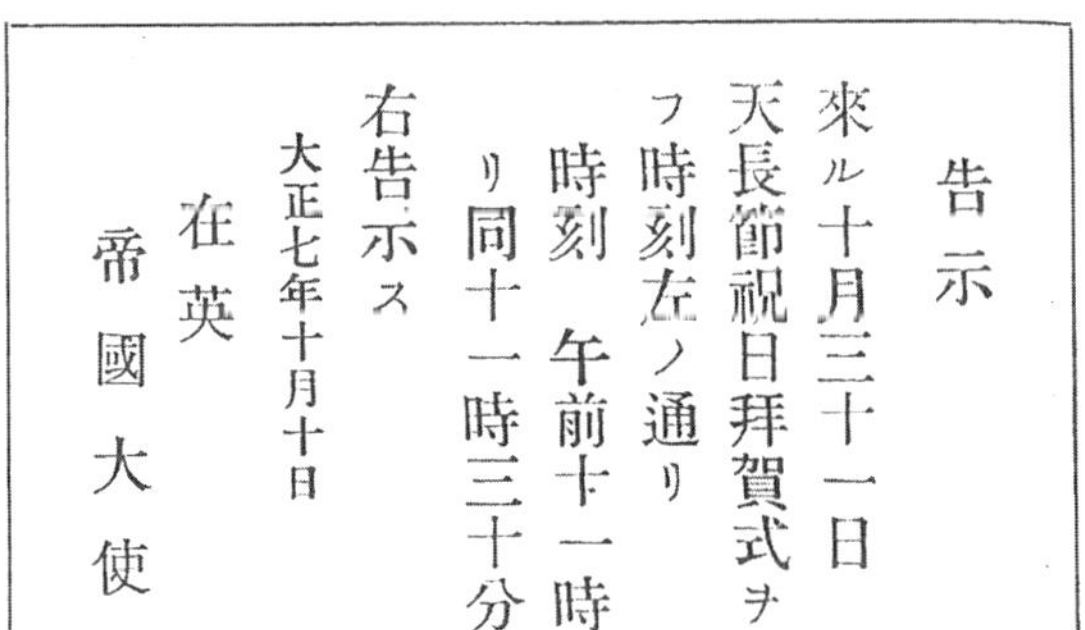
告示

來ル十月三十一日天長節祝日拜賀式ヲ行フ時刻左ノ通リ

時刻　午前十一時ヨリ同十一時三十分迄

右告示ス

大正七年十月十日

在英帝國大使館

◇『日英新誌』第二五号（一九一八年一〇月）に掲載された在英帝国大使館の「天長節祝日拝賀式」の告示。

バッキンガム宮殿（Buckingham Palace）

トラファルガー・スクエアの南から南西に向けて、The Mallという大きな通りがまっすぐ伸びている。その突き当たりに位置するのがクイーン・ヴィクトリア・メモリアルで、その向こうがバッキンガム宮殿である。女王陛下は現在もここに住み、公務と儀式的任務を執り行っている。背後にはバッキンガム・ガーデン、ザ・マルの南側にセント・ジェイムズ・パーク、宮殿の北側にグリーン・パークが広がる。宮殿の前は、近衛兵の交代式の時間になるといつも人であふれかえる。野田一郎が『随見随録欧米巡遊』（金港堂書店、一九三二年）の中に、「宮殿の前で近衛の衛兵の更代式を見てゐる気持は、これもまた時代離れのしたものである」と書いている。

現在の宮殿の場所には、かつてバッキンガム公の邸が建っていた。一七六一年に王室がこれを購入し改築した。一七七五年にはシャーロット王妃が移り住み、それから「王妃の館」と呼ばれるようになった。さらに一九世紀になって、建築家ジョン・ナッシュによって、君主のための館として拡張と近代化が進められた。そのあまりに高額な改装費用については社会的な批判も巻き起こした。しかしそのために、贅を尽くした造りとなっていることは事実である。一八三七年に即位したヴィクトリア女王がここに居を移し、ここで統治する最初の君主となった。その後も改築が加えられたが、さほどの大建築というほどでもない。例えば岡本一平は、「宮は往来の地つゞきで建物にも王者らしき威容を施して無い」（『紙上世界漫画漫遊』実業之日本社、一九二四年）と書き、長谷川如是閑も「シンプルで、温和で、際立つた、尖々しい装飾の見えないのがルネーサンス式の特徴だとはいへ、是は亦、何の感じも刺戟もない、黒い箱のやうなもの」と酷評している（『倫敦』政教社、一九一二年）。

（真銅正宏）

◇空から見たバッキンガム宮殿。手前は、ヴィクトリア女王の記念像である（仲摩照久編『世界地理風俗大系』第一〇巻、新光社、一九二九年）。

Buckingham Gate

ピカディリー・サーカス（Piccadilly Circus）

いわずと知れたロンドンの歓楽街の中心である。ピカディリーとは、一七世紀に「ピカディル」というプリーツ状の衿を流行らせて財をなした仕立屋がここに邸宅を建て、それがピカディリー・ホールと呼ばれたことに由来する。やがてそこに円形の辻「サーカス」ができ、ピカディリー・ストリートとリージェント・ストリート、シャフツベリー・アヴェニューを結んだ。

田中龍眉はここを気に入り、「一掴に云へばピカデリーは倫敦の極楽浄土にして、歌舞の菩薩は此地を根城とし香圍粉陣、鄭声淫調、見るもの聴くもの一として粋と意気ならざるはなく、一度此処の味を覚ゆれば、魂は有頂天笠に飛び上りて、才子往々家を破り易し」（渡辺尚編『最新倫敦繁昌記』博文館、一九一〇年）と大仰に誉めた。「ピカデリー・サアカスは光の海の中心で、光を求める夏虫のやうに歓楽を追ふ男女の群はアルミニユームの白銀色に柱を塗つた街燈の光に導かれて四方八方から此中心に集まつて来る」（『倫敦随筆』佐々木出版部、一九二六年）と書いたのは、藤波慶太郎である。

歓楽を求めて人が集まってくるのだから、人を目当てに売春婦もやってくる。長谷川如是閑はそれら「挑発的動物」について、「或る時間の間にピカディリー辺に現れる動物の分量に於ては、流石に世界一の称あるに背かぬ。往来が押し返されぬやうに混雑してゐる時、其の人混みの八九分が、件の動物である事を発見する機会は決して乏しくない」（『倫敦』政教社、一九一二年）と観察した。彼女たちは、通行人にむかって話しかけたり、立ち止まったりすることは許されていない。だからゆっくりと歩きながら、目で語りかける。そして長谷川によれば、日本人の多くは「言語の通じないうちに、早くも此の方面に通ずる」のだそうだ。

（和田桂子）

◇ピカディリー・サーカスの写真（仲摩照久編『世界地理風俗大系』第一〇巻、新光社、一九二九年）。「昼も夜も人々の群集する所」とある。

ボンド・ストリート（Bond Street）

ロンドンの繁華街ピカディリーとオックスフォード・ストリートを南北に結ぶ通りで、南側をオールド・ボンド・ストリート、北側をニュー・ボンド・ストリートという。この名称は、一六八四年に前者の通りを建設したサー・トマス・ボンドに由来する。

現在も欧米の有名ブランド店が密集する通りとして知られるが、長谷川如是閑『倫敦』（政教社、一九一二年）は、ここを「倫敦一の贅沢屋町」と酷評している。狭苦しい道路に加えて、「金銀宝石、書画骨董、衣服調度の類を始め、あらゆる物品の、最も価の高いのを看板」とし、「某公爵夫人とか某姫」が「群を為して」やって来る。「奇観と云はざるを得ない」というわけである。ロンドンでも指折りの高額の地価を誇るこの通りには、国際的古美術商として知られる「山中商会」もあった。如是閑はそこの「番頭さん」と知り合いだったようだ。

この通りには人々を惹きつける力があった。独立戦争で活躍したネルソン提督をはじめとして、ファッションの権威ブライアン・ブランメル、作家のゴールドスミス、詩人のバイロン、歴史家のギボン、さらに野口米次郎もこのあたりに住んでおり、野口は近辺の「ドレー画館」で「初めて未来派とか立方派」の絵画に接したのだという（『霧の倫敦』玄文社、一九二三年）。

音楽評論家の大田黒元雄もここをこよなく愛した。異国での名所見物に興味のなかった大田黒は、ただ「飾窓をのぞきながら歩く」ことを好んだのである。「煙草屋」の「フィリップ・モリス」。「宝石屋」の「カルティエ」。「雑貨屋」の「ヴュイットン」。ロンドン・ストリング・カルテットがよく演奏していた「エオリアン・ホオル」。ここには、百貨店とは違う、「純然たる」「閑静な感じ」があった（『気楽な散歩』第一書房、一九二四年）。

（西村将洋）

◇オールド・ボンド・ストリート（伊地知純正『倫敦名所図会』研究社、一九一八年）。

マーブル・アーチ（Marble Arch）

一八二八年にジョン・ナッシュの設計で建造された白い大理石の凱旋門。ローマのコンスタンティン・アーチを模した作りで、当初はバッキンガム宮殿の入口にあったが、一八五一年の宮殿拡張工事の際に、現在のハイド・パークの北東角に移された。

移築後の地区は、ロンドン市内でも指折りの交通量を誇る。田中龍眉が、「アーチ前は倫敦市中の最も往来頻繁なる町筋の一にて、最近統計にては午前八時より午後八時迄に通過せし車は二万九千三百二十輛、即ち一分間に四十輛以上なり」（渡辺尚編『最新倫敦繁盛記』博文館、一九一〇年）と述べたように、マーブル・アーチの目の前は、オックスフォード・ストリートとパーク・レーンが交差しており、現在でも膨大な数の車両が行き来している。

だが、岡本かの子が「広場のまん中にぽつんと立つてゐる」（『欧米の旅　下』岩波書店、一九四三年）と評するように、マーブル・アーチは街の喧噪から孤立するような印象を与えていた。この点については、長谷川如是閑『倫敦』（政教社、一九一二年）に詳しい説明がある。もともとこの門は、パリの凱旋門のように、バッキンガム宮殿の正面に作られ、ロンドンの中心的な建造物となる予定だった。しかし、建設後に国王ジョージ四世の豪華な馬車が門を通り抜けようとしたところ、幅が狭くて馬車が通らない。その結果「お払い箱」となり、「門の上にはジョージ四世の銅像が立つ筈だつたが」、その計画も頓挫してしまったのである。「是に於てか、此の門、何の為に往来端に立つてゐるのだか、全く解らなくなつて仕舞つた」。如是閑は「之を要するに大枚八十万円を投じたもので、此の門ほど餅に舂かれたものは世界にない。倫敦名物の一たる所以である」と皮肉混じりに語っている。

（西村将洋）

◇マーブル・アーチ（*The Imperial Album of London Views*, Eyre & Spottiswoode, 1921年。

Hyde Park

ロイヤル・アカデミー・オブ・アーツ（Royal Academy of Arts）

Piccadilly Street

国王ジョージ三世がパトロンとなり、英国の絵画・彫刻・建築の振興と発展を目的として、一七六八年に設立された。当初、アカデミーはサマセット・ハウスにあったが、一八六九年に現在のバーリントン・ハウスに移った。この建物は一六六〇年代にピカディリー・ストリートに建てられた貴族の大邸宅六戸のうち、現存する唯一のものである。所蔵品は、会員が入会時に提出した作品や寄贈品の他に、レイノルズやターナーらの大家の作品に加えて、海外には四点しか出回っていないとされるミケランジェロの彫刻「聖母子像」など、多岐にわたる。

ここでは夏季特別展覧会が二世紀以上にわたって毎年開催されている。詩人堀口大学の父で外交官の堀口九萬一は、その展覧会を「まるで倫敦の上流社会の待合室といってもいい位です」（『随筆集游心録』第一書房、一九三〇年）と評した。一方、長谷川天渓は、見物人の女性たちの豪華な服装を観察し、「動物園の鳥類室を眺めてゐるやうな気がした」といい、会場は「新調の福を見せびらかす」場所で、「絵よりも他人の服装に気を取られてゐる」と述べた。また、天渓は、膨大な数にのぼる油彩画についても、「修身教科書」の「仁、義、礼、智、忠、孝、悌、此の八文字」のような作品ばかりで、「常識道徳の法則に嵌つたものだ、如何にも上品だ」と批評している（『倫敦印象記（五）』、『太陽』一九一一年七月）。

長谷川如是閑は、国際的古美術商「山中商会」の「番頭さん」と、ここで開催された「江戸絵の展覧会」に行っている。そのとき如是閑は「反古のやうな紙が二千円の三千円のといふ値がついてゐるのを見て」「徳川時代の版木屋の方が外資輸入に就ては此頃のポロ・シンヂケートよりも功労がある」と思っていたようだ（『倫敦』政教社、一九一二年）。

（西村将洋）

◇バーリントン・ハウス（二〇〇七年撮影）。一八七〇年代に増築された三階部分の正面にはレオナルド・ダ・ヴィンチ、ラファエロ、ミケランジェロ、ティツィアーノ、レイノルズらの彫像がある。

ロイヤル・コート座（Royal Court Theatre）

Sloane Square

劇場が集中するウェスト・エンドから離れたスローン・スクエアにあって、大劇場の商業主義とは別の道を歩み、イギリスの近代劇運動の先がけとなった場所として知られる。コート座にロイヤルが付いたのは一八七一年。一八八八年に改装された。

一九〇四年、プロデューサーのジョン・ユージン・ヴェドレンヌと演出家のハリー・グランヴィル＝バーカーが、バーナード・ショーの「キャンディダ」（一八九四年）を上演したのが、その幕開けであった。二人のマネージメントは三年に及び、その間、ショーの新作一〇作、回数にして七〇一回が上演され、ショーの劇作家としての地位が確立された。ほかに、イプセン、ハウプトマン、ズーデルマンといった、大陸の近代劇を取り上げた。ゴールズワージーも、ここから育っていった。戯曲だけでなく、簡素な舞台装置や音楽、ロングランの興業方式を取らないレパートリー・システムの導入など、フランスやドイツに起きていた新しい演劇を取り入れようとしたものである。

娯楽的でない、考える演劇は、小数の素養ある観客にしか受け入れられないものだが、ここではショーの新作が人を引きつけ、興業の続行が可能となった。平田禿木は、この劇場を「誠に品の好い小ぢんまりとした」ところだといい、「極好事の見巧者連とか、沙翁なぞを学校で読んで居ります女学校の生徒ですとか、隙な奥さん嬢さん達」がマチネにやってきており、演劇研究を事業と両立させている点でイギリス劇界唯一の光明だと評価している（「写実とその反動」、『歌舞伎』一九〇七年四月）。ショーの「新聞切抜」をコート座で見て、これを詳しく報告しているのは中村吉蔵（『最近欧米劇壇』博文館、一九一一年）である。

（宮内淳子）

◇図版の男性が、バーナード・ショー「ウォーレン夫人の職業」（一九〇二年）を演ずるグランヴィル＝バーカー（小山内薫『演劇新声』東雲堂書店、一九一二年）。

ケンジントン・ガーデン周辺

❶ 犬の墓地
❷ ヴィクトリア・アンド・アルバート美術館
❸ ケンジントン・ガーデン
❹ ケンジントン宮殿
❺ 自然史博物館
❻ 水晶宮（クリスタル・パレス）
❼ ハイド・パーク
❽ パディントン駅
❾ ハロッズ（百貨店）
❿ ロイヤル・アルバート・ホール

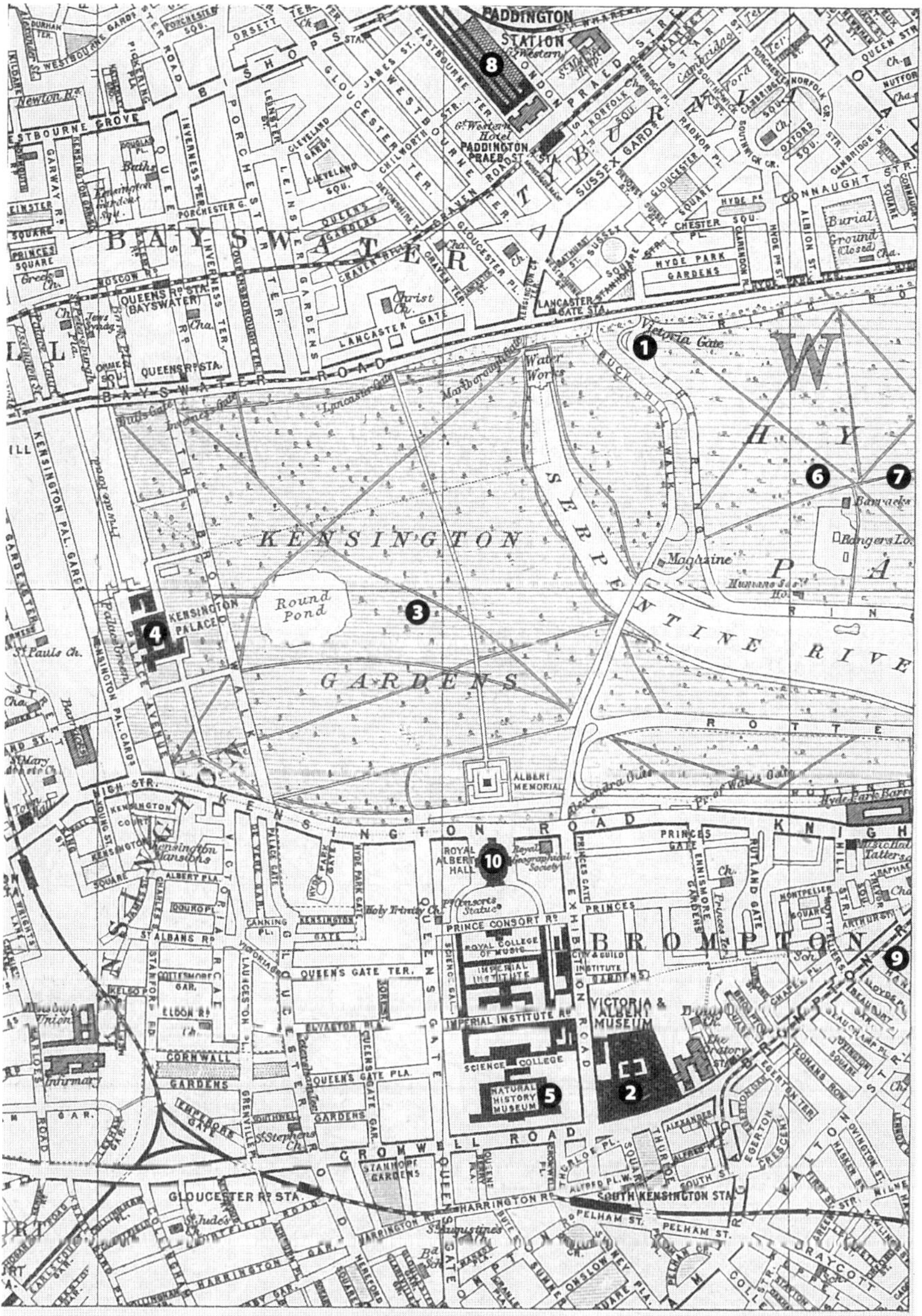
PADDINGTON STATION
Gt. Western Hotel
PADDINGTON PRAED ST. STA.
BAYSWATER
TYBURNIA
SUSSEX GARDENS
HYDE PARK GARDENS
Burial Ground (Closed)
CONNAUGHT STR.
WESTBOURNE GROVE
QUEENS RD. STA. (BAYSWATER)
LANCASTER GATE
LANCASTER GATE STA.
Christ Ch.
Victoria Gate
BAYSWATER ROAD
Water Works
KENSINGTON GARDENS
Round Pond
SERPENTINE RIVER
HYDE PARK
Barracks
Rangers Lo.
Magazine
Humane Socy. Ho.
ROTTEN ROW
KENSINGTON PALACE
Palace Green
BROAD WALK
ALBERT MEMORIAL
Alexandra Gate
Pr. of Wales Gate
KENSINGTON ROAD
HIGH STR.
KENSINGTON
ROYAL ALBERT HALL
Royal Geographical Society
Holy Trinity Ch.
Pr. Consorts Statue
PRINCE CONSORT RD.
ROYAL COLLEGE OF MUSIC
IMPERIAL INSTITUTE
IMPERIAL INSTITUTE RD.
SCIENCE COLLEGE
NATURAL HISTORY MUSEUM
VICTORIA & ALBERT MUSEUM
EXHIBITION ROAD
QUEENS GATE
BROMPTON
BROMPTON RD.
The Oratory
PRINCES GATE
ENNISMORE GARDENS
RUTLAND GATE
CROMWELL ROAD
GLOUCESTER RD. STA.
SOUTH KENSINGTON STA.
HARRINGTON RD.
PELHAM ST.
ONSLOW
St. Augustines
Infirmary
CORNWALL GARDENS
QUEEN'S GATE TER.
1
2
3
4
5
6
7
8
9
10

犬の墓地（Dogs' Cemetery）　Hyde Park

ハイド・パークの北西隅、ヴィクトリア・ゲートの近くに小さな犬の墓地があった。一八八〇年に、ケンブリッジ公の愛犬がここで死んで埋葬されたのが始まりで、あれよあれよという間に、百を越す犬の墓ができた。

桜井鷗村は、一九〇八年にここを偶然訪れている。「予の尋ねた時には、いづれの墓にも時を笑顔の菊の枝が飾つてあつた」（『欧州見物』丁未出版社、一九〇九年）という。門番によれば、この墓地はもう満員で、別の犬の墓地が田舎にできている、とのことだった。しかし、ここを希望する飼い主が多かったと見え、墓の数はさらにふえた。

一九二五年には藤波慶太郎が訪れた。墓碑をひとつひとつ読んでいったようで、「我等に最も愛され最も好かれたる親愛なる小さきジヤツクの悲しき記憶の為めに！」「此処に二箇の最も信実なる生物、スナツプとピーターとは横はる」「私のババよ！　決して忘れないよ！　お前の外にはもう代りの犬はない」「ジヨー・フオレツト！　彼れは単なる犬ではなかつた。寧ろ人間であつた」などと涙を誘う言葉が紹介されている。藤波はこれにロンドン人のセンチメンタリズムを感じ、こう書いた。「殺風景な人生に潤を注ぐ人情味の余裕さは、都会生活の完成に無ければならないものと信ずる。此の意味に於て犬の墓は、大都会たる要件を備へた倫敦の表象でもあるのである」（『倫敦随筆』佐々木出版部、一九二六年）。

一九八三年刊行の *The London Encyclopaedia*（Papermac）によると、犬の墓地はハイド・パークではなく、隣のケンジントン・ガーデンの所轄となっており、犬ばかりでなく、鳥や猫や猿もここに埋葬されたらしい。なんとも賑やかなことである。

（和田桂子）

◇犬の墓地の写真（仲摩照久編『世界地理風俗大系』第一〇巻、新光社、一九二九年）。「英人の美しい情緒を偲ぶ一つのロンドン名物」として紹介されている。

ヴィクトリア・アンド・アルバート美術館（Victoria & Albert Museum）Cromwell Road

一八五一年のロンドン万国博覧会には、ヨーロッパはもとより、イギリスの植民地となっている地域や、アジア、アフリカ諸国からの出品物が展示された。この展示物をもとに産業博物館が作られたが、そこには、イギリスの産業デザインの水準を上げようとする目的があった。優れた工芸品のほか、絵画や彫刻なども購入された。一八九九年には、ヴィクトリア女王と、ロンドン万国博覧会の開催のため中心になって尽力した故アルバート殿下の名前を取り、ヴィクトリア・アンド・アルバート美術館という名称になった。現在、世界各国の絵画、彫刻、装身具、家具調度品、陶磁器などの美術、工芸品、約五〇〇万点を所蔵している。

藤波慶太郎は、ここにある豊富な展示品を紹介しつつ「工芸美術に対する趣味と理解とは軈て英国商品の芸術化に対する刺激となるのであつて、英国製品が世界の市場に於て高級品として名声を恣まゝにしてゐるのも決して故なしとしない」（『倫敦随筆』佐々木出版、一九二六年）と誉めている。ここの展示で初めてアジアの作品の美に目を開かされた者もいた。富本憲吉は、留学中、毎日ここに通って何百枚ものスケッチをし、それが後年の焼きものや図案の新風に大きな力を与えた。

しかし金子健二は、何百という印籠の名品や能面や雛人形まであったことは置くとしても、大仏像、戒名の刻まれた石の観音像、神社の拝殿にあったらしい彫刻などまで展示されているのに呆然とした。これはあきらかに寺や神社が売ったもので、売る者も悪いが金力で人々の信仰の対象を買い取ってしまう側も悪い、と憤慨している（『欧米遊記　馬のくしやみ』積善館、一九二六年）。

（宮内淳子）

◇ヴィクトリア・アンド・アルバート美術館の外観（山本憲一・瀧澤七郎『倫敦』明文堂、一九二五年）。

ケンジントン・ガーデン（Kensington Gardens）

ハイド・パークとその西に隣接するこの公園とは、例えば渡辺尚編『最新倫敦繁昌記』（博文館、一九一〇年）に「前者は俗、後者は雅なり」と書かれるように、実に対照的な公園であった。市河晴子「イギリス現代風俗誌」（『英語英文学講座』英語英文学講座刊行会、一九三三年）にも、「群れてゐる人種によつて二つの公園の色彩が分れてゐる。この公園はずつと上流的で、日曜のチャーチ帰りなどに、好みのよいなりを見せる為に散歩する貴婦人連と、芝生に椅子を並べてそれを見る人で繁昌する。（略）子供の遊場も、アイロンの利いた純白なハンカチを被つたナースや、権高な家庭教師につれられた子が多く、玩具のヨットを浮べる池のヨットも、本式の雛型風の高価らしいものである」とある。「雅」である理由はその起源にあり、長谷川如是閑の『倫敦』（政教社、一九一二年）によると、ここは「元は皇室の私園で、カロリン皇后がハイド・パークを段々蚕食して自分の私園にして人民を容れなかつた」が、「閉塞主義の不評判」を恐れてか、ジョージ二世の時に「大礼服著用の者に限り土曜日に入園を許す」ということになり、さらに一九世紀になって、「見苦しからざる身装の者に限り日出より日没の間年中入園構ひなし」ということになった。以来、近くの高級住宅街の子供たちのよい遊び場となっている。なお、南端には、アルバート・メモリアルというアルバート公を顕彰した大記念像がある。

南方熊楠は、「日記」（『南方熊楠全集』別巻第二、平凡社、一九七五年）に、一八九四年四月二七日、ここで「菌二種（アガリシニ一、ヒフォミセテス一）を獲たり」、翌二八日にも、「昨日と同一の菌一を得。**Pilobolus crystallinus Tode** 又スフィーリア一、牛糞上に附るを得」と書いている。熊楠の喜色満面の様子が目に浮かぶようである。

（真銅正宏）

◇ケンジントン・ガーデンのラウンド・ポンド。玩具のヨットが浮かんでいるのが見える（伊地知純正『倫敦名所図会』研究社、一九一八年）。

ケンジントン宮殿（Kensington Palace）

ヴィクトリア女王が生誕し、少女時代を過ごしたことで知られるこの宮殿は、ケンジントン・ガーデンの西端に位置する。ラウンド・ポンドも目の前である。女王はまた、一八三七年六月二一日、ここで皇位に即く知らせを受けもした。この王宮は、元々は「William 三世が貴族院議長の Finch から御買上げになツたもので、ソレ迄は Nottingham House と言ツて居た」（伊地知純正『倫敦名所図会』研究社、一九一八年）とのことである。その後、セント・ポール寺院の設計者であるクリストファー・レンが改築し、歴代の国王の宮城となったが、ジョージ三世の時代に王城は移され、以後は主として、王家の幼い者たちが居住する城となった。ヴィクトリア女王もこの例にならって、ここに住んでいたのである。

天井画や多くの絵画が飾られたキングス・ギャラリーについて、渡辺尚編『最新倫敦繁昌記』（博文館、一九一〇年）には、「此宮殿中の最も意匠を凝せる一室にして、名工レンの工夫に成り、（略）又此室の書棚には、ビクトリア女皇の秘蔵し給ひし数多の図書を陳列しあり」と紹介されている。この他、ヴィクトリア女王の少女時代の寝室も残されている。近くにはアルバート公記念碑やロイヤル・アルバート・ホール、ヴィクトリア・アンド・アルバート美術館など、ケンジントンには夫妻を記念するものが多い。その一方で、悲しいエピソードもこの宮殿には多い。長谷川如是閑の『倫敦』（政教社、一九一二年）には、「皇后マリーが天然痘にかゝつて、夫のウヰリアム三世を別室に退けて仕舞つて、終夜かゝつて手紙の反古を焼棄てて死仕度をしたといふやうな話も残つて居る。皇后アンも、皇后カロリンも此処で逝かれた」と書かれている。

近年では、チャールズ皇太子と故ダイアナ妃が住んでいたことでも有名である。（真銅正宏）

◇ケンジントン宮殿（長谷川如是閑『倫敦』政教社、一九一二年）。

Kensington Gardens

自然史博物館（Natural History Museum）　Cromwell Road

大英博物館の自然史関係の標本がおびただしい数になって、別館が必要になってきた。サウス・ケンジントンのロンドン万国博覧会の跡地がその地に選ばれた。建物はロマネスク様式で、一八七三年に建築開始、一八八〇年に完成。世界中の動植物の標本を集めており、とくに恐竜の骨や、鯨の実物大模型といった大きな生物から、微細な生き物まで、多種の展示がなされている。その膨大な収蔵品は、隣に建っているヴィクトリア・アンド・アルバート美術館と同じく、世界各地に勢力を伸ばした大英帝国の権勢を物語るものでもある。

野上弥生子はこの博物館で、標本の整理箱をのぞきこんで、小鳥の卵や蜘蛛の標本を観察する子どもたちや、古生物の骨が幾つとなく吊るされた部屋で遊ぶ子どもたちを見て、こうした施設で自由に振舞える彼らを幸福だと思っていた。身近に科学を教える博物館があって、貴重な標本を気軽に参観できるのである。「もし腕白どもの一人でも、そのでつかい骨をもつてゐた動物が、いつどんな時にこの地球に住んだかを考へたりしだすなら」、この博物館の重要な使命が果されたことになる、と考えていた（『欧米の旅　下』岩波書店、一九四三年）。

専門家として、この博物館に通っていたのは南方熊楠で、その日記にはしばしば「ナチュラルヒストリー館へ行」とある。例えば一八九八年一一月二五日「魚族室を見、それより中食後、鳥虫鯨及地質化石部を見、隕石を見」とある。もともと大英博物館で仕事をしていた熊楠がトラブルを起こして出入り禁止になったのを、気の毒に思い、大英博物館の分室でもあった自然史博物館に出入りできるよう、身元保証人になってくれた関係者がいた。熊楠はここで研究もし、また研究者の手伝いで文献の複写などをしてわずかながら収入を得ていた。

（宮内淳子）

◇自然史博物館の外観（*365 Views of London*, Sunday School Union, 刊行年不記載）。

水晶宮（クリスタル・パレス）（Crystal Palace） Hyde Park / Sydenham

一八五一年、世界初の万国博覧会がロンドンで開催され、ジョゼフ・パクストンの設計によって、全長約五五〇メートル、幅約一二二メートル、高さ約一九メートルの全三層からなる巨大な建造物がハイド・パークに出現した。産業革命以後、大量生産が可能になった鉄とガラスでできたこの建築は、後にクリスタル・パレスと命名され、近代建築の象徴となる。

万博閉幕後、クリスタル・パレスはロンドン南郊のシドナムに移され、新たに全五層の建築へと変貌し、様々なイベントを催す複合施設として一八五四年に再生した。岩倉具視ひきいる遣欧使節団は、一八七二（明治五）年にここを訪れた。太陽が燦々と降り注ぐ巨大な室内空間には、池や噴水の他に、熱帯の植物が生い茂り、数千人を収容する音楽堂や、世界各国の美術や建築の模型が陳列されていた。「世界ヲ縮メテ此院中ニ観ル」（『特命全権大使米欧回覧実記』第二冊、博聞社、一八七八年）とあるように、使節団は度肝を抜かれたのである。

シドナムに移築した後、クリスタル・パレスは一大アミューズメント・パークとして賑わっていたが、その人気にも次第に陰りが見え始める。桜井鷗村『欧州見物』（丁未出版社、一九〇九年）によれば、一九〇八年に「英仏大博覧会と云ふ大見世物が市中に出来たので、スツカリ人気を其方に取られて、頗る寂れて」しまったらしい。同じ頃、田中龍眉が訪れた際には「多年の風塵に曝され、硝子は一体に煤ぼりて黒ずみ」「屋根硝子の所々破れ損じたる」（渡辺尚編『最新倫敦繁盛記』博文館、一九一〇年）という状況だったようだ。

その後、政府に買い取られ、第一次世界大戦中には軍事施設に利用された。再び一般公開もされていたが、一九三六年に原因不明の火事で焼失してしまった。

（西村将洋）

◇シドナムのクリスタル・パレス（伊地知純正『倫敦名所図会』研究社、一九一八年）。

ハイド・パーク（Hyde Park）

ロンドンを代表する王立公園。ゆるやかな起状の広々とした芝地や、生い茂る大樹のあいだを縫う散歩道は、市民の憩いの場としてこよなく愛されており、夏目漱石や岡本かの子をはじめとして、ロンドンを訪れた日本人はほぼ例外なくこの公園を訪れた。

南方熊楠は、大英博物館で調べ物をした後、ここに立ち寄って帰宅するのが習慣だった。一八九七年六月一九日、ハイド・パークに来た熊楠の隣には、後に中華民国の初代臨時大総統となる革命家の孫文がいた。公園で歓談していた二人は、孫文宅に場所を移して夜中まで話し込んだのだという（「ロンドン日記」、『南方熊楠全集』別巻第二、平凡社、一九七五年）。鶴見祐輔は、この公園の風景に「自由を愛する英国人の心情の反映」を読み取っている。ここでは、日本にいた時のように警官に監視されることもなく、誰も干渉する者がいない。鶴見は「広々とした英国公園のグリーンを見て」「涙ぐましいやうな悦びを感じた」。そして、この場所を「人類の安息所」と名づけたのである（『三都物語』丁未出版社、一九二三年）。

公園の中央にはサーペンタイン・レイクがある。"serpentine" つまり蛇のように曲がりくねっている、という名前の由来をもつ池である。しかし、長谷川如是閑は「芋蟲ほども曲つたか曲らぬ位だ」と酷評し、この池はジョージ二世の后が陛下に内緒で元金を「臍繰（へそく）つて」作った「人工の池」で、ロンドン一の美観という池の水も「全部水道の水」だと解説した（『倫敦』政教社、一九一二年）。ラフカディオ・ハーンの弟子で俳人の大谷繞石は、この美しい池に何かが「足らぬ」と感じていた（『滞英二年案山子日記』大日本図書、一九一二年）。「不図気付いた。柳だ」。もしも柳があったら、どんな名句が生れていたのだろうか……？

（西村将洋）

◇ハイド・パーク内の乗馬専用の道、ロットン・ロウ（長谷川如是閑『倫敦』政教社、一九一二年）。なお、伊地知純正『倫敦名所図会』（研究社、一九一八年）には、サーペンタイン・レイクの水はテムズ河から引かれているとある。

パディントン駅（Paddington Station）

Praed Street

ロンドンへの旅行者が最もよく利用したガイドブックのベデカー（一九二三年版）で、パディントン駅は次のように紹介されている。"terminus of the Great Western Railway, where boat-trains from Plymouth and Fishguard arrive. Suburban trains to Slough, Beaconsfield, Windsor, etc. Subways to the Metropolitan and the Bakerloo"。ロンドンとイングランド西部を結ぶグレート・ウェスタン鉄道のターミナル駅として、パディントン駅が開業したのは一八三八年。島村抱月「渡英滞英日記」（『明治文学全集43』筑摩書房、一九六七年）の一九〇二年一〇月四日の項には、オックスフォードに移る島村を「細君及林川君」がパディントン駅まで見送りに来たと書かれている。

一九〇六年一一月八日にニューヨークで大西洋航路の船に乗った戸川秋骨は、一五日の午後六時半にプリマス港に到着する。航路に接続する鉄道に乗り換えて、パディントン駅に着いたのは夜中だった。汽車から下ろされた荷物を、自分のものだと申告すると、駅夫は次々と馬車の屋根に乗せていく。『欧米紀遊二万三千哩』（服部書店、一九〇八年）で戸川は、彼らの力もすごいが、馬車も頑丈だと感嘆している。

一九〇八年に桜井鷗村はパディントン駅からスコットランドに向かった。駅の構内で目にしたのは、ガラス箱の中で寄付金を募る剥製の犬。この犬は生前から「大西鉄道線路駅員の寡婦孤児救助」のために駅で慈善運動をしていたと、桜井は『欧州見物』（丁未出版社、一九〇九年）に記している。現在のパディントン駅は熊で有名だが、これは児童文学者のマイケル・ボンドが一九五八年に『くまのパディントン』を書いて以降のことである。

（和田博文）

◇図版は、長谷川如是閑『倫敦』（政教社、一九一二年）に掲載された、パディントン駅のプラットフォームの写真。

ハロッズ（百貨店）（Harrod's）87-135 Brompton Road

一八四九年にC・H・ハロッドという紅茶商人が開いた小さな食料品店が、世界で最も有名なデパートのひとつになった。一九二二年、白木屋呉服店の石渡泰三郎は、欧米百貨店視察のために渡欧し、ハロッズの地下室や倉庫まで見学している。石渡が驚いたのは、その規模の大きさのみならず、顧客への対応であった。「日本では到底行はれぬことだが、予め『ハロッヅ』で信用調査をして貴君には何磅までの信用貸を致しますといふ限度を決めると客もそれを承知で『ハロッヅ』の得意客となる、倫敦では『ハロッヅ』などの得意となることが一種の名誉に心得て居る英人もあるといふことである」（『欧米百貨店事情』白木屋呉服店書籍部、一九二五年）と、石渡は感心する。また、家具売場の書棚などには実際に書籍をつめて見せているのを見て、「既に百貨店の商売はサイコロジーの応用に到達しなければ嘘で、かう云ふ実際的に何事も研究陳列する法は日本の商店員の大に学ばねばならぬこと」と感じた。

ここには食料品や家具ばかりでなく、自動車部や動物部もあったと牧野義雄は書く。店員は「此猩々ゴリラ等は一匹二百五十磅です。それが毎週二匹づゝの割で売れて行きます」と話した。戦争成金がこれらの動物を買っていくのであった（『滞英四十年今昔物語』改造社、一九四〇年）。

しかし何といってもハロッズの自慢は、店員の教育とそのサービス精神だった。岡本かの子は大家の娘に伴われてここに服を買いにいき、何着も試着したあげくに買わずに帰ったことがある。かの子は「売子嬢のにこやかな挨拶に送られすごすご」（『かの子抄』不二屋書房、一九三四年）ハロッズを出た。その時大家の娘は「ひたすら恐縮する私」に対して、「グレートブリテン（大英国）の而も第一流の百貨店の売子嬢の教養の至つてゐるのを誇つて」いたのであった。**（和田桂子）**

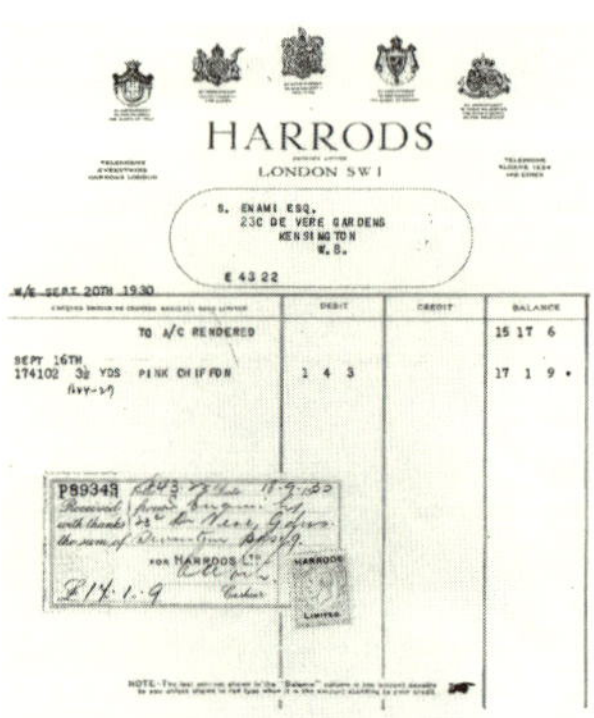
HARRODS
LONDON SW1

S. ENAMI ESQ.
23C DE VERE GARDENS
KENSINGTON
W.8.

E 43 22

W/E SEPT 20TH 1930

	DEBIT	CREDIT	BALANCE
TO A/C RENDERED			15 17 6
SEPT 16TH 174102 3½ YDS PINK CHIFFON	1 4 3		17 1 9

P89343
Received with thanks the sum of
FOR HARRODS LTD.
Cashier
£17.1.9

◇顧客であった榎並真造に送られた一九三〇年九月二〇日付のハロッズの領収証。

ロイヤル・アルバート・ホール（Royal Albert Hall） Kensington Gore

最愛の夫君で、一八六一年、四二歳の若さで亡くなったアルバート公を顕彰したその建物は、円形で、外壁を赤レンガとテラコッタで覆った独特の美しさを持つ。これを馬車上から眺めた西村天囚（時彦）は、「園側なるアルバートホールの円形の屋蓋には、百工の図を画けり」（『欧米遊覧記』朝日新聞合資会社、一九一〇年）と書いている。一八六七年着工で、一八七一年に完成した。音楽公演はもちろん、「イギリスの国賓を歓迎するためにも、またいろんな学術上、政治上などの集合のためにも、主としてこゝを使用されることになつてゐる」（三宅克己『世界めぐり』誠文堂、一九二八年）。例えば一九二四年一月八日には、労働党が内閣を組織することが確実となった際にも、盛大な祝賀会が行われた（河合栄治郎『在欧通信』改造社、一九二六年）。

大田黒元雄は、「アルバアト　ホオルのコンサアトに野村君（光一――引用者注）と同行した或る日曜日のことは今でもよく憶えてゐる。それは恐ろしく霧の深い日で、（略）国技館のやうな巨大なこのホオルの姿さへ、一間ぐらゐ前まで行つた時、漸くぼんやりと見えたやうな始末であつた」「ホオルの中にも霧は忍び込んでゐた。従つてストオルから見るとオオケストラのあたりはぼんやりしてゐた」（『音楽生活二十年』第一書房、一九三五年）と書いている。

この他、伴野徳子がここで、フルトヴェングラーの指揮するベルリン・フィルハーモニー・オーケストラの演奏を聴き（『倫敦の家』羽田書店、一九四〇年）、また矢内原忠雄も、ヘンデルのメサイアを二度聞いている「日記」（『矢内原忠雄全集』第二八巻、岩波書店、一九六五年）。アルバート公の名は、確かに記念され、後世に伝えられたのである。

（真銅正宏）

◇キャプテン・フォークとサー・グルバート・スコットの設計になる円形劇場アルバート・ホール。屋根はガラス張りで、その下の周壁は彫刻群で飾られている（仲摩照久編『世界地理風俗大系』第一〇巻、新光社、一九二九年）。

ウェストミンスター寺院と議事堂

❶ ウェストミンスター寺院
❷ 国会議事堂
❸ スコットランド・ヤード
❹ ダウニング・ストリート
❺ チャリング・クロス
❻ テート・ギャラリー

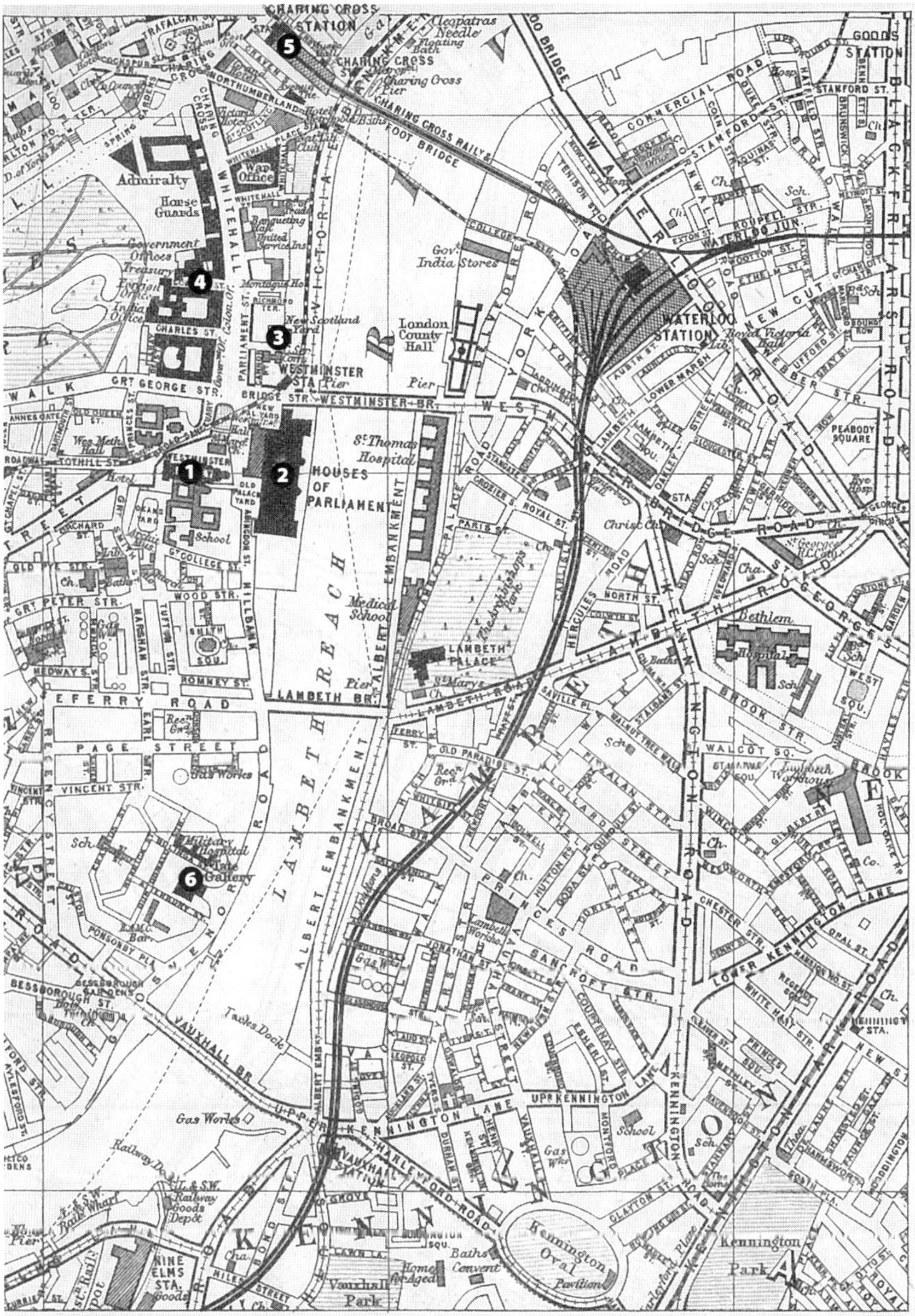
CHARING CROSS STATION
Cleopatras Needle
Charing Cross Pier
FOOT BRIDGE
CHARING CROSS RAILY
WATERLOO BRIDGE
GOODS STATION
COMMERCIAL ROAD
STAMFORD ST.
BLACKFRIARS ROAD
Admiralty
Horse Guards
WHITEHALL
War Office
Government Offices
Treasury
Foreign Office
India Office
CHARLES ST.
Banqueting Ho.
United Service Ins.
Gov. India Stores
WATERLOO JUN.
WATERLOO STATION
NEW CUT
Royal Victoria Hall
London County Hall
New Scotland Yard
PARLIAMENT ST.
WESTMINSTER STA
Pier
GRT GEORGE STR.
BRIDGE STR.
WESTMINSTER BR.
WESTMINSTER BRIDGE ROAD
LOWER MARSH
WEBBER STR.
PEABODY SQUARE
St. Thomas Hospital
HOUSES OF PARLIAMENT
OLD PALACE YARD
ABINGDON ST.
School
GT COLLEGE ST.
MILLBANK
WOOD STR.
SMITH SQU.
GRT PETER STR.
ROMNEY ST.
REACH
ALBERT EMBANKMENT
Medical School
LAMBETH PALACE
St. Marys
LAMBETH BR.
LAMBETH ROAD
Bethlem Hospital
ST. GEORGES ROAD
KENNINGTON ROAD
HORSEFERRY ROAD
PAGE STREET
VINCENT STR.
Gas Works
REGENCY STREET
Military Hospital
Tate Gallery
LAMBETH
PRINCES ROAD
SANCROFT STR.
Lambeth Workhouse
LOWER KENNINGTON LANE
BESSBOROUGH GARDENS
VAUXHALL BR.
UPPER KENNINGTON LANE
UPR KENNINGTON LANE
School
Gas Works
VAUXHALL STATION
HARLEYFORD ROAD
Kennington Oval
Pavilion
Kennington Park
KENNINGTON PARK ROAD
NINE ELMS STA.
Vauxhall Park
Home for Aged
Convent
L. & S.W. Railway Goods Depot
KENNINGTON
1
2
3
4
5
6

ウェストミンスター寺院（Westminster Abbey）

Dean's Yard

ウェストミンスター地区には、イギリスの戴冠式聖堂であるウェストミンスター寺院と、イギリスのカトリック大本山であるウェストミンスター大聖堂の二つがある。一二六九年に完成した前者は中世のゴシック建築を代表する建物で、一七三四年まで増築が続いた。一九九七年九月にダイアナ元皇太子妃の葬儀が行われたように、ここでは王室の戴冠式・結婚式・葬儀などの他、勲位叙任式も行われる。首相に四回選ばれたウィリアム・グラッドストーンが一八九八年に亡くなったときは、上下両院が国葬を奏請している。遺骸は二日間ホールに安置され、公衆の弔問を受けた後に埋葬された。巡査の群衆整理の仕方に関心を抱いた水田栄雄は、『大英国漫遊実記』（博文館、一九〇〇年）にその観察記録を残している。

寺院内部の床や壁面には、万有引力の法則を確立したアイザック・ニュートンや、探検家のデイヴィッド・リヴィングストーンなど、数多くの歴史的人物の墓碑や記念碑がある。また有名な「ポエッツ・コーナー」にはT・S・エリオットやウィリアム・ワーズワースらの名前が、人々の足を止めさせている。この寺院の説明に三〇頁も費やした長谷川如是閑『倫敦』（政教社、一九一二年）は、ガイドブックを手に墓碑銘をたどる姿を「堂内の宝探し」と称した。

イギリスの公的な歴史を語るような寺院だが、国民や観光客に対してオープンである。河上肇は『祖国を顧みて』（実業之日本社、一九一五年）で、パリで似た性格をもつパンテオンとの違いに触れている。パンテオンで地下埋葬所を見学するためには、ガイドについていかなければならない。ときどき立ち止まって、説明を少しするだけなので、「懐古の情」に耽る暇がない。それに比べて、ここでは自由に「逍遥」できるのがうれしいと。

（和田博文）

◇桜井鷗村『欧州見物』（丁未出版社、一九〇九年）に収録された「ポエッツ・コーナー」の写真。

国会議事堂 (Parliament)

テムズ河にその壮麗な姿を映し、ビッグ・ベンの愛称で有名な時計塔をもつ国会議事堂の建築は、ロンドンを代表する顔の一つである。一八四〇年に着工され、一八五七年に竣功した。ここは、ヘンリー八世の代に至るまでは、ウェストミンスター宮という皇居であった。伊地知純正の『倫敦名所図会』(研究社、一九一八年)には、「是の大河を隔てゝ見た処は実に美観である。左の方の高い **tower** が即 **Victoria Tower** で、貴族院はソノ下にある。右の方の時計のある **tower** は **Clock Tower** と言ツて居る。衆議院はソノ下にある」と書かれている。

杉村楚人冠は、傍証席から見学した下院議会の様子について、「入つて見て、其の存外に小さく狭苦しいのに驚いた。議席はといふと、唯長いベンチを両側に幾列か列べたばかりで、デスクも、テーブルもない。(略)が併し、此の無造作な中にも、流石に英国一流の秩序は、整然として一糸乱れず立つて居る」(『大英游記　半球周遊』至誠堂書店、一九一四年)と報告している。

議事堂の建物とテムズ河との間には広く長いバルコニーがある。森律子は、「天気好き日は此所にてお茶を飲むが習なる由、天下の大事にたづさはれる人々の、議事の寸暇を以て此心地よき露台に出で、水と空とを眺めながらも、一椀の茶を喫する間にも、また国家経倫の策を、其方寸の裡に回すなるべし」(『欧洲小観　わらはの旅』博文館、一九一三年)と書いている。前掲の伊地知によると、「英国の議会は“mother of Parliament”と呼ばれて居る程古いもの」であるが、このお茶の習慣と組み合わされることにより、イギリス文化を典型的に示す場所と呼ぶこともできよう。否、もう一つここに、長谷川如是閑の『倫敦』(政教社、一九一二年)に書かれる「沈んだうちに派手やかな音」のビッグ・ベンの鐘の音をも加えておこう。

(真銅正宏)

Parliament Street

◇テムズ河越しに写した国会議事堂の絵葉書。年代不詳(*VALENTINE'S POSTCARDS 12 CHOICE VIEWS IN COLOUR LONDON*, Valentine & Sons, Ltd., 刊行年不記載)。水田栄雄『大英国漫遊実記』(博文館、一九〇〇年)によると、「河岸を占領する事一千呎、八エークルの敷地を有し」、時計の直径は七ヤードで、「塔の高さ四百呎」に及ぶという。

スコットランド・ヤード（Scotland Yard）

Whitehall

日本人がスコットランド・ヤードという名前に親しみをもつのは、シャーロック・ホームズが活躍する探偵小説（コナン・ドイル作）や、エルキュール・ポワロが活躍する探偵小説（アガサ・クリスティ作）を愛読したからだろう。正式には「首都警察」というロンドン警視庁がこの名前で呼ばれるようになるのは、創立された一八二九年に、本部の裏側がスコットランド王家のヤード（庭園）に面していたからである。一八九〇年になるとヴィクトリア・エンバンクメントの庁舎に移転して、ニュー・スコットランド・ヤードという呼称に変わった。

渡辺尚編『最新倫敦繁昌記』（博文館、一九一〇年）によれば、新聞記者の田中龍眉は警視庁のクリミナル・ミュージアムを見学している。工夫を凝らした「凶具」がたくさんあるので新聞には書かないように求められた田中は、「一般人民間に於ても探偵小説などにて引合ひに出されたる貴署の偉名を夙に承知し居れば、日本人は貴署の何物たるかを知らんとするに頗る熱心なり」と述べ、日本の新聞に限っての掲載許可を総監から取り付ける。館内には絞首刑に処せられた重罪人の石膏の首型がたくさんあり、頸部には縄の痕が黒く残っていた。

お金を落としてロンドン警視庁に出向いた長期滞在者もいる。牧野義雄『霧のロンドン』（サイマル出版会、一九九一年）には、乗合馬車でスケッチに夢中になって月給を落としてしまったが、車掌が警視庁に届けてくれたので、一五％払って取り戻せたというエピソードが出てくる。南方熊楠「ロンドン日記」（『南方熊楠全集』別巻第二、平凡社、一九七五年）の一八九九年八月二一日の項にも、失くしたお金が届けられたという連絡があり、同所に出向いて拾い主にお礼を払ったという記述がある。

（和田博文）

◇（右）スコットランド・ヤードの跡地にはめこまれたブルー・プラーク。（左）渡辺四郎『欧米の港と腰弁の視た国々』（渡辺四郎、一九二八年）の『附冊写真帖』に収録された写真で、「メイデイにハイドパークに於けるお巡りさんの呑気な警戒」とキャプションには記されている。

ダウニング・ストリート (Downing Street)

官庁街ホワイト・ホールの西にある。一六八〇年に国会議員サー・ジョージ・ダウニングがこの土地の所有権を買い取って家を建てたために、この名がついた。一七三二年に王室が建物を取得し、ジョージ二世が首相サー・ロバート・ウォルポールに贈与して以来、一〇番地は歴代の首相官邸となった。首相が皆終生ここに住んだわけではないにしても、英国の政治史をつくってきた場所である。しかしここを訪れる日本人は、その簡素さに驚くのだった。長谷川如是閑も「此の陰気な素質な長家」（『倫敦』政教社、一九一二年）と描写した。

岡本一平は、ロンドン軍縮会議の画信を書くために一九三〇年にここに来ている。各国全権の初顔合わせは、この首相官邸で行われるのだ。その建物といえば、「表口は肥つた門番が立つたら一ぱいになるくらゐの小さなもの」で、「二階三階から家人の女達が覗いて」おり、屋根裏の窓からは女中が「何か食べながら折柄やつて来た飛行船に鼻の穴を向けてる」といった緊張感のないものであった（『一平全集』第一一巻、先進社、一九三〇年）。

古垣鉄郎も、あまりに飾り気のないその建物について、「車寄どころか門すらない玄関が、歩道にぴつたり沿つて小さな扉になつてゐるばかり、入口にはたゞ第十番と記るされてあるばかり、そこを通りがかりの小僧君でも、掃除婆さんでもたゝける手の形の鉄のノツクが扉に附いてゐるだけのことである」（『ロンドンの憂欝』三省堂、一九三九年）と書いた。さらに、「せいぜい課長か、部長の官舎、いやそれほどにも見えない古色蒼然たる代物である。到底わが永田町のヒダン首相官邸などの足許にもおよばない」としながらも、「凡もそこに住む主人公御自身の人物、力量、格式までがさうだとは申上げかねる」と、つけ加えるのを忘れてはいない。**（和田桂子）**

◇「英国の永田町」とキャプションの入ったダウニング・ストリートの写真（仲摩照久編『世界地理風俗大系』第一〇巻、新光社、一九二九年）。

チャリング・クロス（Charing Cross）

エドワード一世が、薨去した妻エレアノールのために、一二九〇年にチャリング村に十字架碑を設けたのが地名の由来である。トラファルガー・スクエアの南端に位置する。十字架碑は現在もチャリング・クロス駅前にあるが、これは一八六三年に復元されたものである。

長谷川如是閑『倫敦』（政教社、一九一二年）には、『英語辞典』の編者サミュエル・ジョンソン博士の「チヤーリング・クロッスは世界の真ん中だ、人間の潮が八方から寄せて来る」という言葉が引用されている。一七世紀の頃から、ロンドンで何が起きているかを見るにはチャリング・クロスに行けばよい、といわれるほど、この場所はにぎわっていたのである。

日本人の滞在記では、ここから北に走るチャリング・クロス・ロードの古本屋街が頻繁に登場する。ラフカディオ・ハーンの弟子で英文学者の大谷繞石は、そこで古書の相場調べをするのが習慣だった。「英国論文大家集四十巻」「二磅（ポンド）十志（シリング）」（『滞英二年案山子日記』大日本図書、一九一二年）などの記述があるように、繞石は全集類に関心があったようだ。同じ英文学者でも本間久雄は異なる。本間が購入したのは*Lippincott's Monthly Magazine*の一八九〇年六月号。オスカー・ワイルドの長篇小説「ドリアン・グレイの肖像」が最初に発表された雑誌である（『滞欧印象記』東京堂、一九二九年）。ここには稀覯本を狙う眼差しがあった。

岡義武は、日本で輸入禁止のTanin and Yohan, *Militarism and fascism in Japan* (M. Lawrence, 1934) を見つけている。日本の右翼運動の研究書で、岡は「こんな詳しく同運動を記述したものは、邦文でもない」と感心したが、滞英中に熟読して「帰りに海にでもすてる外はない」と思ったのだという（『岡義武ロンドン日記 1936-1937』岩波書店、一九九七年）。

（西村将洋）

Charing Cross Road

◇チャリング・クロス（長谷川如是閑『倫敦』政教社、一九一二年）。

テート・ギャラリー（Tate Gallery）　Millbank

ヘンリー・テート卿が寄贈した作品や資金を基にして、テート・ギャラリーが開館したのは一八九七年である。この美術館には、一六世紀以降のイギリス美術家の作品だけでなく、一九世紀後半以降の海外美術家の作品も収蔵されている。野上弥生子が『欧米の旅　下』（岩波書店、一九四三年）で、「フランスの近代から現代の画家の作品が揃つて沢山あつたのはうれしかつた」と述べたのはそのためである。ナショナル・ギャラリーほど大規模でないテート・ギャラリーは、野上が落ち着いて画と向き合える場所だった。

だがテート・ギャラリー最大のコレクションといえば、イギリスの風景画家ジョゼフ・ウィリアム・ターナーが一八五一年に寄贈した、二〇〇〇点以上の油彩画・水彩画・素描だろう。矢内原忠雄は一九二〇年一二月二一日の日記（『矢内原忠雄全集』第二八巻、岩波書店、一九六五年）で、ターナーの「Evening Star」の前からしばらく離れられなかったと述懐している。単純な海浜の夕景を通して、「神の存在と愛と栄光とを知らしむる Turner の深き自然観に余は感動の声を惜しまず」とは、いかにも無教会派のキリスト教信者だった矢内原らしい感想である。

ウィリアム・ブレイクの展示も、多くのファンを魅きつけている。画家であると同時に詩人でもあったブレイクの幻想性と難解さは、一度は実見してみたいという気持ちを文学関係者にも抱かせる。詩人の竹内勝太郎は『西欧芸術風物記』（芸艸堂、一九三五年）に「ブレークが十四五点で一室を占めてゐるのは意を強くした」と記した。英文学者の福原麟太郎は、ブレイクを一つ一つ見ていくうちにすっかり感服してしまい、別室のターナーを覗くこともなく帰ってきたと、『春興倫敦子』（研究社、一九三五年）に書いている。

（和田博文）

◇ *London Town*（The Homeland Association Ltd., 1924）に掲載された、テート・ギャラリーの写真。

ロンドン全域

❶ イースト・エンド
❷ オリンピア
❸ カーライル博物館
❹ タワー・ブリッジ
❺ ハムステッド

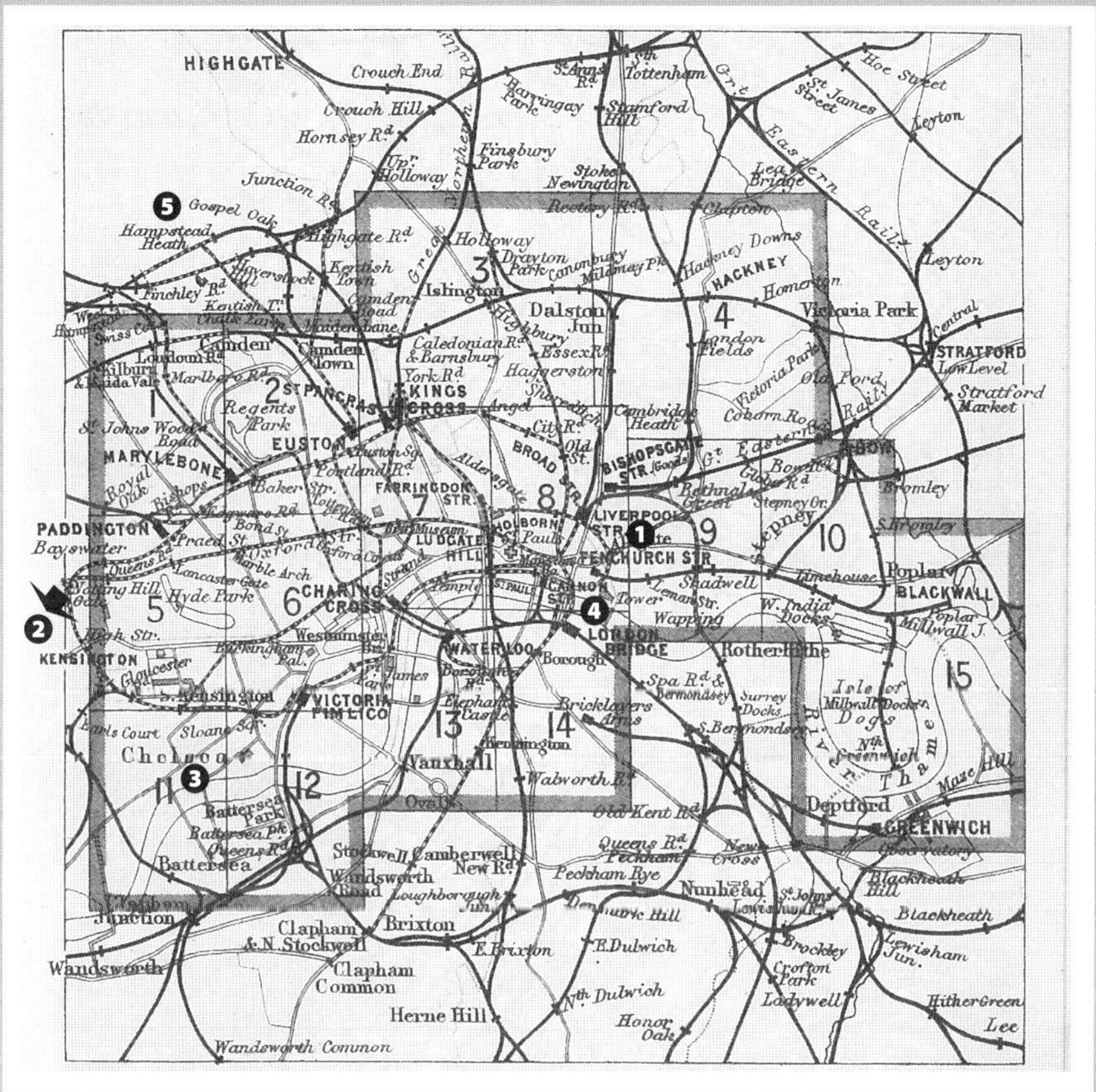

HIGHGATE
Crouch End
Crouch Hill
Hornsey Rd.
Harringay Park
Stamford Hill
Tottenham
St James Street
Hoe Street
Leyton
Finsbury Park
Stoke Newington
Junction Rd.
Gospel Oak
Hampstead Heath
Highgate Rd.
Holloway
Drayton Park
Canonbury
Mildmay Pk.
Hackney Downs
HACKNEY
Homerton
Leyton
Islington
Dalston Jun.
Victoria Park
Finchley Rd.
Kentish Town
Camden Road
Caledonian Rd. & Barnsbury
Essex Rd.
Haggerston
London Fields
STRATFORD
Low Level
Stratford Market
Camden
Camden Town
Loudoun Rd.
Kilburn & Maida Vale
Marlboro Rd.
St. Pancras
KINGS CROSS
Angel
Cambridge Heath
Coborn Rd.
Old Ford
Regents Park
St. Johns Wood Road
MARYLEBONE
EUSTON
Euston Sq.
Portland Rd.
Aldersgate
City Rd.
Old St.
BROAD STR.
BISHOPSGATE STR. (Goods)
Gt. Eastern Railway
Bow
Bromley
Royal Oak
Bishops Rd.
Baker Str.
FARRINGDON STR.
Bethnal Green
Stepney Gr.
Stepney
PADDINGTON
Bayswater
Praed St.
Edgware Rd.
Bond St.
LUDGATE HILL
HOLBORN
St. Pauls
LIVERPOOL STR.
FENCHURCH STR.
Shadwell
Limehouse
Poplar
BLACKWALL
Queens Rd.
Notting Hill Gate
Lancaster Gate
Marble Arch
Hyde Park
CHARING CROSS
Strand
Temple
CANNON ST.
Tower
Leman Str.
Wapping
W. India Docks
Millwall J.
High Str.
KENSINGTON
Gloucester Rd.
S. Kensington
Westminster Br.
Buckingham Pal.
St. James Park
WATERLOO
Borough
LONDON BRIDGE
Rotherhithe
VICTORIA
PIMLICO
Elephant & Castle
Spa Rd. & Bermondsey
Surrey Docks
Bricklayers Arms
S. Bermondsey
Isle of Dogs
Millwall Docks
Earls Court
Sloane Sq.
Chelsea
Kennington
Vauxhall
Walworth Rd.
River Thames
Maze Hill
Battersea Park
Oval
Old Kent Rd.
Deptford
GREENWICH
Battersea
Stockwell
Camberwell New Rd.
Queens Rd. Peckham
Peckham Rye
New Cross
Nunhead
Observatory
Blackheath Hill
Wandsworth Road
Loughborough Jun.
Denmark Hill
St. Johns
Lewisham Jun.
Blackheath
Junction
Clapham & N. Stockwell
Brixton
E. Brixton
E. Dulwich
Brockley
Crofton Park
Lewisham
Wandsworth
Clapham Common
Nth. Dulwich
Ladywell
Hither Green
Herne Hill
Honor Oak
Lee
Wandsworth Common
1
2
3
4
5
6
7
8
9
10
11
12
13
14
15

イースト・エンド (East End)

ロンドンの表の顔であるウェスト・エンドに対して、ロンドン塔から東に延びるテムズ河北岸一帯は、イースト・エンドと呼ばれる裏の顔、すなわち貧民街であった。フランスやアイルランドからの移民に続き、ユダヤ人らが住み着いて、劣悪なスラム街を形成したのである。一八八八年におこった「切り裂きジャック」の連続殺人事件も、ここを舞台にしていた。田野橘治によれば、「貧民は都府の東部に住することを好む」(『暗黒の倫敦』広文堂書店、一九〇三年)らしい。

田中龍眉は渡辺尚編『最新倫敦繁昌記』(博文館、一九一〇年)で、イースト・エンドの目抜き通り、ホワイトチャペル・ハイ・ストリートについてこう書いた。「此辺一体猶太人の巣窟と聞きしが、道理こそ眼がギロ〱と忌に底光がして鼻の南部鮭の如く曲れる、左も極悪非道らしき男がゾロ〱徘徊し、表通りは二十間幅の大道なるが、為すこともなく人道に佇立める者、此処に一群彼処に一団、其遊民惰者の多きこと倫敦の他の部にては絶えて見ざる所、劈頭第一に不快の念を予に与へし」。彼はこの後さらに自分を鼓舞しながら横道、裏通りに入って行き、「肝玉が少々飛び上」る思いをする。

下層民の救済のため、ここには慈善活動をするイギリス人も多い。しかし「レイディズ・エンド・ヂェントルメンは、その資格に必要な慈悲と云ふ徳目に欠けぬ為に、ほどこしとしての慈善は盛んに行はれるが、隔絶した下々の者の暮しを楽にしてやるのが理想で、其階級との間隔を縮めようとは考へぬこと、恰も動物愛護会の熱心な会員も、犬を人間化しやうと企てぬに同じだ」(「イギリス現代風俗誌」、『英語英文学講座』第六巻、英語英文学講座刊行会、一九三三年)と、市河晴子はやや手厳しい。

(和田桂子)

◇イースト・エンドの八百屋の写真(仲摩照久編『世界地理風俗大系』第一〇巻、新光社、一九二九年)。「このあたり八百屋店はいかにも見窄らしいもので半分通りへ汚ない天幕をかけ出しに張つた下に空箱を台にした店である」との説明がある。

オリンピア（Olympia）

Hammersmith Road

一八八四年開館のイベント・ホールである。当初はナショナル・アグリカルチュラル・ホールという名だったが、二年後に四〇〇頭の動物を含む大がかりなサーカス興行の場となり、オリンピアと改名した。その後も各種展覧会や見本市、またローラー・スケートやボクシングの試合などに使用された。

桜井鷗村はここで二つの展覧会を見た。一つはデイリー・メール社主催の「アイデアル・ホーム・エクシビション」である。家具や装飾品をはじめ、家庭に関係のある品物を展示即売していた。もう一つはゴム展覧会で、ゴム製品の陳列を見て歩いていると、再製ゴムに興味があるかと声をかけられた。その気もないのに「然り大いに興味を有つてゐるのだと答へ」ると、来賓室に連れていかれた。「彼れは種々な見本を出しては、シキリと説明する、予にはサツパリ分らぬ、それで只だカタログを送つてくれぬか、その次第によつたら日本から註文しやうと、其場はお茶を濁して別れた」（『欧州見物』丁未出版社、一九〇九年）という。

一九一三年には、森律子が林董伯とここを訪れ、「ミリタリー・トーナメント」という陸海軍人のショーを見た。この時は英国両陛下も臨席で、律子はそのロイヤル・ボックスの隣の一段低いボックスで見物した。「このオリムピアは、少し長目の建物なれど、日本の両国の国技館といづれか大ならんと賭をいたし、始めの内は妾は頻りと我国の方こそと呼び居り候も、遠く及ばざるを知りて、元より高からぬ鼻を折られて候」（『欧洲小観　わらはの旅』博文館、一九一二年）と律子は書いている。オリンピアの敷地面積は四万六五〇〇平方メートル、一九〇九年に竣工した旧両国国技館は三〇〇〇平方メートルだから、まったく勝負にならない。

（和田桂子）

◇現在のオリンピア。二〇〇七年に著者が撮影。今も大がかりな催物がここで開催されている。

カーライル博物館（Carlyle's House）

24 Cheyne Row

漱石の「カアライル博物館」（『学燈』一九〇五年一月）は、「倫敦塔」（『帝国文学』）と同じ月に発表された、好対照の訪問記である。「有志家の発起で彼の生前使用したる器物調度図書典籍を蒐めて之を各室に按排し好事のものには何時でも縦覧せしむる便宜さへ謀られた」「チエイン、ローは河岸端の往来を南に折れる小路でカーライルの家は其右側の中頃に在る」と紹介される。裏には、こじんまりとした心地良い庭もある。三階すなわち日本式の四階は屋根裏に防音設備を施して増築された書斎であるが、これも漱石が書くように、防音効果はなかった。野上弥生子は玄関の「獅子の首のノッカー」から、来館者名簿について「先生の署名といっても、同行した池田菊苗氏が書いたものと聞くが」など、漱石の足跡を一々確認するかのようにこの家を見学している（『欧米の旅　下』岩波書店、一九四三年）。漱石が訪れたのは一九〇一年八月三日のことである。その後見学者が増え、金子健二などは、「この家は日本の所謂名士が余り沢山訪れるので少々あてられ気味である」（『欧米遊記　馬のくしゃみ』積善館、一九二六年）とまで書いている。長谷川天溪の「倫敦印象記（七）」（『太陽』一九一一年一一月）に、やや詳しい案内がある。これによると一九一〇年の来館者は三四二一人で、日本人は五〇名であった。

トマス・カーライル（一七九五年～一八八一年）は、チェルシーの哲人と呼ばれた評論家である。一八三四年六月からロンドンに定住した。『フランス革命史』（一八三七年）は歴史家としての代表的著作である。漱石も書いているが、チェルシー地区は芸術家が多く住んだところで、藤波慶太郎『倫敦随筆』（佐々木出版部、一九二六年）にも、「ジオージ・エリオツト、サー・トーマス・モアー、リ・ハントなど文人画家にして此所に住んだものゝ数は多い」とある。**（真銅正宏）**

◇チェルシーにあるカーライルの家の正面。現在、博物館となっている（伊地知純正『倫敦名所図会』研究社、一九一八年）。

タワー・ブリッジ（Tower Bridge）

かつてテムズ河では、ロンドン・ブリッジ東側の下流に橋を作ることができなかった。商業地区シティに入港する大型船の障害になったからである。だが、一九世紀後半に東部地区の商業は著しく発展し、架橋の要望も高まり、一八九四年に跳開式のタワー・ブリッジが完成する。設計者はホレース・ジョーンズとウルフ・バリーの二人で、建設には八年間を費やした。

岡本かの子が「橋板が水圧機によつて徐々に空へ釣り上げられる」（『世界に摘む花』実業之日本社、一九三六年）と述べたように、船が通過する際には、中央の六〇メートルの可動部分が、約一分半で全開となる。水田南陽は『大英国漫遊実記』（博文館、一九〇〇年）で「日毎に橋上を通過する馬車の数二十万、徒歩の人間十万人」と完成直後の活況を報告した。

長谷川如是閑はロンドンを冷酷に批評した人物だが、その彼が例外的に激賞したのがタワー・ブリッジだった。如是閑は周辺の環境に注目する。この場所には、過酷な労働に苦しむ「七百万の人間が吐く息」を象徴するかのような「ドス黒い霧」が立ちこめ、テムズ河では「倫敦人が悪戦苦闘の巷に流す血潮」のような、汚れた「赤黒い水」が渦巻いていた。この環境と調和する建築は可能なのか。そう如是閑は自問した。実際のタワー・ブリッジは、中世の怪物のような建造物だった。「ゴシック趣味」の「城郭」を思わせる二基の尖塔は、「近代のヌーボー主義者には呪はれつべき無骨な」外観を誇示し、「其古色蒼然たる鼠色は、下の濁浪の色と不思議に調和し」、しかも「霧を破つて聳えてゐる」。橋は圧倒的な存在感をもち、周囲の環境と調和しながら、なおかつ「英人特有の実用」性も兼ね備えていた。「空想と実用との調和の驚くべき実例」（『倫敦』政教社、一九一二年）。そう如是閑は絶賛する。

（西村将洋）

◇タワー・ブリッジ（長谷川如是閑『倫敦』政教社、一九一二年）。可動する跳ね橋は重量一一〇〇トン。設計者のウルフ・バリーは、ビッグ・ベンの設計者チャールズ・バリーの息子である。

ハムステッド（Hampstead）

ロンドン北部のハムステッドは、約三二〇ヘクタールのハムステッド・ヒースと呼ばれる丘陵を含む、緑に溢れる高級住宅地である。東京朝日新聞社の原田譲二は『欧米新聞遍路』（日本評論社、一九二六年）で、「自分に若い学生時代がも一度来て、しかも富裕な家庭の子弟であったならば、私はよろこんでハムステツドに下宿して、勉強がして見たい」と述べている。ハムステッドの住宅地を歩くと、「この辺全体が一つの大きな公園」のように感じられた。家々の植樹も生い茂り、午前中は紺のサージ服に白いエプロン姿の女中が敷物の埃を叩いている。

原田譲二のハムステッドの下宿には、京大教授や内務省・鉄道省の官吏が住んでいた。その隣も、さらにその隣も、日本人が多い下宿だったという。高橋誠一郎はウェスト・ハムステッドに下宿したが、ここは慶応義塾の板倉卓造・伊藤重郎・濱田精蔵らが住んだ所で、後には占部百太郎も下宿した。高橋の『倫敦の宿』を読んで」（「水上瀧太郎全集月報」第九号、全集第六巻、岩波書店、一九四一年）によれば、占部は帰国後に何度もこの下宿の姉娘の話をしていた。約二〇年後に占部はこの家を再訪するが、すでに一家は転居していたという。

静かで落ち着いたエリアなので、画家のジョン・コンスタブルや、詩人のジョン・キーツなど、古くから文化人が住んできた。イアン・ノリー編 *Writers and Hampstead*（High Hill Press, 1987）を読むと、その多彩な顔ぶれに驚かされる。矢野峰人が訪問したジョージ・ポッターもその一人である。『片影』（研究社、一九三一年）によれば、オックスフォードに住んでいた矢野は、鉄道・地下鉄・バスを乗り継いでポッター宅を訪れる。彼が蒐集したイランの詩人・天文学者の、オマル・ハイヤームのコレクションを見せてもらうためだった。

（和田博文）

◇図版は、*London Town*（The Homeland Association, 1924）に収載されている「White Stone Pond」。この池は、地下鉄のハムステッド駅からヒース・ストリートを北上し、イースト・ヒース・ロードへ右折するところにある。

ANGEL
ISLINGTON
556

その他——郊外

イートン校（Eton College）

パブリック・スクールは、アメリカでは公立学校を指すが、英国では特に上流階級を対象とした私立の中学校を意味する。パブリックの名が冠されているのは、身分や地域を限定せず、広く門戸を開放していたからだが、徐々にエリート教育を主眼とする特権的な性格を持つようになった。そのイギリスのパブリック・スクールを代表するのが、名門イートン校である。

一四四〇年、国王ヘンリー六世は、自らが住むウィンザー城の膝元に、上流階級の教育機関としてイートン校を作らせた。一三歳から一八歳までの男子を対象とした全寮制の学校で、卒業生には、イギリス王室のプリンスをはじめとして、各界を代表する著名人のほかに、イギリスの首相も多数輩出している。制服は、シルクハットに黒の燕尾服という特徴がある。

多くの日本人がここを訪れ、英国エリート教育を直に感じとった。哲学者の出隆は、当初イートン校を「旧式千万」の象徴と考えていた。だが、実際に「すり切れたシルクハットを阿弥陀にかぶり」「泥だらけのモーニング」を着た学生が「教室から教室に飛び歩く」様子を見て、自分が考えていた保守とは「別のもの」を感じ、「保守的といふ臭みがぬけて、英国的保守性が全く板についてゐる」と高く評価した（「英国の曲線」、『思想』一九三八年一月）。

また、イートン校の特徴には、学問だけでなく、スポーツを重んじる校風がある。これに関して、市河晴子『イギリス現代風俗誌』（英語英文学講座刊行会、一九三三年）には、ウェリントン公がナポレオン一世を撃破した際の「ウォータールーの戦勝はイートンの運動場で得た」という有名な発言が引用されている。第一次世界大戦時には、大英帝国のために、多数のイートン校の卒業生が志願出征し、一〇〇〇人以上が戦死を遂げている。

（西村将洋）

◇左の歩道にいるのがシルクハットに燕尾服のイートン校の学生（仲摩照久編『世界地理風俗体系』第一〇巻、新光社、一九二九年）。右の一番奥にはイートン校の礼拝堂の屋根も見える。

ウィンザー城（Windsor Castle）

一〇八〇年頃、征服王ことウィリアム一世がロンドン西方のウィンザーに軍事用の砦を築いた際に、ウィンザー城の歴史は始まる。そこが王家の御猟場に隣接していたため、後に王室用の住居に使用されるようになったのである。その後、増改築が重ねられ、現在のウィンザー城は、巨大な石造りの円塔ラウンド・タワーを中心に、上下二つの城郭からなる。

上の城郭アッパー・ウォードには、庭園を囲むように王室の建物が配置されており、賓客の間、儀式の間、国王・女王の居間や寝室などがある。下の城郭ローワー・ウォードには、エドワード四世の時代に起工された聖ジョージ礼拝堂や、アルバート記念礼拝堂などがあり、特に前者の礼拝堂はゴシック風垂直式の歴史的な建造物で、王室墓廟としてウェストミンスター寺院に次ぐ重要な位置を占めている。岩倉使節団をはじめ、多くの日本人がここを訪れた。

そのなかでも、一八九七年にヴィクトリア女王即位六〇周年の報道のために訪れた『中央新聞』社の水田南陽は、城内の様子を詳細に記録している。例えば、女王の「読書の間」は、ミケランジェロやラファエロの名画で飾られ、様々な聖典や、ディケンズの未刊行の小説原稿、シェイクスピア叢書などがあった。そのほかにも、城の「廊下室内至る所」が「世界各国の珍品奇宝」で埋め尽くされていたのである（『大英国漫遊実記』博文館、一九〇〇年）。

ウィンザー城で見逃せないのは、城からテムズ河やイートン校を見下ろす絶景である。桜井鷗村『欧州見物』（丁未出版社、一九〇九年）には、その壮大な風景を歌った一八世紀の詩人トマス・グレイの名詩も紹介されており、太陽が「西に傾きて、四方の緑野は靄立こめ、空は茜だち紫だつ」光景について、鷗村はターナーの絵画のようだと語っている。

（西村将洋）

◇ウィンザー城とテムズ河（*The Imperial Album of London Views*, Eyre & Spottiswoode, 1921）。

オックスフォード（Oxford）

オックスフォードは、ロンドンの西北西約九〇キロに位置するテムズ河沿いの大学都市である。瀧本二郎が『欧米漫遊留学案内　欧州篇』（欧米旅行案内社、一九三八年）をまとめた頃は、オックスフォード大学は二四校の男子カレッジと四校の女子カレッジで構成されていた。カレッジは午前一〇時から夕方まで一般参観者に公開される。中村吉蔵もパディントン駅からグレート・ウェスタン鉄道に一時間余り乗り、この地を訪れた。『欧米印象記』（春秋社書店、一九一〇年）によると、マンチェスター・カレッジの「永井君」がガイドしてくれたという。

中世の雰囲気を漂わせる街で、岡本一平の目を引いたのはファッションだった。『増補世界一周の絵手紙』（龍文舎、一九二九年）によれば、青年は「ボロボロ」の黒い「肩衣」を羽織っている。白髪の老紳士も若い女性も同じ恰好。これは大学教授や学生のガウンである。一四世紀に設立されたニュー・カレッジや、一六世紀設立のクライスト・チャーチ・カレッジを、岡本は見学した。ゴシック建築の寺院の、廃墟のような廊下の石畳を、ガウン姿の元気な若者が行き来する姿を見て、「まことに快い」と彼は感じている。

ニュー・カレッジで学んだ一人が西脇順三郎。一九二三年一〇月から始めた大学生活を、西脇は「角笛を磨く」（『三田文学』一九三六年一月）で回想している。街で暮らす有名人は少なくない。銀行でたまたま前に並ぶ老人は、桂冠詩人のロバート・ブリッジズだった。今では忘れられたエリザベス朝時代の作品を、「片田舎の居酒屋兼宿屋」で読んでみようと、大学の友人に提案したこともある。「ものが数百年来腐って来たかびの匂い」が充満する宿屋で、樫の木のテーブルにローソクを立て、彼らはベン・ジョンソンの本の頁を開いている。

（和田博文）

◇オックスフォード大学ニュー・カレッジの名物の一つはタワーである。図版は、Hugh de Sélincourt, *Oxford from within* (Chatto & Windus, 1910) に収載された牧野義雄のイラスト「New College Tower」。

キュー・ガーデン（Royal Botanic Gardens, Kew）Richmond, Surrey

一七五九年に国王ジョージ三世の母オーガスタが造ったところから、この植物園は始まった。現在は一二〇ヘクタールの広大な土地に、水仙、つつじ、バラなど四季折々の花が咲き、杉や柏、樫などの丈高い樹木も立ち並ぶ。石楠花の色が鮮やかに続く小路は、よく知られている。また、東南アジアの蘭や椰子、エジプトの水蓮など、大英帝国の植民地がどれだけ広がっていたかを誇示するように、世界各地から植物が集められ、各種の温室の中にある。池には水鳥が遊び、人を恐れず餌をもらっている。気持ちの良い緑の中で、人々は思い思いに時間を過ごしていた。

ここには、塔など異国情緒ある建築物も点在しており、日本からは一九一〇年ロンドンで催された日英博覧会に出品された勅使門が移築されている。これは京都西本願寺唐門を五分の四に縮めて複製したもの。梅、桜、藤、菊なども咲くので、長期滞在の日本人の中には、故郷をしのんでキューまで花を見に来る者もいた。一方、野口米次郎は、「杉か樅の木の根元に黄色や赤やのチユリツプが幾つとなく咲いて居るのは如何にも見事であつた」（『霧のロンドン』玄文社、一九二三年）と、日本では見られない風景に感銘を受けている。野口は、ロンドンで見たシェイクスピア「真夏の夜の夢」でチューリップの咲いている森の舞台装置を見て、こんな景色が実際にあるのかと疑っていたところだったのだ。

南方熊楠の日記にはよく「キウに行」の記述がある。ここは学術上の植物研究のためになる分類が成されており、熊楠には格好の勉強の場所であった。彼がここを案内するときは、その博学にものを言わせて朝から晩まで植物の説明をしたのだという。

（宮内淳子）

◇黒板勝美『欧米文明記』（文会堂、一九一一年）にある、植物園内にある休憩所の写真。

ケンブリッジ（Cambriãe）

ケンブリッジは、ロンドンの北北東約八〇キロメートルに位置する大学都市である。漢字で剣橋とも表記される。渡辺尚編『最新倫敦繁昌記』（博文館、一九一〇年）には、「単に大学あるだけが特長にて、見渡したる所、僅に田舎の一小都会たるに過ぎず」「商業区らしき部分は只二三丁の間に止り」「古寺の稍々壮大なるものある外、普通の建築物には絶て観るべきものなく、商店も殊の外寂れ、其販売する婦人の衣裳類の如きも総て流行後れにて、通行する人々の服装も何となく田舎染み」と手ひどく書かれている。ここには明治以来多くの日本人が留学した。

一二〇九年に創立された「剣橋」大学は、多くのカレッジが集まってユニヴァーシティを構成する。二〇〇七年現在で三一を数えるが、中世から存続する主なカレッジとしては、クライスト・カレッジ（一五〇五年創立）、トリニティー・カレッジ（一五四六年創立）、セント・ジョンズ・カレッジ（一五一一年創立）、キングス・カレッジ（一四四一年創立）などがある。野上弥生子の『欧米の旅　下』（岩波書店、一九四三年）には、「二十近くからのカレッヂがケム川の青いしづかな流にそうて殆んど集まつてゐる」と書かれている。金子健二の『欧米遊記　馬のくしやみ』（積善館、一九二六年）には、「人道のための学術」「人格のための学術」「紳士を養成するための大学」が、オックスフォードとともに、これら二大学府のモットーと書かれる。主な卒業生に、ベーコン、クロムウェル、ケインズ、ダーウィン、ニュートン、ミルトン、バイロンなどがいて、日本人には岩崎小弥太や白洲次郎らがいる。溝口白羊『東宮御渡欧記』（日本評論社出版部、一九二一年）によると、一九二一年五月一八日に東宮（後の昭和天皇）が訪れた際、「此処の大学には十四名の日本留学生が居」て、出迎えたとのことである。

（真銅正宏）

◇ケンブリッジ大学のキングス・カレッジのチャペル（右）と、制服を着た大学生たち（左）（仲摩照久編『世界地理風俗大系』第一〇巻、新光社、一九二九年）。

ストラットフォード・アポン・エイヴォン（Stratford-upon-Avon）

ウィリアム・シェイクスピアが一五六四年に生れた地として名高い。ロンドンから、鉄道ではオックスフォードを通って二時間半ほど。車では三時間前後のところにある。シェイクスピアは一八歳のときに妻子を残してロンドンに出たとされる。やがて劇作家として成功し、故郷に家を建て、この地に埋葬された。その戯曲は現在に至るまで上演され続け、海外からも多くの観光客が、このシェイクスピアの故郷にやってくる。日本でのシェイクスピア劇上演は、「ヴェニスの商人」の翻案が大阪戎座に一八八五（明治一八）年に掛かったものが最初とされている。森律子は一八九九（明治三二）年五月、ここを訪れて、シェイクスピアの生家と、埋葬されているホーリー・トリニティ教会を見ている。「英国に着きて第一に訪れたしと思ひしは、劇聖沙翁が一生を送りたる」この地、だったという（『欧洲小観　わらはの旅』博文館、一九一三年）。

第一次シェイクスピア記念劇場はヴィクトリア・ゴシック様式で、一八七九年に建てられた。この年から、公式のシェイクスピアの誕生日とされている四月二三日をはさんだ数週間の間、ストラットフォード・フェスティバルが開かれた。島村抱月「沙翁の墓に詣づるの記」（『早稲田文学』一九〇六年四月）を始め、ここを訪ねて文章を残した日本人は数多い。劇場は一九二六年三月に焼失し、一九三二年に一五〇〇席の大きな劇場として再建された。

岡本かの子は、ロンドン滞在中、シェイクスピアと同じ故郷の友人がいた。彼女は故郷から、シェイクスピア劇に出てくる、ミント、セージ、バター・カップ、マジョラム、カモミールなど、草花各種を摘んで持ってきてくれたという（「シエクスピア断観」、『世界に摘む花』実業之日本社、一九三六年）。

（宮内淳子）

◇*The Shakespeare Pictorial and Visitors Weekly Guide*（一九二八年五月三〇日、早稲田大学坪内博士記念演劇博物館所蔵）に掲載された、SHAKESPEARE HOTEL の宣伝広告。一四世紀に建てられ、シェイクスピアの生家と同じ様式の建築である。観光客の多くがここに宿泊した。

ハンプトン・コート宮殿（Hampton Court Palace）　East Molesey, Surrey

ロンドン西南の郊外に、一五一四年にヨーク大司教が建てた館で、ヘンリー八世がこれを王室のものとし、手入れ、拡大した。ウィリアム三世は建築家のクリストファー・レンに命じてルネサンス式の大殿堂を増築した。ここのグレート・ホールは、シェイクスピア劇が上演されたことで有名だ。広大な庭園は、ヴェルサイユ宮殿を模したとされる。ハンプトン・コートは歴代の国王の皇居で、ジョージ二世までがここに住んだ。一八三八年より一般に公開されると、ロンドンから日帰りできる観光地として多くの人が訪れた。

千以上の部屋があるとされる建物はもとより、室内装飾や大庭園が見事で、所蔵の絵画も公開されている。藤波慶太郎は「五月のハンプトン・コートの庭は実際印象派の美しい色彩の油絵を見るやうに、豊富な色彩そのものだ。土の色は桃色に輝き、芝生の緑に、群青を流したやうな空。そして花壇には草花の分列式が整然と行はれてゐる」（『倫敦随筆』佐々木出版部、一九二六年）と書いている。そんな庭を色とりどりの衣装を着た人々が散歩している景色は、「さながら天上の理想界に近い」とまで藤波は言う。ここの庭園を語る人は多いが、みな、温室にある大きな葡萄の木と、生け垣で作った迷路に触れている。

渡辺尚編『最新倫敦繁盛記』（博文館、一九一〇年）には、建物の一部に、「Private」の掲示をして拝観者の立ち入りを禁じた一角に、帝室からの恩給で暮らす「貧乏公家の様な」人々がいた、と書いている。その室内をふと見ると、勘定書きのような紙を眺めている上品そうな婦人がいたので、「故宮殿の裡にも、亦此世話臭味（またこのせわしゅうみ）があるかと予はグツと思入れあり」と書いている。現代ではとても信じられない光景だが。

（宮内淳子）

◇ハンプトン・コート宮殿の北にある獅子門（内藤民治『世界実観』第三巻、日本風俗図絵刊行会、一九一五年）。

リッチモンド・パーク（Richmond Park）

Richmond, Surrey

ロンドン西南部郊外の保養地である。一六世紀のはじめにヘンリー七世がここに王宮を新築した際、ヨークシャー州の自領、リッチモンド伯領にちなんで命名したとされる。リッチモンド・パークはほぼ一〇〇〇ヘクタール。中央の池の北東にあるホワイト・ロッジは、ヴィクトリア女王が結婚前に住んだことや、プリンス・オブ・ウェールズ殿下が生れたことでも知られる。リッチモンドは一八世紀以降一般に公開され、ウォータールー駅から三〇分ほどの近場であることも手伝って、ロンドンっ子に人気の行楽地となった。

野上弥生子がリッチモンドを訪れたのは、小雨模様の日だった。「奈良のやうに放ち飼ひにしてある名物の鹿は一匹も見当らなかつた。鹿が少いのではなく、百頭や千頭どこかで遊んでゐようとも眼に入りさうもないほど、はるばるとして広いのである。乗馬の人たちが、歯朶のあひだの小径をゆつくりしたダクで通つて行く。黒い老樹と青い草地を背景として、いかにも英国風な絵画の感じであつた」（『欧米の旅　下』岩波書店、一九四二年）と弥生子は書いている。

リッチモンドに絵画的な美しさを感じる人は多く、高村真夫もこう描写している。「市の郊外なるリツチモンドパークの日曜の午後を深緑の老樹欝として、暗き蔭を造くり青氈を敷きたる如き沃野遥かにテームスの流れ白金の如く、夏の光りにきらめく書割を脊にして軽装白衣の典雅なるレデーと紳士の集団を見るは丁度ターナーのタブローに面当り接する様であつた」（「倫敦と巴里」、『早稲田文学』一九一八年八月）。公園も、家も、散策するイギリス人も、みな絵画の中に溶けていくようなリッチモンドを、訪れた日本人は堪能したのである。

（和田桂子）

◇リッチモンド付近の写真（仲摩照久編『世界地理風俗大系』第一〇巻、新光社、一九二九年）。「水清く樹林ありその間に林檎畑や牧場や古雅な住宅やが点在してすべて絵画のやうな情景を展開するのは美しい」とある。

〔補〕日本人雑誌編集者の見たロンドン

戦前のロンドンには、日本人の発行した雑誌がいくつかあった。このうち『日英実業雑誌』『日英新報』『日英時報』『日英新誌』について解説する。調査に際して国立国会図書館、大英図書館（本館および新聞図書館）のご協力を得た。

『日英実業雑誌』（*The Japanese Journal of Commerce*）

一八九三年三月創刊の季刊誌である。日本語・英語両方で書かれており、内容は充実しているのだが、英文誌名が一定でないため、わかりづらい。第一巻第一号（一八九三年三月）の表紙には、「日英実業雑誌」と日本語で横書きしてあるところに、縦に工業、化学、鉄器と入っている。英語では *The Japanese Journal of Engineering, Metal Trades & Chemistry* となっており、**Ko-Gio, Tetsu-Ki, Kwa-Gaku** と書き加えてある。第一巻第二号（一八九三年六月）の英文誌名は *The Japanese Journal of Commerce* と変わっている。第二巻第一二号（一八九五年二月）からは *The Japanese Engineer* となり、第五巻第一七号（一八九七年三月）では *The Japanese Engineer and Journal of Commerce* となっているが、第一一巻第四五号（一九〇四年二月）は、*The Merchant and Shipper* となっている。

創刊号（一八九三年三月）の「本紙発行ノ主意」には、「本紙ハ時勢ノ必用即チ大日本国ト英吉利国トニ現存ヤル工業化学鉄器等殖産実業上ノ利益ヲ増進センガ為ニ誕生」したと書かれている。これは主筆のボーマン（W. W. Bowman）が英文で書いたものを、翻訳者望月小太郎が訳したものである。望月はこれに加えて「講読者

★『日英実業雑誌』創刊号（一八九三年三月）表紙。

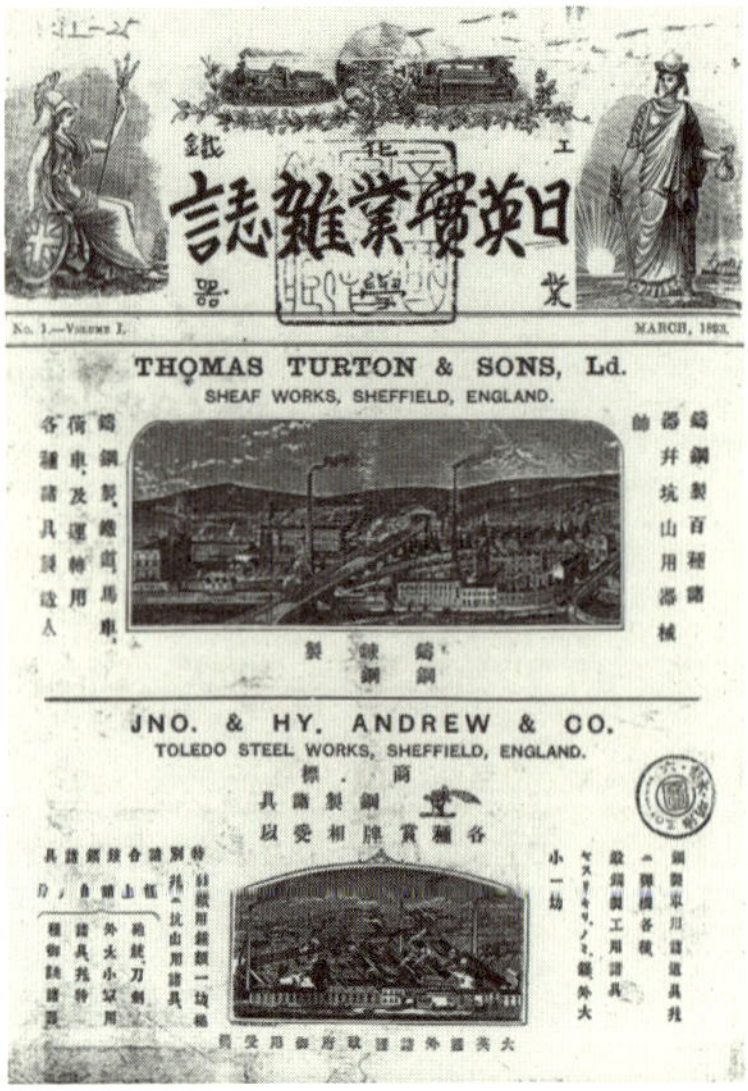

ニ対シ本雑誌ノ謝言」を書いている。「蓋シ人問アリテ以来欧州ニ於テ日本語ヲ以テ雑誌ヲ刊行セシハ実ニ本紙ヲ以テ嚆矢トナス」とやや大仰に始まるこの「謝言」は、創刊号に誤植の多いことを謝する一文である。「数月前日本へ注文シタル日本活字ハ如何ナル訳カ未タ到着」せず、「一組ノ日本活字、一人ノ日本語ニ通スル植字職サヘ見当ラサルノ困難ニ遭遇」したためと書かれている。第一巻第四号（一八九三年一二月）には、その事情がより詳しく説明されている。「印刷人ハイ、ロ、ハ、サヘ知ラザル英国ノ活字職」であったため、望月は自ら印刷所に出掛けて「友」と「反」、

★望月小太郎の肖像（『団団珍聞』一九〇三年四月二五日）。

「魯」と「魚」、「日」と「曰」は似て非なる漢字であることから説かなければならなかった。活字がない時は一から作らせなければならない。「其面倒困難等ハ筆紙ニ尽シ難」かったという。ストレスのため「一眼ノ失明、半年の脳病」の不幸に見舞われたというから、相当なものである。

望月小太郎（鶯渓）は一八六五年甲斐（山梨県）に生れ、慶応義塾に学んだ。山県有朋の推薦でイギリスに留学し、ミドル・テンプル大学法科を卒業、法廷弁護士の資格を得る。その後も引き続きロンドンに留まり、日英間の親善と協力を推進するため、この

雑誌に力を注いだ。帰国後は大蔵省や農商務省の嘱託を受けて世界各国を視察。一九〇二年には衆議院議員となり、立憲政友会に所属した。日露戦争後は日本事情を海外に知らしめるため英文通信社を設立し、『日刊英文通信』や『英文財政経済月報』を刊行した。また一九二七年に没するまで、『世界に於ける明治天皇』（英文通信社、一九一三年）、『華府会議の真相』（慶文堂、一九二二年）をはじめ数々の著書を著している。

まだ二〇代だった望月が、英国人資本家の援助を得て発行したこの雑誌の創刊号は、しかし、彼の意に沿うものではなかった。創刊号の主意書は「実利ニ抜目ナキ英国人」が自分に「漫然翻訳セシメ」たものであったが、自分は「其六尺ノ紅血沸々トシテ葵心唯惟レ日ニ向フノ日本人」であるから、これを「単純ナル一機械雑誌」でなく、「専ラ愛国的」なものにしたかったという。「日本ト欧米外一般ニ於ケル日本実業上ノ参考トナリ諮詢トナルベキ」雑誌をめざしていた望月は、社主との話し合いの結果、第一巻第二号（一八九三年六月）からは翻訳者でなく主筆となり、英文タイトルも *The Japanese Journal of Commerce* と変えた。彼の「主筆記者ノ披露」という一文の末尾には、「主筆望月鴬渓　病院ニテ」と記されており、脳病院入院中に書かれたものであることがわかる。

この雑誌の創刊は、日本でも驚きをもって迎えられた。『郵便報知』は一八九三年六月一五日から二二日まで、長きにわたってこの雑誌の特集記事を載せた。ところが記者は、これが日本人の手になるものとは思わず、このように書いている。「天下驚くべきものありと云はゞ今回英国倫敦に於て英国人が毫も日本人の手を借らず独力を以て日本字の雑誌を発行したるほど驚くべきものはあらじ」（『郵便報知』一八九三年六月一五日）。

望月はこれを不服とし、第一巻第三号（一八九三年九月）の表紙には、「日本主筆　望月小太郎　英国主筆　ダブリユー・ボーマン（W. W. Bowman）」と明記した。この号まで印刷所は、ペルハム・プレス（Pelham Press, Ltd.）で、住所はロンドンのソールズベリー・スクエア（2 Dorset Buildings, Salisbury Square, London）となっているが、第一巻第四号（一八九三年一二月）からは、フリート・ストリート（26 Fleet Street）の広いオフィスに移った。この雑誌が大評判となったからである。望月はしかし、このような商工業中心の雑誌には飽き足らず、日本の歴史や習慣に関する記事を載せた *The Japan World* または *The Japanese Magazine* といった総合雑誌の刊行を計画していた。これが後に『日刊英文通信』などの日本紹介紙に結実したものと思われる。

二年が経ち、社業はますます発展した。第三巻第九号（一八九五年三月）には「緊急予告」として、人件費の高い海外で続けるよりも、日本に拠点を置いて大改革をなしたい旨が書かれている。この時点で発行部数は既に五〇〇〇部であり、望月の苦労は十分に報われている。一八九五年八月には、望月は社の代表者コーク

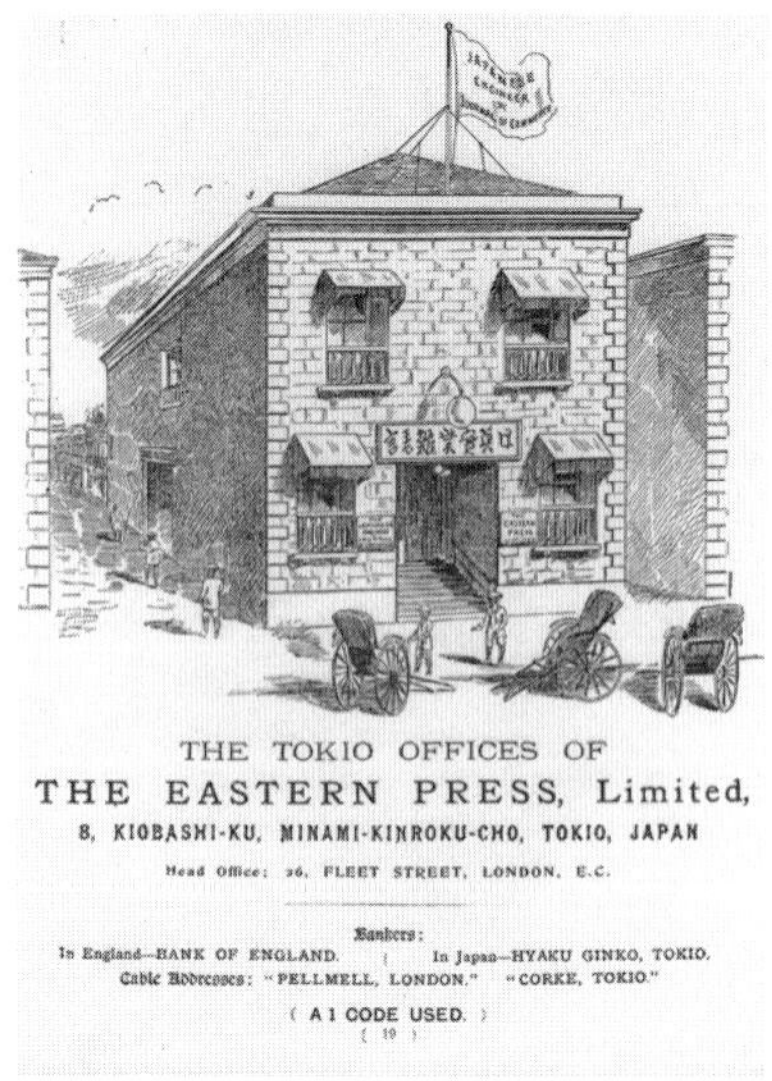

★イースタン・プレス（東洋出版会社）東京オフィスの図（『日英実業雑誌』一八九六年六月）。

（L. T. Corke）とバイロン（R. J. Byland）と共に「イースタン・プレス」（The Eastern Press, Ltd. 日本名は東洋出版会社　東京市京橋区南金六町八番地）を東京に設立した。ヘッド・オフィスはロンドンのフリート・ストリートに置いたまま、東京オフィスを置いてイギリス人にこれを任せ、そのほかに上海にも支店を設けて望月はこれらを回った。

第五巻第一七号（一八九七年三月）には、「英国大製造家大工業家は殆んと本誌に照会広告等其之を網羅せさるものなく」、また「日本政府海陸軍農工商省より各製造工業場は申すに及はす大学の技師、生徒より苟も日本商工業に従事せる者」の多くがこの読者だと書かれている。たしかにこの時点で広告は二〇〇社に及び、ページ数は一〇〇を越えた大雑誌となっている。

第六巻第二四号（一八九八年一二月）からは、「イースタン・プレス」のヘッド・オフィスがロンドンのチャンスリー・レーン（3 Chancery Lane）に移った。このオフィスから一九〇〇年一〇月に、英文月刊誌 *The Merchant and Shipper* が創刊された。こちらは日英に限らず世界各国の問屋、輸入商、輸出商をターゲットとする月刊誌である。やがてこの講読者には、季刊の『日英実業雑誌』が無料で配布されるようになった。第一二巻第四五号（一九〇四年三月）の『日英実業雑誌』のタイトルが『Japanese Edition The Merchant and Shipper 日英実業雑誌』となっているのは、そのためである。"Japanese Edition" のほかに "Chinese Edition" もあった。

望月の奮闘によって、『日英実業雑誌』は日英の実業界に不可欠なものとなった。*The Merchant and Shipper* は一九〇七年一二月、その "Japanese Edition" は一九〇五年九月までしか確認されていないが、『日英実業雑誌』の方は第二八巻第一〇六号（一九一九年六月）までの刊行が確認されている。

『日英新報』（*The Anglo-Japanese Gazette*）

一九〇二年七月、『日英新報』が創刊された。サブタイトルに "A Monthly Review Devoted to the Commercial & Social Interests of the

★『日英新報』創刊号（一九〇二年七月）表紙。

★『日英新報』Japanese Edition（一九〇三年七月）表紙。

"British Empire and Japan"と書かれた月刊英文雑誌である。日本と英国の時事、経済、商業に関する記事がぎっしりと詰め込まれている。編集長はレスリー・エルフィンストーン（Leslie Elphinstone）、副編集長はジョゼフ・モリス（Joseph Morris）、アシスタントとしてタケジロウ・イトウとシュンジロウ・クラモトが携わった。日英新報社の印刷・発行所はジャパン・プレス（The Japan Press 日本出版）で、ロンドンのシージング・レーン（39 Seething Lane）にあった。

第三巻第一三号（一九〇三年七月）からは四ページ分の"Japanese Edition"が加えられた。こうした増補版は不規則・不定期で、英語版の"Literary Supplement"や"Supplement"、"Special Trade Supplement"などであったり、日本語版の"Special Trade Supplement"であったりした。

『日英新報』は毎月二五日発行で、第一一巻第一二三号（一九一二年九月）まで確認できている。英国の駅のニュース・スタンドなどでも容易に入手できたらしいが、日本で講読するためにはやはり購読予約をする必要があった。日本人の読者が多く、"THE ANGLO-JAPANESE GAZETTE has a bona-fide circulation FIVE times larger than any foreign journal published or circulated in Japan"（第二巻第一二号　一九〇三年六月）とあるとおり、日本に流通している海外の雑誌の中では飛び抜けて売れ行きのよい雑誌であったようだ。第七巻第四一号（一九〇五年一一月）からは英文誌名に"The Anglo-Japanese Gazette with which is incorporated "Anglo-Eastern

★『日英新報』の広告（『日英新報』一九〇七年八月）。

★ジャパン・プレス（日本出版）社屋の写真。マーク・レーンのセント・ロレンス・ハウスという中央の建物で、窓に「THE JAPAN PRESS」「ANGLO-JAPANESE GAZETTE」と書かれており、側面には日本字で「日英新報」と書かれている。後に右隣のマルヴァン・ハウスという建物も使用するようになった（『日英新報』一九〇六年八月）。

Trade”と書かれており、*Anglo-Eastern Trade*という貿易・商業中心の雑誌と合同刊行という形になったことがわかる。第八巻第四三号（一九〇六年一月）からは住所がグレート・タワー・ストリート（64 Great Tower Street）に変わり、第八巻第四六号（一九〇六年四月）からは再び移転してマーク・レーンとバイワード・ストリート（St. Lawrence House, Mark Lane, and 7 Byward Street）となっている。ここに移ってからは、単なる雑誌発行所というよりは、英国の東洋貿易専門オフィスとなり、日本語のみならず中国語の翻訳を請け負ったり、貿易上のアドバイスを与える機関となった。第一一巻第六二号（一九〇七年八月）には「日英及東洋協会」（Anglo-Japanese & Far Eastern Bureau）という名で広告が載り、「大日本帝国の製造家諸君の為に当国に於ける代理販売者たらんことは弊協会の大に喜ぶ所也」と書かれている。第一一巻第六六号（一九〇七年一二月）には、ロンドンのヘッド・オフィスのほかに、銀座のオフィス（9 Yariya-cho, Ginza, Tokyo）、香港のオフィス（Queen's Parade Central）も掲載されている。第一二巻第七一号（一九〇八年五月）には、銀座のほかに神戸（23 Naniwa-machi, Kobe）のオフィスも加えられている。ロンドンのヘッド・オフィスも、マーク・レーンの方はSt. Lawrence Houseの横のMalvern Houseに、バイワード・ストリートの方は八、九番地に拡張している。

第一一巻第六二号（一九〇七年八月）からは表紙にJapanとChinaの両方が入っており、さらに第一二巻第七二号（一九〇八年六月）からは“Ready Shortly No.1 of the Anglo-Chinese Gazette（Ei Shin Hyoron）”という広告も見られる。第一四巻第八五号（一九〇九年七月）には“Ready”と書かれているから、この『英清評論』第一号は発行準備完了だったはずだが、現物は確認されていない。

『日英時報』（*The Anglo-Japanese Review*）

創刊号は一九一〇年一月に発行された。発行所は英国レディングの東京出版会社（The Tokio Shuppan Kwaisha, Reading, England）。編集者は中川治平（筑軒）である。吉川祐輝の祝辞によれば、中川は「英国ニ存ルコト十有余年、単身孤独赤手ヲ以テ印刷ノ業ヲ開始シ、日英両国人ノ便益ヲ扶クルコト既ニ年アリ」という人物であった。この雑誌は日英両語で書かれた月刊誌で、日英両国の情報および在英日本人社会の情報を載せたものである。副題は“A Monthly Magazine devoted to the Social and General Interests of the Anglo-Japanese World”となっている。第一巻第二号（一九一〇年二月）からは中川に加えてシュート・コラム（Chute Collum）が編集者となった。

Vol. I. JANUARY, 1910. No. 1.

Specimen Number. With The Publisher's Compliments.

The Anglo-Japanese Review

毎月一回發行

日英時報

A Monthly Magazine devoted to the Social and General Interests of the Anglo-Japanese World.

Contents.

Our Aim. ... 1
Congratulations. ... 1
Prince Ito: The Father of the Anglo-Japanese Alliance. By C. Collum. 2
The Romanization of the Japanese Language. By Bertram Wells. 6
Will Adams. ... 7
Notes and Comments: Revolutions in Japanese Drama; A Japanese Darwin Reminiscence; The Asiatic Society of Japan. ... 8
Japanese Names and Addresses. ... 10

目録

日英時報發行の趣旨 … 一頁
祝辭 加藤高明君 坂田重次郎君 吉川祐輝君 金子堅三君 細田幸男君 成美君 … 二頁
倫敦「日本人會」便り 一會員 … 三頁
倫敦通信 楓東生 … 六頁
日英時報發行に就て … 六頁
在英本邦人名表 … 七頁
旅の心意の二三 在倫敦一ハイカラ生 … 九頁

發行所寄贈本

PUBLISHED BY THE TOKIO SHUPPAN KWAISHA, READING, ENGLAND.

All communications intended for publication should be addressed to the Editor, "The Anglo-Japanese Review," 3, Merchant's Place, Reading.

★『日英時報』創刊号（一九一〇年一月）表紙。

　一九一〇年にシェパーズ・ブッシュで開催された日英博覧会（Japan-British Exhibition）に合わせて刊行されたらしく、博覧会のために渡英する日本人商人の便宜を計るべく、ロンドンのキャノン・ストリート（43 Cannon Street）にオフィスを開設し、日本商品の委託販売ができるようにした。

　第一巻第八号（一九一〇年一〇月）の「社告」には、「発行人の都合により日英時報は本号を以て本年の終号となし準備整ひ次第来春早々第九号を発行せんとす」とあるが、この号までしか確認できていない。

　このほかに日英博覧会の日本人町では、博文館の編輯員であった小塚柳厓が主幹となり、『日英週報』という邦文雑誌を発行していたようだ。

大正四年十一月十日

第一巻 第一號

日英新誌

No. 1. Nov. 10, 1915.

NICHI-EI SHINSHI.

天皇陛下

我叡聖文武ナル天皇陛下ニハ本日ノ佳辰ヲトシテ御即位ノ大禮ヲ擧ゲサセ給フ臣等遠ク外邦ニアリテ曠古ノ盛典ニ際シ皇威ノ世界ニ輝キ聖徳四海ニ遍キヲ仰キ歡ンテ此佳節ヲ遙拜奉祝シ[illegible]ニ皇運ノ無窮ヲ祈リ奉ル

○日英新誌發行の辭

祝辭

松本米吉

○御大典彙報

★『日英新誌』創刊号（一九一五年一一月）表紙。

『日英新誌』(*Monthly Anglo-Japanese Journal*)

創刊号は一九一五年一一月一〇日に刊行された。ちょうど天皇陛下即位の大礼の日に当り、表紙には奉祝の辞が載った。「日英新誌発行の辞」には、「常に数百の同胞在留する英京に於て一の邦字新聞を有せざる」ことを遺憾として発刊し、「在英在欧同胞の消息を報道して彼我の実情を相通するの機関たらしめんとす」

★現在のチャンスリー・レーン。二〇〇七年に著者が撮影。イースタン・プレスのあった三番地は奥のあたり。

と書かれている。発行所はチャンスリー・レーンのイースタン・プレス（東洋出版会社）、つまり『日英実業雑誌』の発行元、そして編集者は『日英時報』を編集した中川治平である。イースタン・プレスは『日英実業雑誌』やこの『日英新誌』のほか、『日本人名録』や若目田武次の『英訳古今集』、駒井権之助の英詩集『富士山』、岡田哲蔵の英詩集 *Eastern Reflections* なども出版した。さらに、株式会社日本電報通信社倫敦支局代理店として『日刊電報通信』をも出しており、「母国の政治経済商業より其他社界一般の最近の出来事を正確に迅速に簡明に報道するは本電報の特色にして我在外日本人の必読すへきものなり」と『日英新誌』第八巻第九三号（一九二三年九月）に広告を載せた。

『日英新誌』は在英日本人コミュニティーの出来事を詳しく伝えている。誰がどの船に乗っていつロンドンに到着しどのホテルに泊まったか、といった細かい情報を含め、各種イベントや事件まで網羅し、重宝がられたに違いない。これを読むと、ロンドンには日本人の集まりがかなり多かったことがわかる。

まず日本大使館では新年会はもちろんのこと、毎年一〇月三一日には「天長節祝日遥拝式」が開催され、フロックコートを着た日本人が集った。大使館のほかに日本人会（Japanese Society）があった。駐英大使松平恒雄は、日露戦争前に初めてキング・ストリート（39 King Street）に出来た頃の日本人会について、「家も粗末なものであり、塵埃も多く到底クラブの体面を持するやうなものではなかつた」（第一四巻第一五九号　一九二九年四月）と回顧しているが、これがカヴェンディッシュ・スクエア（3 Cavendish Square）に移転して堂々たる社交場に発展した。『日英新誌』第九巻第一〇七号（一九二四年一一月）に載った広告を見ると、日本人会には社交室、読書室、玉突室、ゴルフ練習室、カード室、食堂、牛豚肉鍋特別宴会室、酒場、浴室が備わっていたことがわかる。『日英新誌』は、こうした娯楽設備におけるゲームの勝敗なども載せた。これとは別に日本協会（Japan Society）もあった。こちらは親日家のイギリス人アーサー・ディオジーによって一八九一年に創立され、ハノーヴァー・スクエア（20 Hanover Square）で定期的に講演会を開いていた。『日英新誌』はその演題も載せた。

一九一七年一月には「在英同志間の温情並に向上を目的」（第三巻第一八号　一九一七年五月）とした「日東会」が誕生し、会報「日東」も発行していたようだ。第四巻第二六号（一九一八年一月）には、日東会」の新年会が、ピカディリーの台湾喫茶店地下室全部を借り切って催され、一〇〇名以上が出席、余興としてマダム花子一座の手踊りなどもあったと書かれている。

また「武道会」も「日東会」と同じ頃に出来、こちらは主に柔道などの武道の普及に貢献した。第一四巻第一五八号（一九二九年三月）によれば、武道会の会員はこの年の二月、スコットランド・ヤードに出張して柔道の公演を行ったらしい。「柔道は当地警察官の間に追々と拡がり、今では一のスポートとして又職務上の技

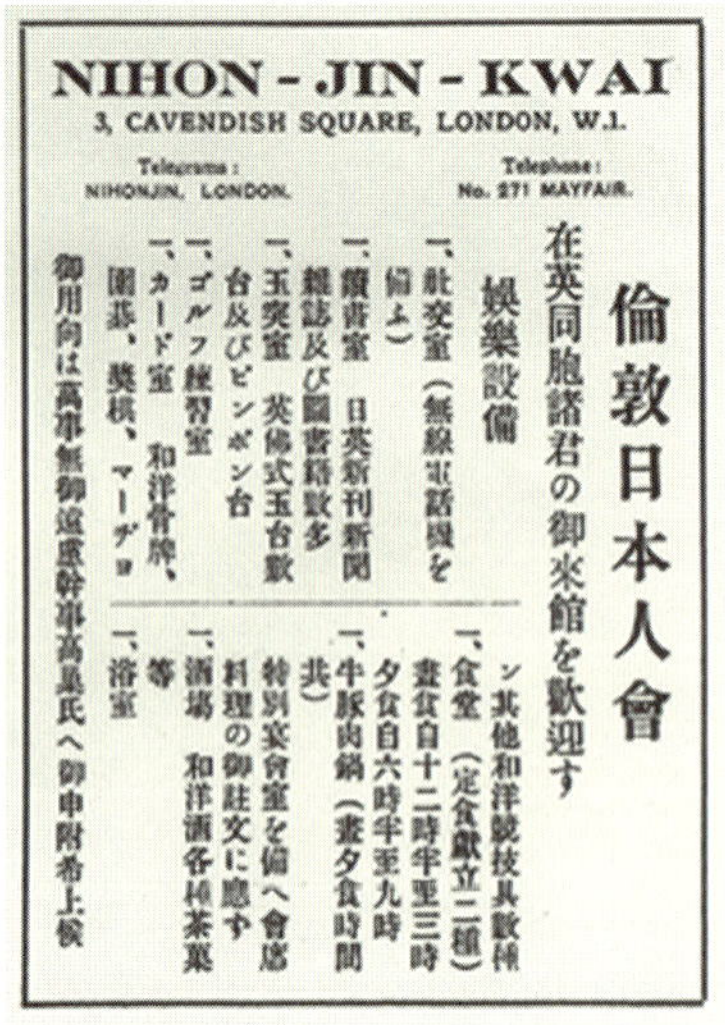

NIHON - JIN - KWAI
3, CAVENDISH SQUARE, LONDON, W.1.
Telegrams: NIHONJIN, LONDON.
Telephone: No. 271 MAYFAIR.
倫敦日本人會
在英同胞諸君の御來館を歡迎す
娯樂設備
一、社交室（無線電話機を備ふ）
一、讀書室　日英新刊新聞雜誌及び圖書籍數多
一、玉突室　英佛式玉台數台及びピンポン台
一、ゴルフ練習室
一、カード室　和洋骨牌、圍碁、將棋、マーヂヨン其他和洋競技具數種
一、食堂（定食獻立二種）晝食自十二時半至三時　夕食自六時半至九時
一、牛豚肉鍋（晝夕食時間共）
特別宴會室を備へ會席料理の御註文に應ず
一、酒場　和洋酒各種茶菓等
一、浴室
御用向は萬事無御遠慮幹事高島氏へ御申附希上候

★日本人会の広告（『日英新誌』一九二四年一一月）。

★日本協会のあったハノーヴァー・スクエアの建物（『日英新誌』一九〇三年一二月）。

術として認めらるに至」ったという。一九二九年四月には武道会発行の謄写版刷の英文月刊誌 *The Budokwai* もできたようだ。この会の名誉幹事は小泉軍治が務め、『日英新誌』にはその会務報告が載った。ちなみに第八巻第九三号（一九二三年九月）の会務報告によると、会員総数は二二二名、職業紹介が四五件、「疾病其他ノ事情ニ因テ困窮セル者ヲ補助救済セル事」一五件、などとある。

一九一九年五月には「共済会」が生れ、毎日曜の日本人医師による診察のほか、時宜に応じて講演会や談話会を行っていた。ちなみに第一回講演会には日本基督教リーダーの海老名弾正、次の談話会にはロンドンに来ていた尾崎行雄が招請された。この共済会ではロンドン在住の日本人の健康や就業の便宜を計っていた。

一九二〇年八月には倫敦日本基督教協会ができ、礼拝のほかに講演会を開催していた。そのほか各大学・高校の同窓会やロンドン大学日本学生会などもあり、もっぱら常磐や日の出家などの日本料理店で集会が持たれていた。一九二〇年五月には短歌同好会「朴葉会」もできた。「丁度早春着任された岩井尊人君が先攻であるところから三井（物産）の手近な処だけで仝君をお師匠さんにたのんで五月頃から毎木曜日にクラブの一隅をかりて仲間の歌の自慢の仕合や岩井君の考をきいたりするの外仝君から万葉短歌全部の釈義を聞いて」（第六巻第五九号　一九二〇年一一月）いたという。

こうしたさまざまな会合の報告を載せた『日英新誌』の需要は

★『日英新誌』は、日本人の集まりを時にはこのような写真入りで紹介した。上は 1921 年 5 月 27 日にセシル・ホテルで開催された日本協会晩餐会の模様（『日英新誌』1921 年 6 月）。

十分にあったと考えられるものだが、雑誌経営は難しく、第七巻第七九号（一九二二年七月）には、「本誌の収入は未た発行費の過半をも償ふに足らざるを以て今月号より一部定価六片（郵税一片半）と改正す」との通知が載っている。さらに第九巻第一〇七号（一九二四年一一月）の「社告」には、「主として在英の我諸銀行会社商店等の広告的援助」によって成り立ち、「英国商工会社の応援」も得ていたが、商工界の不景気によってこの方面からの収入も見込めなくなり、廃刊も考えねばならなくなったと書かれている。「少くとも一回二三千部を捌き得るものなれば一部当りの代価は二、三片を限度となし得れども、発行部数千を満さゞるに其九―九分よりは購読料を得ないのである」と、発行部数が意外にも一〇〇〇に満たない実情を訴えている。「本紙の改良或は同胞社界の為めに、もっと有益なる奉仕利用方あらば実行の能不能に拘らず、先輩諸士の御教示あらんことを懇願する」という声に答えて、第一〇巻第一二〇号（一九二五年一二月）には、松川梅賢が新たな編輯人となって中川を助けるようになった。松川は早速「読者欄」を新設し、「質疑欄」「短文投書」「紙上討論」の三つに分けて投稿を募った。さらに松川は第一七巻第一九〇号（一九三二年一月）によると、月刊雑誌「英書界」の編輯も試みたようだ。これは「英国で続々発行さるゝ書籍中より名著や日本人の参考となりさうな本を撰んで内容を紹介且つ批評し、同時に英国智識階級の情報を伝へ」るもので、一九三二年三月には創刊号をイースタン・プレ

★イースタン・プレスは手広く印刷業を営んでおり、上の写真は「東洋出版会社に於て仏国某会社の註文に係かる至急を要する印刷物の輸送にインストン航空運送会社の飛行機を利用したる時」（『日英新誌』1921年12月）のものである。『日英新誌』の発行停止が即ちイースタン・プレスの営業停止とはならなかったと考えられる。

スから発行する計画を立てていたようだが、実際に刊行された形跡はない。

日本人コミュニティーはますます増大し、各種団体ができた。一九三二年一〇月には文部省在外研究員の団体が「在英文研会」と命名され、定期的に集会を開くようになった。一九三三年四月には日本人の相互補助機関「在英同胞会」が出来、それまでの「共済会」は解散した。「武道会」はますます盛んで、一九三八年二月にはその柔道公演がテレビ放送された。

一九三八年九月には倫敦日本学園がヘンドン（162 Station Road, Hendon）に出来、一日に最初の授業を開始した。ロンドンに増えた日本人児童のための学校で、「日本から来た若い先生竹中博子さんも元気で働いて居る。英語は松本女史が大使館秘書としての激務の傍ら特に献身的に担当することになつて居る」と第二三巻第二六九号（一九三八年九月）に書かれている。若い先生というのは、富山県女子師範学校の新卒業生であった。『日英新誌』も順調に発行を続けていたように見えたが、この号の片隅に、英文で小さくこんな記事が載った。"The Directors of the Eastern Press, Ltd., regret to announce that after the present issue NICHI EI-SHINSHI will cease publication. They appreciate the support given by the Japanese community during the many years it has been published, but owing no doubt to the unfavourable conditions now prevailing the revenue is inadequate to justify continuation." つまり採算の悪化により、雑誌発行を停止せざるを得なくなったということだ。こうして一九一五年一一月から二三年続いた『日英新誌』も、この号をもって終刊となった。

〔附〕ロンドン関係・出版物年表　1861-1945

〈凡例〉

◇本年表は、事項篇と出版物篇（各年後半の二字下がった部分）から成る。

◇事項篇には、主として、本書に登場する日本人のロンドンでの足跡およびそれに関係するロンドンの時代的動向を記載した。日付のわかるものから先に記載している。月日の表記は西洋紀年・陽暦を用いたが、必要に応じ、明治五年までは、陰暦も併記した。なお、この事項篇作成に際しては、一次資料と併せて、下記の書籍を参照している。岩波書店編集部編『近代日本総合年表第二版』（岩波書店、一九八四年）、村岡健次・木畑洋一編『世界歴史大系イギリス史3近現代』（山川出版社、一九九一年）、蛭川久康・櫻庭信之・定松正・松村昌家・Paul Snowden 編『ロンドン事典』（大修館書店、二〇〇二年）、泉孝英『日本・欧米間、戦時下の旅』（淡交社、二〇〇五年）。

◇出版物篇には、現物を確認した、日本人のロンドン体験関係出版物を記載した。原則として単行本に限ったが、一部、雑誌の特集号をも記載している。なお翻訳は原則として除いている。

一八六一（文久元）年

一二月、ヴィクトリア女王の夫アルバート公が亡くなる（14日）。

一八六二（文久2）年

四月、竹内下野守保徳を正使とする遣欧使節団がロンドンに到着する（2日）。五月、第二回の万国博覧会がロンドンのケンジントン・パークで開かれ初めて日本のコーナーが設けられた（1日～11月1日）。竹内使節団も博覧会を見学した。六月、幕府使節竹内保徳がイギリス外相ラッセルとの間にロンドン覚書を調印（6日、旧暦5月9日）。この年、初代駐日総領事ラザフォード・オールコックがロンドンに戻る。

一八六三（文久3）年

一月、世界最初の地下鉄がパディントン駅とファリンドン・ストリート駅を結び開通した（10日）。八月、薩英戦争（15日、旧暦7月2日）。この年、ホイッスラーが「陶器の国の姫君」を描く。

　刊行月不記載、Rutherford Alcock, *The Capital of the Tycoon* (Longman, Green)。

一八六四（文久4・元治元）年

一〇月、国際労働者協会（第一インターナショナル）が結成され（5日）、カール・マルクスが綱領や規約を書き上げる。この年、ホイッスラーの「紫色とばら色・六つのマークのランへ・レイゼン」がロイヤル・アカデミーに出品される。オールコックが再来日。

一八六五（元治2・慶應元）年

六月、森有礼が薩摩藩の海外派遣留学生一四名の一人としてロンドンに到着（21日）。一行は鮫島尚信・吉田清成・松村淳蔵らの他に視察員として松木弘安（後の寺島宗則）や五代才助（友厚）ら五人を加え総勢一九名でまずクイーンズ・ゲート・テラス一九番地のケンジントン・ホテルに宿泊した。七月、長州藩の密航留学生である山尾庸三・野村弥吉・遠藤謹助が薩摩藩留学生を訪問（2日）。八月、森有礼が高見弥一とともに化学教師グレインの家に移った。一〇月、柴田日向守剛中を特命理事官とする第三回遣欧使節団がロンドンに到着する（21日）。この年、シメオン・ソロモンが「日本の団扇を手にした中国服の婦人」を描く。オールコックが清国駐在公使となりハリー・パークスが彼のあとを継ぐ。

一八六六（慶應2）年

一二月、中村正直らがロンドンに到着（28日）。興行師リチャード・リズレー率いるリズレー一座が日本を出発する。この年、徳川幕府により一般庶民の渡航が正式に認可される。

一八六七（慶應3）年

この年、カール・マルクスが『資本論』第一巻をロンドンで公刊。

一八六八（慶應4・明治元）年

二月、保守党の第一次ディズレイリ内閣成立（29日）。四月、中村正直らがイギリスから出国しフランス経由で帰国の途に就く。リズレー一座がロンドンのロイヤル・ライシアム座で初日を迎える。六月、リズレー一座が千秋楽を迎える。一二月、自由党の第一次グラッドストーン内閣が成立し（9日）、以後自由党と保守党の政権交代が続く。

一八六九（明治2）年

一一月、スエズ運河が正式に開通した（17日）。万里小路通房がロンドン留学のために日本を出る。

四月、村田文夫『西洋聞見録』（井筒屋勝次郎）。

一八七〇（明治3）年

七月、馬場辰猪が土佐藩より海軍機関学習得のための英国留学を命ぜられパシフィック・メール号に乗り横浜出港（21日）。九月、馬場辰猪がロンドンに着く。

一八七一（明治4）年

一〇月、馬場辰猪がロンドンのユニバーシティ・カレッジで物理学を聴講する（～翌年三月）。この年、ロイヤル・アルバート・ホールが開場した。ロレンス・アルマ＝タデマが「ローラ・テレサ・エップスの肖像」を描く。

一八七二（明治5）年

七月、岩倉使節団がロンドンに到着する（14日）。八月、使節団がロンドンからリヴァプール・マンチェスターなどの視察のため出発（27日）。一〇月、使節団がロンドンに戻る（9日）。南アフリカのダイヤモンド産出地帯をイギリスが併合した。一一月、岩倉使節団がロンドンからカレーに向かう（16日）。この年、小野梓、大蔵省留学生としてロンドンに着く。ホイッスラーの「ノクターン——青と金、オールド・バタシー・ブリッジ」が描かれる（～七五年）。

一八七三（明治6）年

四月、井上十吉が省三とともに旧藩主蜂須賀茂韶侯の命で留学のためイギリスへ出発（23日）。五月、バジル・ホール・チェンバレンが来日（29日）。九月、馬場辰猪・小野梓・赤松連城らが日本人留学生の親睦と知識の交換を目指して日本学生会を組織し、最初の会合が開かれる。一二月、日本政府が官費留学生帰国令発令。

九月、Tatui Baba, *An Elementary Grammar of the Japanese Language*（Trübner and Co.）。

一八七四（明治7）年

三月、小野梓、帰国のためロンドンを出て帰国の途につく。七月、万里小路通房がロンドンを出て帰国の途につく。一〇月、馬場辰猪がロンドンを出て帰国の途につく。

一八七五（明治8）年

六月、馬場辰猪が英国法を学ぶため再度ロンドンに着く（8日）。この年、ロンドンにリバティーがオープンする。ホイッスラーが「黒と金のノクターン——落下する花火」を描く。

八月、林董訳編『日耕余録』第九号（島村利助、[redacted]5月稟准）。一〇月、Tatui Baba, *The English in Japan: What a Japanese Thought and Thinks about Them*（Trübner and Co.）。

一八七六（明治9）年

三月、馬場辰猪がロンドンで開かれた人類学協会に出席し日本神話について討論する（28日）。八月、南条文雄が梵語を学ぶための英国留学でロンドンに着く（11日）。この年、アルバート・メモリアルが完成。

四月、コックス、小林儀秀抄訳・纂輯『英国行政談』一・二（小林儀秀）。九月、Tatui Baba, *The Treaty between Japan and England*（Trübner and Co.）。

一八七七（明治10）年

一月、ヴィクトリア女王がデリーでインド女皇になることを宣言（1日）。

一八七八（明治11）年

一月、馬場辰猪は土佐藩留学生真辺戒作と口論し真辺の頭部を傷つけてノッティング・ヒル駐在所に出頭した（7日）。馬場辰猪がクラーケンウェルの未決監に拘留される（8日～15日）。エジプトから移送されたオベリスクであるクレオパトラの針がテムズ河を臨むヴィクトリア・エンバンクメントに立てられた。二月、馬場辰猪が五〇ポンドの保証金で処罰猶予となる（8日）。三月、馬場辰猪が帰国のためロンドンを離れる（14日）。四月、末松謙澄が公使館付の書記生としてロンドンのヴィクトリア駅に着く（1日）。当時の特命全権公使は上野景範。九月、井上十吉がラグビー・スクールに入学。

三月、ヂヨン・マレイ著、丹羽純一郎訳述『英国竜動新繁昌記』初篇～四篇（高橋源吾郎）。一〇月、久米邦武編『特命全権大使米欧回覧実記』第二編（博聞社）。

一八七九（明治12）年

一〇月、井上十吉がキングス・カレッジに入学。一一月、森有礼が特命全権公使に任じられイギリスに向かう（20日）。

二月、高橋基一訳『英国国会沿革誌』（朝野新聞社）。一二月、横山訒訳述『英国救貧論』第一巻（横山訒、11月版権免許）。刊行月不記載、Suyematz Kenchio, *The Identity of the Great Conqueror Genghis Khan with the Japanese Hero Yoshitsune* (W. H. and L. Collingridge)。

一八八〇（明治13）年

一月、森有礼が日本政府の特命全権公使としてロンドンに赴任しケンジントン・パーク・ガーデンズ九番地の日本公使館に入った（4日）。二月、森有礼がヴィクトリア女王に謁見（4日）。四月、第二次グラッドストーン内閣が成立した（28日）。五月、日本公使館がカヴェンディッシュ・スクエア九番地に移転し（18日）、森有礼もここに入った（28日）。この時の一等書記官は富田鉄之助で書記生に牧野伸顕らがいた。一一月、パリの鮫島尚信公使が病気になり森有礼が看病のために訪れる。一二月、鮫島尚信が病没し（4日）、モンパルナス墓地で葬儀が行われた（8日）。この年の春、末松謙澄がケンブリッジ大学に入学。この年、ロイヤル・アルバート・ドックが竣工した。井上省三が英国留学を終えて帰国。

一一月、リットン著、井上勤抄訳『開巻驚奇竜動鬼談』（前川善兵衛）。

一八八一（明治14）年

四月、井上十吉がロイヤル・スクール・オブ・マインズに入学して採鉱冶金学を学ぶ。一〇月、サヴォイ座開場。この年、ロンドンに火力発電所ができ電灯事業が始まった。グリニッジが子午線の経度の基点として承認された。自然史博物館が開館した。大英博物館がウィリアム・アンダーソンの日本美術品コレクションを三〇〇〇ポンドで購入。

一八八二（明治15）年

八月、イギリス軍がエジプトのポートサイドに上陸（19日）。九月、イギリス軍がカイロを占領しエジプト軍は降伏した（15日）。

五月、桑野鋭訳述『英国情史蝶舞奇縁』（柴溟堂、4月版権免許）。一二月、天野皎訳『英国衛生条例』（阪根達郎）、戸田欽堂『薫兮東風英国軍記』（増田三郎）。刊行月不記載、Suyematz Kenchio trans., *The Tale of Genji* (Trübner)。

一八八三（明治16）年

五月、ベルリンに来ていた伊藤博文が森有礼をロンドンから呼び寄せた（10日）。一〇月、井上十吉が帰国の途につく（31日）。

五月、林董編『有栖川一品親王欧米巡遊日記』（回春堂）。八月、『英国火工問答』（海軍省主船局）。

一八八四（明治17）年

一月、フェビアン協会がロンドンで設立される。二月、森有礼が帰国命令を受けチャリング・クロス駅を出発（26日）。四月、矢野龍渓が横浜港からヨーロッパに向けて旅立つ（20日）。六月、矢野龍渓がロンドンのチャリング・クロス駅に到着（25日）。末松謙澄がケンブリッジ大学を卒業した。七月、永井荷風の父久一郎がロンドンでの万国衛生博覧会の事務官を命じられ農商務省御用掛および同省博覧会事務取扱としてロンドンに到着（10日）。

一八八五（明治18）年

一月、ロンドンのナイツブリッジに「日本人村」がオープン（10日）。三月、ウィリアム・ギルバートとアーサー・サリヴァンによる歌劇「ミカド」がサヴォイ座にて初演（14日）。五月、「日本人村」が火事で消失（2日）。七月、英吉利法律学校（現、中央大学）設立。八月、ロンドンの矢野龍渓のもとに弟矢野武雄がやってきたので同宿。一一月、「日本人村」再開（2日）。森田思軒がロンドンの矢野龍渓のもとにやってきたので同宿（21日）。この年、ゲイエティ座で舞踊劇「日本村」を上演。ツール座で「タイキン」を上演。ピエール・ロティが日本に滞在。カール・マルクスの末娘エリノア・マルクスがウィリアム・モリスと社会主義同盟を結成。

八月、青木恒三郎編・南枝醇閲『世界旅行萬国名所図会』二ノ巻（嵩山堂）。刊行月不記載、Otakesan Buhicrosan, *Japan, Past and Present* (the Proprietors of the Japanese Native Village)。

一八八六（明治19）年

三月、末松謙澄が帰国した。七月、矢野龍渓が弟武雄や森田思軒とともにロンドンのリヴァプール港を出発し（1日）、アメリカ合衆国経由で帰国の途についた。八月、新帰朝者の末松謙澄を中心に演劇改良会が結成される。

三月、山下雄太郎『海外見聞録』（山下雄太郎）、高田早苗『英国外交政略』（博聞社）。四月、矢野龍渓『周遊雑記』（報知社）。八月、野津道貫『欧米巡回日誌』（広島鎮台文庫）。

一八八七（明治20）年

六月、「日本人村」閉幕（20日）。

二月、スマイルス著、中村正直訳『西国立志編』（自由閣）、安川繁成編『英国新聞紙開明鑑記』上・下（山口屋佐七）、村松熊太郎『革命余波英国奇談』（高橋平三郎、第一巻・第二巻一八八六年11月版権免許、第三巻一八八六年11月出版御届）。五月、西滸生『西洋風俗記』（駸々堂本店）。七月、西滸答案・吉田熹六紀事・佐藤雄治編纂『社会進化欧洲之風俗』（大庭和助）。一一月、岩本五一編『絵本通俗英国史』（東京屋、7月上巻版権免許、8月下巻版権免許）。刊行月不記載、Pierre Loti *Madame Chrysanthème* (Calman-Lévy)。

一八八八（明治21）年

六月、自由民権運動家の尾崎行雄がロンドンに到着（7日）。八月、切り裂きジャック事件（～11月）。一〇月、ウィリアム・ギルバートとアーサー・サリヴァンによる歌劇「古城の衛士」がサヴォイ座にて初演。

一〇月、吉田熹六訳編『英国地方行政論』（集成社書店）。一二月、戸水寛人『英国衡平法』（京橋活版社）。

一八八九（明治22）年

二月、ロンドンの日本公使館で大日本帝国憲法発布祝賀会が催され尾崎行雄も出席（11日）。八月、新組合主義運動が高まりロンドンでドック・ストライキが発生（九月まで）そのストを尾崎行雄が目撃。一一月、尾崎行雄がロンドンから帰国の途に就く。この年、加藤章造が美術商としてロンドンに到着。

五月、高橋達『英国市制実見録』（集成社書店）。六月、高橋達『英国叢談』（伊東直三・梅原忠蔵）、関重忠『英国海軍水圧機説論』（発行所不記載）。七月、石井研堂『十日間世界一周』（学齢館）。八月、井上円了『欧米各国政教日記』上篇（哲学書院）、原田嘉内『英国国会実見録』（原田嘉内）。一一月、増野悦興『英国清教徒紀事』（福音社）。刊行月不記載、Marcus Huish, *Japan and its Art*（The Fine Art Society）。一二月、井上円了『欧米各国政教日記』下篇（哲学書院）。

一八九〇（明治23）年

一月、ウィリアム・モリス「ユートピアだより」（News from Nowhere）の連載が雑誌『コモンウィール』で始まる（〜10月）。三月、高楠順次郎が仏教研究のためオックスフォードに向けて神戸からオーシャン号で出港（11日）。五月、ロンドンで第一回メーデー開催（4日）。

五月、須永金三郎『英国史』（博文館）。七月、黒岩涙香『涙香集』（扶桑社）、山辺権六郎『外航見聞誌』（山辺権六郎）。一二月、高橋義雄『英国風俗鏡』（大倉保五郎）。刊行月不記載、Basil Hall Chamberlain, *Things Japanese*（K. Paul, Trench, Trübner）。

一八九一（明治24）年

九月、日本協会が設立される（9日）。一二月、日本協会の第一回の会合が開かれる（8日）。この年、ジャック・トマス・グラインが会員組織で独立劇場を創設しイプセンやショーの作品を上演し近代劇運動が始まる。

一月、依光方成『三円五十銭世界周遊実記』（博文館）。三月、高田善治郎『出洋日記』（川勝鴻宝堂）。八月、快楽亭ブラック口演・福島昇六速記『英国龍動劇場土産』（銀花堂）。一一月、矢野龍渓稿、久世久編『西遊漫記想起録随筆雑纂』全（長島書房）。

一八九二（明治25）年

九月、南方熊楠がリヴァプール経由でロンドンに到着（26日）。

六月、大越成徳『英国殖民及移住ニ関スル報告』（外務省移民課）。一一月、『英国奇談大詐偽師』（日吉堂）。

一八九三（明治26）年

三月、主筆W・W・ボーマン、翻訳者望月小太郎で日英文季刊誌『日英実業雑誌』（*The Japanese Journal of Commerce*）が創刊される。六月、望月小太郎が『日英実業雑誌』の主筆となる。この年、ピカディリー・サーカスのエロス像除幕。

七月、徳富健次郎纂輯『近世欧米歴史の片影』（民友社）。

一八九四（明治27）年

六月、片山潜がロンドンに到着（3日）。ロンドンでは社会事業の実情やケヤ・ハーディ、トム・マンらの活動を見学しその後スコットランドやマンチェスターなども視察。八月、片山潜が英国を出国し（24日）、米国に向かう。この年、タワー・ブリッジが完成する。

三月、渡辺熊四郎『欧米旅行日記』（渡辺熊四郎）。刊行月不記載、Lafcadio Hearn, *Glimpses of Unfamiliar Japan*（Houghton, Mifflin）。

一八九五（明治28）年

八月、望月小太郎が東京にイースタン・プレス社を設立。一〇月、南方熊楠がR・ダグラス大英博物館東洋図書部長の知遇を得る（22日）。

刊行月不記載、Lafcadio Hearn, *Out of the East*（Kegan Paul, Trench, Trübner）。

一八九六（明治29）年

八月、評論家の徳富蘇峰がロンドンに到着しハムステッド・ヒースの下宿に滞在する。月末に徳富蘇峰がロンドンからヨーロッパ周遊に出かける。この年、労働問題研究のために法学者の桑田熊蔵がドイツ・イギリス・フランスへ留学（三年後に帰国）。ナショナル・ポートレート・ギャラリーが現在地に移転し本格的に開館。ディリー座で「芸者」初演。

二月、渋江保『英国革命戦史』（博文館）。三月、梶川良吉・木山信吉『軍艦吉野自英国至日本航海報告』（海軍省水路部）。七月、石井ブラック口演『孤児』（金桜堂）。刊行月不記載、W. G. Aston trans., *Nihongi*（Kegan Paul, Trench, Trübner）。

一八九七（明治30）年

一月、徳富蘇峰が再び英国を訪れスコットランド・オックスフォード・ケンブリッジを旅行。二月、徳富蘇峰がロンドンに到着。三月、南方熊楠が大英博物館東洋部長のダグラスの部屋で孫文と初めて出会う（16日）。四月、ハー・マジェスティー座が開場しハーバート・ビアボウム・トリーがアクター・マネージャーとなる。五月、中央新聞社特派員の水田南陽（水田栄雄）がロンドンに到着しキルバーンに滞在。水田はロンドン滞在中に日本人留学生に教えられてコナン・ドイルのホームズ・シリーズの存在を知る。徳富蘇峰がイギリスを出国しアメリカに向かう。六月、ヴィクトリア女王即位六〇年祝賀行列と艦隊閲覧式を鎌田栄吉が見る（22日、26日）。式典には日本からは有栖川宮威仁親王が列席する。この式典を水田南陽が現地取材しその後も水田はロンドン市内やバーミンガム・マンチェスター・リヴァプール・グラスゴー・ニューカッスルなど英国各地を取材した。一一月、南方熊楠が大英博物館の閲覧室で館員を殴る事件を起こす（8日）。一二月、牧野義雄がロンドンに到着する（8日）。この年、松波仁一郎が初めてロンドンに滞在してテンプル法学院の図書館で研究を続けていた。M・G・フォーセットが「婦人参政権協会全国同盟」（NUWSS）を結成。

三月、片山潜『英国今日之社会』（警醒社書店）。

一八九八（明治31）年

三月、牧野義雄がサウス・ケンジントン芸術科学学校に入学し（1日）、午前中は在英日本公使館の造船監督事務所で働き午後はデッサンを学ぶ生活を始める。一二月、南方熊楠が大英博物館から追放の連絡を受ける（14日）。望月小太郎がイースタン・プレス社のヘッド・オフィスを東京からロンドンに移す。

一〜五月、福澤諭吉『福澤全集』全五巻（時事新報社）。二月、坂本一・加藤寛治『軍艦富士自英国至日本航海報告』（海軍省水路部）。七月、高橋守道・平賀徳『軍艦八島自英国至日本航海報告』（海軍省水路部）。一〇月、石橋甫・小倉寛一郎『軍艦高砂自英国至本邦航海報告』（海軍省水路部）、井上十吉『英名家散文注釈』（成美堂書店）。刊行月不記載、John Luther Long, *Madame Butterfly*（Century）。Ebenezer Howard, *To-morrow; a Peaceful Path to Real Reform*（S. Sonnenshein）。

一八九九（明治32）年

一月、水田南陽が長崎河内丸に乗船しイギリスで建造された軍艦東雲・叢雲の二隻とともにロンドンを出航し帰国の途につく。六月、ヴィクトリア・アンド・アルバート美術館開館（前身のサウス・ケンジントン博物館は一八五二年に設立）。一一月、大谷嘉兵衛がユーストン駅に到着して（23日）、三日後にブリュッセルに向かう。ウィンダム座開場。この年、ハリー・グランヴィル゠バーカーとウィリアム・アーチャーらが舞台協会を創設。エベネザー・ハワードらが田園都市協会（Garden City Association）を設立。

六月、鎌田栄吉『欧米漫遊雑記』（博文館）。七月、桑田熊蔵『欧洲労働問題の大勢』（有斐閣書房）、水田南陽「不思議の探偵」（『中央新聞』12日～11月4日）。刊行月不記載、Lafcadio Hearn, *In Ghostly Japan*（Little, Brown）。

一九〇〇（明治33）年

一月、大谷嘉兵衛がパリからロンドンに戻り（2日）、五日後にリヴァプールに向かう。二月、大谷嘉兵衛がアメリカ経由で帰国（28日）。イギリスの六五の労働組合と社会民主同盟・フェビアン協会・独立労働党の三団体が労働代表委員会を結成。六月、川上音二郎一座がロンドンに着きアーサー・ディオジーに迎えられる。川上音二郎一座がコロネット座で上演しその後バッキンガム宮殿で上演（27日）。九月、南方熊楠がロンドンから帰国の途につく（1日）。一〇月、夏目漱石が文部省第一回給費留学生として英語研究のためロンドンに到着しガワー・ストリート七六番地の宿に入った（28日）。夏目漱石がタワー・ブリッジやロンドン・ブリッジ、ロンドン塔、モニュメント（大火記念塔）などを見学し夜はヘイマーケット座でシェリダンの「悪口学校」を観た（31日）。望月小太郎がイースタン・プレス社から英文月刊誌 *The Merchant and Shipper* を創刊。一一月、夏目漱石がケンブリッジのチャールズ・フリーア・アンドルーズを訪れた（1日）。夏目漱石がユニヴァーシティ・カレッジでケア教授の講義を初めて聞く（7日）。夏目漱石がプライオリー・ロード八五番地のミス・ミルデの下宿に移る（12日）。夏目漱石が長尾半平と終日話す（15日）。夏目漱石がクレイグに初めて会う（22日）。丸山晩霞が鹿子木孟郎・河合新蔵・満谷国四郎と渡米し展覧会で得た資金をもとにヨーロッパに渡る。一二月、夏目漱石がフロッデン・ロード六番地のミス・ブレット家に移る（22日前後）。この年、山中商会ロンドン支店がオープン。ピエール・ロティが再来日。好本督がパリ万国博覧会の見学のために渡欧しそのままオックスフォード大学に入学して神学や社会福祉を学ぶ。

五月、水田栄雄『大英国漫遊実記』（博文館）。八月、伊吹山徳司『英国海運史要』（丸善）。九月、菊池幽芳『探偵叢話』（駸々堂）、大谷嘉兵衛『欧米漫遊日誌』（大谷嘉兵衛）。

一九〇一（明治34）年

一月、ヴィクトリア女王死去しエドワード七世が王位を継承した（22日）。四月、夏目漱石がブレット家の引っ越しに伴いステラ・ロード五番地（現在は一一番地）に移る（25日）。造船監督事務所が閉鎖されて牧野義雄が職を失う。五月、池田菊苗がドイツ留学からの帰国の途次ロンドンで滞在するために下宿先を頼んでいた夏目漱石のもとを訪れる（5日）。六月、土井晩翠が私費での欧州旅行に出発した（15日）。七月、夏目漱石がロンドンでの最後の下宿であるクラパム・コモンのチェイス八一番地のミス・リールの家に移る（20日）。八月、夏目漱石がカーライルの故宅を池田菊苗と共に見学する（3日）。一一月、川上音二郎一座が再びロンドンを訪れる（7日）、川上音二郎一座が神奈川丸で帰国の途につく（9日）。丸山晩霞がアメリカ〜ヨーロッパでの二年間の生活を終えて帰国。この年、花子（太田ひさ）が日本を出る。秋、好本督が英国から帰国。

八月、林貞次郎『英国小学生徒』（鳴皐書院）。一〇月、正木照蔵『漫遊雑録』（正木照蔵）、大岡硯海『欧米管見』（大岡育造）、千坂智次郎・安村介一『軍艦八雲自独国至英国航海報告』（海軍省水路部）。一二月、人見一太郎『欧洲見聞録』（民友社）。刊行月不記載、Lafcadio Hearn, *A Japanese Miscellany* (Sampson Low, Marston)。

一九〇二（明治35）年

一月、日本協会の代表団がロンドン滞在中の伊藤博文を滞在先のホテルに訪ねる（3日）。日英同盟調印（30日）。二月、テート・ギャラリーで牧野義雄と三宅克己が再会する。岡倉由三郎が文部省留学生として訪英。三月下旬〜四月上旬、姉崎嘲風がドイツからロンドンに移った。四月、小松宮彰仁親王がエドワード七世の載冠式参列のため日本を発つ（20日）。五月、島村抱月が東京専門学校海外留学生としてロンドンに到着（7日）。姉崎嘲風が大英博物館を見学しロイヤル・オペラでワグナーの「ジークフリート」を聞いた（21日）。第二次ボーア戦争終結。六月、エドワード七世急病のため載冠式が延期される（24日）。七月、ヘンリー・アーヴィングがライシアム座での最後の公演にエレン・テリーと「ヴェニスの商人」を演ずる（19日）。バルフォア統一党内閣成立。レスリー・エルフィンストーン編集の英文月刊誌『日英新報』（*The Anglo-Japanese Gazette*）が、ジャパン・プレス社から創刊される。八月、エドワード七世の載冠式が行われる（9日）。一〇月、島村抱月がオックスフォードに移り聴講生となる（4日）。一一月、姉崎嘲風がナポリから帰国の途についた（19日）。野口米次郎がロンドンに到着し（20日）、クイーンズ・ホテルに宿泊するがまもなくブリクストンの牧野義雄と同居を始める（〜一九〇三年4月）。一二月、夏目漱石がアルバート・ドックから日本郵船の博多丸に乗船して帰国の途に着いた（5日）。この年、大英博物館がアーネスト・ハートの未亡人から二二五枚の浮世絵版画と八冊の画帳を二五〇ポンドで購入。革命家レオン・トロツキーがロンドンに亡命。

四月、好本督『真英国』（言文社）、林貞次郎『英国の婦人』（広文堂書店）。五月、長田秋濤『洋行奇談新赤毛布』（文禄堂書店）。平田知夫『海外評論第一　日英同盟と世界の輿論』（言文社）。八月、池辺義象『欧羅巴』（金港堂書籍）。一一月、窪田勘六編『千九百一年英国グラスゴー万国博覧会出品同盟会報告』（英国グラスゴー万国博覧会出品同盟会）。

一九〇三（明治36）年

一月、野口米次郎がアーサー・ディオジー宅に招かれる（18日）。野口米次郎がレディ・キャンベル宅を訪問（19日）。野口米次郎がレディ・キャンベル宅を再び訪問（25日）。野口米次郎がウィリアム・ロセッティの家に招かれる（29日）、野口米次郎がアーサー・シモンズを訪問（31日）。二月、平田禿木が文部省留学生として英語英文学を学ぶため日本を発つ。野口米次郎がロレンス・ハウスマン宅を訪問（6日）。野口米次郎がシドニー・コルヴィン、ロレンス・ビニヨンと会う（10日）。野口米次郎がビニヨンとともにスタージ・ムーア宅を訪問。二月、島村抱月がヒズ・

マジェスティー座で「復活」を見る。四月、島村抱月がストラッドフォード・アポン・エイヴォンに赴く（22〜23日）。五月、野口米次郎がアメリカに向けてロンドンを発つ。九月、平田禿木がオックスフォードへ移って学ぶ。一〇月、婦人社会政治同盟（ＷＳＰＵ）の最初の会合が開かれる（10日）。一二月、「神々の寵児」上演に向けて日本衣装や舞台装置の問題で牧野義雄がビアボウム・トリーを手伝う。一二月、ヒズ・マジェスティー座でビアボウム・トリーが「神々の寵児」を上演する（28日〜）。この年、平田禿木がアーサー・モリスン宅を訪問。エメリン・パンカーストが「婦人社会政治同盟」（ＷＳＰＵ）を結成する。第一田園都市株式会社が設立されロンドン郊外のレッチワースで最初の田園都市の建設が始まる。

一月、松浦政泰『欧米名士の家庭』（女学叢書発行所）、Yone Noguchi, *From the Eastern Sea*（Yone Noguchi）。三月、Yone Noguchi, *From the Eastern Sea*（the Unicorn Press）。四月、松浦政泰『欧米名士の家庭続編』（女学叢書発行所）、関重忠（撮影）、中尾新太郎編『渡英乃おもゐ出』（中尾新太郎）。五月、島文次郎『英国戯曲略史』（宝文館）。六月、田野橘治『暗黒の倫敦』（広文堂書店）、渋沢栄一『欧米紀行』（小林義則）、小林行昌・下平精一『最近英国商業実務』（実業之日本社）。一〇月、建部遯吾『西遊漫筆』（哲学書院）。Yone Noguchi, *From the Eastern Sea*（Fuzanbo）。

一九〇四（明治37）年

二月、日露戦争開戦（10日）。四月、英仏協商締結（8日）。七月、島村抱月がロンドンを発ち次の留学地であるベルリンへ向かう（16日）。一〇月、グランヴィル＝バーカーとユージン・ヴェドレンヌがマネージャーとなりロイヤル・コート座でショーなどの近代劇中心のシーズンが始まる。一一月、土井晩翠が約三年半にわたる欧州旅行から帰国した（20日）。この年、初の演劇学校（ＡＤＡ）がビアボウム・トリーによって設立される。『東京朝日新聞』が『デイリー・メール』との間に通信交換契約を結ぶ。末松謙澄がロンドンに特使として派遣された（〜一九〇六年）。

二月、重田勘次郎『世界風俗志』（博文館）。五月、松平康国編『英国史』（早稲田大学出版部）。一一月、本田増次郎『カーライル英雄論詳解』（内外出版協会）。ヰリアム・モリス『理想郷』（平民社、堺利彦抄訳）。刊行月不記載、Lafcadio Hearn, *Kwaidan*（Kegan Paul, Trench, Trübner）。

一九〇五（明治38）年

三月、岡倉由三郎が帰朝。七月、コヴェント・ガーデンで「蝶々夫人」イギリス初演。八月、拡大強化が計られた第二次日英同盟調印（12日）。一〇月、イギリス海軍がドレッドノート型戦艦建造開始。婦人参政権運動のデモが行われる。日英同盟を祝いイギリス艦隊が神戸に入港（7日）。サー・ヘンリー・アーヴィング死去（13日）。一一月、イギリスは日本公使を大使に昇格させる（4日）。一二月、日本はイギリス公使を大使に昇格させる（2日）。キャンベル＝バナマン自由党内閣成立。この年、『東京朝日新聞』が『ロンドン・テレグラフ』の東京特派員との個人契約を結ぶ。花子がサヴォイ座で「ハラキリ」を上演。

二月、河辺稔『英国鉄道の実相』（鉄道時報局）。五月、野口米次郎『英米の十三年』（春陽堂）、佐藤顕理編『国民の魂』（佐藤顕理）。六月、飯野常次郎『欧雲米水』（法律経済新報社）。七月、チャールズ・ラム、清水起正訳注『新旧教師』（文友堂）。刊行月不記載、

Okakura-Yoshisaburo, *The Japanese Spirit*（Constable）、Baron Suyematsu, *A Fantasy of Far Japan*（Constable）、Baron Suyematsu, *The Risen Sun*（Constable）。

一九〇六（明治39）年

一月、総選挙において自由党が圧勝（27日）。『東京朝日新聞』が『タイムズ』外電部長スコットと特約通信員契約を結ぶ。二月、ドレッドノート型戦艦進水（10日）。労働代表者委員会を発展させ労働党が結成される。明治天皇にガーター勲章を贈るためのコンノート公アーサー殿下を団長とする使節団が来日し東京において勲章を捧呈（20日）。四月、陸奥伯がパディントン駅で釈宗演を出迎える（30日）。五月、日本協会一五周年記念晩餐会がメトロポール・ホワイトルームで開かれ陸奥伯や釈宗演らが出席（16日）。六月、釈宗演がパリに向かう（20日）。平田禿木が帰国。八月、永井柳太郎がユニテリアン団体の奨学金を受けて、オックスフォード大学に留学するため、若狭丸で神戸を発つ。九月、戸川秋骨が画商小林文七の通訳として渡欧。一〇月、永井柳太郎がロンドンに到着（9日）。白瀧幾之助がロンドンに来る（～翌年1月）。一一月、戸川秋骨が、画商の小林文七の通訳として同行する欧米の旅の途中、ロンドンに滞在（15日～22日）。一二月、欧州の劇壇視察のため二世市川左団次が鎌倉丸にて横浜を出港（12日）。この年、大英博物館がアーサー・モリスンの二〇〇〇点近い浮世絵版画を四五〇〇ポンドで買い上げる。

一月、倫敦タイムス東京支社編『倫敦タイムス社寄書』（発行所不記載）、君塚浅治郎『英国石炭及煉炭事情』（冨山房）。五月、夏目漱石『様虚集』（大倉書店・服部書店）。七月、島村瀧太郎『滞欧文談』（春陽堂）。九月、森次太郎『欧米書生旅行』（博文館）。一二月、井上友一『欧西自治の大観』（報徳会）。

一九〇七（明治40）年

一月、有島武郎がロンドンに到着（18日）。戸川秋骨が小林文七とともに帰国（23日）。東京朝日新聞社がタイムズ社との公的な特約契約を結ぶ。二月、有島武郎が英国亡命中の無政府主義者クロポトキンを訪問し幸徳秋水宛の書簡を託される。有島武郎がロンドンから帰国の途に就く（23日）。四月、杉村楚人冠がヴィクトリア駅に到着（22日）。五月、伏見宮貞愛親王が明治天皇の名代遣英大使としてガーター勲章贈呈の答礼のためロンドンに着き英国皇太子がヴィクトリア駅に迎える（6日）。これを杉村楚人冠が見に行く。オルダーショットで観兵式があり杉村楚人冠が見に行く（9日）。伏見宮貞愛親王が英国諸皇族や貴族らを招いた日本大使館の晩餐会と夜会に臨席、山本権兵衛・西寛二郎も随行（15日）。杉村楚人冠がリージェント・パークにカートホースショーを見に行く（20日）、杉村楚人冠がデイリー・メール社主アルフレッド・ノースクリフ卿の別邸サットン・プレースに招待される。六月、杉村楚人冠がO・R・B・デビスの招待を受けてレミントンに行く。杉村楚人冠がオックスフォードに行く（18日）、杉村楚人冠が最初のロンドン滞在を終える（21日）。七月、永井柳太郎がロンドンを発ってベルリンへ行く。八月、二世市川左団次が欧州劇壇視察から戻り丹後丸で横浜に入港、同じ船に松居松葉、山本権兵衛も乗っていた（8日）。英露協商締結（31日）。イギリス労働党の党首ケヤ・ハーディが来日。九月、南薫造が絵画の勉強のためにロンドンに着く（21日）。一〇月、永井柳太郎がベルリンを発ってオックスフォードに着く（4日）。一一月、『日英新報』発行所がロンドンのほかに銀座・香港にもオフィスを開設する。この年、アールズ・

コートでバルカン諸国博覧会が催されその一角に日本村ができる。中村吉蔵が「ミカド」を観劇する。「ミカド」は伏見宮滞英中上演禁止となる。この年、ラドヤード・キップリングがノーベル文学賞受賞。

二月、長谷場純孝『欧米歴遊日誌』（長谷場純孝）。四月、巌谷季雄『少年世界読本第一巻英吉利』（博文館）。五月、W. J. Loftie, illustrated by Yoshio Makino, *The Colour of London* (Chatto & Windus)。七月、丸山晩霞『水彩画法　女性と趣味』（日本葉書会）。一〇月、釈宗演『欧米雲水記』（金港堂書籍）。一一月、巌谷小波・金子紫草『少年世界読本』第一巻「英吉利」（博文館）。一二月、内務省地方局有志編『田園都市』（博文館）。

一九〇八（明治41）年

一月、白瀧幾之助が再びロンドンへ来る。三月、ゴードン・クレイグが演劇雑誌『マスク』創刊。ノースクリフ卿がタイムズ社を買収する。四月、アスキス自由党内閣成立。五月、英仏博覧会（14日〜10月31日）。『日英新報』の発行所が神戸にもオフィスを開設する。朝日新聞社主催の「世界一周会」に東京朝日新聞社からは杉村楚人冠が大阪朝日新聞社からは土屋元作が参加しリヴァプールからセント・パンクラスに到着（2日）。一〇日間ほど滞在する間に杉村楚人冠がシェフィールドで「ミカド」を観劇。六月、養老年金法・炭鉱夫八時間労働法成立。婦人参政権を求めるデモに二〇万人参加。「婦人社会政治同盟」の女性が首相官邸に投石して窓ガラスを割るという最初の破壊事件を起こす（30日）。七月、桜井鷗村がロンドンに到着（5日）、翌々日にシェパーズ・ブッシュの本田増次郎の下宿を訪ねて約一ヵ月間その下宿で暮らす。姉崎嘲風がカーン資金を得てヨーロッパ旅行にでかけ途中ロンドンに入り（8日）、ガワー・ストリートの下宿に宿泊した。大英博物館を見学し旧知のホールに再会した（9日）。第四回オリンピック大会が始まり（13日）、桜井鷗村が開会式を見学。ケズィックの「宗教家の夏季大会」に本田増次郎が招かれ桜井鷗村と共にユーストン駅から出発（18日）。花子がヒポドローム座で「おたけ」を上演。八月、桜井鷗村が日本郵船の「上谷君の下宿」に移る。九月、内務書記官の長谷川久一がロンドン郊外の田園都市レッチワースを訪問（15日）。鈴木大拙がオックスフォードで開催された万国宗教史学会で東洋部副会長に選ばれる。月末に内ケ崎作三郎がロンドンに到着し英仏博覧会を見物。一〇月、姉崎嘲風がカーン資金による旅行から帰国した。一二月、富本憲吉がロンドンに着く。この年、クイーンズ・ホールで開催された万国平和協会大会に出た桜井鷗村は傍聴席の女性がロイド＝ジョージの演説を妨害するのを聞く。内務省地方局から委嘱された生江孝之が社会事業調査のために英国を訪れロンドン郊外の田園都市レッチワースでエベネザー・ハワードと会見。また好本督が再渡英しオックスフォード商会を設立。

一月、杉村広太郎『大英遊記』（有楽社）。三月、戸川秋骨『欧米紀遊二万三千哩』（服部書店）。九月、石川周行『世界一周画報』（東京朝日新聞会社）。一二月、小山内薫『演劇新潮』（博文館）、長谷川康『トモエ集』（建文館）。

一九〇九（明治42）年

二月、加藤高明が駐英大使となる（〜一九一三年）。三月、富本憲吉がセントラル・スクール・オブ・アーツ・アンド・クラフツの夜学に通い、ステンドグラスの実技を学ぶ（〜6月）。日英博覧会実施のため、日本政府が一八〇万円の助成金を認可する。四月、南薫造、白瀧幾之助、富本憲吉がウィンザーへ写生旅行。ロイド＝ジョージが人民予算案を提出。五月、小説家ジョージ・メレディス八一歳で没（17日）。神戸又新日報社記者の田中龍眉と、ロンドン大学に留学する渡邊小次郎が日本を出発（22日）。一〇月、永井柳太郎が英国より帰国（26日）。一一月、ホレイショ・ハーバート・キッチナー元帥が陸軍視察に来日（2日）。

一月、杉村楚人冠『半球周遊』（有楽社）。四月、『日英博覧会ノ特許人出品人其他ニ関スル一般規則・同出品部類目録』（日英博覧会事務局）。五月、『日英博覧会諸規則』（日英博覧会事務局）、尾崎行雄（愕堂）・清崟太郎他編『愕堂集』（読売新聞社）。六月、『日英博覧会出品人参考資料』（日英博覧会事務局）、『日英博覧会出品人要覧』（日英博覧会事務局）、姉崎正治『花つみ日記』（博文館）、田野橘治『闇黒の倫敦』（広文堂）。一二月、桜井彦一郎『欧洲見物』（丁未出版社）。刊行月不記載、Shigenobu Okuma, comp., Marcus Huish, ed., *Fifty Years of New Japan*（Smith Elder）、Baron Dairoku Kikuchi, *Japanese Education: lectures delivered in the University of London*（Murray）、Arthur Symons, *Plays Acting and Music*（Constable）。

一九一〇（明治43）年

一月、文部省から英語研究のために留学を命ぜられた大谷繞石がロンドンに到着（3日）。総選挙で自由党は保守・統一党に僅差の勝利。中川治平がレディングの東京出版会社から日英文月刊誌『日英時報』（*The Anglo-Japanese Review*）を創刊する。二月、小村寿太郎外相官邸に英国大使を招き日英同盟八周年記念会（14日）。四月、人民予算案可決。南薫造がアメリカ経由で帰国し横浜に着く（2日）。ベルリンに滞在していた物理学者・随筆家の寺田寅彦が日英博覧会の手伝いのためにロンドンに到着し（11日）、アールズ・コートの下宿に滞在する。長谷川如是閑が大阪朝日新聞社の日英博覧会特派員としてロンドンに到着し（11日）、同僚の大庭柯公らと交遊。富本憲吉がロンドン発の三島丸で帰国の途につく（29日）。五月、エドワード七世没（6日）。長谷川如是閑は大阪朝日新聞社嘱託で『タイムズ』紙記者のスタンリーからゲラ刷りをもらい日本の本社に電報を打つ。ジョージ五世即位（7日）。日英博覧会がシェパーズ・ブッシュにて開催される（14日〜10月31日）。これにあわせて中川治平がキャノン・ストリートに日本商品の委託販売をするオフィスを開設。博覧会では御木本真珠や安藤七宝などが好評で古美術品のほか東大寺・平等院鳳凰堂・日光東照宮陽明門の模型などの出品も人気を集め、入場者も数百万人に達した。会場内の春日楼門を設計した建築家の塚本靖も日英博を訪れた。エドワード七世大葬（20日）。朝日新聞社が第一回世界一周会を主催しセント・パンクラス駅に到着した一行を長谷川如是閑らが出迎える（23日）。寺田寅彦がロンドンを出発しベルリンに戻る（25日）。山中商会が日英博覧会協会のスタッフと世界一周会一行をテムズ河の舟遊びに招待する（29日）。六月、世界一周会一行がパリに向かう（4日）。婦人参政権運動家の大規模な示威運動を長谷川如是閑が見る（18日）。ジョージ五世の戴冠式を鳥居素川が取材する（22日〜24日）。七月、白瀧幾之助がマルセイユ発の宮崎丸で帰国の途につく（2日）。長谷川如是閑がロンドンからヨーロッパ旅行に向かいその後イギリスに戻る。八月、長谷川如是閑が軍艦生駒に便乗してイタリアに向かう（11月に日本到着）。長谷川天渓の乗船する安芸丸がロンドンのアルバート・ドックに到着し（22日）、大谷繞石が出迎える。そのまま天渓は大谷繞石と市川又彦がいたロンドン西部クライスト・チャーチ・アヴェニュー一二三番地の下宿に滞在。一〇月、安藤貫一がピカディリー・ホテルにコナン・ドイルを訪ねる。一二月、労働党の元党首ケヤ・ハーディが中心となって大逆事件で検挙された幸徳秋水らの処刑反対集会をロンドンのロイヤル・アルバート・ホールで開催し二万名をこえる人々が集結（10日）。中川望がロンドン郊外の田園都市レッチワースを訪問。総選挙の結果、統一党が第一党となる。この年、三宅克己が三回目の洋行。

四月、国府種徳編『欧米小感』（至誠堂書店）、本田増次郎『イートン校及其校風』（内外出版協会）、『日英博覧会古美術出品図録』（日英博覧会事務局）、『日英博覧会新美術出品図録』（日英博覧会事務局）。六月、中村吉蔵『欧米印象記』（春秋社書店）。七月、渡辺尚編『最新倫敦繁昌記』（博文館）。八月、永井柳太郎『英人気質 思ひ出の記』（実業之日本社）。九月、小塚正一郎『欧米巡歴日記』（小塚正一郎）、『日英博覧会授賞人名録』（農商務省日英博覧会事務局）。一〇月、西村時彦『欧米遊覧記』（朝日新聞合資会社）、三土忠造『社会百言』（冨山房）。一一月、竹久夢二『さよなら』（洛陽堂）。一二月、『世界写真帖』（ともゑ商会）、農商務省工務局『外国工場法規』（農商務省工務局）。刊行月不記載、Yone Noguchi, *From the Eastern Sea* (Elkin Mathews & the Valley Press)、Hugh de Sélincourt, illustrated by Yoshio Markino, *Oxford from Within* (Chatto & Windus)。

一九一一（明治44）年

四月、長谷川天渓がロンドン西部のキングス・コート・ロード三〇番地に転居（1日）。寺田寅彦がロンドンに立ち寄り（30日）、翌々月にアメリカに向かう。五月、丸山晩霞がロンドンのアルバート・ドックに到着する（25日）。六月、伊地知純正がヴィクトリア駅に着く（16日）。長谷川天渓がロンドン市内で行われた婦人参政権論者サフラジェットの大示威行進を見物する（17日）。ジョージ五世の戴冠式が挙行され（22日）日本からは東伏見宮依仁親王が列席。東郷平八郎・乃木希典も随行。この戴冠式を山本実彦や長谷川天渓が現地取材し伊地知純正も見学した。日本郵船株式会社ロンドン支店の主催で観艦式参観が行われ長谷川天渓ら約二〇〇名が招待される（24日）。キュー・ガーデンで植物を研究していた武田久吉を丸山晩霞が訪問。七月、第三次日英同盟調印（13日）。八月、上院否認権制限法案が可決され実権が下院に移る（11日）。イギリスの政治家でフェビアン協会の中心人物でもあるシドニー・ウェッブが来日（10月まで滞在）。二〇万人参加の大規模な鉄道ストが行われる。牧野義雄がロンドンを訪れた井上円了を案内する。一一月、ホワイト・ホールで婦人参政権論者による示威運動（21日）。国民保険法制定。この年、劇作家・舞踏研究家の坪内士行が米国からロンドンに到着し渡英中の長谷川天渓や市川又彦らと同じ下宿に滞在。その間に士行は大英博物館日本・中国絵画部のロレンス・ビニヨンを介して演出家・舞台装置家のゴードン・クレイグや名優エレン・テリーと交際する。

三月、鈴木秋風『新式赤毛布』（求光閣書店）、内務省地方局編纂『欧米自治救済小鑑』（報徳会）。四月、安藤貫一「コナン・ドイル先生を訪ふ」（『英語青年』～5月）。六月、中村吉蔵『最近欧米劇壇』（博文館）。七月、志賀重昂『世界写真図説』（地理調査会）。八月、桜井鷗堂『欧州視察』（欧亜協会）。九月、黒板勝美『西遊二年欧米文明記』（文会堂書店）。一〇月、井上嘯風『欧米瓣覗』（松原曠）。一一月、三宅克己『欧州絵行脚』（画報社）、竹内友二郎『東眼西視録』（金港堂書籍）、中島力造『欧米感想録』（東亞堂書房）。一二月、三津木春影『探偵奇譚呉田博士』第一編（中興館）、内ケ崎作三郎『英国より祖国へ』（北文館）。刊行月不記載、*Official Report of the Japan*

British Exhibition 1910 (Unwin Bros.)、J. F. Blacker, *The ABC of Japanese Art* (Stanley Paul & Co.)。

一九一二（明治45・大正元）年

一月、ロンドンのパブのイー・オールド・チェシャー・チーズで帰朝する大谷繞石の送別会が開かれ長谷川天渓や坪内士行らが集まる（8日）。大谷繞石がロンドンを出発し（10日）、帰国の途に就く。イギリス炭坑夫の大ストライキが発生し日本でも大々的に報道される。市河三喜がケア教授に初めて会う。二月、英独海軍交渉失敗。三月、婦人参政権を下院が否決したのでこの後「婦人社会政治同盟」による戦闘的な運動激化。鉄道ストに加え炭坑ストも続行される。四月、鈴木大拙がスウェーデンボリ協会の招待により再びイギリスに渡る。春の末、滞英中の坪内士行が名優ヘンリー・アーヴィングの次男で演出家・俳優のロレンス・アーヴィングから劇団に加わるように依頼され一座に加わることを決意。士行は芸名「吾妻四江」を名乗る。五月、丸山晩霞が帰国の途につく（25日）。六月、石井柏亭が与謝野鉄幹・晶子と生稲で共に食事をしてカフェ・モニコで森鷗外宛の葉書に寄書きする（28日）。七月、与謝野鉄幹・晶子がロンドンからベルギーへ（3日）。明治天皇没（30日）。坪内士行が日本劇「タイフーン」の稽古に加わるためにロレンス・アーヴィング一座とノースヨークシャー州の温泉地ハローゲートに向かう。その後「タイフーン」はニューカッスルで初興行をむかえ冬までにリヴァプール・エディンバラ・グラスゴー・カーディフ・バーミンガムで地方巡業を行う。八月、ヨーロッパ旅行に出かけていた長谷川天渓がロンドンに戻りアメリカ経由で帰国の途に就く。伊地知純正がロンドンを発ってパリへ向かう。九月、明治天皇の大葬の儀が青山葬場殿で行われ英国王室はコンノート公アーサー殿下を名代として派遣した（13日）。小泉信三がヨーロッパに向けて出発。一〇月、市河三喜が欧州留学のため新橋駅を出発（1日）。一一月、一二年間英国駐日大使を勤めたサー・クロード・マクドナルドとエセル夫人が帰国の途につく（4日）。経済学者の小泉信三がロンドンに到着しロンドン南郊のストレータム・コニヤーズ・ロード三六番地の下宿に落ち着く（7日）。丸山晩霞が帝国ホテルで滞欧作品展を開き二五九点を展示。一二月、大田黒元雄が加茂丸でロンドンのロイヤル・アルバート・ドックに着く。この年、夏に鶴見祐輔がアメリカからロンドンに移る。この年の冬、坪内士行が芝居見物のためにパリに旅行。士行はロンドンに戻った後ケンジントンのロレンス・アーヴィング宅で日本人観察のために約一週間下宿しアーヴィングの要望により和服姿で過ごす。栗原忠二が渡英。

三月、生江孝之『欧米視察細民と救済』（博文館）、山崎林太郎『欧米都市の研究』（東京市）、『日英博覧会事務局事務報告』（農商務省）、『英国労働者ノ生計状態』（生産調査会）。四月、星野行則『見学余録』（警醒社）、西村晃一『英国歴史物語』（興文館）。五月、藤原喜代蔵『大英国の教育』（文教会）、長谷川萬次郎『倫敦』（政教社）、警醒社編輯局『現代世界思潮』（警醒社）。七月、三津木春影『探偵奇譚呉田博士』第二編（中興館）。一〇月、『衛生叢書』第一輯（内務省衛生局）。一二月、大谷繞石『滞英二年案山子日記』（大日本図書）、鳥居赫雄『頬杖つきて』（政教社）、建部遯吾『世界列国の大勢』（同文館）、『衛生叢書』第二輯（内務省衛生局）。

一九一三（大正2）年

一月、坪内士行がロンドンを離れドイツとオーストリアへ旅行。小泉信三がロンドン大学のＬＳＥ（London School of Economics and Political Science）の聴講生となりエメリン・パンカーストの演説を聞く（14日）、「婦人社会政治同盟」がゴルフ場で酸による芝生の焼打ちを行う（31日）。二月、「婦人社会政治同盟」がロイド＝ジョージの別邸の爆破などの事件を起こす。三月、駒井権之助がロンドンに到着（10日）。ヨーロッパ旅行中の坪内士行がロレンス・アーヴィングからの連絡でロンドンに戻る。四月、坪内士行が出演するロレンス・アーヴィング一座の日本劇「タイフーン」がロンドンのヘイマーケット座で上演される（2日より四五日間興行）。森律子がチャリング・クロス駅に到着（7日）、森律子が松居松葉の紹介状によってロレンス・アーヴィング夫妻と昼食を共にし夜はヘイマーケット座で「タイフーン」を観劇（18日）、婦人参政権運動家を取り締まるための法案キャット・アンド・マウス・アクトが通過する。五月、小泉信三が「タイフーン」を観劇した（2日）。ロンドンから帰国した長谷川天渓が慶應義塾の三田文学会で「英国の青鞜連」と題する講演を行う（3日）。森律子がプリンス・オブ・ウェールズ座で「じゃじゃ馬馴らし」を観劇、小山内薫に会う（17日）、森律子がヒズ・マジェスティー座で「スクール・フォー・スキャンダル」を観劇しハーバート・トリーと面会。イギリス国王ジョージ五世と王妃メアリー・オブ・テックが坪内士行の出演する日本劇「タイフーン」をロンドンのヘイマーケット座で観劇する（17日）。坪内士行出演の日本劇「タイフーン」がロンドンのクイーンズ座で上演される（26日より四二日間興行）。六月、ドルリー・レーン座にてフォーブズ・ロバートソンのお名残り公演があり、小山内薫がこれを見る（6日）。エミリー・デイヴィソンがダービーに乱入しジョージ五世の所有馬の前に身を投げ出すのを小山内薫が目撃する（4日）、ディヴィソンの葬儀を小山内薫と小泉信三が見に行く（14日）、森律子がロンドンを離れて（16日）、パリ・ベルリンを見物し、再びロンドンに戻る（30日）。七月、松本泰がロンドンへ向けて加賀丸にて横浜を出港（2日）。小泉信三がウィンブルドンのテニス国際選手権を見物（4日）。坪内士行出演の日本劇「タイフーン」がロンドンのグローブ座で上演され（14日より四八日間興行）その後にロンドン市内のニュー・シアターでも一五日間興行された。八月、森律子がロンドンを去る（5日）、郡虎彦が神戸よりヨーロッパに向けて出航（16日）。松本泰・植松貞雄がロンドンに到着（28日）し、松本はロンドン大学に入学する。坪内士行がグローブ座裏側の青物店ニーブスで働く少女マヂ（本名マッグラルド・ホームズ）と知り合い恋に落ちる。九月、坪内士行が出演する日本劇「タイフーン」がロンドン市内で二〇〇回以上上演された後に千秋楽を迎える（27日）。一〇月、坪内士行が出演する日本劇「タイフーン」がマンチェスターで約二週間上演され（6日より）、この興行を最後に士行はアーヴィング一座を離れロイヤルティー座の役者となる。一一月、小泉信三がイギリスからドイツに移りベルリン大学哲学部に入学する。一二月、野口米次郎が二度目のロンドン着（12日）、ガーランド・ホテルに宿泊。アルヴィン・コバーンが野口米次郎の肖像写真を撮影（14日）、野口米次郎がエドマンド・ゴスの夜会に招待される。野口米次郎がハムステッドのジョン・メイズフィールドを訪問。田中一貞がパリからロンドンに移り（17日）、横浜正金銀行の巽孝之丞が日本人倶楽部で開いた三田会に出席して野口米次郎に再会する。河上肇がロンドンに到着し（18日）、一週間の滞在中にウェストミンスター寺院やダーウィンの墓を訪れる。この年の春、小泉信三が英国のテニスクラブに入会し初めて硬式テニスを体験する（これがきっかけとなり小泉が日本の硬式テニスを広めることになる）。この年、福原信三がロンドン市内を写真撮影する、伊地知純正が帰国。

一月、花岡敏夫『英国新社会法論』（巌松堂書店）。三月、田中萃一郎『欧米の政党政治』（慶應義塾出版局）、西垣恒矩『英国の産業組合』（大正館）。五月、青山霞邨『英国の青鞜女ブロンテー女子』（敬文館）。九月、依田信太郎『倫敦巴里魔窟の真相』（神田書房）。一〇月、工業之日本社編『大英国之産業』（工業之日本社）。一二月、森律子『欧洲小観　わらはの旅』（博文館）、湯原元一『欧米通俗教育の実際』（金港堂書籍）。一二月、石井柏亭『欧洲美術遍路』下（東雲堂書店）。

一九一四（大正3）年

一月、田中一貞がリヴァプールからニューヨークに向かう（3日）。野口米次郎がバーナード・ショー宅を訪ねる。野口米次郎が倫敦日本協会で講演（14日）。ヒズ・マジェスティー座でビアボウム・トリーが「神々の寵児」を再演する（17日〜）。野口米次郎がアーサー・シモンズと面会（18日）。野口米次郎がオックスフォード大学で講演（28日）。四月、野口米次郎が倫敦日本協会で講演（1日）。野口米次郎がロンドンを発ってパリに向かう。小林澄兄がヨーロッパに向けて新橋を出発（8日）。五月、ロンドンで婦人参政権論者による暴動（10日）。早稲田大学初代学長の高田早苗がロンドンのチャリング・クロス駅に到着し（11日）、坪内士行らが出迎える。高田早苗が坪内士行や伊地知純正の案内でロンドン塔や博物館を見学し（14日）、翌日はバーナード・ショー作「ピグマリオン」を観劇。高田早苗が大山郁夫・田淵豊吉・坪内士行・増田義一らとロンドン市内を観光（16日）。月末、日本劇「タイフーン」のカナダ公演終了後にロレンス・アーヴィングの乗っていた汽船がセント・ロレンス河に沈没したという情報が坪内士行のもとに届く。六月、高田早苗がロンドンを出発しヨーロッパ各地の学校の視察に向かう（1日）。ウェストミンスター寺院でロレンス・アーヴィングの葬儀が行われ（10日）、坪内士行が羽織袴姿で参列する。坪内士行がイタリアへ旅立つ（11日）。オーストリア皇太子夫妻がサラエボで暗殺される（28日）。イギリスの炭坑・鉄道・運輸の労働組合が三重同盟を結成。野口米次郎が帰国。七月、坪内士行がイタリアからロンドンに戻る（2日）。オーストリアがセルビアに宣戦布告（28日）。大田黒元雄が帰国。八月、ドイツがロシア（1日）とフランス（3日）に宣戦布告。イギリスはドイツに宣戦布告し（4日）、第一次世界大戦が勃発。開戦にともない河上肇がベルリンを脱出し（15日）、ロンドンに向かう。小泉信三や澤木四方吉らもベルリンを脱出しロンドンに到着する（16日）。その後小泉信三はケンブリッジ大学に入学しケインズに経済原論などを学んだ。郡虎彦がベルリンを発ちオランダ経由でロンドンに移る（18日）。ドイツを脱出した河上肇がロンドンに到着（19日）。坪内士行の出演する東洋劇「パメラの追跡」がリヴァプールで初演を迎える（24日）。日本もドイツに宣戦布告（23日）。敵国となったドイツより生田葵・伊藤道郎らもまたロンドンへ移る。ドイツ軍は東部タンネンベルクで勝利を得る（27日〜30日）。高村真夫がパリから避難してきて五ヵ月間ロンドンに滞在し、アンバサダーズ座で太田花子の「播州皿屋敷」を観る。九月、マルヌ河の戦い（5日〜10日）で英仏連合軍がドイツの勢いを止める。杉村楚人冠が第一次世界大戦の特派員としてロンドンに到着（13日）。アイルランド自治法案成立。一〇月、アスキス首相はイギリス軍の死傷者が五〇余万人に達したと報告（9日）。三浦環がロンドンで指揮者ヘンリー・ウッドのオーディションに合格しアルバート・ホールにてオペラ「リゴレット」でデビュー（24日）。これを河上肇が聴く。連合国側はイープルの戦い（30日〜11月24日）でドイツ軍を破り、西部戦線は長期化。トルコがドイツ側に加わって参戦。水上瀧太郎がニューヨークからリヴァプールに向かい、パディントン駅で小泉信三・澤木四方吉の出迎えを受ける。オールド・ヴィック座のシェイクスピア・シーズン開幕。一一月、河上肇がロンドンのキングスウェイ・ホールでバーナード・ショーの演説を聴き（4日）、カーライル博物館を訪れる（6日）。河上肇がロンドンからラムジー郊外のロッカレーに移る（9日）。花子がアンバサダーズ座で「キムスメ」「おたけ」を上演。一二月、坪内士行の出演する東洋劇「パメラの追跡」がエディンバラで千秋楽を迎える（12日）。イギリスはエジプトを合併し保護国とする（17日）。この年、松山忠三がロンドンでメーブルと結婚する。栗原忠二がフランク・ブラングィンに師事。久米民十郎がロンドンのセント・ジョンズ・ウッド美術学校で絵画を学ぶ。

二月、内ヶ崎作三郎『白中黄記』（実業之日本社）。四月、君塚浅治郎『英国炭坑事情』（大阪屋号書店）。五月、小杉未醒『画筆の跡』（日本美術学院）。六月、杉村廣太郎『大英游記　半球周遊』（至誠堂書店）。七月、海外事情研究会編『馬糞録』（尚文堂）、田川大吉郎『欧米都市とびとび遊記』（二松堂書店）。九月、伊地知純正『My London Year』（研究社）。一〇月、川田正澂『欧米教育雑感』（東京府立第一中学校学友会）。一一月、内ケ崎作三郎『英国及英国人』（冨山房）。一二月、伊達源一郎編『現代欧洲』（民友社）、田川大吉郎稿・東京市編『欧米一巡の後』（東京市）。刊行月不記載、Yone Noguchi, *The Spirit of Japanese Poetry* (John Murray)、Yone Noguchi, illustrated by Yoshio Markino, *The Story of Yone Noguchi Told by Himself* (Chatto & Windus)、Albert d'Anethan, *The Twin-soul of O'Takesan* (Stanley Paul)。

一九一五（大正4）年

一月、河上肇が英国を出国する（9日）。三月、ロンドン市内のストランド・パレス・ホテルで早稲田大学出身者の校友会が催され坪内士行が久しぶりに日本人と話をする（14日）。貧困に耐えかねて坪内士行が日本の高田早苗にウナ電を送る（29日）。杉村楚人冠が特派員の仕事を終えて朝日新聞社に帰社。四月、日本の高田早苗から横浜正金銀行ロンドン支店の坪内士行の口座に五〇ポンドが振り込まれる（8日）。郡虎彦がロンドンからローマに行く。五月、坪内士行がロンドンから帰国の途に就く（8日）。坪内士行の恋人マヂがロンドンから故郷のアメリカに向かう（9日）。イタリアが連合国側に加わって参戦。伊藤道郎がコリシアム座でダンサーとして公演を行う（10日〜24日）。アスキス連立内閣が成立しロイド＝ジョージが新設の軍需相となる（25日）。三浦環がオペラ・ハウスで「蝶々夫人」初演（31日）、郡虎彦がローマからロンドンに戻る。朝日新聞社の中野正剛が杉村楚人冠のあとを継いでロンドン・レポートの任に当たる。五〜六月頃に三辺金蔵が探してきたタヴィストック・スクエアの下宿屋に澤木四方吉・水上瀧太郎も移り後に小林澄兄も合流する。六月、小泉信三がケンブリッジ大学の春学期終了後にロンドンに行き水上瀧太郎や澤木四方吉らの下宿に同宿する。朝日新聞社外報部長米田実がロンドンに着任。伊藤道郎がパウンドとイェイツの前で仕舞を舞い久米民十郎と郡虎彦が地謡を務める。九月、郡虎彦・水上瀧太郎がコンサートの帰りにカフェでドイツ軍の空襲にあう（8日）。三浦環、ニューヨークに向けてロンドンを発つ（20日）。ロンドンがドイツの飛行船ツェッペリン号による初めての空襲を受ける。一〇月、アルヴィン・コバーンが伊藤道郎の肖像写真を撮影（22日）。小泉信三がロンドンからパリに向かう。一一月、『日英時報』の編集者中川治平がイースタン・プレスから日本語月刊誌『日英新誌』（*Monthly Anglo-Japanese Journal*）を創刊する。一二月、水上瀧太郎がロンドンからスイスやイタリアを経てパリに移る。この年の秋に山本憲一が渡欧の途につく。この年、郡虎彦がヘスター・セインズベリと出会う。

一月、東京市役所編『倫敦地方行政』（清水書店）。二月、山田潤二『伯林脱出記』（千章館）、大田黒元雄『現代英国劇作家』（洛陽堂）。三月、南薫造『画室にて』（趣味叢書発行所）、勝田主計口述『遇戦閑話』（勝田主計）。五月、大田黒元雄『バッハよりシェーンベルヒ』（山野楽器店）。七月、内藤民治編『世界実観』第三巻（日本風俗図会刊行会）、田中一貞『世界道中かばんの塵』（岸田書店）、今西嘉蔵『英国少年義勇団の組織と其教育』（同文館）。九月、杉村楚人冠『戦に使して』（至誠堂書店）。一〇月、野口米次郎『日本詩歌論』（白日社）。一二月、河上肇『祖国を顧みて』（実業之日本社）、和田垣謙三『西遊スケッチ』（至誠堂書店）。刊行月不記載、John Masefield, *The Faithful*（Heinemann）、Lafcadio Hearn, *Japanese Lyrics*（Houghton Mifflin）。

一九一六（大正5）年

一月、一八歳以上四一歳までの男子はすべて兵役に服すべしという徴兵制がイギリス議会で採決される（6日）。徴兵制が施行される（10日）。浜田青陵が三年間の研究を終えて帰国の途につく（22日）。市河三喜が帰国（25日）。二月、ヴェルダンの戦い（21日〜12月15日）でドイツ兵三三万余、フランス兵三六万余の犠牲者を出す。小泉信三がパリを発ちロンドンとアメリカを経由して帰国の途に就く。三月、澤木四方吉が帰国（20日）。小泉信三が帰国。四月、レディ・キュナード宅でイェイツの「鷹の井」が上演され、伊藤道郎が鷹の役を務める。五月、ドイツ軍は海洋艦隊を出撃させ、英国艦隊のドイツに対する海上封鎖を突破しようとしたが、果せなかった。六月、櫻井寅之助がニューヨークからロンドンに到着（4日）。キッチナー陸相が乗っていた軍艦がドイツ軍により撃沈され死亡。ロイド＝ジョージが陸相となる。七月、松本泰が再び渡英して下旬にロンドンに着く。夏から秋にかけて、英軍がソンム河をはさんだ戦線で攻勢だったが戦線を突破することはできなかった。九月、櫻井寅之助がドイツのツェッペリン飛行船のロンドン空襲を目撃（4日）。一〇月、水上瀧太郎が神戸港に到着（18日）。一二月、アスキス首相辞任（5日）。ロイド＝ジョージが後継首相に就任し連立内閣をつくる（7日）。この年、栗原忠二がロンドンで個展を開く、駒井権之助が「タイムズ」日本部門主筆となる。伊藤恵子がロンドンに着く。

一月、野口米次郎『欧州文壇印象記』（白日社出版部）。四月、ジェー・ダブリュー・ロバートソン・スコット『日本、英国及び世界』（ジャパン・アドヴァタイザー新聞社）。五月、坪内士行『西洋芝居土産』（冨山房）。六月、林静治編『積善講話集』第九輯「杉村楚人冠氏講演欧州歴遊談」（積善組合）。一〇月、遠藤吉三郎『西洋中毒』（二西社）。一二月、早川徳次『大英国の表裏』（冨山房）。

一九一七（大正6）年

一月、ドイツが無制限潜水艦戦布告を出す。ロンドンに在英日本人間の親睦をはかる「日東会」が創立される。二月、食糧大臣がドイツ潜水艦対策として国民に食料消費の節約を呼びかける（3日）。ロンドン大学東洋学院が英国王陛下臨席のもと開院式を挙げる（23日）。三月、ロシア二月革命（8日）。小林澄兄が帰国する（31日）。四月、アメリカがドイツに宣戦布告（6日）。五月、勅令を以て食料節約の徹底を通達する（2日）。岩崎盛太郎がマネット・ストリートで日本料理店「ときわ」を開業（15日）。七月、ハーバート・ビアボウム・トリー没（2日）。王室がドイツ系の名前からウィンザー家に改姓。一一月、ロシア一〇月革命。一二月、郡虎彦の"Kanawa: The Incantation"がクライテリオン座でパイオニア・プレイヤーズによって上演される（16日）。この年の秋に稲原勝治がヨーロッパに向かう。

一月、松本亦太郎『渡り鳥日記』（実業之日本社）。四月、小日向九三『倫敦の女』（須原啓興社）、飯田旗郎『ざつくばらん』（南北社）、教育学術研究会編『英国研究』（同文館雑誌部）。六月、神谷竹之輔『新派浪花節ロンドン電報』（三芳屋書店）、渋川玄耳『藪野椋十日本と世界見物』（誠文堂）、高村真夫『欧州美術巡礼記』（博文館）。九月、二階堂トクヨ『足掛四年英国の女学界』（東京宝文館）。一一月、澤木四方吉『美術の都』（東光閣書店）。刊行月不記載、W. B. Yeats, *The Wild Swans at Coole*（Cuala Press）。

一九一八（大正7）年

一月、郡虎彦が倫敦日本協会で「日本の演劇」について講演。二月、選挙法が改正され三〇歳以上の女性（戸主か戸主の妻）にも新たに選挙権が与えられた。四月、西部戦線で一時的にドイツ軍が攻勢に転ずる。六月、松本泰が伊藤恵子（ペンネーム高樹恵）とロンドンで結婚式をあげ（28日）、加藤直士が司会を務めた。戦時中にめざましい働きをしたWAAC（陸軍婦人補助部隊）やWRNS（海軍婦人部隊）などの婦人労働者たちがハイド・パークからバッキンガム宮殿に向かって示威行進をし稲原勝治や会津常治らが見る（29日）。八月、仏英軍の反撃によりドイツ側の戦局は絶望的となる。九月、松本泰・恵子が帰国（16日）。一一月、連合国はドイツと休戦協定（11日）。一二月、総選挙が行われロイド＝ジョージ連立内閣が大勝（14日）。この年、ロンドンに柔道など武道の普及を主目的とした「武道会」ができる。

一月、桜井鴎村『世界の衣食住』（丁未出版社）、ウイリアム・イー・スキート、飯島東太郎訳『英国風物談』（大日本図書）。五月、伊地知純正『倫敦名所図会』（研究社）。六月、櫻井寅之助『欧米土産野鳥語』（東京宝文館）。九月、坪内士行『旅役者の手記』（新潮社）。一二月、世界通社編『世界通』上巻（東京タイムス社）。刊行月不記載、Torahiko Kori, *Kanawa: The Incantation*（Gowans & Gray）、Torahiko Khori, *Saul and David*（Arthur L. Humphreys）、Gonnoske Komai, *Dreams from China and Japan*（The Eastern Press）。

一九一九（大正8）年

三月、金子光晴が英国に到着しロンドンのブリティッシュ・ミュージアム・アヴェニューのボーディングハウスに居を定める（5月まで滞在）。五月、岡本綺堂がロンドンに到着（6日）。小野賢一郎がロンドンに到着し（14日）八日後にパリに移動。尾崎行雄・田川大吉郎がアメリカからロンドンに到着（20日）。共済会発会式（25日）。小野賢一郎が月末にロンドンに戻り岡本綺堂らとリージェント・パークで俳優のバザーを見学（30日）。ロンドン在住の日本人の健康や就業の便宜を計る「共済会」が創立される。六月、岡本綺堂がロンドンからパリに行き（8日）再びロンドンに帰着（23日）。小野賢一郎がカーディフから貨物船でニューヨークへ（9日）。太田花子経営の日本料理店・湖月が営業開始（14日）。

日本人会館が借館契約満了のため三ヵ月間閉館（18日〜）。尾崎行雄が共済会で講演（21日）。ヴェルサイユ条約の調印により第一次世界大戦が正式に終結する（28日）。七月、日本郵船が第一次世界大戦中に中止していた欧州航路のマルセイユ寄港を熱田丸から復活させ田中良・市川猿之助・岡本綺堂らが熱田丸で英国を出帆（12日）。ロンドンで平和祝典（19日、20日）。八月、友愛会特派員として野坂参三がロンドンに到着し（27日）、翌日からロンドンのハムステッド・ヒースの下宿に滞在。九月、野坂参三がイギリスの全国鉄道労働組合を訪問。一〇月、尾崎行雄・田川大吉郎がアメリカ経由で帰国の途に（10日）。松山忠三の水彩画展を武道会で開催（20日〜25日）。日本人会新会館が開館。一一月、野坂参三がロンドン西南の郊外に位置するIsleworthのThe Wooclandsにあった下宿セント・ジョンズ・ロッジに移る。一二月、鶴見祐輔がニューヨークからロンドンに向かう（26日）。この年、栗原忠二が英国王立美術家協会の準会員となる。郡虎彦がロンドン大学東洋語学校で日本語や日本文学を講義。平和条約実施委員として渡欧していた大沢章がハムステッド・ヒースに住んでいた郡虎彦を訪問。アスター子爵夫人らが最初の婦人代議士として下院の議席につく。

五月、三田文学会編『三田文選』（玄文社出版部）、森律子『妾の自白』（日本評論社出版部）。七月、稲原勝治『闇黒の倫敦より』（外交時報社出版部）。一〇月、坪内士行『金髪のもつれ』（蒼生堂）。一一月、水上瀧太郎『旅情』（春陽堂）、小野賢一郎『世界のぞ記』（有精堂）。

一九二〇（大正9）年

一月、福良虎雄がニューヨークからロンドンに移る（3日）。鶴見祐輔がニューヨークからロンドンに到着。雑誌『新青年』創刊。国際連盟が成立し国連事務局の事務次長に新渡戸稲造が就任。四月、福良虎雄が帰国の途につく（23日）。五月、野坂参三がロンドンでメーデーに参加（1日）。ロンドンに短歌同好会「朴葉会」ができる。七月、三宅克己がパリからロンドンに移り（20日）、松山忠三と写生に出かけたり牧野義雄のアトリエを訪問したりする。野坂参三がイギリス共産党の創立とともに入党（31日）。八月、ホテル東洋館の佐武為吉が日本料理部を増設（5日）。倫敦日本人基督教協会（London Japanese Christian Union）が成立し誕生会を日の出屋で開催（16日）。三宅克己がヴィクトリア駅からベルギーに向かう（18日）。九月、鶴見祐輔がパリと中欧の旅を終えロンドンに。郡虎彦がマルセイユから北野丸で帰国の途につく。一〇月、鶴見祐輔がロンドンからニューヨークに向かう。郡虎彦が神戸に着く。一二月、植民政策学研究のため矢内原忠雄がロンドンのヴィクトリア駅に到着し（3日）、井上庚二郎夫妻に出迎えられロイヤル・パレス・ホテルに宿泊する。矢内原忠雄がロンドン郊外のWoodford Greenの下宿に移る（6日）。年末、野坂参三はロンドンの労働者社会主義連盟を訪問し婦人参政権運動家シルヴィア・パンカーストに会う。この年、友愛会主催の第一回メーデーが日本で行われる。野坂参三の妻・竜がロンドンに到着した。ロンドン郊外に第二の田園都市ウェルウィンが誕生。ADAに「ロイヤル」が冠せられRADAとなる。伊地知純正が二度目の英国滞在。ロンドンで矯風会万国大会が開催され日本基督教婦人矯風会のガントレット恒子・矢嶋楫子・渡瀬かめ子が出席。

一月、田川大吉郎『改造途上の欧米社会見学』（日本評論社出版部）、山田毅一『戦後の欧米漫遊記』（富山房）。一月、稲原勝治『現代の英国』（外交時報社出版部）。三月、石川安次郎『改造中の世界を旅行して』（南北社）。四月、田川大吉郎『英国の王室及び議会』（警醒社書店）。五月、高橋昨『倫敦より東京へ』（三友堂書店）、尾崎行雄述、長井実編『欧米の空気』（冨山房）。六月、本間久雄『生活の芸術化』（三徳社）、近衛文麿『戦後欧米見聞録』（外交時報社出版部）、木村雄次『戦後漫遊私信一束』（木村雄次）、加藤直士『改造の欧州より』（実業之日本社）。七月、伊臣真『欧米遊記夢のあと』（伊臣真）。八月、津野田是重『踏破十有七国戦後の欧米』（博文館）。一〇月、寺井邦雄『英国小説研究』（健文社）。刊行月不記載、Torahiko Khori, *Absalom* (Selwyn and Blount)。

一九二一（大正10）年

一月、矢内原忠雄がロイヤル・アルバート・ホールでオラトリオ「メサイア」を聞く（1日）。郡虎彦が静岡丸で出航（14日）。野坂参三がイギリス共産党結成大会に参加し、同党の機関誌『レイバー・マンスリー』に論文「日本における労働運動」（"The Labor Struggle in Japan"）を発表。社会学者の岩崎卯一がロンドン大学で社会学者のレオナルド・ホブハウスと会見。二月、倫敦日本人基督教協会で好本督を送別する祈祷会が開かれ田中耕太郎や矢内原忠雄が集まる（13日）。郡虎彦がロンドンに着くが、やがてスイスに渡る。三月、炭坑ストライキが発生し野坂参三がロンドン共産党主催の集会で演説を行う。石川林四郎がロンドンに向けてアメリカを発つ。四月、第一次大戦直後の英国労働運動の終わりを告げる「暗黒の金曜日」事件が発生し三重同盟のストライキが敗北（15日）。ロンドンのラッセル・スクエアにあったChristian Student Movementで日本人の教授と学生のためのパーティーが開かれ（27日）英語学者の石川林四郎や矢内原忠雄が出席する。五月、日本料理店湖月で日本間が完成（1日）。皇太子裕仁親王がロンドンに到着し（3日）、矢内原忠雄らも歓迎に向かう。野坂参三と妻竜が英国政府から国外退去処分を命じられる（13日）。新渡戸稲造がロンドンの井上庚二郎宅を訪問（19日）。野坂参三と妻竜がロンドンからパリに向けて出国する（23日）。ロンドンのリージェント・パークで在英邦人による皇太子裕仁親王及び閑院宮載仁親王の歓迎会が開かれ矢内原忠雄らも出席する（27日）。川崎汽船・川崎造船所・国際汽船の三社共営のKラインがロンドンに結成される。六月、郡虎彦がスイスからロンドンに戻る。七月、矢内原忠雄がロンドンを出発し（12日）、北ウェールズ・ダブリン・スコットランドへ旅行に出かける。ロンドン滞在中の室伏高信がSF作家のH・G・ウェルズと会談する（13日）。イギリスの哲学者バートランド・ラッセルが来日。八月、日本料理店生稲店主板谷庄太郎が家号使用契約期限満了に伴い移転して「いたや」を開業（10日）。矢内原忠雄がエディンバラのキャノンゲート教会の墓地にあるアダム・スミスの墓を訪れ（10日）、墓守から多くの日本人がスミスの墓を訪れていると聞かされる。矢内原忠雄が旅行からWoodford Greenの下宿に戻る（27日）。九月、矢内原忠雄がロンドンを出発し（12日）、ベルリンに向かう。三輪いと子が旅館兼高等下宿の東京ハウスを開業（20日）。一〇月、太田花子が母の病気見舞いと食料品仕入れを理由に帰国の途につく（18日）。一一月、藤原義江が吉田茂らの後援を得てシュタインウェイ・ホールにて独唱会（12日）。俳人の河東碧梧桐がロンドンに滞在。一二月、団琢磨三井合名会社理事長を団長とする英米訪問実業団の一行がニューヨークからロンドンに到着しイギリス政府主催の晩餐会に出席（20日）。英米実業団一行がヴィクトリア・ホテルで開かれた日本協会主催の晩餐会に出る（22日）。駒井権之助がノラ・モーガンと結婚。この年、野村光一がロンドン着、木下李太郎がロンドンの栗原忠二のアトリエを訪ねる、裕仁皇太子がロンドンでボーイスカウトの最高功労賞シルヴァー・ウルフ賞を授与される。

一月、高山謹一『西航雑記』(博文館)。三月、徳富蘆花・愛子『日本から日本へ・西の巻』(金尾文淵堂)、福良虎雄『洋行赤毛布』(日本評論社出版部)、『印度洋講演集』(島津常三郎)。五月、牧田宗太郎『戦後英米学校巡り』(博文館)、稲原勝治『英国を中心として』(金尾文淵堂)。六月、長谷川如是閑『現代国家批判』(弘文堂書房)。七月、下田将美『山上の展望』(昭文堂)、溝口白羊『東宮御渡欧記』(日本評論社出版部)。一一月、Smimasa Idichi, *England Revisited* (研究社)。一二月、山本博一『欧米漫遊日誌』(山本博一)、三宅克己『欧洲写真の旅』(アルス)。刊行月不記載、Ernest Satow, *A Diplomat in Japan* (Seeley)、Hester Sainsbury, *Holy Women* (The Favil Press)、Lafcadio Hearn, *Karma* (George G. Harrap)、John Paris, *Kimono* (W. Collins)、Arthur Waley trans., *The Tale of Genji vol.1* (George Allen & Unwin)。

一九二二(大正11)年

一月、近藤浩一路がヨーロッパに向けて横浜から出帆(6日)。太田黒元雄が夫人と共に二度目のロンドンに着き、ヴィクトリア駅で野村光一に迎えられる。田部隆次・三浦太郎・石川林四郎・沢柳政太郎が文部省英語教授顧問として訪日するハロルド・パーマーのためにロンドンで送別会を催す。二月、英米訪問実業団の一行がパリに移動(1日)。パーマーがロンドンを発つ。三月、日本料理店の都亭が都倶楽部と改名して移転。四月、生稲重吉の横浜洋食店本店が移転して営業開始(10日)。岩崎盛太郎の「ときわ」が日本食堂を譲り受け日本料理店の「シテーときわ」を開業(27日)。五月、岡本一平・都河龍らトマス・クック社主催世界一周団の一行がロンドンのパディントン駅に到着し(3日)、岡本一平が近藤浩一路・北島浅一・栗原忠二に会いその後パリに向かう(10日)。近藤浩一路が帰国の途につく(12日)。井上貫一がイギリスの学校を次々と視察して回る。六月、石川林四郎が帰国。七月、西脇順三郎が北野丸で神戸を出航。八月、西脇順三郎がロンドンに到着しまもなく野村光一の紹介でホテルから個人ホテルに移る。秋、西脇順三郎がシェラード・ヴァインズの紹介でジョン・コリアに会う。九月、土居光知が英国に向けて出発(22日)。一〇月、郡虎彦の「義経記」がリトル・シアターで開演し(3日)、三週間興行。柳田国男がパリからロンドンに着き(6日)、「義朝記」を観劇し(9日)、ヴィクトリア駅からパリへ発つ(15日)。福原信辰がパリからロンドンに着き太田黒元雄とともにロンドン市内を写真撮影。栗原忠二展覧会を日本人会楼上で開催(10日~20日)。一一月、元三菱商事会社員・増田三が東京ハウスを譲り受け旅館兼日本料理店のロンドン・ハウスとして開業。一二月、大使館事務所が移転(12日)。原田譲二がアメリカ~ヨーロッパの旅に出る(17日)。一二月ごろ、福原信辰が帰国。この年、T・S・エリオットの『荒地』・ジェイムズ・ジョイスの『ユリシーズ』が刊行される。BBCラジオ放送開始。島田清次郎がロンドンでジョン・ゴールズワージー、H・G・ウェルズらと会い日本人初の国際ペンクラブ会員となる。

二月、石田美喜蔵『実業家の見たる現今の欧米』(文翫堂・東海堂)、坂口二郎『欧米三一五都』(下出書店)、坂口二郎『英国政界の煩悶』(下出書店)、鈴木隆『欧米漫遊百話意外の意外』(河野豫順)。三月、宮崎敬介『欧米より帰りて』(宮崎敬介)、石川三四郎『放浪八年記』

（三徳社）、御手洗辰雄『欧洲に於ける東宮』（報知新聞社出版部）。四月、『新小説』「英国号」、Suminasa Idichi, *My London Year* (Revised Edition)（研究社）。五月、上原敬二『わたり鳥の記』（新光社）、真田幸憲『西洋見物お土産話』（目黒書店）。七月、一氏義良『ロンドン印象記』（世界思潮研究会）、関伊右衛門『西洋文化の悲哀』（登美屋書店）、山岡光太郎『外遊秘話』（飛龍閣）。九月、樋口龍峡『新世界の印象』（国民書院）、松本泰『松本泰探偵小説著作集』第一編（金剛社）。一〇月、水上瀧太郎『葡萄酒』（東光閣書店）、船尾栄太郎『欧米新聞界の秘事』（丁未出版社）。一一月、松本泰『松本泰探偵小説著作集』第二編（金剛社）、荒木東一郎『欧米めぐり夢の旅』（誠文堂）、金子健二『英国世相史』（東京宝文館）。一二月、下村宏『欧米より故国を』（丁未出版社）、都河龍『世界一周名所写真帖』（婦女界社）。刊行月不記載、T. Wakameda, *Early Japanese Poets* (The Eastern Press)、Torahiko Kori, *The Toils of Yoshitomo* (Selwyn & Blount)。

一九二三（大正12）年

一月、河合栄治郎が文部省在外研究員としてフランス経由でロンドンに到着（12日）。三月、守屋栄夫がパリからロンドンへ向かい（9日）、五月一四日までの約二ヵ月間滞在する。倫敦日本人庭球協会設立（15日）。大田黒元雄が夫人と共にイギリスより帰国。野村光一がイギリスより帰国。茂木惣兵衛がアメリカ経由で英国に到着。四月、河合栄治郎がバーミンガム近郊のウッドブルック・セツルメントの寄宿舎に入る（21日）。牧野義雄がフランス人女性マリー・ピロンと結婚（25日）。五月、『秘密探偵雑誌』創刊。斎藤勇がロンドンに着きまもなくジークフリート・サスーンやラルフ・ホジソン、W・J・ターナーらに会う。六月、河合栄治郎が若き日の尹潽善（後の韓国大統領）と論戦を交える（20日、27日）。青木庄蔵がロンドンに到着（30日）。七月、小網源太郎がニューヨークからロンドンに移り（30日）、魚市場などを見学する。斎藤勇が土居光知・豊田実・長沢英一郎とともにスコットランドに旅行。八月、河合栄治郎が英国南東部サリー州ヘリスーミアでフェビアン協会夏期学校に参加（3〜25日）。コペンハーゲンで世界排酒大会に出席するため青木庄蔵がロンドンから旅立つ（11日）。日英同盟失効（17日）、柳田国男がロンドン着（30日）、斎藤勇が土居光知とともに湖水地方に旅行。九月、関東大震災（1日）。柳田国男がロンドンを発つ（29日）。河合栄治郎がプリマスで開催されたＴＵＣ（労働組合会議）の大会に出席しその後ロンドン北部ホッデスドンでＩＬＰ（独立労働党）の夏期学校へ参加。月末から河合栄治郎がオックスフォードに移る。一〇月、佐竹義文がパリからヴィクトリア駅に到着（11日）。牧野義雄が妻のマリーと共にアメリカに渡る（18日）。西脇順三郎がオックスフォード大学ニュー・カレッジの秋学期の受講開始。一一月、早川雪洲がコリシアム座に出演（12日〜）。早川雪洲歓迎会が日本人会館で開かれる（22日）。オールド・ヴィック座が「トロイラスとクレシダ」によってシェイクスピア全作品上演の記録達成。斎藤勇がラルフ・ホジソン宅でエドマンド・ブランデンと会う。一二月、総選挙で労働党が大躍進し（6日）、河合栄治郎がその様子を現地で見聞する。佐竹義文がヴィクトリア駅からベルギーに向かう（17日）。年末に原田譲二が帰国。この年、松波仁一郎がロンドンを訪れる。大英帝国博覧会がウェンブレーで開催される。

四月、中村三之丞『英国の総選挙』（大阪毎日新聞社・東京日日新聞社）、意匠美術寫眞類聚刊行会編『英吉利の古家具意匠集』「匠美術寫眞類聚」第一期第六輯（洪洋社）。五月、鶴見祐輔『三都物語』

（丁未出版社）、富田鉄夫編『最新欧米旅行案内』（太洋社）、野口米次郎『霧の倫敦』（玄文社出版部）。六月、林安繁『欧山米水』（林安繁）、春海熊三『私の見た欧米の美術』（慶文堂書店）、柳沢健『南欧遊記』（新潮社）。七月、坂口昂『歴史家の旅から』（内外出版）、関伊右衛門『西洋文化の悲哀』（登美屋書店）。九月、ジョン・パリス著、若柳長清訳『KIMONO』（京文社）。一〇月、本間久雄『唯美主義者オスカア・ワイルド』（春秋社）、井上貫一『欧米学校印象記』（同文館）。一一月、太田正孝『羅馬風呂』（報知新聞社）。

一九二四（大正13）年

一月、自由党との連立でイギリス初の労働党内閣が成立し（22日）、首相にはラムゼイ・マクドナルドが就任。皇太子裕仁親王の成婚。ロンドン滞在中の舞踊家の高田雅夫、原せい子が、これも海外巡業中の石井漠、石井小浪と会う。三月、土居光知が帰朝（20日）、エドマンド・ブランデンが東京大学からの招聘を受け日本に向けて出帆。「シテーときわ」が日本料理だけでなく中華料理も提供するようになる。東庄太郎が武道会内に簡易食堂を開く。鳥居一平が鳥居婦人服店を開く。日本料理店湖月が改装して旅館部を開く。四月、大田黒元雄が三度目のロンドン着（12日）。河合栄治郎が東京帝国大学図書館再建のための仕事でロンドンとオックスフォードの間を往復。社会主義者の安部磯雄・アナキストの石川三四郎・運動家の山崎今朝弥らが日本フェビアン協会を設立。六月、河合栄治郎がオックスフォードを離れ英国各地を旅行し（7月まで）、その後河合はスイスなどを経由してベルリンに向かう。七月、高田雅夫・清子舞踏会が日本人会館で開かれる（4日）。西脇順三郎がマージョリ・ビッドルと結婚（25日）。ラルフ・ホジソンが東北大学からの招聘を受け日本に向けて出帆。斎藤勇がオックスフォードに転居。八月、茂木惣兵衛とシドニー・ウェッブ夫妻との交流が始まる。一〇月、スイスで療養していた郡虎彦が死去し（6日）、遺骨がロンドンのヘスター・セインズベリ宅に到着し徳田敬二郎・西脇順三郎が弔問に訪れる。石津作次郎がロンドンに着く（8日）。松山忠三展覧会が日本人会楼上で開かれる（〜10日）。総選挙で保守党が勝利し（29日）、ボールドウィン内閣成立。茂木惣兵衛がロンドン大学に入学し政治学者ハロルド・ラスキのゼミに入る。一一月、竹村俊郎がイギリスを発ちフランスに向かう。一二月、東洋館・「ときわ」・湖月・都倶楽部・日の出屋が倫敦日本料理店組合を結成する（1日）。「ときわ」が新築移転して旅館を兼ねるようになる（21日）。この年の秋、茂木惣兵衛がフェビアン協会の講演会でバーナード・ショーと出会う。この年、栗原忠二が帰国。労働党の政権を保守党が奪還した。大戦中に停止していた金本位制度を復活。

二月、清水正巳『商業から見た欧米都会見物』（日本評論社）。六月、矢吹慶輝編『英国博物館所蔵スタイン写本写真帳』（啓明会事務所）、ジョン・パリス著、若柳長清訳『SAYONARA』（京文社）、植野勲『倫敦金融市場の話』（岩波書店）。一〇月、松本泰『或る年の記念』（奎運社）、河野誠『都市か田園か』（松山房）、岡本一平『紙上世界漫画漫遊』（実業之日本社）、中根滄海『西洋の女』（潮文社）。一一月、大宅壮一編『我等の態度——沿革及綱領』（日本フエビアン協会）、日高只一『英米文芸印象記』（新潮社）、西脇順三郎 "A Kensington Idyll"（*Chapbook*）。刊行月不記載、John Paris, *Sayonara* (W. Collins)。

一九二五（大正14）年

一月、都倶楽部が立ち退き自宅で営業開始。二月、金井衛が海軍事務所をやめて写真業を開業する。三月、キリスト教社会運動家の賀川豊彦がロンドンに到着。『探偵文芸』創刊。徳田敬二郎が郡虎彦の遺骨を抱いて帰国。四月、蔵相ウィンストン・チャーチルが金本位制への復帰を断行し（28日）石炭業が極度の貿易不振に陥る。賀川豊彦がロンドンからパリに旅立つ。斎藤勇がヨーロッパ旅行のあとイギリスに戻る。五月、河合栄治郎が再びロンドンのヴィクトリア駅に到着し（31日）、政治学者の蠟山政道が出迎える。宮島新三郎が早稲田大学より留学を命じられ日本を発つ。六月、河合栄治郎がロンドンからウッドブルック経由でオックスフォードに向かう（7月まで滞在）。斎藤勇がアメリカ経由で帰国。七月、河合栄治郎が英国を出国し（4日）、アメリカ経由で帰国の途に就く。八月、「シテーときわ」が移転。宇野万太郎が日本人会の近くに鰻屋「都」を開店する。九月、『探偵趣味』創刊。一〇月、朝日新聞社訪欧機がフワーンボローに着陸しサヴォイ・ホテルでロイヤル・エーロ・クラブ主催の午餐会が開かれる（13日）。訪欧飛行士歓迎会が日本人会で開かれる（15日）。朝日新聞社訪欧機がブリュッセルに向けて出発する（17日）。西脇順三郎がロンドンを去ってパリへ行く。一一月、西脇順三郎が帰国（8日）。一二月、日本フェビアン協会解散。中川治平にかわって松川梅賢が『日英新誌』の編集者となる。この年の春、和気律次郎がロンドンに到着し約一年間滞在。

一月、大田黒元雄『洋楽夜話』（第一書房）、第一外国語学校編『英語研究苦心談』（文化生活研究会）、岡田泰祥『絵筆を載せて』（内外出版印刷）。二月、佐竹義文『欧米を縦横に』（宝文館）、石渡泰三郎『欧米百貨店事情』（白木屋呉服店書籍部）。三月、守屋栄夫『欧米の旅より』（薫田書店）。四月、矢吹慶輝編『英国博物館蔵燉煌出土古写仏典ロートグラフ略目』（啓明会事務所）、青木庄蔵『世界をめぐりて』（青木庄蔵）。六月、矢代幸雄『太陽を慕ふ者』（改造社）、大藤治郎『西欧を行く』（新潮社）、石井柏亭『美術と自然滞欧手帖』（中央美術社）。七月、浜田勇三『欧米諸国一見』（浜田勇三）。八月、西脇順三郎 *Spectrum*（Cayme Press）。九月、大内兵衛『現代イギリスの政治過程』（同人社書店）、山本憲一・瀧澤七郎『倫敦』（明文堂）。一〇月、小網源太郎述、倉片寛一編『欧米魚市場覗記』（小網源太郎）。一一月、『London & Paris ニ於ケル市内及近郊旅客運輸ノ運賃制度』（鉄道省運輸局）。一二月、田子静江『愛児の為に欧米を訪ねて』（東京宝文館）、石津作次郎『欧羅巴の旅』（内外出版）、下河内十二蔵『東西万里』（此村欽英堂）、二荒芳徳・澤田節蔵『皇太子殿下御外遊記』（大阪毎日新聞社・東京日日新聞社）。刊行月不記載、Yone Noguchi ed., *Utamaro*（Elkin Mathews）、Tetsuzo Okada, *Eastern Reflections*（The Eastern Press）、Gonnoske Komai, *Fuji from Hampstead Heath*（W. Collins）。

一九二六（大正15・昭和元）年

一月、藤原義江がウィグモア・ホールで独唱会。二月、茂木惣兵衛らが倫敦大学日本人学生会を組織する。三月、石川光春がアメリカ〜ヨーロッパの旅に出る（20日）。四月、八木彩霞がパリからロンドンに移動（11日）。五月、英国政府の金本位制復帰や炭坑夫の賃金切り下げに端を発するゼネラル・ストライキが起こり（4日から9日間）、労働者と資本家の最終決戦として日本でも大きく報道される。六月、モンテカルロで武林文子にピストルを発射した元倫敦湖月主人の河村泉が出獄する（24日）。七月、倉田亀之助が三年四ヵ月にわたる海外視察の旅に出る（22日）。矢野峰人が大学創設準備在外研究員として台湾総督府より留学を命じられロンドンに到着。九月、矢野峰人がロンドンからオックスフォードに移り大学の講義を聞く。一〇月、八木彩霞が飛行機でロンドンからパリに移る（10日）。一一月、矢野峰人がロンドンのオーチャード・ホテルでイェイツに会う（12日）。一二月、大正天皇没（25日）、矢野峰人が英国から南仏へ行く。この年、栗原忠二が再渡英し英国王立美術家協会の正会員となる、ソーホーのフリス・ストリートでテレビジョンの公開実験。

一月、野口米次郎『野口米次郎ブックレット』第八編「春信と清長」（第一書房）、野口米次郎『野口米次郎ブックレット』第九編「写楽」（第一書房）。二月、戸川秋骨『凡人崇拝』（アルス）、幣原坦『世界の変遷を見る』（冨山房）、『朝日新聞社欧洲訪問大飛行記念画報』第二輯（大阪朝日新聞社、『大阪朝日新聞』2月11日号附録）。三月、大阪外国語学校編『海外視察録』第六巻（大阪外国語学校）、原田譲二『欧米新聞遍路』（日本評論社）、『世界一周写真帖』（東京朝日新聞社）。四月、賀川豊彦『雲水遍路』（改造社）、阪井徳太郎編『英米訪問実業団誌』（十一年会）、瀧澤七郎『旅券を手にして』（明文堂）、矢崎千代二『絵の旅から』（東京朝日新聞発行所）。五月、河合栄治郎『在欧通信』（改造社）。六月、蔵田周忠『近代英国田園住宅抄』（建築画報社）。七月、岩崎卯一『社会学の人と文献』（刀江書院）、藤波慶太郎『倫敦随筆』（佐々木出版部）、岡野養之助編『訪欧大飛行誌』（朝日新聞社）。八月、林田亀太郎『雲梯土産ロンドン電報』（日本書院）、小山内薫「戯曲森有礼」（改造社）。九月、太田順治『欧米素描』（培風館）、金子健二『欧米遊記　馬のくしゃみ』（積善館）、岡本鶴松『異国の華を尋ねて』（福永書店）。一〇月、『研究資料』3（文明協会、島谷亮輔「最近の英国総罷業を見て」・岡本武三「英炭坑争議管見」収録）。一二月、野口米次郎『野口米次郎ブックレット』第二九編「海外の交友」（第一書房）。刊行月不記載、Arthur Waley trans., *The Tale of Genji vol.2* (George Allen & Unwin)。

一九二七（昭和2）年

三月、牧野義雄がアメリカ生活に区切りをつけ単身でロンドンに向けて出発（9日）。「ときわ」旅館専業部が開館する（19日）。栗原忠二展覧会を日本人会で開催（31日〜4月6日）。五月、矢野峰人が南仏からロンドンに戻る、宮島新三郎が帰国。六月、藤原義江がウィグモア・ホールで音楽会（14日）。ベルリン反帝グループのリーダー国崎定洞がロンドンを訪問し数週間滞在。七月、松山忠三展覧会を「ときわ」旅館階上で開催（22日〜8月5日）。ベルリンにいた国崎定洞が再びロンドンを訪問。矢野峰人がスコットランド、アイルランドに行きイェイツやレディ・グレゴリーと会う。八月、矢野峰人がダブリンへ行き再びイェイツやA・E、シェイマス・オサリヴァンと会う。九月、矢野峰人がダブリンでA・Eの「日曜の夕」に出席する。一〇月、矢野峰人がダブリンでダグラス・ハイドと会う。矢野峰人がロンドンでウィルフリッド・メイネルに会う。矢野峰人がケンブリッジに移って大学の講義を聞きA・E・ハウスマンと会う。一二月、矢野峰人がケンブリッジを出てロンドンに戻る。この年の秋、生稲重吉が日本料理の店を始める。この年、画家・詩人の中野秀人がロンドンに到着し、ロイヤル・アカデミー・オブ・アーツの絵画部門に入選する。久米権九郎がロンドン市アーキテクチュラル・スクール・オブ・アーキテクチュアに入学。

一月、野口米次郎『野口米次郎ブックレット』第三二編「舞台の人人」（第一書房）。一月、大熊信行『社会思想家としてのラスキンとモリス』（新潮社）。五月、福原麟太郎『英文学を如何に読むか』（研究社）、野口米次郎『野口米次郎ブックレット』第三三編「詩人の郷土」（第一書房）。六月、野村兼太郎『欧州印象記』（日本評論社）。七月、岩井尊人『泰西游』（岩井尊人）。八月、宮島新三郎述『イギリス魂』（文明協会）、赤松治部『外遊漫筆』（富文堂）。九月、南条文雄『懐旧録』（大雄閣）。一一月、上山柑翁『欧米漫筆』（寶文館）、千葉命吉『一哲学者の世界遊記』（平凡社）、銭高作太郎『欧米漫遊旅より我が家へ』（銭高静子）、加藤東知『英国の恋愛と結婚風俗の研究』（日本大学出版部）。一二月、西脇順三郎他『馥郁タル火夫ヨ』（大岡山書店）。刊行月不記載、Arthur Waley trans., *The Tale of Genji vol.3* (George Allen & Unwin)。

一九二八（昭和3）年

一月、矢野峰人がトマス・ハーディの葬儀に参列し（16日）、ウォルター・デ・ラ・メア（23日）、アーサー・シモンズ（26日）、エドマンド・ゴス（29日）、ウィルフリッド・ギブスンに会う（31日）。二月、矢野峰人がオックスフォードでロバート・ブリッジズに会う（1日）。三月、本間久雄が早稲田大学海外研究生としてロンドンへ発つ。矢野峰人が帰朝。四月、藤原義江の独唱会がイオーリアン・ホールで開催される（19日）。藤原義江がロイヤル・アルバート・ホールに出演（22日）。牧野義雄がコッターズ絵画陳列室で個展（25日〜5月5日）。五月、本間久雄、ロンドン着（6日）。国際商業会議所日本国内委員会倫敦支部が設立される（16日）。六月、エメリン・パンカーストが死去（14日）。櫻井忠温がアメリカからイギリスに到着する（16日）。本間久雄がエメリン・パンカーストの葬儀に出掛ける（18日）。七月、櫻井忠温がフランスに（15日）。人見絹枝がアムステルダム・オリンピック大会出場のためロンドンを出発（18日）。九月、牧野義雄が妻のマリーと離婚（2日）。竹内勝太郎がロンドンに到着し（5日）、その後パリに向かう（14日）。吉屋信子が満州を経てヨーロッパに行く旅に出る（25日）。東洋館が移転する（29日）。一二月、本間久雄が倫敦日本人学生会に招かれて中国飯店で講演を行う（6日）。この年、画家・詩人の中野秀人の油絵がロイヤル・アカデミー・オブ・アーツとナショナル・ギャラリーで入選。中野はロンドンを発ってバーナード・リーチの待つダブリンに向かう。大田黒元雄が渡欧。矢野峰人・阪倉篤太郎がイェイツの前で謡曲を歌う。英国で二一歳以上の男女に選挙権が認められる。本間久雄がロンドンに着きゴードン・クレイグやアーサー・シモンズ、マックス・ビアボウム、アーサー・ウェイリーらと会う。

二月、瀧本二郎・マダム・ド・ブレスト『欧米漫遊留学案内欧州の部』（欧米旅行案内社）。四月、吉田惟孝『英国の新しい学校』（イデア書院）、渡辺四郎『欧米の港と腰弁の視た国々』（丸善）、三宅克己『世界めぐり』（誠文堂）。五月、庄野貞一『十八ケ国欧米の旅』（高橋南益社）。七月、松本泰『現代大衆文学全集』第一五巻「松本泰集」（平凡社）。八月、相馬愛蔵『欧州視察談』（矢口書店）。九月、鳥居赫雄『松籟』（鳥居とも子）。一〇月、石川光春『欧米曼陀羅雑記へゝのゝもへじ』（至玄社）、大阪毎日新聞社編『欧州観光記』（大阪毎日新聞社）、『遣外使節日記纂輯』第一（日本史籍協会）、大野勇『巴里を中心にして観たる欧米の卸売市場』（大野勇）。一一月、三宅克己『世界めぐり』（誠文堂）、東京市政調査会編『英国自治制度の歴史的考察』（東京市政調査会）。一二月、近藤浩一路『異国膝栗毛』（現代ユウモア全集刊行会）。刊行月不記載、Arthur Waley trans., *The Tale of Genji vol.4* (George Allen & Unwin)。

一九二九（昭和４）年

一月、本間久雄がアーサー・シモンズに面会し月末にロンドンを離れ帰国の途につく。二月、木村毅がロンドンの「飢餓行進」を見る（24日）、「武道会」会員がスコットランド・ヤードに出張して柔道の公演を行う（28日）。三月、ロンドンで国際失業反対デーのデモ（6日）や国際婦人デーのデモ（10日）。本間久雄が留学を終えて日本に着く。五月、茂木惣兵衛が国際労働会議に出席する松岡駒吉を補佐するためにロンドンからジュネーヴに向かう。小説家の久米正雄がロンドンに到着（30日）。労働党が総選挙で勝利し（30日）、第二次労働党内閣（首相マクドナルド）成立。七月、福原麟太郎が文部省在外研究員として英国留学の命を受けロンドンのヴィクトリア駅に到着した。八月、作家の中條百合子（宮本百合子）がロンドンに到着し両親が滞在するロイヤル・パレス・ホテルに宿泊。九月、中條百合子がパリへ向かう（18日）。茂木惣兵衛がロンドン大学の国際連盟学生会議の議長に推薦される。一〇月、ニューヨーク株式市場が大暴落して世界的恐慌が始まる（24日）。茂木惣兵衛が海員組合国際会議に出席する濱田国太郎の補佐のためにロンドンからジュネーヴに向かう。一一月、倉田亀之助が帰国する（8日）。一二月、岡本一平がかの子・太郎とともにロンドンに向けて東京駅を出発し（2日）、神戸港で欧州航路の箱根丸に乗船（7日）。浜口首相より全権の命を拝した貴族院議員若槻礼次郎と海軍大臣財部彪がサザンプトンに到着し英国駐剳特命全権大使松平恒雄らの出迎えを受ける（27日）。この年、パリ滞在中の小説家の正宗白鳥がロンドンに旅行。またパリに滞在していた画家・詩人の中野秀人が再びロンドンに滞在（一九三〇年まで）。久米権九郎がロンドン市アーキテクチュラル・スクール・オブ・アーキテクチュアを修了。英国初のトーキー「ヒッチコックのゆすり」が上映される。英国で二五〇万人を越える失業者。この年の秋から福原麟太郎がロンドン大学キングス・カレッジに通い始め中世英文学のイズレール・ゴランツ教授の講義を聞いた。

一月、阿部孝『英国劇講話』（三省堂）、西山哲治『英国及米国に於ける少年職業指導』（中央職業紹介事務局）。二月、市村羽左衛門『欧米歌舞伎紀行』（平凡社）、岡本一平『増補世界一周の絵手紙』（龍文舎）。四月、土岐善麿『外遊心境』（改造社）、仲摩照久編『世界地理風俗大系』第一〇巻（新光社）、『遣外使節日記纂輯』第二（日本史籍協会）。五月、秋山日吉『風変りの欧米ひとり旅』（桂泉社）、高石眞五郎『欧米を見て』（大阪出版社）、片岡直方『欧米漫談鳩のあくび』（伊藤淳一郎）、瀧本二郎『千五百円三ケ月間欧米見物案内』（欧米旅行案内社）。六月、馬郡健次郎『英国の労働党と人物』（巌松堂書店）、荒木東一郎『三十三日間世界一周』（誠文堂）、長沢安弘『欧州巡遊と其印象』（光奎社）。七月、市川円常『欧米管見』（谷汲山華厳寺）、瀧本二郎・マダム・ブレスト『夜の倫敦巴里紐育』（欧米旅行案内社）、『西伯利経由欧州旅行案内』（鉄道省運輸局）、福原麟太郎『英文学の修業』（研究社）、山桝儀重『欧米政治行脚』（平凡社）。八月、今西与三郎『大戦前のロンドン』（今西与三郎）、岩生成一訳註『異国叢書慶元イギリス書翰』（駿南社）、小川市太郎『倫敦の市制と市政』（大阪都市協会）。九月、河合栄治郎『英国労働党のイデオロギー』英国労働党叢書第二編（千倉書房）、萩原清次郎『英国を眺めて』上巻（丸善）。一一月、宮島新三郎『現代英国文芸印象記』（三省堂）、石丸藤太『倫敦軍縮会議へ』（万里閣書房）。一二

月、本間久雄『滞欧印象記』（東京堂）、市河三喜編『英国水彩画展覧会記念図録』（平木泰治）、道家斉一郎『欧米女見物』（白鳳社）、岡本一平『一平全集』第八巻（先進社）、小槇和輔『倫敦軍縮会議と日本』（文明協会）。刊行月不記載、Takeshi Saito, *Keats' View of Poetry* (Cobden-Sanderson)。

一九三〇（昭和5）年

一月、岡本一平・かの子が太郎をパリに残してロンドンに移り（17日）、日本旅館の「ときわ」に滞在（～25日）。ロンドン海軍軍縮会議が開会し（21日）、福原麟太郎がゴールダーズ・グリーンの下宿でこの様子をラジオで聞く。岡本一平がかの子とハムステッドに家を借りる（26日）。四月、ロンドン海軍軍縮会議調印（22日）。六月、筒井一座がグローブ座で初演（24日）、高松宮殿下がヴィクトリア駅到着（26日）。河盛好蔵が一週間程度ロンドンに滞在。岡本一平・かの子がアイルランドに小旅行。七月、岡本太郎がロンドンを訪れて（1日）、二ヵ月間滞在する。八月、オランダを出た野村覚一がロンドンに着き（25日）、ドックを中心に視察。九月、野村覚一がサザンプトンからアメリカに向けて出港（6日）。岡本かの子が「ときわ」で脳充血のため倒れ（27日）、そのまま三日間静養する。一〇月、軍縮会議の決定が正式に批准される（2日）。浜口首相の演説が東京中央放送局より流れ（27日）、続いてホワイトハウスのフーヴァー大統領の演説・ロンドン首相官邸のマクドナルド首相の演説・ロンドン首相官邸より松平駐英大使による浜口首相の英訳放送が流れ（28日）、はじめての海外放送は送信・受信とも成功する。一一月、浜口首相が狙撃される（14日）。岡本一平・かの子がロンドンからパリに移る（30日）。この年、茂木惣兵衛が国際労働会議に出席する鈴木文治の補佐のためにロンドンからジュネーヴに向かう。軍縮会議委員長マクドナルド英首相に、ガントレット恒子と林歌子が平和希望軍縮請願書を手渡す。

一月、『遺外使節日記纂輯』第三（日本史籍協会）、東京市政調査会編『英国現行の市制と市政』（宝文館）。二月、堀口九萬一『游心録』（第一書房）、鶴見祐輔『自由人の旅日記』（日本評論社）、今井兼次・堀口捨己・藤島亥治郎・岸田日出刀編『現代建築大観』第一輯（構成社書房）。四月、石丸重治編『英国の工芸』（工政会出版部）。五月、石丸藤太『軍縮に目醒る』（萬里閣書房）、岡本一平『一平全集』第一一巻（先進社）、森律子『女優生活二十年』（実業之日本社）。六月、馬郡健次郎『ジャズの欧羅巴』（万里閣書房）、吉屋信子『異国点景』（民友社）、永田秀次郎『高所より観る』（実業之日本社）。七月、伊庭菊次郎『千姿の欧米』（高橋南益社）。九月、北村兼子『地球一蹴』（改善社）、塚田公太『外遊漫想よしの髄』（一橋出版社）、宮森麻太郎訳『英訳古今俳句一千吟』（同文社）。一〇月、浜林生之助『英国文学巡礼』（健文社）、入沢宗寿『欧米の印象』（教育研究会）。一一月、八木熊次郎『彩筆を揮て欧亞を縦横に』（文化書房）、岡本一平（画）『倫敦茶盟録』（今井卓雄）。一二月、馬郡健次郎『欧米大学生活』（春陽堂）。

一九三一（昭和6）年

四月、日本の内閣総辞職（13日）。宮川美子、パリよりロンドンに着き日本人会にて独唱会を催す（21日）。市河三喜・晴子がロンドンに到着し（21日）、ストラットフォード・アポン・エイヴォンのシェイクスピア生誕記念祭（24日）に出る。六月、福原麟太郎がロンドンを離れ帰国の途につく。七月、松波仁一郎がロンドンを訪れるが（1日）主目的の国際法協会総会は中止となる。岡本一平がかの子とともにパリからベルリンへ移る（27日）。松波がロンドンを出発してナポリに向かう（30日）。第二インターナショナル会議に出席のために茂木惣兵衛がロンドンからウィーンに向かう。八月、浜口首相死去（26日）。九月、満州事変勃発（18日）。一二月、尾崎行雄がロンドン到着（21日）。この年、茂木惣兵衛が国際労働会議に出席する川村保太郎を補佐するためにロンドンからジュネーヴに向かう。

一月、大島亮治『一紡績技師の西遊雑記』（紡織雑誌社）。二月、好本督『祖国に寄す英国の魂』（中央教化団体聯合会）、斉藤博「マクドーナルドイギリス労働宰相伝」（岩波書店）。三月、山田十一郎『瞑想の旅』（山田十一郎発行）。四月、井上赳『印象紀行祖国を出て』（明治図書出版）、清沢洌『不安世界の大通り』（千倉書房）。五月、戸川秋骨『自然・気まぐれ・紀行』（第一書房）、佐藤義亮編『世界現状大観』1「英吉利篇」（新潮社）、若槻礼次郎『欧州に使して』（実業之日本社）。六月、戸川秋骨『英文学覚帳』（第一書房）。九月、萩原清次郎『英国を眺めて』中巻A（丸善）、菊池重三郎『欧羅巴物語』（研究社）、有馬頼吉『欧米みやげ話』（有馬頼吉）、矢野峰人『片影』（研究社）。刊行月不記載、Sobei Mogi, *The Problem of Federalism* (G. Allen & Unwin)。

一九三二（昭和七）年

一月、尾崎行雄がフランスに向けてロンドンを発つ（6日）、岡本一平がかの子とともにベルリンを出る（11日）、中国の提訴によりイギリスのリットン卿を団長としてアメリカ・フランス・イタリア各国委員からなる調査団が結成される（14日）、岡本一平がかの子とともにロンドンに戻る（27日）が、すぐに日本に向けて発つ（31日）。二月、尾崎行雄がフランスよりイギリスに戻り（8日）、倫敦日本協会の依頼を受けて「日本に於ける立憲政治」と題する講演を行う（11日）。リットン調査団が来日（29日）。三月、満州国建国（1日）。岡本一平がかの子とともに帰国（10日）。四月、エプソム競馬場のダービーを範として第一回日本ダービーが目黒競馬場で開催される。五月、犬養首相が暗殺され（15日）、そのニュースを尾崎行雄はロンドンで聞く。九月、日満議定書が調印される（15日）。一〇月、リットン調査団が日本政府に報告書を通達する（1日）、ロンドン大学日本学生会主催でときわにて労働党首領ジョージ・ランズベリの講演会を催す。ロンドンに文部省在外研究員の「在英文研会」ができる。鶴見祐輔がロンドン郊外のチェカーズの別邸にマクドナルド首相を訪問。一一月、尾崎行雄がロンドン大学日本人学生会の求めに応じときわにて講演（2日）、日本が国際連盟に意見書を提出（18日）。鶴見祐輔と茂木惣兵衛がロンドンの劇場でバーナード・ショー夫妻と会う。一二月、尾崎行雄がニューヨークを出発しイギリスのサザンプトンに到着（18日）。尾崎行雄が病気療養中のテオドラ夫人をロンドンの客舎で亡くす（29日）。この年、伊地知純正が三度目の英国滞在。

二月、仲摩照久編『世界地理風俗大系』別巻（新光社）。四月、野田一郎『随見随録欧米巡遊』（金港堂書店）。六月、馬郡沙河子『欧羅巴女一人旅』（朝日書房）。九月、萩原清次郎『英国を眺めて』中巻B（丸善）。一〇月、矢吹義夫『英米管見』（中文館書店）。一一月、林ふき子『欧米旅日記』（京華社）、椎名龍徳『蝸牛の足跡』（文録社）。刊行月不記載、Arthur Waley trans., *The Tale of Genji vol.5* (George Allen & Unwin)。刊行月不記載、Sobei Mogi, *Otto von Gierke* (P. S.

King)。

一九三三（昭和8）年

一月、尾崎行雄がフランスへ渡り（6日）、ヨーロッパを回る。ベルリンに滞在していた河合栄治郎がロンドンに向かい（26日）、オックスフォードやウッドブルック・セツルメントなどを巡り約二週間イギリスに滞在する。ドイツでヒトラーが政権を獲得（31日）。茂木惣兵衛がロンドンからアメリカ経由で帰国の途に就く。二月、尾崎行雄がロンドンに戻り（8日）、日本協会で「日本に於ける立憲政治」の講演（11日）。ロンドン大学日本学生会主催でときわにてリットン卿による講演会を催す（14日）、国連総会で対日勧告案が賛成多数で採択され松岡洋右代表は退席（24日）、バーナード・ショーが改造社の招待で来日し（27日）、茂木惣兵衛の通訳で齋藤實首相や荒木貞夫陸相と会談したほか日本労働総同盟や靖国神社の能楽堂を訪問（3月9日まで滞在）。オックスフォード大学学生連盟の討論会で「どのような場合にも王と祖国のために戦うことはしない」という決議が採択される。三月、ロンドン日本人会の主催で日本人倶楽部において松岡一行の歓迎会が開かれる（14日）。日本が正式に国連を脱退（27日）。四月、ロンドンに在英日本人の相互補助機関「在英同胞会」ができ（13日）、それまでの「共済会」は解散する。六月、ロンドンで世界経済会議開催。関屋敏子がメイフェア・ホテルで開かれた日本協会主催の石井全権祝迎晩餐会で独唱。八月、嘉納治五郎がイギリスに到着し「武道会」主催で講演（28日〜31日）。一一月、日本協会主催でクラリッジ・ホテルにて徳川家達公爵歓迎会（14日）。常磐旅館の所有権が高富久枝に譲り渡され登喜和ハウスという名で経営されることになる。石川林四郎がアメリカからイギリスに渡る。一二月、皇子命名により、ロンドン日本人会で誕生祝を催す（29日）。この年、アメリカでニューディール政策開始。

三月、御木本隆三『ラスキン随想』（岡倉書房）。四月、平田禿木『英文学散策』（第一書房）。五月、本位田祥男『欧洲の憶ひ出』（日本評論社）、岩崎清七『欧米遊蹤』（アトリヱ社）。六月、鶴見祐輔『欧米大陸遊記』（大日本雄弁会講談社）、長谷川誠也『精神分析とイギリス文学』（英語英文学講座刊行会）、谷井類助『欧州見物所どころ』（大同書院）、シルヴィア・パンカースト、牧賢一・磯村英一訳『母を救へ』（東治書院）、Smimasa Idichi, *My Third Visit to London*（早稲田大学出版部）。七月、市河三喜・晴子『欧米の隅々』（研究社）、桑原信助『観てきた欧米』（東京毎夕新聞社出版部）。八月、西脇順三郎『Ambarvalia』（椎の木社）。市河晴子『イギリス現代風俗誌』（英語英文学講座刊行会）、馬郡健次郎『欧羅巴案内』（内外社）。九月、茂木惣兵衛『英国政治の動向』（平凡社）。一〇月、太田岩穂『英国撃つべし』（義高社）、矢野貫城『欧米旅行雑感』（矢野貫城）。一一月、竹友藻風『英国小品文学』（北文館）。一二月、戸川秋骨『都会情景』（第一書房）、日高只一『英国劇大観』（英語英文学講座刊行会）、清水徳太郎『最近欧米各国事情　欧米遍歴』（三省堂）。刊行月不記載、Arthur Waley trans., *The Tale of Genji vol.6* (George Allen & Unwin)

一九三四（昭和9）年

一月、尾崎行雄がロンドンから帰国の途につく（15日）。ときわにて在英一〇年以上の者の親睦会「十年者懇親会」が開かれる（27日）。石川林四郎が帰国。二月、宝蔵寺久雄がロンドンを訪れ（9日）、一八日にベルリンに向けて出発。不況地帯からロンドンに向けての飢餓行進が起こる。四月、朝日新聞社特派員の古垣鉄郎がロンドンに到着（約三年間滞在）。六月、土居光知が外務省嘱託として渡英。一〇月、登喜和ハウスが大和ホテルと改名される。この年、国際連盟協会が中心となって「平和投票」が行われ一〇〇〇万人をこえる英国国民が国際連盟支持や軍縮支持の意思を表明。またスコットランドでナショナリズムが高揚しスコットランド国民党が結成される。土居光知がロンドン大学・ケンブリッジ大学で講演しロンドン大学東方学院より銀鉢を贈呈される。

一月、倉田亀之助『欧米行脚』（杉野龍蔵）、大上茂喬『外遊雑記見たまゝ聞いたまゝ』（文明社）。二月、茂木惣兵衛『来るべき世界の姿』（千倉書房）、本多市郎『最近の世界を巡りて』（平凡社）。三月、辻二郎『西洋拝見』（共立社）、『一九三三年倫敦乗客運輸法』（東京市電気局庶務課調査掛）。四月、鈴木誠治編『英国とその成人教育』（協調会）。五月、本間久雄『英国近世唯美主義の研究』（東京堂）、尾崎行雄『外遊断想』（中央公論社）。六月、岡倉由三郎『呉岸越勢集』（岡倉書房）、オギルヴイエ『ツーリスト移動論』（国際観光局）。八月、好本督『十字架を盾として――九立坊回顧録』（日曜世界社）。九月、穂積重威『英国法制研究』（三省堂）、河合栄治郎『欧州最近の動向』（日本評論社）、岡本かの子『かの子抄』（不二屋書房）。一一月、萩原清次郎『英国を眺めて』下巻A（丸善）、岡本かの子『仏教読本』（大東出版社）。一二月、正田竹郎『僕の欧洲旅日記』（正田竹郎発行）、鈴木良編『世界文化史大系』第一六巻（誠文堂新光社）。この年、ロンドンの東洋出版会社（The Eastern Press）が『日本人名録　昭和九年度用』を刊行。刊行月不記載、Gonnoské Komai, *Fuji-Yama and Other Poems*（the Eastern Press）。

一九三五（昭和一〇）年

三月、労働組合会議総協議会が労働組合からの共産主義者の追放を指令。五月、国文学者の久松潜一がロンドンに到着し（20日）、その後は大英図書館の東洋研究室や読書室で「文学の起源」という研究題目で日本の古典文献などを調査する。芳谷惣太郎がパリからロンドンに移り交通統制を調査。六月、マクドナルドが首相を辞任し（7日）、ボールドウィンが後任となる。英独海軍協定調印（18日）。七月、谷川清一がブリュッセルから飛行機でロンドンに到着し（6日）、一〇日後に飛行機でチューリッヒに移る。政治学者の矢部貞治がロンドンに到着し（18日）滞在中は朝日新聞社の古垣鉄郎らと交際する。八月、谷川清一がロッテルダムから飛行機でロンドンに戻り（2日）、一週間後にパリに移動する。イギリス政府がインド統治法を公布し（2日）、インド民族運動への譲歩策を示す。九月、国文学者の久松潜一と美術研究者の矢代幸雄と英文学者の井上思外雄の三名がロンドンのオックスフォード・ストリートのレストランで東洋学者のアーサー・ウェイリーと会い日本の古典文学などについて意見交換する（5日）。久松潜一がロンドンからベルリンに移る（11日）。一〇月、矢部貞治がロンドン大学で政治学者ハロルド・ラスキの講義を聴く（10日）。矢部貞治がフェビアン協会の連続講義に参加（24日～11月28日）。一一月、総選挙で保守党が勝利（14日）。一二月、イギリスの外相サミュエル・ホーアとフランス首相ピエール・ラヴァルの間でイタリアのエチオピア占領を容認する内容のホーア・ラヴァル案が作成される（実行はされず）。

一月、竹内克巳『世界を描く』（立命館出版部）、宝蔵寺久雄『欧州旅行記』（千城堂）。五月、水上瀧太郎『倫敦の宿』（中央公論社）。七月、葛岡常治『英国皇帝ジョージ五世陛下』（社会教育協会）。九月、福原麟太郎『春興倫敦子』（研究社）、竹内勝太郎『西欧芸術風物記』（芸艸堂）。一一月、瀧本二郎『欧米の習慣作法』（欧米旅行案内社出版部）。刊行月不記載、Sobei Mogi and H. Vere Redman, *The Problem of the Far East* (V. Gollancz)。

一九三六年（昭和一一）年

一月、ジョージ五世没（20日）。矢部貞治らがジョージ五世の大葬行列を見に行く（28日）。ロンドンの常磐で一高の記念祭イーヴ会が開かれ美濃部達吉の天皇機関説事件や軍縮会議のことなどが話題となる（31日）。二月、矢部貞治がロンドンの映画館でチャップリンの「モダン・タイムス」を見て感心する（13日）。矢部貞治がロンドンからパリに向かう（18日）。三月、ドイツが非武装地帯のラインラントへ進駐（7日）。四月、俳人の高浜虚子がロンドンに到着し（28日）、ロンドンのデンマーク・ストリートの常磐本店に滞在。その日のうちに朝日新聞社の古垣鉄郎が虚子を訪問。高浜虚子がストラットフォード・アポン・エイヴォンに赴く（30日）。英国政府が大規模な建艦計画を発表（30日）。五月、高浜虚子がキュー・ガーデンに行く（1日）。ロンドンに本部をもつ国際ペンクラブで高浜虚子が講演“ON HAIKU”を行う（5日）。同会には小説家の横光利一も参加し虚子ら一行は翌日ロンドンからパリに向かう。六月、政治学者の岡義武がロンドンに到着し（15日）滞在中はベルリッツ語学学校で学び経済学者の脇村義太郎らと交際する。イギリス政府がイタリアへの制裁撤廃を決定したのに反対しハイド・パークで労働党が示威集会を行い（28日）、岡義武が見物に行く。鈴木大拙がロンドン大学講堂及びクイーンズ・ホールの会議に出席し講演を行う。七月、スペイン内戦勃発（18日）。岡義武がトラファルガー・スクエアで英国政府の有和政策を批判する共産党の街頭演説を聴き（26日）、その後に岡は映画「モダン東京」を見る。鈴木大拙が大英博物館で敦煌文献の調査を行う。鈴木大拙、姉崎嘲風、賀川豊彦が世界宗教大会に出席するためにロンドンを訪れた。八月、英・エジプト条約調印（26日）。九月、斎藤清衛がロンドンを訪れる（1日）。鶴見祐輔がロンドン国際ペンクラブ総会に出席（21日）。英国議会でスペイン内戦への不干渉政策が採択される。その際に労働党や労働組合会議も対スペイン不干渉政策の支持を表明。一〇月、岡義武が思想検事の戸沢茂雄とロンドンの日本旅館「若目田」で会う（21日）。今月から翌月にかけて鈴木大拙が外務省嘱託日英交換教授としてロンドン・オックスフォード・ケンブリッジ・エディンバラなど英国各地の大学で日本仏教文化について講義する。オックスフォード大学では大拙は座禅会も開いた。一一月、作家の武者小路実篤がロンドンのヴィクトリア駅に到着し（2日）、岡義武と戸沢茂雄が出迎える。武者小路実篤がロンドンからアメリカへ出発（6日）。伴野徳子がロンドンに到着（24日）。岡義武がイギリスの新聞で日独防共協定の内容を読み暗澹たる気分になる（25日）。一二月、エドワード八世がシンプソン夫人との恋愛の末に王位を捨てる（10日）。この年、英文学者の松浦嘉一がロンドンに滞在（一九三七年まで）。パーマーがイギリスに帰国。

三月、岡本かの子『世界に摘む花』（実業之日本社）、斎藤勇『英国国民性』英語教育叢書（研究社）。四月、煙山専太郎『英国現代史続編』（敬文堂）。石丸藤太『大英国民に与ふ』（春秋社）、『茂木惣兵衛遺文集』（茂木惣兵衛氏遺文編纂委員）。五月、谷川博『欧州見物案内』（欧米旅行案内社）、東北帝国大学経済学会編『研究年報経済学第四冊』（岩波書店）。六月、山内英夫編『郡虎彦全集』邦文編・

英文編・別冊（創元社）。七月、佐野勝也『永遠への思慕』（第一書房）、鈴木良編『世界地理風俗大系』第七巻「フランス・イギリス篇改訂版」（誠文堂新光社）。八月、高浜虚子『渡仏日記』（改造社）。九月、松波仁一郎『目あきの垣覗き』（大日本雄弁会講談社）。一〇月、岡本かの子『鶴は病みき』（信正社）、小泉丹『生物学巡礼』（岩波書店）。一一月、岡本かの子『女性の書』（岡倉書房）、菱谷惣太郎『欧米鉄道行脚』（春秋社）、台北帝国大学文政学部編『台北帝国大学文政学部政学科研究年報』第三輯「第一部法律政治篇」（台北帝国大学文政学部）、東北帝国大学経済学会編『研究年報経済学』第五冊（岩波書店）。一二月、中江亨『英国前皇帝とシンプソン大人』（第百書房）、野村覚一『欧米蝸牛行』（野村覚一）。

一九三七（昭和一二）年

一月、イギリスとイタリアが地中海紳士協定を調印（2日）。イギリス共産党・独立労働党・労働党の社会主義連盟による「統一キャンペーン」が行われる。四月、岡義武がロンドンからパリに向かう（5日）。朝日新聞社の飛行機神風号（飯沼正明一等操縦士と塚越賢爾航空機関士）が立川飛行場を離陸し（6日）、ハノイ、カルカッタ、アテネなどを経由して午後三時三〇分にロンドンのクロイドン飛行場に着陸（9日）。経過時間九四時間一七分五六秒の新記録を打ち立てる。秩父宮雍仁親王がロンドンのヴィクトリア駅に到着（14日）。イギリス王族のコンノート公アーサー殿下が秩父宮雍仁親王をラグビー見物に招待する（24日）。五月、ジョージ六世戴冠式が挙行され（12日）、秩父宮雍仁親王が列席。洋画家の中村研一も戴冠式を見物。大阪毎日新聞社・東京日日新聞社もまた戴冠式を観ることを目的とする「欧州一周旅行団」を主催、リヴァプール駅に到着した吉田辰秋たちの一行を久米正雄らが出迎える。ボールドウィンが首相を辞任し（28日）ネヴィル・チェンバレンが後任となる。七月、日中戦争開始（7日）。イギリス政府がピール委員会報告書で委任統治領パレスティナをユダヤ国家・アラブ国家・イギリス行政下の中立地区に分割する案を提示したがアラブ人が反発。八月、浅井治平がロンドンに着き（24日）九月一三日まで滞在する。一一月、日独伊三国防共協定が結ばれる（6日）。この年、尾島庄太郎がオックスフォード大学でエドマンド・ブランデンやラッセル・アバクロンビーの講義を聞く。

二月、宮本百合子『乳房』（竹村書房）。三月、杉村廣太郎『楚人冠全集』第二巻（日本評論社）、池田栄『イギリス自主精神の本質と起原』（弘文堂書房）。四月、日高只一『英米文芸随筆』（日本書荘）。五月、渡辺良助『周遊六カ国』（東京開成館）、瀬川李四郎『旅ごろも』（カトリック中央書院）、斎藤清衛『東洋人の旅』（春陽堂）、東北帝国大学経済学会編『研究年報経済学』第六冊（岩波書店）、丸山学『英吉利年中行事の研究』（三省堂）。六月、柳沢健『南欧遊記』（新潮社）、伊藤正雄『欧米空の旅』（帝国社臓器薬研究所）。七月、久松潜一『西欧に於ける日本文学』（至文堂）、河上清・大阪毎日新聞社編『不安の欧洲を巡る』（大阪毎日新聞社）。八月、内閣統計局編『英吉利第四回生産調査の要項』（内閣統計局）、辻信一編『永井了吉先生講述』「明朗会講演集」第二号（明朗会本部）。九月、岡本かの子『夏の夜の夢』（版画荘）。一〇月、台北帝国大学文政学部編『台北帝国大学文政学部政学科研究年報』第四輯「第一部法律政治篇」（台北帝国大学文政学部）。一一月、関西学院文学部・文学会編『関西学院文学部創立二十五周年記念論文集』（関西学院文学部・文学会）、穂積重遠・中川善之助編『家族制度全集』第一部第二巻「離婚」（河出書房）、東北帝国大学経済学会編『研究年報経済学』第七冊（岩波書店）。一二月、戸川秋骨『朝食前のレセプション』（第一書房）、岡本かの子『母子叙情』（創元社）、岡本かの子『女の立場』（竹村書房）、武藤貞一『英国を撃つ』（新潮社）、武藤貞一『抗英世界大戦』（清水書店）。刊行月不記載、台北比較法学会編『比較婚姻法第一部』（岩波書店）。

一九三八（昭和一三）年

二月、鉄道省観光局より貸与されたトーキー「上海に於ける皇軍の進撃」等がロンドン日本人会（8日）と在英同胞会（9日）で上映される。イタリアへの友好政策を採る首相チェンバレンを批判したことから外相アンソニー・イーデンが辞任に追い込まれる（20日）。後任の外相はハリファックス。「武道会」での練習風景や公演等がラジオ放送され（23日）、テレビ放映される（22日、26日）。土居光知が帰朝。三月、ドイツがオーストリアを併合（12日）。四月、英伊協定調印（16日）。五月、毎日新聞社ロンドン特派員の工藤信一良がロンドンに到着。六月、日本品のボイコットと日本への石油輸出反対を主張してイギリス労働党の党首クレメント・アトリーらがロンドン市内で反日示威行進を行う（13日）。七月、尾島庄太郎がアイルランドでウィリアム・バトラー・イェイツやジャック・バトラー・イェイツ、アーネスト・ド・セリンコート、ダグラス・ハイドに会う。九月、倫敦日本学園がヘンドンにでき最初の授業を開始（1日）。ミュンヘン会談で英国首相チェンバレンが対独宥和政策を展開しドイツ総統ヒトラーとミュンヘン協定を結ぶ（29日）。ただし英国政府は宥和政策と平行して軍備拡張政策を遂行。この様子を工藤信一良は「狂乱の欧州の断面」と評する。『日英新誌』終刊。一〇月、野上豊一郎が日英交換教授として渡英するのに野上弥生子も同伴し神戸を出港（2日）。一一月、尾島庄太郎がヒュー・ウォルポールの講演を聞く。一二月、工藤信一良が英国首相チェンバレンの宥和政策を力説する演説を聴く（13日）。野上弥生子がロンドンのヴィクトリア駅に着き先発していた豊一郎に迎えられる（26日）。

一月、瀧本二郎『欧米留学案内欧州篇』（欧米旅行案内社）。二月、穂積重遠・中川善之助編『家族制度全集』第一部第五巻「相続」（河出書房）。三月、小川市太郎『英国自治制度の研究』（大阪商科大学経済研究所）、外務省情報部編『国際読本』第七巻「英吉利読本」（改造社）、鳩山一郎『外遊日記世界の顔』（中央公論社）、中央社会事業協会社会事業研究所編『世界大戦時に於ける英吉利傷痍軍人並遺家族保護対策』（中央社会事業協会社会事業研究所）。四月、古井喜実『欧米一見随感』（良書普及会）、伊東敬『現代英国論』（三笠書房）、日本学術振興会編『外国研究所要覧』第七「イギリスの部学術産業研究局」（日本学術振興会）。五月、平野等『新国際読本』（古今書院）、鈴木良編『世界文化史大系』第一四巻（誠文堂新光社）。六月、芦田均『欧米見たまゝ』（明治図書）、岡本かの子『希望草紙』（人文書院）、石田寿『欧米を廻りて』（石田寿）、水島斎編『国際思想研究資料』第一五輯「強化を急ぐスターリン独裁政権・ロンドンに於ける孫科のインタヴイユー」（国際思想研究所）。七月、岡倉古志郎『世界計画経済』第五巻「イギリス計画経済」（河出書房）。八月、浅野和三郎『欧米心霊行脚録』（心霊科学研究会出版部）、高島誠一編『欧米訪問経済使節団報告書』（日本経済連盟会）、古谷善亮『伯林及倫敦の交通調整』（鉄道同志会）。九月、木村毅『旅と読書と』（双雅房）、廓清会婦人矯風会廃娼連盟編『廃娼資料』（廓清会本部）、小沼勝衛編『世界文化史大系』第一九巻（誠文堂新光社）。一二月、夏目漱石『漱石文芸読本』（新潮社）、片上伸『片上伸全集』第一巻（砂子屋書房）。刊行月不記載、高橋誠一郎『慶応義塾大学講座経済学』第二巻「英吉利経済学」（慶応出版社）。

一九三九（昭和一四）年

一月、ロンドンのトラファルガー・スクエアで日貨排斥と日本向け石油輸出反対をかかげる反日デモが行われインド独立を目指すインド連盟示威行進と合流（29日）。三月、ドイツがプラハを占領してチェコスロヴァキアを解体し（15日）、英国による有和政策の失敗が決定的となる。四月、英国政府がソ連と軍事協力をめぐる交渉を開始（8月まで）。イギリスの徴兵施行が決定される（27日）。五月、イギリス政府が委任統治領パレスティナへのユダヤ人移民を制限する方針の白書を発表しアラブ人の要求を認める方向に政策転換する。六月、英国と日本との間で天津租界封鎖問題が発生する（14日）。姉崎嘲風がオックスフォード大学で講演。七月、イギリス政府が供給省を設置。前月の天津租界封鎖問題に関して英国政府が日本側に妥協する内容の有田・クレイギ協定を結ぶ。八月、独ソ不可侵条約締結（23日）。イギリス政府が非常指揮権（防衛）法を制定（24日）。在英日本大使館がドイツ軍による空爆を予想してロンドン在留邦人に避難勧告を行う（31日）。九月、ドイツ軍がポーランドに侵攻（1日）。イギリスとフランスがドイツに宣戦布告して（3日）第二次世界大戦が勃発しチャーチルを海相とするイギリス戦時内閣が発足。ただし英仏とドイツとの戦闘はすぐに始まらず「奇妙な戦争」と呼ばれた（一九四〇年4月まで）。イギリスのガソリンが配給制となる。英国本土在留邦人の一部が箱根丸と鹿島丸で日本へ引き揚げる。一〇月、野上豊一郎・弥生子がリヴァプールから出港し（5日）アメリカを経て帰国。イギリス共産党が戦争への態度を変更し戦争反対を表明する（7日）。イギリスの経営者側と労働組合会議代表からなる合同諮問協議会が設立される。一一月、英国本土在留邦人の一部が筥崎丸、伏見丸で日本に引き揚げる。一二月、ギャラップ世論調査でイギリス政府の戦争指導に満足している回答者が六〇％となり反対の一八％を大きく上回る。この年、第二次世界大戦が始まるとイギリス政府は国内保安・経済戦争・情報・食糧・海上輸送を担当する各省を設置。工藤信一良が情報省東亜部で日本語の検閲官として勤務していた東洋学者アーサー・ウェイリーと遭遇。

二月、吉田辰秋『外遊漫筆』（明治図書）、長谷川亮『アメリカとイギリスは何を企んでゐるか』（昭和書房）。三月、木下杢太郎『其国其俗記』（岩波書店）。四月、伊東敬『英帝国及英国人』（青年書房）、坂西由蔵博士還暦祝賀論集刊行会編『経済学経済史の諸問題』（坂西会）、東京商科大学国立学会編『文科諸科学界展望』第一輯（日本評論社）。五月、中塚米次郎『欧米の物心両面に触れて』（ジャパン・マガジーン社）、史学会編『東西交渉史論』上・下巻（冨山房）。六月、出隆『英国の曲線』（理想社出版部）、五十嵐健治『欧米之洗濯業』（日本洗濯界社）。七月、浅井治平『欧米を見て若き人々に語る』（新潮社）、矢野仁一『アヘン戦争と香港支那外交史とイギリス』其一（弘文堂書房）。八月、日本青年外交協会編『印度をしぼす英国』（日本青年外交協会出版部）、日本学術振興会編『外国研究所要覧』第八「英国の部」（日本学術振興会）、矢部良策編『アジア問題講座』第三巻「政治・軍事篇」（創元社）。九月、吉田三郎『戦争文化叢書』第九輯『東亜とイギリス』（支那問題研究所）、矢野仁一『アロー戦争と円明園支那外交史とイギリス』其二（弘文堂書房）。一〇月、東京帝国大学教育学研究室編『教育学論叢』（目黒書店）。一一月、古垣鉄郎『ロンドンの憂鬱』（三省堂）、芝時孝『欧米に遊びて』（第一工業製薬）、広浜嘉雄編『佐藤教授退職記念法及政治の諸問題』（有斐閣）。刊行月不記載、森律子『扮影帖増補版』（森律子）。

一九四〇（昭和一五）年

四月、ドイツ軍がノルウェーとデンマークを攻撃したことで「奇妙な戦争」が終わる（9日）。改造社の社長の山本実彦がロンドンのバーナード・ショー宅を訪問（19日）。五月、チェンバレンが辞任しウィンストン・チャーチルが英国首相に就任（10日）。この結果チェンバレン政権への参加を拒んでいた労働党と自由党も合流し名実ともに挙国一致体制が確立する。運輸労働組合の指導者アーネスト・ベヴィンが労働大臣として入閣し（13日）、イギリスの総力戦体制が整う。ダンケルクからの英仏軍の撤退作戦が成功し（27日〜6月4日）イギリス国民の挙国一致の気運が高まる。英国本土在留邦人の一部が伏見丸で日本に引き揚げる。六月、フランスがドイツに敗北（22日）。英国本土在留邦人の一部が白山丸、榛名丸で日本に引き揚げる。七月、ドイツ軍によるイギリス本土空襲「バトル・オブ・ブリテン」が開始される（一九四一年6月頃まで）。英国政府がストライキを法的に禁止。九月、ロンドンのカヴェンディッシュ・スクエアにあった日本人会がドイツ軍の空襲で破壊され（17日）、日本人会はロンドンのデンマーク・ストリートにあった日本食堂常磐に移る（18日）。日独伊三国同盟が締結され（27日）、日英関係は極度に悪化しイギリス人の反日感情も高まる。英国本土在留邦人の一部が諏訪丸で日本に引き揚げる。一〇月、在英日本大使館は月末に到着予定の伏見丸で極力日本に引き揚げるように在留邦人に勧告する（3日）。総領事、銀行員、商社員など約一七〇名の日本人がロンドンのユーストン駅に集合（31日）。集まった日本人はリヴァプールに向けて出発し翌月ランチで伏見丸に乗船し日本に引き揚げる。これ以後、日本郵船の欧州定期航路は全て中止となり日欧連絡は米国経由とシベリヤ鉄道経由のみとなる。この年、イギリス国内のバター・ベーコン・砂糖が配給制となる。また好本督が英国から単身帰国。

一月、松浦嘉一『英国を視る』（第一書房）、伴野徳子『倫敦の家』（羽田書店）、渡辺鋳蔵『英国の海運力』（渡辺経済研究所）、東京市政調査会『イギリスの地方自治制度』（東京市政調査会）。二月、牧野義雄『滞英四十年今昔物語』（改造社）。三月、ヨーロッパ問題研究所編『英国の世界統治策』（ヨーロッパ問題研究所）。四月、弓家七郎『都市問題パンフレット』第三八「イギリスに於ける選挙粛正運動」（東京市政調査会）。五月、浅野秋平『英国は必ず敗ける』（昭和書房）。六月、富本憲吉『製陶余録』（昭森社）。七月、池田林儀『英国の海賊性を衝く』（亜細亜大陸協会）、山口悟郎『英国読本』（内外出版社）、国際経済学会編『英国植民政策史』（刀江書院）、松本泰『倫敦の薔薇』（青木書店）。八月、佐々木駒之助『一九三八年の欧米』（佐々木駒之助）、『戦時下ノ英国ヨリ帰リテ——荒川昌二氏講演』（東亜研究所）、斎藤栄三郎『英国の世界侵略史』（大東出版社）。一〇月、篠田錦策『英国の風物』（研究社）、山本実彦『新欧羅巴の誕生』（改造社）、土生英二編『英国メリヤス事情』（日本莫大小輸出組合）、長守善『英国経済の衰頽過程』（日本評論社）。一一月、滝田錬太郎『日本の危機と英国スパイ団の跳梁』（滝田錬太郎）、協調会編『社会政策研究資料』第四輯「戦時社会政策第四輯イギリス篇』(協調会)。一二月、渡辺鋳蔵『開戦後一年間の英国海運』(渡辺経済研究所)、東健吉『苦悶の英国』(ふたら書房)。

一九四一(昭和一六)年

四月、日ソ中立条約の締結によって日英関係が悪化し重光葵駐英大使が帰国を決意。六月、重光葵大使が帰国挨拶のため英国首相チャーチルを訪問(12日)。重光葵駐英大使が空路ブリストルからリスボンおよびバミューダ島を経てニューヨークに向かう(7月20日に日本に帰国)。独ソ戦開始(22日)にともないシベリヤ鉄道が断絶する。七月、英ソ共同行動協定調印(13日)。八月、英国首相チャーチルとローズヴェルト米大統領が大西洋憲章を発表(14日)。武器貸与法によってアメリカから英国への援助が開始される(21日)。一二月、日本軍の真珠湾攻撃で太平洋戦争開戦(8日)。ロンドン日本大使館員と駐在武官は公館キングストン・ハウスに軟禁される。毎日新聞社の工藤信一良らが新聞街フリート・ストリートのオフィスに向かい日記や書類などの資料を焼却処分する(8日)。工藤信一良が英国首相チャーチルの対日本宣戦演説のラジオ放送を聴く(9日)。ロンドン滞在中の横浜正金銀行の行員や三井物産の社員が抑留される(9日)。ロンドンの日本人新聞記者が抑留される(11日)。抑留された在英邦人はマンチェスター郊外のベル・ヴューを経てアイリッシュ海の中央にあるマン島で抑留生活を送る。マン島の抑留者にはロンドン日本人会や在英日本大使館から差し入れが届けられた。松本薫情報官が東京のレッドマン情報官逮捕の報復として英国政府に逮捕される(24日)。イギリスの国民兵役法によって二〇歳から三〇歳までの独身女性も徴用の対象となる。

一月、金子豊治『英国のビルマ侵略とビルマ人の抗争』(東南亜細亜民族解放同盟)、高岡大輔『英国の印度侵略を歴史的事実に見る』(東南亜細亜民族解放同盟)。二月、戸川秋骨『食後の散歩』(竹一書房)、今井登志喜編『英国と世界の対立』上巻(蛍雪書院)。三月、内田弘文『英国の戦時立法に就て』(司法省調査部)。四月、磯部佑治『倫敦防空戦線』(羽田書店)、大阪商船『海運より見る英国の危殆と米国の援英』(大阪商船)。五月、若林秀一『英国はいつまで戦へるか』(三栄社)、小泉孝吉『英国の全面的敗退と米国の参戦』(東京情報社)。六月、『独逸電撃戦時下に於ける倫敦生活手記』(大日本防空協会)、岡忠雄『英国を中心に観たる電気通信発達史』(通信調査会)、若杉浪雄『英国の東洋政策』(東亜国勢調査所)。七月、正宗白鳥『旅行の印象』(竹村書房)、世界経済調査会編『英国及米国ノ抗戦意志ノ問題』(世界経済調査会)。八月、早稲田大学経済史学会編『英吉利経済史研究資料』第一輯(早稲田大学経済史学会)。九月、野上豊一郎『西洋見学』(日本評論社)。一〇月、黒田礼二『燃ゆるロンドン』(新興亜社)、浅井治平『新しき欧米』(古今書院)。一一月、松宮淡山述『日本と英国及び南洋』(行有恒学舎出版部)。一二月、渡辺鋳蔵『今次大戦に於ける英国の価格統制』(渡辺経済研究所)、室賀信夫『英国の東亜拠点シンガポール』(朝日新聞社)。刊行月不記載、在英帝国大使館『戦時下ノ英国事情』(外務省欧亜局第三課)。

一九四二(昭和一七)年

二月、イギリス軍の東南アジアの拠点だったシンガポールが日本軍による攻撃を受け陥落(15日)。三月、マン島の日本人抑留者がラジオ・ニュースを聴くことを許可される。六月、ワシントンで英国首相チャーチルとローズヴェルト米大統領の会談が開始される（18日）。七月、マン島の日本人抑留者が日本への送還を通告され（17日）、リヴァプールで日英交換船エル・ニル号に乗船（20日）。ロンドン日本大使館と領事館の関係者がパディントン駅に向かい釈放された松本薫情報官と合流する（20日）。そのまま一同はリヴァプールに向かい夕刻に日英交換船エル・ニル号に乗船。エル・ニル号が出航（30日）。日本外務省が日英の抑留者の交換を公表（31日）。ただし日英交換船で帰国できたのは日本人収容者の一部だった。八月、英国首相チャーチルがソ連を訪問し（12日）、第二戦線問題でソ連最高指導者ヨシフ・スターリンと会談。ソ連とドイツのスターリングラードの戦いが始まる。一一月、北アフリカ戦線で戦局がイギリスをはじめとする連合国側に有利に展開しはじめる。一二月、第二次世界大戦後のイギリス社会福祉制度の青写真ともいうべき「ベヴァリッジ報告書」が発表される（1日）。

二月、世界経済調査会編『英国の労働事情』（世界経済調査会）。三月、原奎一郎『紙の日の丸』（人文書院）。五月、野上弥生子『欧米の旅』上（岩波書店）、玉井政雄『香港戦記抄』（六芸社）、国際思想研究所『シンガポール失陥と英国上院の狼狽』（国際思想研究所）、横浜正金銀行頭取席調査部『英国の戦時金融為替政策』（横浜正金銀行頭取席調査部）。六月、沼館一郎『落日の英国と其の支配者』（神栄館）。七月、松浦嘉一『英国史』（研究社）。八月、武藤長蔵『改訂増補日英交通史之研究』（内外出版印刷出版部）。九月、井上思外雄『英米風物誌』（研究社）。一〇月、穂積重遠『独英観劇日記』（東寶書店）、池崎忠孝『大英帝国日既に没す』（駸々堂書店）。一一月、飼手誉四『英国の暴状を衝く――現地報告』（大日本翼賛壮年団本部）、大阪毎日新聞社・東京日日新聞社編『南方アジヤ』（大阪毎日新聞社・東京日日新聞社）。一二月、上村伸一「戦時下英国を現地に視る」（『講演の友』第一二二号、講演の友社）、加地幸一「英国を回顧して」（『経済倶楽部講演』東洋経済新報社出版部）、刊行月不記載、伊東敬『英国の植民地統治方式』（同盟通信社）。

一九四三（昭和一八）年

一月、モロッコのカサブランカで英国首相チャーチルとローズヴェルト米大統領の会談が行われ枢軸国の無条件降伏要求を決定（14日～26日）。八月、カナダのケベックで英国首相チャーチルとローズヴェルト米大統領の会談が行われ（11日～24日）ノルマンディー上陸作戦の決行日などが決定される。九月、イタリア降伏（3日）。一一月、イランのテヘランで英国首相チャーチル、米大統領ローズヴェルト、ソ連最高指導者スターリンによる三者会談が行われる（26日～12月2日）。

一月、大蔵省総務局『英国に於ける戦時財政経済事情』（大蔵省）。二月、毎日新聞社編『崩れ行く英帝国二十年史』（毎日新聞社）。四月、北野大吉『英国自由貿易運動史』（日本評論社）。六月、野上弥生子『欧米の旅』下（岩波書店）。小川二郎『英国の社会と文学』（京極書店）。八月、工藤信一良『悶ゆる英国』（成徳書院）。九月、石井漠『世界舞踊芸術史』（玉川学園出版部）。一〇月、牧野義雄『英国人の今昔』（那珂書店）。

一九四四（昭和一九）年

六月、ノルマンディー上陸作戦が決行される（6日）。八月、米国ワシントン郊外のダンバートン・オークスでアメリカ、英国・中華民国・ソ連の代表が会議を開き（10月まで）、国際連合憲章の原案を作成。一〇月、英国首相チャーチルとソ連最高指導者スターリンのモスクワ会談が行われ東欧での勢力圏分割に合意（9日）。

三月、丸山学『英国人の東亜観』（京極書店）。四月、世界経済調査会『英国戦時経済概観』（大蔵省総務局）。五月、国防経済協会編『英国軍需産業動員』（国防経済協会）、石田憲次『近代英国の諸断面』（星野書店）。

一九四五（昭和二〇）年

二月、英国首相チャーチル・ローズヴェルト米大統領・ソ連最高指導者スターリンによるヤルタ会談が行われる。五月、ドイツ降伏（8日）。イギリス労働党が保守党との連立政権を解消（23日）。七月、ポツダム宣言（26日）。イギリス総選挙で労働党が圧勝し（26日）、クレメント・アトリー政権が発足する（27日）。八月、日本降伏（15日）。アメリカがイギリスへの武器貸与を停止（21日）。

六月、日本外政協会調査局編『世界戦争経済の基本動向』（日本外政協会）。

あとがき

本書は、藤原書店から刊行してきた言語都市シリーズの四冊目である。『言語都市・上海 1840-1945』(一九九九年)、『言語都市・パリ 1862-1945』(二〇〇二年)、『言語都市・ベルリン 1861-1945』(二〇〇六年)に続く、日本人のロンドン体験を問う本書で、言語都市シリーズ四部作は完結することになる。

パリ本の企画を練っている頃から、近代日本の異文化体験を問う仕事は、共同研究者が少しずつ交代しながら、相互に関連する三つのシリーズで構成される一〇冊を、二〇年かけてまとめることになるだろうと考えていた。その意味で言えば、『パリ・日本人の心象地図 1867-1945』(二〇〇四年)を含めて、約一〇年で五冊を刊行したことになる。当初の構想の中間地点にようやくたどり着いたと思うと、少し感慨深いものがある。

本書の原稿のなかで最後に執筆したのは、収録順とは逆になるが、冒頭の「プロローグ　ロンドンの日本人」である。原稿用紙で一〇〇枚近い、「プロローグ」としては異様に長い文章を書きながら、私は並行して一冊の本を読み進め、静かな喜びと驚きが湧いてくるのを感じていた。本とは、二〇〇一年に出た Keiko Itoh の *The Japanese Community in Pre-War Britain*(Curzon Press)。

二〇〇一年といえば、『言語都市・パリ 1862-1945』の執筆を終えた年である。パリ体験とイギリス体験という違いはあるが、両者の仕事は関心のありかたが近接していた。本書と比べても、『日英新誌』や『日本人名録』など、稀覯の一次資料が重なっている。海彼のイギリスで同時期に、同じような志向性をもった仕事が出現しているということが、喜びの所以だった。

しかし同時に、本書とは異なる関心を Keiko Itoh は示している。本書が日本語で書かれたロンドンを追いかけ、結果的に帰国者のロンドン体験を対象化したのに対して、彼女の本はイギリスに長期滞在した日本人ファミリーの歴史を、インタヴューなどを通して明らかにしている。本書にも登場する日本人商店主の詳しい来歴や家族の姿に、私は何度も驚かされた。

本書と *The Japanese Community in Pre-War Britain* は、合鏡のような関係になっているのかもしれない。読者の読書行為のなかで、二冊の本は交換性・対話性をもつに違いない。交換性・対話性という通路が、いつか新たな別の探究を生むことを願っている。

　最後に、日本人のロンドン体験を問う旅を共にしてきた一人一人の声を届けて、本書を目指してきた日々に区切りを付けたいと思う。

　言語都市の候補として、当初計画した四都市、上海・パリ・ベルリン・ロンドンをめぐる旅に、なんとか全てつきあうことができた。次第に厚くなっていった五冊の本と思い出を目の前に並べると、実に感慨深い。シリーズをとおして、私はあえて文学と古い時代にこだわった。上海では横光利一、パリでは永井荷風、ベルリンでは森鷗外、そして今回、ロンドンでは夏目漱石を担当した。文章の不出来とは別に、自分なりには、やり遂げたという満足感は大きい。

　すべての調査旅行に家族を同行した。子供たちは海外旅行といえば番地探しだと思っている。家族の協力には心から感謝している。娘は、上海に行った時にはまだよちよち歩きであったが、今はもう中学生である。我々の共同研究もまた、幼児期から青年期に入ったというところであろうか。ロンドンはこの本のために二度訪れたが、あちこちのパブで定番のフィッシュアンドチップスやキドニーパイを肴にエールを飲み続けた。メンバーとの食事は、決まって中華街であった。一人一皿ずつ選び、皆で分けて食べる。その際にも肉料理担当とか野菜担当とかを決めるのである。ここでも共同作業。このような分業の利点や楽しさなど、共同研究のいいところが読者に届けばいいなと思う。

（真銅正宏）

　ロンドンで同時テロが起きた夏、滞在中のホテルでたまたま明け方に目覚めたので、かつて夏目漱石が住んでいた下宿を見てみようと、クラパム・コモン地区へ行った。即興的な、早朝ロンドン漱石詣で（?）だった。

　地下鉄の駅から公園を抜けてすぐ到着と思っていたが、道に迷った。地図を片手にうろたえていると、近所に住む黒人の男の子が、乳母車を押しながら近づいてきて、声をかけてくれた。「おはよう！　どこへ行くんだ？」と。漱石の下宿は、現在ブルー・プラーク（有名人が暮らした家に設置される銘板）も取り付けられ、日本人の観光スポットの一つにもなっている。しかし（当然のこととも言えるが）、乳母車の少年は、ロンドン嫌いの日本の文豪のことなど全く知らなかった。「ナツメ・ソウヤキ」という自分の声が、空しい呪文のように朝日の中へ消えていった次の瞬間、漱石とは別のロンドンを体験した人たち（へ）のイメージが、頭の中を無数に駆け抜けた。

　ところで、不思議なことに、少年の乳母車の中は、なぜか空っぽだった。少しだけシュールな朝の光景に遭遇した私は、その後、あの空っぽの乳母車に言葉を詰め込むような気持ちで、この本の原稿を書いていた。

（西村将洋）

二〇〇五年八月のロンドン行きは、地下鉄・バスのテロ事件直後のことだった。旅行社からは、観光地以外行くな、地下鉄に乗るな、といった注意があったが、それを守っていては現地踏査ができない。すべて無視して敢行したが、閑静な住宅街にやってきて、手に手に地図を持ってあちこち見まわし、「ここだ！」と家の確認をするやカメラで写しだすアジア人グループは、テロの記憶も生々しい住民にとって薄気味悪い存在だったろう。窓からカーテン越しにそっと監視している人影も見えた。こちらも緊張し、帰り路に寄ったパブのビールがおいしかった。

フルハム・ロードだったか、キングス・ロードだったか、ロイヤル・ホスピタル・ロードだったか、求める家が見つからず、果てもなく歩いたことがあった。仕事を終えたのは夏のロンドンが真っ暗になったころで、駅前のお茶とお菓子の店にへたり込んだのを覚えている。二〇〇七年のロンドンでは、オイスター・カードのおかげもあって、我々の現地踏査上はじめてのバス使用が実現した。バスの車窓がこんなに楽しいなんて、と新発見。

ロンドン本がシリーズの中でも一番分厚い本になるだろうと決まったのは、この二つの旅の間頃だったかと思う。もちろん一番長かったのは、執筆の道のりだった。

（宮内淳子）

言語都市シリーズも四冊目となり調査も手慣れてきた、と言いたいところだが決してそんなことはない。今回もややこしい資料を求めてややこしい経験を何度もした。ロンドンの某所にてある資料を調査しようとしたが、全部一度には閲覧できない。親切なジョンが特別に許可してくれたので喜んで作業していたが、昼休みになるとジョンはいなくなっている。別の人に一から説明することになる。「そのことをマーガレットは知っているのか」と聞かれる。「マーガレットが知っているのか知らないのか知らない。そもそもマーガレットって誰？」などと不毛な会話を重ねているうちに、そろそろ閉館の時間が近づいてくる。次の日以降親切なジョンは二度と現れない。マーガレットがどの人なのかもわからない。その上また別の人がやってきてこう聞く。「このことをキャサリンは知っているのか」。

まあ四冊目になってもこんなものである。今回は前三冊よりさらに分厚い。興味深い情報が満載だと感じていただければ嬉しいのだが、さてどうだろうか。上海もパリもベルリンもそうだったが、ロンドンも奥が深い。まだまだ積み残しはある。どなたかがさらに探究されることを望む。その時はジョンとマーガレットとキャサリンによろしく。

（和田桂子）

リージェント・パークに北西から入ってしばらく行くと、頭を傾げた大木がある。一五年前にロンドンで暮らしたとき、私はその大木がとても好きで、まだ八歳だった娘と訪れるたびに、幹に触れて言葉を交わしていた。大木は人間よりもはるかに長命で、都市の歴史を見続けている。近くに住んだフリードリヒ・エンゲルスや、W・B・イェイツも、この大木の下で休憩したり、日本人を見かけたりしたかもしれない。そんな都市の失われた記憶を紡ぐように、私たちは作業を積み重ねてきた。言語都市シリーズは出すたびにヴォリュームを増し、今回はとうとう七〇〇頁に迫るものとなった。決定版の本というのは観念にすぎないけれども、決定版の本を目指して歩んでいくことはできる。そのような歩みへ肩を押して下さった、藤原書店の藤原良雄さんと刈屋琢さんにお礼を申し上げたい。

言語都市シリーズはこれで区切りとなるが、近代日本の異文化体験を問う旅が終わったわけではない。共同研究グループを組み直し、後半の五冊へ踏み出していこうと思う。次に訪れるアジアの街角で私たちは、文化の交通と混淆を、自らのアイデンティティを、問い続けることになるだろう。私たちが再び向かうのは上海の浦東空港。それでは新たな書物で出会えることを祈って、再見。

(和田博文)

二〇〇九年五月

〈調査でお世話になった方々・研究機関〉（敬称略）

大阪学院大学図書館・大阪府立中央図書館・大阪府立中之島図書館・海藤隆吉・外務省外交史料館・神奈川近代文学館・国立公文書館・国立国会図書館・西南学院大学図書館・大英図書館（本館・新聞図書館）・帝塚山学院大学図書館・同志社大学総合情報センター・東洋大学図書館・宮本憲吉記念館・日本近代文学館・平田耀子・福岡市総合図書館・山田俊幸・ロンドン大学図書館（本部・SOAS）・早稲田大学坪内博士記念演劇博物館

〈付記〉

スポットの呼称には、英語読みと日本語読みが存在する。また日本人の英国紀行に記されたカタカナ表記にも幅がある。本書では原則として、今日の一般的表記と思われるものを採用した

ヤ 行

ラ 行

ワ 行

ローマ字

マ 行

ナ　行

ハ　行

タ 行

カタカナ人名

ア 行

ら　行

わ　行

ま 行

や 行

は行

な　行

た 行

さ 行

か　行

人名索引

脚注，写真キャプション，補，附を含む本文から，文学作品に登場する人物以外の人名は，すべて拾った（但し附のみに登場するものは省いた）。漢字の人名とカタカナの人名を分けて，姓→名の 50 音順で配列した。漢字の読みが確定できなかった人名は，原則として音読みに従った。カタカナの人名は可能な限り現代の標準的な表記に合わせたため，本文での表記とは一致しない場合がある。

漢字人名（日本・中国・朝鮮）

あ 行

著者紹介

和田博文（わだ・ひろふみ）

1954年神奈川県生。神戸大学大学院文化学研究科博士課程中退。文化学・日本近代文学専攻。東洋大学教授。著書に『言語都市』シリーズの他に『テクストのモダン都市』（風媒社，1999）『飛行の夢』（2005，藤原書店）『コレクション・モダン都市文化』全60巻（監修，ゆまに書房，2004～）『ライブラリー・日本人のフランス体験』全21巻（監修，柏書房，2009～）他。

真銅正宏（しんどう・まさひろ）

1962年大阪府生。神戸大学大学院文化学研究科博士課程単位取得退学。日本近代文学専攻。同志社大学教授。著書に『言語都市』シリーズの他に『永井荷風・音楽の流れる空間』（世界思想社，1997）『ベストセラーのゆくえ』（翰林書房，2000）『小説の方法』（萌書房，2007）『食通小説の記号学』（双文社出版，2007）他。

西村将洋（にしむら・まさひろ）

1974年兵庫県生。同志社大学大学院文学研究科博士課程修了。日本近現代文学・文化専攻。西南学院大学准教授。著書に『わび・さび・幽玄』（水声社，2006）『言語都市・ベルリン』（2006，藤原書店）『〈外地〉日本語文学論』（世界思想社，2007）『新世紀　太宰治』（双文社出版，2009，以上共著）『モダン都市の電飾』（編著，ゆまに書房，2006）他。

宮内淳子（みやうち・じゅんこ）

1955年東京都生。お茶の水女子大学大学院人間文化研究科博士課程修了。日本近代文学専攻。帝塚山学院大学教授。著書に『藤枝静男論』（1999）『岡本かの子論』（2001，以上ＥＤＩ）『言語都市・パリ』（2002）『パリ・日本人の心象地図』（2004）『言語都市・ベルリン』（2006，以上共著，藤原書店）『有吉佐和子の世界』（編著，翰林書房，2004）他。

和田桂子（わだ・けいこ）

1954年兵庫県生。神戸大学大学院文化学研究科博士課程単位取得退学。比較文学専攻。大阪学院短期大学教授。著書に『言語都市』シリーズの他に『二〇世紀のイリュージョン』（白地社，1992）『西脇順三郎・パイオニアの仕事』（編著，本の友社，1999）『コレクション・モダン都市文化　第2巻　ファッション』（編著，ゆまに書房，2004）他。

言語都市・ロンドン　1861-1945

2009年6月30日　初版第1刷発行 ©

著　者　和田博文他

発行者　藤原良雄

発行所　藤原書店

〒162-0041　東京都新宿区早稲田鶴巻町523
電　話　03（5272）0301
FAX　03（5272）0450
振　替　00160-4-17013
info@fujiwara-shoten.co.jp
印刷・製本　図書印刷

落丁本・乱丁本はお取替えいたします
定価はカバーに表示してあります

Printed in Japan
ISBN978-4-89434-689-5